한일회담
일본외교문서 상세목록집 II
-제4차 회담 예비교섭, 북송, 억류자 상호 석방-

일러두기

- 이 책은 2020년도 동북아역사재단 기획연구 수행 결과물임(NAHF-2020-기획연구-10).

한일회담
자료총서 12

한일회담 일본외교문서 상세목록집 Ⅱ

-제4차 회담 예비교섭, 북송, 억류자 상호 석방-

동북아역사재단 편

동북아역사재단
NORTHEAST ASIAN HISTORY FOUNDATION

발간사

한일관계에서 한일협정만큼 민감하고 논쟁적인 주제는 없을 것입니다. 한일 양국은 1951년 10월 국교정상화를 위한 회담을 시작하였습니다. 이후 회담은 13년 8개월에 걸쳐 중단과 재개를 되풀이하였고, 1965년 6월 한일 양국은 협정에 조인하였습니다. 한일회담은 해방 후 한일관계뿐만 아니라 한국현대사의 기본 틀을 만드는 과정이었습니다. 한일 양국이 최근 첨예하게 대립하는 근본 원인도 한일회담에 있다고 할 수 있습니다. 2018년 10월 30일 일제 강제동원 피해자 손해배상소송 판결과 2021년 1월 9일 일본군'위안부' 피해자 손해배상소송 판결은 1965년 한일협정이 지나간 과거가 아닌 현재진행형의 문제라는 사실을 확인시켰습니다.

한국정부와 법원은 1910년 강제병합조약은 원천 무효이고 반인도적 범죄에 대한 배상 문제는 1965년 한일청구권협정으로 해결되지 않았다고 주장합니다. 하지만 일본정부와 법원은 강제병합조약은 합법이고 청구권협정으로 모든 배상 문제가 해결되었다고 주장합니다. 한일협정에 대한 평가와 해석을 둘러싸고 이처럼 첨예하게 대립하는 근본 원인은 무엇일까요? 한일협정 해석을 둘러싼 갈등은 해결할 수 있는 것일까요?

이 문제들에 대한 해답을 찾기 위해서는 한일협정 조문 해석뿐만 아니라 협정이 어떤 과정을 거쳐 체결되었는지, 당시 양국 정부가 어떠한 역사인식과 전략을 토대로 협상하였는지를 한일회담 당시 관련 일차 자료에 근거하여 파악할 필요가 있습니다.

한일회담 외교문서가 공개된 것은 강제동원 피해자들이 2002년 한국정부를 상대로 문서공개요구소송을 한 것이 계기가 되었습니다. 강제동원 피해자들은 일본에서 제소한 소송에서 일본 법원이 1965년 청구권협정으로 모든 배상은 해결되었다는 판결을 내리자, 청구권협정에서 강제동원 피해자 문제가 어떻게 다루어졌는지 공개하라며 한국정부를 상대로 소송하였습니다. 이후 2004년 강제동원 피해자들이 승소하였고, 한국정부는 2005년 약 3만 5,000장의 문서를 공개하였습니다. 일본에서도 시민단체인 '일한회담문서 전면 공개를 요구하는 모임'이 문서공개를 요구하자, 일본정부는 2008~2015년까지 약 9만 장의 문서를 공개하였습니다.

동북아역사재단은 한일 양국에서 한일회담 외교문서가 공개된 이후 국민대학교 일본학 연구소와 협력하여 방대한 분량의 외교문서를 체계적으로 정리하는 작업을 해 왔습니다. 그 첫 작업으로 한국외교문서를 체계적으로 분류·해제한 『한일회담 외교문서 해제집』 5권을 2008년에 발간하였습니다. 이후에는 소송을 통해 추가로 공개된 문서를 포함한 일본외교문서 약 9만 장을 체계적으로 분류하여 그 결과물을 『한일회담 일본외교문서 상세목록집』 5권으로 발간하게 되었습니다. 한국외교문서 원본은 동북아역사재단 〈동북아역사넷〉(contents.nahf.or.kr)에 게재하였으며, 일본외교문서 원본도 올리는 중입니다. 그 외 미국 국무성 문서도 국사편찬위원회의 협력을 받아 〈동북아역사넷〉에 올렸습니다.

이렇게 외교문서의 원문을 제공하는 작업은 한일회담의 전모를 밝히는 데 크게 기여하고 있지만, 외교문서를 찾아보는 일반 대중과 연구자, 정책 입안자들이 필기체로 된 방대한 문서에서 필요한 자료를 찾아내는 것은 쉬운 일은 아닙니다. 이에 우리 재단은 국민과 학계, 관계 기관에서 한일회담 관련 자료를 폭넓게 활용할 수 있도록 한일회담 관련 핵심 문서를 자료총서로 발간하는 작업을 하고 있습니다. 이 자료총서가 한일회담의 전모를 파악하고 핵심 쟁점이 어떻게 논의되었는지를 이해하고 한일회담에 대한 객관적인 이해를 토대로 한국과 일본이 현재 직면한 문제를 해결하는 데 기여할 수 있기를 기대합니다. 나아가 앞으로 진행될 북일 국교정상화 관련 대응에도 도움이 될 수 있을 것입니다.

한일회담 자료총서 발간 작업은 연구자들과 활동가들의 열정적인 노력이 있었기에 시작할 수 있었습니다. 외교문서가 공개될 수 있도록 노력하신 많은 분들과 방대한 분량의 외교문서를 한 장 한 장 검토해 주신 분들께 감사를 드립니다.

2021년 10월

동북아역사재단 이사장

이영호

책머리에

이 자료집은 일본정부가 2007년 3월 이후 6차례에 걸쳐 공개한 한일회담 관련 외교문서 약 6만 장을 효율적으로 이용하기 위해 만든 상세목록이다. 한일회담은 공식적으로는 1951년 10월 20일부터 1965년 6월 22일까지 개최되었다. 회담 주제는 기본관계, 청구권, 어업, 문화재 등 다방면에 걸쳐 있었다. 따라서 일본이 공개한 외교문서 6만 장에서 필요한 자료를 찾는 것은 쉬운 일이 아니다. 6만 장이라는 방대한 문서에 빠져 길을 잃지 않으려면 문서 전체를 파악할 수 있는 조감도와 상세지도가 필요하다. 이 자료집을 만든 목적은 여기에 있다.

일본정부가 한일회담 관련 외교문서를 공개하게 된 직접적인 계기는 한국정부의 한일회담 외교문서 전면 공개였다. 한국정부는 일제강점기 강제동원 피해자들이 제기한 한일회담 외교문서공개요구 소송에서 패소하자 2005년 1월 일부 문서를 공개했다. 그리고 문서 전체에 대한 면밀한 내부 검토 과정을 거쳐 8월에는 3만 5,354쪽이나 되는 문서를 전부 공개했다. 당시 노무현 정부가 고심 끝에 이러한 결단을 내리게 된 것은, 일정 기간이 경과한 후에는 공문서를 공개함으로써 국민의 알 권리를 충족시키는 것이 민주주의 원리에 부합한다는 원칙에 따른 것이었다. 나아가 일제강점기에 강제로 동원되었던 피해 당사자의 청구권과 보상 요구에 대해 정부 차원에서 성실하게 대응하겠다는 의지의 표명이기도 했다. 1975년 한국정부는 법률을 제정하여 강제동원 피해자에게 일부 보상 조치를 했다. 하지만 강제동원 피해자 보상 문제는 오늘날까지 한일 양국 정부에 숙제로 남아 있다. 노무현 정부는 문서공개 이후 위원회를 만들어 강제동원 피해자를 조사하고 추가적인 지원 조치를 취했다.

한국정부의 문서공개와 일련의 후속 조치는 국경을 넘어 일본 사회에도 큰 충격을 주었다. 2005년 12월 전후보상을 요구해 온 운동그룹과 연구자들이 중심이 되어 '일한회담 문서 전면 공개를 요구하는 모임'(이하, 모임)을 결성하였다. 이 모임이 중심이 되어 일본정부를 상대로 정보공개 소송을 제기하는 등 한일회담 관련 일본외교문서 공개를 촉구하는 운동을 전개했다. 이 모임은 2006년 4월 외무성을 방문하여 정보공개법에 따라 한일회담과 관련한 공문서의 공개를 정식으로 청구했다. 외무성은 2008년 5월까지는 모든 문서에 대한 개시를 결정하겠다고 회답했다. 그리고 2007년 11월 약 7,000장의 문서를 공개했다. 같은 해 12월 도쿄지방법원은 이 모임이 제기한 정보공개 소송에 대해 "청구로부터 1년 7개월이 지나도록 결론을 내지 않은 것은 국가의 무작위"라고 판결했다. 외무성은 개시 결정을 서두를 수밖에 없는 상황에 몰렸다. 외무성은 2008년 4월과 5월에 걸쳐 약 5만 2,000장의 외교문서 개시 결정을 내렸다. 모임은 먹칠로 처리하여 비공개한 부분에 대한 공개를 추가로 청구했다. 그 결과 비공개 부분이 새롭게 공개되기도 했다. 이번 목록에는 추가로 공개된 문서들의 상세내용도 포함되어 있다.

한일회담과 관련하여 현재까지 일본정부가 공개한 문서가 모든 외교문서를 한 장도 빼놓지 않고 총망라하고 있는지 확인할 길은 없다. 그러나 공개된 약 6만 장의 문서군은 그동안 외무성이 한일회담 관련 문서 파일로 분류하여 관리하고 있던 거의 전량에 해당하는 것으로 추정된다. 외무성은 법원의 판결에 따라 방대한 문서군을 단시일 내에 분류, 정리하여 공개할 수밖에 없었고 그 과정에서 부분적으로 문서의 누락이나 분류상의 오류가 있었을 가능성을 배제할 수는 없다. 문서에 부여된 일련번호도 외무성이 문서작성 시기나 문서주제와 관계없이 공개요청에 따라 순차적으로 공개하면서 붙인 것으로, 큰 의미가 없다. 회담별 위원회 회의록의 경우에도 6만 장 안에 섞여 있어 무엇이 누락되었는지 정확히 파악할 수 없다. 이 자료집을 발간하면서 문서를 가급적 작성 시기와 주제별로 정리해 본 결과, 일부 누락된 파일이 있었다. 다만 고의적으로 누락시켰다기보다는 급하게 공개하다 보니 문서 정리와 분류 과정에서 실수가 있었던 것으로 보인다.

주목할 점은 한국정부가 한 장의 문서도 빠짐없이 전면 공개한 것과는 달리, 일본정부는 총 6만 688장의 문서를 공개했지만 국익과 개인 프라이버시를 이유로 문서 내용 전체를 공개하지는 않았다는 점이다. 독도 관련 문서, 대장성과 외무성의 청구권 금액 산정 부분 비교표 및 내부 검토 자료가 아직도 공개되지 않고 있다. 이 중 23건은 전면 비공개였으나 모임이 소송을 통해 공개를 요구한 결과, 그 일부가 공개되기도 했다. 공개된 내용은 이 자료집에 반영했다.

한일회담과 1965년에 체결된 한일협정은 학문적으로도 실무적으로도 심층적이고도 다각적인 검토가 필요한 과제다. 14년에 걸친 한일 국교정상화 교섭의 실태에 대한 치밀한 검토는 해방 후 한일관계사는 물론이고 동아시아 냉전사와 탈식민화 과정을 객관적으로 파악하는 데도 많은 도움이 된다.

한일회담의 전 과정에 대한 실증적인 분석을 위해서는 한일 외교문서의 비교 검토가 필요하다. 특히 일본외교문서는 일본정부의 한반도 정책 및 한일회담의 개별 현안에 대한 일본정부 내부의 논의 현황이나 방침, 대책 등이 구체적으로 기술되어 있어 사료로서의 가치가 매우 높다. 한일 간 식민지 피해 처리 문제는 한일회담에서 포괄적으로 다뤄졌고 한일협정에 의해 마무리되었다고 할 수 있다. 따라서 좋든 싫든 한일과거사 문제와 관련한 쟁점의 파악은 한일회담과 한일협정에 대한 이해와 해석에서 출발할 수밖에 없다.

향후 재개될 가능성이 있는 북일 국교정상화 교섭의 진행 과정과 그 결과를 예측하고 파악하기 위해서도 한일회담과 한일협정에 대한 이해가 필요하다. 북일 국교정상화 교섭 과정에서 논의될 현안이 한일회담의 현안과 상당 부분 중복될 수밖에 없다는 점을 고려한다면 북일협상을 전망하고 이에 대한 대비책을 마련한다는 차원에서도 한일협정의 검토가 요구되고 있다.

이 자료집을 발간하는 데 많은 분들의 적극적인 지원과 헌신적인 노력이 있었다는 점을 밝혀 두고자 한다. 일본외교문서 입수에는 일본의 '일한회담 문서공개 요구모임' 관계자, 특히 이양수 선생님께서 많은 도움을 주셨다. 국민대학교 일본학연구소는 방대한 분량의 외교문서를 1차적으로 정리하고 상세목록을 작성해 주었다. 일본외교문서가 공개되어 분석을 시도하려 했을 때 선뜻 나서 주는 연구자나 연구소는 어디에도 없었다. 엄두도 못 낼만큼 엄청난 양의 외교문서를 한 장 한 장 검토하면서 분류하는 것은 상상할 수도 없을 만큼 지루한 작업이기 때문이다. 국민대 이원덕 교수님은 최근의 한일 과거사 문제가 이 협상과 협정에 기인하는 것이라는 점을 고려하면 한일회담 문서는 학문적으로도 정책적으로도 중요한 의미가 있다며 기꺼이 맡아 주셨다. 이원덕 교수님은 1994년 박사학위를 통해 사료에 근거한 한일회담 연구를 본격적으로 열어 주신 분이다. 『한일회담 일본외교문서 상세목록집』을 발간하면서 단어나 접속어의 의미까지도 이원덕 교수님과 논의하지 않을 수 없었다. 이 자리를 빌려 감사드린다. 이 외에도 지면의 제약으로 이름을 일일이 밝히지는 못하지만 10명 이상의 한일관계 전공자들이 헌신적으로 작업을 해 주셨다. 마지막으로 상세목록의 검수는 유의상 전 표기명칭대사님께서 해 주셨다. 엄청난 시간을 투여하지 않으면 안 되는 어려운 작업임에도 책임감을 갖고 작업해 주셨다. 유의상 전 대사는 한일관계를 담당했던 외교관이자 연구자이다. 외교관 경험이 없으면 도저히 파악할 수 없는 부분은 물론, 난해한 문장을 한 줄 한 줄 상세하게 검토해 주셨다. 재단에서도 많은 도움을 받았다. 무엇보다 일본외교문서에 대한 체계적인 정리와 분석 작업이 가능했던 것은 김용덕, 정재정, 김학준, 김호섭, 김도형 전 이사장님과 이영호 이사장님께서 이 작업의 중요성을 이해하고 적극적으로 지원해 주셨기 때문이다. 이 책이 완성되기까지 여러 우여곡절이 있었음을 고백하지 않을 수 없다. 남상구 연구정책실장님과 재단 도서발간 담당자의 도움이 없었다면 절대로 5권의 상세목록집이 발간될 수 없었다. 어떤 표현으로도 부족하지만 진심으로 도움이 컸음을 감히 밝히지 않을 수 없다.

마지막으로 이 자료집의 원고를 처음 본 순간부터 엄청난 양의 원고에 압도되어 도망가고 싶었음에도 끝까지 최선을 다해 준 출판 관계자 여러분들에게도 감사드린다.

이 책의 발간에 도움을 주신 모든 분께 이 자리를 빌려 다시 한번 감사드린다.

2021년 10월

조윤수 씀

차례

제1부 제4차 회담 예비교섭 및 훈령 Ⅰ (1954~1956)

제2부 제4차 회담 예비교섭 및 훈령 II (1957~1958)

제3부 제4차 회담 본회의 및 훈령, 비공식회담(1958. 4. 15~1960. 4. 16)

제4부 한일관계와 미국

第5부 재일한국인 북송 및 부산 일본인 억류자 상호 석방 관계 I (1954~1956)

第6부 재일한국인 북송 및 부산 일본인 억류자 상호 석방 관계 II (1957~1960)

제7부 언론보도/ 일지

제8부 대표단 임면관계

한일회담 일본외교문서 상세목록집 일러두기

1. 한일회담은 1951년 예비회담부터 1965년 제7차 회담까지 진행됨. 위원회별로 반드시 그 시기가 일치하는 것은 아니며 겹치는 부분이 존재함. 일본은 예비회담을 1차 회담으로 부를 때도 있으나 이 자료총서에서는 예비회담을 제1차 한일회담에서 분리함.

예비회담	1951. 10. 20~1952. 2. 27
1차 회담	1952. 2. 15~1952. 4. 25
2차 회담	1953. 4. 15~1953. 7. 23
3차 회담	1953. 10. 6~1953. 10. 21
4차 회담	1958. 4. 15~1960. 4. 15
5차 회담	1960. 10. 25~1961. 5. 16
6차 회담	1961. 10. 20~1964. 4. 6
7차 회담	1964. 12. 3~1965. 6. 22

2. 문서 정리

- 상세목록집은 일본 외무성이 공개한 문서파일번호를 그대로 사용함. 외무성 공개 문서파일에는 여러 개의 문건이 존재함. 문서파일명이 대분류면 문서명은 소분류임.
- 문서는 기본적으로 문서파일의 작성 시기순으로 정리함(문서에 부여된 일련번호는 일본 외무성이

문서작성 시기나 문서 주제와 관계없이 공개요청에 따라 순차적으로 공개하면서 붙인 것으로 큰 의미가 없음).

- 하나의 문서 파일에는 여러 문서가 담긴 경우도 있고 한 개의 문서로 구성된 것도 있음. 이 자료집에서는 문서파일명이 대분류라면 문서명은 소분류로 분류함.
- 문서파일명에 포함된 문서는 외무성이 공개할 당시 편철한 순서대로 정리함.

3. 문서파일명이 없는 경우 내용을 고려하여 임의로 붙였으며 그 경우 ( )로 표시함.
   - 문서명의 제목이 없는 경우에는 제목 없음으로 표시함.

4. 문서의 비밀등급은 표시에 따라 극비(極秘), 비(秘)로 구분하여 표기하였으며, 비밀등급이 표시되어 있지 않은 경우는 일반문서로 간주하여 일반으로 표기함. 영어로 confidential 또는 strictly confidential로 되어 있는 것은 극비로 표시함. 자료집과 같은 경우 표지에 극비가 표시되어 있으면 내용물도 극비로 보아야 할 것이나, 사료를 있는 그대로 소개한다는 의미에서 내용물에 비밀 표시가 없는 경우 일반으로 표기함.

5. 문서상에 기록된 '조선(朝鮮)'이라는 국호는 1945년 8월 15일 이후일 경우 '한국'으로 번역하였으며, 조선인(朝鮮人)은 문맥에 따라 가급적 '한국인' 또는 '한인'으로, 조총련계를 지칭할 경우에는 재일조선인으로 번역함.

6. 원문에 "일한○○○"으로 되어 있는 부분은 "한일○○○"로 번역함.

7. 일본 인명, 지명, 선박명 등은 가급적 훈독으로 표기하고 일본어 원문을 괄호 안에 표기함. 단, 선박명의 경우 한국 국적 선박은 일본어 훈독이 아닌 한국식 한자 읽기로 표기함.

8. 외국어(영어, 일본어 등)는 번역문, 원문(괄호)순으로 표기함.

9. 문서에는 문서 작성처가 기록되어 있지 않으나 어디서 작성되었는지가 확실한 경우에는 추정해서 표기함. 작성처가 애매한 경우 외무성으로 표기하였으나, 외무성이나 다른 성·청 중 어느 쪽이 작성한 것인지 불분명할 경우는 불명으로 표기함. 한국대표단 또는 주일

한국대표부에서 작성한 것이지만 일본어로 되어 있는 문서는 '한국대표부(일본 가역 또는 번역)'로 표기함.

10. 문서종류는 아래 기준으로 구분하여 표기함.

표기	내역
회의록	회의의사록, 의사요록, 회의록, 내부 사전협의 기록 등
면담록	형식을 갖추지 않은 간담 또는 면담 기록
회의 보고서	본회의에 보고하기 위하여 작성한 분과위원회 회의 결과 등
내부자료	회의록의 첨부물 형태로 작성된 참고자료, 대표단 명부, 양측 수석대표 인사말, 회의 시 발언, 의사 절차, 제안, 대국회 자료, 언론 논조 분석자료, 회담 경위, 일지 등을 정리한 문서 등
보도자료	보도자료, Press Release 등
연설문	각종 계기에 이루어진 연설 내용을 담은 문서
성명문	대외적으로 어떠한 내용을 발표하는 형식(statement)
담화문	대외적으로 어떠한 내용을 발표하는 형식
공동성명(공동발표문)	양국 간 회담 후 그 결과를 공동으로 발표하기 위하여 작성한 문서(Joint Communique)
공동성명문	회담 후 그 결과를 공동으로 발표하기 위해 작성한 성명문(Joint Statement)
기자회견록	기자회견의 내용을 정리한 문서
간행자료	출판물로 간행된 자료
설명자료	대외적으로 특정 내용을 설명하기 위해 작성한 자료
전문	외무성 본성과 재외공관 간, 또는 재외공관과 재외공관 간 전신으로 주고받은 문서
공문	외무성 본성과 재외공관 간에 전문 이외의 방식(파우치 편 전달 등)으로 주고받은 문서, 외무성과 다른 성 · 청 간 주고받은 문서, 각의 심의요청 문서, 각의 결정사항을 하달하는 문서, 연합국 최고사령부와 주한미군정청이 주고받은 문서 등
재가문서	상부의 결재를 받기 위해 작성한 내부문서
내부문서	인사 발령, 회의 소집 등 내부 회담을 위해 작성한 문서, 회의 지침, 방침 등 내부용으로 작성한 문서, 내부보고서, 출장보고서 등
외교공한	외무성과 한국대표단 또는 주일한국대표부(구상서 등), 외무성과 연합국 최고사령부(GHQ, SCAP), 한국대표부와 연합국 최고사령부 간에 주고받은 문서[구상서(Note Verbale) 포함], 국가 정상 간에 주고받은 친서, 국가 간의 공적인 내용의 전달을 위한 개인 명의 서한, 단 국가 정상 간 친서라 할지라도 개인적인 내용이 담긴 것은 서한으로 분류

서한	개인 명의로 주고받은 사적인 내용의 편지
조약	한일 간 체결을 위해 작성한 조약 문안
협정	한일 간 체결을 위해 작성한 협정 문안
협약	한일 간 체결된 조약의 한 종류
교환공문	협정 부속문서의 한 종류
합의의사록	협정 부속문서의 한 종류
의정서	협정 부속문서의 한 종류
협정 부속문서	형식이 확정되지 않은 협정 부속문서 문안
양해각서 또는 부속 양해서	양국 간의 합의사항을 기록한 외교문서의 한 종류(Memorandum of Understanding)
약정	양국 간 조약이나 협정보다 덜 중요한 사항에 관해 합의한 내용을 담은 외교문서의 한 종류
구두전달사항(oral statement)	중요성이 떨어지는 양국 간 합의사항을 정리하는 외교문서의 한 방식(구두 전달)
합의사항	1965년 4월 3일 한일 간에 가서명한 청구권 문제, 어업 문제, 재일한국인 법적 지위 문제 해결 등을 위한 '합의사항'. 협정 체결의 모태가 됨.
비망록	외교당국 간에 어떠한 사항 또는 주장을 전달하기 위하여 취하는 한 방식(aide - memoire)
공동선언	국가 간에 합의된 내용을 발표하는 한 방식(Joint Declaration)
비공식문서(non - paper)	외교당국 간에 어떠한 사항 또는 주장을 전달하기 위하여 취하는 한 방식. 정식 문서가 아니라고 해서 non - paper라고 칭함.
언급사항 문서(talking paper)	상대방에게 언급할 사항을 기록한 비공식 문서
진정서	민원인(진정인)이 정부 관청에 제출한 문서
청원서	민원인(진정인)이 정부 관청에 청원한 내용이 담긴 문서
법령	한일 양국의 법령, 연합국 최고사령부 지령(SCAPIN 등), 주한미군정청 법령 등
기타	위에 분류한 항목에 포함시키기에는 적절치 않은 문서

한일회담 일본외교문서 상세목록집의 이해를 돕기 위하여

이 자료집은 일본 외무성이 공개한 외교문서를 주제별, 작성 시기별로 정리한 것이다. 한일회담 한국외교문서와는 달리 일본외교문서는 일본 외무성이 자발적으로 공개한 것이 아니라 일본 내에서 활동하는 전후보상을 요구하는 시민단체의 노력으로 공개되었다.

일제강점기 강제동원 피해자들은 일본에서 소송을 제기했다. 일본 사법부는 피해자 배상 문제는 한일청구권 및 경제협력 협정에 의해 '완전하고 최종적으로 해결'되었다며 모든 소송을 기각시켰다. 한일협정에서 말하는 '최종적 해결'이란 무엇인지, 어떤 논의를 통해 이러한 논리가 만들어졌는지는 판도라의 상자에 갇혀 있었다. 이 판도라의 상자를 열고자 일본의 전후보상을 요구하는 시민단체가 중심이 되어 2005년 12월 '일한회담 문서 전면 공개를 요구하는 모임(日韓会談文書 · 全面公開を求める会: 이하 '요구하는 모임')이 결성되었다. '요구하는 모임'은 한일회담 외교문서공개소송을 제기하였고 마침내 일본 법원은 공개를 결정했다.

일본 외무성은 2007년 3월 1차 공개를 시작으로 2008년 제6차까지 약 6만 장을 공개했다. 그러나 여전히 공개하지 않은 부분이 다수 포함되어 있다. 공개하지 않은 문서는 일본 국내 정치에 파장을 일으킬 수 있는 내용, 청구권 금액 계산 내역, 궁내성(宮内省)과 도쿄박물관 한국관계 문화재 일람표, 데라우치(寺内)문고 관련 기록, 그리고 독도 관련 내용이다. 일본정부는 회담 초기 개인청구권을 2억 엔으로 상정했는데 계산 내역은 비공개다. 추가 소송을 통해 공개하지 않은 문서의 일부 혹은 전체가 공개되었다. 예를 들면 일본외교문서 376번은 처음에는 부분 공개였으나, 2013년 1월 전면 공개했다. 이것은 '요구하는 모임'의 지속적인 자료 공개 요청 소송의 성과다.

아래는 문서파일번호 376 「일한관계 상정문답 미정고」의 2008년 비공개 문서와 2013년 전면 공개된 후의 문서를 비교한 것이다.

2008년

2013년

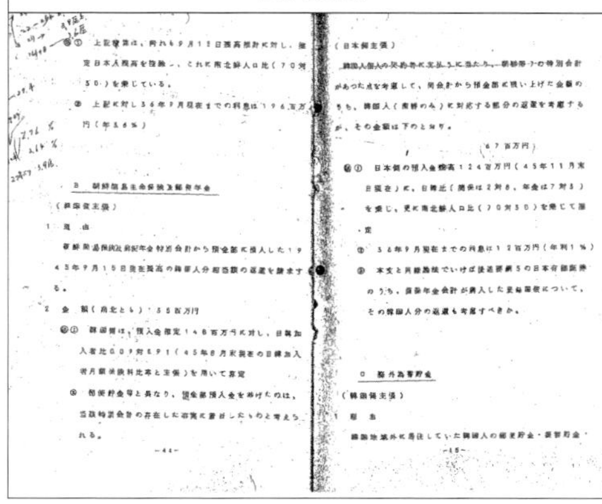

외무성이 공개한 파일을 보면 문서번호는 하나에 한 개의 문건이 들어 있는 경우, 다수의 문건이 포함된 경우가 있다. 또한 파일 안에 다른 이슈가 들어간 경우도 있는데 아마도 문서철을 작성할 때 잘못 들어간 것으로 보인다. 그러나 상세목록을 읽고 외무성 문서를 검색할 경우 원래 문서에 접근하기 쉽도록 하기 위해 그대로 두었다. 원문은 동북아역사재단의 〈동북아역사넷〉(contents.nahf.or.kr)이나 '요구하는 모임'의 홈페이지(http://www.f8.wx301.smilestart.ne.jp/)에서 확인할 수 있다. 일본 외교사료관에서도 열람할 수 있다. 다만, 이미 공개된 문서임에도 열람할 때마다 공개 청구를 해야 하고 복사할 경우 비용도 든다.

이 자료집에 들어가는 항목은 파일번호, 문서명, 작성연월일(발신일), 작성처(작성자), 내용, 주제어, 문서종류다. 파일번호는 외무성이 공개한 문서 순서이다. 일본외교문서는 정보공개 소송에서 일본정부가 패소한 결과 공개되었기 때문에 시간적 여유가 없어서인지 두서없이 공개되었다. 또한 비공개 부분을 새로 공개하면 공개한 순서대로 다시 외무성에서 번호를 붙이기 때문에 파일번호는 의미가 없다. 문서명은 원문서에 표기된 문서명을 그대로 사용하는 것을 원칙으로 했다. 다만 파일번호에 문서제목이 없는 것들이 적지 않기 때문에 그 경우에는 내용이나 발신자 정보에 따라 파일번호에 문서제목을 붙였다. 문서파일 안에 포함된 다수의 문건 중에도 문서제목이 없는 경우에는 별도로 문서제목을 붙이지 않았다. 문서종류는 일러두기에 상세하게 기술했으므로 참고하면 도움이 될 것이다. 작성연월일은 문서에 표기된 그대로 붙였으며, 문서에 기록되지 않은 경우에도 내용에서 날짜를 추정할 수 있으면 추정한 날짜를 표시했다. 날짜를 알 수 없는 경우에는 불명으로, 연도만 알 수 있는 경우에는 연도만 표시했다. 문서종류는 회의록, 보고서, 외교공한, 공문, 자료, 협정문으로 구분했다. 보고서는 사안을 자세하게 분석하거나 검토하기 위해 작성한 것이다. 외교공한은 일본이 연합국최고사령부(GHQ)나 한국과 주고받은 문서다. 한일회담은 한국과 일본 양자 간 교섭이었으나 미국 등 국제정세도 주요한 요소로 작용했다. 양국 정상이 주고받은 친서라도 '생일 축하' 등 사적인 내용은 서한으로 분류했다. 외무성과 각 성·청이 주고받은 문서는 공문으로 분류했다. 공문은 주로 각 성·청에서 한국과의 회담에 필요한 자료들을 제시한 것이다.

일본이 작성한 한일회담 각 이슈별 보고서에는 일본이 식민지 피해를 어떻게 인식했고 어떤 전략으로 한일회담을 추진했는지 드러나 있다. 일본정부는 청구권, 어업, 재일조선인 법적지위, 기본관계, 문화재 반환문제 교섭에 필요한 실증적인 자료를 모으고 분석했다. 한국의 독립 문제를 철저하게 일본 제국에서 한국이 '분리'하면서 발생한 문제로 보았다. 일본외교문서에는 한국이 주장한 일본의 식민지 지배에 대한 피해 보상과 청산 문제가 거론되지 않았다. 일본은 식민지와 종주국 간의 관계 설정에 대한 자료를 수집해 영토 분리 과정에서의 재산처리가 어떤 방식으로 이뤄지고 있는지를 분석할 뿐이다. 일본의 국제법상 '분리' 주장은 한 번도 바뀐 적이 없다. 이는 한일기본조약으로 귀결되었다.

외무성 관계자는 청구권, 어업, 문화재 문제 교섭과 관련하여 한국과의 교섭보다 오히려 대장성이나 수산청, 문부성과의 교섭이 더 어려웠다고 고백했다. 일본에서도 14년 동안 국회와 각 부서 사이에서 다양한 조정이 있었음을 보여 준다. 한일회담 교섭 과정에서 일본은 다양한 근거를 제시했고 한국의 주장을 반박하기 위해 사전에 내부적으로 치밀하게 협의했다. 일본외교문서에는 한일회담 교섭 과정에서 한국대표들이 어떻게 교섭했는지도 적나라하게 담겨 있다. 따라서 원문을 찾아 읽다 보면 상당히 불편한 내용과도 마주할 수 있다. 한일협정이 뒤틀린 한일관계의 기원이라는 점을 확인하는 것은 뼈아픈 일이다. 하지만 양국이 협정 체결을 위해 수많은 논의와 갈등을 거듭하면서 도출한 결론이 한일협정이라는 사실, 이 협정을 토대로 한일 양국이 발전적인 관계를 만들어 왔다는 점 역시 제대로 평가할 필요가 있다.

6만 장이라는 방대한 일본외교문서를 체계적으로 정리하고 해제한 이 자료집이 일본외교문서를 토대로 한 한일회담 연구에 기여하기를 기대한다.

제1부

제4차 회담 예비교섭 및 훈령 I
(1954~1956)

한일관계
(日韓関係)

문서파일번호	1064
문서명	한일관계(日韓関係)
작성연월일	1954. 1. 11
구분	제3~4차 회담 사이
세부항목	회담 재개 교섭
작성처	외무성 아시아국 제2과
매수	17
비밀등급	극비
문서종류	내부자료
공개구분	공개
내용	1953년 10월 21일 이후 1954년 1월 11일까지 총무과 제출용으로 작성한 한일관계 현황자료. 미국의 회담 재개 중재에 따라 일본은 ① 청구권의 상호 포기를 제안하되 은급과 미불급여 등 특별한 것에 대해서는 지불 ② 일본정부의 우호정신에 기초하여 정부 소유의 한국미술품 약간을 한국에 증여 ③ 어업은 자원보존 및 한국어업 발달을 위해 한일 쌍방의 협력을 실시하는 내용을 한국에 제안, 한국도 이에 만족하고 억류 중인 일본 어민과 어선을 송환하겠다는 뜻을 전달해 옴(1954년 11월 17일~1954년 1월간 억류 일본인 어민 545명 석방). 그러나 그 후 한국은 어민 석방은 한국의 자주적 조치로 행한 것이며, 청구권 상호 포기는 받아들일 수 없다는 이유로 일본 제안에 반대 의사를 표명함.
주제어	청구권, 어업, 나포 어선 송환

한일회담 재개에 관한 제안 건
(日韓会談再開に関する提案の件)

문서파일번호	1066
작성연월일	1954. 5. 18 - 1954. 5. 27
구분	제3~4차 회담 사이
세부항목	한일회담 재개 교섭
작성처	외무성
매수	16
비밀등급	
문서종류	내부문서, 성명문(안)
공개구분	공개
내용	한일회담(제4차) 재개를 위한 한국 제안(주일미국대사를 통한 제안), 이에 대한 일본의 수정안 등과 그러한 제안이 오고 간 경위를 정리함.
주제어	한일회담 재개 교섭

문서명	한일회담 재개에 관한 제안 건(日韓会談再開に関する提案の件)

문서파일번호 1066
작성연월일 1954. 5. 18
구분 제3~4차 회담 사이
세부항목 한일회담 재개 교섭
작성처 외무성 아시아국 제5과
매수 10
비밀등급 극비
문서종류 내부문서
공개구분 공개
내용 1954년 4월 20일 주미 한일 양국 대사가 한일회담 재개를 위한 성명문을 발표하고 회담을 재개하기로 합의한 경위, 동 성명문을 앨리슨(John M. Allison) 주일미대사가 5월 17일 오카자키 외상에게 전달한 후 일본이 이에 대해 검토한 경위 등이 정리됨.
주제어 회담 재개 교섭

문서명	한일회담 재개에 관한 제안 건(日韓会談再開に関する提案の件)

문서파일번호 1066
작성연월일 1954. 5. 25
구분 제3~4차 회담 사이
세부항목 한일회담 재개 교섭
작성처 외무성 아시아국 제5과
매수 1
비밀등급 극비
문서종류 내부문서
공개구분 공개
내용 1954년 5월 17일 앨리슨 주일미대사에게 전달받은 한일회담 재개를 위한 성명문(안)에 대해 일본 견해를 밝힌 안을 작성하였다고 기록함.
주제어 회담 재개 교섭

문서명	일본 성명문(안)(Draft of the Statement by the Japanese Government)

문서파일번호 1066
작성연월일 1954. 4. 20
구분 제3~4차 회담 사이
세부항목 회담 재개를 위한 성명문(안)
작성처 불명
매수 1
비밀등급 극비
문서종류 성명문(안)
공개구분 공개
내용 1954년 5월 25일 자 '한일회담 재개 제안 건' 문서 첨부물. 1954년 4월 20일 주미 한일 양국 대사가 한일회담 재개를 위해 발표키로 한 성명문(안). '1953년 10월 16일 구보타 대표의 비공식적, 즉석 발언이 오해를 불러일으켜 유감으로 생각함. 이 발언은 일본정부의 공식견해가 아니며 따라서 철회함. 일본정부는 양국의 교섭이 즉각 재개되기를 충심으로 희망하며, 샌프란시스코조약의 규정을 준수할 것임'이라는 내용임.
주제어 회담 재개 교섭

문서명	제목 없음

문서파일번호 1066
작성연월일 1954. 5. 24
구분 제3~4차 회담 사이
세부항목 회담 재개를 위한 성명문(안)에 대한 일본 견해
작성처 외무성 아시아국 제5과
매수 2
비밀등급 극비
문서종류 내부문서
공개구분 공개
내용 1954년 4월 20일 자 성명문(안)에 대한 일본 견해. 주요 내용은 '성명문(안)은 강화조약 제4조 해석에 관한 일본 입장에 영향을 미치지 않는다는 전제하에 수락 가능함. 한일 양국 정부가 청구권에 관한 종래의 법 이론적 견해를 고집하지 않고, 청구권 중 일부와 국유문화재 일부를 한국에 제공할 용의가 있음'임.
주제어 회담 재개 교섭

문서명	제목 없음

문서파일번호	1066
작성연월일	1954. 5. 24
구분	제3~4차 회담 사이
세부항목	회담 재개를 위한 성명문(안)에 대한 일본 견해
작성처	외무성 아시아국 제5과
매수	1
비밀등급	일반
문서종류	내부문서
공개구분	공개
내용	1954년 4월 20일 자 성명문(안)에 대한 일본 견해(안) 영문본
주제어	회담 재개 교섭

문서명	제목 없음

문서파일번호	1066
작성연월일	1954. 5. 27
구분	제3~4차 회담 사이
세부항목	회담 재개를 위한 성명문(안)에 대한 일본 견해
작성처	외무성 아시아국 제5과
매수	1
비밀등급	일반
문서종류	내부문서
공개구분	공개
내용	일본 견해(안)의 최종안 영문본. '성명문(안)은 강화조약 제4조 해석에 관한 일본 입장에 영향을 미치지 않는다는 전제하에 수락 가능함'이란 구절이 삭제됨.
주제어	회담 재개 교섭

대한관계 당면의 대처방침(안)
[対韓関係当面の対処方針(案)]

문서파일번호	1070
작성연월일	1954. 12. 20
구분	제3~4차 회담 사이
세부항목	대한국관계 당면 대책방침(안)
작성처	외무성
매수	25
비밀등급	
문서종류	내부문서
공개구분	공개
내용	대한국관계 당면 대책방침과 한일 문제에 관해 정리함.
주제어	대한국관계 당면 대책방침안

문서명	대한관계 당면의 대처방침(안) [対韓関係当面の対処方針(案)]

문서파일번호 1070
작성연월일 1954. 12. 20
구분 제3~4차 회담 사이
세부항목 대한국관계 당면 대책방침(안)
작성처 외무성 아시아국 제5과
매수 19
비밀등급 극비
문서종류 내부문서
공개구분 공개
내용 한일회담 재개 전망은 없고 오무라수용소, 어선 나포 등 당면 현안에 대한 개선 기미가 없음. 국제정세를 분석하고, 향후 기본방침에 대해 검토한 내용을 수록함.
주제어 한일관계 당면대책

문서명	한일 문제(日韓問題)

문서파일번호 1070
작성연월일 1954(월일 불명)
구분 제3~4차 회담 사이
세부항목 한일관계 현안
작성처
매수 6
비밀등급 극비
문서종류 내부문서
공개구분 공개
내용 ① 한일회담의 재개 문제 ② '이 라인'문제 ③ 오무라수용소에 수감 중인 한국인 문제에 대한 경위를 정리함.
주제어 한일관계 현안

한일 문제에 관한 아시아국장과 유 참사관의 회담(日韓問題に関しアジア局長と柳参事官との会談)

문서파일번호	1706
작성연월일	1954. 5. 13 - 1954. 12. 24
구분	제3~4차 회담 사이
세부항목	나카가와·유태하 회담
작성처	외무성 나카가와 국장
매수	77
비밀등급	
문서종류	회의록
공개구분	공개
내용	한일회담 재개 문제와 관련하여 나카가와 아시아국장과 유태하 참사관이 회담한 일련의 기록
주제어	한일회담 재개 협의

문서명	한일회담에 관한 유 참사관의 회담(日韓問題に関し柳参事官と会談の件)

문서파일번호 1706
작성연월일 1954. 5. 13
구분 제3~4차 회담 사이
세부항목 나카가와 · 유태하 회담
작성처 외무성 나카가와 국장
매수 13
비밀등급 극비
문서종류 회의록
공개구분 공개
내용 나카가와(中川融) 국장 · 유태하 참사관 회담 기록. 유 참사관이 일본이 구보타 발언을 철회할 의사가 있는지 묻자, 나카가와 국장은 구보타 발언을 철회하고 회담을 재개한 후, 청구권 문제에 대해서는 미국의 중개를 통해 해결했으면 하지만, 한국이 요구하고 있는 거액의 청구권에는 응할 의사가 없다고 답변함.
주제어 한일회담 재개 문제, 구보타 발언 철회 문제, 청구권

문서명	유 참사관 회담 건(柳参事官と会談の件)

문서파일번호 1706
작성연월일 1954. 7. 9
구분 제3~4차 회담 사이
세부항목 나카가와 · 유태하 회담
작성처 외무성 나카가와 국장
매수 8
비밀등급 극비
문서종류 회의록
공개구분 공개
내용 나카가와 국장 · 유태하 참사관 회담 기록. 유 참사관은 나카가와 국장에게 일본이 대국적 견지에서 문제를 해결할 의향이 있다는 것을 이승만 대통령에게 전달하자 그도 기뻐했고, 한국정세도 좋아졌으므로 문제들을 해결할 의향이 있다고 발언함.
주제어 한일회담 재개 문제

문서명	유 참사관 회담(柳参事官と会談の件)

문서파일번호 1706
작성연월일 1954. 8. 31
구분 제3~4차 회담 사이
세부항목 나카가와 · 유태하 회담
작성처 외무성 나카가와 국장
매수 6
비밀등급 극비
문서종류 회의록
공개구분 공개
내용 나카가와 국장 · 유태하 참사관 회담 기록. 유 참사관이 오무라수용소 문제가 타결된다면, 다른 문제들도 순차적으로 그렇게 되지 않겠는가라고 하자, 나카가와는 오무라수용소 문제에 대해 아직 답변할 단계가 아니라고 함.
주제어 재일한국인 석방 문제

문서명	유 참사관 회담(柳参事官と会談の件)

문서파일번호 1706
작성연월일 1954. 9. 14
구분 제3~4차 회담 사이
세부항목 나카가와 · 유태하 회담
작성처 외무성 나카가와 국장
매수 5
비밀등급 극비
문서종류 회의록
공개구분 공개
내용 나카가와 국장 · 유태하 참사관 회담 기록. 유 참사관은 일본 농림대신의 방한 문제와 관련해 한국의 대일 여론이 격화하고 있기 때문에 농림대신이 방한해도 여러 문제의 해결이 어려울 것이라고 언급함.
주제어 일본 농림대신 방한 문제

문서명	유 참사관 회담(柳参事官と会談の件)

문서파일번호 1706
작성연월일 1954. 9. 22
구분 제3~4차 회담 사이
세부항목 나카가와 · 유태하 회담
작성처 외무성 나카가와 국장
매수 14
비밀등급 극비
문서종류 회의록
공개구분 공개
내용 나카가와 국장 · 유태하 참사관 회담 기록. 유 참사관은 한일회담 재개에 대한 일본의 조건은 무엇인지 물었고, 나카가와는 이에 대해 구보타 발언을 철회할 용의가 있다는 것 등을 답변함.
주제어 한일회담 재개 문제

문서명	유 참사관 회담(柳参事官と会談の件)

문서파일번호 1706
작성연월일 1954. 10. 22
구분 제3~4차 회담 사이
세부항목 나카가와 · 유태하 회담
작성처 외무성 나카가와 국장
매수 14
비밀등급 극비
문서종류 회의록
공개구분 공개
내용 나카가와 국장 · 유태하 참사관 회담 기록. 유 참사관은 구보타 발언의 철회와 재한일본재산에 대한 청구권 포기가 회담의 전제조건이라고 말함. 이에 대해 나카가와 국장은 청구권의 일방적인 포기는 국민감정상 쉽지 않다며 먼저 비공식적으로 청구권 문제를 교섭해서 해결 전망이 나올 때, 회담을 재개하는 것이 어떤가라고 말함.
주제어 한일회담 재개 문제, 청구권(일본의 재한일본재산에 대한 청구권 포기)

문서명	유 참사관 회담(柳参事官と会談の件)

문서파일번호 1706
작성연월일 1954. 10. 29
구분 제3~4차 회담 사이
세부항목 나카가와 · 유태하 회담
작성처 외무성 나카가와 국장
매수 7
비밀등급 극비
문서종류 회의록
공개구분 공개
내용 나카가와 국장 · 유태하 참사관 회담 기록. 반일교육을 지시한 한국의 성명과 회담 재개에 관해 논의가 이루어짐.
주제어 한국의 반일교육, 한일회담 재개 문제

문서명	유 참사관 회담(柳参事官と会談の件)

문서파일번호 1706
작성연월일 1954. 10. 30
구분 제3~4차 회담 사이
세부항목 나카가와 · 유태하 회담
작성처 외무성 나카가와 국장
매수 4
비밀등급 극비
문서종류 회의록
공개구분 공개
내용 나카가와 국장 · 유태하 참사관 회담 기록. 유 참사관은 10월 29일 김용식 공사가 발언한 새로운 방식(new formula)과 관련, '일본은 평화조약의 규정을 준수한다는 취지를 밝히고 구체적으로 반환할 재산의 일부분을 미리 정해 두는 것'이 한국정부를 납득시킬 수 있는 한일회담 재개의 첫 번째 조건이라고 말함. 유 참사관은 회담 재개의 두 번째 조건은 재산권 문제에 대해서 일본이 재한재산에 대한 청구권을 포기한다는 성명을 발표할 수 있는지에 관한 것이라며 일본이 이를 수용할 수 있는지 물음. 나카가와 국장은 일본은 그런 약속은 힘들지만, 청구권 문제에 대해서 실질적인 협상은 가능하다고 답변함.

주제어 한일회담 재개 문제, 청구권(일본의 재한일본재산에 대한 청구권 포기)

문서명	한국대표부 유 참사관 회담(韓国代表部柳参事官と会談の件)

문서파일번호 1706
작성연월일 1954. 12. 24
구분 제3~4차 회담 사이
세부항목 나카가와 · 유태하 회담
작성처 외무성 나카가와 국장
매수 6
비밀등급 극비
문서종류 회의록
공개구분 공개
내용 나카가와 국장 · 유태하 참사관 회담 기록. 유 참사관은 구보타 발언 철회, 재한일본재산권 포기 등 한일회담 재개 조건에 대해 재확인함.
주제어 한일회담 재개 문제, 구보타 발언 철회 문제, 청구권(일본의 재한일본재산에 대한 청구권 포기)

구미1과장·유 참사관 회담
(欧米一課長·柳参事官会談)

문서파일번호	1707
문서명	구미1과장·유 참사관 회담(欧米一課長·柳参事官会談)
작성연월일	1954. 5. 31
구분	제3~4차 회담 사이
세부항목	구미1과장·유태하 오찬 회동
작성처	외무성 구미1과장
매수	7
비밀등급	비(秘)
문서종류	회의록
공개구분	일부비공개
내용	외무성 구미1과장과 유태하 참사관의 오찬 회동 기록. 유 참사관은 회담 재개 문제와 관련 이구치(井口貞夫) 주미대사로부터 연락이 있었는지 문의, 구미1과장은 담당이 아니라며 답변을 회피함. 구미1과장이 회담이 재개된 후 재차 결렬될 경우 양국 관계가 더욱 악화될 것이라고 하자 유 참사관은 이번에 회담 재개 시에는 타결이 이루어질 것으로 본다면서, 소인수 협의 방식을 통해 실질적인 진전을 도모하자는 나카가와(中川融) 국장의 안이 가장 좋을 것이라고 말함.
주제어	한일회담 재개 문제

오가타 부총리·유 참사관 회담
(緒方副総理·柳参事官会談)

문서파일번호	1708
문서명	오가타 부총리·유 참사관 회담(緒方副総理·柳参事官会談)
작성연월일	1954. 11. 5
구분	제3~4차 회담 사이
세부항목	오가타 부총리·유태하 회담
작성처	외무성 오쿠무라 차관
매수	2
비밀등급	비(秘)
문서종류	회의록
공개구분	공개
내용	1954년 11월 4일 오가타 다케도라(緒方竹虎) 부총리와 유태하 참사관 회담 기록. 유 참사관이 한일회담 재개 방식에 대해 우선 정식회의를 개최하고 바로 휴회한 후에 비공식회담을 열어 실질적인 논의를 하자는 제안을 함. 오가타 부총리는 그 안만으로는 일본의 종래의 생각을 바꿀 수 없다고 답변함.
주제어	한일회담 재개 문제

유 참사관 회담 1
(柳参事官と会談 その1)

문서파일번호	1670
작성연월일	1955. 1. 10 - 1955. 12. 31
구분	제3~4차 회담 사이
세부항목	나카가와·유태하 회담
작성처	외무성 나카가와 국장
매수	231
비밀등급	
문서종류	회의록, 내부자료
공개구분	일부비공개
내용	1955년 1월 10일~12월 31일까지 개최된 나카가와 아시아국장과 유태하 주일 대표부 참사관 회담 기록
주제어	한일회담 재개 협의, 상호 석방 문제

문서명	유 참사관 회담 건(柳参事官と会談の件)

문서파일번호 1670
작성연월일 1955. 1. 10
구분 제3~4차 회담 사이
세부항목 나카가와 · 유태하 회담
작성처 외무성 나카가와 국장
매수 8
비밀등급 극비
문서종류 회의록
공개구분 공개
내용 나카가와 국장 · 유태하 참사관 회담 기록. 유 참사관이 내방하여 오무라수용소 한국인 석방 문제에 대해 사의를 표명함. 한일회담 재개 조건인 구보타 발언 철회와 일본의 청구권 포기 성명에 대해 나카가와는 청구권 포기 성명은 발표할 수 없다는 것이 일본 입장이라고 언명함.
주제어 오무라 수용 한인 석방, 구보타 발언, 청구권

문서명	유 참사관 회담 건(柳参事官と会談の件)

문서파일번호 1670
작성연월일 1955. 2. 2
구분 제3~4차 회담 사이
세부항목 나카가와 · 유태하 회담
작성처 외무성 나카가와 국장
매수 6
비밀등급 극비
문서종류 회의록
공개구분 공개
내용 나카가와 국장 · 유태하 참사관 회담 기록. 유 참사관이 최근 한국 조종사가 불법 입국한 문제와 관련해 신병인수와 본인 면회를 요청함.
주제어 한국 조종사 불법 입국

문서명	유 참사관 회담 건(柳参事官と会談の件)

문서파일번호 1670
작성연월일 1955. 2. 9
구분 제3~4차 회담 사이
세부항목 나카가와 · 유태하 회담
작성처 외무성 나카가와 국장
매수 13
비밀등급 극비
문서종류 회의록
공개구분 공개
내용 나카가와 국장 · 유태하 참사관 회담 기록. 나카가와는 청구권 문제에 대해 궁극적으로는 숫자의 문제, 전문가의 작업을 빌려야 하지만 처음부터 전문가에게 맡겨두면 도저히 해결할 수 없고, 각 항목마다 이런 방식 또는 데이터로 해결한다는 대강을 수석대표 간에 극비리에 정해 두고 전문가로 하여금 구체적인 숫자를 계산시키는 것이 적당하다고 말함.
주제어 청구권

문서명	북한과의 물물교환설과 관련하여 유 참사관이 면담을 신청한 건(北鮮とのバーター取引説に関し柳参事官申入の件)

문서파일번호 1670
작성연월일 1955. 2. 17
구분 제3~4차 회담 사이
세부항목 나카가와 · 유태하 회담
작성처 외무성 나카가와 국장
매수 4
비밀등급 극비
문서종류 회의록
공개구분 공개
내용 나카가와 국장 · 유태하 참사관 회담 기록. 유 참사관이 금일 조간신문에 게재된 북한과의 무역교환설 진위를 묻자, 나카가와는 2~3명의 업자가 통산당국에 신청한 것은 사실이나 아직 정부허가를 받았다고 들은 바 없고, 외무성은 한일회담 재개가 논의되는 시점에서 적당하지 않다는 태도를 취하고 있다고 답변함.
주제어 북일 교역 문제

문서명	제목 없음

문서파일번호 1670
작성연월일 1955. 2. 17
구분 제3~4차 회담 사이
세부항목 나카가와 · 유태하 회담
작성처 외무성 나카가와 국장
매수 1
비밀등급 일반
문서종류 내부자료
공개구분 공개
내용 나카가와 · 유태하 면담 기록의 첨부물. 1955년 2월 17일 자 일본경제신문 기사. 북한과 최초로 교역, 북한으로부터 소두 200톤을 수입하고 어망 31만 톤을 수출, 계약 금액은 약 60만 달러임.
주제어 북일 교역 문제, 언론 보도

문서명	유 참사관 회담 건(柳参事官と会談の件)

문서파일번호 1670
작성연월일 1955. 2. 25
구분 제3~4차 회담 사이
세부항목 나카가와 · 유태하 회담
작성처 외무성 나카가와 국장
매수 5
비밀등급 극비
문서종류 회의록
공개구분 일부비공개
내용 나카가와 국장 · 유태하 참사관 회담 기록. 유 참사관이 밀입국 조종사 건에 대해 묻자, 나카가와는 2월 18일 기소되어 재판결과 징역형에 처해지면 복역 후 오무라수용소에 수용되어 한국에 송환될 것이라고 답변함. 유 참사관은 오무라 수용자는 순조롭게 송환되고 있어 제1차 수송은 2월 28일에 있을 것이라고 발언함.
주제어 밀입국 조종사 문제, 오무라 수용자 송환

문서명	한일 문제에 관한 유 참사관 회담(日韓問題に関する柳参事官の内話)

문서파일번호	1670
작성연월일	1955. 4. 11
구분	제3~4차 회담 사이
세부항목	나카가와·유태하 회담
작성처	외무성 나카가와 국장
매수	7
비밀등급	극비
문서종류	회의록
공개구분	공개
내용	나카가와 국장·유태하 참사관 회담 기록. 유 참사관은 하토야마(鳩山一郎) 수상이 기자들에게 대일평화조약에 의해 재한재산 청구권이 포기되었다는 입장을 표명했지만, 중의원에서 번복되고 있기 때문에 일본정부를 신뢰할 수 없다고 말함.
주제어	청구권, 재한일본재산 청구권 포기문제

문서명	유 참사관 회담 건(柳参事官と会談の件)

문서파일번호	1670
작성연월일	1955. 4. 12
구분	제3~4차 회담 사이
세부항목	나카가와·유태하 회담
작성처	외무성 나카가와 국장
매수	3
비밀등급	극비
문서종류	회의록
공개구분	공개
내용	나카가와 국장·유태하 참사관 회담 기록. 유 참사관은 히로시마(広島)형무소에서 취조 중인 한국 조종사에 대해 가능한 한 재판을 서둘러 줄 것을 요망함.
주제어	밀입국 조종사 문제

문서명	유 참사관 회담 건(柳参事官と会談の件)

문서파일번호 1670
작성연월일 1955. 4. 15
작성처 외무성 나카가와 국장
매수 4
비밀등급 극비
구분 제3~4차 회담 사이
세부항목 나카가와 · 유태하 회담
문서종류 회의록
공개구분 공개
내용 나카가와 국장 · 유태하 참사관 회담 기록. 한국 쌀의 일본 수출 문제와 관련, 업자가 본인에게 당초 CIF 175톤을 180~185톤까지 수입 가능할 것으로 본다고 하였다면서 이 문제를 외무성을 통해 확인하고 싶다고 함. 이에 나카가와 국장은 경제국에 전달하겠다고 답함.
주제어 한국 쌀 수입 문제

문서명	유 참사관 회담 건(柳参事官と会談の件)

문서파일번호 1670
작성연월일 1955. 4. 23
구분 제3~4차 회담 사이
세부항목 나카가와 · 유태하 회담
작성처 외무성 나카가와 국장
매수 4
비밀등급 극비
문서종류 회의록
공개구분 공개
내용 나카가와 국장 · 유태하 참사관 회담 기록. 유 참사관은 일본 식량청으로부터 업자에게 한국 쌀 CIF 180~185톤으로 타결하라는 지시가 있었다면서 외무성이 역할을 해 줄 것을 요청함. 나카가와 국장은 경제국에서 조사한 결과 아직 이야기가 마무리되지 않은 것 같다면서 외무성이 개입하기에는 이른 것으로 보인다는 견해를 표명함.
주제어 한국 쌀 수입 문제

문서명	유 참사관 회담 건(柳参事官と会談の件)

문서파일번호 1670
작성연월일 1955. 5. 23
구분 제3~4차 회담 사이
세부항목 나카가와 · 유태하 회담
작성처 외무성 나카가와 국장
매수 7
비밀등급 극비
문서종류 회의록
공개구분 공개
내용 나카가와 국장 · 유태하 참사관 회담 기록. 유 참사관은 밀입국 조종사의 재판을 서둘러 줄 것을 요청함. 나카가와 국장은 법무성에 한국의 희망이 전달되어 있다면서 사법권 독립 때문에 이 이상은 어렵다고 함. 유 참사관이 지난 주 한국군 소위 1명이 밀입국, 체포되었다면서 이 사람도 조기에 송환될 수 있기를 희망하자 나카가와는 아직 보고받지 못했다면서 조사해 보겠다고 함. 유 참사관은 한국 쌀 문제에 대해서도 외무성의 적극적 대응을 요청함.
주제어 한국군 밀입국자 송환 문제, 한국 쌀 수입 문제

문서명	유 참사관 회담 건(柳参事官と会談の件)

문서파일번호 1670
작성연월일 1955. 6. 2
구분 제3~4차 회담 사이
세부항목 나카가와 · 유태하 회담
작성처 외무성 나카가와 국장
매수 7
비밀등급 극비
문서종류 회의록
공개구분 공개

내용	나카가와 국장·유태하 참사관 회담 기록. 나카가와는 일본정부가 북한과 회담을 하면 한국과의 회담이 결렬된다는 사정은 하토야마 수상도 잘 알고 있다고 하자, 유 참사관은 한때 하토야마 수상의 말대로 한일관계가 타개될 거라는 희망을 가졌으나, 지금은 하토야마 내각은 용공내각이며, 한국에서 며칠 전에 반일 민간대회가 열렸다고 언급함.
주제어	북일관계

문서명	유 참사관 회담 건(柳参事官と会談の件)

문서파일번호	1670
작성연월일	1955. 6. 7
구분	제3~4차 회담 사이
세부항목	나카가와·유태하 회담
작성처	외무성 나카가와 국장
매수	6
비밀등급	극비
문서종류	회의록
공개구분	공개
내용	나카가와 국장·유태하 참사관 회담 기록. 유 참사관은 어제 중의원예산위원회에서 하토야마 수상이 '2개의 한국'을 언급하고, 일본의 민간인이 북한과 무역협정 체결 준비를 본격적으로 시작하고 있다고 보도한 일본 신문기사로 인해 한국의 여론이 악화되는 것이 우려된다고 언급함. 나카가와는 수상의 '2개의 한국'이라는 문제는 현재 존재하지 않는다는 취지였고, 시게미쓰(重光葵) 외상은 분명히 북한을 상대하는 것은 생각하지 않으며, 한국과의 국교정상화에 노력하고 있다고 해명함.
주제어	북일관계

문서명	유 참사관 전화 연락(柳参事官から電話連絡の件)

문서파일번호 1670
작성연월일 1955. 6. 11
구분 제3~4차 회담 사이
세부항목 나카가와 · 유태하 회담
작성처 외무성 나카가와 국장
매수 2
비밀등급 일반
문서종류 회의록(전화)
공개구분 공개
내용 나카가와 국장 · 유태하 참사관 전화 연락 기록. 유 참사관이 억류학생과 미성년자의 귀국 가능성을 공표하는 것은 곤란하고 비밀리에 알리는 것은 지장이 없다고 함.
주제어 억류자 송환

문서명	유 참사관 회담 건(柳参事官と会談の件)

문서파일번호 1670
작성연월일 1955. 7. 1
구분 제3~4차 회담 사이
세부항목 나카가와 · 유태하 회담
작성처 외무성 나카가와 국장
매수 11
비밀등급 극비
문서종류 회의록
공개구분 공개
내용 나카가와 국장 · 유태하 참사관 회담 기록. 나카가와가 한국의 상황을 묻자 유 참사관은 좋지 않다며, 그 원인은 하토야마 내각의 중공 접근정책과 북한에 관한 국회 발언이라고 언급함. 나카가와는 하토야마 수상이 김용식 공사에게도 말했듯이 한국과의 국교 타개에 악영향을 미치는 한 북한과 교섭할 생각은 없다는 생각은 강고하며, 민간에서의 북한과의 통상, 문화교류에 대한 논의가 있으나 외무성은 이를 배제하고 한국관계의 타개에 노력하고 있다고 답변함.
주제어 북일관계

문서명	유 참사관 회담 건(柳参事官と会談の件)

문서파일번호 1670
작성연월일 1955. 7. 7
구분 제3~4차 회담 사이
세부항목 나카가와 · 유태하 회담
작성처 외무성 나카가와 국장
매수 11
비밀등급 극비
문서종류 회의록
공개구분 공개
내용 나카가와 국장 · 유태하 참사관 회담 기록. 나카가와가 신문에 보도된 김용식 공사 귀임의 사실관계를 묻자 유 참사관은 신문이 과장 보도한 것이라 대응함. 유 참사관은 그제 하토야마 수상의 언급 내용 중 "북한과 무역은 한국과의 관계가 있으므로 시작하지 않는다"는 발언은 한국을 자극할 수 있다고 지적함. 나카가와는 하토야마 수상의 발언은 "북한과 어떠한 관계도 맺지 않는다"는 뜻이라고 설명함.
주제어 김용식 공사 이임설, 북일 문제

문서명	유 참사관 회담 건(柳参事官と会談の件)

문서파일번호 1670
작성연월일 1955. 7. 22
구분 제3~4차 회담 사이
세부항목 나카가와 · 유태하 회담
작성처 외무성 나카가와 국장
매수 7
비밀등급 극비
문서종류 회의록
공개구분 공개
내용 나카가와 국장 · 유태하 참사관 회담 기록. 나카가와는 유 참사관에게 북한에 있는 일본인 20~25명이 귀국을 희망하며, 한국적십자사의 협력이 필요하다고 요청함.
주제어 재북한일본인 귀환 문제

문서명	유 참사관 회담 건(柳参事官と会談の件)

문서파일번호 1670
작성연월일 1955. 7. 27
구분 제3~4차 회담 사이
세부항목 나카가와 · 유태하 회담
작성처 외무성 나카가와 국장
매수 8
비밀등급 극비
문서종류 회의록
공개구분 공개
내용 1955년 7월 22일 나카가와 국장 · 유태하 참사관 회담 기록. 유 참사관은 8월 5일부터 히로시마에서 열리는 원폭반대대회에 북한 대표자 참석 문제와 관련, 그 입국을 허가하지 않도록 요청함. 나카가와는 입국을 허가할 생각이 없다고 답변하는 한편, 억류어부의 석방 건에 대해 질의함. 유 참사관은 65명이 석방될 예정이고 재북일본인 귀국에 한국적십자사가 협력하는 건은 본국에 조회 중이라고 답변함.
주제어 북한대표 방일 문제, 일본인어부 석방, 재북한 일본인 귀환 문제

문서명	유 참사관 회담 건(柳参事官と会談の件)

문서파일번호 1670
작성연월일 1955. 8. 2
구분 제3~4차 회담 사이
세부항목 나카가와 · 유태하 회담
작성처 외무성 나카가와 국장
매수 6
비밀등급 극비
문서종류 회의록
공개구분 공개
내용 나카가와 국장 · 유태하 참사관 회담 기록. 유 참사관은 국회에 히로시마 원폭대회에 공산권 대표 참가를 인정해 달라는 요망이 있는데, 북한의 출석을 인정할 것인지 문의하자, 나카가와는 중공의 참가는 인정하지만 북한의 참가는 거부할 방침이라고 답변함.
주제어 북한대표 방일 문제

문서명	유 참사관 회담 건(柳参事官と会談の件)

문서파일번호 1670
작성연월일 1955. 8. 12
구분 제3~4차 회담 사이
세부항목 나카가와 · 유태하 회담
작성처 외무성 나카가와 국장
매수 10
비밀등급 극비
문서종류 회의록
공개구분 일부비공개
내용 나카가와 국장 · 유태하 참사관 회담 기록. 나카가와는 최근 이승만 라인에서의 일본인어부 나포가 다시 발생하고 있다면서 수용소에서 형기를 마친 사람들을 억류하는 것은 이해하기 힘들며, 국회에서 공격을 받으므로 조속히 귀환시키기를 요청함. 유 참사관은 7척의 나포 건은 통보받지 못했으며, 억류어민의 귀환에 관해 본국에 제기했으나 그 후 연락이 없다고 답변함.
주제어 일본 어부 송환, 어선 나포

문서명	유 참사관 회담 건(柳参事官と会談の件)

문서파일번호 1670
작성연월일 1955. 8. 20
구분 제3~4차 회담 사이
세부항목 나카가와 · 유태하 회담
작성처 외무성 나카가와 국장
매수 11
비밀등급 극비
문서종류 회의록
공개구분 일부비공개
내용 나카가와 국장 · 유태하 참사관 회담 기록. 유 참사관은 한국의 대일경제 단교조치(8월 17일)에 놀랐다면서 사실관계를 조회 중이라고 함. 유 참사관은 관련하여 언론보도(이승만 정부 타도운동, 내년 선거 시 이승만 타도, 한국이 인적 교류 금지, 무역 금지, 청구권과의 관계 등)에 불만을 표함. 나카가와는 한국 공보처장의 성명과 경제 단교조치는 어떠한 설명도 없이 이루어진 조치로 일본인들이 모두 어이없어 한다고 함.
주제어 한국의 대일경제 단교조치

문서명	유 참사관 회담 건(柳参事官と会談の件)

문서파일번호 1670
작성연월일 1955. 9. 9
구분 제3~4차 회담 사이
세부항목 나카가와 · 유태하 회담
작성처 외무성 나카가와 국장
매수 15
비밀등급 극비
문서종류 회의록
공개구분 공개
내용 나카가와 국장 · 유태하 참사관 회담 기록. 한국에서 귀국한 유 참사관에게 나카가와가 한국의 분위기를 묻자, 일본 어민에 대해 오무라수용소의 수용자 중 재일한국인을 석방하는 것을 조건으로 일본 어민을 귀환시키도록 이승만 대통령에게 진언했으나, 오사카형무소 한국인 수감자 사망 사건과 북한 간첩단 사건, 이 두 가지 뉴스가 본국의 감정을 자극해 걱정하고 있다고 답변함. 나카가와는 오사카형무소 건에 대해서는 한국대표부로부터 구상서를 받아 현재 목하 조사 중이라고 전함.
주제어 억류자 상호 석방, 오사카 수용 한국인 사망 문제

문서명	유 참사관 회담 건(柳参事官と会談の件)

문서파일번호 1670
작성연월일 1955. 9. 22
구분 제3~4차 회담 사이
세부항목 나카가와 · 유태하 회담
작성처 외무성 나카가와 국장
매수 8
비밀등급 극비
문서종류 회의록
공개구분 공개
내용 나카가와 국장 · 유태하 참사관 회담 기록. 유 참사관은 5월 일본에 밀입국, 수용 중

이던 한국군 장교가 최근 석방된 것으로 들어 입국관리국에 확인하니 가석방되었다고 하면서, 이는 상호 송환 문제에 영향을 끼칠 수 있는 사안이라고 언급함. 나카가와는 모르고 있었다면서 밀입국자라도 형사상 범죄자에 해당하는 자는 형을 마치지 않으면 오무라수용소에 보내지지 않으며, 일본에 가족이 있는 경우는 특별히 일본체류가 허용되는 경우가 있다고 말함. 나카가와는 부산 억류 중인 일본인어부의 건이 여하히 진행되는지 문의, 유 참사관은 오무라에 수용 중인 한인 송환 문제와 관련이 있다고 답변함.

주제어 밀입국 장교 가석방, 억류자 상호 석방

문서명	유 참사관 회담 건(柳参事官と会談の件)

문서파일번호 1670

작성연월일 1955. 10. 22

구분 제3~4차 회담 사이

세부항목 나카가와 · 유태하 회담

작성처 외무성 나카가와 국장

매수 10

비밀등급 극비

문서종류 회의록

공개구분 공개

내용 나카가와 국장 · 유태하 참사관 회담 기록. 유 참사관은 북한과의 무역 문제에 관해 외무성 발표가 있어서 안심했고, 본국에도 알렸다며 오무라수용소 문제에 대해 문의함. 나카가와는 법무성과 협의하고 있으나 어렵고 복잡하다고 한 뒤, 패전 이전부터의 재일한국인 60~70만의 국적 문제에 대해 한일 간 협정이 없어도 일본은 외국인으로 대우해 왔고 한국도 재일한국인이 한국인이라는 대전제하에 한일회담에서 논의해 왔으며, 협정은 체결되지 않았지만 국제관례상 악질적인 자에 대해서는 한국이 인수하는 것은 당연하다는 점을 언급함.

주제어 북일관계, 오무라 수용 한인 송환 문제

문서명	유 참사관 회담 건(柳参事官と会談の件)

문서파일번호 1670
작성연월일 1955. 11. 5
구분 제3~4차 회담 사이
세부항목 나카가와 · 유태하 회담
작성처 외무성 나카가와 국장
매수 3
비밀등급 극비
문서종류 회의록
공개구분 공개
내용 나카가와 국장 · 유태하 참사관 회담 기록. 유 참사관은 한국산 김 수입에 대해 11월 1일에 오사카항에 입하하기로 했으나 수입이 중지되어 곤란하며, 수입허가 기간은 월말로 아직 시간이 있으니 수입할 수 있도록 해달라고 요청함. 나카가와은 경제국에 전달하겠다고 답변함.
주제어 한국 김 일본 수입 문제

문서명	유 참사관과 전화 연락 건(柳参事官と電話連絡の件)

문서파일번호 1670
작성연월일 1955. 11. 22
구분 제3~4차 회담 사이
세부항목 나카가와 · 유태하 회담
작성처 외무성 나카가와 국장
매수 5
비밀등급 극비
문서종류 회의록(전화)
공개구분 공개
내용 나카가와 국장 · 유태하 참사관 전화 연락 기록. 유 참사관이 오무라수용소 문제에 대한 일본정부의 방침을 묻자, 나카가와는 복잡한 문제로 아직 논의하지 못했으나 가능한 빨리 지난번 협의한 선에서 논의하겠다고 답변함.
주제어 오무라 수용 한인 송환 문제

문서명	유 참사관 회담 건(柳参事官と会談の件)

문서파일번호 1670
작성연월일 1955. 12. 7
구분 제3~4차 회담 사이
세부항목 나카가와 · 유태하 회담
작성처 외무성 나카가와 국장
매수 7
비밀등급 극비
문서종류 회의록
공개구분 공개
내용 나카가와 국장 · 유태하 참사관 회담 기록. 나카가와는 최근 한국에서 귀국한 유 참사관에게 한국군의 포격 성명에 의해 야기된 사태에 관해 한국의 분위기는 어떠한지 질문함. 유 참사관은 이승만 대통령도 성명에 대해 전혀 모르고 있었으며, 직접 연합참모본부총장을 만났더니 일본 방위청장관이 "필요하면 '이 라인'에 출어하는 어선을 호위할 용의가 있고 해전이 벌어지면 이길 자신이 있다"고 해서 이에 대응하는 의미로 "그 경우에는 일전도 불사하겠다"는 취지에서 성명이 나온 것이었다고 답변함.
주제어 한국군의 포격 성명

문서명	유 참사관 회담 건(柳参事官と会談の件)

문서파일번호 1670
작성연월일 1955. 12. 14
구분 제3~4차 회담 사이
세부항목 나카가와 · 유태하 회담
작성처 외무성 나카가와 국장
매수 10
비밀등급 극비
문서종류 회의록
공개구분 공개

내용	나카가와 국장·유태하 참사관 회담 기록. 유 참사관은 오무라수용소 건은 신문 보도와 같이 법무성과 의견 일치가 안 됐냐고 질문하자, 나카가와는 법무성이 완고해서 의견일치를 보지 못했지만 방치할 수 없는 인도 문제로, 조속히 해결하고 싶다면서 외무성안을 설명함. 유 참사관은 외무성안으로는 김용식 공사, 하나무라(花村四郎) 법무상과의 회담 때문에 정부가 동의하지 않을 것이라며, 신문에서도 외무성이 완고한 법무성을 설득하고 있다고 보도하였으나, 대통령에게 설명한 것보다 완만한 선에서 협의가 이루어졌다고 발표되어 자신의 입장이 곤란해졌고, 한국에서 호외로 보도되어 하나무라 법무상이 철회했지만 한국정부 내의 분위기는 그로 인해 악화되었다고 전함.
주제어	오무라 수용 한인 송환 문제

문서명	유 참사관과 전화 연락(柳参事官と電話連絡の件)

문서파일번호	1670
작성연월일	1955. 12. 15
구분	제3~4차 회담 사이
세부항목	나카가와·유태하 회담
작성처	외무성 나카가와 국장
매수	3
비밀등급	극비
문서종류	회의록(전화)
공개구분	공개
내용	나카가와 국장·유태하 참사관 전화 연락 기록. 유 참사관은 금일 가가와(賀川豊彦)* 씨와 만나 이대통령 회견 건에 대해 이야기했고, 가가와 씨 회담 내용은 파우치로 대통령에게 보고한다고 전함.
주제어	가가와의 이승만 회견 건

* 가가와 토요히코(1888~1960), 일본의 기독교 사회운동가 겸 목사, 전전 일본의 노동운동, 농민운동, 생활협동조합운동 등에 중요한 역할을 하였으며 일본농민조합을 창설하였음.

문서명	유 참사관 회담 건(柳参事官と会談の件)

문서파일번호 1670
작성연월일 1955. 12. 20
구분 제3~4차 회담 사이
세부항목 나카가와 · 유태하 회담
작성처 외무성 나카가와 국장
매수 8
비밀등급 극비
문서종류 회의록
공개구분 공개
내용 나카가와 국장 · 유태하 참사관 회담 기록. 나카가와는 일본정부는 재산권을 주장할 생각이 없으나, 한국도 이 사실을 고려하여 대일청구권을 가감할 필요가 있다면서, 이를 위해 금년 봄에 중단된 다니 · 김용식 회담의 재개에 관한 한국 입장을 문의함. 유 참사관은 재산권 문제는 한국이 국회를 앞두고 있기 때문에 곤란한 문제라고 답변함.
주제어 청구권

문서명	유 참사관 회담 건(柳参事官と会談の件)

문서파일번호 1670
작성연월일 1955. 12. 26
구분 제3~4차 회담 사이
세부항목 나카가와 · 유태하 회담
작성처 외무성 나카가와 국장
매수 5
비밀등급 극비
문서종류 회의록
공개구분 공개
내용 1955년 12월 20일 나카가와 국장 · 유태하 참사관 회담 기록. 나카가와는 지난번 이야기한 선에서 작성한 억류자 상호 석방에 관한 일본안을 제시하고 그 안에 대해 논의함.
주제어 억류자 상호 석방

문서명	제목 없음

문서파일번호	1670
작성연월일	1955. 12. 26
구분	제3~4차 회담 사이
세부항목	나카가와 · 유태하 회담
작성처	외무성 나카가와 국장
매수	2
비밀등급	극비
문서종류	내부자료
공개구분	공개
내용	나카가와 · 유태하 전화회담 기록 첨부1. 억류자 상호 석방에 관해 일본이 작성한 안 영문본
주제어	억류자 상호 석방

문서명	제목 없음

문서파일번호	1670
작성연월일	1955. 12. 26
구분	제3~4차 회담 사이
세부항목	나카가와 · 유태하 회담
작성처	외무성 나카가와 국장
매수	2
비밀등급	극비
문서종류	내부자료
공개구분	공개
내용	나카가와 · 유태하 전화회담 기록 첨부 2. 억류자 상호 석방에 관해 일본이 작성한 안. 한국에 수용 중인 일본인어부 석방, 일본에 수용 중인 재일한국인 형사사범의 가석방 등 다섯 가지 항목이 그 내용임.
주제어	억류자 상호 석방

문서명	유 참사관 회담 건(柳参事官と会談の件)

문서파일번호 1670
작성연월일 1955. 12. 27
구분 제3~4차 회담 사이
세부항목 나카가와·유태하 회담
작성처 외무성 나카가와 국장
매수 7
비밀등급 극비
문서종류 회의록
공개구분 일부비공개
내용 나카가와 국장·유태하 참사관 회담 기록. 유 참사관은 김 공사 및 정부와 협의한 결과에 따라, '일본은 오무라수용소의 패전 이전부터의 재일한국인을 즉시 석방한다, 한국은 부산 외국인 수용소의 억류 일본인어부를 즉시 석방한다, 한국은 밀입국자를 인수한다'라는 한국 제안내용을 전함. 이와 관련한 석방 규모와 일시, 방법에 대해 논의가 이어짐.
주제어 억류자 상호 석방

문서명	유 참사관과의 전화 연락(柳参事官と電話連絡の件)

문서파일번호 1670
작성연월일 1955. 12. 27
구분 제3~4차 회담 사이
세부항목 나카가와·유태하 회담
작성처 외무성 나카가와 국장
매수 1
비밀등급 극비
문서종류 회의록(전화)
공개구분 공개
내용 1955년 12월 27일 오후 나카가와 국장·유태하 참사관 전화 연락 기록. 유 참사관은 이날 오전 회담에서 전달한 한국 제안과 관련하여 자신이 노력하였음을 일본이 이해해 줄 것을 요청함.
주제어 억류자 상호 석방

문서명	유 참사관 전화 연락 건(柳参事官と電話連絡の件)

문서파일번호 1670
작성연월일 1955. 12. 29
구분 제3~4차 회담 사이
세부항목 나카가와 · 유태하 회담
작성처 외무성 나카가와 국장
매수 2
비밀등급 극비
문서종류 회의록(전화)
공개구분 공개
내용 나카가와 국장 · 유태하 참사관 전화 연락 기록. 나카가와가 상호 석방 관련 그 후의 진전에 대해 묻자 유 참사관은 12월 31일 다시 연락하자고 함.
주제어 억류자 상호 석방

문서명	유 참사관 전화 연락 건(柳参事官と電話連絡の件)

문서파일번호 1670
작성연월일 1955. 12. 31
구분 제3~4차 회담 사이
세부항목 나카가와 · 유태하 회담
작성처 외무성 나카가와 국장
매수 2
비밀등급 극비
문서종류 회의록(전화)
공개구분 공개
내용 나카가와 국장 · 유태하 참사관 전화 연락 기록. 유 참사관은 금일 외무부로부터 연락이 있었다면서 일본안과는 거리가 있으며, 1월에 다시 이야기하자고 함.
주제어 억류자 상호 석방

한일관계의 타개에 대해서
(日韓関係の打開について)

문서파일번호	1248
문서명	한일관계의 타개에 대해서(日韓関係の打開について)
작성연월일	1955. 1. 21
구분	제3~4차 회담 사이
세부항목	한일관계 경색 국면 타개방안
작성처	외무성 나카가와 국장
매수	13
비밀등급	극비
문서종류	내부문서
공개구분	일부비공개
내용	외무성 나카가와 아시아국장이 한일관계의 경색국면을 타개하기 위한 방안을 정리한 문서. ① 한일회담 결렬 원인 ② 이른바 '청구권 문제' ③ 회담 결렬 후의 경위 ④ 금후의 방침 ⑤ 독도 문제 항목으로 정리되어 있음. 청구권 문제에 대한 법리적 해석의 차이 때문에 한일회담이 재개되지 않는다고 지적하고 향후 방침으로 구일본재산의 청구권을 주장하는 기존 해석을 변경할 것을 제안함.
주제어	한일관계 경색 국면 타개방안

한일관계 조정 건
(日韓関係の調整に關する件)

문서파일번호	1257
문서명	한일관계 조정 건(日韓関係の調整に關する件)
작성연월일	1955. 2. 24
구분	제3~4차 회담 사이
세부항목	한일관계 조정 관련 일본 방침
작성처	외무성
매수	8
비밀등급	극비
문서종류	내부문서
공개구분	일부비공개
내용	한일관계의 조정과 관련한 일본 방침을 정리한 문서. 기본 목적, 한국을 둘러싼 정세, 방침 및 요령 항목으로 정리되어 있음.
주제어	한일관계 조정 관련 일본 방침

한일회담 재개 건
(日韓会談再開に関する件)

문서파일번호	1671
작성연월일	1955. 1. 17 - 1955. 3. 26
구분	제3~4차 회담 사이
세부항목	다니 대사·김용식 회담
작성처	외무성
매수	49
비밀등급	
문서종류	내부문서, 회의록, 내부자료
공개구분	공개 또는 일부비공개
내용	한일회담 재개와 관련하여 1955년 1월 17일~3월24일까지 개최된 다니 대사와 김용식 공사 회담 기록
주제어	한일회담 재개 관련 협의

문서명	한일회담 재개 건(日韓会談再開に関する件)

문서파일번호 1671
작성연월일 1955. 1. 17
구분 제3~4차 회담 사이
세부항목 다니 대사 · 김용식 회담
작성처 외무성
매수 2
비밀등급 일반
문서종류 내부문서
공개구분 공개
내용 외무대신이 김용식 공사와 첫 접견 시 김 공사의 요청에 따라 대신은 한일회담 재개를 위해 일본 대표로 다니 대사를 지명, 19일 김 공사는 다니 대사를 내방, 한일 간 현안 해결을 위해 비공식회담을 갖기로 함.
주제어 한일회담 재개 협의 일본 대표 지명

문서명	다니 대사·김 공사 회담(제1회)[谷大使·金公使会談の件(第一回)]

문서파일번호 1671
작성연월일 1955. 1. 29
구분 제3~4차 회담 사이
세부항목 다니 대사 · 김용식 공사 회담
작성처 외무성 나카가와 국장
매수 15
비밀등급 극비
문서종류 회의록
공개구분 일부비공개
내용 다니 대사 · 김용식 공사 제1회 회담 기록. 한일 간 현안을 확인하고 다니 대사는 구보타 발언에 대한 성명은 문제가 없지만, 청구권에 대해서도 한일 간에 양해가 이루어진다면 적극 고려해 보겠다고 언급함.
주제어 구보타 발언 철회, 청구권, 억류자 석방

문서명	제목 없음

문서파일번호 1671
작성연월일 1955. 1. 27
구분 제3~4차 회담 사이
세부항목 다니 대사 · 김용식 회담
작성처 외무성
매수 2
비밀등급 극비
문서종류 내부문서
공개구분 일부비공개
내용 한일회담 재개를 위한 각 현안별 일본 견해. 주요 내용은 구보타 발언(한국을 형제로 생각하는 근본방침에 따라 처음부터 없었던 것으로 간주), 청구권의 상호 포기(내용 먹칠), 어업 문제(한국어민의 견지에서 어업자원 보존을 위해 협력), 재일한국인 국적 처우 문제(한국인 보호방침에 따라 정리 해결), 선박 문제(이전 협의 선에서 대응), 기본조약(경제 및 문화 교류, 양국의 공존공영에 유의), 일본의 불가침조약 고려, 독도 문제는 현안 해결에 누를 끼치지 않도록 별도로 협의 등
주제어 구보타 발언 철회, 청구권, 어업, 재일한국인 법적지위, 선박 반환, 기본조약, 불가침

문서명	다니 대사·김 공사 회담(제2회) [谷大使·金公使会談(第二回)]

문서파일번호 1671
작성연월일 1955. 2. 1
구분 제3~4차 회담 사이
세부항목 다니 대사 · 김용식 회담
작성처 외무성 나카가와 국장
매수 4
비밀등급 극비
문서종류 회의록
공개구분 일부비공개
내용 다니 대사 · 김용식 공사 제2회 회담 기록. 다니 대사는 불가침조약에 대해서 한미

일 3국공동성명으로 하며, 구보타 발언은 철회하고 청구권 문제는 성명의 형태가 아니어도 좋으나 주고받는 식(give and take)의 형태는 불가능함. 그리고 국적 문제는 지난 한일회담 선에서 협의해 나갈 것이며, 어업과 선박에 대해서도 협의해서 해결할 것을 제안함.

주제어 불가침조약, 구보타 발언 철회, 청구권, 어업, 재일한국인 법적지위, 선박 반환, 기본조약

문서명	다니 대사·김 공사 회담(제3회)[谷大使·金公使会談(第三回)]

문서파일번호 1671
작성연월일 1955. 2. 4
구분 제3~4차 회담 사이
세부항목 다니 대사 · 김용식 회담
작성처 외무성 나카가와 국장
매수 10
비밀등급 극비
문서종류 회의록
공개구분 공개
내용 다니 대사 · 김용식 공사 제3회 회담 기록. 김 공사는 하토야마 수상이 이승만 대통령과 회견해도 좋다고 한 이야기를 들었다면서 이 대통령도 이와 관련해 성명을 발표한 적이 있다고 함. 다니 대사는 그제 앨리슨 주일미국대사를 만났을 때 김 공사로부터 3국 공동선언안에 관해 들었고, 본국에 청훈하겠다고 했다며, 일본의 3국 공동선언안을 제시함. 김 공사도 한국안이 있다며 미국 의견도 함께 절충해서 안을 작성하기로 함.
주제어 한미일 3국 공동선언

문서명	다니 대사·김 공사 회담(제4회)[谷大使·金公使と会談の件(第四回)]

문서파일번호 1671
작성연월일 1955. 2. 17
구분 제3~4차 회담 사이
세부항목 다니 대사 · 김용식 회담
작성처 외무성 나카가와 국장
매수 4
비밀등급 극비
문서종류 회의록
공개구분 공개
내용 다니 대사 · 김용식 공사 제4회 회담 기록. 김 공사는 일시 귀국 시 이승만 대통령을 만나 일본과의 회담 경위 등을 설명하였으며(중간에 외무장관 합석), 이 대통령도 그 선에서 추진해 보라 했다고 설명함. 다니 대사는 공동선언 관련 주일, 주한미대사도 찬성의 뜻을 표했다면서 일본안을 전달함. 다니 대사는 청구권 문제를 연구 중인데 복잡한 문제가 있어 아직 안이 나오지 않았다고 함.
주제어 한미일 공동선언, 청구권

문서명	다니 대사·김 공사 회담(제5회)[谷大使·金公使会談(第五回)]

문서파일번호 1671
작성연월일 1955. 2. 28
구분 제3~4차 회담 사이
세부항목 다니 대사 · 김용식 회담
작성처 외무성 나카가와 국장
매수 3
비밀등급 극비
문서종류 회의록
공개구분 공개
내용 다니 대사 · 김용식 공사 제5회 회담 기록. 김 공사는 지난번 다니 대사가 제시한 3국 공동선언안의 문구를 수정한 안을 제출함.
주제어 한미일 3국 공동선언

문서명	한미일 3국 공동선언안(Draft Joint Declaration by Japan, the United States of America and the Republic of Korea)

문서파일번호 1671
작성연월일 1955. 2. 8
구분 제3~4차 회담 사이
세부항목 다니 대사 · 김용식 회담
작성처 외무성
매수 3
비밀등급 일반
문서종류 회의자료
공개구분 공개
내용 일본이 작성한 한미일 3국 공동선언(안) 영문본
주제어 한미일 3국 공동선언

문서명	다니 대사·김 공사 회담(제6회) [谷大使·金公使会談(第六回)]

문서파일번호 1671
작성연월일 1955. 3. 9
구분 제3~4차 회담 사이
세부항목 다니 대사 · 김용식 회담
작성처 외무성
매수 2
비밀등급 일반
문서종류 회의록
공개구분 공개
내용 다니 대사 · 김용식 공사 제6회 회담 기록. 3국 공동선언안의 문구 수정을 논의함.
주제어 한미일 3국 공동선언

문서명	공동선언(Joint Declaration)

문서파일번호 1671
작성연월일 1955. 3. 2
구분 제3~4차 회담 사이
세부항목 다니 대사 · 김용식 회담
작성처 한국대표부
매수 2
비밀등급 극비
문서종류 회의자료
공개구분 공개
내용 한국이 수정한 한미일 3국 공동선언(안) 영문본
주제어 한미일 3국 공동선언

문서명	일본 수정제의안(Japanese Counterproposal)

문서파일번호 1671
작성연월일 1955. 3. 2
구분 제3~4차 회담 사이
세부항목 다니 대사 · 김용식 회담
작성처 외무성
매수 1
비밀등급 극비
문서종류 회의자료
공개구분 공개
내용 한미일 3국 공동선언 일본의 재수정안 영문본
주제어 한미일 3국 공동선언

문서명	다니 대사·김 공사 회담(제7회)[谷大使·金公使会談(第七回)]

문서파일번호	1671
작성연월일	1955. 3. 26
구분	제3~4차 회담 사이
세부항목	다니 대사 · 김용식 회담
작성처	외무성
매수	1
비밀등급	일반
문서종류	회의록
공개구분	공개
내용	다니 대사 · 김용식 공사 제7회 회담 기록. 김 공사는 3국 공동선언에서 일국이 타국에게 공격받을 경우, 미국이 원조한다는 내용을 규정할 것을 제안함.
주제어	한미일 3국 공동선언

문서명	합의의사록 제안(Proposed Agreed Minutes)

문서파일번호	1671
작성연월일	1955. 3. 24
구분	제3~4차 회담 사이
세부항목	다니 대사 · 김용식 회담
작성처	한국대표부
매수	1
비밀등급	극비
문서종류	회의자료
공개구분	공개
내용	1955년 3월 26일 회의에서 김용식 공사가 수정 제의한 한미일 3국 공동선언 합의의사록 영문본
주제어	한미일 3국 공동선언

유 참사관, 정무차관 내방
(柳参事官、政務次官来訪に関する件)

문서파일번호	1672
문서명	유 참사관, 정무차관 내방(柳参事官、政務次官来訪に関する件)
작성연월일	1955. 3. 26
구분	제3~4차 회담 사이
세부항목	정무차관·유태하 회담
작성처	외무성 아시아국 제5과
매수	2
비밀등급	극비
문서종류	회의록
공개구분	공개
내용	1955년 8월 1일 정무차관과 유태하 참사관 회담 기록. 7월 30일 국회에서의 원폭금지세계대회 대표단 입국 문제에 관한 정무차관의 답변에 관해 유 참사관이 질문하자, 정무차관은 중공 대표의 입국은 인정하지만 북한 대표의 입국은 인정하지 않으니 걱정하지 말라고 답변함.
주제어	북일관계

재한일본재산 포기와 구보타 발언 철회에 대해서 -한일회담 재개 2가지 조건의 문제점-(在韓日本財産の放棄と久保田発言の撤回について-日韓会談再開の二条件の問題点-)

문서파일번호	1259
문서명	재한일본재산의 포기와 구보타 발언의 철회에 대해서 - 한일회담 재개 2가지 조건의 문제점 - (在韓日本財産の放棄と久保田発言の撤回について - 日韓会談再開の二条件の問題点 -)
작성연월일	1955. 7. 20
구분	제3~4차 회담 사이
세부항목	한일회담 재개 조건, 재한일본재산, 구보타 발언
작성처	외무성 아시아국
매수	16
비밀등급	극비
문서종류	내부문서
공개구분	일부비공개
내용	한국이 요구하는 한일회담 재개의 두 가지 조건(재한일본재산의 포기 및 구보타 발언 철회)에 대해 일본의 견해를 정리한 문서
주제어	한일회담 재개조건

한일회담 경위
(日韓会談の経緯)

문서파일번호	481
문서명	한일회담 경위(日韓会談の経緯)
작성연월일	1955. 1. 31
구분	예비회담~제3차 회담 사이
세부항목	회담 경위
작성처	외무성 아시아국 제5과
매수	167
비밀등급	극비
문서종류	내부자료
공개구분	공개
내용	예비회담~제3차까지 한일회담 경위, 회담 결렬, 회담 재개에 관한 미국의 주선, 이구치(井口貞夫)·양유찬 대표 협의, 나카가와 국장·유태하 참사관 회담 내용 등이 정리되어 있음. 부속문서로는 '한일회담 개요'(문서파일번호 477)와 '제2차 한일회담 개요'(문서파일번호 479)가 첨부되어 있음.
주제어	기본관계, 청구권, 어업, 재일한국인 법적지위, 선박 반환

한일회담 경위(2)
[日韓会談の経緯(その二)]

문서파일번호	482
문서명	한일회담 경위(2)[日韓会談の経緯(その二)]
작성연월일	1955. 10. 15
구분	예비회담~제3차 회담 사이
세부항목	회담 중단기의 교섭 경위
작성처	외무성 아시아국 제5과
매수	40
비밀등급	극비
문서종류	내부자료
공개구분	일부비공개
내용	제3차 한일회담 결렬 후 1954년 12월~1955년 10월까지 한일 간에 이루어진 교섭 경위를 정리한 자료. 다니 대사·김용식 공사 회담, 한국정부의 대일태도 악화, 한국의 대일강경조치(어선 나포), 국교조정 문제의 정체 등에 관해 기술함.
주제어	일본 어선 나포, 국교조정 문제

한일회담 경위(3)
[日韓会談の経緯(その三)]

문서파일번호	484
문서명	한일회담 경위(3)[日韓会談の経緯(その三)]
작성연월일	1956. 8. 5
구분	제3~4차 회담 사이
세부항목	한일회담 중단기의 교섭 경위, 한일관계
작성처	외무성 아시아국 제1과
매수	116
비밀등급	극비
문서종류	내부자료
공개구분	일부비공개
내용	1955년 10월~1956년 8월까지 회담 중단기에 한일 간, 미일 간에 진행된 교섭 내용, 한일관계의 악화 상황 등에 관해 정리한 자료. 억류자 석방 문제의 부진[하나무라(花村四郎) 법무대신·김용식 공사 회담], 한국 연합참모본부의 일본 어선 포격침 성명, 억류자 문제에 관한 협의[나카가와 아시아국장·유태하 공사 회담], 가가와 도요히코(賀川豊彦)* 씨 방한 문제의 경위, 한일 문제에 관한 일미 간의 절충, 덜레스 장관의 한일양국 방문, 억류자 석방 문제에 관한 협의([시게미쓰 외무대신·김용식 공사 회담), 억류자 석방에 관한 협의 결렬 후의 상황 등이 기술되어 있음. 샌프란시스코 대일평화조약 제4조에 관한 미국 견해 관련 문서 등이 첨부됨.
주제어	억류자 상호 석방, 일본 어선 포격 성명, 대일평화조약 제4조 해석 미국 각서

* 가가와 도요히코(賀川豊彦, 1888~1960), 일본의 기독교 사회운동가 겸 목사, 전전 일본의 노동운동, 농민운동, 생활협동조합운동 등에 중요한 역할을 하였으며, 일본농민조합을 창설하였음.

한일관계 그 후의 상황
(日韓関係その後の状況)

문서파일번호	483
문서명	한일관계 그 후의 상황(日韓関係その後の状況)
작성연월일	1955. 9. 15
구분	예비회담~제3차 회담 사이
세부항목	한일회담 재개, 어업, 독도, 강제송환
작성처	외무성
매수	12
비밀등급	일반
문서종류	내부자료
공개구분	공개
내용	1952년 제1차 한일회담 이후부터 1955년 9월까지의 한일회담 재개를 위한 일본의 노력과 어업분쟁의 진행 상황, 독도, 한국인 송환 문제의 전개상황 등을 정리한 정보지(Information Bulletin)용 원고
주제어	어업, 독도, 한국인 송환

한일관계 그 후의 상황
(日韓関係その後の状況)

문서파일번호	1260
문서명	한일관계 그 후의 상황(日韓関係その後の状況)
작성연월일	1955. 9. 15
구분	제3~4차 회담 사이
세부항목	한일관계 현황
작성처	외무성
매수	12
비밀등급	일반
문서종류	내부문서
공개구분	공개
내용	1953년 10월 구보타 발언으로 한일회담이 결렬된 이후 회담 재개를 위한 일본의 노력 등이 정리된 문서. 한일회담 재개에 대한 일본의 노력, 어업분쟁, 독도 문제, 한국인 송환 문제 등이 기술됨.
주제어	한일관계 현황

한일전면회담 개최와 결렬
(日韓全面会談の開催とその決裂)

문서파일번호	1261
문서명	한일전면회담 개최와 결렬(日韓全面会談の開催とその決裂)
작성연월일	1955(월일 불명)
구분	제3~4차 회담 사이
세부항목	한일회담 개최와 결렬 경위
작성처	외무성
매수	26
비밀등급	극비
문서종류	내부자료
공개구분	공개
내용	예비회담부터 시작하여 한일회담의 개최와 결렬 경위를 정리한 자료. '이 라인' 설립과 어선 나포, '이 라인' 단속강화, 일본 어민 송환과 오무라 문제, 포격 성명후의 해결을 위한 일본의 노력에 대해 정리하고, 나카가와 국장과 유태하 참사관의 수개월에 걸친 억류자 문제 해결을 위한 협의는 실패로 끝났다고 결론 지음.
주제어	한일회담 개최와 결렬 경위

한일 공동선언안
(日韓共同宣言案)

문서파일번호	1249
문서명	한일 공동선언안(日韓共同宣言案)
작성연월일	1955. 1. 31
구분	제3~4차 회담 사이
세부항목	한일공동선언안
작성처	외무성
매수	2
비밀등급	극비
문서종류	공동선언안
공개구분	공개
내용	한일관계 개선 방안 중 하나로 추진된 한일 공동선언(안) 문안. ① 상호 영토 보전 및 정치적 독립 존중 ② 국제 평화 및 안전과 정의를 위협하지 않는 방안을 통해 평화적 수단으로 국제분쟁 해결을 서약
주제어	한일관계 경색 국면 타개방안

한일수교우호조약 요지
(日韓修交友好条約要旨)

문서파일번호	1250
문서명	한일수교우호조약 요지(日韓修交友好条約要旨)
작성연월일	1955. 2. 1
구분	제3~4차 회담 사이
세부항목	한일수교우호조약안
작성처	외무성
매수	5
비밀등급	극비
문서종류	조약안
공개구분	공개
내용	한일관계 경색국면 타개를 위해 추진된 한일수교우호조약 2차안 요지. 제1조 항구적 평화 및 우호, 제2조 외교사절, 영사관 파견, 제3조 국적, 처우, 제4조 재산, 청구권 처리, 제5조 통상, 항해, 제6조 어업, 제7조 선박, 제8조 비준조항 등으로 구성되어 있음.
주제어	한일관계 경색 국면 타개방안

한일수호우호조약 요지 및 일미 공동선언안
(日韓修好友好条約要旨及び日米共同宣言案)

문서파일번호	1251
문서명	한일수호우호조약 요지 및 일미 공동선언안(日韓修好友好条約要旨及び日米共同宣言案)
작성연월일	1955. 2. 3
구분	제3~4차 회담 사이
세부항목	한일수교우호조약안, 한미일 공동선언안
작성처	외무성 아시아 국장
매수	2
비밀등급	극비
문서종류	조약안, 공동선언안
공개구분	공개
내용	한일수교우호조약(안) 및 한미일 공동선언(안)에 대한 외무성 아시아국장의 수정의견
주제어	한일수교우호조약안, 한미일 공동선언안

한미일 공동선언(Joint Declaration by Japan, the United Sates of America and the Republic of Korea)

문서파일번호	1252
문서명	한미일 공동선언(Joint Declaration by Japan, the United Sates of America and the Republic of Korea)
작성연월일	1955. 2. 8
구분	제3~4차 회담 사이
세부항목	한미일 공동선언안
작성처	외무성
매수	2
비밀등급	극비
문서종류	공동선언안
공개구분	공개
내용	한일관계의 경색국면 타개를 위해 한국 김용식 공사의 제안으로 추진된 한미일 공동선언안 영문본
주제어	한미일 공동선언안

(가역) 일본, 미국 및 대한민국의 공동선언
[(仮訳)日本国、アメリカ合衆国及び大韓民国の共同宣言]

문서파일번호	1253
문서명	(가역) 일본, 미국 및 대한민국의 공동선언[(仮訳)日本国、アメリカ合衆国及び大韓民国の共同宣言]
작성연월일	1955(월일 불명)
구분	제3~4차 회담 사이
세부항목	한미일 공동선언안
작성처	외무성
매수	2
비밀등급	극비
문서종류	공동선언안
공개구분	공개
내용	영문으로 작성된 한미일 공동선언안의 일본어 가역본
주제어	한미일 공동선언안

한미일 3국 공동선언안에 대한 건
(日米韓三国共同宣言案について)

문서파일번호	1254
문서명	한미일 3국 공동선언안에 대한 건(日米韓三国共同宣言案について)
작성연월일	1955(월일 불명)
구분	제3~4차 회담 사이
세부항목	한미일 공동선언안
작성처	외무성
매수	4
비밀등급	일반
문서종류	내부문서
공개구분	공개
내용	한미일 공동선언의 추진 경과에 관한 설명 ① 본 선언의 초안 제1항은 한미상호방위조약 제2조의 규정, 제2항은 태평양헌장을 모델로 한 것임. ② (1) 본 선언에 대해 미국은 이의가 없음을 표명 (2) 한국 수정안의 취지를 바탕으로 작성된 본 선언 제2차안에 대해 한국은 한일 양국의 특성을 상호 존중하는 취지를 삽입하고 위반할 경우의 합의의사록을 별도 마련하여 상대국의 공격을 받을 경우에 미국이 원조하는 것을 규정하자는 희망을 표명. 이에 대해 일본은 양국의 특성을 상호 존중하는 취지를 삽입하는 것은 지장 없으나 위반할 경우의 규정은 일미안보조약, 한미상호방위조약으로 커버되지 않느냐고 언급하자 김 공사도 납득함.
주제어	한미일 공동선언안

한미일 공동선언(Joint Declaration by Japan, the United Sates of America and the Republic of Korea)

문서파일번호	1255
문서명	한미일 공동선언(Joint Declaration by Japan, the United Sates of America and the Republic of Korea)
작성연월일	1955. 4. 7
구분	제3~4차 회담 사이
세부항목	한미일 공동선언안
작성처	외무성
매수	2
비밀등급	극비
문서종류	공동선언안
공개구분	공개
내용	한미일 공동선언 영문안
주제어	한미일 공동선언안

공동선언안 경위
(共同宣言案の経緯)

문서파일번호	1256
문서명	공동선언안 경위(共同宣言案の経緯)
작성연월일	1955(월일 불명)
구분	제3~4차 회담 사이
세부항목	한미일 공동선언안
작성처	외무성
매수	5
비밀등급	일반
문서종류	내부문서
공개구분	공개
내용	한미일 공동선언 추진 경위를 기록한 문서. 1955년 1월 29일 제1회 다니·김용식 회담에서 일본이 양국 간 불가침협정 체결을 시사, 2월 1일 제2회 회담에서 김용식 공사가 한미일 공동선언으로 하자고 제안함. 3월 26일 제7회 다니·김용식 회담에서 한국의 주문이 추가로 있어 이를 반영한 문안을 일본이 준비(별첨)하였으나 이후 다니·김용식 회담 중단으로 공동선언은 무산됨.
주제어	한미일 공동선언안

한국관계 현안사항
(朝鮮關係懸案事項)

문서파일번호	66
작성연월일	1955(월일 불명)
구분	제3~4차 회담 사이
세부항목	한국관계 현안사항
작성처	외무성
매수	29
비밀등급	
문서종류	
공개구분	공개
내용	한일회담 재개 문제, 주한대표부 설치 문제, 오무라수용소의 한국인 수용자 문제, 탈주 한국 군용기의 승무원 및 기체의 인도요구 문제, 밀항 한국 군인의 인도요구 문제, 독도 문제, 어선 나포 문제, 제6아케보노호(曙丸) 침몰 사건, 한국선 52척 문제, 마쓰히사호(松久丸) 도난 사건, 제1시쇼호(史昌丸) 조난 사건, 기산호(輝山丸) 충돌 사건, 주둔군에 의해 피해를 입은 한국인에 대한 보상 문제, 준거법 조회, 구 조선은행의 재일재산 문제, 오사카형무소에 복무 중인 한국인 사망 사건 등의 현안을 안건별로 간략히 정리함.
주제어	

문서명	한일회담 재개 문제(日韓会談再開問題)

문서파일번호 66
작성연월일 1955(월일 불명)
구분 제3~4차 회담 사이
세부항목 한국관계 현안사항
작성처 외무성
매수 3
비밀등급 일반
문서종류 내부자료
공개구분 공개
내용 외교관계수립 문제, 재산청구권 문제, 어업 문제, 재일한인 국적 처우 문제, 선박 문제 등 5개 의제로 3년간 회담을 진행했으나, 1953년 10월 구보타 발언을 계기로 회담 결렬. 한국은 구보타 발언 철회, 재한일본재산 청구권 포기를 회담 재개의 전제조건으로 강하게 요구 중임.
주제어 회담 재개

문서명	주한대표부 설치 문제(在韓代表部設置問題)

문서파일번호 66
작성연월일 1955(월일 불명)
구분 제3~4차 회담 사이
세부항목 한국관계 현안사항
작성처 외무성
매수 3
비밀등급 일반
문서종류 내부자료
공개구분 공개
내용 일본은 1953년 11월 말 서울과 부산에 대표부와 분관 설치를 한국에 요청하였으나 한국은 아직 여건이 조성되지 않았다고 이에 대응하지 않고 있는 상황임.
주제어 재한일본대표부 설치 문제

문서명	오무라수용소의 한국인 수용자 문제(大村収容所の韓国人収容者問題)

문서파일번호 66
작성연월일 1955(월일 불명)
구분 제3~4차 회담 사이
세부항목 한국관계 현안사항
작성처 외무성
매수 4
비밀등급 일반
문서종류 내부자료
공개구분 공개
내용 1952년 5월 제1회 한일회담이 결렬된 이후 한국은 패전 이전부터 일본에 거주하고 있으나 강제퇴거 조치를 받은 한국인 형사범죄자의 인수를 거부하고 있으며 패전 이후의 불법 입국자만을 인수해 왔음. 아울러 형사범죄자가 부당하게 억류되어 있다고 주장하면서 그 석방을 요구하는 한국의 주장이 불법 입국자의 인수 문제와 맞물리게 되어 강제송환이 작년부터 전면적으로 정체되고, 다수의 한국인이 오무라수용소에 체류하게 된 상황임. 이후 주일한국대표부를 통해 상의한 결과 불법 입국자를 순차적으로 인도하기로 함. 한국이 본건과 한국 억류 일본 어민 송환 문제를 거래조건으로 내걸고 있음. 9월 19일 현재 오무라수용소에는 불법 입국자 1,178명, 형사범죄자 327명, 계 1,505명의 한국인이 수용되어 있음.
주제어 강제송환

문서명	탈주 한국 군용기 승원 및 기체 인도요구(脱走韓国軍用機乗員及び機体の引渡要求)

문서파일번호 66
작성연월일 1955(월일 불명)
구분 제3~4차 회담 사이
세부항목 한국관계 현안사항
작성처 외무성
매수 3
비밀등급 일반
문서종류 내부자료
공개구분 공개

내용 한국은 작년(1954년) 9월 군용기를 탈취, 일본에 불시착한 육군 소령 고영호와 소위 김치중의 인도를 요구 중이나 일본은 이들이 일본에서 재판 중이라는 이유로 거부함.

주제어 사건·사고

문서명	밀항 한국군인의 인도요구(密航韓国軍人の引渡要求)

문서파일번호 66

작성연월일 1955(월일 불명)

구분 제3~4차 회담 사이

세부항목 한국관계 현안사항

작성처 외무성

매수 2

비밀등급 일반

문서종류 내부자료

공개구분 공개

내용 한국은 작년(1954년) 일본에 불법 입국한 성태환 육군 소위의 인도를 요구 중이나 일본은 일본에서 재판 중인 이유로 거부함.

주제어 사건·사고

문서명	독도 문제(竹島問題)

문서파일번호 66

작성연월일 1955(월일 불명)

구분 제3~4차 회담 사이

세부항목 한국관계 현안사항

작성처 외무성

매수 2

비밀등급 일반

문서종류 내부자료

공개구분 공개

내용 한국은 1954년 7월 이후 독도를 실력으로 점거 중이며, 일본은 같은 해 9월 25일 본건의 국제사법재판소 의뢰를 한국에 제의했으나 한국은 이에 응하지 않음.

주제어 독도

문서명	어선 나포 사건(漁船だ捕事件)

문서파일번호 66
작성연월일 1955(월일 불명)
구분 제3~4차 회담 사이
세부항목 한국관계 현안사항
작성처 외무성
매수 1
비밀등급 일반
문서종류 내부자료
공개구분 공개
내용 1954년 9월 28일 현재, 한국에 의한 일본 어선의 나포건수는 어선 202척, 승조원 2,655명에 달함. 그중 어선 104척, 승조원 582명이 귀환되지 못한 상황이며 조속한 조치가 요구됨.
주제어 어선 나포

문서명	제6아케보노마루호 침몰 사건(第六あけぼの丸沈没事件)

문서파일번호 66
작성연월일 1955(월일 불명)
구분 제3~4차 회담 사이
세부항목 한국관계 현안사항
작성처 외무성
매수 1
비밀등급 일반
문서종류 내부자료
공개구분 공개
내용 1955년 2월 14일 한국 군함과의 충돌로 침몰한 아케보노호 사건에 관해 한국은 책임이 없다고 주장하고 있음.
주제어 사건 · 사고

문서명	한국선 52척 문제(韓国船五二隻問題)

문서파일번호 66
작성연월일 1955(월일 불명)
구분 제3~4차 회담 사이
세부항목 한국관계 현안사항
작성처 외무성
매수 1
비밀등급 일반
문서종류 내부자료
공개구분 공개
내용 1951년 5월 15일 한국인 선주에게 무상 인도하라는 연합국 최고사령부의 지시가 있었던 한국치적 55척에 관해 1955년 6월 4일 한일 양국 간에 인도문서 서명이 이루어졌으며, 그 후 약 반수는 인도되었으나 나머지는 한국 사정으로 아직 미반환 중임.
주제어 선박 반환 문제

문서명	마쓰히사호 도난 사건(松久丸盗難事件)

문서파일번호 66
작성연월일 1955(월일 불명)
구분 제3~4차 회담 사이
세부항목 한국관계 현안사항
작성처 외무성
매수 1
비밀등급 일반
문서종류 내부자료
공개구분 공개
내용 1950년 2월 2일 시모노세키에서 한국인에 도난당해 한국에서 보관 중인 어선 마쓰히사호(松久丸)는 현재 손해배상 청구 중임.
주제어 사건·사고

문서명	제1시쇼호 조난 사건(第一史昌丸遭難事件)

문서파일번호	66
작성연월일	1955(월일 불명)
구분	제3~4차 회담 사이
세부항목	한국관계 현안사항
작성처	외무성
매수	1
비밀등급	일반
문서종류	내부자료
공개구분	공개
내용	1953년 12월 4일 제주도 근해에서 조난당한 제1시쇼호(史昌丸)는 1954년 1월 선원이 귀국하고 선박도 한국이 반환키로 하였으나 선주 사정으로 아직 반환되지 않고 있음.
주제어	사건 · 사고

문서명	기산호 충돌 사건(輝山丸衝突事件)

문서파일번호	66
작성연월일	1955(월일 불명)
구분	제3~4차 회담 사이
세부항목	한국관계 현안사항
작성처	외무성
매수	1
비밀등급	일반
문서종류	내부자료
공개구분	공개
내용	1952년 5월 11일 부산항에 정박 중이던 상선관리위원회 소속 기산호(輝山丸)와 한국 선박의 충돌사건은 손해배상 및 수리비 60,406엔을 청구 중임.
주제어	사건 · 사고

문서명	주둔군에 의해 피해를 입은 한국인에 대한 보상 문제(駐留軍により被害を受けた韓国人に対する補償問題)

문서파일번호 66
작성연월일 1955(월일 불명)
구분 제3~4차 회담 사이
세부항목 한국관계 현안사항
작성처 외무성
매수 1
비밀등급 일반
문서종류 내부자료
공개구분 공개
내용 한국대표부의 국적증명서 발급 거부로 피해자에 대한 보상이 미해결 상태임.
주제어 사건·사고

문서명	준거법위원회(準拠法照会)

문서파일번호 66
작성연월일 1955(월일 불명)
구분 제3~4차 회담 사이
세부항목 한국관계 현안사항
작성처 외무성
매수 1
비밀등급 일반
문서종류 내부자료
공개구분 공개
내용 일본재판소 관할의 한국인을 당사자로 하는 민사소송 사건 처리 관련 관련법규 조회
주제어 사건·사고

문서명	구 조선은행의 재일재산(旧朝鮮銀行の在日財産)

문서파일번호 66
작성연월일 1955(월일 불명)
구분 제3~4차 회담 사이
세부항목 한국관계 현안사항
작성처 외무성
매수 2
비밀등급 일반
문서종류 내부자료
공개구분 공개
내용 한일회담 의제가 되고 있는 구 조선은행의 재일재산 관련 대장성과 외무성 간 협의 내용
주제어 청구권

문서명	오사카형무소에 복역 중인 한국인 사망 사건(大阪刑務所に服役中の韓国人死亡事件)

문서파일번호 66
작성연월일 1955(월일 불명)
구분 제3~4차 회담 사이
세부항목 한국관계 현안사항
작성처 외무성
매수 2
비밀등급 일반
문서종류 내부자료
공개구분 공개
내용 1955년 2월 27일 오사카형무소에서 사망한 한국인 이춘송의 사인이 간수의 폭행에 의한 것으로 드러나 한국대표부가 책임자 처벌을 요구 중임.
주제어 사건·사고

한국 이 대통령의 반일적 언명에 대해서
(韓国李大統領の反日的言明について)

문서파일번호	1067
문서명	한국 이 대통령의 반일적 언명에 대해서(韓国李大統領の反日的言明について)
작성연월일	1954. 5. 26
구분	제3~4차 회담 사이
세부항목	이승만 대통령 AP통신 회견
작성처	외무성 아시아국 제5과
매수	28
비밀등급	일반
문서종류	내부문서
공개구분	공개
내용	한국정부 계열의 중앙일보가 1954년 6월 16일, 18일 양일에 걸쳐 게재한 이 대통령의 AP통신의 질의에 대한 회답 내용을 번역한 자료. 한일관계에 대한 내용이 반일적 언사의 총괄이라고도 할 수 있고 한일회담 재개를 위해 일본이 미국을 통해 제시한 성명 초안의 내용이 일방적으로 폭로되었다고 지적하는 내용이 들어감.
주제어	이승만 대통령 AP통신 회견의 언론 보도

이 대통령의 요시다 수상 방한 초청 공작 선동
(李大統領による吉田首相訪韓招請工作説について等)

문서파일번호	1069
작성연월일	1954. 4. 20 - 1954. 10. 12
구분	제3~4차 회담 사이
세부항목	한일관계
작성처	외무성
매수	20
비밀등급	
문서종류	내부문서, 성명문(안), 내부자료
공개구분	공개
내용	요시다 수상의 방한 초청 공작설에 관해 정리한 내용 등이 포함됨.
주제어	한일관계

문서명	이 대통령의 요시다 수상 방한 초청 공작 선동(李大統領による吉田首相訪韓招請工作説について)

문서파일번호 1069
작성연월일 1954. 10. 8
구분 제3~4차 회담 사이
세부항목 요시다 수상 방한 초청 공작설
작성처 외무성 아시아국 제5과
매수 5
비밀등급 극비
문서종류 내부문서
공개구분 공개
내용 법무성 입국관리국 등록과 고구레(小暮) 사무관이 최근 방일한 한국 여당 자유당의 정명선 의원에게 들었다면서 외무성에 전달한 이야기를 정리한 문서. 이승만 대통령은 표면적인 움직임과는 달리 일본과의 관계 개선, 협조 필요성을 통감하게 되어 최근 테일러(Maxwell D. Taylor) 미8군사령관에게 요시다 수상의 방한을 사령관 초청의 형태로 성사시키고 싶다는 제안을 한 바 있음. 테일러 사령관은 국무부에 전하고 국무부는 요시다 수상의 방미 시 수상의 의향을 확인한 뒤 테일러 사령관에게 지령을 내릴 것으로 보이며, 방한 시기는 수상 귀국 후 임시국회 개회 전으로 여겨진다 함. 정명선 의원은 자신의 이름을 인용하지 않을 것을 당부함.
주제어 요시다 수상 방한 초청 공작설

문서명	제목 없음

문서파일번호 1069
작성연월일 1954. 10. 12
구분 제3~4차 회담 사이
세부항목 요시다 수상 방한 초청 공작설
작성처 외무성 나카가와 아시아국장
매수 1
비밀등급
문서종류 내부문서

공개구분	공개
내용	1954년 10월 12일 나카가와 아시아국장이 요시다 수상 방한 초청 공작설과 관련하여 마쓰이(松井) 관방장관에게 보고한 문서. 동 국장은 자신이 10월 11일 주일미대사관 파슨즈(J. G. Parsons) 공사에게 확인한 바, 한국으로부터 미국에 중재를 부탁했다는 이야기를 들은 적이 없다고 함.
주제어	요시다 수상 방한 초청 공작설

문서명	예상되는 김 공사의 면담 신청 건(予想される金公使の申入に関する件)

문서파일번호	1069
작성연월일	1954. 10. 12
구분	제3~4차 회담 사이
세부항목	한일회담 재개 교섭 대비 현안에 대한 입장 정리
작성처	외무성 아시아국 제5과
매수	7
비밀등급	극비
문서종류	내부문서
공개구분	공개
내용	1954년 10월 11일 밤 일시 귀국했다가 돌아온 한국대표부 김용식 공사가 본국으로부터 받은 훈령을 토대로 외무성 간부에 대한 면담 신청이 예상된다면서, 면담 시 거론될 현안들에 대한 일본 입장을 정리한 문서. 독도(1954년 9월 25일 구상서를 통해 일본이 국제사법재판소 제소를 제안한 데 대한 한국 입장 타진), 한일회담 재개 문제[구보타 발언 철회 문제, 회담 재개에 관해 1954년 4월 20일 성명문(안)과 이에 대한 5월 27일 일본 견해 등에 관한 협의], 오무라수용소 한인 석방 문제, '이 라인' 내 일본 어선 조업 문제 등에 관한 내용들이 담겨 있음.
주제어	한일회담 재개 교섭

문서명	독도영유권 문제에 관한 외무성 발표(竹島領有権問題に関する外務省発表)

문서파일번호 1069
작성연월일 1954. 10. 6
구분 제3~4차 회담 사이
세부항목 독도영유권 및 청구권 관련 발표문
작성처 외무성
매수 3
비밀등급 극비
문서종류 보도자료(발표문)
공개구분 공개
내용 일본이 독도영유권 문제를 국제사법재판소에 제소하여 해결하자는 제안을 한국이 거부한 것에 대해 유감을 표명함과 동시에, 청구권 문제에 관해 일본정부가 성명(안)을 수락하였으며, 은급, 미지급 급여 등 특수한 성질의 청구권에 대한 지불을 할 준비가 되어 있고, 약간의 일본정부 소유 미술품을 한국에 증여할 의사가 있음.
주제어 독도, 청구권

문서명	한국이 독도에 관한 제안을 거부(Korea Rejects Japanese Proposal on Takeshima)

문서파일번호 1069
작성연월일 1954. 10. 6
구분 제3~4차 회담 사이
세부항목 독도영유권 및 청구권 관련 발표문
작성처 외무성
매수 1
비밀등급 극비
문서종류 보도자료(발표문)
공개구분 공개
내용 1954년 10월 6일 자 독도영유권 문제에 관한 외무성 발표문의 영문본
주제어 독도, 청구권

문서명	일본정부 성명문(안)(Draft of the Statement by the Japanese Government)

문서파일번호 1069
작성연월일 1954. 4. 20
구분 제3~4차 회담 사이
세부항목 회담 재개를 위한 성명문(안)
작성처 불명
매수 1
비밀등급 극비
문서종류 성명문(안)
공개구분 공개
내용 1954년 4월 20일 주미 한일 양국 대사가 한일회담 재개를 위해 발표키로 한 성명문(안)
주제어 한일회담 재개 교섭

문서명	제목 없음

문서파일번호 1069
작성연월일 1954. 5. 27
구분 제3~4차 회담 사이
세부항목 회담 재개를 위한 성명문(안)에 대한 일본 견해
작성처 외무성 아시아국 제5과
매수 1
비밀등급 일반
문서종류 내부문서
공개구분 공개
내용 1954년 4월 20일 자 한일회담 재개 관련 성명문(안)에 대한 일본 견해(안) 영문본
주제어 한일회담 재개 교섭

문서명	제목 없음

문서파일번호	1069
작성연월일	1954. 10. 7
구분	제3~4차 회담 사이
세부항목	회담 재개 관련 언론 보도
작성처	불명
매수	1
비밀등급	일반
문서종류	내부자료
공개구분	공개
내용	구보타 발언 철회, 일본의 재산청구권 철회, 어업협정 체결, 독도 문제의 국제사법재판소 제소 등 일본이 제안한 회담 재개를 위한 6개 항목에 대해 한국이 불만을 표명했다는 내용의 1954년 10월 7일 자 신문기사(어느 신문인지 불명)
주제어	한일회담 재개 교섭

한일관계에 관한 제3국인 언급
(日朝関係に関する第三國人の内話)

문서파일번호	767
작성연월일	1955. 6. 15 - 1957. 10. 10
구분	제3~4차 회담 사이
세부항목	한일관계
작성처	
매수	22
비밀등급	
문서종류	공문, 전문
공개구분	일부비공개
내용	1955년 6월 15일~1957년 10월 10일까지 한일관계에 관한 미국 인사, 타이완 외교부장, 베트남 대통령의 언급 요지 등을 보고한 공문과 전문 모음
주제어	한일관계 외국인사 언급

문서명	한일관계에 관한 한 미국인의 언급(日朝関係に関する一米人の内話の件)

문서파일번호 767
작성연월일 1955. 6. 21
구분 제3~4차 회담 사이
세부항목 이승만, 한일관계, 주미대사 보고
작성처 주미대사
매수 2
비밀등급 일반
문서종류 공문
공개구분 일부비공개
내용 1955년 6월 11일 이승만 대통령과 20년 친교관계에 있는 한 미국인이 주미일본대사관 직원에게 이승만 대통령에 관하여 언급한 내용을 보고. 이 대통령은 완고하지만 사실을 알 경우 이해도가 높은 인물임. 한일관계 개선을 위해 일본의 입장이나 생각을 사실관계에 입각하여 이 대통령에게 알리는 것이 중요함(문서파일번호 1676의 1955년 6월 21일 자 문서와 동일함).
주제어 이승만, 한일관계

문서명	▬ 씨의 한일관계 조정을 위한 재방한 건(▬ 氏の日韓関係調整のため再渡鮮に関する件)

문서파일번호 767
작성연월일 1955. 8. 13
구분 제3~4차 회담 사이
세부항목 이승만, 한일관계, 주미대사 보고
작성처 주미대사
매수 2
비밀등급 극비
문서종류 전문(電文)
공개구분 일부비공개
내용 1955년 8월 12일 센츄리 클럽(Century Club) 디너에서 만난 미국인 ▬ 씨가 주미일본대사에게 언급한 내용을 보고. ▬ 씨는 한일관계 조정 원조를 목적으로 이승만 대통령 설득을 위해 한국을 재방문할 예정인데, 이는 지난번 방문 시 이 대통령에게 극동평화 확립을 위해 한일 융화가 얼마나 필요한지 강조한 것을 국무성에 보고한 결과임. 이 대통령의 대일 방침 전환은 노력하기 나름임.
주제어 이승만, 한일관계

문서명	■의 한국행 건(■の朝鮮行に関する件)

문서파일번호 767
작성연월일 1954. 8. 19
구분 제3~4차 회담 사이
세부항목 이승만, 한일관계
작성처 주유엔대사
매수 7
비밀등급 극비
문서종류 공문
공개구분 일부비공개
내용 주유엔일본대사가 1955년 8월 16일 오찬을 함께한 미국인 ■ 씨로부터 자신의 방한 및 이승만 대통령을 상대하는 방법 등에 관하여 들은 이야기를 보고함.
주제어 이승만, 한일관계

문서명	한일관계에 관한 엽(葉) 외교부장과의 언급 건(日韓関係に関する華外交部長の内話に関する件)

문서파일번호 767
작성연월일 1956. 8. 25
구분 제3~4차 회담 사이
세부항목 한일관계, 중화민국 외교부장 내화, 주중화민국대사 보고
작성처 주중화민국대사
매수 6
비밀등급 극비
문서종류 공문
공개구분 공개
내용 이승만 대통령 취임식 참석차 한국을 방문하고 귀국한 엽(葉) 외교부장이 1955년 8월 23일 일본 각계 친선방문단을 위하여 주최한 리셉션에서 한일관계와 관련하여 일본대사에게 한 이야기를 보고. 이 대통령의 반일감정은 종교적이라고 할 정도이며, 자신(엽 부장)이 이를 완화시키고자 노력했으나 실패함. 이 대통령은 일본이 용공 및 중립정책을 취하고 있지 않다는 의혹을 갖고 있음. 일본과의 교섭재개를 위해서도 일본이 공산당을 비합법화하고 반공태도를 명확히 한다면 본인(이승만)이 일본에 가서 교섭에 직접 뛰어들 용의가 있음.
주제어 한일관계

문서명	한, 일, 타이완 3국의 관계에 관한 엽(葉) 외교부장의 언급 건(日華韓三国の関係に関する華外交部長の内話に関する件)

문서파일번호 767
작성연월일 1956. 11. 14
구분 제3~4차 회담 사이
세부항목 한일관계, 중화민국 외교부장 내화, 주중화민국대사 보고
작성처 주중화민국대사
매수 3
비밀등급 극비
문서종류 공문
공개구분 공개
내용 1955년 11월 13일 엽 외교부장과 회담 시 엽 부장이 주중화민국 일본대사에게 한, 일, 타이완 3국 관계에 대해 언급한 내용을 보고함.
주제어 한일관계

문서명	고(베트남) 대통령 접견 시 이승만 대통령의 언급 요지(ゴ大統領と会見の際の李承晩大統領の談話要旨の件)

문서파일번호 767
구분 제3~4차 회담 사이
세부항목 한일관계, 베트남 대통령 · 이승만 회담, 주베트남대사 보고
작성처 주베트남대사
매수 2
비밀등급 극비
문서종류 전문(電文)
공개구분 공개
내용 1955년 10월 9일 이임 인사차 고(ゴ) 대통령을 예방한 일본대사에게, 고 대통령이 지난달 하순 한국 방문 시 이승만 대통령과 나눈 대화 중 한일관계 부분을 언급한 내용을 보고. 이 대통령은 패전 후 일본은 아시아의 지도적 지위를 회복하기 위해 노력 중인 것으로 이해하나, 그러한 정책은 패전 이전의 그것과 변함이 없어 경계가 필요하다고 함.
주제어 이승만, 한일관계

한일 문제에 관한 한국의 반일성명
(日韓問題に関する韓国側反日声明)

문서파일번호	768
작성연월일	1955. 8. 18 - 1955. 12. 13
구분	제3~4차 회담 사이
세부항목	한일관계, 해외언론 보도
작성처	외무성, 재외공관
매수	27
비밀등급	
문서종류	내부문서, 공문
공개구분	공개
내용	1955년 8월 18일~12월 13일까지 한국의 대일 비방과 관련한 일본의 대응조치, 한일관계 관련 해외 언론 보도 내용 등을 보고한 공문 모음
주제어	한일관계, 한국의 대일 비방 언론 보도

문서명	한국정부 대변인의 일본 비방 성명 건(韓國政府スポークスマンの日本誹謗声明に関する件)

문서파일번호 768
작성연월일 1955. 8. 18
구분 제3~4차 회담 사이
세부항목 대일비방성명 대응조치
작성처 외무성 아시아국 제5과
매수 5
비밀등급 비(秘)
문서종류 내부문서
공개구분 공개
내용 1955년 8월 17일 한국정부 대변인(공보처장)이 발표한 일본 비판 성명("한국은 한일 간 어떠한 종류의 교섭도 하지 않는다는 정책 발표를 하지 않으면 안 된다"는 내용)과 대일무역 금지 관련 외신 보도에 대해 주일대표부 김용식 공사를 초치, 한국정부의 견해를 들어야 한다고 건의하는 보고서
주제어 한일관계

문서명	한일 문제에 관한 한국영사의 언동에 관한 보고(日韓問題に関する韓国領事の言動に関し報告の件)

문서파일번호 768
작성연월일 1955. 8. 20
구분 제3~4차 회담 사이
세부항목 한일관계, 미국 언론 보도, 주호놀룰루총영사 보고
작성처 주호놀룰루총영사
매수 3
비밀구분 일반
문서종류 공문
공개구분 공개
내용 호놀룰루 소재 스타 블레틴(Star Bulletin)지에 보도된 한국 영사의 발언에 관해 보고. 한국 영사는 일본이 지금도 제국주의를 버리지 않고 있고 공산권과 교류하는 경향이 있다는 점, 이 두 가지 이유로 일본과의 관계를 끊어야 한다고 언급함.
주제어 한일관계, 미국 언론 보도

문서명	한일 문제에 관한 신문논평 보도의 건(日韓関係に関する新聞論評報告の件)

문서파일번호 768
작성연월일 1955. 8. 30
구분 제3~4차 회담 사이
세부항목 한일관계, 태국 언론 보도, 주태국대사 보고
작성처 주태국대사
매수 2
비밀구분 일반
문서종류 공문
공개구분 공개
내용 1955년 8월 27일 방콕소재 영자 리버티(Liberty)지에 게재된 한일관계 기사 내용을 보고. 이승만 대통령은 일본의 소련, 중공과의 국교정상화 노력을 의혹의 눈으로 보고 있고, 일본도 한국의 '이 라인' 침범 일본 어선 나포에 대해 더 이상 인내하기 어려워지고 있음.
주제어 한일관계, 태국 언론 보도

문서명	한국대사 양유찬의 언동 건(韓国大使梁裕燦の言動に関する件)

문서파일번호 768
작성연월일 1955. 9. 3
구분 제3~4차 회담 사이
세부항목 한일관계, 미국 언론 보도, 주호놀룰루총영사 보고
작성처 주호놀룰루총영사
매수 2
비밀구분 일반
문서종류 공문
공개구분 공개
내용 귀국 도중 호놀룰루에 들린 양유찬 주미한국대사가 1955년 9월 2일 현지 신문기자에게 발언한 내용을 보고. 양 대사는 한국의 대일무역 금지조치는 일본의 바보스런 운 태도에서 기인한 것이며, 한일회담은 일본이 평화조약을 충실히 이행하거나 타결전망이 보이지 않는 요구를 거두어들일 경우 바로 해결될 것이라고 언급함.
주제어 한일관계, 미국 언론 보도

문서명	양 한국주미대사의 일본 비방 건(梁韓国駐米大使の日本非議に関する件)

문서파일번호 768
작성연월일 1955. 10. 7
구분 제3~4차 회담 사이
세부항목 한일관계, 미국 언론 보도, 주호놀룰루총영사 보고
작성처 주호놀룰루총영사
매수 6
비밀구분 일반
문서종류 공문
공개구분 공개
내용 일시 귀국을 마치고 워싱턴으로 귀임하는 도중 호놀룰루에 들린 양유찬 주미한국대사가 현지 애드버타이저(Advertiser)지 기자에게 일본을 비난하는 발언을 하였으며, 이에 대해 일본총영사가 반박하는 보도자료를 배포하였음을 보고함(관련 신문기사 2매 및 보도자료 첨부).
주제어 한일관계, 미국 언론 보도 일본 대응

문서명	주영국한국공사 투서 건(在英朝鮮公使投書に関する件)

문서파일번호 768
작성연월일 1955. 11. 29
구분 제3~4차 회담 사이
세부항목 한일관계, 영국 언론 보도, 주영국대사 보고
작성처 주영국대사
매수 3
비밀구분 일반
문서종류 공문
공개구분 공개
내용 1955년 10월 15일 자 이코노미스트(Economist)에 주영한국공사의 일본을 비난하는 기고문이 게재되었음을 보고. 영국대사는 한국공사의 기고에 대응하여 이코노미스트 편집장에게 동 기고의 문제점을 지적하는 서한을 보내는 방안을 건의함(이코노미스트 기사 첨부).
주제어 한일관계, 영국 언론 보도 일본 대응

문서명	한일관계 완화를 보도하는 뉴욕타임스 기사(日韓関係緩和を報ずるニューヨークタイムズ記事)

문서파일번호 768
작성연월일 1955. 12. 12
구분 제3~4차 회담 사이
세부항목 한일관계, 미국언론 보도, 주미대사 보고
작성처 주미대사
매수 3
비밀구분 일반
문서종류 공문
공개구분 공개
내용 한일관계에 관한 1955년 12월 11일 자 뉴욕타임스지 기사 내용을 보고. 한국정부가 미국의 중재를 받아들여 일본 어선 격침 경고를 완화하고 일본도 이를 환영하였음.
주제어 한일관계, 미국 언론 보도

문서명	한일관계에 관한 신문논평 보도 건(日韓関係に関する新聞論評報告の件)

문서파일번호 768
작성연월일 1955. 12. 13
구분 제3~4차 회담 사이
세부항목 한일관계, 태국 언론 보도, 주태국대사 보고
작성처 주태국대사
매수 3
비밀구분 일반
문서종류 공문
공개구분 공개
내용 1955년 12월 12일 현지 영자 리버티지에 게재된 한일관계 관련 기사 내용을 보고함.
주제어 한일관계, 태국 언론 보도

한일교섭에 관한 한국 동향(1957년)
[日韓交涉に関する韓国動静(昭和32年)]

문서파일번호	284
작성연월일	1957. 4. 9 - 1957. 8. 6
구분	제3~4차 회담 사이
세부항목	회담 재개 교섭
작성처	외무성 아시아국 제1과
매수	67
비밀등급	일반
문서종류	내부자료, 보도자료, 성명문
공개구분	공개 또는 일부비공개
내용	김용식 공사의 일시 귀국 등 한국 사정에 관한 정보, 언론 보도 등을 정리한 내부 보고 형식의 문서
주제어	한국 사정에 관한 정보

문서명	▬ 씨 연락(▬氏連絡)

문서파일번호 284
작성연월일 1957. 4. 9
구분 제3~4차 회담 사이
세부항목 회담 재개 교섭
작성처 외무성 아시아국 제1과
매수 3
비밀등급 일반
문서종류 내부문서
공개구분 일부비공개
내용 김용식 공사 일시 귀국, 아시아반공연맹회의 동향 등에 관한 정보 보고
주제어 김용식 공사 동정

문서명	김 공사의 주불대사 부임설 건(金公使の駐仏大使赴任説に関する件)

문서파일번호 284
작성연월일 1957. 4. 20
구분 제3~4차 회담 사이
세부항목 회담 재개 교섭
작성처 외무성 아시아국 제1과
매수 3
비밀등급 일반
문서종류 내부문서
공개구분 일부비공개
내용 김용식 공사의 주불대사 부임과 관련한 요미우리신문(読売新聞) 보도를 확인한 정보 보고. 김 공사는 보도 내용을 부인
주제어 김용식 공사 동정

문서명	▬ 비공식 언급 건(▬内話の件)

문서파일번호 284
작성연월일 1957. 5. 20
구분 제3~4차 회담 사이
세부항목 회담 재개 교섭
작성처 외무성 아시아국 제1과
매수 11
비밀등급 극비
문서종류 내부문서
공개구분 일부비공개
내용 최근 한국사정에 관해 청취한 이야기를 정리한 내용. 한일국교정상화를 슬로건으로 내세우고 있는 야당 민주당의 대여 공세, 총선 전망 등
주제어 한국정세

문서명	한일교섭에 관한 ○○담화 건(日韓交渉に関する○○の内話の件)

문서파일번호 284
작성연월일 1957. 6. 14
구분 제3~4차 회담 사이
세부항목 회담 재개 교섭
작성처 외무성 아시아국 제1과
매수 4
비밀등급 비(秘)
문서종류 내부문서
공개구분 일부비공개
내용 김유택 대사가 최근(한일회담 재개를 위한) 교섭 결과에 만족스러워하고 있음.
주제어 한일회담 재개 교섭 결과 한국 반응

문서명	한일교섭에서 나타난 한국 태도에 대해서(日韓交渉に示された韓国側態度について)

문서파일번호 284
작성연월일 1957. 6. 18
구분 제3~4차 회담 사이
세부항목 한일회담 재개 교섭
작성처 외무성 아시아국 제1과
매수 8
비밀등급 극비
문서종류 내부문서
공개구분 공개
내용 한국은 일본을 대미교섭의 들러리로 보고 있으며, 이러한 태도는 앞으로도 변하지 않을 것임. 한국은 상호 석방 문제 해결을 서두를 이유가 없음. 향후 교섭에서 한국은 주일대표부의 존재를 100% 활용해 나갈 것임.
주제어 한일교섭에 임하는 한국 태도

문서명	한일회담 관련 한국 신문 게재 기사(1)[日韓会談関係韓国掲載記事(一)]

문서파일번호 284
작성연월일 1957. 6. 20
구분 제3~4차 회담 사이
세부항목 회담 재개 교섭
작성처 외무성 아시아국 제1과
매수 5
비밀등급 일반
문서종류 내부문서
공개구분 공개
내용 1957년 6월 17일과 18일 동아일보 사설 요약
주제어 한일회담 재개 교섭 관련 한국 언론 보도

문서명	한일회담 관련 한국 신문 게재 기사(2)[日韓会談関係韓国掲載記事(二)]

문서파일번호 284
작성연월일 1957. 6. 26
구분 제3~4차 회담 사이
세부항목 한일회담 재개 교섭 관련 한국 언론 보도
작성처 외무성 아시아국 제1과
매수 8
비밀등급 일반
문서종류 내부문서
공개구분 공개
내용 1957년 6월 23일 한국일보, 연합신문 등에 게재된 기사 요약
주제어 교섭 관련 한국 언론 보도

문서명	한일회담 관계 건(日韓会談関係に関する件)

문서파일번호 284
작성연월일 1957. 7. 5
구분 제3~4차 회담 사이
세부항목 회담 재개 교섭
작성처 외무성 아시아국 제1과
매수 5
비밀등급 비(秘)
문서종류 내부문서
공개구분 공개
내용 1957년 6월 30일 경향신문의 '일본 국보 일부 반환을 준비, 억류자 상호 석방 조인과 동시에'라는 기사 요약(한일회담 재개를 위해 양측이 준비 중인 합의문서 예시)
주제어 한일회담 재개 교섭 관련 한국 언론 보도

문서명	한일교섭에 관한 한국 동향 건(日韓交渉に関する韓国側動向に関する件)

문서파일번호 284
작성연월일 1957. 7. 15
구분 제3~4차 회담 사이
세부항목 한일회담 재개 교섭
작성처 외무성 아시아국 제1과
매수 6
비밀등급 극비
문서종류 내부문서
공개구분 일부비공개
내용 김유택 대사가 일본 요인[이시이(石井光次郎) 부총재]을 비밀리에 만나 일본의 의향을 타진했다는 정보 보고
주제어 한일회담 재개 교섭 동향

문서명	주일한국대표부 보도자료(Press Release, Korean mission in Japan)

문서파일번호 284
작성연월일 1957. 7. 17
구분 제3~4차 회담 사이
세부항목 한일회담 재개 교섭
작성처 주일한국대표부
매수 2
비밀등급 일반
문서종류 보도자료
공개구분 공개
내용 주일한국대표부의 보도자료. 김유택 대사와 유태하 공사가 기시 총리와 후지야마 외상을 만나 회담 재개와 관련한 교섭을 했음(영문).
주제어 주일대표부 성명

문서명	신아통신-일본의 일부 신문 보도는 한일 문제 해결을 방해한다(유 주일공사 반박 성명)(新亜通信 日本一部新聞報道は日韓問題解決を妨げる—柳駐日公使反駁声明—)

문서파일번호 284
작성연월일 1957. 7. 17
구분 제3~4차 회담 사이
세부항목 한일회담 재개 교섭
작성처 외무성 아시아국 제1과
매수 3
비밀등급
문서종류 성명문
공개구분 공개
내용 김유택 대사와 유태하 공사의 기시 총리와 후지야마 외상 면담 결과와 관련하여 일부 일본 언론이 사실과 다른 내용을 보도하여 문제 해결을 방해한다는 유태하 공사의 반박 성명
주제어 주일대표부 성명

문서명	유 공사 성명 발표 건(柳公使声明発表の件)

문서파일번호 284
작성연월일 1957. 7. 17
구분 제3~4차 회담 사이
세부항목 한일회담 재개 교섭
작성처 외무성 아시아국 제1과
매수 2
비밀등급 극비
문서종류 내부문서
공개구분 일부비공개
내용 유태하 공사가 일부 일본 언론이 문제 해결을 방해하고 있다는 내용의 성명을 발표했음을 보고
주제어 주일대표부 성명

문서명	한일교섭에 관한 ○○의 비공식 회견 건(日韓交渉に関する○○の内話の件)

문서파일번호 284
작성연월일 1957. 7(일자 불명)
구분 제3~4차 회담 사이
세부항목 한일회담 재개 교섭
작성처 외무성 아시아국 제1과
매수 3
비밀등급 극비
문서종류 내부문서
공개구분 일부비공개
내용 모 인사가 1957년 7월 27일(토) 주일한국대표부 김유택 대사를 방문, '25일 한국은 유태하 공사가 휴대한 한국안을 일본정부에 제시했다'는 보도내용을 확인한 결과, 김 대사는 극비를 전제로 청구권 문제에 관해 본질적인 내용과 관계없는 자구 수정된 안을 25일 일본에 제시했다고 언급함.
주제어 교섭 동향

문서명	한일회담 관계 뉴스(3)[日韓会談関係ニュース(三)]

문서파일번호 284
작성연월일 1957. 8. 6
구분 제3~4차 회담 사이
세부항목 회담 재개 교섭
작성처 외무성 아시아국 제1과
매수 4
비밀등급 일반
문서종류 내부자료(언론 보도)
공개구분 공개
내용 1957년 7월 27일 자 동아일보 기사 요지
주제어 한일회담 재개 교섭 관련 한국 언론 보도

한국에 경제사절단을 파견하는 안에 관한 네모토 관방장관 언급 건(韓国に経済使節団を派遣する案に関し根本官房長官内話の件)

문서파일번호	1247
문서명	한국에 경제사절단을 파견하는 안에 관한 네모토 관방장관 언급 건(韓国に経済使節団を派遣する案に関し根本官房長官内話の件)
작성연월일	1955. 1. 5
구분	제3~4차 회담 사이
세부항목	대한 경제사절단 파견 문제
작성처	외무성 나카가와 국장
매수	5
비밀등급	극비
문서종류	내부문서
공개구분	공개
내용	나카가와(中川融) 아시아국장의 네모토(根本龍太郎) 관방장관 면담 시 한국에 대한 경제사절단 파견 관련 관방장관의 언급 요지를 기록한 문서. 한국대표부 유태하 참사관이 경제사절단 파견을 통한 한일관계 개선을 관방장관에게 제안, 통산대신, 농림대신도 찬성, 나카가와 국장은 전례에 비추어 회의적인 반응을 보임.
주제어	대한 경제사절단 파견 문제

1955년 11월 17일 이후 이 라인 문제에 관한 한국의 성명 등(昭和三十年十一月十七日以降の李ライン問題に関する韓国側の声明等)

문서파일번호	1262
문서명	1955년 11월 17일 이후 이 라인 문제에 관한 한국의 성명 등(昭和三十年十一月十七日以降の李ライン問題に関する韓国側の声明等)
작성연월일	1955. 12. 6
구분	제3~4차 회담 사이
세부항목	'이 라인' 문제에 대한 중의원 수산위 제출자료
작성처	외무성 아시아국 제5과
매수	20
비밀등급	일반
문서종류	내부자료
공개구분	공개
내용	1955년 12월 8일 개최된 중의원 수산위원회 제출자료. 11월 17일 한국 연합참모본부 성명, 하나무라(花村四郎) 법무상의 하나무라·김용식 회담 부정 언급에 대한 11월 17일의 김 공사 언급, 11월 17일 유태하 참사관의 귀국 담화, 11월 17일의 하나무라·김용식 회담에 대한 조정환 외무부장관서리 담화, 11월 18일 연합참모본부 성명에 대한 김용식 공사 담화, 11월 19일 갈홍기 공보실장의 기자회견, 11월 21일 이형근 한국 연합참모본부총장 담화, 11월 24일 유태하 참사관의 아사히신문 기자회견, 11월 25일 마산상선학교 개교식에서의 이승만 대통령 담화, 11월 27일 이승만 대통령의 UP기자회견, 11월 27일 대한어민회 최고위원 이한창 담화, 11월 27일 대한수산중앙위원회 상무이사 최내림 담화, 11월 28일 박영종 자유당의원의 외무위원회에서의 발언, 11월 29일 이형근 한국 연합참모본부총장 담화, 12월 1일 한국정부 소식통 언급, 12월 1일 한국어민대회, 12월 1일 서울방송, 12월 2일 유태하 주일참사관 언급, 11월 2일 서울방송, 12월 3일 김 한국연안경비대장 언급, 12월 3일 조정환 한국외무부장관서리 언급, 12월 3일 한국자유당중앙당부 성명, 12월 5일 코리안 리퍼블릭(Korean Republic)지, 12월 5일 대한수산중앙회 성명 등이 수록됨.
주제어	어업, '이 라인'

한일 군사력 비교표
(日韓軍事力比較表)

문서파일번호	1263
문서명	한일 군사력 비교표(日韓軍事力比較表)
작성연월일	1955. 11(일자 불명)
구분	제3~4차 회담 사이
세부항목	한일군사력 비교
작성처	불명
매수	1
비밀등급	극비
문서종류	내부자료
공개구분	공개
내용	1955년 11월 현재의 한일 군사력 비교표
주제어	한일군사력 비교

한국 문제(대한국 정책)
[朝鮮問題(対朝鮮政策)]

문서파일번호	67
문서명	한국 문제(대한국 정책)[朝鮮問題(対朝鮮政策)]
작성연월일	1956. 2. 21
구분	제3~4차 회담 사이
세부항목	예비~제3차 회담 경위
작성처	외무성 아시아국 제5과
매수	60
비밀등급	극비
문서종류	내부자료
공개구분	일부비공개
내용	샌프란시스코평화조약 조인 이후 한일회담을 포함한 일본의 대한국 외교정책 방향에 관하여 정리함. ① 평화조약의 조인 ② 대한(對韓)정책의 대강 ③ 대한(對韓) 구체적 방책 ④ 한국과의 교섭개시와 방한사절안의 좌절 ⑤ 한일회담의 개최와 결렬 ⑥ 미국의 알선과 일본의 평화정책
주제어	한일회담 경위, 일본의 대한국정책

한일회담 의제의 문제점
(日韓会談議題の問題点)

문서파일번호	68
문서명	한일회담 의제의 문제점(日韓会談議題の問題点)
작성연월일	1956. 6(일자 불명)
구분	제3~4차 회담 사이
세부항목	제1~3차 회담 평가
작성처	외무성 아시아국 제1과
매수	73
비밀등급	극비
문서종류	내부자료
공개구분	일부비공개
내용	제1~3차에 걸쳐 진행된 한일회담에서의 의제별 제반 문제점을 검토한 자료. 문서파일번호 1287 문서와 동일하나, 내용 일부가 먹칠로 가려져 있음. ① 기본관계 수립 문제: 한국의 분단 상황을 염두에 두고 일본은 다른 현안의 타결이 늦어지더라도 기본조약만은 조기에 성립시켜 한국과 정식으로 국교를 수립하고자 했음을 강조 ② 재산청구권 문제: 대일평화조약 제4조 b)항의 효력, 구체적으로는 주한미군정부가 1945년 12월 6일 자 군정령 제33호를 통해 재한일본재산이 미군에 귀속되어 소유되었다는 데 대한 법률 해석을 둘러싸고 한일 양측이 대립(한국이 제시한 청구권 8개 항목 및 금액이 첨부됨) ③ 어업 문제 ④ 재일한국인의 국적 처우 문제 ⑤ 선박 문제 첨부 ① 구보타 발언에 관하여 ② 독도 문제 ③ 한국대표부의 지위
주제어	기본관계, 재산청구권, 어업, 재일한국인 법적지위, 선박 반환, 독도, 구보다 발언, 한국대표부

한일회담 쌍방의 주장과 문제점(본문 및 부속자료)
[日韓会談における双方の主張及び問題点(本文及び付属資料)]

문서파일번호	69
작성연월일	1958. 1. 20
구분	제3~4차 회담 사이
세부항목	제1~3차 한일회담 분석
작성처	외무성 아시아국 제1과
매수	149
비밀등급	
문서종류	내부자료, 양해각서, 부속양해서, 합의의사록, 구상서, 구두 전달사항, 공동발표문, 조약안, 협정안, 내부문서, 비망록, 외교공한
공개구분	공개 또는 일부비공개
내용	제4차 회담 재개를 앞두고 3차까지 진행된 한일회담의 의제별 양측 주장과 문제점을 정리하고, 회담 재개를 위해 양측이 합의한 문서 및 제3차 회담까지의 중요한 문서들을 부속자료로 첨부함.
주제어	제1~3차 한일회담 분석

문서명	한일회담 쌍방의 주장과 문제점(日韓会談における双方の主張及び問題點)

문서파일번호 69

작성연월일 1958. 1. 20

구분 제3~4차 회담 사이

세부항목 제1~3차 회담 분석

작성처 외무성 아시아국 제1과

매수 29

비밀등급 극비

문서종류 내부자료

공개구분 일부비공개

내용

① 기본문제: 제1차 한일회담에서 대한제국과 일본국 간에 체결된 모든 조약 및 협정의 무효를 확인하려는 한국정부의 주장을 두고 양측이 절충안을 모색했으나 결국 합의를 보지 못한 채 사실상 제3차 회담까지 논의가 중지됨.

② 재산청구권 문제: 제1차 한일회담에서는 재산청구권 문제에 대한 양측의 완전히 대립되는 주장이 회담을 결렬시키는 원인이었음. 제2차 회담에서는 법리론을 우회, 재산청구권 항목과 관련된 구체적 자료를 제시하며 문제점을 해결하려 함. 제3차 회담에서는 법리론으로 쌍방이 대립하다가 구보타 발언에 의해 결정적으로 교섭이 결렬됨.

③ 어업 문제: 제1차 한일회담 개시 직전에 '이승만 라인'이 일방적으로 설정되었음. 쌍방의 배타적 어업 관할권 주장과 공해자유원칙 주장이 근본적으로 대립하고 있기 때문에 타협점을 찾기가 어려움.

④ 재일한국인 국적 처우 문제: 쌍방의 견해는 대체로 일치하며, 강제퇴거 및 기타 처우에서만 의견이 상이하지만 한국이 지연시켜 타결에 이르지 못함. 제3차 한일회담 종료 후 오무라수용소 한국인과 부산 억류어부의 상호 석방이라는 형태로 양국 간 교섭이 진행되었음.

⑤ 선박 문제: 일본도 선박 반환의 법률적 근거와는 별도로 일정 수량의 선박을 한국에 인도하는 것에 이의는 없음. 인도 선박의 수량과 인도 방법 및 시기에 대해 쌍방의 의견을 조정함.

주제어 기본관계, 재산청구권, 어업, 재일한국인 법적지위, 선박 반환

문서명	한일회담 쌍방의 주장과 문제점 부속자료. 이하 첨부된 부속자료들은 각기 개별 문서로 처리함.(日韓会談における双方の主張及び問題の附属資料)

문서파일번호 69
작성연월일 1958. 1. 20
구분 제3~4차 회담 사이
세부항목 제1~3차 회담 분석
작성처 외무성 아시아국 제1과
매수 4
비밀등급 극비
문서종류 내부자료
공개구분 공개
내용 제1차에서 3차에 이르는 한일회담의 5개 의제별 양국의 주장과 문제점의 부속자료 표지 및 목차. 상호 석방과 한일회담 재개에 관한 합의문서, 일본이 제안한 기본관계조약안 등 총 15개 문서명 수록
주제어 기본관계, 재산청구권, 어업, 재일한국인 법적지위, 선박 반환

문서명	일본 억류 한국인 및 한국 억류 일본 어부에 대한 조치 관련 일본정부와 한국정부 간 양해각서(Memorandum of Understanding between the Government of Japan and the Government of the Republic of Korea Regarding Measures on Koreans Detained in Japan and on Japanese Fishermen Detained in Korea)

문서파일번호 69
작성연월일 1957. 12. 31
구분 제3~4차 회담 사이
세부항목 제1~3차 회담 분석
작성처 외무성 아시아국 제1과
매수 3
비밀등급 일반
문서종류 내부자료
공개구분 공개
내용 일본에 수용 중인 한국인과 한국에 수용되어 있는 일본인어부에 대한 상호 송환 조치를 두고 한일 양국 정부가 준비한 양해 각서(영문, 일본어 가역본 포함)
주제어 억류자 상호 석방

문서명	부속양해서(Annexed Understanding)

문서파일번호 69
작성연월일 1957. 12. 31
구분 제3~4차 회담 사이
세부항목 제1~3차 회담 분석
작성처 외무성 아시아국 제1과
매수 2
비밀등급 극비
문서종류 내부자료
공개구분 공개
내용 1958년 3월 1일 한일회담이 재개되면 오무라수용소 한국인 억류 문제에 관한 논의를 통해 문제가 신속히 해결되도록 하며, 양국 간 합의가 이루어질 때까지 일본은 한국인의 수용소 억류를 자제하고 현재 억류되어 있는 한국인들의 석방을 위해 필요한 생활지도를 함(영문, 일본어 가역본 포함).
주제어 억류자 문제

문서명	한일회담 재개 관련 각서(Memorandum Concerning the Resumption of the Overall Talks between Japan and the Republic of Korea)

문서파일번호 69
작성연월일 1957. 12. 31
구분 제3~4차 회담 사이
세부항목 제1~3차 회담 분석
작성처 외무성 아시아국 제1과
매수 2
비밀등급 일반
문서종류 내부자료
공개구분 공개
내용 한일 양국이 회담을 전면 재개하는 것에 대한 합의각서(영문, 일본어 가역본 포함)
주제어 회담 재개

문서명	합의의사록(Agreed Minute)

문서파일번호 69
작성연월일 1957. 12. 31
구분 제3~4차 회담 사이
세부항목 제1~3차 회담 분석
작성처 외무성 아시아국 제1과
매수 8
비밀등급 극비
문서종류 내부자료
공개구분 공개
내용 한일 양측이 상기 양해각서에 명기된 조치를 한 달 반 내에 완료하며, 재개되는 한일회담의 의제를 전과 동일한 5개로 하고, 대일평화조약 제4조에 관한 미국의 해석이 한일 간 청구권 상호 포기를 의미하지 않는다는 점 등을 명기한 합의의사록(영문, 일본어 가역본 포함)
주제어 회담 재개

문서명	구상서(일본)(Note Verbale)

문서파일번호 69
작성연월일 1957. 12. 31
구분 제3~4차 회담 사이
세부항목 제1~3차 회담 분석
작성처 외무성 아시아국 제1과
매수 2
비밀등급 일반
문서종류 내부자료
공개구분 공개
내용 구보타 발언과 일본이 제기했던 재한재산청구권을 철회하겠다는 구상서(영문, 일본어 가역본 포함)
주제어 청구권, 구보타 발언 철회, 일본의 재한재산 청구권 포기, 한일회담 재개

문서명	구상서(한국)(Note Verbale)

문서파일번호 69
작성연월일 1957. 12. 31
구분 제3~4차 회담 사이
세부항목 제1~3차 회담 분석
작성처 외무성 아시아국 제1과
매수 2
비밀등급 일반
문서종류 내부자료
공개구분 공개
내용 일본의 구상서를 수령해서 확인했다는 한국 구상서(영문, 일본어 가역본 포함)
주제어 청구권, 구보타 발언 철회, 일본의 재한재산 청구권 포기, 한일회담 재개

문서명	구두 전달사항(oral statement)

문서파일번호 69
작성연월일 1957. 12. 31
구분 제3~4차 회담 사이
세부항목 제1~3차 회담 분석
작성처 외무성 아시아국 제1과
매수 2
비밀등급 극비
문서종류 내부자료
공개구분 공개
내용 되도록 빠른 시일 내에 일본정부는 한국 미술품을 반환하는 것을 회담에서 논의하고 처리하겠다는 구두 진술서(영문, 일본어 가역본 포함)
주제어 문화재 반환

문서명	공동발표문(Joint Commuique)

문서파일번호 69
작성연월일 1957. 12. 31
구분 제3~4차 회담 사이
세부항목 제1~3차 회담 분석
작성처 외무성 아시아국 제1과
매수 3
비밀등급 일반
문서종류 내부자료
공개구분 공개
내용 한일회담 재개에 대한 공동발표문(영문, 일본어 가역본 포함)
주제어 회담 재개

문서명	일본국과 대한민국 사이의 기본관계를 설정하는 조약(안)[日本国と大韓民国との間の基本的関係を設定する条約(案)]

문서파일번호 69
작성연월일 1952. 4. 4
구분 제3~4차 회담 사이
세부항목 제1~3차 회담 분석
작성처 외무성 아시아국 제1과
매수 3
비밀등급 일반
문서종류 내부자료
공개구분 공개
내용 1952년 4월 4일 일본이 제시한 기본관계조약안
주제어 기본관계

문서명	재한일본재산에 대한 귀속권(Vesting Title to Japanese Property within Korea)

문서파일번호 69
작성연월일 1945. 12. 6
구분 제3~4차 회담 사이
세부항목 제1~3차 회담 분석
작성처 외무성 아시아국 제1과
매수 6
비밀등급 일반
문서종류 내부자료
공개구분 공개
내용 주한미군정령 제33호에 따른 한국 소재 일본인 재산 취득에 관한 내용(영문, 일본어 번역본 포함)
주제어 청구권

문서명	한일 양국 간에 결정해야 할 재산 및 청구권 처리에 관한 협정 기본요강(일본 제안) [日韓両国間に取極めらるべき財産及び請求権の処理に関する協定の基本要綱(日本側提案)]

문서파일번호 69
작성연월일 1952. 3. 6
구분 제3~4차 회담 사이
세부항목 제1~3차 회담 분석
작성처 외무성 아시아국 제1과
매수 3
비밀등급 일반
문서종류 내부자료(협정 요강)
공개구분 공개
내용 1952년 3월 6일 일본이 제시한 한일 양국 간에 결정되어야 할 재산 및 청구권 처리에 관한 협정 기본 요강
주제어 청구권

문서명	한미 재산에 관한 최초 협정 제5조(Initial Financial and Property Settlement between the Government of the United States of America and the Government of the Republic of Korea Article V)

문서파일번호 69
작성연월일 1948. 9. 11
구분 제3~4차 회담 사이
세부항목 제1~3차 회담 분석
작성처 한국 및 미국정부
매수 4
비밀등급 일반
문서종류 내부자료(협정)
공개구분 공개
내용 주한미군정이 취득한 재한일본재산을 한국정부에 이양하는 내용의 '한미 재산에 관한 최초협정(韓美 財産에 關한 最初協定)' 제5조(1948년 9월 11일 자)(영문, 일본어 번역본 포함)
주제어 청구권

문서명	한일 간 재산 및 청구권협정 요강 한국 제안(韓日間財産及び請求権協定要綱韓国側提案)

문서파일번호 69
작성연월일 1952. 2. 21
구분 제3~4차 회담 사이
세부항목 제1~3차 회담 분석
작성처 외무성 아시아국 제1과
매수 3
비밀등급 일반
문서종류 내부자료(협정 요강)
공개구분 일부비공개
내용 1952년 2월 21일 한국이 제시한 한일 간 재산청구권협정 요강
주제어 청구권

문서명	우리 측의 대한 청구액에 관한 대장성 시산(わが方 の対韓請求額についての 大藏省試算)

문서파일번호 69
작성연월일 1958(월일 불명)
구분 제3~4차 회담 사이
세부항목 제1~3차 회담 분석
작성처 외무성 아시아국 제1과
매수 1
비밀등급 일반
문서종류 내부자료
공개구분 공개
내용 내용이 전부 먹칠로 가려져 있음.
주제어 청구권

문서명	제2차 회의 시 한국의 청구항목(1953년 5월 14일 협의에 관한 비망록)[第二次會議における韓國側の請求項目(Aide-Memoire on talking of the 14th May, 1953)]

문서파일번호 69
작성연월일 1953. 5. 14
구분 제3~4차 회담 사이
세부항목 제1~3차 회담 분석
작성처 외무성 아시아국 제1과
매수 1
비밀등급 일반
문서종류 내부자료
공개구분 공개
내용 제2차 한일회담 1953년 5월 14일 청구권위원회 비공식회의에서 한국이 일본에 전달한 청구 항목에 관한 비망록
주제어 청구권

문서명	1953년 5월 23일 협의에 관한 비망록(Aide-Memoire on talking of the 23rd May, 1953)

문서파일번호 69
작성연월일 1953. 5. 23
구분 제3~4차 회담 사이
세부항목 제1~3차 회담 분석
작성처 외무성 아시아국 제1과
매수 2
비밀등급 일반
문서종류 내부자료
공개구분 일부비공개
내용 제2차 한일회담 1953년 5월 23일 청구권위원회 비공식회의에서 한국이 제시한 청구항목 관련 비망록
주제어 청구권

문서명	1953년 5월 28일 협의에 관한 비망록(Aide-Memoire on talking of the 28th May, 1953)

문서파일번호 69
작성연월일 1953. 5. 28
구분 제3~4차 회담 사이
세부항목 제1~3차 회담 분석
작성처 외무성 아시아국 제1과
매수 4
비밀등급 일반
문서종류 내부자료
공개구분 일부비공개
내용 제2차 한일회담 1953년 5월 28일 청구권위원회 비공식회의에서 한국이 제시한 청구항목 관련 비망록
주제어 청구권

문서명	제목 없음

문서파일번호 69
작성연월일 1952. 4. 29
구분 제3~4차 회담 사이
세부항목 제1~3차 회담 분석
작성처 미국무부
매수 1
비밀등급 일반
문서종류 내부자료
공개구분 공개
내용 샌프란시스코 평화조약 제4조 b)항과 관련된 미국정부의 해석을 양유찬 주미한국 대사 앞으로 전달한 미국무부 외교공한
주제어 청구권, 대일평화조약 제4조에 관한 해석

문서명	구보타 발언의 개요(久保田発言の概要)

문서파일번호 69
작성연월일 1958(월일 불명)
구분 제3~4차 회담 사이
세부항목 제1~3차 회담 분석
작성처 외무성 아시아국 제1과
매수 3
비밀등급 일반
문서종류 내부자료
공개구분 공개
내용 제3차 회담 일본 구보타 대표의 발언 요지. 한국이 회담 재개의 조건으로 제시했던 구보타 발언 철회에 이르는 경위에 관해서도 기술
주제어 청구권, 구보타 발언

문서명	제목 없음

문서파일번호 69
작성연월일 1957. 12. 31
구분 제3~4차 회담 사이
세부항목 제1~3차 회담 분석
작성처 외무성 아시아국 제1과
매수 8
비밀등급 극비
문서종류 외교공한
공개구분 공개
내용 1957년 12월 31일 주일미국대사관이 일본정부에게 샌프란시스코 평화조약 제4조에 관한 본국 정부의 해석을 전달(영문, 일본어 가역본 포함)
주제어 청구권, 대일평화조약 제4조에 관한 해석

문서명	대통령 선언(Presidential Proclamation)

문서파일번호 69
작성연월일 1952. 1. 18
구분 제3~4차 회담 사이
세부항목 제1~3차 회담 분석
작성처 한국정부(일본 번역)
매수 7
비밀등급 일반
문서종류 내부자료
공개구분 공개
내용 1952년 1월 18일 한국 이승만 대통령의 해양 주권 선언에 관한 내용(영문, 일본어 번역본 포함)
주제어 평화선

문서명	어업에 관한 일본국정부와 대한민국정부 협정안(일본 제안) [漁業に関する日本国政府と大韓民国政府との間の協定案(昭和二十七年二月十六日日本側提案)]

문서파일번호 69
작성연월일 1952. 2. 16
구분 제3~4차 회담 사이
세부항목 제1~3차 회담 분석
작성처 외무성 아시아국 제1과
매수 10
비밀등급 일반
문서종류 내부자료
공개구분 공개
내용 1952년 2월 16일에 일본이 어업 문제에 대해 제시한 11개 조항의 협정안
주제어 어업

문서명	어업에 관한 대한민국정부와 일본국정부의 협정안(한국안) [漁業に関する大韓民国政府と日本国政府の協定案(昭和二十七年三月二十日韓国側案)]

문서파일번호 69
작성연월일 1952. 1. 18
구분 제3~4차 회담 사이
세부항목 제1~3차 회담 분석
작성처 외무성 아시아국 제1과
매수 16
비밀등급 일반
문서종류 내부자료(협정안)
공개구분 공개
내용 1952년 3월 20일에 한국이 어업 문제에 대해 제시한 13개 조항의 협정안
주제어 어업

문서명	한국 치적선 반환을 명령하는 연합국 최고사령부 공문(SCAPIN 2168 Korean Registered Vessels)

문서파일번호 69
작성연월일 1951. 9. 11
구분 제3~4차 회담 사이
세부항목 제1~3차 회담 분석
작성처 연합국 최고사령부
매수 1
비밀등급 일반
문서종류 내부자료(외교공한)
공개구분 공개
내용 연합국 최고사령부가 일본으로 하여금 1945년 8월 9일 현재 한국 국적으로 되어 있는 선박을 한국에 즉각 반환하라고 명령한 지령(SCAPIN) 2168(영문)
주제어 선박 반환

문서명	한국 국적선 반환 영수증(Receipt for Restoration of Korean Registered Vessels)

문서파일번호 69
작성연월일 1951(월일 불명)
구분 제3~4차 회담 사이
세부항목 제1~3차 회담 분석
작성처 불명
매수 1
비밀등급 일반
문서종류 내부자료
공개구분 공개
내용 한국 국적선의 반환 영수증 샘플(영문)
주제어 선박 반환

문서명	한일회담에서 쌍방의 주장과 문제점의 부속자료 추가 보충1(日韓会談における双方の主張及び問題点の附属資料追補一)

문서파일번호 69
작성연월일 1958. 3. 7
구분 제3~4차 회담 사이
세부항목 제1~3차 회담 분석
작성처 외무성 아시아국 제1과
매수 2
비밀등급 극비
문서종류 내부자료
공개구분 공개
내용 표지 및 목차
주제어 표지 및 목차

문서명	재일한국인의 국적 및 처우에 관한 한일협정안(在日韓人の国籍及び処遇に関する日韓協定案)

문서파일번호 69
작성연월일 1952. 4. 4 - 1952. 4. 5
구분 제3~4차 회담 사이
세부항목 제1~3차 회담 분석
작성처 외무성 아시아국 제1과
매수 17
비밀등급 극비
문서종류 내부자료(협정안)
공개구분 공개
내용 1952년 4월 4일 작성한 재일한국인의 국적 및 처우에 관한 7개 조항의 협정안(일본 및 한국이 1952년 4월 5일 자로 각각 번역한 영어본 포함)
주제어 재일한국인 법적지위

한일관계 타개 방책에 대해서
(日韓関係打開方策について)

문서파일번호	1265
문서명	한일관계 타개 방책에 대해서(日韓関係打開方策について)
작성연월일	1956. 1. 10
구분	제3~4차 회담 사이
세부항목	한일관계 타개책 , 억류자 문제
작성처	외무성 아시아국
매수	3
비밀등급	극비
문서종류	내부문서
공개구분	공개
내용	한일관계 타개 방책 ① 억류어부의 석방에 대해서는 한국안을 받아들여 오무라수용소의 재일한국인 350명을 즉시 가석방하는 것 외에 조기 해결의 방법이 없음. ② '이 라인'문제 해결에 대해서는 미국의 알선으로 한국의 태도를 타진 중이나 한국은 어업 문제를 논의하는 것을 거부하고 있는데, 전면적인 한일회담의 일환으로서만 본 문제의 논의에 응할 생각인 것으로 보임.
주제어	억류자 문제

한일 문제 건
(日韓問題に関する件)

문서파일번호	1275
문서명	한일 문제 건(日韓問題に関する件)
작성연월일	1956. 4. 5
구분	제3~4차 회담 사이
세부항목	억류자 문제, 시게미쓰 대신·김용식 공사 회담
작성처	외무성 아시아국
매수	3
비밀등급	극비
문서종류	내부문서
공개구분	공개
내용	재한억류 일본인어부와 오무라 한인 문제 해결을 위해 시게미쓰 외무대신과 김용식 공사가 두 차례 만나 회담을 하였음. 일본은 앞으로 사와다(沢田廉三) 대사를 교섭에 임하도록 하였으며, 한일 양측이 교섭위원을 각각 임명하였음.
주제어	억류자 문제

1956. 4. 9. 일지
(四月九日)

문서파일번호	1279
문서명	1956. 4. 9. 일지(四月九日)
작성연월일	1956. 4. 9
구분	제3~4차 회담 사이
세부항목	억류자 문제
작성처	외무성 안도 참사관
매수	1
비밀등급	
문서종류	내부문서
공개구분	공개
내용	1956년 4월 9일 일지. 정무차관 방문, 자민당 정조회 산하 관계위원회가 개최되어 재한억류 일본인어부와 오무라 한인 문제를 논의함. 외무성 정무차관 참석함.
주제어	억류자 문제

한일회담 의제 문제점
(日韓会談議題の問題点)

문서파일번호	1287
작성연월일	1956. 5(일자 불명)
구분	제3~4차 회담 사이
세부항목	한일회담 의제별 문제점
작성처	외무성
매수	74
비밀등급	
문서종류	내부자료
공개구분	공개
내용	사와다(沢田廉三) 대사 보고용으로 한일회담 의제별 경과와 문제점을 정리한 자료(* 각 의제별 정리 내용을 개별 문서로 처리함)
주제어	한일회담 의제별 문제점

문서명	목차(目次)

문서파일번호 1287
작성연월일 1956. 5(일자 불명)
구분 제3~4차 회담 사이
세부항목 한일회담 의제별 문제점
작성처 외무성
매수 1
비밀등급 일반
문서종류 내부자료
공개구분 공개
내용 본 자료의 목차
주제어 한일회담 의제별 문제점

문서명	1. 기본관계 수립 문제[(一)基本関係樹立問題]

문서파일번호 1287
작성연월일 1956. 5(일자 불명)
구분 제3~4차 회담 사이
세부항목 한일회담 의제별 문제점, 기본관계
작성처 외무성
매수 8
비밀등급 극비
문서종류 내부자료
공개구분 공개
내용 회담 개최부터 1956년 5월까지 기본관계 수립 문제를 둘러싼 양국 입장차가 다음의 항목으로 정리
① 기본관계 수립 문제에 관한 근본적인 차이
② 구 조약 무효, 유엔헌장 자구 삽입에 대한 입장 차이
③ 한국에 의한 통상항로 조항 삽입 및 범죄양도협정 체결 주장
④ 다니 · 김용식 회담과 한일수호우호조약,
⑤ 회담 재개의 전제조건으로서 한일합방조약의 파기 문제
주제어 기본관계

문서명	2. 재산청구권 문제[(二)財産請求權問題]

문서파일번호 1287
작성연월일 1956. 5(일자 불명)
구분 제3~4차 회담 사이
세부항목 한일회담 의제별 문제점, 재산 및 청구권
작성처 외무성
매수 17
비밀등급 극비
문서종류 내부자료
공개구분 공개
내용 회담 개최부터 1956년 5월 시점까지 청구권 교섭의 경위와 쟁점이 다음 항목으로 정리
① 대일평화조약 제4조의 법률 해석에 대한 근본적 대립
② 미군정령 제33호의 법률 해석을 둘러싼 대립
③ 한국이 제시한 대일청구 총액과 대장성이 시산한 것을 비교
④ 강화조약 제4조에 대한 미국정부의 견해와 그에 대한 일본의 해석
⑤ 일본 법리론의 방어적 성격과 재외배상문제의 연관성, 일본이 지불해야 할 항목과 그에 대한 시안
주제어 재산 및 청구권

문서명	3. 어업 문제[(三)漁業問題]

문서파일번호 1287
작성연월일 1956. 5(일자 불명)
구분 제3~4차 회담 사이
세부항목 한일회담 의제별 문제점, 어업
작성처 외무성
매수 7
비밀등급 극비
문서종류 내부자료
공개구분 공개

내용	회담개최부터 1956년 5월 시점까지 어업 문제의 현황에 대해 다음 항목으로 정리 ① 이승만 라인에 대한 일본의 주장 및 미국에 대한 중개요청 ② 한국 근해 어업 및 종사자 현황 ③ 나포 어선 및 선원 현황과 타결 여지
주제어	어업

문서명	4. 재일한국인의 국적 처우 문제[(四)在日朝鮮人の国籍処遇問題]

문서파일번호	1287
작성연월일	1956. 5(일자 불명)
구분	제3~4차 회담 사이
세부항목	한일회담 의제별 문제점, 재일한국인 법적지위
작성처	외무성
매수	10
비밀등급	극비
문서종류	내부자료
공개구분	공개
내용	종전 이전부터 일본에 살고 있던 한국인들의 국적 및 처우에 대해 어떻게 교섭해 왔는지 다음 항목으로 개요를 설명 ① 재일한국인 문제에 대한 일본의 원칙 ② 강제퇴거의 협의기간 문제를 둘러싼 대립 ③ 한국의 한인형사범 수용 거부 ④ 범죄인도협정 체결을 시사한 한국의 저의 ⑤ 재일한국인 형사범의 오무라수용소 수용과 한국의 항의 ⑥ 나포 일본인어부와 오무라수용소 한인 수용자의 상호 석방 문제 ⑦ 북한 계 재일한국인의 국적 및 처우 문제
주제어	재일한국인 법적지위

문서명	5. 선박 문제[(五)船舶問題]

문서파일번호 1287
작성연월일 1956. 5(일자 불명)
구분 제3~4차 회담 사이
세부항목 한일회담 의제별 문제점, 선박
작성처 외무성
매수 7
비밀등급 극비
문서종류 내부자료
공개구분 공개
내용 선박교섭의 경위에 대해 다음 항목을 중심으로 정리함.
① 한일 양국 간 한국 귀속 선박의 반환 및 수령에 대한 연합국 사령부의 협의 지시
② 한일 예비회담의 '한일 간 선박 귀속 문제'
③ 선박 인도에 대해 기술적 협의를 준비한 한국 주장에 대한 일본의 대응논리
④ 제2차 한일회담에서의 선박 교섭
⑤ 한일회담 결렬 이후 선박 교섭과 청구권 교섭과의 일체화
주제어 선박 반환

문서명	첨부1. 구보타 발언에 대해서(附一、久保田発言について)

문서파일번호 1287
작성연월일 1956. 5(일자 불명)
구분 제3~4차 회담 사이
세부항목 한일회담 의제별 문제점, 구보타 발언
작성처 외무성
매수 16
비밀등급 극비
문서종류 내부자료
공개구분 공개
내용 구보타 발언의 발생 경위와 이후의 전개과정에 대해 다음과 같은 항목으로 정리

① 한국의 청구권 주장에 대한 구보타 대표의 반박 및 한국의 해명 요구
② 구보타 대표 발언의 전후 맥락을 고려하지 않는 한국의 왜곡
③ 한국의 반발 및 일본의 재반발에 의해 회담 결렬
④ 회담 결렬 이후 미국의 중개 및 워싱턴 접촉 등 구보타 발언을 둘러싼 교섭 과정
⑤ 시게미쓰 대신과 앨리슨 대사 회담
⑥ 시케미쓰 대신, 김용식 공사 회담 및 공동발표

주제어 구보타 발언

문서명	첨부2. 독도 문제(附二、竹島問題)

문서파일번호 1287
작성연월일 1956. 5(일자 불명)
구분 제3~4차 회담 사이
세부항목 한일회담 의제별 문제점, 독도
작성처 외무성
매수 3
비밀등급 극비
문서종류 내부자료
공개구분 공개
내용 독도 문제에 대한 경위가 다음 항목으로 정리
① 독도 문제와 '이 라인' 문제의 일체화 및 일본의 주장
② 실력에 의한 한국의 독도 점거
③ 항의 및 국제사법재판소 등 일본의 대응
④ 향후 대처방침
⑤ 한일회담 현안의 원만한 해결을 위한 방법으로서 독도 문제 제외
⑥ 독도의 경제적 가치

주제어 독도

문서명	첨부3. 한국대표부의 지위(附三、韓国代表部の地位)

문서파일번호	1287
작성연월일	1956. 5(일자 불명)
구분	제3~4차 회담 사이
세부항목	한일회담 의제별 문제점, 주일한국대표부
작성처	외무성
매수	5
비밀등급	극비
문서종류	내부자료
공개구분	공개
내용	주일한국대표부의 지위와 그와 관련된 한일 간 협의에 대해 다음 항목을 중심으로 정리 ① 주일한국대표부 설치 경위 ② 주일대표부의 지위보장 및 일본의 주한일본대표부 설치 요구 ③ 한국전쟁과 일본의 주한일본대표부 설치 요구에 대한 한국의 소극적 태도 ④ 한일회담과 주한일본대표부 설치 요구에 대한 한국의 소극적 태도 ⑤ 주일한국대표부가 한국에게 가져다주는 외교적 이익
주제어	주일한국대표부

한일 간 여러 현안의 현상과 그 대책
(日韓間諸懸案の現状とその対策)

문서파일번호	480
문서명	한일 간 여러 현안의 현상과 그 대책(日韓間諸懸案の現状とその対策)
작성연월일	1956. 8. 15
구분	제3~4차 회담 사이
세부항목	한일관계 현상과 대책
작성처	외무성
매수	42
비밀등급	극비
문서종류	내부자료
공개구분	공개
내용	한일 간 여러 현안 현황과 한국의 태도, 일본의 대책 등을 정리한 문서 ① 제 현안의 현상: 제2차 한일회담이 하기 휴회에 들어가기 전까지의 기본관계문제, 청구권 문제, 국적 처우 문제, 어업 문제, 선박 문제, 그 외 문제('이승만 라인' 문제, 독도 문제, 어선 나포 문제, 한국군인 및 군함의 일본 입국 문제, 주한일본대표부 설치 문제, 무역문제 등)의 현안별 논의 사항이 정리됨. ② 한국의 태도와 객관정세: 한국이 6·25전쟁 휴전 후 강경한 태도를 보이고 있는데, 이러한 태도를 보여도 자신들이 잃을 것이 없다는 인식에서 나온 것으로 보여진다는 분석이 담김. ③ 일본의 대책: 한국과 직접 교섭할 문제(한일회담 관련, 독도 문제, 나포 어선 문제, 재외사무소설치 문제), 제3국을 통하는 문제('이승만 라인' 문제), 유엔 내지 국제사법재판소에 제소하는 문제(독도 문제)로 나누어 해당 문제에 대한 일본의 방침이 기술됨.
주제어	기본관계, 청구권, 어업, 재일한국인 법적지위, 선박 반환, 이승만 라인, 독도, 일본 어선 나포, 일본대표부 설치

2. 한일 문제
(二、日韓問題)

문서파일번호	1289
문서명	2. 한일 문제(二、日韓問題)
작성연월일	1956. 9(일자 불명)
구분	제3~4차 회담 사이
세부항목	한일회담 재개 교섭
작성처	외무성
매수	3
비밀등급	일반
문서종류	내부문서
공개구분	공개
내용	대신 보고용으로 작성한 자료 중 한일 문제 부분. 1956년 8월 20일 나카가와 국장과 김용식 공사 간 회의에서 김 공사는 죄질이 나쁜 한국인을 장래 한국이 인수하는 것은 당연하며 종래 한일회담에서도 이러한 전제하에 구체기준을 협의한 것이라고 언급함. 나카가와 국장은 이러한 내용을 법무성에도 전달, 법무성도 이의 없다는 뜻을 표명함. 8월 24일 나카가와·김용식 제2회 회의에서 나카가와 국장은 한일회담 재개가 명확해지면 구보타 발언을 철회할 용의가 있으며, 한국에 대한 청구권도 회담 과정에서 청구할 생각이 없음을 밝힐 수 있다고 언급함.
주제어	한일회담 재개 교섭

한일 문제에 대해서
(日韓問題について)

문서파일번호	1290
작성연월일	1956. 9. 27
구분	제3~4차 회담 사이
세부항목	한일회담 재개 교섭
작성처	외무성
매수	10
비밀등급	
문서종류	내부문서, 각서, 부속양해서
공개구분	공개
내용	일본이 김용식 공사와의 협의에 대비하여 정리한 교섭 시 유의사항 및 1956년 4월 2일 시게미쓰 외무대신·김용식 공사 간 협의결과를 구체화하기 위해 합의내용을 기록한 각서와 부속양해서
주제어	한일회담 재개 교섭

문서명	한일 문제에 대해서(日韓問題について)

문서파일번호 1290
작성연월일 1956. 9. 27
구분 제3~4차 회담 사이
세부항목 억류자 상호 석방, 재산청구권 문제
작성처 외무성
매수 7
비밀등급 극비
문서종류 내부문서
공개구분 공개
내용 한국 김용식 공사와 협의 시 억류자 상호 석방 문제 및 재산청구권 문제와 관련하여 유의해야 할 점을 정리한 문서. 재산권청구권 문제는 한일회담 재개의 전제로서 일본의 재한재산 청구권 포기를 요구할 것으로 예상되나, 동 문제는 ① 종래의 정부 법률 해석을 변경하는 문제이고 ② 헌법 제29조에 의해 국내보상 문제가 발생하므로 가볍게 포기성명을 내서는 안 됨. 일본은 평화조약 제4조 b)항에 대한 미국측 해석을 앞으로의 교섭 기초로 삼는데 이의가 없다는 취지를 한일회담 재개에 앞서 미국에 문서로 통보했고, 미국에서 이를 한국에 통보함으로써 한국의 염려를 해소하는 것이 실제적이라고 판단됨. 김 공사는 이에 대해서 일본이 과거 한일회담에서 재산권에 대한 주장을 전면 철회하고 백지화하는 것은 어떨지 이야기했는데 발언권 철회는 종래의 주장이 잘못되었다는 것을 인정하는 결과가 되기 때문에 적당하지 않음.
주제어 한일회담 재개 교섭

문서명	각서 재한억류 일본인어부와 피강제퇴거 재일한국인의 조치 건(覚書 在韓抑留日本人漁夫と被退去強制在日韓人の措置に関する件)

문서파일번호 1290
작성연월일 1956. 9. 27
구분 제3~4차 회담 사이
세부항목 억류자 상호 석방에 관한 각서
작성처

매수	2
비밀등급	극비
문서종류	각서
공개구분	공개
내용	1956년 4월 2일 시게미쓰 외무대신·김용식 공사 협의를 구체화하기 위해 합의한 내용을 기록한 각서. 외국인 수용소에 수용 중인 일본인어부, 일본정부에 의해 강제퇴거 처분에 처해진 한인 밀입국자의 송환, 일본정부에 의해 강제퇴거 처분에 처해진 한인 형법위반자로 자의에 의해 귀국을 희망하는 자의 인수 문제 등에 대해 합의함.
주제어	한일회담 재개 교섭

문서명	부속양해(付属了解)

문서파일번호	1290
작성연월일	1956. 9. 27
구분	제3~4차 회담 사이
세부항목	억류자 상호 석방에 관한 부속양해서
작성처	
매수	1
비밀등급	극비
문서종류	부속양해서
공개구분	공개
내용	시게미쓰 대신과 김용식 공사가 합의한 부속양해서. 회담을 조기에 개최하여 강제퇴거자의 인수기준을 포함한 재일한국인 처리 문제를 협의 결정하기로 함. 그 대신에 일본정부는 한국인 형벌법령위반자의 강제퇴거 위한 수용을 자제하기로 함.
주제어	한일회담 재개 교섭

가도와키 차관·김 한국공사 회담 요지
(門脇次官·金韓国公使会談要旨)

문서파일번호	1673
작성연월일	1955. 8. 20 - 1955. 11. 18
구분	제3~4차 회담 사이
세부항목	가도와키 차관·김용식 회담
작성처	외무성
매수	32
비밀등급	
문서종류	회의록, 각서
공개구분	공개
내용	가도와키(門脇季光) 차관과 김용식 공사 간 회담 기록
주제어	한일회담 재개 협의, 억류자 상호 석방

문서명	가도와키 차관·김 한국공사 회담 요지(門脇次官·金公使と会談要旨)

문서파일번호 1673
작성연월일 1955. 8. 20
구분 제3~4차 회담 사이
세부항목 가도와키 차관 · 김용식 회담
작성처 가도와키 차관 구술
매수 13
비밀등급 극비
문서종류 회의록
공개구분 공개
내용 가도와키 차관 · 김용식 공사 회담 기록. 김 공사는 한국정부의 성명 이유에 대해 조회 중이나 아직 본국 정부로부터 회답이 없다면서, 최근 들은 바로는 한국정부는 일본정부가 청구권을 포기하면 언제라도 한일회담을 재개할 용의가 있다고 말함. 차관은 이번 한국정부의 성명은 일본으로서 중대한 관심을 갖고 있어 가능한 빨리 회답을 얻고 싶다며 일본은 회담 재개를 희망하지만 한국의 종래 방식으로는 회담 재개를 어렵게 하는 경향이 있다며 계속되는 어선 나포와 어민 억류에 대해 언급하자 김 공사는 오무라수용소의 재일한국인 억류 문제로 응수함.
주제어 한일회담 재개, 억류자 상호 석방

문서명	각서(Memorandum)

문서파일번호 1673
작성연월일 1955. 8. 20
구분 제3~4차 회담 사이
세부항목 가도와키 차관 · 김용식 회담
작성처 외무성
매수 2
비밀등급 일반
문서종류 각서
공개구분 공개

내용 가도와키 차관, 김 한국공사 회담 요지 문서 첨부물. 1955년 8월 20일 가도와키 차관·김용식 공사 회담 시 일본이 전달한 문서. 일본이 1955년 8월 17일 한국정부의 성명의 배경이 무엇인지에 대한 문의와 함께 7월 23일 억류 일본 어민 건에 관해 대우 개선과 조기 송환을 요청하는 문서를 보냈으나 아직 회답이 없는 점, 8월 3일 이후 일주일 동안 어선 11척과 266명을 나포한 점에 대해 항의함.

주제어 억류자 상호 석방, 어선 나포

문서명	가도와키 차관·김 한국공사 회담(門脇次官·金公使と会談の件)

문서파일번호 1673

작성연월일 1955. 9. 23

구분 제3~4차 회담 사이

세부항목 가도와키 차관·김용식 회담

작성처 외무성 나카가와 국장

매수 5

비밀등급 극비

문서종류 회의록

공개구분 공개

내용 가도와키 차관·김용식 공사 회담 기록. 가도와키 차관은 북한 억류 일본인 문제 관련, 어제 북한적십자사로부터 일본적십자사에 평양으로 대표를 파견하라는 요청이 왔고, 본 건은 인도상의 문제이지 북한과 관계를 열기 위한 것이 아니라며 한국의 양해를 구함. 김 공사는 본 건은 북한과 어떠한 관계도 맺고 싶지 않다는 한국의 기본 태도에 어긋나는 것이라고 답함. 김 공사는 화학비료 14만 톤 수입 희망 의사를 밝혔으며, 일본인어부 석방과 관련해서는 오무라 한인 석방이 먼저임을 강조함.

주제어 북한 억류 일본인 문제, 화학비료 수입, 억류자 상호 석방

문서명	한국 연합참모본부의 일본 어선 포격 성명에 관한 가도와키 차관, 김 한국공사 회담 요지(韓国連合参謀本部の日本漁船砲撃声明に関し門脇次官、金韓国公使会談要旨)

문서파일번호	1673
작성연월일	1955. 11. 18
구분	제3~4차 회담 사이
세부항목	가도와키 차관 · 김용식 회담
작성처	가도와키 차관 구술
매수	12
비밀등급	극비
문서종류	회의록
공개구분	공개
내용	가도와키 차관 · 김용식 공사 회담 기록. 가도와키 차관은 김 공사에게 11월 17일 한국연합참모본부의 포격 성명에 대해 이의를 제기함. 김 공사는 동 성명의 내용을 아직 입수하지 못했고 입수하는 대로 일본의 이의 제기를 본국 정부에 전달하겠다고 답변함.
주제어	어업, 한국 연합참모 본부의 포격 성명

유 참사관 회담
(柳参事官と会談)

문서파일번호	1430
작성연월일	1956. 1. 6 - 1956. 12. 29
구분	제3~4차 회담 사이
세부항목	나카가와·유태하 회담
작성처	외무성
매수	87
비밀등급	
문서종류	회의록, 내부자료, 내부문서
공개구분	공개 또는 일부비공개
내용	1956년 1월 6일~1956년 12월 29일까지 개최된 나카가와 아시아국장과 유태하 주일대표부 참사관 회담 기록. 상호 억류자 석방 문제와 한일회담 재개에 관해 논의
주제어	억류자 상호 석방, 한일회담 재개 교섭

문서명	유 참사관 회담(柳参事官と会談の件)

문서파일번호 1430
작성연월일 1956. 1. 6
구분 제3~4차 회담 사이
세부항목 나카가와·유태하 회담
작성처 외무성 나카가와 국장
매수 11
비밀등급 극비
문서종류 회의록
공개구분 공개
내용 나카가와 국장과 유태하 참사관 회담 기록. 유 참사관이 오무라수용소 문제에 대한 한국정부의 회답을 전하자 나카가와는 한국인 강제퇴거 기준에 대해 협의하는 방안은 거부한 것인지 확인함. 유 참사관이 그렇다며 이는 하나무라(花村四郎) 법무대신·김용식 공사 회담 결과에 따른 것이라고 함. 나카가와는 한국은 기존 태도에 변화가 없고 본 문제에 관한 3개월에 걸친 협의는 실패라고 보고할 수밖에 없다고 발언함. 나카가와는 전쟁 중에 일본군에 종군해 사망한 한국인 유골 약 2천 위를 보관 중인데 이 중 북한이 6백 위, 한국이 1,400위로 한국이 이의가 없다면 송환하고 싶다고 하자 유 참사관은 본국에 조회하겠다고 함.
주제어 억류자 상호 석방, 한국인 유골 송환 문제

문서명	1956년 1월 6일 유 참사관이 나카가와 국장에게 송부한 한국안(昭和三十一年一月六日柳参事官から中川局長に送付し来た韓国側の案)

문서파일번호 1430
작성연월일 1956. 1. 6
구분 제3~4차 회담 사이
세부항목 나카가와·유태하 회담
작성처 외무성
매수 2
비밀등급 비(秘)
문서종류 내부자료

공개구분 공개

내용 나카가와 · 유태하 참사관 회담 시 한국이 전달한 안.

① 일본정부는 일본의 외국인 수용소에 수용되어 있는 재일한국인을 즉시 석방함.

② 한국정부는 한국의 외국인 수용소에 수용되어 있는 일본인어부로 형기를 만료한 자는 즉시 송환함.

③ 한국정부는 종전 후 일본에 불법 입국한 자 및 정규입국자로 일본에 의해 이미 퇴거명령을 받은 자의 송환을 받아들이고 향후에도 해당 한국인의 송환을 받아들임(영문본 첨부).

주제어 억류자 상호 석방

문서명	억류자 송환에 관한 한국의 제안사항 건(抑留者送還に関する韓国側の提案事項に関する件)

문서파일번호 1430

작성연월일 1956. 1. 7

구분 제3~4차 회담 사이

세부항목 나카가와 · 유태하 회담

작성처 외무성 아시아국 제5과장

매수 3

비밀등급 비(秘)

문서종류 내부문서

공개구분 공개

내용 1956년 1월 6일 나카가와 · 유태하 참사관 회담 시 한국이 전달한 안을 회람함(한국안 첨부).

주제어 억류자 상호 석방

문서명	유 참사관 회담(柳参事官と会談の件)

문서파일번호 1430
작성연월일 1956. 2. 7
구분 제3~4차 회담 사이
세부항목 나카가와 · 유태하 회담
작성처 외무성 나카가와 국장
매수 15
비밀등급 극비
문서종류 회의록
공개구분 일부비공개
내용 나카가와 · 유태하 참사관 회담 기록. 다음 5가지에 대해 논의함. ① ○○씨의 한국 방문과 이 대통령과 회담 건 ② 일본 어업 대표 한국 방문의 건 ③ 이 라인 건 ④ 오무라수용소 건 ⑤ 한일회담 형식
주제어 어업, '이 라인', 억류자, 한일회담 재개

문서명	유 참사관 회담(柳参事官と会談の件)

문서파일번호 1430
작성연월일 1956. 3. 20
구분 제3~4차 회담 사이
세부항목 나카가와 · 유태하 회담
작성처 외무성 나카가와 국장
매수 8
비밀등급 극비
문서종류 회의록
공개구분 공개
내용 나카가와 · 유태하 참사관 회담 기록. 유 참사관이 자신은 오무라문제가 한일관계 타개의 전제로 생각한다며 수용자를 2차례에 걸쳐 석방하고 부산의 일본 어부도 이에 따라 2차례에 걸쳐 송환하는 것을 제안함. 나카가와는 석방이 3차례라면 법무성에 이야기해 보겠다고 함.
주제어 억류자 상호 석방

문서명	오무라수용소 문제에 관하여 유 참사관과 회담(大村収容所問題に関し柳参事官と会談の件)

문서파일번호 1430
작성연월일 1956. 5. 31
구분 제3~4차 회담 사이
세부항목 나카가와 · 유태하 회담
작성처 외무성 나카가와 국장
매수 6
비밀등급 극비
문서종류 회의록
공개구분 공개
내용 나카가와 · 유태하 참사관 회담 기록. 유 참사관은 6월 10일경 일시 귀국하기 전에 오무라 문제를 해결하고 싶다고 하자, 나카가와는 무조건 석방은 국회 분위기나 여론의 동향을 볼 때 어렵고 회담을 열어 재일한국인 중 악질적인 자에 대해서는 한국이 인수하는 구체적인 기준을 정하기로 하는 것이 유일한 타개 방법인 거 같다고 답변함. 유 참사관도 찬성하여 김 공사에게 알리고 김 공사가 입장을 밝히는 형식을 취해 추진하기로 함.
주제어 억류자 상호 석방

문서명	유 참사관 회담(柳参事官と会談の件)

문서파일번호 1430
작성연월일 1956. 6. 4
구분 제3~4차 회담 사이
세부항목 나카가와 · 유태하 회담
작성처 외무성 나카가와 국장
매수 4
비밀등급 극비
문서종류 회의록
공개구분 공개
내용 나카가와 · 유태하 참사관 회담 기록. 유 참사관은 김용식 공사와 상의한 결과 김 공사는 자신은 자신대로 본국에 보고하고 시게미쓰 대신과 협의하겠다는 생각이어서, 일단 귀국해서 이 대통령과 직접 이야기해봐야 알겠다고 나카가와 국장에게 말함.
주제어 억류자 상호 석방

문서명	유 참사관 회담(柳参事官と会談の件)

문서파일번호 1430
작성연월일 1956. 7. 24
구분 제3~4차 회담 사이
세부항목 나카가와 · 유태하 회담
작성처 외무성 나카가와 국장
매수 8
비밀등급 극비
문서종류 회의록
공개구분 일부비공개
내용 나카가와 · 유태하 참사관 회담 기록. 유 참사관은 일시 귀국 시 의견이 분분해 오무라 문제를 꺼내지 못했으니 잠시 기다려 달라고 하고, 자신이 귀국한 동안 자신이 김용식 공사를 배척하고 공사가 되려 한다고 비난하는 민단의 전단지가 한국대표부에 뿌려진 점에 대해 언급함.
주제어 억류자 상호 석방, 김용식 · 유태하 갈등

문서명	유 참사관 회담(柳参事官と会談の件)

문서파일번호 1430
작성연월일 1956. 8. 2
구분 제3~4차 회담 사이
세부항목 나카가와 · 유태하 회담
작성처 외무성 나카가와 국장
매수 8
비밀등급 극비
문서종류 회의록
공개구분 공개
내용 나카가와 · 유태하 참사관 회담 기록. 나카가와는 한일회담 재개가 늦어지면서 국내에서는 8월 10일까지 한일회담 재개 전망이 보이지 않으면, 북한과의 어업협정 논의를 해야 한다는 의견도 나오고 있어 정부로서는 어떻게든 설득하고 있지만 어려운 상황이라고 이야기함. 유 참사관은 어업 문제는 오무라 문제와 관련되어 있는데 한일 간에 다소 격차가 있고 8월 중순까지는 문제 해결을 하고 싶다고 답변함.

주제어 한일회담 재개, 어업, 억류자

문서명	한일 문제에 관한 유 참사관 회담 건(日韓問題に関し柳参事官と会談の件)

문서파일번호 1430

작성연월일 1956. 10. 13

구분 제3~4차 회담 사이

세부항목 나카가와 · 유태하 회담

작성처 외무성 나카가와 국장

매수 4

비밀등급 극비

문서종류 회의록

공개구분 공개

내용 나카가와 · 유태하 참사관 회담 기록. 유 참사관은 귀국한 김용식 공사가 이 대통령에게 시게미쓰 · 김용식 각서대로 실시할 필요가 있다고 했으며, 본인 생각은 채용되지 않아 문제 해결에 2, 3개월 더 걸릴 것 같다고 함. 나카가와는 억류자 석방 문제는 이미 정치 문제화되어 규슈지방 어부 대표가 상경할 예정이며 조속히 해결하고 싶다고 함. 또 일본은 시게미쓰 · 김 각서라도 어느 정도 조정만 할 수 있다면 각서대로 즉시 실시하려 한다면서 조속히 억류자 석방이 실시될 수 있도록 노력해 달라고 부탁함.

주제어 한일회담 재개, 어업, 억류자

문서명	유 참사관 회담(柳参事官と会談の件)

문서파일번호 1430
작성연월일 1956. 10. 29
구분 제3~4차 회담 사이
세부항목 나카가와·유태하 회담
작성처 외무성 나카가와 국장
매수 7
비밀등급 극비
문서종류 회의록
공개구분 공개
내용 나카가와·유태하 참사관 회담 기록. 유 참사관은 서울에서 온 통보에 따르면 북한으로부터 무연탄 5천 톤이 수입된다는데 이런 일이 없도록 부탁한다고 하자, 나카가와는 그런 일은 없으며 밀수라면 몰라도 북한과는 아무런 무역을 하고 있지 않다고 대답함. 그리고 국제적십자사의 시찰 결과 부산수용소에서 차입은 필요 없다고 하지만 본인들의 편지에서는 필요로 하고 있다며 부산수용소에 차입을 계속할 수 있도록 요구함.
주제어 북한 석탄수입 문제, 억류자 상호 석방

문서명	유 참사관 회담(柳参事官と会談の件)

문서파일번호 1430
작성연월일 1956. 12. 26
구분 제3~4차 회담 사이
세부항목 나카가와·유태하 회담
작성처 외무성 나카가와 국장
매수 5
비밀등급 극비
문서종류 회의록
공개구분 공개
내용 나카가와·유태하 참사관 회담 기록. 향후 한일회담과 문제 해결의 방향성에 대해서 논의함.
주제어 한일회담 재개, 어업, 억류자

문서명	유 참사관 회담 건(柳参事官と会談の件)

문서파일번호	1430
작성연월일	1956. 12. 29
구분	제3~4차 회담 사이
세부항목	나카가와 · 유태하 회담
작성처	외무성 나카가와 국장
매수	6
비밀등급	
문서종류	회의록
공개구분	공개
내용	나카가와 · 유태하 참사관 회담 기록. 억류자 상호 석방 문제와 한국 본국 정부의 상황에 대해서 의견 교환을 함.
주제어	억류자 상호 석방

김 공사 회담
(金公使と会談の件)

문서파일번호	1431
작성연월일	1956. 3. 20 - 1956. 12. 29
구분	제3~4차 회담 사이
세부항목	나카가와·김용식 회담
작성처	외무성 나카가와 국장
매수	144
비밀등급	
문서종류	회의록, 부속양해서, 각서안, 내부자료
공개구분	공개 또는 일부비공개
내용	1956년 3월 30일~12월 29일까지 진행된 나카가와 아시아국장과 김용식 주일 대표부 공사 회담 기록
주제어	한일회담 재개 협의, 억류자 석방, 청구권

문서명	김 공사 언급(金公使内話の件)

문서파일번호 1431
작성연월일 1956. 3. 20
구분 제3~4차 회담 사이
세부항목 나카가와 · 김용식 회담
작성처 외무성 나카가와 국장
매수 3
비밀등급 극비
문서종류 회의록
공개구분 공개
내용 나카가와 · 김용식 공사 회담 기록. 나카가와 국장은 한국에게 유연한 자세를 요구함. 한국의 대통령 선거에 관해서 논의함.
주제어 억류자, 청구권

문서명	김 한국공사 회담(金韓国公使と会談の件)

문서파일번호 1431
작성연월일 1956. 7. 7
구분 제3~4차 회담 사이
세부항목 나카가와 · 김용식 회담
작성처 외무성 나카가와 국장
매수 10
비밀등급 극비
문서종류 회의록
공개구분 공개
내용 나카가와 · 김용식 공사 회담 기록. 김 공사는 재일한국인 48명의 북한 귀국을 일본 정부가 허가한다고 하는데 북한과 한국은 휴전 중이라고는 하나 적대국으로 이번 귀국을 인정하면 선례가 될 것이라며 귀국을 저지해 줄 것을 요구함. 이에 대해 나카가와는 일본으로서는 출국하려는 외국인을 저지할 수 없으며 법률상으로도 어렵고 무리하게 저지하려 하면 국회에서 설명을 요구하는데 정부로서는 설명이 궁색하다고 답변함.
주제어 재일한인 북송 문제, 청구권

문서명	한일 문제에 관한 김 공사 회담(日韓問題に関し金公使と会談の件)

문서파일번호 1431
작성연월일 1956. 8. 20
구분 제3~4차 회담 사이
세부항목 나카가와 · 김용식 회담
작성처 외무성 나카가와 국장
매수 5
비밀등급 극비
문서종류 회의록
공개구분 공개
내용 나카가와 · 김용식 공사 회담 기록. 김 공사가 오무라 문제에 대해 질문하자 나카가와는 법무성이 걱정하는 것은 오무라 수용 재일한국인을 석방하는 경우 전례가 되어 한일회담에서 한국이 재일한국인의 강제퇴거를 할 수 없다는 원칙을 승인하라고 주장하는 것이라고 답변함. 이에 대해 김 공사는 한국의 입장은 재일한국인을 강제퇴거 처분할 수 없다는 것이 아니라 악질 한인의 인수는 당연한 원칙이나 구체적인 기준을 정하려는 것이라고 발언함. 나카가와는 법무차관이나 입국관리국장이 동석한 곳에서 지금의 견해를 이야기해 줄 수 있는지, 구체적인 기준에 대해 전문가 회담을 재개할 필요가 있는지 질문하였으며, 김 공사는 이야기하는 것은 지장 없으며 전문가 회담은 필요 없다고 답변함.
주제어 억류자 상호 석방

문서명	김 공사 회담(金公使と会談の件)

문서파일번호 1431
작성연월일 1956. 8. 24
구분 제3~4차 회담 사이
세부항목 나카가와 · 김용식 회담
작성처 외무성 나카가와 국장
매수 6
비밀등급 극비
문서종류 회의록

공개구분 공개

내용 나카가와·김용식 공사 회담 기록. 나카가와가 오무라수용소 및 억류어부 문제에 대해 법무성과 협의 중인데 지난번 안으로 이의가 없는지 확인하자 김 공사는 모처럼 이야기가 진행되고 있는데 한일회담 전면 재개 일정도 정하고 싶다고 답변하고 북한 귀국자의 출국을 거부해 줄 것을 재차 요구함. 나카가와는 이 문제를 억류자 석방 문제와 같이 논의하는 것은 찬성할 수 없다며 국내법상 외국인의 출국을 제한할 수 없다고 하자 김 공사는 억류자 석방 문제와 북한행 문제를 관련시키는 것이 아니라 국제법상 일본은 일방의 교전국에 사람을 보내지 않을 의무가 있지 않느냐고 반문함. 나카가와는 일본의 법률은 외국인의 출국은 금지하고 있지 않아 한국대표부가 그들을 설득하는 것 이외에 방법이 없다며 한일관계가 동맹관계라면 어느 정도 무리는 할 수 있지만 일본 어선은 나포되고 어부는 감금, 일본대표부의 설치는 거부되고 일본인의 입국은 전혀 인정되지 않는 상태에서 일본정부에게 그런 조치를 취하라는 것은 불가능하다고 답변함.

주제어 억류자, 재일한인 북송 문제

문서명	한일 문제에 관한 김 공사 회담(日韓問題に関し金公使と会談の件)

문서파일번호 1431

작성연월일 1956. 10. 12

구분 제3~4차 회담 사이

세부항목 나카가와·김용식 회담

작성처 외무성 나카가와 국장

매수 9

비밀등급 극비

문서종류 회의록

공개구분 공개

내용 나카가와·김용식 공사 회담 기록. 먼저 한일회담을 재개하자는 김 공사에 대해 나카가와는 우선 억류자 석방 문제를 해결하고 회담을 재개하자는 입장을 표명함.

주제어 억류자, 한일회담 재개

문서명	김 한국공사 회담(金公使と会談の件)

문서파일번호 1431
작성연월일 1956. 10. 30
구분 제3~4차 회담 사이
세부항목 나카가와·김용식 회담
작성처 외무성 나카가와 국장
매수 13
비밀등급 극비
문서종류 회의록
공개구분 공개
내용 나카가와·김용식 공사 회담 기록. 청구권 문제와 억류자 석방 문제를 관련시켜 해결하려는 듯한 김 공사의 발언에 나카가와는 각각 분리해서 해결할 문제로 우선 인도적 문제인 억류자 석방 문제의 선결을 주장함.
주제어 억류자 석방, 청구권

문서명	김 한국공사 회담(金公使と会談の件)

문서파일번호 1431
작성연월일 1956. 11. 20
구분 제3~4차 회담 사이
세부항목 나카가와·김용식 회담
작성처 외무성 나카가와 국장
매수 13
비밀등급 극비
문서종류 회의록
공개구분 공개
내용 나카가와·김용식 공사 회담 기록. 나카가와가 억류자 석방 건에 대해 그 후의 사정을 질문하자 김 공사는 지난 주말 본국 정부로부터 몇 월 몇 일에 석방을 실시할지 문서를 교환하도록 회답이 와서 안을 작성해 보냈으니 늦어도 2, 3주 중으로 결말이 날 것이라고 하면서도 일본이 오무라 재일한국인 500명을 석방해도 다시 500명을 억류하는 것은 아닌지 걱정하고 있다고 답변함. 이에 대해 나카가와는 장래의 억류 문제는 한일 간 원칙과 관련된 것으로 이를 정하려면 다시 2, 3개월 걸리니 지금은 이 문제는 언급하지 말고 우선 현재의 억류자만이라도 석방할 필요가 있다고 말함.

주제어 억류자 석방

문서명	김 한국공사 회담(金公使と会談の件)

문서파일번호 1431

작성연월일 1956. 11. 27

구분 제3~4차 회담 사이

세부항목 나카가와·김용식 회담

작성처 외무성 나카가와 국장

매수 13

비밀등급 극비

문서종류 회의록

공개구분 일부비공개

내용 나카가와·김용식 공사 회담 기록. 김 공사는 부산수용소에의 차입 건은 특별히 금지되어 있지 않으나 종래 차입 시 본국의 지휘를 받았으니 이번에도 조회 중이며 어려움은 없을 것이라고 발언함. 한편, 억류자 석방 문제에 대해서는 한일회담에서 협의될 때까지 잠정조치의 기본은 일본이 재일한국인을 오무라수용소에 수용할 권리가 없다는 것이라고 주장함. 김 공사는 일본이 재일한국인을 오무라에 수용하지 않는다면 한국도 형기를 마친 일본인어부를 외국인 수용소에 수용하지 않을 것이며 이것은 일본에게도 좋은 것이 아니냐고 질문함. 나카가와는 일본의 조치는 입국관리령이라는 법률에 근거한 것으로 재일한국인은 특별 처우하여 그 일부만을 수용하는 것인데 한국이 법적 근거도 없이 일본인어부를 억류하는 것과는 비교할 수 없고 법무성이 절대 찬성하지 않을 것이라고 답변함. 김 공사는 일본이 오무라에 재일한국인을 수용할 권리가 없다는 것은 한일회담에서 협의될 때까지라고 강조함.

주제어 재일한국인 법적지위, 억류자 석방

문서명	김 한국공사 회담(金公使と会談の件)

문서파일번호 1431
작성연월일 1956. 12. 4
구분 제3~4차 회담 사이
세부항목 나카가와 · 김용식 회담
작성처 외무성 나카가와 국장
매수 5
비밀등급 극비
문서종류 회의록
공개구분 공개
내용 나카가와 · 김용식 공사 회담 기록. 김 공사는 억류자 석방 문제에 대해 본국 정부가 한일회담에서 협의될 때까지 오무라에 재일한국인을 수용하지 않는 방법을 협의하라는 연락이 왔다며, 한국은 이미 기존 입장에서 양보를 했고 한일회담에서 협의되면 악질 한국인은 인수한다고 약속해도 좋고 공표하지 않아도 좋다고 함. 이에 대해 나카가와는 그걸 인정하면 그동안 재일한국인을 수용한 것이 잘못이 되고 한국의 주장이 옳은 것이 되어 법무성이 받아들이지 않을 것이라고 되풀이하는 한편, 1개월간 사실상 수용하지 않고 1개월 이내에 회담을 재개하도록 노력, 회담이 재개되지 않을 경우의 조치는 그때 가서 생각해 보자는 안을 제시함. 김 공사는 어쨌든 연구해 보자고 답변함.
주제어 억류자 석방

문서명	김 한국공사 회담(金公使と会談の件)

문서파일번호 1431
작성연월일 1956. 12. 8
구분 제3~4차 회담 사이
세부항목 나카가와 · 김용식 회담
작성처 외무성 나카가와 국장
매수 5
비밀등급 극비

문서종류 회의록

공개구분 일부비공개

내용 나카가와·김용식 공사 회담 기록. 김 공사는 어제 재일한국인의 북한 도항 문제로 외무성에 항의했다며 향후 이러한 일이 다시 일어나지 않도록 해줄 것을 요구함. 나카가와는 이번 귀국은 갑자기 이루어졌다면서 일본은 외국인이 자신의 의사와 비용으로 출국하는 것을 저지할 수 없다고 거듭 설명하고 억류자 석방 문제에 대해 연구했는지 질문함. 김 공사는 연구했지만 지난번과 변함없다고 답변함.

주제어 재일한인 북송 문제, 억류자

문서명	김 한국공사 회담(金公使と会談の件)

문서파일번호 1431

작성연월일 1956. 12. 11

구분 제3~4차 회담 사이

세부항목 나카가와·김용식 회담

작성처 외무성 나카가와 국장

매수 5

비밀등급 극비

문서종류 회의록

공개구분 공개

내용 나카가와·김용식 공사 회담 기록. 김 공사는 위문품 차입 문제로 부산의 실정을 조사한 결과 이미 담요 등 물품의 차입이 이루어지고 있다고 함. 니카가와는 개인 앞으로 보내는 위문품이 미도착하는 경우도 많고 물품을 빼내기도 한다며 정부차원의 차입을 조속히 허가해 줄 것을 요청함. 나카가와는 이어 억류자 석방 문제의 안(각서)을 제시하고 한국의 대안을 요구함. 김 공사는 각서의 내용에 대체적으로 이의 없다고 답변함.

주제어 억류자 석방, 청구권

문서명	부속양해(付属了解)

문서파일번호 1431
작성연월일 1956. 12. 11
구분 제3~4차 회담 사이
세부항목 나카가와·김용식 회담
작성처 외무성 나카가와 국장
매수 1
비밀등급 일반
문서종류 부속양해서
공개구분 공개
내용 나카가와·김용식 회담에서 일본이 제시한 오무라 한인 강제퇴거 관련 부속양해. ①양국정부는 한일 전면 회담을 가능한 조기에 재개하도록 노력함. ② 한일회담에서 일본정부에 의해 강제퇴거 처분에 처해진 한인 형법위반자를 한국정부가 인수하는 구체적인 기준을 협의 결정하고 기준에 따라 장래 한국정부는 이들을 인수함. ③ 협의가 결정될 때까지 일본정부는 한인 형법위반자의 강제퇴거를 위한 수용을 가능한 자제하도록 노력함.
주제어 재일한국인 강제퇴거

문서명	각서. 재한억류 일본인어부와 피강제퇴거 재일한국인의 조치 건(覚書 在韓抑留日本人漁夫と被退去強制在日韓人の措置に関する件)

문서파일번호 1431
작성연월일 1956. 12. 11
구분 제3~4차 회담 사이
세부항목 나카가와·김용식 회담
작성처 외무성 나카가와 국장
매수 2
비밀등급 일반
문서종류 각서(안)
공개구분 공개
내용 나카가와·김용식 공사 회담에서 일본이 제시한 억류자 상호 석방 관련 각서안.

1956년 4월 2일 시게미쓰 외무대신 · 김용식 공사 협의를 구체화하기 위해 양국 정부는 다음과 같이 합의함.

① 한국정부는 (1)외국인 수용소에 수용 중인 일본인어부를 본 각서의 발효 후 조속히 일본에 송환함. (2) 일본정부에 의해 강제퇴거 처분에 처해진 한인 밀입국자의 송환을 조속히 인수함. (3) 일본정부에 의해 강제퇴거 처분에 처해진 한인 형법위반자로 자의에 의해 귀국을 희망하는 자를 인수함.

② 일본정부는 (1) 불법 입국자 수용소에 수용 중인 한인 형벌법령위반자를 석방함, (2) 이 석방자에 대해서는 기간을 정해 보도(補導) 조치를 강구하기로 하고, 약 3개월간에 석방을 완료하도록 노력함.

③ 본 각서는 1956년 12월 ◯◯일부터 발효됨.

주제어 억류자 상호 석방

문서명	김 한국공사 회담(金公使と会談の件)

문서파일번호 1431

작성연월일 1956. 12. 15

구분 제3~4차 회담 사이

세부항목 나카가와 · 김용식 회담

작성처 외무성 나카가와 국장

매수 13

비밀등급 극비

문서종류 회의록

공개구분 공개

내용 나카가와 · 김용식 공사 회담 기록. 부산수용소 일본인어부와 오무라수용소 재일한국인의 상호 석방 기간, 규모, 방법과 북한계 재일한인의 송환처에 대해 논의함.

주제어 억류자 상호 석방, 재일한인 북송

문서명	김 한국공사 회담(金公使と会談の件)

문서파일번호 1431
작성연월일 1956. 12. 18
구분 제3~4차 회담 사이
세부항목 나카가와 · 김용식 회담
작성처 외무성 나카가와 국장
매수 5
비밀등급 극비
문서종류 회의록
공개구분 공개
내용 나카가와 · 김용식 공사 회담 기록. 나카가와는 국적 처우 문제에 대해 법무성과의 협의를 통해 대체적으로 지난 한일회담 선에서 추진하기로 했으며, 상세한 것은 회담해서 협의하고 싶다고 함. 김 공사는 그렇다면 안심이라고 답변함.
주제어 재일한국인 법적지위

문서명	김 한국공사 회담(金公使と会談の件)

문서파일번호 1431
작성연월일 1956. 12. 18
구분 제3~4차 회담 사이
세부항목 나카가와 · 김용식 회담
작성처 외무성 나카가와 국장
매수 4
비밀등급 극비
문서종류 회의록(전화)
공개구분 공개
내용 김 공사가 전화로 12월 18일 회담 내용을 본국 정부에 전달한다고 통보함.
주제어 재일한국인 법적지위

문서명	김 한국공사 회담(金公使と会談の件)

문서파일번호 1431
작성연월일 1956. 12. 20
구분 제3~4차 회담 사이
세부항목 나카가와 · 김용식 회담
작성처 외무성 나카가와 국장
매수 7
비밀등급 극비
문서종류 회의록
공개구분 공개
내용 나카가와 · 김용식 공사 회담 기록. 한인 군속, 징용자 등의 미지불 급여 문제에 관해 논의함.
주제어 청구권

문서명	김 한국공사 회담(金公使と会談の件)

문서파일번호 1431
작성연월일 1956. 12. 22
구분 제3~4차 회담 사이
세부항목 나카가와 · 김용식 회담
작성처 외무성 나카가와 국장
매수 5
비밀등급 극비
문서종류 회의록
공개구분 공개
내용 나카가와 · 김용식 공사 회담 기록. 청구권과 억류자 문제에 관해서 의견을 교환함.
주제어 청구권, 억류자 석방

문서명	김 한국공사 회담(金公使と会談の件)

문서파일번호 1431
작성연월일 1956. 12. 24
구분 제3~4차 회담 사이
세부항목 나카가와 · 김용식 회담
작성처 외무성 나카가와 국장
매수 5
비밀등급 극비
문서종류 회의록
공개구분 공개
내용 나카가와 · 김용식 공사 회담 기록. 나카가와는 곧 새 내각이 성립하고 새 외상도 한일 문제 해결에 열의가 있어 이번 논의는 종지부를 찍고 새 외상과의 회담에서 억류자 석방 문서에 서명, 발표하자고 제의하자 김 공사가 찬성함. 양측은 12월 11일 일본이 제시한 문서의 문구수정 후 각각 부처, 정부와 협의를 거쳐 최종안으로 확정하기로 함.
주제어 청구권, 억류자 석방

문서명	김 한국공사 회담(金公使と会談の件)

문서파일번호 1431
작성연월일 1956. 12. 29
구분 제3~4차 회담 사이
세부항목 나카가와 · 김용식 회담
작성처 외무성 나카가와 국장
매수 14
비밀등급 극비
문서종류 회의록
공개구분 공개
내용 나카가와 · 김용식 공사 회담 기록. 나카가와는 12월 24일 회담에서 제시한 안에 대해 한국정부로부터의 회신이 없어 연내에 결정할 수 있을지 걱정이라며 한국의 최종안이 늦어지는 이유에 대해 묻자 김 공사는 4가지 조건(별첨)을 제시함. 나카가와는 타결 직전에 이러한 조건 제시는 협의 시와 이야기가 다르고 도저히 받아들일 수 없으며 이것이 한국의 입장이라면 비공식회담은 중지할 수밖에 없다고 함. 김 공사는 비공식회담이 성공하지 못하는 것은 유감이라며 4가지 조건에 대한 일본의 생각을 문의함. 나카가와는 제1조건은 일본이 승낙할지는 별도로 이해할 수 있는 것이고, 제2조건은 '미국의 해석을 기초로 한다'는 형태라면 일본도 고려할 여지가 있고, 제3조건은 주권국가의 명예에 관한 문제로 논의할 수 없고, 제4조건은 출국하는 한국인에게만 돈을 건넬 수 없으니 한일회담에서 천천히 논의하는 길 외에 없다고 답변함. 김 공사는 일본의 의향을 본국에 전달하겠다고 함.

주제어 구보타 발언 철회, 청구권, 억류자 석방

문서명	1956년 12월 29일 김 공사가 제시한 한국의 조건(昭和31,12,29金公使の提示せる韓国側条件)

문서파일번호 1431
작성연월일 1956. 12. 29
구분 제3~4차 회담 사이
세부항목 나카가와·김용식 회담
작성처 외무성 나카가와 국장
매수 1
비밀등급 일반
문서종류 내부자료
공개구분 공개
내용 '김 한국공사 회담' 문서 첨부물. 1956년 12월 29일 나카가와·김용식 공사 회담에서 김 공사가 제시한 조건
① [재일한국인을 오무라수용소에 수용하는 것을] '자제하도록 노력하겠다'를 '자제한다'로 수정
② 한일회담 조기 재개의 전망을 세움. (1)구보타 발언 철회 (2) 청구권포기
③ 밀입국자 중 특별허가로 재류하는 자로 한국이 요청하는 자를 인도
④ 귀국 한국인에게 일시금 지급
주제어 억류자 석방, 구보타 발언 철회, 청구권

시게미쓰·김 회담록
(重光·金会談録)

문서파일번호	1432
작성연월일	1956. 3. 28 - 1956. 10. 1
구분	제3~4차 회담 사이
세부항목	시게미쓰·김용식 회담
작성처	외무성
매수	38
비밀등급	
문서종류	회의록, 내부자료
공개구분	공개
내용	1956년 3월 28일~10월 1일까지 개최된 시게미쓰 외무대신과 김용식 공사 회담 기록
주제어	한일회담 재개, 억류자 석방

문서명	시게미쓰·김 회담록(重光·金会談録)

문서파일번호 1432
작성연월일 1956. 3. 28
구분 제3~4차 회담 사이
세부항목 시게미쓰 · 김용식 회담
작성처 외무성
매수 14
비밀등급 극비
문서종류 회의록
공개구분 공개
내용 시게미쓰 외무대신 · 김용식 공사 회담 기록. 김 공사가 다니 대사 · 김 공사 간 회담은 중단되었지만 정식 한일회담 재개를 위한 준비로서 비공식 또는 예비회담을 개최할 생각이 있음을 밝히고, 구보타 발언 철회를 요구함. 시게미쓰 대신은 철회할 의향이 있고 일본으로서는 정식회담을 위한 비공식회담 개최에 찬성이라며 정식회담 개최 전에 특히 억류 일본 선원과 오무라 한국인 석방 문제를 해결하고 싶다고 함. 김 공사는 기존의 한국의 안을 제시함.
주제어 한일회담 재개, 억류자 석방

문서명	시게미쓰·김 회담록(重光·金会談録)

문서파일번호 1432
작성연월일 1956. 4. 2
구분 제3~4차 회담 사이
세부항목 시게미쓰 · 김용식 회담
작성처 외무성
매수 7
비밀등급 극비
문서종류 회의록
공개구분 공개
내용 시게미쓰 외무대신 · 김용식 공사 회담 기록. 억류어부의 석방 문제관련 시게미쓰 대신은 1956년 3월 30일 각의 양해내용을 전하며 이 내용은 지난번 회의에서 한국이 동의한 대로인데 한국에 이의가 없는지 재차 확인함. 김 공사는 지난번 제시한 안은 자신이 귀국 시 정부와 협의한 안으로 정부도 이의는 없을 것이라고 답변함.

주제어 억류자 상호 석방

문서명	제목 없음

문서파일번호 1432
작성연월일 1956. 3. 30
구분 제3~4차 회담 사이
세부항목 시게미쓰 · 김용식 회담
작성처 외무성
매수 1
비밀등급 일반
문서종류 내부자료
공개구분 공개
내용 1956년 3월 30일 각의양해 영문본
주제어 억류자 상호 석방

문서명	시게미쓰·김 제3회 회담록(重光·金第三回会談録)

문서파일번호 1432
작성연월일 1956. 4. 10
구분 제3~4차 회담 사이
세부항목 시게미쓰 · 김용식 회담
작성처 외무성
매수 6
비밀등급 극비
문서종류 회의록

공개구분 공개

내용 1956년 4월 10일 시게미쓰 외무대신 · 김용식 공사 회담 기록. 김 공사는 3월 28일과 4월 2일의 회담에 대한 한국의 반향이 매우 양호하다고 전하자, 대신은 바라던 뉴스라며 억류자 석방에 착수하고 나서 예비회담에 관한 발표를 하는 것이 좋다고 한 뒤, 성명문도 김 공사와 협의하고 김 공사가 발의했던 3국 공동선언에 대해서도 검토하겠다고 답변함. 대신은 3국 공동선언으로 분위기를 새롭게 해서 현안 해결을 원활하게 하고 싶다며 선언은 서울에서 하고 예비회담은 도쿄에서 하는 방안을 제안, 김 공사는 노력하겠다고 답변함.

주제어 억류자 상호 석방, 한일회담 재개, 3국 공동선언

문서명	시게미쓰·김 회담록(重光·金会談録)

문서파일번호 1432

작성연월일 1956. 10. 1

구분 제3~4차 회담 사이

세부항목 시게미쓰 · 김용식 회담

작성처 외무성

매수 10

비밀등급 극비

문서종류 회의록

공개구분 공개

내용 1956년 10월 1일 시게미쓰 외무대신 · 김용식 공사 회담 기록. 김 공사는 한일회담에 대한 합의가 성립되었음에도 불구하고 오늘까지 실행되지 않아 유감이라며 일본의 상황에 대해 질문함. 동석한 사와다(沢田廉三) 고문은 장차 흉악범죄를 저지른 재일한국인의 강제퇴거를 한국이 수용한다는 보장이 없으면 재일한국인을 무조건 석방할 수 없다는 것이 법무성의 입장으로 실무회담이 교착상태라며, 문서나 구두로 보장을 해주면 법무성도 만족할 것이라고 함. 김 공사는 석방 문제는 이미 합의가 성립된 것으로 그대로 실행해 주길 바란다고 답변함.

주제어 억류자 상호 석방, 한일회담 재개

다카사키 대신·김 공사 회담록
(高崎大臣·金公使会談録)

문서파일번호	1435
작성연월일	1956. 12. 19
구분	제3~4차 회담 사이
세부항목	다카사키·김용식 회담
작성처	외무성
매수	12
비밀등급	
문서종류	회의록, 각서안, 부속양해서안
공개구분	공개
내용	개최된 다카사키(高崎達之助) 외무대신대리(外務大臣代理)와 김용식 공사 회담 기록
주제어	억류자 상호 석방, 한일회담 재개

문서명	다카사키 대신·김 공사 회담록(高崎大臣·金公使会談録)

문서파일번호 1435
작성연월일 1956. 12. 19
구분 제3~4차 회담 사이
세부항목 다카사키 · 김용식 회담
작성처 외무성 나카가와 국장
매수 10
비밀등급 극비
문서종류 회의록
공개구분 공개
내용 다카사키 외무대신(대리)과 김용식 공사 간 개최된 회담 기록. 양측은 연내에 억류자 상호 석방 문제를 해결하여 한일회담을 조속히 재개하는 방향으로 노력해 나가기로 함. 김 공사는 재일한국인의 본국 귀환과 관련한 문제점(1인당 1,000엔 소지 문제, 급여 미지불 문제 등)을 거론, 일본에서도 이와 관련하여 검토해 나가기로 함.
주제어 억류자 상호 석방

문서명	각서 재한억류 일본인어부와 피강제퇴거 재일한국인의 조치 건(覚書 在韓抑留日本人漁夫と被退去強制在日韓人の措置に関する件)

문서파일번호 1435
작성연월일 1956. 9. 27
구분 제3~4차 회담 사이
세부항목 다카사키 · 김용식 회담
작성처 외무성
매수 2
비밀등급 극비
문서종류 각서안
공개구분 공개
내용 시게미쓰 대신과 김용식 공사 간 협의를 구체화하기 위해 양국 정부가 합의한 내용을 담은 각서(안). 문서파일번호 1290에 동일한 문서가 포함되어 있음.
주제어 억류자 상호 석방

문서명	부속양해(付属了解)

문서파일번호	1435
작성연월일	1956. 9. 27
구분	제3~4차 회담 사이
세부항목	다카사키 · 김용식 회담
작성처	외무성
매수	1
비밀등급	극비
문서종류	부속양해서안
공개구분	공개
내용	시게미쓰 대신과 김용식 공사 간 협의를 구체화하기 위해 양국 정부가 합의한 내용을 담은 각서의 부속양해서안. 문서파일번호 1290에 동일한 문서가 포함되어 있음.
주제어	억류자 상호 석방

연 중령 회담(延中佐と会談)

문서파일번호	1436
작성연월일	1956. 12. 26 - 1956. 12. 27
구분	제3~4차 회담 사이
세부항목	나카가와·우치다·연 중령 회담
작성처	외무성 나카가와 국장
매수	8
비밀등급	
문서종류	회의록
공개구분	공개
내용	1956년 12월 26일과 27일 나카가와 아시아국장·우치다 법무성 입국관리국장·대표부 연 중령(김용식 공사가 유일하게 믿을 수 있는 부하) 회담 기록
주제어	억류자 상호 석방

문서명	연 중령 회담(延中佐と会談の件)

문서파일번호 1436
작성연월일 1956. 12. 26
구분 제3~4차 회담 사이
세부항목 나카가와 · 우치다 · 연 중령 회담
작성처 외무성 나카가와 국장
매수 3
비밀등급 극비
문서종류 회의록
공개구분 공개
내용 1956년 12월 26일 오전에 개최된 나카가와 외무성 아시아국장 · 우치다 법무부 입국관리국장 · 대표부 연 중령 회담 기록. 연 중령은 김용식 공사가 이승만 대통령으로부터 억류자 상호 석방 문제를 연내 해결하라는 훈령을 받았기에 공사로서는 이 문제를 연내 해결해야만 한다면서, 김 공사의 문제 해결을 위한 생각(4가지 조건: 문서의 "자제하도록 노력한다"는 "자제한다"로 수정, 일본의 재한재산 청구권 포기, 노무자 미불급료의 화폐가치 하락에 대한 보상, 자발적 귀환자에게 1인당 500달러 지급)을 전함. 이에 대해 일본은 한국이 조건을 계속 바꾸면 곤란하다면서, 김 공사 생각을 문서로 가져와서 이야기하는 것이 좋겠다고 하고, 위 4가지 조건 전부가 충족되어야 하는지 아니면 그중 하나만 충족되면 되는지 문의함. 이에 연 중령은 한 가지만 충족되면 된다고 함. 회담 후 입국관리국장은 '자제하도록 노력한다'를 '자제한다'로 양보할 수 있다고 발언함.
주제어 억류자 상호 석방

문서명	연 중령 회담(延中佐と会談の件)

문서파일번호 1436
작성연월일 1956. 12. 26
구분 제3~4차 회담 사이
세부항목 나카가와 · 우치다 · 연 중령 회담
작성처 외무성 나카가와 국장
매수 4

비밀등급 극비
문서종류 회의록
공개구분 공개
내용 1956년 12월 26일 오후 나카가와 외무성 아시아국장·우치다 법무부 입국관리장·대표부 연 중령 회담 기록. 오전 회의 후 연 중령이 김 공사와 상의한 결과를 가지고 재차 일본과 협의함. 연 중령은 이승만 대통령에 의해 외교 사안이 모두 결정되고 있다면서 일본이 양보하면 이 대통령은 또다시 일본에 대해 다른 요구조건을 내세울 것이라고 말한 뒤 일본 어부 석방 문제에 관해 이 대통령에게 전보를 칠 예정이라고 말함. 일본은 교섭 중에 조건이 자꾸 늘어나면 타결이 어렵다고 하면서 연내 억류자 석방 문제 해결을 위해서는 시간이 얼마 없으므로 내일이라도 본국에 전보를 칠 것을 요구함.
주제어 억류자 상호 석방

문서명	연 중령과의 회담(延中佐と会談の件)

문서파일번호 1436
작성연월일 1956. 12. 27
구분 제3~4차 회담 사이
세부항목 나카가와·우치다·연 중령 회담
작성처 외무성 나카가와 국장
매수 1
비밀등급 극비
문서종류 회의록
공개구분 공개
내용 나카가와 외무성 아시아국장·우치다 법무부 입국관리국장·대표부 연 중령 회담 기록. 연 중령은 일본이 한일회담에서 결정될 때까지 오무라수용소에의 한인 수용을 자제할 것이며, 이에 따라 억류자 석방을 실시할 필요가 있다는 내용의 전보를 보냈다고 함. 나카가와 국장은 연내 문제 해결은 어려워 보이며, 12월 29일 김용식 공사 회담을 희망함.
주제어 억류자 상호 석방

제2부

제4차 회담 예비교섭 및 훈령 II
(1957~1958)

기시 대신·김 공사회담
(岸大臣金公使会談)

문서파일번호	682
작성연월일	1957. 1. 10 - 1957. 3. 9
구분	제3~4차 회담 사이
세부항목	기시 총리·김용식 공사 회담
작성처	나카가와 도루 외무성 아시아국장
매수	6
비밀등급	
문서종류	회의록
공개구분	공개
내용	1957년 1월 10일과 3월 9일 개최된 기시(岸信介) 총리(외무대신 겸임)와 김용식 공사 회담 기록
주제어	억류자 상호 석방

문서명	기시 대신·김 공사 회담 건(岸大臣金公使会談の件)

문서파일번호 682
작성연월일 1957. 1. 10
구분 제3~4차 회담 사이
세부항목 기시 총리 · 김용식 공사 회담
작성처 나카가와 도루 외무성 아시아국장
매수 2
비밀등급 일반
문서종류 회의록
공개구분 공개
내용 기시 총리 · 김용식 공사 회담 기록. 대신이 억류자 문제는 인도상 문제로 회담에 앞서 해결하자고 하자 김 공사는 신문에 한국이 새 조건을 제시한 것같이 보도된 것은 정확하지 않다며 회담 재개 시 원활한 진행을 위한 여건 조성에 지나지 않는 것으로 별도 조건을 제시한 게 아니라고 답변하고, 한국이 억류자 문제와 한일회담 분리에 동의할지 의문이지만 일본의 의향을 본국 정부에 전하겠다고 함.
주제어 억류자 상호 석방

문서명	기시 총리·김 공사 회견 건(岸総理金公使と会見の件)

문서파일번호 682
작성연월일 1957. 3. 9
구분 제3~4차 회담 사이
세부항목 기시 총리 · 김용식 공사 회담
작성처 나카가와 도루 외무성 아시아국장
매수 4
비밀등급 극비
문서종류 회의록
공개구분 공개
내용 기시 총리 · 김용식 공사 회담. 김 공사는 일시 귀국해 본국 정부와 협의했는데 본국 정부도 이번 한일 간 현안 해결에 열의를 가지고 있다고 전하고, 나카가와 국장과의 비공식회담도 순조롭게 진행되어 문구 표현을 조정 중이며 언론도 진행상황에 만족하고 있다고 말함. 총리는 비공식회담에 대해서는 보고를 받고 있다며 더욱 노력해 달라고 발언함.
주제어 억류자 상호 석방

한일회담 재개를 위해 작성된 양국 간 합의문서안
[日韓會談の再開のために作られた兩國間の合意文書(案)]

문서파일번호	1517
작성연월일	1957. 1. 19 - 1957. 3. 18
구분	제3~4차 회담 사이
세부항목	억류자 상호 석방 및 한일회담 재개를 위한 양국 합의
작성처	외무성
매수	27
비밀등급	
문서종류	각서안, 부속양해서안, 합의의사록안, 구상서안, 구두 전달사항안, 공동발표 문안
공개구분	공개
내용	한일회담 재개를 위하여 양국이 작성한 억류자 상호 석방, 구보타 발언 철회, 일본의 재한재산청구권 철회, 문화재 인도 등과 관련한 각서, 부속양해, 합의의사록, 구상서, 공동발표문 일문, 영문 문서 모음
주제어	억류자 상호 석방, 한일회담 재개

문서명	각서. 재한억류 일본인어부와 강제퇴거 재일한국인에 대한 조치(覚書 在韓抑留日本人漁夫と被退去強制在日韓人の措置に関する件)

문서파일번호 1517

작성연월일 1957. 1. 19

구분 제3~4차 회담 사이

세부항목 억류자 상호 석방 및 한일회담 재개를 위한 양국 합의

작성처 외무성

매수 1

비밀등급 극비

문서종류 각서안

공개구분 공개

내용 1956년 4월 2일의 시게미쓰(重光葵) 외무대신·김용식 공사 합의를 구체화하기 위해 같은 해 9월 작성한 각서안에 관해 1957년 1월 19일 나카가와 국장과 김용식 공사가 수정 협의(1월 23일 전화로 추가 협의)한 후 그 결과를 나카가와 국장이 수기로 표시함.

주제어 억류자 상호 석방

문서명	부속양해(付属了解)

문서파일번호 1517

작성연월일 1957. 1. 19

구분 제3~4차 회담 사이

세부항목 억류자 상호 석방 및 한일회담 재개를 위한 양국 합의

작성처 외무성

매수 1

비밀등급

문서종류 부속양해서안

공개구분 공개

내용 1956년 4월 2일의 시게미쓰 외무대신·김용식 공사 합의를 구체화하기 위해 같은 해 9월 작성한 각서안의 부속양해서안으로, 1957년 1월 19일 나카가와 국장과 김용식 공사가 수정 협의(1월 23일 전화로 추가 협의)한 후 그 결과를 나카가와 국장이 수기로 표시함.

주제어 재일한국인 강제퇴거

문서명	합의의사록(Agreed Minute)

문서파일번호 1517
작성연월일 1957. 1. 19
구분 제3~4차 회담 사이
세부항목 억류자 상호 석방 및 한일회담 재개를 위한 양국 합의
작성처 외무성
매수 2
비밀등급
문서종류 합의의사록안
공개구분 공개
내용 밀입국자의 오무라수용소 수용과 한일회담 재개에 관한 한일 양국 간 합의의사록 영문본. ① 한국대표는 재개되는 한일회담에서 재일한국인 처우 문제가 협의될 때 밀입국자 송환에 대해서도 협의되는 것으로 양해한다고 하고 일본대표도 동의함. ② 한국대표는 재개되는 한일회담의 의제는 지난 회담에서 협의된 5개 항목임을 양해한다고 하고 일본대표도 동의함. 일본대표는 입국자 수용소에 수용 중인 한인을 석방할 때 피석방자의 생활지도가 필요하다는 것도 고려해야 한다고 하고 한국대표도 동의함.
주제어 억류자 상호 석방, 한일회담 재개

문서명	각서(안)[Memorandum(Draft)]

문서파일번호 1517
작성연월일 1957. 1. 19
구분 제3~4차 회담 사이
세부항목 억류자 상호 석방 및 한일회담 재개를 위한 양국 합의
작성처 외무성
매수 1
비밀등급 극비
문서종류 각서안
공개구분 공개
내용 나카가와 국장과 김용식 공사가 검토한 각서의 영문본
주제어 억류자 상호 석방

문서명	부속양해서(안) [Attached Understanding(Draft)]

문서파일번호 1517
작성연월일 1957. 1. 19
구분 제3~4차 회담 사이
세부항목 억류자 상호 석방 및 한일회담 재개를 위한 양국 합의
작성처 외무성
매수 1
비밀등급 극비
문서종류 부속양해서안
공개구분 공개
내용 나카가와 국장과 김용식 공사가 검토한 부속양해서의 영문본
주제어 재일한국인 강제퇴거

문서명	재한억류 일본인어부와 피강제퇴거 재일한국인의 조치에 관한 일본국정부 및 대한민국정부 간의 양해에 관한 각서안[在韓抑留日本人漁夫と被退去強制在日韓人の措置に関する日本国政府及び大韓民国政府間の了解に関する覚書(案)]

문서파일번호 1517
작성연월일 1957. 3. 18
구분 제3~4차 회담 사이
세부항목 억류자 상호 석방 및 한일회담 재개를 위한 양국 합의
작성처 외무성
매수 1
비밀등급 극비
문서종류 각서안
공개구분 공개
내용 1957년 1월 19일 나카가와 국장과 김용식 공사가 검토한 각서의 3월 18일 자 수정본. 주요 내용은 ① 한국정부는 형기 만료 후 한국의 외국인 수용소에 수용 중인 일본인어부를 일본에 송환하고 한국인 밀입국자의 송환을 인수함. ② 일본정부는 종전 전부터 일본에 거주하고 있는 한국인으로 강제퇴거 처분을 받아 입국자 수용소에 수용 중인 자를 석방함임.
주제어 억류자 상호 석방

문서명	(비공표) 부속양해서안[(非公表)付属了解(案)]

문서파일번호 1517
작성연월일 1957. 3. 18
구분 제3~4차 회담 사이
세부항목 억류자 상호 석방 및 한일회담 재개를 위한 양국 합의
작성처 외무성
매수 1
비밀등급 일반
문서종류 부속양해서안
공개구분 공개
내용 1957년 1월 19일 나카가와 국장과 김용식 공사가 검토한 부속양해의 3월 18일 자 수정본. 한일 간 전면회담이 1957년 4월 중에 재개되어 강제퇴거자 인수기준을 포함, 재일한국인 처우 문제를 결정할 때까지 일본정부는 한국인 형법위반자의 강제퇴거를 위한 수용을 자제할 것.
주제어 재일한국인 강제퇴거

문서명	(비공표) 합의의사록안[(非公表)同意された議事録(案)]

문서파일번호 1517
작성연월일 1957. 3. 18
구분 제3~4차 회담 사이
세부항목 억류자 상호 석방 및 한일회담 재개를 위한 양국 합의
작성처 외무성
매수 3
비밀등급 일반
문서종류 합의의사록안
공개구분 공개
내용 한일회담 개개에 관한 합의의사록. 평화선, 재일한국인 처우 문제, 재개되는 한일회담의 의제, '한일청구권 해결에 관해 대일평화조약 제4조 해석에 관한 미합중국 정부의 견해 표명'에 대한 사항 등
주제어 억류자 상호 석방, 한일회담 재개

문서명	구상서(일본안) [口上書(日本側)(案)]

문서파일번호 1517
작성연월일 1957. 3. 18
구분 제3~4차 회담 사이
세부항목 억류자 상호 석방 및 한일회담 재개를 위한 양국 합의
작성처 외무성
매수 1
비밀등급 일반
문서종류 구상서안
공개구분 공개
내용 한일회담 재개를 위해 일본이 작성한 구상서안. 구보타 발언과 재한일본재산에 대한 청구권을 철회하고, 청구권 해결에 관한 미국정부의 견해를 바탕으로 청구권 문제를 논의할 용의가 있음.
주제어 청구권, 구보타 발언 철회, 일본의 재한일본재산 청구권 철회

문서명	구상서(한국안) [口上書(韓国側)(案)]

문서파일번호 1517
작성연월일 1957. 3. 18
구분 제3~4차 회담 사이
세부항목 억류자 상호 석방 및 한일회담 재개를 위한 양국 합의
매수 1
비밀등급 일반
문서종류 구상서안
공개구분 공개
내용 일본정부의 구보타 발언 및 재한일본재산 청구권 철회 구상서를 수락하고, 여러 현안을 해결하기 위한 회담 재개를 제의함.
주제어 한일회담 재개

문서명	구상서(일본안)[口上書(日本側)(案)]

문서파일번호 1517
작성연월일 1957. 3. 18
구분 제3~4차 회담 사이
세부항목 억류자 상호 석방 및 한일회담 재개를 위한 양국 합의
작성처 외무성
매수 1
비밀등급 일반
문서종류 구상서안
공개구분 공개
내용 일본정부는 한국정부의 구상서를 수령하고 여러 현안을 해결하기 위한 회담 재개에 이의가 없음.
주제어 한일회담 재개

문서명	(사안)(비공표) 구두 전달사항안[(私案)(非公表)口頭伝達事項(案)]

문서파일번호 1517
작성연월일 1957. 3. 18
구분 제3~4차 회담 사이
세부항목 억류자 상호 석방 및 한일회담 재개를 위한 양국 합의
작성처 외무성
매수 1
비밀등급 일반
문서종류 구두 전달사항안
공개구분 공개
내용 한일회담의 의제와는 별도로 일본정부가 소유한 한국산 고미술품을 한국정부에게 인도할 것임.
주제어 문화재 반환

문서명	공동발표안[共同発表(案)]

문서파일번호 1517
작성연월일 1957. 3. 18
구분 제3~4차 회담 사이
세부항목 억류자 상호 석방 및 한일회담 재개를 위한 양국 합의
작성처 외무성
매수 2
비밀등급 일반
문서종류 공동발표 문안
공개구분 공개
내용 한일회담 재개를 위해 양국이 합의한 사항들을 담은 공동발표 문안. 일본정부는 구보타 발언과 재한일본재산에 대한 청구권을 철회하고 청구권 해결에 관한 미국정부의 견해를 바탕으로 청구권 문제를 논의할 용의가 있다는 것을 김용식 공사에게 전달함. 김 공사는 이를 양해하고 회담 재개를 제의하였으며, 일본정부도 이 제안에 이의 없다고 말함.
주제어 한일회담 재개

문서명	한국 억류 일본 어부 및 강제퇴거 명령에 의해 수용 중인 재일한국인 관련 조치에 관한 한일 양해각서안[(Draft) Memorandum of Understanding between the Government of Japan and the Government of the Republic of Korea Regarding Measures on Japanese Fishermen Detained in Korea and on Korean Residents in Japan Detained Under Deportation Order]

문서파일번호 1517
작성연월일 1958. 3. 18
구분 제3~4차 회담 사이
세부항목 억류자 상호 석방 및 한일회담 재개를 위한 양국 합의
작성처 외무성
매수 2
비밀등급 극비
문서종류 각서안
공개구분 공개
내용 1957년 3월 18일 수정된 각서 영문본
주제어 억류자 상호 석방

문서명	부속양해서(안) [(Draft) Annexed Understanding]

문서파일번호 1517
작성연월일 1958. 3. 18
구분 제3~4차 회담 사이
세부항목 억류자 상호 석방 및 한일회담 재개를 위한 양국 합의
작성처 외무성
매수 1
비밀등급 극비
문서종류 부속양해서안
공개구분 공개
내용 1957년 3월 18일 수정된 부속양해서 영문본
주제어 재일한국인 강제퇴거

문서명	합의의사록(안) [(Draft) Agreed Minute]

문서파일번호 1517
작성연월일 1957. 3. 18
구분 제3~4차 회담 사이
세부항목 억류자 상호 석방 및 한일회담 재개를 위한 양국 합의
작성처 외무성
매수 3
비밀등급 극비
문서종류 합의의사록안
공개구분 공개
내용 1957년 3월 18일 수정된 합의의사록 영문본
주제어 억류자 상호 석방, 한일회담 재개

문서명	구상서(일본)안[(Draft) Note Verbale(Japanese side)]

문서파일번호	1517
작성연월일	1957. 3. 18
구분	제3~4차 회담 사이
세부항목	억류자 상호 석방 및 한일회담 재개를 위한 양국 합의
작성처	외무성
매수	1
비밀등급	일반
문서종류	구상서안
공개구분	공개
내용	1957년 3월 18일 자 일본 구상서 영문본
주제어	청구권, 구보타 발언 철회, 일본의 재한일본재산 청구권 철회

문서명	구상서(한국)안[(Draft) Note Verbale(Korean side)]

문서파일번호	1517
작성연월일	1957. 3. 18
구분	제3~4차 회담 사이
세부항목	억류자 상호 석방 및 한일회담 재개를 위한 양국 합의
작성처	외무성
매수	1
비밀등급	일반
문서종류	구상서안
공개구분	공개
내용	1957년 3월 18일 자 한국 구상서 영문본
주제어	한일회담 재개

문서명	구상서(일본)안[(Draft) Note Verbale(Japanese side)]

문서파일번호	1517
작성연월일	1957. 3. 18
구분	제3~4차 회담 사이
세부항목	억류자 상호 석방 및 한일회담 재개를 위한 양국 합의
작성처	외무성
매수	1
비밀등급	일반
문서종류	구상서안
공개구분	공개
내용	1957년 3월 18일 자(상기) 한국 구상서를 수령한다는 일본 구상서 영문본
주제어	한일회담 재개

문서명	구두 전달사항(안)[(Draft) Oral Statement]

문서파일번호	1517
작성연월일	1957. 3. 18
구분	제3~4차 회담 사이
세부항목	억류자 상호 석방 및 한일회담 재개를 위한 양국 합의
작성처	외무성
매수	1
비밀등급	극비
문서종류	구두 전달사항안
공개구분	공개
내용	1957년 3월 18일 자 구두 전달사항 영문본
주제어	문화재 반환

한일회담의 5개 의제 등
(日韓会談における五議題等)

문서파일번호	1518
작성연월일	1957. 3. 18
구분	제3~4차 회담 사이
세부항목	한일회담 재개
작성처	외무성 아시아국
매수	54
비밀등급	
문서종류	내부자료
공개구분	공개 또는 일부비공개
내용	한일회담 재개를 염두에 두고 1957년 3월 18일 작성한 관계 성청 회의자료. 한일회담 5개 의제, 억류자 상호 석방 등 회담 재개를 위해 한일이 작성한 제반 문서, 문화재 협상 경위, 한국의 대일 접근을 예상케 하는 요인 등이 담긴 문서 모음
주제어	한일회담 재개

문서명	목차(目次)

문서파일번호	1518
작성연월일	1957. 3. 18
구분	제3~4차 회담 사이
세부항목	한일회담 재개 대비 관계 성청 회의자료
작성처	외무성 아시아국
매수	1
비밀등급	극비
문서종류	내부자료
공개구분	공개
내용	자료 목차
주제어	목차

문서명	1. 한일회담의 5개 의제(一、日韓会談における五議題)

문서파일번호	1518
작성연월일	1957. 3. 18
구분	제3~4차 회담 사이
세부항목	한일회담 재개 대비 관계 성청 회의자료
작성처	외무성 아시아국
매수	1
비밀등급	극비
문서종류	내부자료
공개구분	공개
내용	한일회담 5의제에 관한 설명과 첨부문서를 모은 자료 표지
주제어	표지

문서명	1-1. 기본관계 수립 문제(第一、基本関係樹立問題)

문서파일번호 1518
작성연월일 1957. 3. 18
구분 제3~4차 회담 사이
세부항목 한일회담 재개 대비 관계 성청 회의자료
작성처 외무성 아시아국
매수 1
비밀등급 일반
문서종류 내부자료
공개구분 공개
내용 의제1. 기본관계 수립 문제. 구 조약의 무효 확인 문제 등을 비롯한 기본관계 문제에 대한 논의 경위
주제어 기본관계

문서명	대한민국과 일본국 간의 기본관계를 설정하는 조약안[日本國と大韓民國との間の基本的關係を設定する條約(案)]

문서파일번호 1518
작성연월일 1957. 3. 18
구분 제3~4차 회담 사이
세부항목 한일회담 재개 대비 관계 성청 회의자료
작성처 외무성 아시아국
매수 3
비밀등급 일반
문서종류 내부자료
공개구분 공개
내용 일본이 작성한 기본관계조약안
주제어 기본관계

문서명	1-2. 재산청구권 문제(第二、財産請求権問題)

문서파일번호	1518
작성연월일	1957. 3. 18
구분	제3~4차 회담 사이
세부항목	한일회담 재개 대비 관계 성청 회의자료
작성처	외무성 아시아국
매수	2
비밀등급	극비
문서종류	내부자료
공개구분	일부비공개
내용	의제2. 재산청구권 문제. 청구권의 상호폐기 문제 등을 비롯한 청구권 문제에 대한 논의 정리
주제어	재산청구권

문서명	한일 양국 간에 정해야 할 재산 및 청구권 처리에 관한 협정의 기본요강(1952년 3월 6일 일본 제안)[日韓兩國間に取極めらるべき財産及び請求權の處理に關する協定の基本要綱(昭和27. 3. 6 日本側提案)]

문서파일번호	1518
작성연월일	1957. 3. 18
구분	제3~4차 회담 사이
세부항목	한일회담 재개 대비 관계 성청 회의자료
작성처	외무성 아시아국
매수	3
비밀등급	일반
문서종류	내부자료
공개구분	공개
내용	1952년 3월 6일 일본이 제안한 양국 간 재산청구권협정 기본요강
주제어	재산청구권

문서명	한일 간 재산 및 청구권협정요강 한국 제안(韓日間財産及び請求権協定要綱韓国側提案)

문서파일번호 1518
작성연월일 1957. 3. 18
구분 제3~4차 회담 사이
세부항목 한일회담 재개 대비 관계 성청 회의자료
작성처 외무성 아시아국
매수 2
비밀등급 일반
문서종류 내부자료
공개구분 공개
내용 1952년 2월 21일 한국이 제출한 청구권협정요강 8항목
주제어 재산청구권

문서명	1953년 5월 14일 협의 비망록(AIDE-MEMOIRE on talking of the 14th May, 1953)

문서파일번호 1518
작성연월일 1957. 3. 18
구분 제3~4차 회담 사이
세부항목 한일회담 재개 대비 관계 성청 회의자료
작성처 외무성 아시아국
매수 1
비밀등급 일반
문서종류 내부자료
공개구분 공개
내용 한국이 1953년 5월 14일 제시한 청구권 8항목 관련 문서. 한국 국보, 역사적 기념물과 관련한 목록 제시, 한국 지도원판, 실측지도 및 해도 반환청구에 관한 목록 제시, 한국인 소유의 일본유가증권 상환, 그 밖의 처리 방법에 관한 일본의 의견 조회, 한국인 피징용 노동자에 대한 여러 미지불금 공탁분 자료에 대한 조회를 요청함.
주제어 재산청구권

문서명	1953년 5월 23일 협의 비망록(AIDE-MEMOIRE on talking of the 23rd May, 1953)

문서파일번호 1518
작성연월일 1957. 3. 18
구분 제3~4차 회담 사이
세부항목 한일회담 재개 대비 관계 성청 회의자료
작성처 외무성 아시아국
매수 2
비밀등급 일반
문서종류 내부자료
공개구분 공개
내용 한국이 1953년 5월 23일 제시한 청구권 8항목 관련 일본에 조회를 요청한 문서. 조선은행 등의 재일재산 실체 및 관리 상황, 태평양 전쟁 중의 한국인 피징용 노동자에 대한 미지급 임금 등의 조치에 관한 일본의 대책 등 청구권 문제와 관련한 10가지 항목에 대한 조회를 요청함.
주제어 재산청구권

문서명	1953년 5월 28일 협의에 관한 비망록(AIDE-MEMOIRE on talking of the 28th May, 1953)

문서파일번호 1518
작성연월일 1957. 3. 18
구분 제3~4차 회담 사이
세부항목 한일회담 재개 대비 관계 성청 회의자료
작성처 외무성 아시아국
매수 4
비밀등급 일반
문서종류 내부자료
공개구분 일부비공개
내용 한국이 1953년 5월 28일 제시한 구 조선왕가 재산 한국 국유화 건에 대한 통지와 미지급 임금 및 일본 자료의 조회를 의뢰함.
주제어 재산청구권

문서명	1-3. 어업 문제(第三、漁業問題)

문서파일번호	1518
작성연월일	1957. 3. 18
구분	제3~4차 회담 사이
세부항목	한일회담 재개 대비 관계 성청 회의자료
작성처	외무성 아시아국
매수	1
비밀등급	극비
문서종류	내부자료
공개구분	공개
내용	의제3. 어업 문제. 어업협정안 제시 경위 및 어업관할권에 대한 논의 정리
주제어	어업

문서명	갑호 한일어업협정 요강(甲号 日韓漁業協定要綱)

문서파일번호	1518
작성연월일	1957. 3. 18
구분	제3~4차 회담 사이
세부항목	한일회담 재개 대비 관계 성청 회의자료
작성처	외무성 아시아국
매수	3
비밀등급	일반
문서종류	내부자료
공개구분	공개
내용	1953년 6월 29일 제9회 어업위원회에서 일본이 제시한 한일어업협정 요강. 기본 입장, 협정의 목적, 협정의 골자, 특별히 고려해야 할 사항 등으로 구성됨.
주제어	어업협정 요강

문서명	을호 한일어업협정 요강(乙号 日韓漁業條約案)

문서파일번호 1518
작성연월일 1957. 3. 18
구분 제3~4차 회담 사이
세부항목 한일회담 재개 대비 관계 성청 회의자료
작성처 외무성 아시아국
매수 3
비밀등급
문서종류 내부자료
공개구분 공개
내용 일본 수산청이 작성하여 미국무부가 파견한 헤링톤(Harrington) 어업전문가에게 의견을 요청한 한일어업조약안
주제어 어업조약안

문서명	1-4. 재일한국인의 국적 처우 문제(第四、在日朝鮮人の国籍処遇問題)

문서파일번호 1518
작성연월일 1957. 3. 18
구분 제3~4차 회담 사이
세부항목 한일회담 재개 대비 관계 성청 회의자료
작성처 외무성 아시아국
매수 1
비밀등급 극비
문서종류 내부자료
공개구분 공개
내용 의제4. 재일한국인의 국적 처우 문제. 1952년 4월 4일(제1차 한일회담), 한국 의향을 반영한 일본 협정안을 제시했으나 회답을 받지 못한 채 중단됨. 제2차 회담에서는 강제퇴거에 관한 원칙론의 응수가 이어져 협정안에 대한 논의는 이루어지지 않음.
주제어 재일한국인 법적지위

문서명	재일한국인의 국적 및 처우에 관한 한일협정안(在日韓人の国籍及び処遇に関する日韓協定案)

문서파일번호 1518
작성연월일 1957. 3. 18
구분 제3~4차 회담 사이
세부항목 한일회담 재개 대비 관계 성청 회의자료
작성처 외무성 아시아국
매수 5
비밀등급
문서종류 내부자료
공개구분 공개
내용 일본이 1952년 4월 4일 제시한 재일한국인의 국적 및 처리에 관한 협정안
주제어 재일한국인 법적지위, 재일한국인의 국적 및 처리에 관한 협정안

문서명	1-5. 선박 문제(第五、船舶問題)

문서파일번호 1518
작성연월일 1957. 3. 18
구분 제3~4차 회담 사이
세부항목 한일회담 재개 대비 관계 성청 회의자료
작성처 외무성 아시아국
매수 1
비밀등급 극비
문서종류 내부자료
공개구분 공개
내용 의제5. 선박 문제. 제1차 한일회담 선박소위원회(1952년 4월 1일)에서 일본은 대국적 견지에서 한국 경제의 재건, 특히 해운업 발전에 기여한다는 명목으로 선박의 치적 문제와 미군정법령에 관한 한국의 해석과는 관계없이 실질적인 해결 방법으로 상선 15척 5,610톤, 어선 9척 336톤을 한국정부에 제공한다는 안을 제안함. 그러나 한국은 기대하던 74,000톤의 1/15에 불과하다며 받아들이지 않음.
주제어 선박 반환

문서명	재한억류 일본인어부와 피강제퇴거 재일한국인의 조치에 관한 일본국정부 및 대한민국정부 간의 양해에 관한 각서안[在韓抑留日本人漁夫と被退去強制在日韓人の措置に関する日本国政府及び大韓民国政府間の了解に関する覚書(案)]

문서파일번호 1518
작성연월일 1957. 3. 18
구분 제3~4차 회담 사이
세부항목 한일회담 재개 대비 관계 성청 회의자료
작성처 외무성 아시아국
매수 1
비밀등급 극비
문서종류 내부자료
공개구분 공개
내용 문서파일번호 1517의 1957년 3월 18일 자 각서와 동일한 문서
주제어 억류자 상호 석방

문서명	(비공표) 부속양해안[(非公表)付属了解(案)]

문서파일번호 1518
작성연월일 1957. 3. 18
구분 제3~4차 회담 사이
세부항목 한일회담 재개 대비 관계 성청 회의자료
작성처 외무성 아시아국
매수 1
비밀등급 일반
문서종류 내부자료
공개구분 공개
내용 문서파일번호 1517의 1957년 3월 18일 부속양해와 동일한 문서
주제어 재일한국인 강제퇴거

문서명	(비공표) 합의의사록안[(非公表)合意された議事録(案)]

문서파일번호 1518
작성연월일 1957. 3. 18
구분 제3~4차 회담 사이
세부항목 한일회담 재개 대비 관계 성청 회의자료
작성처 외무성 아시아국
매수 3
비밀등급 일반
문서종류 내부자료
공개구분 공개
내용 문서파일번호 1517의 1957년 3월 18일 합의의사록과 동일한 문서
주제어 억류자 상호 석방, 한일회담 재개

문서명	구상서(일본안)[口上書(日本側)(案)]

문서파일번호 1518
작성연월일 1957. 3. 18
구분 제3~4차 회담 사이
세부항목 한일회담 재개 대비 관계 성청 회의자료
작성처 외무성 아시아국
매수 1
비밀등급 극비
문서종류 내부자료
공개구분 공개
내용 문서파일번호 1517의 1957년 3월 18일 구상서와 동일한 문서
주제어 청구권, 구보타 발언 철회, 일본의 재한일본재산 청구권 철회, 한일회담 재개

문서명	구상서(한국안)[口上書(韓国側)(案)]

문서파일번호 1518
작성연월일 1957. 3. 18
구분 제3~4차 회담 사이
세부항목 한일회담 재개 대비 관계 성청 회의자료
작성처 외무성 아시아국
매수 1
비밀등급 일반
문서종류 내부자료
공개구분 공개
내용 문서파일번호 1517의 1957년 3월 18일 구상서와 동일한 문서
주제어 청구권, 구보타 발언 철회, 일본의 재한일본재산 청구권 철회, 한일회담 재개

문서명	구상서(일본안)[口上書(日本側)(案)]

문서파일번호 1518
작성연월일 1957. 3. 18
구분 제3~4차 회담 사이
세부항목 한일회담 재개 대비 관계 성청 회의자료
작성처 외무성 아시아국
매수 1
비밀등급 일반
문서종류 내부자료
공개구분 공개
내용 문서파일번호 1517의 1957년 3월 18일 일본은 한국의 구상서를 수락하고 전면회담 재개에 이의가 없다는 내용의 구상서와 동일한 문서
주제어 청구권, 구보타 발언 철회, 일본의 재한일본재산 청구권 철회, 한일회담 재개

문서명	(사안)(비공표) 구두 전달사항안[(私案)(非公表)口頭伝達事項(案)]

문서파일번호 1518
작성연월일 1957. 3. 18
구분 제3~4차 회담 사이
세부항목 한일회담 재개 대비 관계 성청 회의자료
작성처 외무성 아시아국
매수 1
비밀등급 일반
문서종류 내부자료
공개구분 공개
내용 문서파일번호 1517의 1957년 3월 18일 일본정부가 소유한 한국 출토 문화재를 한국정부에게 인도한다는 구두 전달사항과 동일한 문서
주제어 문화재 반환

문서명	공동발표안[共同発表(案)]

문서파일번호 1518
작성연월일 1957. 3. 18
구분 제3~4차 회담 사이
세부항목 한일회담 재개 대비 관계 성청 회의자료
작성처 외무성 아시아국
매수 2
비밀등급 일반
문서종류 내부자료
공개구분 공개
내용 문서파일번호 1517의 1957년 3월 18일 공동발표안과 동일한 문서
주제어 한일회담 재개

문서명	3. 한국문화재에 대해서(三 韓国文化財について)

문서파일번호 1518
작성연월일 1957. 2. 21
구분 제3~4차 회담 사이
세부항목 한일회담 재개 대비 관계 성청 회의자료
작성처 외무성 아시아국
매수 3
비밀등급 극비
문서종류 내부자료
공개구분 공개
내용 한일회담 5개 의제와는 별도로 작성된 문화재 협상 관련 문서. 1951년 말부터 1955년 1월 29일까지의 문화재 협상 경위 기술
주제어 문화재 반환

문서명	4. 대일 접근을 예상하게 하는 여러 요인(四、対日接近を予想せしめる諸因)

문서파일번호 1518
작성연월일 1957. 3. 18
구분 제3~4차 회담 사이
세부항목 한일회담 재개 대비 관계 성청 회의자료
작성처 외무성 아시아국
매수 5
비밀등급 극비
문서종류 내부자료
공개구분 공개
내용 이승만 정부의 대일 접근 요인을 분석한 문서. 정국 불안 등의 국내적인 요인, 반공·반일정책으로 인한 국제사회의 고립 등의 대외적 요인, 일본인어부 억류 문제가 유엔에서 인도 문제로 거론될 가능성 등을 그 요인으로 기술
주제어 한국의 대일 접근 요인

우치다 입국관리국장 및 연 중령으로부터의 연락 건(内田入国管理局長及び延中佐より連絡の件)

문서파일번호	683
작성연월일	1957. 1. 12 - 1957. 5. 13
구분	제3~4차 회담 사이
세부항목	나카가와·우치다 전화, 나카가와·연 중령 회담
작성처	나카가와 도루 외무성 아시아국장
매수	26
비밀등급	
문서종류	내부문서, 회의록
공개구분	공개
내용	1957년 1월 12일, 2월 9일 나카가와 아시아국장의 우치다(内田) 입국관리국장의 전화 통화 및 2월 13일 나카가와 국장과 연 중령의 전화 통화 기록
주제어	한일회담 재개

문서명	우치다 국장의 연락(内田局長より連絡の件)

문서파일번호 683
작성연월일 1957. 1. 12
구분 제3~4차 회담 사이
세부항목 나카가와 국장·우치다 입국관리국장 전화 협의
작성처 나카가와 도루 외무성 아시아국장
매수 2
비밀등급 일반
문서종류 내부문서
공개구분 공개
내용 1957년 1월 12일 우치다 입국관리국장이 나카가와 아시아국장에게 전화로 언급한 내용. 우치다 국장은 김용식 공사, 연 중령 요청으로 1월 12일 오찬을 함께함. 오찬 석상에서 김 공사는 작년 말의 새로운 조건은 회담 재개를 위한 타진(사운드 아웃) 정도로 이해해 주기를 바람. 연 중령은 별도 자리에서 우치다 국장에게 김 공사가 한일 양국 사이에 끼여 마음고생이 많다며, 일본에 5년 근무했는데 무언가 해놓지 않으면 본인의 지위에도 문제가 생기고 유태하 참사관이 공을 빼앗으려 하고 있어 1월 20일까지는 무언가 해결하려 하고 있다고 말함.
주제어 한일회담 재개

문서명	한일 문제에 관한 입국관리국장으로부터의 연락(日韓問題につき入国管理局長より連絡の件)

문서파일번호 683
작성연월일 1957. 2. 9
구분 제3~4차 회담 사이
세부항목 나카가와 국장·우치다 입국관리국장 전화 협의
작성처 나카가와 도루 외무성 아시아국장
매수 4
비밀등급 극비
문서종류 내부문서
공개구분 공개
내용 1957년 2월 9일 우치다 입국관리국장이 나카가와 아시아국장에게 전화로 언급한 내용. 연 중령이 자신을 찾아와 한국 방문 시 이승만 대통령을 2회 만났다면서 문제는 몇 명 정도의 한국인 밀항자의 조치에 있다고 함.
주제어 억류자

문서명	김 공사 귀국 건(金公使帰国の件)

문서파일번호 683
작성연월일 1957. 2. 13
구분 제3~4차 회담 사이
세부항목 나카가와 국장·연 중령 전화 협의
작성처 나카가와 도루 외무성 아시아국장
매수 2
비밀등급 비(秘)
문서종류 내부문서
공개구분 공개
내용 1957년 2월 13일 연 중령이 나카가와 국장에게 전화로 언급한 내용. 김용식 공사가 2월 14일부터 6일간 한국에 일시 귀국 예정임. 김 공사가 경질될 것이라는 소문이 끊이지 않고 있는데 신경 쓰지 말기 바람.
주제어 김용식 공사 일시 귀국

문서명	한일 문제 건(日韓問題に関する件)

문서파일번호 683
작성연월일 1957. 5. 13
작성처 나카가와 도루 외무성 아시아국장
매수 18
비밀등급 극비
구분 제3~4차 회담 사이
세부항목 나카가와 국장·연 중령 면담
문서종류 회의록
공개구분 공개
내용 1957년 5월 13일 나카가와 국장·연 중령 면담 기록. 연 중령은 지난주 업무 연락 차 일시 귀국한 기회에 김유택 고문이 도쿄에 오게 된 경위를 파악했다고 하고, 김 용식 공사의 교섭을 방해하려는 목적으로 유태하 참사관이 신문 보도 내용을 본국에 보고하면서 김 공사 방식대로 하면 청구권 상호 포기가 된다고 주장, 이러한 유 참사관의 보고가 효과를 발휘한 것이라고 함. 김 공사 교섭이 곧 타결될 단계에 이르자 이를 지연시키고자 김 공사를 교체할 목적으로 김유택 씨를 보내게 된 것이라고 함.
주제어 억류자 상호 석방, 청구권

기시 총리·김 한국대사 회담
(岸総理、金韓国大使会談)

문서파일번호	684
작성연월일	1957. 5. 20 - 1957. 6. 13
구분	제3~4차 회담 사이
세부항목	기시 총리·김유택 대사 회담
작성처	외무성
매수	40
비밀등급	
문서종류	회의록
공개구분	공개
내용	1957년 5월 20일~6월 13일까지 개최된 기시 총리와 김유택 대사 회담 기록
주제어	억류자 상호 석방, 어업, 청구권

문서명	기시 총리·김 대사 회담 건(岸総理金大使会談の件)

문서파일번호 684
작성연월일 1957. 5. 20
구분 제3~4차 회담 사이
세부항목 기시 총리 · 김유택 대사 회담
작성처 나카가와 도루 외무성 아시아국장
매수 3
비밀등급 극비
문서종류 회의록
공개구분 공개
내용 기시 총리(외무대신 겸임)와 김유택 주일대사 회담 기록. 한국대표부 수석 김용식 공사 후임으로 임명된 신임 김유택 대사가 유태하 공사와 함께 기시 총리 예방. 전임 김 공사와 나카가와 국장의 협의 결과를 기초로 협의하기로 함.
주제어 억류자 상호 석방

문서명	기시 총리·김 한국대사 회담 요령(岸総理、金韓国大使会談要領)

문서파일번호 684
작성연월일 1957. 6. 7
구분 제3~4차 회담 사이
세부항목 기시 총리 · 김유택 대사 회담
작성처 외무성 미야케 참사관
매수 14
비밀등급 극비
문서종류 회의록
공개구분 공개
내용 기시 총리와 김유택 주일대사 회담 기록. 기시는 청구권 문제 관련 ① 의사록을 삭제하거나 ② 한국은 미국의 해석에 동의하며 청구권 상호 포기를 의미하는 것은 아니고, 일본은 한국의 청구권을 성의를 가지고 논의한다는 취지를 의사록에 쓰는 두 가지 안이 있다고 제안함. 이에 대해 김유택은 구상서에 일본은 미국의 해석을 기초로 해서 청구권을 철회한다고 표명하고 제2안을 채택하자고 제안하였고, 기시가 이에 동의함.
주제어 어업, 억류자 상호 석방, 청구권

문서명	기시 총리·김 한국대사 회담 요령(岸総理､金韓国大使会談要領)

문서파일번호 684
작성연월일 1957. 6. 11
구분 제3~4차 회담 사이
세부항목 기시 총리 · 김유택 대사 회담
작성처 외무성 미야케 참사관
매수 14
비밀등급 극비
문서종류 회의록
공개구분 공개
내용 기시 총리와 김유택 주일대사 회담 기록. '형기를 만료한'과 '이 라인'에 대한 일본의 표현을 놓고 공방을 벌임. 결국 전자는 남기기로 함. 의사록에서는 문구를 삭제하기로 한 후 유태하 공사와 미야케 참사관이 문안을 정리하기로 함.
주제어 억류자 상호 석방, 청구권, 어업

문서명	6월 13일 기시 총리·김 한국대사 회담 요령(六月十三日､岸総理､金大使会談要領)

문서파일번호 684
작성연월일 1957. 6. 13
구분 제3~4차 회담 사이
세부항목 기시 총리 · 김유택 대사 회담
작성처 외무성 미야케 참사관
매수 9
비밀등급 극비
문서종류 회의록
공개구분 공개
내용 기시 총리와 김유택 주일대사 회담 기록. 김유택 대사는 그제의 미야케 참사관과 유태하 공사의 문안 논의 중 한국이 수용할 수 없는 부분도 있고, 오늘 오노 차관과 협의한 후 마지막 청훈을 할 예정이라고 말함. 그리고 '평화선' 문제를 본 회담 의제로 제안했는데 일본은 응하지 않고 있다고 지적함. 기시는 '형을 만료하고'의 문구는 남기고 의사록에서 삭제하지만 이것이 '이 라인'을 인정한 것은 아니라고 말함. 그리고 '평화선' 문제가 의제라 해도 일본이 평화선을 인정한 것은 아니므로 문구화해도 좋으며, 표현 문제는 사무당국과 협의하기 바란다고 말함.
주제어 억류자 상호 석방, 청구권, 어업

이시이 총리대신임시대리와 김유택 대사 회담 요령(石井總理大臣 臨時代理と金裕沢大使との会談要領)

문서파일번호	685
작성연월일	1957. 5. 22 - 1957. 6. 21
구분	제3~4차 회담 사이
세부항목	이시이 총리대신임시대리·김유택 대사 회담
작성처	외무성
매수	8
비밀등급	
문서종류	회의록
공개구분	공개
내용	1957년 5월 22일~6월 21일까지 이시이(石井光次郎) 부총리(총리대신임시대리)와 김유택 대사의 회담 및 전화 통화 기록
주제어	어업, '이 라인', 억류자 상호 석방, 청구권

문서명	이시이 총리대신임시대리와 김유택 대사의 회담 요령(石井総理大臣臨時代理と金裕沢大使との会談要領)

문서파일번호 685
작성연월일 1957. 5. 22
구분 제3~4차 회담 사이
세부항목 이시이 총리대신 임시대리 · 김유택 대사 회담
작성처 외무성
매수 3
비밀등급 극비
문서종류 회의록
공개구분 공개
내용 1957년 5월 21일 이시이 총리대리와 김유택 대사, 유태하 공사 회담 기록. 한국은 '이 라인'을 전면 회담에서 논의할 것과 호의적인 처리를 확약해 달라고 하자, 이시이는 '이 라인'은 국민감정상 인정할 수 없고 인정하면 교섭 자체가 무너질 우려가 있다고 답변함.
주제어 어업, '이 라인'

문서명	이시이 부총리와 김 대사, 유 공사 회담 요령(石井副総理と金大使、柳公使会談要領)

문서파일번호 685
작성연월일 1957. 6. 10
구분 제3~4차 회담 사이
세부항목 이시이 총리대신 임시대리 · 김유택 대사 회담
작성처 외무성 미야케 참사관
매수 3
비밀등급 극비
문서종류 회의록
공개구분 공개
내용 이시이 부총리와 김유택 대사, 유태하 공사 회담 기록. 김 대사는 '형기를 만료하고'를 삭제하고 '일본은 평화선 문제를 호의적으로 고려한다'는 취지를 문구화할 것을 주장하자, 이시이는 양국 정부 사이에서 중립적 입장으로 알선해 온 야쓰기(矢次一夫) 씨와 적당한 표현을 논의할 것을 제안함.
주제어 억류자 상호 석방, '이 라인' 청구권

문서명	6월 21일 김 대사가 이시이 대신에게 전화 연락(六月二十一日金大使より石井大臣に電話連絡の件)

문서파일번호	685
작성연월일	1957. 6. 21
구분	제3~4차 회담 사이
세부항목	이시이 총리대신 임시대리 · 김유택 대사 전화 협의
작성처	오노 차관
매수	2
비밀등급	극비
문서종류	회의록(전화)
공개구분	공개
내용	이시이 총리대리와 김유택 대사 전화 통화 내용. 김 대사가 연락을 해와 2, 3가지 수정 사항이 있다며 부총리를 만나고 싶다고 하였으며, 이에 부총리는 기타자와(北澤直吉) 관방부장관에게 만나보도록 하겠다고 답변함(오노 차관이 기시 총리 방미 회담 관련 전보를 이시이 총리대리에게 전달하려고 만난 자리에서 이시이 총리대리가 김 대사와 한 통화 내용을 설명).
주제어	'이 라인', 억류자 상호 석방

오노 차관·김유택 대사 회담
(大野次官, 金裕沢大使との会談)

문서파일번호	686
작성연월일	1957. 5. 22 - 1957. 6. 27
구분	제3~4차 회담 사이
세부항목	오노 차관·김유택 대사 회담
작성처	외무성
매수	130
비밀등급	
문서종류	회의록, 구두 전달사항안
공개구분	공개
내용	1957년 5월 22일~6월 27일까지 개최된 오노 차관과 김유택 대사 회담 및 전화 통화 기록. 한일회담 재개를 위한 제반 합의문서의 문안 교섭 관련 자료
주제어	한일회담 재개 협의, 합의문서

문서명	오노 차관·김 대사 회담 건(大野次官, 金大使会談の件)

문서파일번호 686
작성연월일 1957. 5. 22
구분 제3~4차 회담 사이
세부항목 오노 차관 · 김유택 대사 회담
작성처 외무성 미야케 참사관
매수 23
비밀등급 극비
문서종류 회의록
공개구분 공개
내용 오노 차관과 김유택 대사 회담 기록. 한국이 회담에서 일본이 평화선을 적극적으로 부정하거나 청구권 문제의 상호폐기를 주장하면 곤란하다고 하자, 일본은 일본정부의 공식견해와 국민감정상 평화선은 인정할 수 없고, 한국이 일본에 재산권을 청구한다면 나중에 응어리가 진다고 답변함.
주제어 문화재 반환, 청구권, 억류자 상호 석방

문서명	오노 차관·김유택 대사 면담의 건(大野次官·金裕沢大使と面談の件)

문서파일번호 686
작성연월일 1957. 6. 8
구분 제3~4차 회담 사이
세부항목 오노 차관 · 김유택 대사 회담
작성처 외무성 오노 차관 구술
매수 10
비밀등급 극비
문서종류 회의록
공개구분 공개
내용 오노 차관과 김유택 대사 회담 기록. 한국은 한일 양국이 비공식회담을 수차례 개최하였고, 기시 수상의 방미도 임박했으니, 회담을 빠르게 진행하자고 제안함. 또한 어업 문제에 관해 '이승만 라인' 문제가 표면에 나타나도록 문구 수정을 요구했으나, 일본은 제시한 문구가 최대한 양보한 것이라고 답변함. 청구권 문제에 관해 한국은 이 문제를 의사록에 기술할 필요가 없다고 했으나, 일본은 대장성을 설득시키려면 의사록에 이 문제를 기술해야 한다고 주장함.
주제어 어업, 청구권

문서명	6월 13일, 오노 차관·김 한국대사 회담 요령(그 첫 번째)[六月十三日、大野次官、金韓国大使会談要領(その一)]

문서파일번호 686
작성연월일 1957. 6. 13
구분 제3~4차 회담 사이
세부항목 오노 차관 · 김유택 대사 회담
작성처 외무성 미야케 참사관
매수 24
비밀등급 극비
문서종류 회의록
공개구분 공개
내용 1957년 6월 13일(오후 2시~3시 50분) 오노 차관, 김유택 대사 회담 기록. 상호 석방에 대해서는 '형을 마치고'라는 표현을 남기고, 이에 관한 의사록을 삭제하는 것 등이 합의되었음. 부속양해서안에 대해서 한국은 '우선'이라는 표현의 수정을 요구했으나, 일본은 이를 반대하여 원안 그대로 합의되었음. 구보타 발언에 관한 구상서에 대해서 한국은 문구 수정을 요구했으나, 일본은 이를 거부함.
주제어 청구권, 억류자 상호 석방, 구보타 발언

문서명	6월 13일, 오노 차관·김 한국대사 회담 요령(그 두 번째)[六月十三日、大野次官、金韓国大使会談要領(その二)]

문서파일번호 686
작성연월일 1957. 6. 13
구분 제3~4차 회담 사이
세부항목 오노 차관 · 김유택 대사 회담
작성처 외무성 미야케 참사관
매수 37
비밀등급 극비
문서종류 회의록
공개구분 공개
내용 1957년 6월 13일(오후 6시~12시) 오노 차관, 김유택 대사 회담 기록. 상호 석방에 관한 각서, 부속양해서, 청구권 문제에 관한 한일 양국의 구상서, 미술품에 관한 구두 전달사항, 전면회담 재개에 관한 각서, 합의 의사록, 공동발표문(코뮤니케) 합의됨. 이 중 부속양해서, 구두 전달사항, 합의의사록은 비공개로 하고, 나머지는 공개하기로 함.
주제어 어업, 문화재 반환, 억류자 상호 석방, 청구권

문서명	6월 16일, 오노 차관·김 한국대사 회담 요령(六月十六日、大野次官と金韓国大使との会談要領)

문서파일번호 686
작성연월일 1957. 6. 16
구분 제3~4차 회담 사이
세부항목 오노 차관 · 김유택 대사 회담
작성처 외무성 미야케 참사관
매수 7
비밀등급 극비
문서종류 회의록
공개구분 공개
내용 오노 차관, 김유택 대사 회담 기록. 한국은 한국의 국무회의에서 일본과의 합의안과 최종안에 대해 심의를 하고 있으나 시간이 걸릴 것이고, 기시 수상 방미 시까지 심의 결과가 나오지 않을 것 같다고 한국의 사정을 설명함. 일본은 이에 대해 유감을 표명함. 한편, 일본 내부회의(후기로 기록)에서는 한국이 어업 문제에 대해 자신들의 안을 일본이 받아들이도록 하기 위해 인질외교를 하고 있다는 비판이 나옴.
주제어 억류자 상호 석방, 어업

문서명	오노 차관과 김 대사, 유 공사 회식 건(大野次官、金大使、柳公使と会食の件)

문서파일번호 686
작성연월일 1957. 6. 25
구분 제3~4차 회담 사이
세부항목 오노 차관 · 김유택 대사 오찬 협의
작성처 외무성 오노 차관 구술
매수 8
비밀등급 극비
문서종류 회의록
공개구분 공개
내용 오노 차관, 김유택 대사, 유태하 공사 오찬 협의 기록. 한국은 재차 최종합의안에 대해 승인이 지연되고 있는 경위를 설명하였고, 일본은 이에 대해 정말 유감이며, 기

시 수상도 실망했다고 말함. 한국은 상호 석방의 '강제퇴거처분'을 삭제하는 것과 청구권 문제에 대해 미국의 해석에 '한국은 구속되지 않는다'라는 문구를 넣어줄 것을 요청했으나, 일본은 이를 강하게 거부함.

주제어 억류자 상호 석방, 청구권

문서명	한국대표부 김 대사의 연락 건(韓国代表部金大使からの連絡に関する件)

문서파일번호 686

작성연월일 1957. 6. 27

구분 제3~4차 회담 사이

세부항목 오노 차관·김유택 대사 전화 협의

작성처 외무성 오노 차관 구술

매수 10

비밀등급 극비

문서종류 회의록(전화)

공개구분 공개

내용 1957년 6월 26일 김유택 대사가 오노 차관에게 전화로 연락하여 협의한 내용. 한국의 정부훈령이 도착했는데, 상호 석방 및 청구권 문제의 수정은 일단 제쳐두고 다른 부분에 대해 몇 가지 수정을 요구함. 그러나 일본은 현 단계에서 최종합의안에 대해 한 글자라도 수정하는 것은 최종안 전체를 깨뜨릴 우려가 있기 때문에 반대한다고 말함.

주제어 억류자 상호 석방, 청구권

문서명	김 한국대사의 전화에 대한 오노 차관의 답신 건(金韓国大使申出で(電話)に対する大野次官返事に関する件)

문서파일번호 686
작성연월일 1957. 6. 26
구분 제3~4차 회담 사이
세부항목 오노 차관·김유택 대사 전화 협의
작성처 외무성 미야케 참사관
매수 7
비밀등급 극비
문서종류 회의록(전화)
공개구분 공개
내용 김유택 대사가 오노 차관과 전화로 협의한 내용 추가 부분. 한국은 재차 최종 합의안에 대한 수정을 요구하였으나, 일본은 자신들이 계속 양보해서 최종안이 만들어졌는데, 한국의 계속된 수정요구를 받아들이면, 여론이 악화되고 쌍방의 노력이 모두 수포로 돌아간다며 반대함.
주제어 억류자 상호 석방, 청구권

문서명	제목 없음

문서파일번호 686
작성연월일 1957. 6(일자 불명)
구분 제3~4차 회담 사이
세부항목 문화재 관련 안 구두 전달사항안
작성처 외무성
매수 4
비밀등급 극비
문서종류 구두 전달사항안
공개구분 공개
내용 한국미술품 인도에 관한 구두 전달사항 최종합의안의 수정 내용
주제어 문화재 반환

한일교섭에 관한 관계 각 성 차관회의 의사요지
(日韓交渉に関する関係各省次官会議議事要旨)

문서파일번호	1519
작성연월일	1957. 6. 15 - 1957. 7. 1
구분	제3~4차 회담 사이
세부항목	한일회담 재개 대비 관계성 차관회의
작성처	외무성 아시아국 제1과
매수	66
비밀등급	
문서종류	회의록
공개구분	공개
내용	1957년 6월 15일 한일회담 재개를 염두에 두고 개최된 관계성 차관회의기록
주제어	한일회담 재개 대비 관계성 차관회의

문서명	한일교섭에 관한 관계 각 성 차관회의 의사요지(日韓交渉に関する関係各省次官会議議事要旨)

문서파일번호	1519
작성연월일	1957. 6. 15
구분	제3~4차 회담 사이
세부항목	한일회담 대비 관계성 차관회의
작성처	외무성 아시아국 제1과
매수	51
비밀등급	일반
문서종류	회의록
공개구분	공개
내용	한일회담 재개를 염두에 두고 외무성, 대장성, 농림성, 문부성 차관 및 법제국 차장이 참석한 회의기록. 오노 외무성 차관이 청구권 문제가 가장 해결하기 어려운 것 중 하나이며, 비공식회담을 통해 기시 총리의 방미 전 조인을 목표로 합의문안 작성까지 이루어졌고 한국이 수락하면 바로 각의에 상정하고 싶다는 취지로 그간의 경위를 설명함. 법제국 차장이 양해각서는 정부 간 협정으로 강제퇴거자의 석방은 행정권의 범위 내에서 가능하다고 해석해도 되는지 질의하고, 입국관리청 차장은 수용은 송환 확보를 위해 안보적인 의미에서 하고 있어 제재라 할 수 없으므로 가석방의 절차를 거치면 석방은 가능하다고 답변함. 입국관리차장이 오무라수용소 재일한국인 석방 관련 예산에 대해 설명함.
주제어	청구권, 억류자 상호 석방, 한일회담 재개

문서명	한일교섭에 관한 관계 각 성 차관회의 의사요지(日韓交渉に関する関係各省次官会議議事要旨)

문서파일번호	1519
작성연월일	1957. 7. 1
구분	제3~4차 회담 사이
세부항목	한일회담 대비 관계성 차관회의
작성처	외무성 아시아국 제1과
매수	15
비밀등급	극비
문서종류	회의록
공개구분	공개
내용	1957년 6월 15일 개최된 관계성 차관회의 의사요지를 정리
주제어	청구권, 억류자 상호 석방, 한일회담 재개

한일교섭에 관한 관계 각 성 차관회의 의사요지
(日韓交渉に関する関係各省次官会議議事要旨)

문서파일번호	1523
작성연월일	1957. 9. 1 - 1957. 9. 6
구분	제3~4차 회담 사이
세부항목	한일회담 재개 대비 관계성 차관회의
작성처	외무성 등
매수	15
비밀등급	
문서종류	회의록, 내부자료
공개구분	공개 또는 일부비공개
내용	1957년 9월 6일 개최된 한일회담 재개 관련 각 성 차관회의기록
주제어	한일회담 재개 대비 관계성 차관회의

문서명	한일교섭에 관한 관계 각 성 차관회의 의사요지(日韓交渉に関する関係各省次官会議議事要旨)

문서파일번호 1523
작성연월일 1957. 9. 6
구분 제3~4차 회담 사이
세부항목 한일회담 대비 관계성 차관회의
작성처 외무성 아시아국 제1과
매수 14
비밀등급 극비
문서종류 회의록
공개구분 일부비공개
내용 한일회담 재개 관련 각 성 차관회의기록. 외무성, 법무성 차관, 대장성 이재국장, 수산청장관, 문부성 문화재국장 등이 참석함. 외무성 오노 차관으로부터 본건 교섭은 총리 방미 전 타결을 본 사안이나 한국이 태도를 바꾼 탓에 타결이 무산되었으며, 그 후 한국과 비공식회담을 6차례 진행하였다는 경과 설명이 있었음. 이후 한국이 태도를 바꾼 배경, 한국의 태도 변경에 대한 일본의 입장 등에 관한 의견교환이 이루어짐.
주제어 한국의 합의문서 수정요구 배경, '이 라인', 문화재 반환

문서명	부산, 오무라 수용자 수(釜山, 大村受容者數)

문서파일번호 1523
작성연월일 1957. 9. 1
구분 제3~4차 회담 사이
세부항목 한일회담 대비 관계성 차관회의
작성처 불명
매수 1
비밀등급 일반
문서종류 내부자료
공개구분 공개
내용 1957년 9월 6일 관계성 차관회의 자료. 9월 1일 현재 부산과 오무라수용소 수용자 인원수가 기록됨.
주제어 오무라수용소 한국인 억류자 숫자

각의 청의(재한억류 일본인어부와 피강제퇴거 재일한인 등 조치 및 한일 간 전면회담 재개에 관한 한일양국 정부 간 합의에 대해서)[閣議請議(在韓抑留日本人漁夫と被退去強制在日韓人等の措置及び日韓間全面会談再開に関する日韓両国政府間取極について)]

문서파일번호	1520
작성연월일	1957. 6. 16
구분	제3~4차 회담 사이
세부항목	한일회담 재개를 위한 각의 청의
작성처	외무성, 미국무부
매수	45
비밀등급	
문서종류	내부문서, 한일 합의문서
공개구분	공개
내용	한일 간에 타결된 '재한억류 일본인어부와 피강제퇴거 재일한인 등 조치 및 한일 간 전면회담 재개에 관한 양국 간 합의'를 1957년 6월 16일 자로 각의에 올리는 문서[당시 기시 총리가 외무대신을 겸직하고 있어 기시 외무대신이 기시 총리에게 상신하는 모양새를 띠고 있으며 양해각서 등 관련 문서가 첨부됨]
주제어	한일회담 재개 합의문서 각의 청의

문서명	재한억류 일본인어부와 피강제퇴거 재일한인 등 조치 및 한일 간 전면회담 재개에 관한 한일양국 정부 간 합의에 대한 각의 청의 건(在韓抑留日本人漁夫と被退去強制在日韓人等の措置及び日韓間全面会談再開に関する日韓両国政府間取極についての閣議請議の件)

문서파일번호 1520
작성연월일 1957. 6. 16
구분 제3~4차 회담 사이
세부항목 한일회담 재개를 위한 각의 청의
작성처 외무성 대신관방 사이토(齊藤) 참사관
매수 16
비밀등급 극비
문서종류 내부문서
공개구분 공개
내용 한일 간에 타결된 '재한억류 일본인어부와 피강제퇴거 재일한국인 등 조치 및 한일 간 전면회담 재개에 관한 양국 간 합의'를 1957년 6월 16일 자로 각의에 올리는 문서
주제어 억류자 상호 석방, 청구권, 한일회담 재개

문서명	별첨1. (가역) 한국에 수용되어 있는 일본인어부 및 강제퇴거 명령에 따라 수용되어 있는 재일한인 거주자 조치에 관한 일본국정부와 대한민국정부 사이의 양해각서안 [別紙 一(仮訳)韓国において収容されている日本人漁夫及び強制退去命令に基き収容されている日本国における韓人居住者に対する措置に関する日本国政府と大韓民国政府との間の了解覚書(案)]

문서파일번호 1520
작성연월일 1957. 6. 16
구분 제3~4차 회담 사이
세부항목 한일회담 재개를 위한 각의 청의, 양해각서안
작성처 외무성
매수 2
비밀등급 극비
문서종류 양해각서안
공개구분 공개
내용 한국에 수용되어 있는 일본인어부 및 강제퇴거 명령에 따라 수용되어 있는 재일한인 거주자 조치에 관한 일본정부와 대한민국정부 사이의 양해각서안 일문 가역본
주제어 억류자 상호 석방, 한일회담 재개

문서명	별첨1. 한국에 수용되어 있는 일본인어부 및 강제퇴거 명령에 따라 수용되어 있는 재일한인 거주자 조치에 관한 일본정부와 대한민국정부 사이의 양해각서안[別紙 一 Memorandum of Understanding between the Government of Japan and the Government of the Republic of Korea Regarding Measures on Japanese Fishermen Detained in Korea and on Korean Residents in Japan Detained under Deportation Orders(Draft)]

문서파일번호	1520
작성연월일	1957. 6. 16
구분	제3~4차 회담 사이
세부항목	한일회담 재개를 위한 각의 청의, 양해각서안
작성처	외무성
매수	2
비밀등급	극비
문서종류	양해각서안
공개구분	공개
내용	한국에 수용되어 있는 일본인어부 및 강제퇴거 명령에 따라 수용되어 있는 재일한인 거주자 조치에 관한 일본정부와 대한민국정부 사이의 양해각서안 영문본
주제어	억류자 상호 석방, 한일회담 재개

문서명	별첨2. 부속양해서안[別紙 二 附屬了解(案)]

문서파일번호	1520
작성연월일	1957. 6. 16
구분	제3~4차 회담 사이
세부항목	한일회담 재개를 위한 각의 청의, 부속양해서안
작성처	외무성
매수	1
비밀등급	극비
문서종류	부속양해서안
내용	한국에 수용되어 있는 일본인어부 및 강제퇴거 명령에 따라 수용되어 있는 재일한인 거주자 조치에 관한 일본정부와 대한민국정부 사이의 양해각서의 부속양해서안 일문 가역본
주제어	재일한국인 강제퇴거

문서명	별첨2. 부속양해서(안) [別紙 二 Annexed Understanding(Draft)]

문서파일번호 1520
작성연월일 1957. 6. 16
구분 제3~4차 회담 사이
세부항목 한일회담 재개를 위한 각의 청의, 부속양해서안
작성처 외무성
매수 1
비밀등급 극비
문서종류 부속양해서안
공개구분 공개
내용 한국에 수용되어 있는 일본인어부 및 강제퇴거 명령에 따라 수용되어 있는 재일한인 거주자 조치에 관한 일본정부와 대한민국정부 사이의 양해각서의 부속양해서안 영문본
주제어 재일한국인 강제퇴거

문서명	별첨3. (가역) 일본국과 대한민국 사이의 전면회담 재개에 관한 각서안[別紙 三 (仮訳)日本国と大韓民国との間の全面会談の再開に関する覚書(案)]

문서파일번호 1520
작성연월일 1957. 6. 16
구분 제3~4차 회담 사이
세부항목 한일회담 재개를 위한 각의 청의, 각서안
작성처 외무성
매수 1
비밀등급 극비
문서종류 각서안
공개구분 공개
내용 한일회담 재개에 관한 각서안 일문 가역본
주제어 한일회담 재개

문서명	**별첨3. 한일회담 재개에 관한 각서안**[別紙 三 Memorandum Concerning the Resumption of the Overall Talks between Japan and the Republic of Korea(Draft)]

문서파일번호 1520
작성연월일 1957. 6. 16
구분 제3~4차 회담 사이
세부항목 한일회담 재개를 위한 각의 청의, 각서안
작성처 외무성
매수 1
비밀등급 극비
문서종류 각서안
공개구분 공개
내용 한일회담 재개에 관한 각서안 영문본
주제어 한일회담 재개

문서명	**별첨4.** (가역)(비공표) **합의의사록안**[別紙 四(仮訳)(非公表)合意された議事録(案)]

문서파일번호 1520
작성연월일 1957. 6. 16
구분 제3~4차 회담 사이
세부항목 한일회담 재개를 위한 각의 청의, 합의의사록안
작성처 외무성
매수 5
비밀등급 극비
문서종류 합의의사록안
공개구분 공개
내용 밀입국자의 오무라수용소 수용 및 한일회담 재개에 관한 한일 양국 간 합의의사록 일문 가역본
주제어 억류자 상호 석방, 한일회담 재개

문서명	별첨4. 합의의사록안[別紙 四 Agreed Minutes(Draft)]

문서파일번호	1520
작성연월일	1957. 6. 16
구분	제3~4차 회담 사이
세부항목	한일회담 재개를 위한 각의 청의, 합의의사록안
작성처	외무성
매수	4
비밀등급	극비
문서종류	합의의사록안
공개구분	공개
내용	밀입국자의 오무라수용소 수용 및 한일회담 재개에 관한 한일 양국 간 합의의사록안 영문본
주제어	억류자 상호 석방, 한일회담 재개

문서명	별첨5. 구상서(일본안)[別紙 五 口上書(日本側)(案)]

문서파일번호	1520
작성연월일	1957. 6. 16
구분	제3~4차 회담 사이
세부항목	한일회담 재개를 위한 각의 청의, 구상서안
작성처	외무성
매수	1
비밀등급	극비
문서종류	구상서안
공개구분	공개
내용	한일회담 재개를 위해 일본이 작성한 구상서안. 구보타 발언과 재한일본재산에 대한 청구권을 철회하고, 청구권 해결에 관한 미국정부의 견해를 바탕으로 청구권 문제를 논의할 용의가 있음.
주제어	청구권, 구보타 발언 철회, 일본의 재한일본재산 청구권 철회

문서명	(가역) 구상서(한국안)[(仮訳)口上書(韓国側)(案)]

문서파일번호 1520
작성연월일 1957. 6. 16
구분 제3~4차 회담 사이
세부항목 한일회담 재개를 위한 각의 청의, 구상서안
작성처 외무성
매수 1
비밀등급 극비
문서종류 구상서안
공개구분 공개
내용 일본정부의 구보타 발언 및 재한일본재산 청구권 철회 구상서를 수락하고, 여러 현안을 해결하기 위한 회담 재개를 제의한다는 한국의 구상서안 일문 가역본
주제어 청구권, 구보타 발언 철회, 일본의 재한일본재산 청구권 철회, 한일회담 재개

문서명	별첨5. 구상서(안)[別紙 五 Note Verbale(Draft)]

문서파일번호 1520
작성연월일 1957. 6. 16
구분 제3~4차 회담 사이
세부항목 한일회담 재개를 위한 각의 청의, 구상서안
작성처 외무성
매수 1
비밀등급 극비
문서종류 구상서안
공개구분 공개
내용 일본 구상서안 영문 번역본
주제어 청구권, 구보타 발언 철회, 일본의 재한일본재산 청구권 철회, 한일회담 재개

문서명	구상서(안) [Note Verbale(Draft)]

문서파일번호 1520
작성연월일 1957. 6. 16
구분 제3~4차 회담 사이
세부항목 한일회담 재개를 위한 각의 청의, 구상성안
작성처 외무성
매수 1
비밀등급 극비
문서종류 구상서안
공개구분 공개
내용 한국 구상서안 영문본
주제어 청구권, 구보타 발언 철회, 일본의 재한일본재산 청구권 철회, 한일회담 재개

문서명	별첨6. (비공표) 구두 전달사항안[別紙 六(非公表)口頭伝達事項(案)]

문서파일번호 1520
작성연월일 1957. 6. 16
구분 제3~4차 회담 사이
세부항목 한일회담 재개를 위한 각의 청의, 구두 전달사항안
작성처 외무성
매수 1
비밀등급 극비
문서종류 구두 전달사항안
공개구분 공개
내용 일본정부가 소유한 한국 출토 문화재를 한국정부에 인도
주제어 문화재 반환

문서명	별첨6. 구두 전달사항(안)[別紙 六 Oral Statement(Draft)]

문서파일번호	1520
작성연월일	1957. 6. 16
구분	제3~4차 회담 사이
세부항목	한일회담 재개를 위한 각의 청의, 구두 전달사항안
작성처	외무성
매수	1
비밀등급	극비
문서종류	구두 전달사항안
공개구분	공개
내용	일본정부가 소유한 한국 출토 문화재를 한국정부에 인도한다는 구두 전달사항안 영문 번역본
주제어	문화재

문서명	참고. (가역) 한일청구권 해결에 관한 일본국과의 평화조약 제4조의 해석에 대해 미국정부의 견해 표명[參考(仮訳)日韓請求権の解決に関する日本国との平和条約第四条の解釈についてのアメリカ合衆国の見解の表明]

문서파일번호	1520
작성연월일	1957. 6. 16
구분	제3~4차 회담 사이
세부항목	한일회담 재개를 위한 각의 청의, 대일평화조약 제4조 미국 해석
작성처	외무성
매수	4
비밀등급	일반
문서종류	내부자료
공개구분	공개
내용	대일평화조약 제4조에 관한 미국정부의 견해 표명 일문 가역본
주제어	청구권, 대일평화조약 제4조 미국 해석

문서명	한일 청구권 문제 해결 관련 대일평화조약 제4조 해석에 관한 미국의 견해 표명문(Statement of U. S. Position on Interpretation of Article 4 of the Japanese Peace Treaty with Respect to Korean-Japanese Claims Settlement)

문서파일번호	1520
작성연월일	1957. 6. 16
구분	제3~4차 회담 사이
세부항목	한일회담 재개를 위한 각의 청의, 대일평화조약 제4조 미국 해석
작성처	미국무부
매수	2
비밀등급	일반
문서종류	내부자료
공개구분	공개
내용	평화조약 제4조에 관한 미국정부의 견해 표명 영어 원문
주제어	청구권, 대일평화조약 제4조 미국 해석

한국 재수정안에 대한 대응요령안
(韓国側再修正案に対する対応要領案)

문서파일번호	1521
작성연월일	1957. 6. 25
구분	제3~4차 회담 사이
세부항목	한일회담 재개를 위한 합의문서 수정
작성처	외무성
매수	24
비밀등급	
문서종류	내부문서, 한일회담 재개를 위한 제 합의문서안
공개구분	공개
내용	한일회담 재개를 위해 양국 간에 1차적으로 타결된 합의문서에 한국이 1957년 6월 24일 수정을 요구, 이에 대한 일본의 대응요령을 기술한 문서 및 한국이 요구한 수정사항이 수기로 표시된 합의문서
주제어	한일회담 재개

문서명	한국 재수정안에 대한 대응요령안(韓国側再修正案に対する対応要領案)

문서파일번호 1521
작성연월일 1957. 6. 25
구분 제3~4차 회담 사이
세부항목 한일회담 재개를 위한 합의문서 수정
작성처 외무성 미야케 참사관
매수 6
비밀등급 극비
문서종류 내부문서
공개구분 공개
내용 1957년 6월 24일 한국의 한일회담 재개를 위한 양국 간 합의문서 수정요구에 대해 일본 입장을 정리한 문서. 강제퇴거, 청구권 문제(구보타 발언 철회 내용을 담은 일본 구상서에 미국의 평화조약 제4조에 관한 해석은 한국의 일본 및 일본인에 대한 청구권과 무관하며, 전혀 별개의 문제라는 구절 추가 요청) 및 미술품 인도에 관한 구두 전달사항에 대한 한국 수정요구는 수용하지 않기로 함.
주제어 한국 합의문서 수정요구 대응

문서명	한국에 수용되어 있는 일본인어부 및 강제퇴거 명령에 따라 수용되어 있는 일본에 있는 한인거주자에 대한 조치에 관한 일본정부와 대한민국정부 사이의 양해각서안[Memorandum of Understanding between the Government of Japan and the Government of the Republic of Korea Regarding Measures on Japanese Fishremen Detained in Korea and on Korean Residents in Japan Detained under Deportation Orders(Draft)]

문서파일번호 1521
작성연월일 1957. 6. 25
구분 제3~4차 회담 사이
세부항목 한일회담 재개를 위한 합의문서 수정, 양해각서안
작성처 외무성
매수 2
비밀등급 일반
문서종류 양해각서안
공개구분 공개
내용 한국이 요구한 수정사항을 수기로 표시한(한국에 수용되어 있는 일본인어부 및 강제퇴거 명령에 따라 수용되어 있는 재일한인 거주자 조치에 관한 일본정부와 대한민국정부 사이의) 양해각서안 영문본
주제어 억류자 상호 석방, 청구권, 한일회담 재개

문서명	부속양해서(안) [Annexed Understanding(Draft)]

문서파일번호 1521
작성연월일 1957. 6. 25
구분 제3~4차 회담 사이
세부항목 한일회담 재개를 위한 합의문서 수정, 부속양해서안
작성처 외무성
매수 1
비밀등급 극비
문서종류 부속양해서안
공개구분 공개
내용 한국이 요구한 수정사항을 수기로 표시한 부속양해서안 영문본
주제어 재일한국인 강제퇴거

문서명	한일회담 재개에 관한 각서(안) [Memorandum Concerning the Resumption of the Overall Talks between Japan and the Republic of Korea(Draft)]

문서파일번호 1521
작성연월일 1957. 6. 25
구분 제3~4차 회담 사이
세부항목 한일회담 재개를 위한 합의문서 수정, 각서안
작성처 외무성
매수 1
비밀등급 일반
문서종류 각서안
공개구분 공개
내용 한국이 요구한 수정사항을 수기로 표시한 회담 재개 관련 양해각서안 영문본
주제어 한일회담 재개

문서명	합의의사록(안) [Agreed Minutes(Draft)]

문서파일번호 1521
작성연월일 1957. 6. 25
구분 제3~4차 회담 사이
세부항목 한일회담 재개를 위한 합의문서 수정, 합의의사록안
작성처 외무성
매수 4
비밀등급 일반
문서종류 합의의사록안
공개구분 공개
내용 한국이 요구한 수정사항을 수기로 표시한 합의의사록안 영문본
주제어 억류자 상호 석방, 한일회담 재개

문서명	구상서(안) [Note Verbale(Draft)]

문서파일번호 1521
작성연월일 1957. 6. 25
구분 제3~4차 회담 사이
세부항목 한일회담 재개를 위한 합의문서 수정, 구상서안
작성처 외무성
매수 1
비밀등급 일반
문서종류 구상서안
공개구분 공개
내용 한국이 요구한 수정사항을 수기로 표시한 일본 구상서안 영문본. 미국의 대일평화조약 제4조에 관한 해석은 한국의 일본 및 일본인에 대한 청구권과 무관하며, 전혀 별개의 문제라는 구절 추가 요청
주제어 청구권, 구보타 발언 철회, 일본의 재한일본재산 청구권 철회

문서명	구상서(안) [Note Verbale(Draft)]

문서파일번호	1521
작성연월일	1957. 6. 25
구분	제3~4차 회담 사이
세부항목	한일회담 재개를 위한 합의문서 수정, 구상서안
작성처	외무성
매수	1
비밀등급	일반
문서종류	구상서안
공개구분	공개
내용	한국이 일본의 구상서를 수락하고 전면회담 재개를 제의한다는 구상서안 영문본 수정사항 없음.
주제어	한일회담 재개

문서명	구두 전달사항(안) [Oral Statement(Draft)]

문서파일번호	1521
작성연월일	1957. 6. 25
구분	제3~4차 회담 사이
세부항목	한일회담 재개를 위한 합의문서 수정, 구두 전달사항안
작성처	외무성
매수	1
비밀등급	일반
문서종류	구두 전달사항안
공개구분	공개
내용	한국이 요구한 수정사항을 수기로 표시한 문화재 인도에 관한 구두 전달사항안 영문본
주제어	문화재 반환

문서명	한일 청구권 문제 해결과 관련한 미국의 대일평화조약 제4조 해석에 관한 입장 표명문(Statement of U. S. Position on Interpretation of Article 4 of the Japanese Peace Treaty with Respect to Korean-Japanese Claims Settlement)

문서파일번호 1521
작성연월일 1957. 6. 25
구분 제3~4차 회담 사이
세부항목 대일평화조약 제4조 미국 해석 영문
작성처 외무성
매수 2
비밀등급 일반
문서종류 내부자료
공개구분 공개
내용 대일평화조약 제4조에 대한 미국 해석
주제어 청구권, 평화조약 4조 미국 해석

문서명	공동발표문(안) [Joint Commuique(Draft)]

문서파일번호 1521
작성연월일 1957. 6. 25
구분 제3~4차 회담 사이
세부항목 한일회담 재개를 위한 합의문서 수정, 공동발표 문안
작성처 외무성
매수 1
비밀등급 일반
문서종류 공동발표 문안
공개구분 공개
내용 한국이 요구한 수정사항을 수기로 표시한 공동발표 문안 영문본
주제어 한일회담 재개

문서명	제목 없음(한국 수정요구 문서)

문서파일번호	1521
작성연월일	1957. 6. 25
구분	제3~4차 회담 사이
세부항목	한일회담 재개를 위한 합의문서 수정
작성처	외무성
매수	4
비밀등급	일반
문서종류	비공식 문서(non-paper)
공개구분	공개
내용	유태하 공사가 1957년 6월 24일 기타자와(北沢直吉) 관방부장관에게 전달한 한일회담 재개 합의문서에의 수정 요구 사안
주제어	한국의 수정요구

최근 한일관계에 관한 정보
(最近の日韓関係に関する情報)

문서파일번호	1480
작성연월일	1957. 6. 13 - 1957. 11. 1
구분	제3~4차 회담 사이
세부항목	주미, 주유엔 정보보고
작성처	주미대사, 주유엔대사
매수	6
비밀등급	
문서종류	전문(電文)
공개구분	공개
내용	주미대사관과 주유엔대표부가 입수한 한일관계 관련 정보를 보고하는 전문 모음
주제어	한일관계 정보

문서명	최근 한일관계에 관한 정보 건(最近の日韓関係に関する情報の件)

문서파일번호	1480
작성연월일	1957. 6. 13
구분	제3~4차 회담 사이
세부항목	한일관계관련 주미대사 정보 보고
작성처	주미대사
매수	3
비밀등급	극비
문서종류	전문(電文)
공개구분	공개
내용	미국무부로부터 입수한 최근 한일관계에 관한 정보를 보고. 최근 방미한 이승만 대통령 최측근 이기붕 국회의장은 한일관계가 개선되어야 한다고 언급함. 한국 국내에서도 한일관계 개선의 필요성을 주장하는 여론이 강해지고 있음. 미국은 한국에 대해 기회가 오면 조정 역할을 적극적으로 할 용의가 있음. 한국은 '이 라인'에 대한 일본의 승인을 회담 재개의 조건으로 더 이상 내세우지 않고 이를 회담 의제의 하나로 하려는 생각이 있는 것 같음.
주제어	한일관계 최근 정보

문서명	유엔총회 건(国連総会に関する件)

문서파일번호	1480
작성연월일	1957. 9. 22
구분	제3~4차 회담 사이
세부항목	한국 유엔 가입관련 주유엔대사 보고
작성처	주유엔대사
매수	2
비밀등급	극비
문서종류	전문(電文)
공개구분	공개
내용	후지야마 대신의 명령에 따라 주유엔대사가 본성에 보고. 일본이 한국 유엔 가입 공동 제안국이 될 것임. 작년에 공동 제안국이었기 때문에 올해 그 입장을 바꾸는 것은 설명하기 곤란함.
주제어	한국의 유엔 가입 문제

문서명	미국의 대한국 재산청구권 문제 건(対米の対韓財産請求権問題に関する件)

문서파일번호 1480

작성연월일 1957. 11. 1

구분 제3~4차 회담 사이

세부항목 한일관계관련 주미대사 정보 보고

작성처 주미대사

매수 1

비밀등급 극비

문서종류 전문(電文)

공개구분 공개

내용 대한국 재산청구권 문제에 관해 미국무부에서 들은 내용을 보고. 미국정부가 주미 한국대사관을 통해 재산청구권 문제에 관한 미국의 견해에 한국정부가 동의하도록 비공식적으로 촉구(urge)한 결과, 이승만 대통령이 어떠한 결단을 내렸는지까지는 불명확하나 이 대통령에 보고하는 단계에 있어서는 어느 정도 진전이 있었음.

주제어 청구권

한일교섭
(日韓交涉)

문서파일번호	1481
작성연월일	1957. 1. 12 - 1957. 9. 24
구분	제3~4차 회담 사이
세부항목	한일교섭 경과
작성처	외무성 아시아국 제1과
매수	45
비밀등급	
문서종류	전문(電文)
공개구분	공개
내용	1957년 1월~9월간 억류자 상호 석방 문제, 일본의 재한재산 청구권 문제 등과 관련한 한일교섭 내용을 주미대사와 주뉴욕 총영사, 기시 총리 방미 수행 중인 지바(千葉滸) 국장에게 알려주는 전문 모음
주제어	억류자 상호 석방, 청구권, 한일회담 재개

문서명	한일 문제 조정 건(日韓問題調整に関する件)

문서파일번호 1481
작성연월일 1957. 1. 12
구분 제3~4차 회담 사이
세부항목 한일교섭 경과
작성처 외무성 아시아국 제1과
매수 6
비밀등급 극비
문서종류 전문(電文)
공개구분 공개
내용 1956년 말까지의 억류자 상호 석방 문제, 일본의 재한재산 청구권 포기 문제 등과 관련한 일련의 한일교섭 경과를 주미대사에게 통보함.
주제어 억류자 상호 석방, 청구권

문서명	한일 문제 조정 건(日韓問題調整に関する件)

문서파일번호 1481
작성연월일 1957. 2. 14
구분 제3~4차 회담 사이
세부항목 한일교섭 경과
작성처 외무성 아시아국 제1과
매수 5
비밀등급 극비
문서종류 전문(電文)
공개구분 공개
내용 1957년 1월 중순 나카가와 국장과 김용식 공사 간 억류자 상호 석방 문제에 관한 교섭 내용 및 한국 요구사항(한일회담에서 결정될 때까지 한국인의 오무라수용소 수용 자제) 등을 주미대사에게 통보함.
주제어 억류자 상호 석방, 청구권, 한일회담 재개

문서명	한일교섭 건(日韓交渉の件)

문서파일번호 1481
작성연월일 1957. 6. 16
구분 제3~4차 회담 사이
세부항목 한일교섭 경과
작성처 외무성 아시아국 제1과
매수 9
비밀등급 극비
문서종류 전문(電文)
공개구분 공개
내용 1957년 6월 억류자 상호 석방 문제, 일본의 재한재산 청구권 포기 문제 등과 관련한 교섭 경과를 주미대사에게 통보. 한국의 '형기를 마치고 외국인 수용소에 수용 중인 일본인어부' 표현을 받아들일 경우 일본이 '이 라인'의 합법성을 인정하는 것이 되므로 '형기를 마치고'라는 표현의 삭제를 주장함. 또한 일본은 재한일본재산 청구권 문제와 관련하여 '미국정부의 해석에 기초하여'라는 표현을 합의의사록에 포함시키고자 하나 한국이 이에 반대하고 있음.
주제어 억류자 상호 석방, 청구권, 한일회담 재개

문서명	한일교섭 건(日韓交渉の件)

문서파일번호 1481
작성연월일 1957. 6. 18
구분 제3~4차 회담 사이
세부항목 한일교섭 경과
작성처 외무성 아시아국 제1과
매수 1
비밀등급 비(秘)
문서종류 전문(電文)
공개구분 공개
내용 전문번호 950호를 유엔대표부, 뉴욕총영사관, 브라질, 아르헨티나 대사관에 보내라고 주미대사에게 요청함.
주제어 사무적 통보

문서명	한일교섭 건(日韓交渉の件)

문서파일번호 1481
작성연월일 1957. 6. 20
구분 제3~4차 회담 사이
세부항목 한일교섭 경과
작성처 외무성 아시아국 제1과
매수 5
비밀등급 일반
문서종류 전문(電文)
공개구분 공개
내용 주미대사관을 통해 기시 총리의 방미일정을 수행 중인 지바 국장에게 보내는 전문. 억류자 석방 문제는 한국으로부터 회답이 없는 상태인데 이는 기시 총리가 방미 중 미국 고관들에게 문제 해결을 요청할지도 모른다는 한국의 우려 때문인 것으로 보이며, 한국은 총리 귀국 후 답을 줄 것으로 보임.
주제어 억류자 상호 석방, 청구권, 한일회담 재개

문서명	제목 없음

문서파일번호 1481
작성연월일 1957. 6. 21
구분 제3~4차 회담 사이
세부항목 오노 · 호세이 주일미국대리대사 회담 결과
작성처 외무성 아시아국 제1과
매수 4
비밀등급 극비
문서종류 전문(電文)
공개구분 공개
내용 주미대사관을 통해 기시 총리의 방미일정을 수행 중인 지바 국장에게 보내는 전문. 1957년 6월 21일 오노(大野勝巳) 차관과 호세이(Outerbridge Horsey) 주일미국대리대사 회담 요지(북한의 공산군 측이 군사력을 증강, 유엔군도 균형을 맞추기 위해 근대적 제재무기 및 핵병기를 한국에 들어오기로 했다는 내용) 전달.
주제어 북한군 무기증강

문서명	한일교섭 건(日韓交渉に関する件)

문서파일번호 1481
작성연월일 1957. 6. 25
구분 제3~4차 회담 사이
세부항목 한일교섭 경과
작성처 외무성 아시아국 제1과
매수 10
비밀등급 극비
문서종류 전문(電文)
공개구분 공개
내용 주뉴욕총영사관을 통해 기시 총리 방미 수행 중인 지바 국장에게, 1957년 6월 21~25일까지 한국과 진행한 억류자 석방 문제 및 재한재산 청구권 문제에 관한 교섭 경과를 알려 주는 전문. 한국은 이시이(石井光次郎) 대신대리가 면담에 소극적 태도를 보이자 6월 23일 기타자와(北澤直吉) 관방부장관을 만나 양측 합의 문안의 수정안(① 한국인 수용자에게 붙어 있는 '강제퇴거 처분에 맡겨진'이라는 문구 삭제 ② 청구권에 관한 미국 해석은 한국의 청구권과는 무관계, 한국은 어떠한 구속도 받지 않는다는 구절을 구상서 또는 합의의사록에 포함 ③ 경우에 따라 한국은 형기를 마친 어부를 석방해도 좋음)을 전달함. 24일에도 미술품 인도에 관한 '구두전달'안을 포함 총 11개의 수정을 요구함. 이시이 대신대리가 김유택 대사, 유태하 공사와 25일 오찬을 했는데 이 자리에서 이시이는 한국의 요구를 거절함.
주제어 억류자 상호 석방, 청구권, 한일회담 재개

문서명	한일교섭 건(日韓交渉に関する件)

문서파일번호 1481
작성연월일 1957. 9. 17
구분 제3~4차 회담 사이
세부항목 한일교섭 경과
작성처 외무성 아시아국 제1과
매수 3
비밀등급 극비
문서종류 전문(電文)

공개구분 공개

내용 재산청구권에 관한 미국 해석에 대해 한국이 무리한 수정요구를 하고 있어서 한일교섭이 진척이 없는 상태임. 따라서 후지야마(藤山愛一郎) 외상과 덜레스(John F. Dulles) 장관 회담에서 이 문제에 관해 미국의 제3자적 주선을 요구할 예정이라고 주미대사에게 통보함.

주제어 억류자 상호 석방, 청구권, 한일회담 재개

문서명	유엔총회 건(国連総会に関する件)

문서파일번호 1481

작성연월일 1957. 9. 24

구분 제3~4차 회담 사이

세부항목 한일교섭 경과

작성처 외무성 아시아국 제1과

매수 2

비밀등급 일반

문서종류 전문(電文)

공개구분 공개

내용 오노 차관이 주미대사관과 주유엔대표부를 통해 방미 중인 후지야마 외상에게 보내는 전문. 1957년 9월 6일 중의원 외무위원회에서 사회당 다나카 도시오(田中稔男) 의원의 "분열국가(한국 및 남베트남)의 유엔 가입에 일본이 공동 제안국이 되려 하는가"라는 질문에 대신이 "그런 일은 없을 것이다"라고 답한 바 있음. 관련하여 동 건에 관해 훈령 수정(일본이 공동 제안국이 됨)을 할 경우 차기 국회에서 문제가 될 가능성이 있으므로 이 점 고려할 필요가 있음.

주제어 한국의 유엔 가입에 대한 일본의 공동 제안국 참여 문제

총리 방미 후의 한일교섭 경위 건
(総理訪米後の日韓交渉の経緯に関する件)

문서파일번호	1482
문서명	총리 방미 후의 한일교섭 경위 건(総理訪米後の日韓交渉の経緯に関する件)
작성연월일	1957. 9. 11
구분	제3~4차 회담 사이
세부항목	한일교섭 경과
작성처	외무성 아시아국 제1과
매수	3
비밀등급	극비
문서종류	공문
공개구분	공개
내용	주미대사관과 주유엔대표부를 통해 유엔총회 참석차 방미 중인 후지야마 외상에게 기시 총리 방미 후의 한일교섭 경과를 보고. 당초 한국은 1957년 6월 15일 억류자 상호 석방에 관하여 최종 문안에 합의하였으나, 총리 방미 출발 당일인 6월 16일 문안 조인에 다소 시간이 걸릴 것이라고 일방 통보한 후 문안 수정을 요구, 7월 23일~9월 4일까지 6차례에 걸친 비공식회담을 통해 협의하였음.
주제어	억류자 상호 석방, 청구권, 한일회담 재개

총리 방미 후의 한일교섭 경위
(総理訪米後の日韓交渉の経緯)

문서파일번호	1522
작성연월일	1957. 9. 4
구분	제3~4차 회담 사이
세부항목	한일회담 재개를 위한 합의문서 수정 교섭 경위
작성처	외무성 아시아국 제1과
매수	10
비밀등급	
문서종류	내부문서
공개구분	공개
내용	한일회담 재개를 위한 합의문서 관련, 기시 총리 방미 후 한일 간에 이루어진 교섭 경위가 기술된 문서
주제어	한일회담 재개 교섭

문서명	총리 방미 후의 한일교섭 경위(総理訪米後の日韓交渉の経緯)

문서파일번호 1522
작성연월일 1957. 9. 4
구분 제3~4차 회담 사이
세부항목 한일회담 재개를 위한 합의문서 수정 교섭 경위
작성처 외무성 아시아국 제1과
매수 4
비밀등급 극비
문서종류 내부문서
공개구분 공개
내용 한일회담 재개를 위한 합의문서 관련, 기시 총리 방미 후 한일교섭 경위가 기술된 문서. 한국이 기시 총리 방미 중 합의문에 대한 수정을 재차 제안했으나, 일본은 한국의 제안이 합의내용을 바꾸는 실질적 수정이기 때문에 응할 수 없다고 말함. 이에 한국은 7월 16일의 기술적인 문구 수정에 한해서 협의하고 싶다는 요청을 했고, 이후 6차례의 비공식회담이 개최됨.
주제어 한일회담 재개를 위한 합의문서 수정 교섭 경위

문서명	일본의 제안(日本側提案)

문서파일번호 1522
작성연월일 1957. 9. 4
구분 제3~4차 회담 사이
세부항목 한일회담 재개를 위한 합의문서 수정 교섭 경위
작성처 외무성 아시아국 제1과
매수 6
비밀등급 일반
문서종류 내부문서('총리 방미 후의 한일교섭의 경위' 문서 첨부물)
공개구분 공개
내용 한일회담 재개를 위한 양국 간 각서, 부속양해서, 일본 구상서, 합의의사록, 구두 전달사항 등에 대한 일본의 수정 제안
주제어 한일회담 재개를 위한 합의문서 수정 일본의 제안

김 공사 전화 연락 및 회담 건
(金公使電話連絡及び會談の件)

문서파일번호	680
작성연월일	1957. 1. 7 - 1957. 4. 30
구분	제3~4차 회담 사이
세부항목	나카가와·김용식 전화 협의 및 회담, 한일회담 재개를 위한 각종 합의문서
작성처	외무성
매수	232
비밀등급	
문서종류	회의록, 각서안, 부속양해서안, 구상서안, 합의의사록안, 구두 전달사항(oral statement)안
공개구분	공개 또는 일부비공개
내용	1957년 1월 7일~4월 30일까지 외무성 나카가와 아시아국장과 주일한국대표부 김용식 공사의 전화 연락과 회담 기록, 회담 재개를 위한 한일 양국 간 각종 합의문서안
주제어	억류자 상호 석방, 회담 재개

문서명	김 공사 전화 연락 건(金公使電話連絡の件)

문서파일번호	680
작성연월일	1957. 1. 7
구분	제3~4차 회담 사이
세부항목	나카가와 · 김용식 전화 협의
작성처	외무성 나카가와 국장
매수	1
비밀등급	극비
문서종류	회의록(전화)
공개구분	공개
내용	나카가와 국장 · 김용식 공사 전화 협의 기록. 일본은 한국정부의 회답이 있었냐고 묻고 한국은 아직 회답이 없고, 회답이 오는 대로 연락을 하겠다고 말함.
주제어	억류자 상호 석방, 회담 재개

문서명	김 공사 전화 연락 건(金公使電話連絡の件)

문서파일번호	680
작성연월일	1957. 1. 11
구분	제3~4차 회담 사이
세부항목	나카가와 · 김용식 전화 협의
작성처	외무성 나카가와 국장
매수	1
비밀등급	일반
문서종류	회의록(전화)
공개구분	공개
내용	나카가와 국장 · 김용식 공사 전화 협의 기록. 한국은 한일회담 재개 조건에 대해 일본과 이야기하고 싶다고 말함.
주제어	회담 재개

문서명	김 공사 전화 연락 건(金公使電話連絡の件)

문서파일번호 680
작성연월일 1957. 1. 16
구분 제3~4차 회담 사이
세부항목 나카가와 · 김용식 전화 협의
작성처 외무성 나카가와 국장
매수 2
비밀등급 비(秘)
문서종류 회의록(전화)
공개구분 공개
내용 나카가와 국장 · 김용식 공사 전화 협의 기록. 일본이 한국정부의 회답은 언제쯤이냐고 묻자, 한국은 금요일 즈음에 올 것 같다고 답함.
주제어 회담 재개

문서명	김 공사 회담 건(金公使と会談の件)

문서파일번호 680
작성연월일 1957. 1. 18
구분 제3~4차 회담 사이
세부항목 나카가와 · 김용식 회담
작성처 외무성 나카가와 국장
매수 5
비밀등급
문서종류 회의록
공개구분 공개
내용 나카가와 국장 · 김용식 공사 회담 기록. 한국은 억류자 문제는 종래의 이야기대로 하고, 회담 재개의 조건으로 구보타 발언 철회와 일본의 대한청구권 폐기를 요구함.
주제어 억류자 상호 석방, 청구권, 회담 재개

문서명	김 공사 회담 건(金公使と会談の件)

문서파일번호 680
작성연월일 1957. 1. 28
구분 제3~4차 회담 사이
세부항목 나카가와 · 김용식 회담
작성처 외무성 나카가와 국장
매수 10
비밀등급 극비
문서종류 회의록
공개구분 공개
내용 나카가와 국장 · 김용식 공사 회담 기록. 억류자 문제의 각서 표현에 대해 논의함.
주제어 억류자 상호 석방, 청구권, 회담 재개

문서명	김 공사 전화 연락 건(金公使と電話連絡の件)

문서파일번호 680
작성연월일 1957. 2. 4
구분 제3~4차 회담 사이
세부항목 나카가와 · 김용식 전화 협의
작성처 외무성 나카가와 국장
매수 4
비밀등급 극비
문서종류 회의록(전화)
공개구분 공개
내용 나카가와 국장 · 김용식 공사 전화 협의 기록. 한국이 억류자 문제에 대한 한국 내 분위기를 전달함.
주제어 억류자 상호 석방

문서명	김 공사 전화 연락 건(金公使と電話連絡の件)

문서파일번호 680
작성연월일 1957. 2. 9
구분 제3~4차 회담 사이
세부항목 나카가와·김용식 전화 협의
작성처 외무성 나카가와 국장
매수 4
비밀등급 극비
문서종류 회의록(전화)
공개구분 공개
내용 나카가와 국장·김용식 공사 전화 협의 기록. 일본은 한국이 억류자 문제에 대해 고집하면 이 문제가 정리되지 않는다고 말함.
주제어 억류자 상호 석방

문서명	김 공사 회담 건(金公使と会談の件)

문서파일번호 680
작성연월일 1957. 2. 12
구분 제3~4차 회담 사이
세부항목 나카가와·김용식 회담
작성처 외무성 나카가와 국장
매수 18
비밀등급 극비
문서종류 회의록
공개구분 일부비공개
내용 나카가와 국장·김용식 공사 회담 기록. 억류자 문제, 문화재 문제, 청구권 문제에 대한 미국 해석에 대해 논의함.
주제어 억류자 상호 석방, 문화재 반환, 청구권

문서명	김 공사 회담 건(金公使と会談の件)

문서파일번호 680
작성연월일 1957. 2. 20
구분 제3~4차 회담 사이
세부항목 나카가와 · 김용식 회담
작성처 외무성 나카가와 국장
매수 14
비밀등급 극비
문서종류 회의록
공개구분 공개
내용 나카가와 국장 · 김용식 공사 회담 기록. 김 공사는 한국정부가 억류자를 석방하고, 한일회담을 재개할 방침이라고 언급한 후, 원활한 회담을 위해 일본이 자발적으로 고미술품 반환을 언급해 주기를 바란다고 말함.
주제어 억류자 상호 석방, 청구권, 문화재 반환, 재일한국인 법적지위

문서명	각서. 재한억류 일본인어부와 피강제퇴거 재일한국인의 조치 건(覚書 在韓抑留日本人漁夫と被退去強制在日韓人の措置に関する件)

문서파일번호 680
작성연월일 1957. 2. 20
구분 제3~4차 회담 사이
세부항목 한일 억류자 상호 석방 각서안
작성처 외무성
매수 1
비밀등급 극비
문서종류 각서안
공개구분 공개
내용 1956년 4월 2일 시게미쓰(重光葵) 외무대신 · 김용식 공사 협의를 구체화하기 위해 작성한 각서. 한국정부는 외국인 수용소에 수용 중인 일본인어부를 본 각서 발효 후 조속히 일본에 송환하고, 일본정부는 종전 전부터 일본에 거주하고 있는 한인으로 강제퇴거 처분을 받아 입국자 수용소에 수용 중인 자를 석방하는 데 동의함.
주제어 억류자

문서명	부속양해(付属了解)

문서파일번호	680
작성연월일	1957. 2. 20
구분	제3~4차 회담 사이
세부항목	강제퇴거 자제에 관한 부속양해서안
작성처	외무성
매수	1
비밀등급	일반
문서종류	부속양해서안
공개구분	공개
내용	한일회담 재개를 위해 양국이 작성한 문서의 하나. 한일회담이 1957년 3월 ○○일에 재개되어 회담에서 강제퇴거자 인수 기준을 포함, 재일한국인 처우 문제 협의가 결정될 때까지 일본정부는 한인 형법위반자의 강제퇴거를 위한 수용을 자제함.
주제어	강제퇴거

문서명	구상서(口上書)

문서파일번호	680
작성연월일	1957. 2. 20
구분	제3~4차 회담 사이
세부항목	구보타 발언 철회에 관한 구상서안
작성처	외무성
매수	1
비밀등급	일반
문서종류	구상서안
공개구분	공개
내용	한일회담 재개를 위해 한일 양국이 작성한 문서의 하나. 일본은 구보타 발언을 철회하고, 재한일본재산에 관한 청구권 주장을 철회함.
주제어	구보타 발언, 청구권

문서명	의사록(議事録)

문서파일번호 680
작성연월일 1957. 2. 20
구분 제3~4차 회담 사이
세부항목 한일 강제송환 관련 합의의사록안
작성처 외무성
매수 1
비밀등급 극비
문서종류 합의의사록안
공개구분 공개
내용 한일회담 재개를 위해 한일 양국이 작성한 문서의 하나. 한국대표는 재개되는 한일회담에서 재일한국인 처우 문제가 협의될 때 밀입국자 송환에 대해서도 협의되는 것으로 양해한다고 발언하고 이에 일본대표가 동의함.
주제어 재일한국인 법적지위

문서명	김 공사 회담 건(金公使と会談の件)

문서파일번호 680
작성연월일 1957. 2. 21
구분 제3~4차 회담 사이
세부항목 나카가와·김용식 회담
작성처 외무성 나카가와 국장
매수 12
비밀등급 극비
문서종류 회의록
공개구분 공개
내용 나카가와 국장·김용식 공사 회담 기록. 한일 양국은 억류자 문제에 관한 각서, 재일한국인 처우 문제에 관한 부속양해, 재개될 회담에서는 제1차 회담에서 제3차 회담까지 논의된 5개 항목을 논의한다는 의사록, 일본의 구보타 발언 철회와 대한청구권 주장을 철회한다는 구상서의 표현에 대해 논의함.
주제어 억류자 상호 석방, 청구권, 문화재 반환, 재일한국인 법적지위

문서명	각서. 재한억류 일본인어부와 피강제퇴거 재일한국인의 조치 건(覚書 在韓抑留日本人漁夫と被退去強制在日韓人の措置に関する件)

문서파일번호 680
작성연월일 1957. 2. 21
구분 제3~4차 회담 사이
세부항목 한일 억류자 상호 석방 각서안
작성처 외무성
매수 1
비밀등급 극비
문서종류 각서안
공개구분 공개
내용 1957년 2월 20일 자 각서의 문구 수정본
주제어 억류자 상호 석방

문서명	부속양해(付属了解)

문서파일번호 680
작성연월일 1957. 2. 21
구분 제3~4차 회담 사이
세부항목 강제퇴거 자제에 관한 부속양해서안
작성처 외무성
매수 1
비밀등급 일반
문서종류 부속양해서안
공개구분 공개
내용 1957년 2월 20일 자 부속양해서의 문구 수정본
주제어 억류자 상호 석방

문서명	의사록(議事録)

문서파일번호 680
작성연월일 1957. 2. 21
구분 제3~4차 회담 사이
세부항목 한일 강제송환 관련 합의의사록안
작성처 외무성
매수 2
비밀등급 극비
문서종류 합의의사록안
공개구분 공개
내용 1957년 2월 20일 자 의사록의 문구 수정본
주제어 재일한국인 법적지위

문서명	구상서(口上書)

문서파일번호 680
작성연월일 1957. 2. 21
구분 제3~4차 회담 사이
세부항목 구보타 발언 철회에 관한 구상서안
작성처 외무성
매수 1
비밀등급 극비
문서종류 구상서안
공개구분 공개
내용 1957년 2월 20일 자 구상서의 문구 수정본
주제어 구보타 발언, 청구권

문서명	김 공사 회담 건(金公使と会談の件)

문서파일번호 680
작성연월일 1957. 2. 22
구분 제3~4차 회담 사이
세부항목 나카가와 · 김용식 회담
작성처 외무성 나카가와 국장
매수 8
비밀등급 극비
문서종류 회의록
공개구분 공개
내용 나카가와 국장 · 김용식 공사 회담 기록. 2월 21일에 논의된 억류자 문제, 부속양해, 의사록, 구상서의 표현 수정을 둘러싼 논의를 진행함.
주제어 억류자 상호 석방, 청구권, 문화재 반환, 재일한국인 법적지위

문서명	각서. 재한억류 일본인어부와 피강제퇴거 재일한국인의 조치 건(覚書 在韓抑留日本人漁夫と被退去強制在日韓人の措置に関する件)

문서파일번호 680
작성연월일 1957. 2. 22
구분 제3~4차 회담 사이
세부항목 한일 억류자 상호 석방 각서안
작성처 외무성
매수 1
비밀등급 극비
문서종류 각서안
공개구분 공개
내용 1957년 2월 21일 자 각서의 문구 수정본
주제어 억류자 상호 석방

문서명	부속양해(付属了解)

문서파일번호 680
작성연월일 1957. 2. 22
구분 제3~4차 회담 사이
세부항목 강제퇴거 자제에 관한 부속양해서안
작성처 외무성
매수 1
비밀등급 일반
문서종류 부속양해서안
공개구분 공개
내용 1957년 2월 21일 자 부속양해서의 문구 수정본
주제어 억류자 상호 석방

문서명	의사록(議事録)

문서파일번호 680
작성연월일 1957. 2. 22
구분 제3~4차 회담 사이
세부항목 한일 강제송환 관련 합의의사록안
작성처 외무성
매수 2
비밀등급 극비
문서종류 합의의사록안
공개구분 공개
내용 1957년 2월 21일 자 합의의사록의 문구 수정본
주제어 재일한국인 법적지위

문서명	구상서(口上書)

문서파일번호 680
작성연월일 1957. 2. 22
구분 제3~4차 회담 사이
세부항목 구보타 발언 철회에 관한 구상서안
작성처 외무성
매수 1
비밀등급 극비
문서종류 구상서안
공개구분 공개
내용 1957년 2월 21일 자 구상서의 문구 수정본
주제어 구보타 발언, 청구권

문서명	김 공사 회담 건(金公使と会談の件)

문서파일번호 680
작성연월일 1957. 2. 23
구분 제3~4차 회담 사이
세부항목 나카가와 · 김용식 회담
작성처 외무성 나카가와 국장
매수 8
비밀등급 극비
문서종류 회의록
공개구분 공개
내용 나카가와 국장 · 김용식 공사 회담 기록. 2월 22일에 논의된 억류자 문제, 부속양해, 의사록, 구상서의 표현 수정을 둘러싼 논의를 진행함. 문화재 문제와 관련된 구두 전달사항에 대한 논의가 있었음.
주제어 억류자 상호 석방, 청구권, 문화재 반환, 재일한국인 법적지위

문서명	각서. 재한억류 일본인어부와 피강제퇴거 재일한국인의 조치 건(覚書 在韓抑留日本人漁夫と被退去強制在日韓人の措置に関する件)

문서파일번호 680
작성연월일 1957. 2. 23
구분 제3~4차 회담 사이
세부항목 한일 억류자 상호 석방 각서안
작성처 외무성
매수 1
비밀등급 극비
문서종류 각서안
공개구분 공개
내용 1957년 2월 22일 자 각서의 문구 수정본
주제어 억류자

문서명	부속양해(付属了解)

문서파일번호 680
작성연월일 1957. 2. 23
구분 제3~4차 회담 사이
세부항목 강제퇴거 자제에 관한 부속양해서안
작성처 외무성
매수 1
비밀등급 일반
문서종류 부속양해서안
공개구분 공개
내용 1957년 2월 22일 자 부속양해서의 문구 수정본
주제어 억류자 상호 석방, 재일한국인 법적지위

문서명	의사록(議事録)

문서파일번호 680
작성연월일 1957. 2. 23
구분 제3~4차 회담 사이
세부항목 한일 강제송환 관련 합의의사록안
작성처 외무성
매수 2
비밀등급 극비
문서종류 합의의사록안
공개구분 공개
내용 1957년 2월 22일 자 의사록의 문구 수정본
주제어 청구권, 재일한국인 법적지위

문서명	구상서(口上書)

문서파일번호 680
작성연월일 1957. 2. 23
구분 제3~4차 회담 사이
세부항목 구보타 발언 철회에 관한 구상서안
작성처 외무성
매수 1
비밀등급 극비
문서종류 구상서안
공개구분 공개
내용 1957년 2월 22일 자 구상서의 문구 수정본
주제어 청구권, 구보타 발언

문서명	구두 전달사항(口頭伝達事項)

문서파일번호 680
작성연월일 1957. 2. 23
구분 제3~4차 회담 사이
세부항목 문화재 관련 구두 전달사항안
작성처 외무성
매수 1
비밀등급 극비
문서종류 구두 전달사항안
공개구분 공개
내용 문화재 관련 구두 전달사항. 한일회담의 의제와는 별개로 일본정부가 소유한 한국산 고미술품 중 한국에 인도할 수 있는 것은 인도함.
주제어 문화재 반환

문서명	김 공사 회담 건(金公使と会談の件)

문서파일번호 680
작성연월일 1957. 2. 25
구분 제3~4차 회담 사이
세부항목 나카가와 · 김용식 회담
작성처 외무성 나카가와 국장
매수 10
비밀등급 일반
문서종류 회의록
공개구분 공개
내용 나카가와 국장 · 김용식 공사 회담 기록. 2월 23일에 논의된 억류자 문제, 부속양해, 의사록, 구상서, 구두 전달사항의 표현 수정을 둘러싼 논의가 진행됨.
주제어 억류자 상호 석방, 청구권, 문화재 반환, 재일한국인 법적지위

문서명	각서. 재한억류 일본인어부와 피강제퇴거 재일한국인의 조치 건(覚書 在韓抑留日本人漁夫と被退去強制在日韓人の措置に関する件)

문서파일번호 680
작성연월일 1957. 2. 25
구분 제3~4차 회담 사이
세부항목 한일 억류자 상호 석방 각서안
작성처 외무성
매수 1
비밀등급 극비
문서종류 각서안
공개구분 공개
내용 1957년 2월 23일 자 각서의 문구 수정본
주제어 억류자 상호 석방

문서명	부속양해(付属了解)

문서파일번호 680
작성연월일 1957. 2. 25
구분 제3~4차 회담 사이
세부항목 강제퇴거 자제에 관한 부속양해서안
작성처 외무성
매수 1
비밀등급 일반
문서종류 부속양해서안
공개구분 공개
내용 1957년 2월 23일 자 부속양해서의 문구 수정본
주제어 억류자 상호 석방, 재일한국인 법적지위

문서명	의사록(議事録)

문서파일번호	680
작성연월일	1957. 2. 25
구분	제3~4차 회담 사이
세부항목	한일 강제송환 관련 합의의사록안
작성처	외무성
매수	2
비밀등급	극비
문서종류	합의의사록안
공개구분	공개
내용	1957년 2월 23일 자 의사록의 문구 수정본
주제어	청구권, 재일한국인 법적지위

문서명	구상서(口上書)

문서파일번호	680
작성연월일	1957. 2. 25
구분	제3~4차 회담 사이
세부항목	구보타 발언 철회에 관한 구상서안
작성처	외무성
매수	1
비밀등급	극비
문서종류	구상서안
공개구분	공개
내용	1957년 2월 23일 자 구상서의 문구 수정본
주제어	청구권, 구보타 발언

문서명	구상서(한국) [Note-Verbale(Korea side)]

문서파일번호 680
작성연월일 1957. 2. 25
구분 제3~4차 회담 사이
세부항목 구보타 발언 철회에 관한 구상서안
작성처 외무성
매수 1
비밀등급 일반
문서종류 구상서안
공개구분 공개
내용 일본 구상서에 대한 한국의 답신 구상서. '한국정부는 일본정부의 통보를 이해하고, 양국 간 현안을 해결하기 위한 회담을 개최할 것을 제안한다'는 내용
주제어 청구권, 구보타 발언

문서명	구두 전달사항(口頭伝達事項)

문서파일번호 680
작성연월일 1957. 2. 25
구분 제3~4차 회담 사이
세부항목 문화재 관련 구두 전달사항안
작성처 외무성
매수 1
비밀등급 일반
문서종류 구두 전달사항안
공개구분 공개
내용 1957년 2월 23일 자 구두 전달사항의 문구 수정본
주제어 문화재 반환

문서명	김 공사 회담 건(金公使と会談の件)

문서파일번호	680
작성연월일	1957. 2. 26
구분	제3~4차 회담 사이
세부항목	나카가와·김용식 회담
작성처	외무성 나카가와 국장
매수	9
비밀등급	극비
문서종류	회의록
공개구분	공개
내용	나카가와 국장·김용식 공사 회담 기록. 2월 25일에 논의된 억류자 문제, 부속양해, 의사록, 구상서, 구두 전달사항의 표현 수정을 둘러싼 논의가 진행됨.
주제어	억류자 상호 석방, 청구권, 문화재 반환, 재일한국인 법적지위

문서명	각서. 재한억류 일본인어부와 피강제퇴거 재일한국인의 조치 건(覚書 在韓抑留日本人漁夫と被退去強制在日韓人の措置に関する件)

문서파일번호	680
작성연월일	1957. 2. 26
구분	제3~4차 회담 사이
세부항목	한일 억류자 상호 석방 각서안
작성처	외무성
매수	1
비밀등급	극비
문서종류	각서안
공개구분	공개
내용	1957년 2월 25일 자 각서의 문구 수정본
주제어	억류자 상호 석방

문서명	부속양해(付属了解)

문서파일번호	680
작성연월일	1957. 2. 26
구분	제3~4차 회담 사이
세부항목	강제퇴거 자제에 관한 부속양해서안
작성처	외무성
매수	1
비밀등급	일반
문서종류	부속양해서안
공개구분	공개
내용	1957년 2월 25일 자 부속양해서의 문구 수정본
주제어	억류자 상호 석방, 재일한국인 법적지위

문서명	의사록(議事録)

문서파일번호	680
작성연월일	1957. 2. 26
구분	제3~4차 회담 사이
세부항목	한일 강제송환 관련 합의의사록안
작성처	외무성
매수	3
비밀등급	극비
문서종류	합의의사록안
공개구분	공개
내용	1957년 2월 25일 자 의사록의 문구 수정본
주제어	청구권, 어업, 재일한국인 법적지위

문서명	구상서(口上書)

문서파일번호 680
작성연월일 1957. 2. 26
구분 제3~4차 회담 사이
세부항목 구보타 발언 철회에 관한 구상서안
작성처 외무성
매수 1
비밀등급 극비
문서종류 구상서안
공개구분 공개
내용 1957년 2월 25일 자 구상서의 문구 수정본
주제어 청구권, 구보타 발언

문서명	구상서(한국)[Note-Verbale(Korea side)]

문서파일번호 680
작성연월일 1957. 2. 26
구분 제3~4차 회담 사이
세부항목 구보타 발언 철회에 관한 구상서안
작성처 외무성
매수 1
비밀등급 일반
문서종류 구상서안
공개구분 공개
내용 1957년 2월 25일 자 문서와 동일함.
주제어 청구권, 구보타 발언

문서명	구두 전달사항(口頭伝達事項)

문서파일번호 680
작성연월일 1957. 2. 26
구분 제3~4차 회담 사이
세부항목 문화재 관련 구두 전달사항안
작성처 외무성
매수 1
비밀등급 극비
문서종류 구두 전달사항안
공개구분 공개
내용 1957년 2월 25일 자 구두 전달사항의 문구 수정본
주제어 문화재 반환

문서명	김 공사 회담 건(金公使と会談の件)

문서파일번호 680
작성연월일 1957. 2. 27
구분 제3~4차 회담 사이
세부항목 나카가와·김용식 회담
작성처 외무성 나카가와 국장
매수 8
비밀등급 극비
문서종류 회의록
공개구분 공개
내용 나카가와 국장·김용식 공사 회담 기록. 2월 26일에 논의된 억류자 문제, 부속양해, 의사록, 구상서, 구두 전달사항의 표현 수정을 둘러싼 논의가 진행됨.
주제어 억류자 상호 석방, 청구권, 문화재 반환, 재일한국인 법적지위

문서명	각서. 재한억류 일본인어부와 피강제퇴거 재일한국인의 조치 건(覚書 在韓抑留日本人漁夫と被退去強制在日韓人の措置に関する件)

문서파일번호 680
작성연월일 1957. 2. 27
구분 제3~4차 회담 사이
세부항목 한일 억류자 상호 석방 각서안
작성처 외무성
매수 1
비밀등급 극비
문서종류 각서안
공개구분 공개
내용 1957년 2월 26일 자 각서의 문구 수정본
주제어 억류자

문서명	부속양해(付属了解)

문서파일번호 680
작성연월일 1957. 2. 27
구분 제3~4차 회담 사이
세부항목 강제퇴거 자제에 관한 부속양해서안
작성처 외무성
매수 1
비밀등급 극비
문서종류 부속양해서안
공개구분 공개
내용 1957년 2월 26일 자 부속양해서의 문구 수정본
주제어 억류자 상호 석방, 재일한국인 법적지위

문서명	의사록(議事録)

문서파일번호 680
작성연월일 1957. 2. 27
구분 제3~4차 회담 사이
세부항목 한일 강제송환 관련 합의의사록안
작성처 외무성
매수 3
비밀등급 극비
문서종류 합의의사록안
공개구분 공개
내용 1957년 2월 26일 자 의사록의 문구 수정본
주제어 청구권, 어업, 재일한국인 법적지위

문서명	구상서(口上書)

문서파일번호 680
작성연월일 1957. 2. 27
구분 제3~4차 회담 사이
세부항목 구보타 발언 철회에 관한 구상서안
작성처 외무성
매수 1
비밀등급 극비
문서종류 구상서안
공개구분 공개
내용 1957년 2월 26일 자 구상서의 문구 수정본
주제어 청구권, 구보타 발언

문서명	구상서(한국)[Note-Verbale(Korea side)]

문서파일번호 680
작성연월일 1957. 2. 27
구분 제3~4차 회담 사이
세부항목 구보타 발언 철회에 관한 구상서안
작성처 외무성
매수 1
비밀등급 일반
문서종류 구상서안
공개구분 공개
내용 1957년 2월 26일 자 문서와 동일함.
주제어 청구권, 구보타 발언

문서명	구두 전달사항(口頭伝達事項)

문서파일번호 680
작성연월일 1957. 2. 27
구분 제3~4차 회담 사이
세부항목 문화재 관련 구두 전달사항안
작성처 외무성
매수 1
비밀등급 극비
문서종류 구두 전달사항안
공개구분 공개
내용 1957년 2월 26일 자 문서와 동일함.
주제어 문화재 반환

문서명	김 공사 회담 건(金公使と会談の件)

문서파일번호 680
작성연월일 1957. 2. 28
구분 제3~4차 회담 사이
세부항목 나카가와·김용식 회담
작성처 외무성 나카가와 국장
매수 8
비밀등급 극비
문서종류 회의록
공개구분 공개
내용 나카가와 국장·김용식 공사 회담 기록. 2월 27일에 논의된 억류자 문제, 부속양해, 의사록, 구상서, 구두 전달사항의 표현 수정을 둘러싼 논의가 진행됨.
주제어 억류자 상호 석방, 청구권, 문화재 반환, 재일한국인 법적지위

문서명	각서. 재한억류 일본인어부와 피강제퇴거 재일한국인의 조치 건(覚書 在韓抑留日本人漁夫と被退去強制在日韓人の措置に関する件)

문서파일번호 680
작성연월일 1957. 2. 28
구분 제3~4차 회담 사이
세부항목 한일 억류자 상호 석방 각서안
작성처 외무성
매수 1
비밀등급 극비
문서종류 각서안
공개구분 공개
내용 1957년 2월 27일 자 각서의 문구 수정본
주제어 억류자 상호 석방

문서명	부속양해(付属了解)

문서파일번호 680
작성연월일 1957. 2. 28
구분 제3~4차 회담 사이
세부항목 강제퇴거 자제에 관한 부속양해서안
작성처 외무성
매수 1
비밀등급 일반
문서종류 부속양해서안
공개구분 공개
내용 1957년 2월 27일 자 부속양해서의 문구 수정본
주제어 억류자 상호 석방, 재일한국인 법적지위

문서명	의사록(議事録)

문서파일번호 680
작성연월일 1957. 2. 28
구분 제3~4차 회담 사이
세부항목 한일 강제송환 관련 합의의사록안
작성처 외무성
매수 3
비밀등급 극비
문서종류 합의의사록안
공개구분 공개
내용 1957년 2월 27일 자 의사록의 문구 수정본
주제어 청구권, 어업, 재일한국인 법적지위

문서명	구상서(口上書)

문서파일번호 680
작성연월일 1957. 2. 28
작성처 외무성
매수 1
비밀등급 극비
구분 제3~4차 회담 사이
세부항목 구보타 발언 철회에 관한 구상서안
문서종류 구상서안
공개구분 공개
내용 1957년 2월 27일 자 구상서의 문구 수정본
주제어 청구권, 구보타 발언

문서명	구상서(한국)[Note-Verbale(Korea side)]

문서파일번호 680
작성연월일 1957. 2. 28
구분 제3~4차 회담 사이
세부항목 구보타 발언 철회에 관한 구상서안
작성처 외무성
매수 1
비밀등급 일반
문서종류 구상서안
공개구분 공개
내용 1957년 2월 27일 자 문서와 동일함.
주제어 청구권, 구보타 발언

문서명	구두 전달사항(口頭伝達事項)

문서파일번호 680
작성연월일 1957. 2. 28
구분 제3~4차 회담 사이
세부항목 문화재 관련 구두 전달사항안
작성처 외무성
매수 1
비밀등급 극비
문서종류 구두 전달사항안
공개구분 공개
내용 1957년 2월 27일 자 문서와 동일함.
주제어 문화재 반환

문서명	김 공사 회담 건(金公使と会談の件)

문서파일번호 680
작성연월일 1957. 3. 2
구분 제3~4차 회담 사이
세부항목 나카가와 · 김용식 회담
작성처 외무성 나카가와 국장
매수 18
비밀등급
문서종류 회의록
공개구분 공개
내용 나카가와 국장 · 김용식 공사 회담 기록. 2월 28일에 논의된 억류자 문제, 부속양해, 의사록, 구상서, 구두 전달사항의 표현 수정을 둘러싼 논의가 진행됨.
주제어 억류자 상호 석방, 청구권, 문화재 반환, 재일한국인 법적지위

문서명	각서. 재한억류 일본인어부와 피강제퇴거 재일한국인의 조치 건(覚書 在韓抑留日本人漁夫と被退去強制在日韓人の措置に関する件)

문서파일번호 680
작성연월일 1957. 3. 2
구분 제3~4차 회담 사이
세부항목 한일 억류자 상호 석방 각서안
작성처 외무성
매수 1
비밀등급 극비
문서종류 각서안
공개구분 공개
내용 1957년 2월 28일 자 각서의 문구 수정본
주제어 억류자 상호 석방

문서명	부속양해(付属了解)

문서파일번호 680
작성연월일 1957. 3. 2
구분 제3~4차 회담 사이
세부항목 강제퇴거 자제에 관한 부속양해서안
작성처 외무성
매수 1
비밀등급 극비
문서종류 부속양해서안
공개구분 공개
내용 1957년 2월 28일 자 부속양해서의 문구 수정본
주제어 억류자 상호 석방, 재일한국인 법적지위

문서명	의사록(議事録)

문서파일번호 680
작성연월일 1957. 3. 2
구분 제3~4차 회담 사이
세부항목 한일 강제송환 관련 합의의사록안
작성처 외무성
매수 3
비밀등급 극비
문서종류 합의의사록안
공개구분 공개
내용 1957년 2월 28일 자 의사록의 문구 수정본
주제어 청구권, 어업, 재일한국인 법적지위

문서명	구상서(口上書)

문서파일번호 680
작성연월일 1957. 3. 2
구분 제3~4차 회담 사이
세부항목 구보타 발언 철회에 관한 구상서안
작성처 외무성
매수 1
비밀등급 극비
문서종류 구상서안
공개구분 공개
내용 1957년 2월 28일 자 구상서의 문구 수정본
주제어 청구권, 구보타 발언

문서명	구상서(한국) [口上書(韓国側)]

문서파일번호	680
작성연월일	1957. 3. 2
구분	제3~4차 회담 사이
세부항목	구보타 발언 철회에 관한 구상서안
작성처	외무성
매수	1
비밀등급	극비
문서종류	구상서안
공개구분	공개
내용	1957년 2월 28일 자 문서의 일본어 번역본
주제어	청구권, 구보타 발언

문서명	구상서(일본) [口上書(日本側)]

문서파일번호	680
작성연월일	1957. 3. 2
구분	제3~4차 회담 사이
세부항목	구보타 발언 철회에 관한 구상서안
작성처	외무성
매수	1
비밀등급	극비
문서종류	구상서안
공개구분	공개
내용	한국의 구상서에 대해 일본도 이의가 없다는 취지의 구상서
주제어	청구권, 구보타 발언

문서명	구두 전달사항(口頭伝達事項)

문서파일번호 680
작성연월일 1957. 3. 2
구분 제3~4차 회담 사이
세부항목 문화재 관련 구두 전달사항안
작성처 외무성
매수 1
비밀등급 극비
문서종류 구두 전달사항안
공개구분 공개
내용 1957년 2월 28일 자 구두 전달사항의 문구 수정본
주제어 문화재 반환

문서명	김 공사 회담 건(金公使と会談の件)

문서파일번호 680
작성연월일 1957. 3. 5
구분 제3~4차 회담 사이
세부항목 나카가와·김용식 회담
작성처 외무성 나카가와 국장
매수 5
비밀등급 극비
문서종류 회의록
공개구분 공개
내용 나카가와 국장·김용식 공사 회담 기록. 3월 2일에 논의된 억류자 문제, 부속양해, 의사록, 구상서, 구두 전달사항의 표현 수정을 둘러싼 논의가 진행됨.
주제어 억류자 상호 석방, 청구권, 어업, 재일한국인 법적지위

문서명	각서(안). 재한억류 일본인어부와 피강제퇴거 재일한국인의 조치 건(覚書(案) 在韓抑留日本人漁夫と被退去強制在日韓人の措置に関する件)

문서파일번호 680
작성연월일 1957. 3. 5
구분 제3~4차 회담 사이
세부항목 한일 억류자 상호 석방 각서안
작성처 외무성
매수 1
비밀등급 극비
문서종류 각서안
공개구분 공개
내용 1957년 3월 2일 자 각서의 문구 수정본
주제어 억류자 상호 석방

문서명	부속양해(안)[付属了解(案)]

문서파일번호 680
작성연월일 1957. 3. 5
구분 제3~4차 회담 사이
세부항목 강제퇴거 자제에 관한 부속양해서안
작성처 외무성
매수 1
비밀등급 극비
문서종류 부속양해서안
공개구분 공개
내용 1957년 3월 2일 자 부속양해서의 문구 수정본
주제어 억류자 상호 석방, 재일한국인 법적지위

문서명	동의된 의사록안[同意された議事録(案)]

문서파일번호	680
작성연월일	1957. 3. 5
구분	제3~4차 회담 사이
세부항목	한일 강제송환 관련 합의의사록안
작성처	외무성
매수	2
비밀등급	극비
문서종류	합의의사록안
공개구분	공개
내용	1957년 3월 2일 자 합의의사록의 문구 수정본
주제어	청구권, 어업, 재일한국인 법적지위

문서명	구상서(일본)안[口上書(日本側)(案)]

문서파일번호	680
작성연월일	1957. 3. 5
구분	제3~4차 회담 사이
세부항목	구보타 발언 철회에 관한 구상서안
작성처	외무성
매수	1
비밀등급	극비
문서종류	구상서안
공개구분	공개
내용	1957년 3월 2일 자 구상서의 문구 수정본
주제어	청구권, 구보타 발언

문서명	구상서(한국)안[口上書(韓国側)(案)]

문서파일번호 680
작성연월일 1957. 3. 5
구분 제3~4차 회담 사이
세부항목 구보타 발언 철회에 관한 구상서안
작성처 외무성
매수 1
비밀등급 극비
문서종류 구상서안
공개구분 공개
내용 1957년 3월 2일 자 문서와 동일함.
주제어 청구권, 구보타 발언

문서명	구상서(일본)안[口上書(日本側)(案)]

문서파일번호 680
작성연월일 1957. 3. 5
구분 제3~4차 회담 사이
세부항목 구보타 발언 철회에 관한 구상서안
작성처 외무성
매수 1
비밀등급 극비
문서종류 구상서안
공개구분 공개
내용 1957년3월 2일 자 문서와 동일함.
주제어 청구권, 구보타 발언

문서명	구두 전달사항안[口頭伝達事項(案)]

문서파일번호 680
작성연월일 1957. 3. 5
구분 제3~4차 회담 사이
세부항목 문화재 관련 구두 전달사항안
작성처 외무성
매수 1
비밀등급 극비
문서종류 구두 전달사항안
공개구분 공개
내용 1957년 3월 2일 자 구두 전달사항의 문구 수정본
주제어 문화재 반환

문서명	김 공사 회담 건(金公使と会談の件)

문서파일번호 680
작성연월일 1957. 3. 6
구분 제3~4차 회담 사이
세부항목 나카가와·김용식 회담
작성처 외무성 나카가와 국장
매수 6
비밀등급 극비
문서종류 회의록
공개구분 공개
내용 나카가와 국장·김용식 공사 회담 기록. 문화재 문제와 억류자 문제에 대한 논의가 진행됨.
주제어 문화재 반환, 억류자 상호 석방

문서명	김 공사 일시 귀국(金公使一時帰国の件)

문서파일번호 680
작성연월일 1957. 4. 3
구분 제3~4차 회담 사이
세부항목 나카가와 · 김용식 전화 협의
작성처 외무성 나카가와 국장
매수 2
비밀등급 극비
문서종류 회의록(전화)
공개구분 공개
내용 김용식 공사가 일시 귀국 사실을 알리기 위해 일본에 전화함.
주제어 김용식 일시 귀국

문서명	김 공사 회담 건(金公使と会談の件)

문서파일번호 680
작성연월일 1957. 4. 19
구분 제3~4차 회담 사이
세부항목 나카가와 · 김용식 회담
작성처 외무성 나카가와 국장
매수 2
비밀등급 극비
문서종류 회의록
공개구분 공개
내용 나카가와 국장 · 김용식 공사 회담 기록. 김 공사는 억류자 상호 석방을 실시하고, 한일회담을 재개한다는 것에는 이견이 없으나, 문구 수정에 대해서는 좀 더 교섭하길 바란다고 말함.
주제어 억류자 상호 석방, 회담 재개

문서명	김 공사 회담 건(金公使と会談の件)

문서파일번호 680
작성연월일 1957. 4. 22
구분 제3~4차 회담 사이
세부항목 나카가와 · 김용식 회담
작성처 외무성 나카가와 국장
매수 4
비밀등급 극비
문서종류 회의록
공개구분 공개
내용 나카가와 국장 · 김용식 공사 회담 기록. 한국이 의사록에 대해 수정의견을 제시함.
주제어 청구권

문서명	김 공사 회담 건(金公使と会談の件)

문서파일번호 680
작성연월일 1957. 4. 30
구분 제3~4차 회담 사이
세부항목 나카가와 · 김용식 회담
작성처 외무성 나카가와 국장
매수 5
비밀등급 극비
문서종류 회의록
공개구분 공개
내용 나카가와 국장 · 김용식 공사 회담 기록. 일본이 4월 22일 한국의 수정의견에 대해 의견을 제시함.
주제어 어업, 청구권

유 참사관 회담 건(1957년 1~5월)
[柳参事官と会談の件(昭和32年1~5月)]

문서파일번호	681
작성연월일	1957. 1. 9 - 1957. 5. 17
구분	제3~4차 회담 사이
세부항목	나카가와·유태하 회담
작성처	나카가와 도루 외무성 아시아국장
매수	22
비밀등급	
문서종류	회의록
공개구분	공개
내용	1957년 1월 9일~5월 17일까지 나카가와 도루(中川融) 아시아국장과 주일한국 대표부 유태하 참사관 회담 기록
주제어	억류자 상호 석방, 한일회담 재개

문서명	유 참사관 회담 건(柳参事官と会談の件)

문서파일번호 681
작성연월일 1957. 1. 9
구분 제3~4차 회담 사이
세부항목 나카가와 · 유태하 회담
작성처 나카가와 도루 외무성 아시아국장
매수 4
비밀등급 일반
문서종류 회의록
공개구분 공개
내용 나카가와 국장 · 유태하 참사관 회담 기록. 나카가와는 억류자 석방에 대해 한 달에 70명씩 3개월이 걸린다고 하자, 유 참사관은 한국도 3개월은 걸릴 것이라며 억류자 석방이 진행되는 동안 예비회담을 열 것을 제안함. 나카가와는 이의는 없지만 석방은 바로 시작해서 3개월 후에는 완료되어야만 회담 재개 분위기가 좋아지므로 석방이 중지되어서는 안 된다고 강조함.
주제어 억류자 상호 석방

문서명	유 참사관 회담 건(柳参事官と会談の件)

문서파일번호 681
작성연월일 1957. 1. 14
구분 제3~4차 회담 사이
세부항목 나카가와 · 유태하 회담
작성처 나카가와 도루 외무성 아시아국장
매수 3
비밀등급 극비
문서종류 회의록
공개구분 공개
내용 나카가와 국장 · 유태하 참사관 회담 기록. 유 참사관은 김용식 공사가 정부에 보고도 하지 않았고, 정부는 한국의 답변을 일본이 기다린다는 것을 일본신문을 통해 알았다고 말하면서, 김 공사가 서두른 나머지 능력 밖의 일을 한 것 같다며 곧 김 공사의 경질이 있을 것이라고 말함.
주제어 김용식 공사 경질

문서명	유 참사관 회담 건(柳参事官と会談の件)

문서파일번호 681
작성연월일 1957. 1. 21
구분 제3~4차 회담 사이
세부항목 나카가와 · 유태하 회담
작성처 나카가와 도루 외무성 아시아국장
매수 4
비밀등급 일반
문서종류 회의록
공개구분 공개
내용 나카가와 국장 · 유태하 참사관 회담 기록. 나카가와는 한국의 조건 중 구보타 발언 철회는 문제가 되지 않지만, 청구권 포기에 대해서는 미국의 견해를 기준으로 생각하고 있다고 언급함.
주제어 구보타 발언, 청구권

문서명	유 참사관 회담 건(柳参事官と会談の件)

문서파일번호 681
작성연월일 1957. 1. 30
구분 제3~4차 회담 사이
세부항목 나카가와 · 유태하 회담
작성처 나카가와 도루 외무성 아시아국장
매수 3
비밀등급 일반
문서종류 회의록
공개구분 공개
내용 나카가와 국장 · 유태하 참사관 회담 기록. 일본은 조만간 일본에서 국회가 열리고, 그때 억류자 문제에 대한 질문이 나오기 때문에 되도록 이 문제를 해결해 놓고 싶다고 말함.
주제어 억류자 상호 석방

문서명	유 참사관 회담 건(柳参事官と会談の件)

문서파일번호 681
작성연월일 1957. 5. 17
구분 제3~4차 회담 사이
세부항목 나카가와 · 유태하 회담
작성처 나카가와 도루 외무성 아시아국장
매수 3
비밀등급 극비
문서종류 회의록(전화)
공개구분 공개
내용 오전 나카가와 국장 · 유태하 참사관 전화 회담 기록. 나카가와가 유태하 참사관에게 전화, 김용식 공사의 전출과 관련한 신문 보도를 언급하면서, 김유택 고문이 김 공사 후임이 될 경우 문서(아그레망에 상당하는 문서)상으로 일본정부에 요청하는 것이 좋겠다는 의견을 전달함.
주제어 김유택 대사 임명

문서명	유 참사관 회담 건(柳参事官と会談の件)

문서파일번호 681
작성연월일 1957. 5. 17
구분 제3~4차 회담 사이
세부항목 나카가와 · 유태하 회담
작성처 나카가와 도루 외무성 아시아국장
매수 5
비밀등급 극비
문서종류 회의록
공개구분 공개
내용 오후 나카가와 국장 · 유태하 참사관 회담 기록. 유 참사관은 5월 16일 자로 김용식 공사 후임으로 김유택 고문이 주일대사 및 회담 수석대표로 임명되고 김 공사는 주불 공사로 임명되었다는 내용의 문서를 전달함. 나카가와 공사는 김유택 대사 임명 관련한 요청문서와 회담 수석대표 임명에 관한 문서를 각각 일본정부에 제출하는 것이 좋겠다고 언급함. 양측은 회담 재개와 관련하여 협의함.
주제어 김용식 · 김유택 교체, 회담 재개

한일 및 북한 문제(국회자료)
[日韓及び北鮮問題(国会資料)]

문서파일번호	1530
문서명	한일 및 북한 문제(국회자료)[日韓及び北鮮問題(国会資料)]
작성연월일	1957. 7(일자 불명)
구분	제3~4차 회담 사이
세부항목	한일, 북한 문제
작성처	외무성
매수	8
비밀등급	극비
문서종류	내부자료
공개구분	공개
내용	1957년 7월 말경 작성된 것으로 보이는 한일, 북한 문제 관련 국회자료. 한일 문제에 관해서는 억류자 상호 석방 및 한일회담 재개를 위한 양국 간 교섭 경위, 특히 기시 총리의 방미 전 타결이 이루어지지 않은 배경 등이 기술됨. 북한 문제와 관련해서는 북한과의 무역이 한국과의 무역을 희생하는 결과가 되는 점을 고려하여 북한과의 무역 및 기타 일체의 접촉을 인정하지 않을 방침이라는 점과, 재일북한계 조선인의 본국 귀환 문제에 관해서는 재정적 원조는 고려하지 않고 있으며, 자기 부담으로 귀국을 희망하는 자에 대해서는 인도적 견지에서 인정한다는 내용이 기술됨.
주제어	국회자료

한일회담(제4차) 재개와 관련한 비공식회의 기록 및 자료 모음

문서파일번호	108
작성연월일	1957. 5. 23 - 1957. 7. 31
구분	제3~4차 회담 사이
세부항목	안도(이타가키)·미야케·유태하·최규하 회담
작성처	외무성
매수	116
비밀등급	
문서종류	회의록, 합의문서안
공개구분	공개
내용	1957년 5월 23일~7월 31일까지 개최된 한일회담 재개와 관련한 한일 양측의 비공식 회의기록. 양측 간에 교섭이 이루어진 제반 합의문서안이 포함되어 있음.
주제어	한일회담 재개 교섭

문서명	안도 아시아 국장대리 및 미야케 참사관과 유 공사 및 최 참사관 회담 요령 (安藤アジア局長代理及び三宅参事官と柳公使及び崔参事官との会談要領)

문서파일번호 108
작성연월일 1957. 5. 23
구분 제3~4차 회담 사이
세부항목 안도 · 미야케 · 유태하 · 최규하 회담
작성처 외무성 미야케 참사관
매수 13
비밀등급 극비
문서종류 회의록
공개구분 공개
내용 1957년 5월 23일 개최된 회담 재개와 관련한 한일 양측의 비공식 회의기록. 각서 작성에서 '형기를 만료한'과 '이(승만) 라인', '평화선' 표현을 놓고 공방이 벌어지는 가운데 일본은 의사록에 미국 해석에 대한 한국정부의 동의를 명시해야 한다고 주장함. 그리고 고미술품 인도에 관한 구두 전달사항안, 반환 의사를 표명하는 시기에 대해 일본이 의견을 제시함.
주제어 한일회담 재개 교섭

문서명	1957년 12월 31일 한일 양국 간에 한일회담 재개를 위하여 체결하는 각종 합의문서안

문서파일번호 108
작성연월일 1957. 5
구분 제3~4차 회담 사이
세부항목 안도 · 미야케 · 유태하 · 최규하 회담
작성처 외무성
매수 21
비밀등급 극비
문서종류 한일회담 재개를 위한 제 합의문서안
공개구분 공개
내용 1957년 12월 31일 한일 양국 간 한일회담 재개를 위해 체결하는 각종 합의문서안.
① 재한억류 일본인어부와 피강제퇴거 재일한국인의 조치에 관한 일본국정부 및 대한민국정부 간의 양해에 관한 각서안[在韓抑留日本人漁夫と被退去強制在日韓人の措置に関する日本国政府及び大韓民国政府間の了解に関する覚書(案)]

② 부속양해서안[附属了解(案)]

③ 합의의사록안[同意された議事録(案)]

④ 구상서(일본안)[口上書(日本側)(案)]

⑤ 구상서(한국안)[口上書(韓国側)(案)]

⑥ 구두 전달사항안[口頭伝達事項(案)]

⑦ 재한억류 일본인어부와 피강제퇴거 재일한국인의 조치에 관한 일본정부 및 대한민국정부 간의 양해에 관한 각서안(영문)(Memorandum of Understanding between the Government of Japan and the Government of the Republic of Korea Regarding Measures on Japanese Fishermen Detained in Korea and on Korean Residents in Japan Detained Under Deportation Order)

⑧ 부속양해서(영문)(Annexed Understanding)

⑨ 합의의사록(영문)(Agreed Minute)

⑩ 구상서(영문)(일본, 역청구권 철회 의사표명)(Note Verbale)

⑪ 구상서(영문)(한국, 회담 재개에 관한 입장표명)(Note Verbale)

⑫ 구상서(영문)(일본, 회담 재개에 동의)(Note Verbale)

⑬ 구두 전달사항(영문)(한국문화재 반환에 관한 일본 입장표명)(Oral Statement)

여기에 수록된 문서들은 문서파일번호 69에 최종본이 수록되어 있으며, 문서별로 설명도 되어 있음.

주제어 한일회담 재개 교섭

문서명	안도 아시아 국장대리 및 미야케 참사관과 유 공사 및 최 참사관 회담 요령 (安藤アジア局長 代理、三宅参事官と柳公使、崔参事官会談要領)

문서파일번호 108

작성연월일 1957. 5. 29

구분 제3~4차 회담 사이

세부항목 안도 · 미야케 · 유태하 · 최규하 회담

작성처 외무성 미야케 참사관

매수 9

비밀등급 극비

문서종류 회의록

공개구분 공개

내용 1957년 5월 29일 개최된 회담 재개와 관련한 한일 양측의 비공식 회의기록. '형기를 만료하고'와 '평화선' 표현에 대해 공방이 벌어지고, 일본이 청구권 처리에 관한 미국정부의 해석 문제를 공통 기준으로 제안함. 이에 대한 한국의 반박이 이어짐.

주제어 한일회담 재개 교섭

문서명	안도 아시아 국장대리 및 미야케 참사관과 유 공사 및 최 참사관 회담 요령 (安藤アジア局長 代理と三宅参事官及び柳公使、崔参事官会談要領)

문서파일번호 108
작성연월일 1957. 6. 3
구분 제3~4차 회담 사이
세부항목 안도·미야케·유태하·최규하 회담
작성처 외무성 미야케 참사관
매수 12
비밀등급 극비
문서종류 회의록
공개구분 공개
내용 1957년 6월 3일 개최된 회담 재개와 관련한 한일 양측의 비공식 회의기록. 계속해서 '형기를 만료하고'와 '평화선' 표현에 대해 공방이 전개됨.
주제어 한일회담 재개 교섭

문서명	안도 아시아 국장대리 및 미야케 참사관과 유 공사 및 최 참사관 회담 요령 (安藤アジア局長 代理と三宅参事官及び柳公使、崔参事官会談要領)

문서파일번호 108
작성연월일 1957. 6. 7
구분 제3~4차 회담 사이
세부항목 안도·미야케·유태하·최규하 회담
작성처 외무성 미야케 참사관
매수 9
비밀등급 극비
문서종류 회의록
공개구분 공개
내용 1957년 6월 7일 개최된 회담 재개와 관련한 한일 양측의 비공식 회의기록. 일본은 어업 문제에 관해 재개되는 회담에서 어족보존의 필요 및 한국의 어업육성 요청도 가능한 고려하여 상호 양보 정신에 의해 공정 및 실재적이고 우호적인 해결을 꾀하도록 노력한다는 입장을 표명함. 한국은 평화선의 필요성을 언급하면서 수정안을 제시함. 회담 막판에 미국정부 해석, 문화재 반환과 연계해서 어업 문제에서 양보를 유도하는 모습도 보임.
주제어 한일회담 재개 교섭

문서명	안도, 미야케 참사관과 유 공사 및 최 참사관 회담 요령(安藤、三宅参事官と柳公使崔参事官会談要領)

문서파일번호 108
작성연월일 1957. 6. 10
구분 제3~4차 회담 사이
세부항목 안도 · 미야케 · 유태하 · 최규하 회담
작성처 외무성
매수 6
비밀등급 극비
문서종류 회의록
공개구분 공개
내용 1957년 6월 10일 개최된 회담 재개와 관련한 한일 양측의 비공식 회의기록. 한국이 '어업 문제에 관해서는 한국의 현상을 감안해, 일본은 어족보존의 필요를 고려해 향후 쌍방의 원만한 어업협정이 체결될 때까지 한국이 설정한 선 내에서의 어업을 자제한다'는 안을 제시하자 일본이 반박함. 한국의 제2안 '어업을 포함한 해양을 둘러싼 제반 문제에 관해 일본은 현재의 한반도 사태를 감안하여 한국의 필요를 고려하고 우호적 해결을 꾀한다'를 둘러싼 공방이 이어짐.
주제어 한일회담 재개 교섭

문서명	안도, 미야케 참사관과 유 공사 및 최 참사관 회담 요령(安藤、三宅参事官と柳公使崔参事官会談要領)

문서파일번호 108
작성연월일 1957. 6. 10
구분 제3~4차 회담 사이
세부항목 안도 · 미야케 · 유태하 · 최규하 회담
작성처 외무성 미야케 참사관
매수 11
비밀등급 극비
문서종류 회의록
공개구분 공개
내용 1957년 6월 10일 한일회담 재개 관련 오전 회의에서 한국이 제시한 안을 오후에 추가 협의, 청구권 문제 의사록 작성에 대해 협의. 일본은 일본의 청구권은 없어졌지만 한국의 청구권은 특별협정 대상이 되며 이때 일본의 청구권이 없어졌음을 고려해야 한다고 지적하고, 대일강화조약 4조 a)의 특별협정에 대해 서로를 구속하는 공통기준이 필요하다고 주장함.
주제어 한일회담 재개 교섭

문서명	이타가키 아시아국장, 미야케 참사관과 유 공사, 최 참사관 회담 요령(板垣アジア局長、三宅参事官と柳公使、崔参事官会談要領)

문서파일번호 108
작성연월일 1957. 7. 23
구분 제3~4차 회담 사이
세부항목 이타가키 · 미야케 · 유태하 · 최규하 회담
작성처 외무성 미야케 참사관
매수 15
비밀등급 극비
문서종류 회의록
공개구분 공개
내용 1957년 7월 23일 개최된 회담 재개와 관련한 한일 양측의 비공식 회의기록. 청구권에 대한 비공식 수정 제안 문제와 사무적 절충의 성격에 대한 논의 과정이 정리되어 있음. 일본은 이번 사무적 절충에 관해 기술적인 어구 수정에 그쳐야 한다고 주장함.
주제어 한일회담 재개 교섭

문서명	이타가키 아시아국장, 미야케 참사관과 유 공사, 최 참사관 회담 요령(板垣アジア局長、三宅参事官と柳公使、崔参事官会談要領)

문서파일번호 108
작성연월일 1957. 7. 31
구분 제3~4차 회담 사이
세부항목 이타가키 · 미야케 · 유태하 · 최규하 회담
작성처 외무성 미야케 참사관
매수 20
비밀등급 극비
문서종류 회의록
공개구분 공개
내용 합의의사록의 상호 석방 부분, 상호 석방에 관한 양해각서, 고미술품 인도에 관한 구두 전달사항 등에 관한 문구 수정과 삭제를 둘러싼 협상 과정이 정리됨.
주제어 한일회담 재개 교섭

미야케 참사관, 유 공사 및 최 참사관 회담 요령
(三宅参事官、柳公使及び崔参事官会談要領)

문서파일번호	109
작성연월일	1957. 5. 23 - 1957. 9. 10
구분	제3~4차 회담 사이
세부항목	미야케·유태하·최규하 회담
작성처	외무성
매수	58
비밀등급	
문서종류	회의록
공개구분	공개
내용	1957년 5월 23일~9월 10일까지 개최된 한일회담 재개 교섭 기록. 한일 양측의 억류자 상호 석방 문제, 어업 문제, 평화선 문제 등에 대한 비공식회의 내용이 기록됨.
주제어	한일회담 재개 교섭

문서명	미야케 참사관, 유 공사 및 최 참사관 회담 요령(三宅参事官、柳公使及び崔参事官会談要領)

문서파일번호 109
작성연월일 1957. 5. 23
구분 제3~4차 회담 사이
세부항목 미야케 · 유태하 · 최규하 회담
작성처 외무성 미야케 참사관
매수 21
비밀등급 극비
문서종류 회의록
공개구분 공개
내용 한일회담 재개 교섭 기록. '형기를 만료한', '생활지도의 필요', '평화선' 문구를 둘러싼 한일 양국 참사관들의 공방이 기록되어 있음.
주제어 한일회담 재개 교섭, 어업, 억류자 상호 석방

문서명	미야케 참사관, 유 공사 및 최 참사관 회의 의사요록(三宅参事官、柳公使、崔参事官会議義事要録)

문서파일번호 109
작성연월일 1957. 6. 11
구분 제3~4차 회담 사이
세부항목 미야케 · 유태하 · 최규하 회담
작성처 외무성
매수 34
비밀등급 극비
문서종류 회의록
공개구분 공개
내용 한일회담 재개 교섭 기록. 일본은 제1안: 청구권에 대해 의사록에는 아무것도 쓰지 않는 안, 제2안: 의사록에 '한일청구권 해결에 대해 대일평화조약 제4조의 해석에 관한 미국 입장 표명'에 대해 한국정부도 같은 의견이라는 것을 양해한다는 내용을 표기하는 안, 제3안: 2안과 거의 같은 취지이지만 말미에 일본 대표의 진술로 '이의 없음'을 붙여 넣는 안을 제출함. 어업에서는 '형기를 만료한' 문구의 존속 여부와 억류자 석방 완료 기한에 관한 양국 대표들의 발언을 논의함.
주제어 한일회담 재개 교섭, 청구권, 어업, 억류자 상호 석방

문서명	유 공사의 미야케에 대한 담화 건(柳公使の三宅に対する談話に関する件)

문서파일번호	109
작성연월일	1957. 9. 10
구분	제3~4차 회담 사이
세부항목	미야케 · 유태하 · 최규하 회담
작성처	외무성 미야케 참사관
매수	3
비밀등급	극비
문서종류	회의록
공개구분	공개
내용	1957년 9월 9일 유태하 공사가 미야케 참사관과 식사를 하면서 간담한 내용. 유 공사는 일본의 청구권 포기를 한국의 대일청구권 처리와 관련짓는다는 조건부는 한국으로서는 수용하기 곤란하다는 입장을 다시 한번 강조함.
주제어	한일회담 재개 교섭, 청구권, 어업, 억류자 상호 석방

오노 차관·주일본 한국공사 유태하 간담 건
(大野次官、在京韓国公使柳泰夏氏と懇談の件)

문서파일번호	110
문서명	오노 차관·주일본 한국공사 유태하 간담 건(大野次官、在京韓国公使柳泰夏氏と懇談の件)
작성연월일	1957. 6. 5
구분	제3~4차 회담 사이
세부항목	오노·유태하 간담
작성처	외무성 오노 차관 구술
매수	5
비밀등급	극비
문서종류	면담록
공개구분	공개
내용	오노 차관·유태하 공사 간담 기록. 유태하 공사는 한일회담 재개를 위해 계속 노력하겠다는 뜻을 밝힘.
주제어	한일회담 재개 교섭

미야케 참사관·최 참사관 회담 요령
(三宅参事官、崔参事官会談要領)

문서파일번호	111
작성연월일	1957. 6. 15 - 1957. 12. 4
구분	제3~4차 회담 사이
세부항목	미야케·최규하 회담
작성처	외무성
매수	26
비밀등급	
문서종류	회의록
공개구분	공개
내용	1957년 6월 15일~12월 4일까지 개최된 한일회담 재개와 관련한 외무성 미야케(三宅喜二郎) 참사관과 주일한국대표부 최규하 참사관 회담 기록
주제어	한일회담 재개 교섭

문서명	미야케 참사관·최 참사관 회담 요령(三宅参事官、崔参事官会談要領)

문서파일번호 111
작성연월일 1957. 6. 15
구분 제3~4차 회담 사이
세부항목 미야케 · 최규하 회담
작성처 외무성 아시아국 제1과
매수 9
비밀등급 극비
문서종류 회의록
공개구분 공개
내용 외무성 미야케 참사관과 주일한국대표부 최규하 참사관 회담 기록. 한일회담 재개를 위해 합의한 의사록 등의 문구에 관한 협의가 이루어짐.
주제어 한일회담 재개 교섭

문서명	6월 17일 최 참사관이 미야케에게 전화한 건(六月十七日崔参事官より三宅への電話の件)

문서파일번호 111
작성연월일 1957. 6. 17
구분 제3~4차 회담 사이
세부항목 미야케 · 최규하 회담
작성처 외무성 미야케 참사관
매수 2
비밀등급 극비
문서종류 회의록
공개구분 공개
내용 최규하 참사관이 미야케 참사관에게 전화하여 6월 16일과 17일 일본 언론이 보도한 내용(한국이 합의안 수정을 요구함에 따라 회담이 결렬)에 항의
주제어 한일회담 재개 교섭

문서명	1957년 8월 20일 미야케 참사관과 최 참사관 회담록(昭和三十二年八月二十日三宅参事官と崔参事官会談録)

문서파일번호 111
작성연월일 1957. 8. 20
구분 제3~4차 회담 사이
세부항목 미야케 · 최규하 회담
작성처 외무성 미야케 참사관
매수 11
비밀등급 극비
문서종류 회의록
공개구분 공개
내용 외무성 미야케 참사관과 주일한국대표부 최규하 참사관 회담 기록. 한일회담 재개를 위해 일본이 제안한 재산청구권 문제 의사록 등에 관하여 협의함.
주제어 한일회담 재개 교섭

문서명	미야케 참사관·최 참사관 회담록(三宅参事官·崔参事官会談録)

문서파일번호 111
작성연월일 1957. 12. 4
작성처 외무성 미야케 참사관 구술
매수 4
비밀등급 극비
구분 제3~4차 회담 사이
세부항목 미야케 · 최규하 회담
문서종류 회의록
공개구분 공개
내용 외무성 미야케 참사관과 주일한국대표부 최규하 참사관 회담 기록. 필요한 경우 한국 연안경비정이 일본 어선이나 순시선에 발포하도록 허가하였다는 언론 보도와 관련하여, 미야케 참사관이 최규하 참사관을 초치하여 사실관계를 확인
주제어 한국 경비정의 일본 선박에 대한 발포 허가 관련 언론 보도

나카가와 아시아국장, 미야케 참사관과 최 참사관 회담 요령(中川アジア局長、三宅参事官と崔参事官会談要領)

문서파일번호	112
문서명	나카가와 아시아국장, 미야케 참사관과 최 참사관 회담 요령(中川アジア局長、三宅参事官と崔参事官会談要領)
작성연월일	1957. 6. 15
구분	제3~4차 회담 사이
세부항목	나카가와·미야케·최규하 회담
작성처	외무성 아시아국 제1과
매수	9
비밀등급	극비
문서종류	회의록
공개구분	공개
내용	나카가와 아시아국장, 미야케 참사관과 최규하 참사관이 한일회담 재개를 위한 의사록과 관련하여 협의한 기록
주제어	한일회담 재개 교섭

기시 총리 및 후지야마 외상과 김 한국대사 및 유 공사 회담 요령(岸総理および藤山外相と金韓国大使及び柳公使との会談要領)

문서파일번호	113
문서명	기시 총리 및 후지야마 외상과 김 한국대사 및 유 공사 회담 요령(岸総理および藤山外相と金韓国大使及び柳公使との会談要領)
작성연월일	1957. 7. 16
구분	제3~4차 회담 사이
세부항목	기시·후지야마·김유택·유태하 회담
작성처	외무성 미야케 참사관
매수	2
비밀등급	극비
문서종류	회의록
공개구분	공개
내용	김유택 대사·유태하 공사와 기시 총리·후지야마 외상의 면담 기록. 한국은 '강제퇴거 처분' 등과 관련한 문구 삭제를 일본에 요청, 일본은 이를 거부함.
주제어	한일회담 재개 교섭

이타가키 아시아국장·유 공사 회담 요령
(板垣アジア局長 柳公使会談要領)

문서파일번호	114
작성연월일	1957. 8. 5 - 1957. 9. 4
구분	제3~4차 회담 사이
세부항목	이타가키·유태하 회담
작성처	외무성
매수	29
비밀등급	
문서종류	회의록
공개구분	공개
내용	1957년 8월 5일~9월 4일까지 한일회담 재개 관련, 이타가키(板垣修) 국장과 유태하 공사가 합의의사록 문구 수정에 관해 협의한 내용이 담긴 문서
주제어	한일회담 재개 교섭

문서명	이타가키 아시아국장·유 공사 회담 요령(板垣アジア局長·柳公使会談要領)

문서파일번호	114
작성연월일	1957. 8. 5
구분	제3~4차 회담 사이
세부항목	이타가키 · 유태하 회담
작성처	외무성 이타가키 국장 구술
매수	8
비밀등급	극비
문서종류	회의록
공개구분	공개
내용	한일회담 재개 관련, 이타가키 아시아국장 · 유태하 공사 회담 기록. 재산청구권 문제와 상호 석방 문제에 관해 협의함.
주제어	한일회담 재개 교섭

문서명	이타가키 아시아국장·유 공사 사적 회담 요령(板垣アジア局長と柳公使との私的会談要領)

문서파일번호	114
작성연월일	1957. 8. 10
구분	제3~4차 회담 사이
세부항목	이타가키 · 유태하 회담
작성처	외무성 미야케 참사관
매수	6
비밀등급	극비
문서종류	회의록
공개구분	공개
내용	이타가키 · 유태하 공사 사적 회담 기록. 8월 5일 회담 시 한일회담 재개와 관련 유 공사의 문서수정 요청사항에 대해 일본의 검토 결과를 전달함.
주제어	한일회담 재개 교섭

문서명	이타가키 아시아국장·유 공사 회담 요령(板垣アジア局長·柳公使会談要領)

문서파일번호 114
작성연월일 1957. 8. 20
구분 제3~4차 회담 사이
세부항목 이타가키 · 유태하 회담
작성처 외무성 미야케 참사관
매수 13
비밀등급 극비
문서종류 회의록
공개구분 공개
내용 이타가키 · 유태하 공사 회담 기록. 회담 재개를 위한 재산청구권과 상호 석방 관련 합의의사록 문구를 협의함.
주제어 한일회담 재개 교섭

문서명	9월 4일 이타가키 아시아국장·유 공사 회담(미야케 동석)[九月四日板垣 アジア局長と柳公使との会談(三宅同席)]

문서파일번호 114
작성연월일 1957. 9. 4
구분 제3~4차 회담 사이
세부항목 이타가키 · 유태하 회담
작성처 외무성 미야케 참사관
매수 2
비밀등급 극비
문서종류 회의록
공개구분 공개
내용 이타가키 · 유태하 공사 회담 기록. 회담 재개를 위한 재산청구권과 상호 석방 관련 합의의사록 문구에 관해 유 공사가 재차 수정을 요구함.
주제어 한일회담 재개 교섭

11월 27일 후지야마 외무대신과 김 대사 회담 요령(十一月二十七日の藤山外務大臣と金大使との会談要領)

문서파일번호	115
문서명	11월 27일 후지야마 외무대신과 김 대사 회담 요령(十一月二十七日の藤山外務大臣と金大使との会談要領)
작성연월일	1957. 11. 29
구분	제3~4차 회담 사이
세부항목	후지야마·김유택 회담
작성처	외무성 미야케 참사관
매수	8
비밀등급	극비
문서종류	회의록
공개구분	공개
내용	김유택 대사가 후지야마 외무대신을 내방하여 청구권 문제에 관해 협의한 내용이 기록됨. 후지야마 외무대신은 9월 21일의 미야케 사안에 대한 한국 수정안에 대해서 일본은 수정에 응하지 않을 것이며 한국이 청구권에 관한 6월 원안을 수용하면 문화재, 강제퇴거 부분에서 자구 수정에 응하겠다는 입장을 표명함[미야케 참사관의 9월 21일 자 합의의사록 사안(私案) 첨부].
주제어	한일회담 재개 교섭, 억류자 상호 석방

합의의사록안
(合意議事録案)

문서파일번호	1525
문서명	합의의사록안(合意議事録案)
작성연월일	1957. 9. 21
구분	제3~4차 회담 사이
세부항목	한일회담 재개 위한 합의의사록안
작성처	외무성 미야케 참사관
매수	3
비밀등급	극비
문서종류	합의의사록안
공개구분	공개
내용	미야케 참사관이 수정, 작성한 한일회담 재개를 위한 합의의사록 시안. '재산청구권 문제에 관해 대일평화조약 제4조의 해석에 관한 미국의 견해 표명은 본 문제의 해결에 관계되는 것이나, 이는 재산청구권의 상호 포기를 의미하는 것이 아니며, 이전의 한일 회담에서 제출된 한국의 청구권에 관한 한국의 제안이 재개되는 회담에서 한국에 의해 논의 및 해결을 위해 제출되는 것을 방해하지 않는 것으로 이해한다'는 내용임. 영문본도 첨부됨.
주제어	한일회담 재개, 청구권

한국의 수정요구 개소일람
(韓国側修正要求個所一覧)

문서파일번호	1526
작성연월일	1957. 12. 19 - 1957. 12. 26
구분	제3~4차 회담 사이
세부항목	한일회담 재개를 위한 합의문서 수정
작성처	외무성 아시아국 제1과
매수	30
비밀등급	
문서종류	내부문서, 내부자료
공개구분	공개
내용	한일회담 재개를 위한 양측 간 여러 합의문서에 대해 한국이 수정을 요구한 부분을 정리한 문서와 수정요구 부분이 표시된 문서
주제어	한일회담 재개를 위한 합의문서 수정

문서명	한국의 수정요구 개소일람(韓国側修正要求個所一覧)

문서파일번호 1526
작성연월일 1957. 12. 19
구분 제3~4차 회담 사이
세부항목 한일회담 재개를 위한 합의문서 수정
작성처 외무성 아시아국 제1과
매수 9
비밀등급 극비
문서종류 내부문서
공개구분 공개
내용 한일회담 재개를 위한 양측 간 여러 합의문서에 대해 한국이 수정을 요구한 부분을 각 문서별로 한국 요구에 응할 수 있는 것과 한국 요구에 문제가 있는 것으로 구분하여 정리
주제어 합의문서 수정 검토

문서명	(가역) 한국에 수용된 일본인어부 및 강제퇴거 명령에 따라 수용된 재일한국인거주자 조치에 관한 일본국정부와 대한민국정부 사이의 양해각서안[(仮訳)韓国において収容されている日本人漁夫及び強制退去命令基き収容されている日本国において収容されている韓人居住者に対する措置に関する日本国政府と大韓民国政府との間の了解覚書(案)]

문서파일번호 1526
작성연월일 1957. 12. 26
구분 제3~4차 회담 사이
세부항목 한일회담 재개를 위한 합의문서 수정, 양해각서안
작성처 외무성 아시아국 제1과
매수 2
비밀등급 극비
문서종류 내부자료
공개구분 공개
내용 한국의 수정요구 내용을 표기한 상호 석방에 관한 양해각서안
주제어 억류자 상호 석방, 청구권, 한일회담 재개

문서명	(가역) 비공표 부속양해서안[(仮訳)非公表 付属了解(案)]

문서파일번호	1526
작성연월일	1957. 12. 26
구분	제3~4차 회담 사이
세부항목	한일회담 재개를 위한 합의문서 수정, 부속양해서안
작성처	외무성 아시아국 제1과
매수	2
비밀등급	일반
문서종류	내부자료
공개구분	공개
내용	한국의 수정요구 내용을 표기한 부속양해서안
주제어	재일한국인 강제퇴거

문서명	(가역) 일본국과 대한민국 사이의 전면회담 재개에 관한 각서안[(仮訳)日本国と大韓民国との間の全面会談の再開に関する覚書(案)]

문서파일번호	1526
작성연월일	1957. 12. 26
구분	제3~4차 회담 사이
세부항목	한일회담 재개를 위한 합의문서 수정, 각서안
작성처	외무성 아시아국 제1과
매수	2
비밀등급	일반
문서종류	내부자료
공개구분	공개
내용	한국의 수정요구 내용을 표기한 회담 재개에 관한 각서안
주제어	한일회담 재개

문서명	(가역) 비공표 합의의사록안[(仮訳)非公表 合意された議事録(案)]

문서파일번호 1526
작성연월일 1957. 12. 26
구분 제3~4차 회담 사이
세부항목 한일회담 재개를 위한 합의문서 수정, 합의의사록안
작성처 외무성 아시아국 제1과
매수 9
비밀등급 일반
문서종류 내부자료
공개구분 공개
내용 한국의 수정요구 내용을 표기한 합의의사록안
주제어 억류자 상호 석방, 한일회담 재개

문서명	구상서(일본)안[口上書(日本側)(案)]

문서파일번호 1526
작성연월일 1957. 12. 26
구분 제3~4차 회담 사이
세부항목 한일회담 재개를 위한 합의문서 수정, 구상서안
작성처 외무성 아시아국 제1과
매수 1
비밀등급 일반
문서종류 내부자료
공개구분 공개
내용 한국의 수정요구 내용을 표기한 일본 구상서안
주제어 청구권, 구보타 발언 철회, 일본의 재한일본재산 청구권 철회

문서명	(가역) 구상서(한국안)[(仮訳)口上書(韓国側)(案)]

문서파일번호 1526
작성연월일 1957. 12. 26
구분 제3~4차 회담 사이
세부항목 한일회담 재개를 위한 합의문서 수정, 구상서안
작성처 외무성 아시아국 제1과
매수 1
비밀등급 일반
문서종류 내부자료
공개구분 공개
내용 한국의 수정요구 내용을 표기한 한국 구상서안
주제어 청구권, 구보타 발언 철회, 일본의 재한일본재산 청구권 철회

문서명	(비공표) 구두 전달사항안[(非公表)口頭伝達事項(案)]

문서파일번호 1526
작성연월일 1957. 12. 26
구분 제3~4차 회담 사이
세부항목 한일회담 재개를 위한 합의문서 수정, 구두 전달사항안
작성처 외무성 아시아국 제1과
매수 4
비밀등급 일반
문서종류 내부자료
공개구분 공개
내용 한국의 수정요구 내용을 표기한 문화재 인도 관련 구두 전달사항안
주제어 문화재 반환

문서명	공동발표안[共同発表(案)]

문서파일번호 1526
작성연월일 1957. 12. 26
구분 제3~4차 회담 사이
세부항목 한일회담 재개를 위한 합의문서 수정, 공동발표 문안
작성처 외무성 아시아국 제1과
매수 2
비밀등급 일반
문서종류 내부자료
공개구분 공개
내용 한국의 수정요구 내용을 표기한 공동발표 문안
주제어 한일회담 재개

문서명	한국에 수용된 일본인어부 및 강제퇴거 명령에 따라 수용된 재일한국인 거주자 조치에 관한 일본정부와 대한민국정부 사이의 양해각서안[Memorandum of Understanding between the Government of Japan and the Government of the Republic of Korea Regarding Measures on Japanese Fishermen Detained in Korea and on Korean Residents in Japan Detained under Deportation Orders(Draft)]

문서파일번호 1526
작성연월일 1957. 12. 26
구분 제3~4차 회담 사이
세부항목 한일회담 재개를 위한 합의문서 수정, 양해각서안
작성처 외무성 아시아국 제1과
매수 2
비밀등급 극비
문서종류 내부자료
공개구분 공개
내용 한국의 수정요구 내용을 표기한 상호 석방에 관한 양해각서안 영문본
주제어 억류자 상호 석방, 청구권, 한일회담 재개

문서명	부속양해서안[Annexed Understanding(Draft)]

문서파일번호	1526
작성연월일	1957. 12. 26
구분	제3~4차 회담 사이
세부항목	한일회담 재개를 위한 합의문서 수정, 부속양해서안
작성처	외무성 아시아국 제1과
매수	1
비밀등급	극비
문서종류	내부자료
공개구분	공개
내용	한국의 수정요구 내용을 표기한 부속양해서안 영문본
주제어	재일한국인 강제퇴거

문서명	한일회담 재개에 관한 양해각서안[Memorandum Concerning the Resumption of the Overall Talks between Japan and the Republic of Korea(Draft)]

문서파일번호	1526
작성연월일	1957. 12. 26
구분	제3~4차 회담 사이
세부항목	한일회담 재개를 위한 합의문서 수정, 각서안
작성처	외무성 아시아국 제1과
매수	1
비밀등급	일반
문서종류	내부자료
공개구분	공개
내용	한국의 수정요구 내용을 표기한 회담 재개 관련 양해각서안 영문본
주제어	한일회담 재개

문서명	합의의사록안[Agreed Minutes(Draft)]

문서파일번호	1526
작성연월일	1957. 12. 26
구분	제3~4차 회담 사이
세부항목	한일회담 재개를 위한 합의문서 수정, 합의의사록안
작성처	외무성 아시아국 제1과
매수	4
비밀등급	극비
문서종류	내부자료
공개구분	공개
내용	한국의 수정요구 내용을 표기한 합의의사록안 영문본
주제어	억류자 상호 석방, 한일회담 재개

문서명	구상서안[Note Verbale(Draft)]

문서파일번호	1526
작성연월일	1957. 12. 26
구분	제3~4차 회담 사이
세부항목	한일회담 재개를 위한 합의문서 수정, 구상서안
작성처	외무성 아시아국 제1과
매수	1
비밀등급	일반
문서종류	내부자료
공개구분	공개
내용	한국의 수정요구 내용을 표기한 일본 구상서안. 6월 24일 유태하 공사가 기타자와 관방부장관에게 요청한 '미국의 대일평화조약 제4조에 관한 해석은 한국의 일본 및 일본인에 대한 청구권과 무관하며, 전혀 별개의 문제라는 구절'이 수기로 적혀 있음.
주제어	청구권, 구보타 발언 철회, 일본의 재한일본재산 청구권 철회

문서명	구상서안[Note Verbale(Draft)]

문서파일번호	1526
작성연월일	1957. 12. 26
구분	제3~4차 회담 사이
세부항목	한일회담 재개를 위한 합의문서 수정, 구상서안
작성처	외무성 아시아국 제1과
매수	1
비밀등급	일반
문서종류	내부자료
공개구분	공개
내용	한국 구상서안 영문본. 수정사항 없음.
주제어	청구권, 구보타 발언 철회, 일본의 재한일본재산 청구권 철회

문서명	구두 전달사항안[Oral Statement(Draft)]

문서파일번호	1526
작성연월일	1957. 12. 26
구분	제3~4차 회담 사이
세부항목	한일회담 재개를 위한 합의문서 수정, 구두 전달사항안
작성처	외무성 아시아국 제1과
매수	1
비밀등급	극비
문서종류	내부자료
공개구분	공개
내용	한국이 요구한 수정사항을 수기로 표시한 문화재 인도에 관한 구두 전달사항안
주제어	문화재 반환

대한 교섭의 경위와 문제점
(対韓交渉の経緯とその問題点)

문서파일번호	1543
작성연월일	1958. 11. 10 - 1958. 11. 28
구분	제4차 회담
세부항목	대한교섭 경위와 문제점
작성처	외무성, 한국대표단
매수	28
비밀등급	
문서종류	내부문서, 내부자료
공개구분	공개
내용	1958년 11월 10일 자 한일교섭의 경위와 5개 의제별 위원회 개최 현황 및 문제점, 재일한인 북송 문제, 독도 문제, 무역채권 문제의 현황과 문제점을 정리한 문서
주제어	대한교섭 경위와 문제점

문서명	대한 교섭의 경위와 문제점(対韓交渉の経緯とその問題点)

문서파일번호 1543
작성연월일 1958. 11. 10
구분 제4차 회담
세부항목 대한교섭 경위와 문제점
작성처 외무성 북동아시아과
매수 18
비밀등급 극비
문서종류 내부문서
공개구분 공개
내용 한일회담 재개를 위해 양국이 합의한 내용과 그 내용의 실시 현황, 한일회담의 재개(본회의와 5개 의제에 따른 위원회 개최), 각 위원회의 회의 개최 현황과 문제점, 북한 귀국을 희망하는 불법 입국자의 국내 가석방 문제, 재일한인 북송 문제, 독도 문제, 무역채권 문제 등을 정리함.
주제어 재일한인 북송 문제, 독도, 무역채권 문제

문서명	별첨1. 한일어업협정 요강(別添一 日韓漁業協定要綱)

문서파일번호 1543
작성연월일 1958. 10. 10
구분 제4차 회담
세부항목 대한교섭 경위와 문제점, 한일어업협정 요강(일본)
작성처 외무성
매수 2
비밀등급 일반
문서종류 내부자료
공개구분 공개
내용 1958년 11월 10일 '대한 교섭의 경위와 그 문제점' 문서 첨부1. 제4차 한일회담 어업 및 '평화선'위원회 제2회 회의(1958년 10월 10일)에서 일본이 제시한 한일어업협정 요강. 문서파일번호 1543에 동일한 문서가 포함되어 있음.
주제어 어업

문서명	별첨2. 한일어업조약 요강(가역) [別添二 日韓漁業条約要綱(仮訳)]

문서파일번호 1543
작성연월일 1953. 7. 17
구분 제4차 회담
세부항목 대한교섭 경위와 문제점, 어업협정 요강(한국)
작성처 한국대표단(일본 가역)
매수 3
비밀등급 일반
문서종류 내부자료
공개구분 공개
내용 1958년 11월 10일 '대한 교섭의 경위와 그 문제점' 문서 첨부 2. 1953년 7월 17일 제2차 한일회담 어업관계위원회 제12회 회의에서 한국이 제출한 한일어업조약 요강. 문서파일번호 1543에 동일한 문서가 포함되어 있음.
주제어 어업

문서명	한일잠정어업협정안의 골자(日韓暫定漁業協定案の骨子)

문서파일번호 1543
작성연월일 1958. 11. 28
구분 제4차 회담
세부항목 대한교섭 경위와 문제점, 어업협정안 골자
작성처 외무성
매수 5
비밀등급 극비
문서종류 내부자료
공개구분 공개
내용 일본이 작성한 한일잠정어업협정안 골자. 어업수역이 그려진 지도가 첨부됨.
주제어 어업

각의청의(재한억류 일본인어부와 재일 수용한인 등의 조치 및 한일 간 전면회담 재개에 관한 한일 양국 정부 간 결정과 본건 결정 실시를 위해 취해야 할 조치에 대해서)[閣議請議(在韓抑留日本人漁夫と在日収容韓人等の措置及び日韓間全面会談再開に関する日韓両国政府間取極並びに本件取極実施のためにとるべき措置について)]

문서파일번호	1527
작성연월일	1957. 12. 30
구분	제3~4차 회담 사이
세부항목	한일회담 재개를 위한 합의문서 각의 통과
작성처	외무성 아시아국 제1과
매수	41
비밀등급	
문서종류	내부문서, 한일회담 재개를 위한 여러 합의문서
공개구분	공개
내용	재한억류 일본인어부와 재일 수용한인 등의 조치 및 한일회담 재개에 관한 양국정부 간 합의와 본건 합의 실시를 위하여 취해야 할 조치에 관한 각의 결정을 요청
주제어	한일회담 재개를 위한 합의문서 각의 통과

문서명	재한억류 일본인어부와 재일 수용한인 등의 조치 및 한일 간 전면회담 재개에 관한 한일 양국 정부 간 결정과 본건 결정 실시를 위해 취해야 할 조치에 대한 각의 청의 건(在韓抑留日本人漁夫と在日収容韓人等の措置及び日韓間全面会談再開に関する日韓両国政府間取極並びに本件取極実施のためにとるべき措置についての閣議請議の件)

문서파일번호 1527
작성연월일 1957. 12. 30
구분 제3~4차 회담 사이
세부항목 한일회담 재개를 위한 합의문서 각의 청의
작성처 외무성 아시아국 제1과
매수 4
비밀등급 일반
문서종류 내부문서
공개구분 공개
내용 1957년 12월 30일 자로 재한억류 일본인어부와 재일 수용한인 등의 조치 및 한일회담 재개에 관한 양국 정부 간 합의와 본건 합의 실시를 위하여 취해야 할 조치(합의문서에 대한 서명, 석방되는 한인 수용자에 대한 생활지도 및 기타 치안대책, 일본인어부의 접수와 한인 송환을 위한 선박 준비, 재개되는 한일회담 준비, 필요한 예산조치)에 관한 각의 결정을 요청
주제어 억류자 상호 석방, 청구권, 한일회담 재개

문서명	(가역) 일본에 수용된 한국인 및 한국에 수용된 일본인어부에 대한 조치에 관한 일본국정부와 대한민국정부 간의 양해각서[(仮訳)日本国において収容されている韓人及び韓国において収容されている日本人漁夫に対する措置に関する日本国政府と大韓民国政府との間の了解覚書]

문서파일번호 1527
작성연월일 1957. 12. 30
구분 제3~4차 회담 사이
세부항목 한일회담 재개를 위한 합의문서 각의 통과, 양해각서
작성처 외무성 아시아국 제1과
매수 2
비밀등급 일반

문서종류　양해각서

공개구분　공개

내용　억류자 상호 석방에 관한 양해 각서. 주요 내용은 일본은 종전 전부터 일본에서 계속 거주하고 있는 한국인으로 입국자 수용소에 수용되고 있는 자를 석방, 한국은 형을 마치고 한국의 외국인 수용소에 수용 중인 일본인어부를 일본에 송환, 제2차 세계대전 후의 한인 불법 입국자의 송환을 받아들인다는 것임.

주제어　억류자 상호 석방, 청구권, 한일회담 재개

문서명	일본에 수용된 한국인 및 한국에 수용된 일본인어부에 대한 조치에 관한 일본정부와 대한민국정부 간의 양해각서(Memorandum of Understanding between the Government of Japan and the Government of the Republic of Korea Regarding Measures on Japanese Fishemen Detained in Korea and on Korean Residents in Japan Detained under Deportation Orders)

문서파일번호　1527

작성연월일　1957. 12. 30

구분　제3~4차 회담 사이

세부항목　한일회담 재개를 위한 합의문서 각의 통과, 양해각서

작성처　외무성 아시아국 제1과

매수　1

비밀등급　일반

문서종류　양해각서

공개구분　공개

내용　억류자 상호 석방에 관한 양해각서 영문본

주제어　억류자 상호 석방, 청구권, 한일회담 재개

문서명	(가역) 비공표 부속양해[(仮訳)非公表 付属了解]

문서파일번호 1527
작성연월일 1957. 12. 30
구분 제3~4차 회담 사이
세부항목 한일회담 재개를 위한 합의문서 각의 통과, 부속양해서
작성처 외무성 아시아국 제1과
매수 1
비밀등급 극비
문서종류 부속양해서
공개구분 공개
내용 한일회담에서 재일한국인 처우 문제가 조속히 해결되기 전까지 일본정부는 재일한국인을 수용소에 억류하는 것을 자제하겠음.
주제어 재일한국인 강제퇴거

문서명	부속양해서(Annexed Understanding)

문서파일번호 1527
작성연월일 1957. 12. 30
구분 제3~4차 회담 사이
세부항목 한일회담 재개를 위한 합의문서 각의 통과, 부속양해
작성처 외무성 아시아국 제1과
매수 1
비밀등급 극비
문서종류 부속양해
공개구분 공개
내용 부속양해서의 영문본
주제어 재일한국인 강제퇴거

문서명	(가역) 일본국과 대한민국 사이의 전면회담 재개에 관한 각서[(仮訳)日本国と大韓民国との間の全面会談の再開に関する覚書]

문서파일번호 1527
작성연월일 1957. 12. 30
구분 제3~4차 회담 사이
세부항목 한일회담 재개를 위한 합의문서 각의 통과, 양해각서
작성처 외무성 아시아국 제1과
매수 1
비밀등급 일반
문서종류 양해각서
공개구분 공개
내용 한일양국은 1958년 3월 1일 도쿄에서 전면회담을 재개하겠다는 내용의 양해각서
주제어 한일회담 재개

문서명	한일회담 재개 위한 양해각서(Memorandum Concerning the Resumption of the Overall Talks between Japan and the Republic of Korea)

문서파일번호 1527
작성연월일 1957. 12. 30
구분 제3~4차 회담 사이
세부항목 한일회담 재개를 위한 합의문서 각의 통과, 양해각서
작성처 외무성 아시아국 제1과
매수 1
비밀등급 일반
문서종류 양해각서
공개구분 공개
내용 회담 재개에 관한 양해각서 영문본
주제어 한일회담 재개

문서명	(가역) 비공표 합의의사록[(仮訳)非公表 合意された議事録]

문서파일번호 1527
작성연월일 1957. 12. 30
구분 제3~4차 회담 사이
세부항목 한일회담 재개를 위한 합의문서 각의 통과, 합의의사록
작성처 외무성 아시아국 제1과
매수 5
비밀등급 극비
문서종류 합의의사록
공개구분 공개
내용 억류자 상호 석방 및 한일회담 의제에 관한 합의의사록. 주요 내용은 재일한국인 수용과 일본인어부 억류자에 대해 각서의 내용대로 조치할 것, 강제퇴거 문제, 기본관계 문제, 재일한국인의 지위 및 처우 문제, 어업 및 평화선 문제, 청구권 문제를 전면회담에서 논의한다는 것임.
주제어 억류자 상호 석방, 한일회담 재개

문서명	합의의사록(Agreed Minutes)

문서파일번호 1527
작성연월일 1957. 12. 30
구분 제3~4차 회담 사이
세부항목 한일회담 재개를 위한 합의문서 각의 통과, 합의의사록
작성처 외무성 아시아국 제1과
매수 4
비밀등급 극비
문서종류 합의의사록
공개구분 공개
내용 합의의사록 영문본
주제어 억류자 상호 석방, 한일회담 재개

문서명	(가역) 구상서(일본)[(仮訳)口上書(日本側)]

문서파일번호 1527
작성연월일 1957. 12. 30
구분 제3~4차 회담 사이
세부항목 한일회담 재개를 위한 합의문서 각의 통과, 구상서
작성처 외무성 아시아국 제1과
매수 1
비밀등급 일반
문서종류 구상서
공개구분 공개
내용 구보타 발언과 한국에 대한 청구권 주장을 철회한다는 내용의 일본 구상서. 한국이 요구했던 문구(미국의 대일평화조약 제4조에 관한 해석이 한국의 청구권과 무관하다는 내용)는 포함되지 않음.
주제어 청구권, 구보타 발언 철회, 일본의 재한일본재산 청구권철회, 한일회담 재개

문서명	구상서(Note Verbale)

문서파일번호 1527
작성연월일 1957. 12. 30
구분 제3~4차 회담 사이
세부항목 한일회담 재개를 위한 합의 문서 각의 통과, 구상서
작성처 외무성 아시아국 제1과
매수 1
비밀등급 일반
문서종류 구상서
공개구분 공개
내용 일본 구상서 영문 번역본
주제어 청구권, 구보타 발언 철회, 일본의 재한일본재산 청구권 철회, 한일회담 재개

문서명	(가역) 구상서(한국)[(仮訳)口上書(韓国側)(案)]

문서파일번호 1527
구분 제3~4차 회담 사이
세부항목 한일회담 재개를 위한 합의문서 각의 통과, 구상서
작성연월일 1957. 12. 30
작성처 외무성 아시아국 제1과
매수 1
비밀등급 일반
문서종류 구상서
공개구분 공개
내용 일본 구상서의 수령을 확인한다는 내용의 한국 구상서
주제어 청구권, 구보타 발언 철회, 일본의 재한일본재산 청구권 철회, 한일회담 재개

문서명	구상서(Note Verbale)

문서파일번호 1527
작성연월일 1957. 12. 30
구분 제3~4차 회담 사이
세부항목 한일회담 재개를 위한 합의문서 각의 통과, 구상서
작성처 외무성 아시아국 제1과
매수 1
비밀등급 일반
문서종류 구상서
공개구분 공개
내용 한국 구상서 영문본
주제어 청구권, 구보타 발언 철회, 일본의 재한일본재산 청구권 철회, 한일회담 재개

문서명	(비공표) 구두 전달사항[(非公表)口頭伝達事項]

문서파일번호	1527
작성연월일	1957. 12. 30
구분	제3~4차 회담 사이
세부항목	한일회담 재개를 위한 합의문서 각의 통과, 구두 전달사항
작성처	외무성 아시아국 제1과
매수	1
비밀등급	극비
문서종류	구두 전달사항
공개구분	공개
내용	일본정부는 되도록 빠른 시기에 한국 미술품을 인도하고, 나머지 미술품은 전면회담에서 논의함.
주제어	문화재 반환

문서명	구두 전달사항

문서파일번호	1527
작성연월일	1957. 12. 30
구분	제3~4차 회담 사이
세부항목	한일회담 재개를 위한 합의문서 각의 통과, 구두 전달사항
작성처	외무성 아시아국 제1과
매수	1
비밀등급	극비
문서종류	구두 전달사항
공개구분	공개
내용	미술품 인도에 관한 구두 전달사항 영문본
주제어	문화재 반환

문서명	공동발표(共同発表)

문서파일번호 1527
작성연월일 1957. 12. 30
구분 제3~4차 회담 사이
세부항목 한일회담 재개를 위한 합의문서 각의 통과, 공동발표문
작성처 외무성 아시아국 제1과
매수 1
비밀등급 일반
문서종류 공동발표문
공개구분 공개
내용 입국자 수용소에 수용된 재일한국인의 석방과 한국에 수용된 일본인어부의 송환 합의, 구보타 발언과 재한일본재산 청구권을 철회하고, 전면회담을 개최하겠음.
주제어 한일회담 재개

문서명	공동발표문(Joint Communique)

문서파일번호 1527
작성연월일 1957. 12. 30
구분 제3~4차 회담 사이
세부항목 한일회담 재개를 위한 합의문서 각의 통과, 공동발표문
작성처 외무성 아시아국 제1과
매수 1
비밀등급 일반
문서종류 공동발표문
공개구분 공개
내용 공동발표문의 영문본
주제어 한일회담 재개

문서명	(가역) 한일청구권의 해결에 관한 일본국과의 평화조약 제4조의 해석에 대한 미국정부의 견해 표명[(仮訳)日韓請求権の解決に関する日本国との平和条約第四条の解釈についてのアメリカ合衆国の見解の表明]

문서파일번호 1527
작성연월일 1957. 12. 30
구분 제3~4차 회담 사이
세부항목 한일회담 재개를 위한 합의문서 각의 통과, 대일평화조약 제4조 미국 해석
작성처 외무성 아시아국 제1과
매수 5
비밀등급 극비
문서종류 내부문서
공개구분 공개
내용 대일평화조약 제4조 b)를 통해 일본은 한국에게 청구권을 주장하지 못하지만, 4조 a) 이행 시 재한일본인의 재산 몰수라는 사실은 고려된다는 내용이 담긴 대일평화조약 제4조 해석에 관한 미국 정부의 견해
주제어 청구권, 대일평화조약 제4조 미국 해석

문서명	한일청구권의 해결에 관한 일본국과의 평화조약 제4조의 해석에 대한 미국 정부의 견해 표명(Statement of U. S. Position on Interpretation of Article 4 of the Japanese Peace Treaty with Respect to Korean-Japanese Claims Settlement)

문서파일번호 1527
작성연월일 1957. 12. 30
구분 제3~4차 회담 사이
세부항목 한일회담 재개를 위한 합의문서 각의 통과, 데일평화조약 제4조 미국 해석
작성처 외무성 아시아국 제1과
매수 2
비밀등급 극비
문서종류 내부문서
공개구분 공개
내용 대일평화조약 제4조 해석에 관한 미국 정부의 견해 영문본
주제어 청구권, 대일평화조약 제4조 미국 해석

문서명	설명서(說明書)

문서파일번호	1527
작성연월일	1957. 12. 30
구분	제3~4차 회담 사이
세부항목	한일회담 재개를 위한 합의문서 각의 통과, 설명서
작성처	외무성 아시아국 제1과
매수	6
비밀등급	일반
문서종류	내부문서
공개구분	공개
내용	각의 결정 요청에 대한 설명서. 회담 중단 이후 회담 재개 합의까지의 교섭의 경위가 정리됨.
주제어	한일회담 재개를 위한 합의문서 설명서

한일합의 문서안
[韓日合意文書(案)]

문서파일번호	1528
작성연월일	1957. 12. 26 - 1957. 12. 30
구분	제3~4차 회담 사이
세부항목	한일회담 재개를 위한 합의문서안
작성처	외무성 아시아국 제1과
매수	48
비밀등급	
문서종류	내부문서, 내부자료
공개구분	공개
내용	한일회담 재개를 위한 양국 간 합의문서 관련 각의결정안 및 한국의 수정요구 일람문서, 각의에서의 후지야마 대신 발언 요지 등 모음
주제어	한일회담 재개를 위한 합의문서안

문서명	각의 결정안[閣議決定(案)]

문서파일번호 1528
작성연월일 1957. 12. 30
구분 제3~4차 회담 사이
세부항목 한일회담 재개 위한 문서 각의 결정
작성처 외무성 아시아국 제1과
매수 3
비밀등급 극비
문서종류 내부문서
공개구분 공개
내용 한일회담 재개를 위한 양국 간 합의문서의 각의 결정안. 문서파일번호 1527에 동일한 내용의 문서가 포함되어 있음.
주제어 한일회담 재개 위한 문서 각의 결정안

문서명	한국의 수정요구 개소 일람(일문)[韓国側修正要求箇所一覧(和文)]

문서파일번호 1528
작성연월일 1957. 12. 26
구분 제3~4차 회담 사이
세부항목 한일회담 재개를 위한 한국의 수정요구 문서
작성처 외무성 아시아국 제1과
매수 3
비밀등급 극비
문서종류 내부문서
공개구분 공개
내용 한일회담 재개를 위한 양국 합의문서(일문본) 관련 한국의 수정요구에 대한 일본 입장이 정리된 문서
주제어 합의문서 수정요구 대응

문서명	한국의 수정요구 개소 일람(영문)[韓国側修正要求個所一覧(英文)]

문서파일번호	1528
작성연월일	1957. 12. 26
구분	제3~4차 회담 사이
세부항목	한일회담 재개를 위한 한국의 수정요구 문서
작성처	외무성 아시아국 제1과
매수	3
비밀등급	극비
문서종류	내부문서
공개구분	공개
내용	한일회담 재개를 위한 양국 합의문서(영문본) 관련 한국의 수정요구에 대한 일본 입장이 정리된 문서
주제어	합의문서 수정요구 대응

문서명	(가역) 한국에 수용된 일본인어부 및 강제퇴거 명령에 따라 수용된 재일한국인거주자 조치에 관한 일본국정부와 대한민국정부 사이의 양해각서안[(仮訳)韓国において収容されている日本人漁夫及び強制退去命令基き収容されている日本国において収容されている韓人居住者に対する措置に関する日本国政府と大韓民国政府との間の了解覚書(案)]

문서파일번호	1528
작성연월일	1957. 12. 26
구분	제3~4차 회담 사이
세부항목	한일회담 재개 위한 양해각서안
작성처	외무성 아시아국 제1과
매수	2
비밀등급	극비
문서종류	내부자료
공개구분	공개
내용	한국의 수정요구 내용을 표기한 상호 석방에 관한 양해각서안
주제어	억류자 상호 석방, 청구권, 한일회담 재개

문서명	(가역) 비공표 부속양해안[(仮訳)非公表 付属了解(案)]

문서파일번호 1528
작성연월일 1957. 12. 26
구분 제3~4차 회담 사이
세부항목 한일회담 재개를 위한 부속양해서안
작성처 외무성 아시아국 제1과
매수 1
비밀등급 일반
문서종류 내부자료
공개구분 공개
내용 한국의 수정요구 내용을 표기한 부속양해서안
주제어 재일한국인 강제퇴거

문서명	(가역) 일본국과 대한민국 사이의 전면회담 재개에 관한 각서안[(仮訳)日本国と大韓民国との間の全面会談の再開に関する覚書(案)]

문서파일번호 1528
작성연월일 1957. 12. 26
구분 제3~4차 회담 사이
세부항목 한일회담 재개 위한 각서안
작성처 외무성 아시아국 제1과
매수 1
비밀등급 일반
문서종류 내부자료
공개구분 공개
내용 회담 재개에 관한 각서안
주제어 한일회담 재개

문서명	(가역) 비공표 합의의사록안[(仮訳)非公表 合意された議事録(案)]

문서파일번호 1528
작성연월일 1957. 12. 26
구분 제3~4차 회담 사이
세부항목 한일회담 재개 위한 합의의사록안
작성처 외무성 아시아국 제1과
매수 5
비밀등급 일반
문서종류 내부자료
공개구분 공개
내용 한국의 수정요구 내용을 표기한 합의의사록안
주제어 억류자 상호 석방, 한일회담 재개

문서명	구상서(일본)안[口上書(日本側)(案)]

문서파일번호 1528
작성연월일 1957. 12. 26
구분 제3~4차 회담 사이
세부항목 한일회담 재개 위한 구상서안
작성처 외무성 아시아국 제1과
매수 1
비밀등급 일반
문서종류 내부자료
공개구분 공개
내용 일본 구상서안
주제어 청구권, 구보타 발언 철회, 일본의 재한일본재산 청구권 철회, 한일회담 재개

문서명	(가역) 구상서(한국안)[(仮訳)口上書(韓国側)(案)]

문서파일번호 1528
작성연월일 1957. 12. 26
구분 제3~4차 회담 사이
세부항목 한일회담 재개 위한 구상서안
작성처 외무성 아시아국 제1과
매수 1
비밀등급 일반
문서종류 내부자료
공개구분 공개
내용 한국 구상서안
주제어 청구권, 구보타 발언 철회, 일본의 재한일본재산 청구권 철회, 한일회담 재개

문서명	(비공표) 구두 전달사항안[(非公表)口頭伝達事項(案)]

문서파일번호 1528
작성연월일 1957. 12. 26
구분 제3~4차 회담 사이
세부항목 한일회담 재개 위한 구두 전달사항안
작성처 외무성 아시아국 제1과
매수 1
비밀등급 일반
문서종류 내부자료
공개구분 공개
내용 한국의 수정요구 내용을 표기한 문화재 인도 관련 구두 전달사항안
주제어 문화재 반환

문서명	공동발표안[共同発表(案)]

문서파일번호 1528
작성연월일 1957. 12. 26
구분 제3~4차 회담 사이
세부항목 한일회담 재개 위한 공동발표 문안
작성처 외무성 아시아국 제1과
매수 2
비밀등급 일반
문서종류 내부자료
공개구분 공개
내용 공동발표 문안
주제어 한일회담 재개

문서명	한국에 수용된 일본인어부 및 강제퇴거 명령에 따라 수용된 재일한국인 거주자 조치에 관한 일본정부와 대한민국정부 사이의 양해각서안[Memorandum of Understanding between the Government of Japan and the Government of the Republic of Korea Regarding Measures on Japanese Fishemen Detained in Korea and on Korean Residents in Japan Detained under Deportation Orders(Draft)]

문서파일번호 1528
작성연월일 1957. 12. 26
구분 제3~4차 회담 사이
세부항목 한일회담 재개 위한 양해각서안
작성처 외무성 아시아국 제1과
매수 2
비밀등급 극비
문서종류 내부자료
공개구분 공개
내용 한국의 수정요구 내용을 표기한 상호 석방에 관한 양해각서안 영문본
주제어 억류자 상호 석방, 청구권, 한일회담 재개

문서명	부속양해서안[Annexed Understanding(Draft)]

문서파일번호	1528
작성연월일	1957. 12. 26
구분	제3~4차 회담 사이
세부항목	한일회담 재개 위한 부속양해서안
작성처	외무성 아시아국 제1과
매수	1
비밀등급	극비
문서종류	내부자료
공개구분	공개
내용	한국의 수정요구 내용을 표기한 부속양해서안 영문본
주제어	재일한국인 강제퇴거

문서명	한일회담 재개 관련 각서안[Memorandum Concerning the Resumption of the Overall Talks between Japan and the Republic of Korea(Draft)]

문서파일번호	1528
작성연월일	1957. 12. 26
구분	제3~4차 회담 사이
세부항목	한일회담 재개 위한 각서안
작성처	외무성 아시아국 제1과
매수	1
비밀등급	일반
문서종류	내부자료
공개구분	공개
내용	회담 재개 관련 양해각서안 영문본
주제어	한일회담 재개

문서명	합의의사록안[Agreed Minutes(Draft)]

문서파일번호	1528
작성연월일	1957. 12. 26
구분	제3~4차 회담 사이
세부항목	한일회담 재개 위한 합의의사록안
작성처	외무성 아시아국 제1과
매수	5
비밀등급	극비
문서종류	내부자료
공개구분	공개
내용	한국의 수정요구 내용을 표기한 합의의사록안 영문본
주제어	억류자 상호 석방, 한일회담 재개

문서명	구상서안[Note Verbale(Draft)]

문서파일번호	1528
작성연월일	1957. 12. 26
구분	제3~4차 회담 사이
세부항목	한일회담 재개 위한 구상서안
작성처	외무성 아시아국 제1과
매수	1
비밀등급	일반
문서종류	내부자료
공개구분	공개
내용	일본 구상서안 영문본
주제어	청구권, 구보타 발언 철회, 일본의 재한일본재산 청구권 철회, 한일회담 재개

문서명	구상서안[Note Verbale(Draft)]

문서파일번호 1528
작성연월일 1957. 12. 26
구분 제3~4차 회담 사이
세부항목 한일회담 재개 위한 구상서안
작성처 외무성 아시아국 제1과
매수 1
비밀등급 일반
문서종류 내부자료
공개구분 공개
내용 한국 구상서안 영문본
주제어 한일회담 재개

문서명	구두 전달사항안[Oral Statement(Draft)]

문서파일번호 1528
작성연월일 1957. 12. 26
구분 제3~4차 회담 사이
세부항목 한일회담 재개 위한 구두 전달사항안
작성처 외무성 아시아국 제1과
매수 1
비밀등급 극비
문서종류 내부자료
공개구분 공개
내용 한국의 수정요구 내용을 표기한 문화재 인도에 관한 구두 전달사항안 영문본
주제어 문화재 반환

문서명	공동발표 문안[Joint Communique(Draft)]

문서파일번호 1528
작성연월일 1957. 12. 26
구분 제3~4차 회담 사이
세부항목 한일회담 재개 위한 공동발표 문안
작성처 외무성 아시아국 제1과
매수 2
비밀등급
문서종류 내부자료
공개구분 공개
내용 공동발표 문안의 영문본
주제어 한일회담 재개

문서명	12월 30일 각의에서의 후지야마 대신 발언 요지(十二月三十日閣議における藤山大臣発言要旨)

문서파일번호 1528
작성연월일 1957. 12. 26
구분 제3~4차 회담 사이
세부항목 각의 후지야마 대신 발언 요지
작성처 외무성 아시아국 제1과
매수 11
비밀등급 극비
문서종류 내부문서
공개구분 공개
내용 한일회담 재개를 위한 합의문서 결정을 위해 개최하는 1957년 12월 30일 각의에서 후지야마 대신이 발언할 요지. 양국이 합의에 이르게 된 경위, 각의에서 결정되어야 할 내용 등이 담겨 있음.
주제어 억류자 상호 석방, 청구권, 한일회담 재개

조인식 순서 등
(調印式次第等)

문서파일번호	1529
작성연월일	1957. 12. 31
구분	제3~4차 회담 사이
세부항목	한일회담 재개를 위한 합의문서 조인식
작성처	외무성
매수	20
비밀등급	
문서종류	내부자료, 내부문서, 구상서
공개구분	공개
내용	한일회담 재개를 위한 양국 합의문서 조인식 순서, 착석표, 후지야마 외무대신 인사말, 김유택 대사 인사말, 한일관계에 대한 일본정부의 견해, 한일회담 재개를 위한 양국 구상서 등 모음
주제어	한일회담 재개를 위한 합의문서 조인식, 한일회담 재개를 위한 구상서

문서명	조인식 순서(調印式次第)

문서파일번호 1529
작성연월일 1957. 12. 31
구분 제3~4차 회담 사이
세부항목 합의문서 조인식
작성처 외무성
매수 1
비밀등급 극비
문서종류 내부자료
공개구분 공개
내용 한일회담 재개를 위한 양국 합의문서 조인식 순서
주제어 합의문서 조인식

문서명	조인식 좌석 배치도(調印式着席表)

문서파일번호 1529
작성연월일 1957. 12. 31
구분 제3~4차 회담 사이
세부항목 합의문서 조인식
작성처 외무성
매수 1
비밀등급 일반
문서종류 내부자료
공개구분 공개
내용 한일회담 재개를 위한 양국 합의문서 조인식 좌석 배치도
주제어 합의문서 조인식

문서명	한일 합의문 조인식 후지야마 외무대신 인사(日韓取極調印式における藤山外相挨拶)

문서파일번호 1529
작성연월일 1957. 12. 31
구분 제3~4차 회담 사이
세부항목 합의문서 조인식, 후지야마 외상 인사말
작성처 외무성
매수 2
비밀등급 일반
문서종류 내부자료
공개구분 공개
내용 한일회담 재개를 위한 양국 합의문서 조인식 후지야마 대신 인사말. 일본인어부 송환이 실현된 것을 기쁘게 생각하며 한일회담에서 양국 간 항구적 우호관계의 기초를 쌓는 것이 중요함.
주제어 합의문서 조인식, 후지야마 외상 인사말

문서명	김유택 대사 인사(金裕沢大使挨拶)

문서파일번호 1529
작성연월일 1957. 12. 31
구분 제3~4차 회담 사이
세부항목 합의문서 조인식, 김유택 대사 인사말
작성처 외무성
매수 2
비밀등급 일반
문서종류 내부자료
공개구분 공개
내용 한일회담 재개를 위한 양국 합의문서 조인식 김유택 대사의 인사말. 재일한국인이 석방된 것을 다행스럽게 생각하며, 양국 간 모든 문제의 조속한 해결이 요망되며, 재개되는 회담에서 일본의 협력을 기대함.
주제어 합의문서 조인식, 김유택 대사 인사말

문서명	김유택 대사 인사말(Draft of Remarks to be made by Ambassador Yu Taik Kim)

문서파일번호 1529
작성연월일 1957. 12. 31
구분 제3~4차 회담 사이
세부항목 합의문서 조인식, 김유택 대사 인사말
작성처 외무성
매수 3
비밀등급 일반
문서종류 내부자료
공개구분 공개
내용 한일회담 재개를 위한 양국 합의문서 조인식 김유택 대사의 인사말 영문본 가역본
주제어 합의문서 조인식, 김유택 대사 인사말

문서명	한일관계 조정에 관한 일본정부의 견해(日韓関係調整に関する日本政府の見解)

문서파일번호 1529
작성연월일 1957. 12. 31
구분 제3~4차 회담 사이
세부항목 한일회담 재개 관련 일본 견해
작성처 외무성
매수 3
비밀등급 극비
문서종류 내부문서
공개구분 공개
내용 1957년 12월 31일 개최된 한일회담 재개를 위한 양국 합의문서 조인식에 즈음하여 작성한 한일관계 조정에 관한 일본정부의 견해로 한국에 전달된 것으로 보임. 그 내용은 ① 구보타 발언은 개인적 발언으로 일본정부의 공식 견해가 아님. ② 재한일본 재산에 대한 청구권 문제는 대일평화조약 제4조에 관한 미국정부의 견해 표명에 언급된 내용이 형평성 있는 해결을 위한 기초가 될 것으로 생각함. ③ 양국 간 분쟁해결의 수단으로 무력을 사용하지 않을 것을 확약함. ④ 한일회담 타결을 위해 다음 조치를 제의함. (1) 일본은 '이 라인' 내 조업 어선의 수를 제한, 한국은 이 어선들의 조업을 방해하지 않음. (2) 강제퇴거 처분을 받은 오무라수용소 내 한국인의 석방을 고려함.

한국은 부산에 수용 중인 일본인어부를 귀국시키고, 일본에 불법 입국한 한국인의 강제퇴거를 수용함. 이러한 조치는 회담에서 양국 정부의 입장을 저해하지 않음.

주제어 한일회담 재개 관련 일본 견해

문서명	한일관계에 관한 일본정부의 견해(Views of Japanese Government on Japan-Korea Relations)

문서파일번호 1529
작성연월일 1957. 12. 31
구분 제3~4차 회담 사이
세부항목 한일회담 재개 관련 일본 견해
작성처 외무성
매수 4
비밀등급 일반
문서종류 내부문서
공개구분 공개
내용 한일회담 재개를 위한 양국 합의문서 조인식에 즈음하여 작성한 한일관계 조정에 관한 일본정부의 견해 영문본
주제어 한일회담 재개 관련 일본 견해

문서명	구상서(일본, 한국)(口上書)

문서파일번호 1529
작성연월일 1957. 12. 31
구분 제3~4차 회담 사이
세부항목 한일회담 재개를 위한 구상서
작성처 외무성
매수 4
비밀등급 일반
문서종류 구상서
공개구분 공개
내용 한일회담 재개를 위한 일본과 한국의 구상서 일문 및 영문본
주제어 한일회담 재개를 위한 구상서

한일교섭 최근 상황
(日韓交渉最近の状況)

문서파일번호	1479
작성연월일	1957. 12. 9
구분	제3~4차 회담 사이
세부항목	후지야마 외상·맥아더 대사 회담 자료
작성처	외무성
매수	7
비밀등급	
문서종류	내부자료
공개구분	공개
내용	1957년 12월 10일로 예정된 후지야마 외상과 맥아더 주일미국대사 회담에 대비한 일본의 준비 자료
주제어	한일회담 재개 관련 교섭 상황

문서명	한일교섭 최근 상황(日韓交渉最近の状況)

문서파일번호 1479
작성연월일 1957. 12. 9
구분 제3~4차 회담 사이
세부항목 후지야마 외상 · 맥아더 대사 회담 자료
작성처 외무성
매수 1
비밀등급 비(秘)
문서종류 내부자료
공개구분 공개
내용 1957년 12월 10일로 예정된 후지야마 외상과 맥아더(Douglas MacArthur II) 주일미국대사 회담에 대비한 일본의 준비 자료. 김 유택 대사와 회담이 있었으나, 한국은 재산청구권 문제 관련, '미국정부의 성명은 한국의 대일청구권에 대해 불리한 영향을 주는 것이 아님'이라는 구절의 합의의사록 포함, 공동발표문에서 '미국정부의 성명을 기초로 해서' 문구 삭제를 제안, 아직 금년 6월의 문안에 동의가 이루어지지 않고 있다는 내용 등이 기술되어 있음.
주제어 한일회담 재개 관련 교섭 상황

문서명	아시아국 관계 후지야마 대신과 맥아더 대사의 일반적 회담에서의 담화 요령안 (アジア局関係 藤山大臣のマックアーサー大使との一般的会談における談話要領案)

문서파일번호 1479
작성연월일 1957. 12. 9
구분 제3~4차 회담 사이
세부항목 후지야마 외상 · 맥아더 대사 회담 자료
작성처 외무성
매수 6
비밀등급 비(秘)
문서종류 내부자료
공개구분 공개
내용 후지야마 외상과 맥아더 주일미국대사 회담 시 후지야마 대신의 발언 요령안 중 아

시아국 관계사안을 기술한 자료. 야쓰기 가즈오* 씨의 보고에 따르면 이승만 대통령의 대일감정이 어느 정도 누그러져 기시 내각하에서 반드시 한일회담을 성사시키고 싶다고 함. 한국의 생각이 정말 그러하고 합리적인 태도를 취한다면 일본으로서도 이번에 한일회담을 타결시키고 싶음.

주제어 한일회담 재개 교섭에 관한 입장

* 야쓰기 가즈오(矢次一夫)는 기시 총리가 패전 이전인 상공성의 국장 시절부터 알고 지내던 재계인사로서 주일대표부의 유태하 참사관과 두터운 친분이 있었으며, 한일 간 막후교섭에서 중요한 역할을 수행하였음(유의상, 『대일외교의 명분과 실리』, 역사공간, 2016, 222쪽).

한일회담 현황 및 자료
(日韓会談現況及び資料)

문서파일번호	687
작성연월일	1957(월일 불명)
구분	제3~4차 회담 사이
세부항목	한일회담 현황 및 관련 자료
작성처	외무성
매수	62
비밀등급	극비
문서종류	내부문서, 합의의사록
공개구분	공개
내용	한일회담 재개를 앞두고 1957년 중반 회담의 다섯 가지 의제(①기본관계 수립 문제 ② 재산청구권 문제 ③ 어업 문제 ④ 재일한국인의 국적 처우 문제 ⑤ 선박 문제)와 한국문화재 반환에 관한 교섭 현황과 관련 자료, 한국의 대일 접근을 예상할 수 있는 이유 등을 기술한 문서 모음
주제어	기본관계, 재산청구권, 어업, 재일한국인 법적지위, 선박 반환, 문화재 반환

문서명	一. 한일회담의 다섯 가지 의제(一. 日韓會談における五議題) 1. 기본관계 수립 문제(1. 基本関係樹立問題)

문서파일번호 687
작성연월일 1957(월일 불명)
구분 제3~4차 회담 사이
세부항목 한일회담 현황 및 관련 자료
작성처 외무성
매수 5(표지포함)
비밀등급 극비
문서종류 내부문서
공개구분 공개
내용 제1차 한일회담의 기본관계 문제 경위를 간단하게 설명하고 있으며, 제6회 기본관계위원회에서 일본이 제시한 '일본국과 대한민국의 기본적 관계를 설정하는 조약안' 첨부
주제어 기본관계

문서명	2. 재산청구권 문제(2. 財産請求權問題)

문서파일번호 687
작성연월일 1957(월일 불명)
구분 제3~4차 회담 사이
세부항목 한일회담 현황 및 관련 자료
작성처 외무성
매수 19
비밀등급 극비
문서종류 내부문서
공개구분 공개
내용 제1차 한일회담의 재산청구권 문제 경위를 간단하게 설명하고 있으며, 일본이 제시한 '한일 양국 간에 결정되어야 할 재산 및 청구권 처리에 관한 협정의 기본요강'(1953년 3월 6일 자), '한일 간 재산 및 청구권 협정 요강 한국 제안'(1952년 2월 21일 자), 한국 청구요강 상세세목에 관한 1953년 5월 14일 자, 5월 23일 자, 5월 28일 자 비망록(Aide Memoire), '한일 청구권 해결에 관한 대일평화조약 제4조 해석에 관한 미국정부 견해의 표명안(1952년 4월 29일)' 등 첨부
주제어 청구권

문서명	3. 어업 문제(3. 漁業問題)

문서파일번호	687
작성연월일	1957(월일 불명)
구분	제3~4차 회담 사이
세부항목	한일회담 현황 및 관련 자료
작성처	외무성
매수	7
비밀등급	극비
문서종류	내부문서
공개구분	공개
내용	제1차 한일회담의 어업 문제 경위를 간단하게 설명하고 있으며, 일본이 제시한 '한일어업협정 요강'(1953년 6월 29일) 첨부
주제어	어업

문서명	4. 재일한국인의 국적 처우 문제(4. 在日朝鮮人の国籍処遇問題)

문서파일번호	687
작성연월일	1957(월일 불명)
구분	제3~4차 회담 사이
세부항목	한일회담 현황 및 관련 자료
작성처	외무성
매수	6
비밀등급	극비
문서종류	내부문서
공개구분	공개
내용	제1차 한일회담의 재일한국인의 국적 처우 문제 경위를 간단하게 설명하고 있으며, 일본이 제시한 '재일한국인의 국적 및 처우에 관한 한일협정안'(1952년 4월 4일 자) 첨부
주제어	법적지위

문서명	5. 선박 문제(5. 船舶問題)

문서파일번호	687
작성연월일	1957(월일 불명)
구분	제3~4차 회담 사이
세부항목	한일회담 현황 및 관련 자료
작성처	외무성
매수	1
비밀등급	극비
문서종류	내부문서
공개구분	공개
내용	제1차 한일회담의 선박 문제 경위를 간단하게 설명
주제어	선박 반환

문서명	二. 한일회담 재개를 위한 여러 문서(二. 日韓會談 再開のための諸文書)

문서파일번호	687
작성연월일	1957. 3(일자 불명)
구분	제3~4차 회담 사이
세부항목	한일회담 현황 및 관련 자료
작성처	외무성
매수	8
비밀등급	일반
문서종류	합의의사록 등
공개구분	공개
내용	1957년 3월 작성된 것으로 보이는 회담 재개를 위한 각종 합의안(부속양해, 합의의사록, 구상서, 구두 전달사항, 각서) 등 첨부
주제어	한일회담 재개

문서명	三. 한국 문화재에 관하여(三. 韓国文化財について)

문서파일번호 687
작성연월일 1957. 2. 21
구분 제3~4차 회담 사이
세부항목 한일회담 현황 및 관련 자료
작성처 외무성
매수 3
비밀등급 극비
문서종류 내부문서
공개구분 공개
내용 제1차 한일회담부터 1955년까지의 문화재 반환 문제 교섭 경위를 간단하게 설명
주제어 문화재 반환

문서명	문부성 및 문화재보호위원회 회답-한일 양 현안 처리에 관한 협의 건(文部省及び文化財保護委員会回答-日韓両懸案處理に關し協議の件)

문서파일번호 687
작성연월일 1953. 10. 22
구분 제3~4차 회담 사이
세부항목 한일회담 현황 및 관련 자료
작성처 외무성
매수 2
비밀등급 일반
문서종류 내부문서
공개구분 공개
내용 외무성 아시아국 제2과의 문의에 대한 문부성과 문화재보호위원회의 1953년 10월 22일 자 회답을 정리한 문서. 일본이 보유한 한국 관계 문화재는 모두 정당한 절차에 의해 입수되었고, 학술상 중요한 것이며, 이러한 것들을 한국에 증여한다고 하더라도 한국을 만족시키는 것은 곤란하기 때문에 문화재 증여에 찬성하기 어려움.
주제어 문화재

문서명	문화재에 대한 한국 의향(文化財に対する韓国側意向)

문서파일번호 687
작성연월일 1952. 1. 9
구분 제3~4차 회담 사이
세부항목 한일회담 현황 및 관련 자료
작성처 외무성
매수 1
비밀등급 일반
문서종류 내부문서
공개구분 공개
내용 지바(千葉皓) 참사관과 김용식 공사 회담 내용. 한일 간 분위기를 더욱 좋게 할 수 있는 하나의 방안으로, 패전 전 혹은 패전 후 한국에서 일본으로 반출된 고미술품, 서적 등의 반환에 대해 고려해 주었으면 함.
주제어 문화재

문서명	1952년도 회담에서의 한국 주장(昭和二七年度会議の際の韓国側主張)

문서파일번호 687
작성연월일 1952(월일 불명)
구분 제3~4차 회담 사이
세부항목 한일회담 현황 및 관련 자료
작성처 외무성
매수 1
비밀등급 일반
문서종류 내부문서
공개구분 공개
내용 1952년도 한일회담에서 한국이 문화재 관련 주장한 내용. 법리가 아닌 정치적 고려로 자발적으로 문화재를 반환해 주었으면 함. 반출된 시기에 상관없이 연합국에 대한 반환에 준하도록 하며, 정당하게 취득한 것도 대가를 지불하더라도 반환해 주었으면 함.
주제어 문화재

문서명	1953년 회의(昭和二十八年会議)

문서파일번호 687
작성연월일 1953. 5. 19
구분 제3~4차 회담 사이
세부항목 한일회담 현황 및 관련 자료
작성처 외무성
매수 1
비밀등급
문서종류 내부문서
공개구분 공개
내용 제2차 한일회담 제2회 청구권관계 회의 내용. 한국은 국보에 대해 일본이 정치적으로 고려할 여지가 있다고 생각하며, 학자는 물론 이승만 대통령도 국보에 큰 관심을 가지고 있다고 말함.
주제어 문화재 반환

문서명	한일 양 현안 처리에 관한 협의 건(日韓兩懸案處理に關し協議の件)

문서파일번호 687
작성연월일 1953. 10. 17
구분 제3~4차 회담 사이
세부항목 한일회담 현황 및 관련 자료
작성처 외무성
매수 1
비밀등급 일반
문서종류 내부문서
공개구분 공개
내용 외무성이 문부성과 문화재보호위원회에 보낸 공문 내용을 정리한 문서. '한국국민 감정을 고려하여, 일본이 보유한 한국관계 문화재 중 적당한 것이 있다면 약간을 증여하도록 한다'는 내용
주제어 문화재 반환

문서명	1953년 회담에서의 문화재 관계 응수(昭和二十八年十月会談の際における文化財関係応酬)

문서파일번호 687
작성연월일 1953. 10. 15
구분 제3~4차 회담 사이
세부항목 한일회담 현황 및 관련 자료
작성처 외무성
매수 2
비밀등급 일반
문서종류 내부문서
공개구분 공개
내용 제3차 한일회담 청구권위원회 제2회 회의 내용. 한국이 제시한 문화재 리스트에 대해 일본은 해당 리스트도 약탈재산에 해당하는 것은 없을 것이며, 한국의 독립을 축하하는 견지에서 약간의 문화재를 증여하는 것을 정부에게 진언할 수는 있으나, 한국이 약탈품이기 때문에 돌려 달라고 주장한다면 거절하지 않을 수 없다고 답변함.
주제어 문화재

문서명	4. 대일 접근을 예상하게 하는 여러 요인(四. 対日接近を予想せしめる諸因)

문서파일번호 687
작성연월일 1957. 3(일자 불명)
구분 제3~4차 회담 사이
세부항목 한일회담 현황 및 관련 자료
작성처 외무성
매수 5
비밀등급 극비
문서종류 내부문서
공개구분 공개
내용 이승만 정권의 대일 접근 가능성에 대한 분석 보고서. 이승만 정권의 시책에 대한 대중들의 불평불만, 북한의 대일 접근정책, 일소국교 성립, 일본의 유엔 가입 등으로 인한 반공·반일 강경 외교정책의 고립화, 일본인어부 억류 문제로 인해 이승만 정권은 대외정책을 반성해야 하는 상황에 몰렸으며, 결국 일본에 접근해 올 것으로 예상됨.
주제어 한국의 일본 접근

아북자료: 한국 외무부가 본 한일회담 경위와 문제점(亜北資料: 韓国外務部のみた日韓会談の経緯と問題点)

문서파일번호	14
문서명	아북자료: 한국 외무부가 본 한일회담 경위와 문제점(亜北資料: 韓国外務部のみた日韓会談の経緯と問題点)
작성연월일	1960. 11. 10
구분	제4차 회담
세부항목	한일 현안, 한국 외무부의 시각
작성처	외무성 북동아시아과
매수	65
비밀등급	일반
문서종류	내부자료
공개구분	공개
내용	한국외무부가 1959년 5월 간행한 『외무행정의 10년』 책자 가운데 제3장(주요외교 문제의 개관) 제1부(정치 문제) 제4절(한일관계 제 현안 문제 해결노력)의 내용을 일문으로 번역한 내용. 한일회담 현황, 평화선, 억류자 문제, 독도 문제 등 포함되어 있음.
주제어	평화선, 억류자 문제, 독도

제4차 한일회담 처리방침안
(第4次日韓会談処理方針案)

문서파일번호	1533
문서명	제4차 한일회담 처리방침안(第4次日韓会談処理方針案)
작성연월일	1958. 2. 14
구분	제3~4차 회담 사이
세부항목	제4차 한일회담 처리방침안
작성처	외무성 아시아국 제1과
매수	9
비밀등급	비(秘)
문서종류	내부문서
공개구분	공개
내용	제4차 한일회담에 대비하여 작성한 회담 처리방침(안). ① 기본관계: 외교관계 및 영사관계의 설립을 그 밖의 약간의 사항과 함께 간단한 조약으로 규정할 것 ② 재산청구권관계: 평화조약 제4조 a항에 규정되어 있는 한일 간 특별협정에 대해서는 미국정부의 견해를 바탕으로 재한일본재산을 한국이 접수함으로써 어느 정도까지 한국의 청구권이 소멸되거나 충족되었다고 인정시킬 것. 청구권 문제와 관계없이 정부가 소유하고 있는 한국관계 문화재 일부를 한국에 인도함. ③ 어업관계: '이 라인'에 관한 법률적 논쟁은 피하고, 어업자원의 지속적 생산성 확보를 위해 필요한 공동조치를 취함을 목적으로 함. ④ 재일한국인 국적 처우 문제: 국적은 재일한국인이 한국국민이라는 한국 국적법을 존중하되 이것을 협정에 정식으로 명기하는 것은 피함. ⑤ 선박관계: 정부가 구입할 수 있는 선박의 수량 한도 내에서 한국에 증여함.
주제어	기본관계, 재산청구권, 어업, 재일한국인 법적지위, 선박 반환

한일 문제에 관한 외무성 견해
(日韓問題に関する外務省の見解)

문서파일번호	1534
문서명	한일 문제에 관한 외무성 견해(日韓問題に関する外務省の見解)
작성연월일	1958. 2. 28
구분	제3~4차 회담 사이
세부항목	억류자 상호 석방 교섭 및 타결 경위
작성처	외무성 아시아국 제1과
매수	5
비밀등급	일반
문서종류	내부자료
공개구분	공개
내용	외무성 이타가키 아시아국장이 신문기자에게 한일 문제와 관련하여 언급한 내용을 정리한 자료. 1952년 1월 18일 한국의 평화선 선언 이후 일본 어선 나포로 발생한 문제, 억류 일본인어부 석방을 위한 교섭, 억류자 상호 석방 및 한일회담 재개를 위한 양국 간 합의 경위, 일본의 한 잡지가 미국의 대일평화조약 제4조 해석에 관한 견해를 게재한 것은 일본정부의 책임이 아님, 일본 어부 송환이 완료되면 회담 재개에 응할 예정이라는 내용 등
주제어	'이 라인', 어선 나포, 재일한인 북송 문제, 한일회담 재개

한일교섭의 경위와 현상(아시아태평양지역 공관장회의에서의 아시아국장 설명자료)[日韓交渉の経緯と現状(アジア太平洋地域公館長会議におけるアジア局長説明資料)]

문서파일번호	1535
문서명	한일교섭의 경위와 현상(아시아태평양지역 공관장회의에서의 아시아국장 설명자료) [日韓交渉の経緯と現状(アジア太平洋地域公館長会議におけるアジア局長説明資料)]
작성연월일	1958. 3. 10
구분	제3~4차 회담 사이
세부항목	억류자 상호 석방 교섭 및 타결 경위
작성처	외무성 아시아국 제1과
매수	13
비밀등급	극비
문서종류	내부자료
공개구분	공개
내용	아시아태평양지역 공관장회의에서 아시아국장이 한일교섭에 관해 설명할 자료. 억류자 상호 석방 교섭 및 타결 경위, 금후 전개될 상황에 대한 전망 등
주제어	아태지역 공관장 회의 자료

후지야마 대신과 김 대사 회담요록
(藤山大臣と金大使会談要録)

문서파일번호	421
문서명	후지야마 대신과 김 대사 회담요록 (藤山大臣と金大使会談要録)
작성연월일	1958. 3. 13
구분	제3~4차 회담 사이
세부항목	후지야마·김유택 회담
작성처	외무성
매수	10
비밀등급	일반
문서종류	회의록
공개구분	공개
내용	1958년 3월 1일로 예정되었던 한일회담 재개가 불발된 후 회담 재개 협의를 위해 3월 13일 후지야마 대신과 김유택 주일한국대표부 대사가 개최한 회담 기록. 양측 간에 의견 대립을 보인 억류 일본인어부 등 상호 석방에 관한 문제들이 협의되었으나 별 성과 없이 종료됨.
주제어	상호 석방·송환, 한일회담 재개

기시 총리 및 이 한국 대통령 서한
(岸総理及び李韓国大統領間書簡)

문서파일번호	313
작성연월일	1958. 1. 8 - 1958. 5. 20
구분	제4차 회담
세부항목	기시 · 이승만 서한
작성처	외무성, 한국정부
매수	9
비밀등급	
문서종류	서한
공개구분	공개
내용	기시 총리와 한국의 이승만 대통령이 상대방에게 보낸 서한 모음
주제어	한일회담 재개 관련 서한

문서명	1958년 1월 8일 자로 기시 총리가 이 대통령에게 보낸 서한(1958.1.8付岸總理の李大統領宛書簡)

문서파일번호	313
작성연월일	1958. 1. 8
구분	제4차 회담
세부항목	기시 · 이승만 서한
작성처	외무성
매수	5
비밀등급	일반
문서종류	서한
공개구분	공개
내용	기시 총리가 이승만 대통령에게 보낸 서한. 예비회담에서 보여 준 성의와 결의, 일본정부에 필요한 지도를 기대함. 민간인으로서 협력해 준 야쓰기(矢次一夫)에게 본서한 전달을 위탁함.
주제어	한일회담 재개 관련 기시 총리 서한

문서명	1958년 1월 8일 자로 기시 총리가 이 대통령에게 보낸 서한(1958.1.8付岸總理の李大統領宛書簡)

문서파일번호	313
작성연월일	1958. 1. 8
구분	제4차 회담
세부항목	기시 · 이승만 서한
작성처	외무성
매수	2
비밀등급	일반
문서종류	서한
공개구분	공개
내용	기시 총리가 이승만 대통령에게 보낸 서한 영문본
주제어	한일회담 재개 관련 기시 총리 서한

문서명	1958년 5월 9일 자로 기시 총리가 이 대통령에게 보낸 서한(1958.5.9付岸總理の發李大統領宛書簡)

문서파일번호 313
작성연월일 1958. 5. 9
구분 제4차 회담
세부항목 기시 · 이승만 서한
작성처 외무성
매수 1
비밀등급
문서종류 서한
공개구분 공개
내용 1958년 3월 29일 자 이승만 대통령의 답신에 감사를 표하며 정식회담이 재개되게 된 것을 진심으로 기뻐하고, 곧 야쓰기를 파견할 것이며 양국 간 친선우호가 강화되기를 기대함.
주제어 기시 총리 서한

문서명	1958년 5월 20일 자로 이 대통령이 기시 총리에게 보낸 서한(1958.5.20 付李大統領の岸總理宛書簡)

문서파일번호 313
작성연월일 1958. 5. 20
구분 제4차 회담
세부항목 기시 · 이승만 서한
작성처 한국정부
매수 1
비밀등급 일반
문서종류 서한
공개구분 공개
내용 기시 총리의 1958년 1월 8일과 5월 9일 자 서한 및 야쓰기를 통해 보낸 선물에 대한 사의 표명, 상호 긴밀하게 협력해 나가기를 희망함.
주제어 이승만 대통령 서한

3월 13일 후지야마 대신과 김 대사 회담 요령
(三月十三日藤山大臣と金大使会談要領)

문서파일번호	314
문서명	3월 13일 후지야마 대신과 김 대사 회담 요령(三月十三日藤山大臣と金大使会談要領)
작성연월일	1958. 3. 18
구분	제3~4차 회담 사이
세부항목	후지야마·김유택 회담
작성처	외무성 미야케 참사관
매수	19
비밀등급	극비
문서종류	회의록
공개구분	공개
내용	후지야마 대신과 김유택 대사 회담 기록. 후지야마 대신이 일본은 한국인 수감자를 전원 석방했는데 한국이 억류 일본인어부를 500명만 송환한 상태라며 그 후의 정황을 묻자, 김 대사는 오무라 수용자 중 100명 정도가 북한 귀국을 희망하는 문제와 밀입국자 명부에 재일한국인이 포함되어 있는 점으로 인해 일본 어부 송환이 완료되지 못했다며, 한일회담이 3월 1일에 계획대로 열리지 못한 것에 유감을 표함. 대신은 회담 재개의 조건으로 한국이 어부송환 일시를 미리 명시할 것을 제안함.
주제어	회담 재개 교섭, 억류자 상호 석방

한일교섭(차관회의설명)
[日韓交渉(次官会議説明)]

문서파일번호	1531
문서명	한일교섭(차관회의설명)[日韓交渉(次官会議説明)]
작성연월일	1958. 1. 6
구분	제3~4차 회담 사이
세부항목	한일회담 재개경위
작성처	외무성
매수	12
비밀등급	극비
문서종류	내부자료
공개구분	공개
내용	1958년 1월 6일 개최되는 차관회의에서 한일회담 재개를 위한 합의문서가 조인되기까지의 경위를 설명하기 위해 작성한 문서. 당초 합의문서에 대한 조인은 1957년 12월 31일 정오에 개최될 예정이었으나, 한국이 조인식 직전 '대일평화조약 제4조에 관한 미국의 견해 표명'을 양국 정부의 합의가 없는 한 공표하지 않는다는 조건을 일본이 수락할 것을 요구, 일본이 한국 요구에 대해 '당분간 공표하지 않으나 장래 양국 어느 쪽이고 공표의 필요성이 인정될 경우 협의한다'로 변경하는 곡절 끝에 밤 11시 30분에 조인이 이루어졌다는 내용이 포함되어 있음.
주제어	차관회의 자료

한일교섭 타결 건
(日韓交渉妥結に関する件)

문서파일번호	1532
작성연월일	1958. 1. 10 - 1958. 3. 20
구분	제3~4차 회담 사이
세부항목	한일교섭 타결 경위 주요공관 통보
작성처	외무성 아시아국 제1과
매수	10
비밀등급	
문서종류	공문
공개구분	공개
내용	한일회담 재개를 위한 양국 간 교섭 타결 경위 및 교섭 타결 후 한일회담 재개가 늦어진 경위를 주요공관에 통보하는 공문
주제어	한일회담 재개 교섭 타결 경위

문서명	한일교섭 타결 건(日韓交涉妥結に関する件)

문서파일번호 1532
작성연월일 1958. 1. 10
구분 제3~4차 회담 사이
세부항목 한일교섭 타결경위 주요공관 통보
작성처 외무성 아시아국 제1과
매수 5
비밀등급 극비
문서종류 공문
공개구분 공개
내용 주미, 유엔, 영, 불, 독, 이, 제네바, 인도, 중화민국(타이완)대사에게 한일교섭 타결에 관한 경위와 향후 과제(밀입국자 중 북한 귀국 희망자에 대한 조치, 문화재 인도 문제 등)에 관한 사항을 통보. 문서파일번호 1488에 동일한 문서가 포함되어 있음.
주제어 한일회담 재개 교섭 타결 경위

문서명	한일교섭 타결 후의 경위 건(日韓交渉妥結後の経緯に関する件)

문서파일번호 1532
작성연월일 1958. 3. 20
구분 제3~4차 회담 사이
세부항목 한일교섭 타결 후 경위 주요공관 통보
작성처 외무성 아시아국 제1과
매수 5
비밀등급 비(秘)
문서종류 공문
공개구분 공개
내용 주미, 유엔, 영, 불, 독, 이, 제네바, 인도, 중화민국(타이완)대사에게 한일교섭 타결 후의 경위(1958년 1월 10일 공문으로 알려 준 내용 이후 전개된 상황, 한일회담 재개가 지연된 경위)를 통보. 문서파일번호 1488에 동일한 문서가 포함되어 있음.
주제어 한일회담 재개 교섭 타결 후 경위

한일 문제에 관한 외무성 견해
(日韓問題に関する外務省の見解)

문서파일번호	420
작성연월일	1958. 2. 28 - 1958. 3. 1
구분	제3~4차 회담 사이
세부항목	한일회담 재개 연기에 대한 일본 입장
작성처	외무성
매수	4
비밀등급	
문서종류	내부문서
공개구분	공개
내용	1958년 3월 1일로 예정되었던 한일회담 재개가 연기된 것과 관련 한국이 일본을 비난하는 성명을 내자, 이를 반박하기 위해 일본이 작성한 대언론용 입장 표명문
주제어	한일회담 재개 연기에 대한 일본 입장

문서명	한일 문제에 관한 외무성 견해(日韓問題に関する外務省の見解)

문서파일번호 420
작성연월일 1958. 2. 28
구분 제3~4차 회담 사이
세부항목 회담 재개 연기에 대한 일 측 견해
작성처 외무성
매수 3
비밀등급 일반
문서종류 내부문서
공개구분 공개
내용 한일 문제에 관한 일본 외무성 견해가 정리된 보도자료. 1957년 1월 당시 나카가와 아시아국장과 김용식 공사 간에 ① 상호 석방을 실시해 한일 양국의 분위기를 개선시킨 후 한일회담 재개 ② 한일회담 재개 후 교착상태에 빠지면 곤란하므로 주요 문제는 미리 가능한 의견을 조정한다는 원칙에 합의가 이루어진 이후 일본은 국내 석방 준비를 추진해 2월 11일 전부 석방을 완료함. 그러나 한국은 2월 1일 300명 송환 실시 이래 송환을 하지 않고 있는 가운데 어부 송환이 완료될 때까지 한일회담 재개도 잠시 연기하는 것도 어쩔 수 없다는 견해를 제시
주제어 상호 석방·송환

문서명	3월 1일 자 도쿄신문 기사(3月1日付 東京新聞 記事)

문서파일번호 420
작성연월일 1958. 3. 1
구분 제3~4차 회담 사이
세부항목 한일회담 재개 연기에 대한 일본 견해
작성처 도쿄신문(東京新聞)
매수 1
비밀등급 일반
문서종류 내부자료
공개구분 공개
내용 억류자 상호 석방 관련 일본 견해가 반영된 도쿄신문 기사(첨부 자료)
주제어 상호 석방·송환, 언론 보도

회담훈령
(会談訓令)

문서파일번호	1536
문서명	회담훈령(会談訓令)
작성연월일	1958. 4(일자 불명)
구분	제3~4차 회담 사이
세부항목	제4차 한일회담 훈령
작성처	외무성
매수	11
비밀등급	극비
문서종류	내부문서
공개구분	공개
내용	제4차 한일회담에 대한 훈령. ① 표면적으로 남북한에 걸친 문제를 한국정부와 교섭하되, 실질적으로는 한국정부의 지배가 북한에 미치지 않음을 고려, 한국과 체결하는 조약 중 사항에 따라서는 한반도 전체를 규정하는 것이 불가능하거나 부적절하다는 점을 고려할 것 ② 기본관계: 외교. 영사관계의 설정을 기타 필요한 사항과 함께 간단한 조약으로 규정함 ③ 재산청구권 문제: 법률론은 최대한 피하고 한국의 대일청구 구분 중 특정부분에 대해 기득권 존중의 원칙과 한일 양 국민 감정융화의 견지에서 일본에서 적극적으로 지불하고, 그 외 구분에 대해서도 교섭 가능한 한 국제법 원칙에 따르며, 본건에 대한 미국정부의 견해 표명의 원용은 극력 피할 것, 청구권 문제와 관계없이 정부가 소유한 약간의 한국관계 문화재를 한국에 인도할 것 ④ 어업 문제: '이 라인'에 관한 법률적 논쟁은 피하고, 어업자원의 지속적 생산성 확보를 위해 필요한 공동조치를 취함을 목적으로 함. 협정과 잠정조치 두 가지 타결을 염두에 두고 잠정조치가 현실 문제 해결에 주요한 역할을 하도록 함 ⑤ 재일한국인 국적 처우 문제: 재일한국인 국적이 한국국민이라는 한국 국적법을 존중하되 이것을 협정에 정식으로 명기하는 것은 피함 ⑥ 선박관계: 정부가 구입할 수 있는 선박의 수량 한도 내에서 한국에 증여함.
주제어	한국의 관할권, 기본관계, 재산청구권, 어업, 재일한국인 법적지위, 선박 반환

제3부

제4차 회담 본회의 및 훈령, 비공식회담
(1958. 4. 15~1960. 4. 16)

한일회담 교섭방침
(日韓会談交渉方針)

문서파일번호	1538
작성연월일	1958. 4. 22
구분	제4차 회담
세부항목	한일교섭방침
작성처	외무성
매수	32
비밀등급	
문서종류	내부문서
공개구분	공개 또는 일부비공개
내용	1957년 7월 2일 시점에 작성한 일본의 제4차 한일회담 교섭방침 문서
주제어	기본관계, 재산청구권, 어업, 재일한국인 법적지위, 선박 반환, 문화재 반환

문서명	한일회담 교섭방침(日韓会談交渉方針)

문서파일번호 1538
작성연월일 1958. 7. 2
구분 제4차 회담
세부항목 한일교섭방침
작성처 외무성 다카노 참사관
매수 9
비밀등급 극비
문서종류 내부문서
공개구분 공개
내용 1958년 7월 2일 시점에 작성한 일본의 한일회담 교섭방침 문서. 기본관계, 청구권 문제, 선박 문제, 어업 문제, 국적 처우 문제 순으로 정리되어 있음. 기본관계는 한국 정부의 유일합법성 문제와 일본과 대한제국 간의 조약 및 협정에 관한 일본의 교섭 방침이 제시되어 있고, 청구권 문제에서는 미군정령 제33호의 효력에 대해 기술하고 있음.
주제어 기본관계, 재산청구권, 어업, 재일한국인 법적지위, 선박 반환

문서명	설명자료 1. 청구권에 대해서(説明資料その一 請求権について)

문서파일번호 1538
작성연월일 1958. 7. 2
구분 제4차 회담
세부항목 한일교섭방침
작성처 외무성 다카노 참사관, 북동아시아과
매수 2
비밀등급 일반
문서종류 내부문서
공개구분 일부비공개
내용 청구권 문제에 대한 설명자료. 한국 요구를 국제법상의 원칙에 의거하여 검토한 결과에 대해 평가하고 제1차, 2차 한일회담에서 한국이 제시한 대일청구권 금액의 추정치에 대해서 거론함. 문서의 반 이상이 먹칠로 가려져 있음.
주제어 청구권

문서명	설명자료 2. 문화재에 대해서(説明資料その二 文化財について)

문서파일번호 1538
작성연월일 1958. 7. 2
구분 제4차 회담
세부항목 한일교섭방침
작성처 외무성 다카노 참사관, 북동아시아과
매수 2
비밀등급 일반
문서종류 내부문서
공개구분 일부비공개
내용 문화재 반환 문제에 대한 설명자료. 조선총독부 조사발굴사업으로 발굴되어 일본으로 반출, 국유 소유로 되어 있는 문화재를 한국정부에 증여한다는 방침을 제시하고, 경상북도 경주군, 경상남도 양산면으로 구분하여 증여 문화재 개수가 기재됨.
주제어 문화재 반환

문서명	설명자료 3. 재일한국인의 국적 처우 문제에 관한 기본방침(안)[説明資料その三 在日朝鮮人の国籍処遇問題に関する基本方針(案)]

문서파일번호 1538
작성연월일 1958. 3. 17
구분 제4차 회담
세부항목 한일교섭방침
작성처 법무성 입국관리국
매수 3
비밀등급 일반
문서종류 내부문서
공개구분 공개
내용 법무성 입국관리국이 작성한 재일한국인 국적 처우 문제에 관한 기본방침(안). 1952년 4월 4일에 작성된 '재일한국인의 국적 처리에 관한 한일협정안'이 아니라 새로운 방침을 가지고 임할 것이라면서 교섭 대상, 한국의 국내 문제, 강제퇴거에 관한 일시적 예외조치, 악질적인 자에 대한 기한 한정 체류 허가에 대해 새로운 방침을 제시함.
주제어 재일한국인 법적지위

문서명	별첨1. 한국에 대한 채무 처리에 관한 시안(別紙 一 韓国に対する債務処理についての試案)

문서파일번호 1538
작성연월일 1958. 7. 2
구분 제4차 회담
세부항목 한일교섭방침
작성처 외무성 다카노 참사관, 북동아시아과
매수 11
비밀등급
문서종류 내부자료
공개구분 일부비공개
내용 1958년 4월 22일 '한일회담 교섭방침' 첨부1. 한국에 대한 채무 처리 시안으로서 국유 한국미술품 중에 가능한 범위 내에서 한국에 양도할 방침이 제시되어 있으나, 그 외의 대부분은 박스 먹칠로 인해 전반적인 내용 파악이 어려운 상태임. 문서 중간 중간에 한국의 대일송금 반환, 재조선 본사법인의 재일 자산 반환 등이 기재됨.
주제어 청구권

문서명	별첨2. 한국이 주장하고 있는 대일청구권의 내용과 금액(別紙 二 韓国が主張している対日請求権の内容と金額)

문서파일번호 1538
작성연월일 1958. 7. 2
구분 제4차 회담
세부항목 한일교섭방침
작성처 외무성 다카노 참사관, 북동아시아과
매수 5
비밀등급
문서종류 내부자료
공개구분 일부비공개
내용 1958년 4월 22일 '한일회담 교섭방침' 첨부 2. 1952년 2월 20일에 한국이 제시한 '한일 간 재산 및 청구권협정 요강'과 1953년 5월의 '비망록(aide-memoire)'을 중심으로 한국의 대일청구권 주장을 정리함. 보충자료로 일본의 추정액수가 기재됨.
주제어 청구권

한일교섭 타개방침안
(日韓交涉打開方針案)

문서파일번호	1539
문서명	한일교섭 타개방침안(日韓交涉打開方針案)
작성연월일	1958. 7. 24
구분	제4차 회담
세부항목	한일교섭 타개 방침
작성처	외무성 스가누마 과장
매수	3
비밀등급	비(秘)
문서종류	내부문서
공개구분	공개
내용	스가누마 북동아시아과장이 작성한 한일교섭 타개방침(안). 어업 및 재일한인 문제에 관한 방안을 기술함.
주제어	어업, 재일한국인 법적지위

한일교섭 타결
(日韓交涉妥結)

문서파일번호	1487
작성연월일	1958. 1. 2 - 1958. 9. 25
구분	제3~4차 회담 사이
세부항목	한일회담 재개, 재일한인 북송 문제 교섭, 주요공관 통보
작성처	외무성
매수	30
비밀등급	
문서종류	전문(電文)
공개구분	공개
내용	한일회담 재개 합의, 회담 재개 후 재일한인 북송 문제와 관련하여 양측 간 협의내용 등을 주요공관에 통보하는 전문 모음
주제어	한일회담 재개 등

문서명	한일교섭 타결 건(日韓交渉妥結に関する件)

문서파일번호 1487
작성연월일 1958. 1. 2
구분 제3~4차 회담 사이
세부항목 한일회담 재개 주요공관 통보
작성처 외무성 아시아국 제1과
매수 2
비밀등급 일반
문서종류 전문(電文)
공개구분 공개
내용 억류자 상호 석방 및 한일회담 재개를 목적으로 하는 양국 교섭이 1957년 12월 29일 타결되어 12월 31일 관련 문서에 조인하였음을 주요공관장에게 통보
주제어 한일교섭 타결

문서명	한일교섭 타결 건(日韓交渉妥結に関する件)

문서파일번호 1487
작성연월일 1958. 1. 2
구분 제3~4차 회담 사이
세부항목 한일합의에 관한 공동발표문 주요공관 통보
작성처 외무성 아시아국 제1과
매수 3
비밀등급 일반
문서종류 전문(電文)
공개구분 공개
내용 억류자 상호 석방 및 한일회담 재개를 위한 양국 합의에 관한 공동발표문(Joint Communique)을 주요공관장에게 송부
주제어 한일합의에 관한 공동발표문

문서명	한일교섭 건(日韓交渉に関する件)

문서파일번호 1487
작성연월일 1958. 1. 6
구분 제3~4차 회담 사이
세부항목 한일교섭 합의문서 주미대사 송부
작성처 외무성 아시아국 제1과
매수 1
비밀등급 비(秘)
문서종류 전문(電文)
공개구분 공개
내용 주미대사에게 한일교섭 합의 관련 문서 텍스트를 송부
주제어 한일교섭 합의문서

문서명	한일회담 재개 건(日韓全面会談再開に関する件)

문서파일번호 1487
작성연월일 1958. 4. 17
구분 제3~4차 회담 사이
세부항목 한일회담 재개 후 일본인어부 송환 상황 주요공관 통보
작성처 외무성 아시아국 제1과
매수 3
비밀등급 극비
문서종류 전문(電文)
공개구분 공개
내용 1958년 4월 15일 한일회담 재개 후 일본인어부 송환 상황 등을 주요공관장에게 통보
주제어 한일회담 재개 후 일본인어부 송환 상황

문서명	한일회담 건(日韓全面会談に関する件)

문서파일번호 1487
작성연월일 1958. 5. 19
구분 제3~4차 회담 사이
세부항목 한일회담 진행 상황 주요공관 통보
작성처 외무성 북동아시아과
매수 4
비밀등급 비(秘)
문서종류 전문(電文)
공개구분 공개
내용 1958년 4월 15일 한일회담 재개 후의 상황을 주요공관장에게 통보
주제어 한일회담 진행상황

문서명	한일교섭 건(日韓交渉に関する件)

문서파일번호 1487
작성연월일 1958. 9. 11
구분 제3~4차 회담 사이
세부항목 재일한인 북송 문제 주미대사 통보
작성처 외무성 북동아시아과
매수 3
비밀등급 극비
문서종류 전문(電文)
공개구분 공개
내용 재일한인 북송 문제와 관련 한일 양측의 협의 경과를 주미대사에게 통보
주제어 재일한인 북송 문제

문서명	한일교섭 건(日韓交渉に関する件)

문서파일번호 1487
작성연월일 1958. 9. 11
구분 제3~4차 회담 사이
세부항목 재일한인 북송 문제에 관한 일본 입장 주미대사 통보
작성처 외무성 북동아시아과
매수 3
비밀등급 극비
문서종류 전문(電文)
공개구분 공개
내용 재일한인 북송 문제 및 오무라 석방 한국인의 한국 접수와 관련한 유태하 공사의 1958년 8월 12일 자 비망록(aide-memoire)에 대해 일본이 작성한 구두 전달사항(oral statement) 내용을 주미대사에게 통보. '일본은 한국의 요청의 적의 고려하에 재일한인 북송 문제를 다룰 것이며, 한국이 밀입국 한국인의 인수를 조기에 재개해 줄 것을 요청한다'는 내용
주제어 재일한인 북송 문제에 관한 일본 입장

문서명	한일교섭 건(日韓交渉に関する件)

문서파일번호 1487
작성연월일 1958. 9. 22
구분 제3~4차 회담 사이
세부항목 재일한인 북송 문제에 관한 일본 입장 주유엔대사 통보
작성처 외무성 북동아시아과
매수 3
비밀등급 극비
문서종류 전문(電文)
공개구분 공개
내용 재일한인 북송 문제와 관련하여 한국과 협의한 내용을 주유엔대사에게 통보
주제어 재일한인 북송 문제에 관한 일본 입장

문서명	한일교섭 건(日韓交渉に関する件)

문서파일번호	1487
작성연월일	1958. 9. 22
구분	제3~4차 회담 사이
세부항목	재일한인 북송 문제에 관한 일본 입장 주유엔대사 통보
작성처	외무성 북동아시아과
매수	3
비밀등급	극비
문서종류	전문(電文)
공개구분	공개
내용	주유엔대사에게 일본이 재일한인 북송 문제와 관련하여 한국에 전달한 구두 전달사항(oral statement) 내용을 통보
주제어	재일한인 북송 문제에 관한 일본 입장

문서명	한일교섭 건(日韓交渉に関する件)

문서파일번호	1487
작성연월일	1958. 9. 25
구분	제3~4차 회담 사이
세부항목	재일한인 북송 문제, 한일회담 재개, 주미대사 통보
작성처	외무성 북동아시아과
매수	2
비밀등급	극비
문서종류	전문(電文)
공개구분	공개
내용	주미대사에게 재일한인 북송 문제와 관련한 한국과의 협의 내용을 통보. 1958년 9월 13일 이타가키 아시아국장이 유태하 공사에게 구두 전달사항을 전했으며, 일시 귀국했던 유태하 공사가 9월 22일 야마다 히사나리(山田久就) 차관과 만나 한국정부는 일본 조치에 이의 없다면서 한일회담 재개는 사와다(沢田兼三)·임송본 양 수석대표가 만나 협의하도록 하자고 합의함.
주제어	재일한인 북송 문제, 한일회담 재개

문서명	한일교섭 건(日韓交渉に関する件)

문서파일번호	1487
작성연월일	1958. 9. 25
구분	제3~4차 회담 사이
세부항목	재일한인 북송 문제에 관한 일본 입장 주미대사 통보
작성처	외무성 북동아시아과
매수	3
비밀등급	극비
문서종류	전문(電文)
공개구분	공개
내용	1958년 9월 13일 재일한인 북송 문제와 관련하여 일본이 한국에 전달한 구두 전달사항 내용을 주미대사에게 통보
주제어	재일한인 북송 문제에 관한 일본 입장

한일교섭 타결
(日韓交涉妥結)

문서파일번호	1488
작성연월일	1958. 1. 10 - 1958. 11. 20
구분	제3~4차 회담, 제4차 회담
세부항목	한일교섭 타결 경위 등 주요공관 통보
작성처	외무성
매수	15
비밀등급	
문서종류	공문
공개구분	공개
내용	억류자 상호 석방 문제 및 한일회담 재개에 관한 양국 간 교섭 타결 경위, 교섭 타결 후의 경위 등을 주요공관장에게 통보하는 공문 모음
주제어	한일회담 재개 교섭 타결

문서명	한일교섭 타결 건(日韓交渉妥結に関する件)

문서파일번호 1488
작성연월일 1958. 1. 10
구분 제3~4차 회담 사이
세부항목 한일교섭 타결 경위 등 주요공관 통보
작성처 외무성 아시아국 제1과
매수 5
비밀등급 극비
문서종류 공문
공개구분 공개
내용 주미, 유엔, 영, 불, 독, 이, 제네바, 인도, 중화민국(타이완)대사에게 한일교섭 타결에 관한 경위와 향후 과제(밀입국자 중 북한 귀국 희망자에 대한 조치, 문화재 인도 문제 등)에 관한 사항을 통보. 결론 부분에 아직 억류어부 송환이 구체적으로 실현되기까지는 성급한 낙관을 해서는 안 된다는 내용이 담겨 있음.
주제어 한일교섭 타결 경위

문서명	한일교섭 이노우에 대표의 맥아더 대사 방문 건(日韓交渉井上代表の「マッカーサー」大使往訪に関する件)

문서파일번호 1488
작성연월일 1958. 3. 20
구분 제3~4차 회담 사이
세부항목 한일교섭 타결 경위 등 주요공관 통보
작성처 외무성 아시아국 제1과
매수 4
비밀등급 극비
문서종류 공문
공개구분 공개
내용 한일회담 일본대표로 임명된 이노우에(井上孝治郎) 전 아르헨티나 대사가 1958년 3월 7일 맥아더 주일미대사와 환담한 내용을 주미대사에게 통보. 이노우에는 일본이 한국에 대표부가 없어 한국 수뇌부의 생각을 모른다면서 미국이 관련 정보를 공유해 주기를 희망함. 맥아더는 이승만 대통령 예방기회에 한일회담에 합리적으로 대응하는 게 필요하다고 진언했다면서 일본도 교섭에 성의를 갖고 임할 필요가 있다고 언급함.
주제어 한일회담에 대한 양국 태도

문서명	한일교섭 타결 후의 경위 건(日韓交渉妥結後の経緯に関する件)

문서파일번호 1488
작성연월일 1958. 3. 20
구분 제3~4차 회담 사이
세부항목 한일교섭 타결 경위 등 주요공관 통보
작성처 외무성 아시아국 제1과
매수 5
비밀등급 비(秘)
문서종류 공문
공개구분 공개
내용 주미, 유엔, 영, 불, 독, 이, 제네바, 인도, 중화민국(타이완)대사에게 한일교섭 타결 후의 경위(1958년 1월 10일 공문으로 알려 준 내용 이후 전개된 상황)를 통보. 한일 양측이 억류자 상호 석방에 관한 실시위원회를 구성, 회의가 진행되는 도중 오무라 수용 중인 한인 중 93명을 북한으로 송환하겠다는 일본 입장에 한국이 반발, 또한 한국이 문화재 인도와 관련, 일본이 즉각 인도를 약속한 106점 이외에 추가 목록을 제시함 따라 일본인어부 송환이 지체되고 결국 422명이 한국에 잔류되는 상황이 벌어짐. 일본은 한국이 잔류 어부 송환에 관한 구체 일정을 제시하고 실행하면 언제든 한일회담을 재개할 것임.
주제어 한일교섭 타결 후 경위

문서명	한일교섭자료 송부 건(日韓交渉資料送付に関する件)

문서파일번호 1488
작성연월일 1958. 11. 20
구분 제4차 회담
세부항목 한일교섭 타결 경위 등 주요공관 통보
작성처 외무성 북동아시아과
매수 1
비밀등급 극비
문서종류 공문
공개구분 공개
내용 미국, 유엔 등 주요국가 소재 공관에 한일교섭과 관련한 자료를 송부
주제어 한일교섭 자료 송부

한일교섭 건
(日韓交渉に関する件)

문서파일번호	1486
문서명	한일교섭 건(日韓交渉に関する件)
작성연월일	1958. 9. 22
구분	제4차 회담
세부항목	한일교섭 경과, 주유엔대사 보고
작성처	주유엔대사
매수	1
비밀등급	비(秘)
문서종류	전문(電文)
공개구분	공개
내용	후지야마 대신이 한일교섭과 관련한 본성의 전보를 잘 받았다면서 차관 이하 본성 직원의 노고를 격려하기 위해 주유엔대표부를 통해 보낸 전문
주제어	한일교섭

한일회담 재개 후 경위
(日韓全面会談再開後の経緯)

문서파일번호	70
문서명	한일회담 재개 후 경위(日韓全面会談再開後の経緯)
작성연월일	1958. 10. 13
구분	제4차 회담
세부항목	제4차 회담 교섭 경위
작성처	외무성 북동아시아과
매수	9
비밀등급	비(秘)
문서종류	내부자료
공개구분	공개
내용	한일회담 재개(구분 제4차 회담) 후의 본회의 및 각 분과위 교섭 진척 상황에 관해 정리한 내용을 담은 문서
주제어	기본관계, 재일한국인 법적지위, 청구권·경협, 어업, 선박

한일회담 교섭 현상
(日韓会談交渉の現状)

문서파일번호	71
문서명	한일회담 교섭 현상(日韓会談交渉の現状)
작성연월일	1958. 10. 14
구분	제4차 회담
세부항목	제4차 회담 교섭 평가
작성처	외무성 북동아시아과
매수	6
비밀등급	비(秘)
문서종류	내부자료
공개구분	공개
내용	제4차 회담 재개 후 교섭 상황에 관해 정리한 문서. 주요 내용은 한국이 문화재와 선박의 반환을 요구하면서 나포 일본 어선의 반환에 관한 논의를 거부했고, 재일한인 북송 문제는 여전히 한일 간 핫이슈가 되고 있으며, 평화선 관련 한국이 비타협적인 관계로 교섭이 교착상태 등
주제어	기본관계, 재일한국인 법적지위, 청구권·경협, 어업, 선박

한일회담 문제점
(日韓会談の問題点)

문서파일번호	72
문서명	한일회담 문제점(日韓会談の問題点)
작성연월일	1958. 10. 16
구분	제4차 회담
세부항목	제4차 회담 교섭 평가
작성처	외무성 북동아시아과
매수	14
비밀등급	비(秘)
문서종류	내부자료
공개구분	일부비공개
내용	제4차 회담을 진행하면서 드러난 문제점을 의제별로 나눠서 정리한 문서. 이 문서의 결론으로 일본은 어업 문제가 해결된다면 청구권을 비롯한 다른 문제에 대해 정치적으로 고려하는 방침으로 임하고 있지만, 한국의 요구에 부응할 만한 준비가 되어 있지 않다고 지적함. 아울러 최종적으로 북송 문제로 인해 이번 교섭이 결렬될 가능성을 제시하고 있음.
주제어	기본관계, 재일한국인 법적지위, 청구권·경협, 어업, 선박

한일교섭 현상에 관해
(日韓交渉の現状について)

문서파일번호	1541
문서명	한일교섭 현상에 관해(日韓交渉の現状について)
작성연월일	1958. 10. 27
구분	제4차 회담
세부항목	한일교섭 현상
작성처	스가누마 과장
매수	8
비밀등급	극비
문서종류	내부문서
공개구분	공개
내용	1958년 10월 27일 시점에 스가누마(管沼潔) 북동아시아과 과장이 작성한 한일교섭의 현상에 관한 문서. 한국은 문화재와 선박 문제를 과거청산의 문제로 간주, 이 문제부터 해결하면 한국 내 분위기가 좋아져 어업 문제에 대해서도 원만한 해결의 분위기가 만들어질 것이라고 주장함. 한국은 이 두 문제의 해결을 위해 모든 수단을 강구할 것으로 보이며, 이 경우 일본은 한국의 공격에 무방비상태가 될 것임. 일본으로서는 성급하게 어업관할권을 전제로 하는 교섭에는 응하지 않는다는 정부 최고당국의 방침을 정하고, 대표단에게는 어업 문제와 관련하여 자유로운(free hand) 교섭권을 줄 필요가 있음.
주제어	문화재 반환, 선박 반환, 어업

대한 교섭방침 결정
(対韓交渉方針決定)

문서파일번호	1542
작성연월일	1958. 11. 10
구분	제4차 회담
세부항목	대한 교섭방침
작성처	외무성, 한국대표단, 연합국 최고사령부
매수	22
비밀등급	
문서종류	내부문서, 내부자료
공개구분	공개 또는 일부비공개
내용	한일회담이 일본이 원하는 방향으로 진행되지 않음에 따라 이 현상을 타개하기 위해 1958년 11월 10일 자로 작성한 교섭방침 문서
주제어	대한 교섭방침

문서명	대한 교섭방침 결정 건(対韓交渉方針の決定に関する件)

문서파일번호 1542
작성연월일 1958. 11. 10
구분 제4차 회담
세부항목 대한 교섭방침
작성처 외무성
매수 4
비밀등급 극비
문서종류 내부문서
공개구분 공개
내용 1958년 11월 10일 자로 작성한 한일교섭방침 문서. 한국이 선 해결을 주장하는 선박, 문화재위원회 쟁점에 깊숙하게 파고들지 않는 작전이 한계에 봉착했다고 지적함. 그리고 한국이 '이 라인' 문제를 젖혀 두고 문화재, 선박 문제를 우선시하는 것에 대해 '평화선' 철폐를 전제로 하는 어업 문제 해결을 우선시할 것을 교섭방침안으로 제시함. 한편 재일한인 북한 귀국 문제는 현상유지를 제안함.
주제어 문화재 반환, 선박 반환, 어업, 재일한인 북송 문제

문서명	별지. 문화재 및 선박에 대한 최종방침(안)[(別紙)文化財及び船舶についての最終方針(案)]

문서파일번호 1542
작성연월일 1958. 11. 10
구분 제4차 회담
세부항목 대한 교섭방침
작성처 외무성
매수 2
비밀등급 일반
문서종류 내부문서
공개구분 공개
내용 '대한 교섭방침 결정 건' 문서 별지. 문화재, 선박 및 일반청구권위원회에 대한 교섭 최종방침(안). 문화재는 1905년부터 종전까지 한국 출소(出所) 문화재를 양도하되

학술연구를 위해 일부를 유보한다는 방침이 제시됨. 선박 문제에 관해서는 한국에 선적을 두는 일본 선박으로 연합국 최고사령부 지령(SCAPIN) 2168호 제정 시에 일본이 보유하던 선박을 일본정부가 전매하든지 아니면 새롭게 선박을 제조하여 한국에 양도할 것이며 나포된 일본 어선은 한국과의 교섭을 통해 해결해야 한다는 방침을 제시함. 일반청구권 문제는 위원회가 개최되지 않아 한국의 대응을 보아가며 추후 입장을 정할 것임.

주제어 문화재 반환, 선박 반환, 일반청구권

문서명	첨부 자료(목록)(添付資料)

문서파일번호 1542

작성연월일 1958. 11. 10

구분 제4차 회담

세부항목 대한 교섭방침

작성처 외무성

매수 1

비밀등급 일반

문서종류 내부문서

공개구분 공개

내용 '대한 교섭방침 결정 건' 문서 첨부 자료 목록. '평화선'위원회에서 제시할 방안 및 어업협정 요강, 청구권 소위원회에서 한국이 제시한 청구권 제안 및 문화재 리스트, 선박 위원회에서 한국이 제출한 제1차 선박요구 리스트 등 각종 첨부 자료의 목록

주제어 어업, 청구권, 문화재 반환, 선박 반환

문서명	별첨1. 제5회 어업 및 '평화선'위원회 일본 제안에 대해서(別紙 第一 第五回漁業及び「平和ライン」委員会におけるわが方の提案について)

문서파일번호 1542
작성연월일 1958. 11. 10
구분 제4차 회담
세부항목 대한 교섭방침
작성처 외무성
매수 1
비밀등급 일반
문서종류 내부자료
공개구분 공개
내용 '대한 교섭방침 결정 건' 별첨1. 제4차 한일회담 제5회 어업 및 '평화선'위원회(1958년 11월 28일)에서 일본이 제안할 내용. 트롤어업 및 기선저예망어업, 특정 조정구역 설정 및 조업 어선 수 제한, 조업 구역 및 어선 등의 광력 문제 등에 대한 일본 제안이 정리됨.
주제어 어업

문서명	별첨2. 한일어업협정 요강(別添 第二 日韓漁業協定要綱)

문서파일번호 1542
작성연월일 1958. 10. 10
작성처 외무성
매수 2
비밀등급 일반
구분 제4차 회담
세부항목 대한 교섭방침
문서종류 내부자료
공개구분 공개
내용 1958년 11월 10일 '대한 교섭방침 결정 건' 별첨2. 제4차 한일회담 어업 및 '평화선' 위원회 제2회 회의(1958년 10월 10일)에서 일본이 제시한 한일어업협정 요강. 내용은 ① 공통의 이해관계를 갖는 공해의 생산량 보존 및 개발에 대한 공동 조치 ② 한일어업공동위원회 설치 ③ 트롤어업 및 기선저예망어업의 조업금지 구역 설정 ④ 선망, 고등어 어업에 대한 조업 구역 및 집어등의 광력 제한 등
주제어 어업

문서명	별첨3. 한일어업조약 요강(가역) [別添 第三 日韓漁業条約要綱(仮訳)]

문서파일번호 1542
작성연월일 1953. 7. 17
구분 제4차 회담
세부항목 대한 교섭방침
작성처 한국대표단(일본 가역)
매수 3
비밀등급 일반
문서종류 내부자료
공개구분 공개
내용 1958년 11월 10일 '대한 교섭방침 결정 건' 별첨3. 1953년 7월 17일 제2차 한일회담 어업관계위원회 제12회 회의에서 한국이 제출한 한일어업조약 요강. 어업자원의 보존 및 조업능력의 격차를 고려해서 연안국의 어업관할권을 인정할 것을 조약의 기본정신으로 규정함. 이를 전제로 조약요령으로 관할 수역 외에 공통의 이해관계를 갖는 수역에 대한 공동보존 조치를 제시하고 일본이 더욱 구체적인 요강을 제시할 것을 요구함.
주제어 어업

문서명	별첨 4A. 제4차 한일회담 청구권위원회 제1회 회의(6월 4일)에서의 한국 제안[別添 第四A 第四次日韓全面会談における請求権小委員会の第一回会合(六月四日)における韓国側提案]

문서파일번호 1542
작성연월일 1958. 6. 4
구분 제4차 회담
세부항목 대한 교섭방침
작성처 한국대표단(일본 가역)
매수 1
비밀등급 일반
문서종류 내부자료
공개구분 공개
내용 1958년 11월 10일 '대한 교섭방침 결정 건' 별첨 4A. 1958년 6월 4일 제4차 한일회담 청구권위원회에서 제시된 한국 제안. 한국문화재에는 고서적, 미술품, 골동품 및 기타 지도원판을 포함함. 1905년 이후 한국에서 일본으로 강제로 반출된 문화재의 반환을 요구함. 일본이 한국에 반환할 용의가 있는 한국문화재 전부의 리스트를 제출토록 요청함.
주제어 문화재

문서명	별첨 4B. 청구권소위원회 제5회 회의(10월 25일)에서 한국이 제시한 제1차 반환 청구 한국문화재 구분[別添 四B 請求権小委員会第五回会合(十月二十五日)において韓国側が提示した第一次返還請求韓国文化財項目]

문서파일번호 1542
작성연월일 1958. 10. 25
구분 제4차 회담
세부항목 대한 교섭방침
작성처 외무성
매수 3
비밀등급 일반
문서종류 내부자료
공개구분 공개
내용 1958년 11월 10일 '대한 교섭방침 결정 건' 별첨 4B. 제4차 한일회담 청구권소위원회 제5회 회의(1958년 10월 25일)에서 한국이 1차 반환 문화재로 지정문화재, 조선고적연구회에 의해 반출된 문화재, 총독부에 의해 반출된 문화재, 경상남도 소재 분묘와 그외 유적에서 출토된 문화재, 고려시대 분묘 및 그 유적에서 출토된 것을 제시하고 이에 대해 설명함.
주제어 문화재 반환

문서명	별첨5. 제목 없음

문서파일번호 1542
작성연월일 1958(월일 불명)
구분 제4차 회담
세부항목 대한 교섭방침
작성처 외무성
매수 3
비밀등급 일반
문서종류 내부자료
공개구분 일부비공개
내용 1958년 11월 10일 '대한 교섭방침 결정 건' 별첨5. 선박 목록이 선박명, 톤수, 유형, 귀속 항구 등 항목으로 정리됨. 이전 소유자 부분은 박스 먹칠 처리됨.
주제어 선박

문서명	별첨6. 한국 선박[Korean Registered Vessels(別紙 第六)]

문서파일번호 1542
작성연월일 1951. 9. 11
구분 제4차 회담
세부항목 대한 교섭방침
작성처 연합국 최고사령부 민간재산관리국(GHQ CPC)
매수 1
비밀등급 일반
문서종류 내부자료
공개구분 공개
내용 1958년 11월 10일 '대한 교섭방침 결정 건' 별첨6. 연합국 최고사령부 지령(SCAPIN) 제2168호. 일본정부는 한국 귀속 선박을 반환할 것. 이와 관련해 일본정부는 한국 정부와 협의할 것
주제어 선박 반환

문서명	별첨7. 문화재 양도에 관한 선례(別紙 第七 文化財引渡しに関する先例)

문서파일번호 1542
작성연월일 1958. 11. 10
구분 제4차 회담
세부항목 대한 교섭방침
작성처 외무성
매수 1
비밀등급 일반
문서종류 내부자료
공개구분 공개
내용 '대한 교섭방침 결정 건' 별첨7. 문화재 양도의 선례로서 이탈리아 평화조약 부속 제14와 인도네시아와 네덜란드 간의 문화협정 제19조가 기술됨.
주제어 문화재 반환

대한 교섭방침 결정
(対韓交渉方針決定)

문서파일번호	1544
작성연월일	1958. 12. 3
구분	제4차 회담
세부항목	대한 교섭방침
작성처	외무성, 운수성, 총리부, 해상보안청
매수	28
비밀등급	
문서종류	내부문서, 보도자료
공개구분	공개
내용	제4차 한일회담이 한국의 평화선 존속 주장으로 고착상태에 빠지면서 이에 대한 대비책으로 마련한 교섭방침 문서와 관련 자료 모음
주제어	대한 교섭방침

문서명	대한 교섭방침 건(対韓交渉方針に関する件)

문서파일번호 1544
작성연월일 1958. 12. 3
구분 제4차 회담
세부항목 대한 교섭방침
작성처 외무성
매수 4
비밀등급 극비
문서종류 내부문서
공개구분 공개
내용 1958년 12월 3일 자로 작성한 대한 교섭방침 문서. '평화선'위원회에서 한국이 평화선의 존속을 전제로 어업 문제를 해결하자고 나오는 경우 일본의 대응방안 및 한국의 예상 반응에 대해 분석하고, 어업 문제가 해결될 전망이 없는 가운데 회담을 지속하는 것에 대해 회의적인 평가를 내리면서 그럴 경우에는 휴회를 제의해야 한다고 제안함.
주제어 어업, 한일회담 휴회

문서명	별첨1. 한국이 회담을 결렬시킬 경우의 대처방침(別紙第一 韓国側が会談を決裂させる場合の対処方針)

문서파일번호 1544
작성연월일 1958. 12. 3
구분 제4차 회담
세부항목 대한 교섭방침
작성처 외무성
매수 3
비밀등급 일반
문서종류 내부문서
공개구분 공개
내용 '대한 교섭방침 건' 첨부1. 한국이 회담을 결렬시킬 경우 그에 대한 대응방침을 기술한 문서. ① 발표문 ② 어업 문제 ③ 억류 어부 석방 ④ 재일 한국대표부의 처리

⑤ 재일한국인 대우 ⑥ 여론 지도 등에 관해 항목별로 일본의 대응방침을 기술함. ① 발표문은 별지 제2의 정보문화국 발표를 뜻함. ② 어업 문제는 1952년 5월 23일의 각의결정(공해에서 조업하는 일본 어선의 조업 질서를 유지하고 어선 보호를 목적으로 해상보안청이 작성한 나포 사건대책안을 각의에서 결정)을 변경하여 '이 라인' 내외에 출어하는 일본 어선 보호 태세를 갖춘다는 내용임.

주제어 어업, 억류 일본 어부 석방, 재일한국대표부, 재일한국인 법적지위

문서명	별첨1. 부속 지령(別紙第一附屬 指令)

문서파일번호 1544

작성연월일 1952. 5. 20 - 1952. 5. 23

구분 제4차 회담

세부항목 대한 교섭방침

작성처 운수성, 총리부

매수 2

비밀등급 일반

문서종류 내부문서

공개구분 공개

내용 1958년 12월 3일 '대한 교섭방침 건' 첨부 1 부속문서. 1952년 5월 20일 무라카미(村上義一) 운수대신이 요시다(吉田茂) 총리에게 '제207호 나포 사건 대책안'을 제시하고 각의 결정을 요구하는 문서와 1952년 5월 23일 요시다 총리가 5월 23일 자로 이 대책을 승인하는 문서

주제어 어업

문서명	나포 사건 대책(拿捕事件対策)

문서파일번호 1544
작성연월일 1952. 5. 14
구분 제4차 회담
세부항목 대한 교섭방침
작성처 해상보안청
매수 6
비밀등급 일반
문서종류 내부문서
공개구분 공개
내용 1958년 12월 3일 '대한 교섭방침 건' 첨부 1 부속문서. 1952년 5월 14일 자로 해상보안청이 작성한 나포 사건 대책. 5월 23일 각의에서 결정됨. 관계국을 불필요하게 자극하지 않고 정당방위 외에 실력행사는 하지 않는다는 방침하에 대책, 조치, 피해보상 및 그에 따른 조치 사항을 정리함.
주제어 어업, 어선 나포 대책

문서명	별첨2. 정보문화국발표(안)[別紙第二 情報文化局発表(案)]

문서파일번호 1544
작성연월일 1958. 12. 3
구분 제4차 회담
세부항목 대한 교섭방침
작성처 외무성 정보문화국
매수 13
비밀등급 일반
문서종류 내부자료
공개구분 공개
내용 '대한 교섭방침 건' 첨부 2. 한국이 회담을 결렬시킬 경우에 대비해서 작성된 정보문화국 발표문. 주요 내용은 재개된 한일회담에서 한국이 어업, 문화재, 선박 문제에서 비건설적인 태도를 취했기 때문에 회담이 교착되었고 이에 일본은 휴회를 제의했으나 한국이 일본에게 책임을 전가하며 결렬을 선언했음.
주제어 한일회담 결렬 대비 보도자료

제4차 한일회담 절차 문제 사전협의회
(第四次日韓全面会談の手続問題打合会)

문서파일번호	50
문서명	제4차 한일회담 절차 문제 사전협의회(第四次日韓全面会談の手続問題打合会)
작성연월일	1958. 4. 17
구분	제4차 회담
세부항목	사전협의회
작성처	외무성 아시아국 제1과
매수	17
비밀등급	극비
문서종류	회의록
공개구분	공개
내용	제4차 회담의 절차 문제에 대한 협의 기록
주제어	회담 절차 문제

제4차 한일회담 본회의 제1회 회의
(第4次日韓会談本会議第1回会合)

문서파일번호	1
작성연월일	1958. 4. 15
구분	제4차 회담 제1회 본회의
세부항목	
작성처	외무성 아시아국 제1과
매수	21
비밀등급	
문서종류	회의록, 보도자료, 내부자료
공개구분	공개
내용	제4차 한일회담 본회의 제1회 회의 회의록 및 첨부 자료
주제어	제4차 회담 제1회 본회의

문서명	제4차 한일회담 본회의 제1회 회의(第四次日韓全面会談の本会議第一回会合)

문서파일번호 1
작성연월일 1958. 4. 15
구분 제4차 회담 제1회 본회의
세부항목
작성처 외무성 아시아국 제1과
매수 2
비밀등급 일반
문서종류 회의록
공개구분 공개
내용 제4차 한일회담 본회의 제1회 회의 회의록. 일본 사와다 수석대표와 한국 임병직 수석대표의 인사말이 있은 후 사와다 수석대표가 일본대표 9명, 임 수석대표가 한국대표 4명을 소개함. 의사 절차와 언론 보도 내용을 결정함.
주제어 회의 운영

문서명	제4차 한일회담 제1회 본회의 보도자료(Press Release On the First Plenary Session of the Fourth Japan-Korea Overall Talks)

문서파일번호 1
작성연월일 1958. 4. 15
구분 제4차 회담 제1회 본회의
세부항목
작성처 외무성 아시아국 제1과
매수 1
비밀등급 일반
문서종류 보도자료
공개구분 공개
내용 제4차 한일회담 본회의 제1회 회의결과 영문 보도자료
주제어 보도자료

문서명	제4차 한일회담 본회의 제1회 회의에 관한 신문 발표안(第四次日韓全面会談の本会議第一回会合に関する新聞発表案)

문서파일번호 1
작성연월일 1958. 4. 15
구분 제4차 회담 제1회 본회의
세부항목
작성처 외무성 아시아국 제1과
매수 1
비밀등급 일반
문서종류 보도자료
공개구분 공개
내용 제4차 한일회담 본회의 제1회 회의 결과
주제어 보도자료

문서명	한일회담 제1회의(4월 15일 접견실) 의사 절차[日韓全面会談第一回会合(四月十五日於接見室)議事次第]

문서파일번호 1
작성연월일 1958. 4. 15
구분 제4차 회담 제1회 본회의
세부항목
작성처 외무성 아시아국 제1과
매수 2
비밀등급 일반
문서종류 내부자료
공개구분 공개
내용 제4차 한일회담 본회의 제1회 회의 의사 절차
주제어 의사 절차

문서명	한일회담 일본대표단 명부(日韓全面会談日本側代表団名簿)

문서파일번호	1
작성연월일	1958. 4. 15
구분	제4차 회담 제1회 본회의
세부항목	
작성처	외무성 아시아국 제1과
매수	3
비밀등급	일반
문서종류	내부자료
공개구분	공개
내용	제4차 한일회담 본회의 제1회 회의 일본대표단 명단
주제어	일본대표단

문서명	한일회담 한국대표단 명부(日韓全面会談韓国側代表団名簿)

문서파일번호	1
작성연월일	1958. 4. 15
구분	제4차 회담 제1회 본회의
세부항목	
작성처	외무성 아시아국 제1과
매수	2
비밀등급	일반
문서종류	내부자료
공개구분	공개
내용	제4차 한일회담 본회의 제1회 회의 한국대표단 명단(영문 명단 포함)
주제어	한국대표단

문서명	한일회담 개회식 사와다 렌조 일본 수석대표 인사말(Address by Mr.Renzo Sawada, Chief Representative of the Japanese Government at the Opening Session of the Japan-Korea Overall Talks)

문서파일번호 1
작성연월일 1958. 4. 15
구분 제4차 회담 제1회 본회의
세부항목
작성처 외무성 아시아국 제1과
매수 5
비밀등급 일반
문서종류 내부자료
공개구분 공개
내용 제4차 한일회담 본회의 제1회 회의 일본 사와다 수석대표 개회 연설문(영문 및 일본어 번역본). 지난 3차례의 회담에서 해결하지 못한 문제들을 양국이 함께 노력해서 해결해 나가길 희망함.
주제어 제4차 한일회담 제1회 본회의 일본 수석대표 인사말

문서명	제4차 한일회담 개회식 한국 임병직 수석대표 인사말(Address by Mr. Ben C. Limb, Chief Delegate of the Government of the Republic of Korea at the Opening Session of the Fourth Korea-Japan Overall Talks)

문서파일번호 1
작성연월일 1958. 4. 15
구분 제4차 회담 제1회 본회의
세부항목
작성처 외무성 아시아국 제1과
매수 3
비밀등급 일반
문서종류 내부자료
공개구분 공개
내용 제4차 한일회담 본회의 제1회 회의 한국 임병직 수석대표 개회 연설문(영문 및 일본어 번역본). 정의, 평등, 진지함의 기본 원칙으로 문제를 해결해 나가길 희망함.
주제어 제4차 한일회담 제1회 본회의 임병직 수석대표 인사말

문서명	제4차 한일회담 제1회 본회의 보도자료(Press Release: The First Plenary Session of the Fourth Japan-Korea Overall Talks Held)

문서파일번호 1
작성연월일 1958. 4. 15
구분 제4차 회담 제1회 본회의
세부항목
작성처 외무성 아시아국 제1과
매수 1
비밀등급 일반
문서종류 보도자료
공개구분 공개
내용 제4차 한일회담 본회의 제1회 회의 결과 영문
주제어 영문 보도자료

문서명	한일회담 제1회 회의 착석순서(日韓全面会談第一回会合着席順序)

문서파일번호 1
작성연월일 1958. 4. 15
구분 제4차 회담 제1회 본회의
세부항목
작성처 외무성 아시아국 제1과
매수 1
비밀등급 일반
문서종류 내부자료
공개구분 공개
내용 제4차 한일회담 본회의 제1회 회의 착석순서
주제어 제4차 한일회담 제1회 본회의 착석순서

제4차 한일회담 본회의 제2회 회의
(第4次日韓会談本会議第2回会合)

문서파일번호	2
작성연월일	1958. 4. 22
구분	제4차 회담 제2회 본회의
세부항목	
작성처	외무성 아시아국 제1과
매수	17
비밀등급	
문서종류	회의록, 보도자료, 내부자료
공개구분	공개
내용	제4차 한일회담 본회의 제2회 회의 회의록 및 첨부 자료
주제어	제4차 한일회담 제2회 본회의

문서명	제4차 한일회담 본회의 제2회 회의(第四次日韓全面会談本会議第二回会合)

문서파일번호 2
작성연월일 1958. 4. 22
구분 제4차 회담 제2회 본회의
세부항목
작성처 외무성 아시아국 제1과
매수 3
비밀등급 일반
문서종류 제4차 한일회담 제2회 본회의 회의록
공개구분 공개
내용 제4차 한일회담 본회의 제2회 회의록. 한일회담 의제는 1957년 12월 31일 합의 내용과 동일함을 쌍방이 확인함. 위원회 설치에 대해 임병직 대표는 다음과 같이 제안함. ① 기본관계분과위원회 ② 한국의 대일청구권에 관한 분과위원회 (1) 선박반환 문제 소위원회 (2) 한국문화재 반환 문제 소위원회 (3) 기타 청구권에 관한 소위원회 ③ 재일한국인의 법적지위에 관한 분과위원회 ④ 어업 문제 및 평화선분과위원회. 이에 대해 사와다 대표는 의사 절차에 관한 한일연락위원회에서 검토하고 싶다고 제안, 임 대표가 동의함.
주제어 분과위원회 구성

문서명	제4차 한일회담 제2회 본회의 스케줄(Schedule of the Second Plenary Session of the Fourth Japan-Korea Overall Talks)

문서파일번호 2
작성연월일 1958. 4. 22
구분 제4차 회담 제2회 본회의
세부항목
작성처 외무성 아시아국 제1과
매수 1
비밀등급 일반
문서종류 내부자료
공개구분 공개
내용 제4차 한일회담 본회의 제2회 회의 진행순서(영문)
주제어 제4차 한일회담 제2회 본회의 회의 진행순서

문서명	제4차 한일회담 제2회 본회의 의제(Agenda of the Second Plenary Session of the Fourth Japan-Korea Overall Talks)

문서파일번호	2
작성연월일	1958. 4. 22
구분	제4차 회담 제2회 본회의
세부항목	
작성처	외무성 아시아국 제1과
매수	2
비밀등급	일반
문서종류	내부자료
공개구분	공개
내용	제4차 한일회담 본회의 제2회 회의 의제(영문)
주제어	제4차 한일회담 제2회 본회의 회의 의제

문서명	제4차 한일회담 제2회 본회의 보도자료(Press Release Concerning the Second Plenary Session of the Fourth Japan-Korea Overall Talks)

문서파일번호	2
작성연월일	1958. 4. 22
구분	제4차 회담 제2회 본회의
세부항목	
작성처	외무성 아시아국 제1과
매수	1
비밀등급	일반
문서종류	보도자료
공개구분	공개
내용	제4차 한일회담 본회의 제2회 회의 결과 영문
주제어	제4차 한일회담 제2회 본회의 영문 보도자료

문서명	제4차 한일회담 본회의 제2회 회의에 대해서(第四次日韓全面会談の本会議第二回会合について)

문서파일번호 2
작성연월일 1958. 4. 22
구분 제4차 회담 제2회 본회의
세부항목
작성처 외무성 아시아국 제1과
매수 1
비밀등급 일반
문서종류 보도자료
공개구분 공개
내용 제4차 한일회담 본회의 제2회 회의 결과
주제어 제4차 한일회담 제2회 본회의 보도자료

문서명	제4차 한일회담 제2회 본회의 보도자료(Press Release: The Second Plenary Session of the Fourth Japan-Korea Overall Talks Held)

문서파일번호 2
작성연월일 1958. 4. 22
구분 제4차 회담 제2회 본회의
세부항목
작성처 외무성 아시아국 제1과
매수 1
비밀등급 일반
문서종류 보도자료
공개구분 공개
내용 제4차 한일회담 본회의 제2회 회의 결과 영문
주제어 제4차 한일회담 제2회 본회의 영문 보도자료

문서명	제4차 한일회담 제2회 본회의 잠정 회의요록(Provisional Summary Record: Fourth Japan-Korea Overall Talks Second Plenary Meeting)

문서파일번호 2
작성연월일 1958. 4. 22
구분 제4차 회담 제2회 본회의
세부항목
작성처 외무성 아시아국 제1과
매수 4
비밀등급 일반
문서종류 회의록
공개구분 공개
내용 제4차 한일회담 본회의 제2회 회의 영문 회의요록(잠정)
주제어 제4차 한일회담 제2회 본회의 영문 회의록

문서명	제4차 한일회담 제2회 본회의 회의요록(Summary Record of the Second Plenary Session of the Fourth Japan-Korea Overall Talks)

문서파일번호 2
작성연월일 1958. 4. 22
구분 제4차 회담 제2회 본회의
세부항목
작성처 외무성 아시아국 제1과
매수 4
비밀등급 일반
문서종류 회의록
공개구분 공개
내용 제4차 한일회담 본회의 제2회 회의 영문 회의요록
주제어 제4차 한일회담 제2회 본회의 영문 회의요록

제4차 한일회담 본회의 제3회 회의
(第4次日韓会談本会議第3回会合)

문서파일번호	3
작성연월일	1958. 4. 23
구분	제4차 회담 제3회 본회의
세부항목	
작성처	외무성 아시아국 제1과
매수	4
비밀등급	
문서종류	회의록, 보도자료
공개구분	공개
내용	제4차 한일회담 본회의 제3회 회의 회의록 및 첨부 자료
주제어	제4차 한일회담 제3회 본회의

문서명	제4차 한일회담 본회의 제3회 회의(第四次日韓全面会談本会議第三回会合)

문서파일번호 3
작성연월일 1958. 4. 23
구분 제4차 회담 제3회 본회의
세부항목
작성처 외무성 아시아국 제1과
매수 2
비밀등급 일반
문서종류 회의록
공개구분 공개
내용 제4차 한일회담 제3회 본회의 회의록. 일본은 한국의 위원회 구성안을 검토하는 데 시간이 필요하다고 함. 제4회 회의를 4월 25일 개최키로 결정함. 회의 종료 후 정보문화국이 한일회담의 원활한 운영 방법에 대해 검토했다는 내용의 일문과 영문 자료를 작성, 신문 발표를 하기로 함.
주제어 제4차 한일회담 제3회 본회의 분과위원회 구성

문서명	제4회 한일회담 본회의 제3회 회의에 대해서(第四次日韓全面会談の本会議第三回会合について)

문서파일번호 3
작성연월일 1958. 4. 23
구분 제4차 회담 제3회 본회의
세부항목
작성처 외무성 아시아국 제1과
매수 1
비밀등급 일반
문서종류 보도자료
공개구분 공개
내용 제4차 한일회담 본회의 제3차 회의 결과
주제어 제4차 한일회담 제3회 본회의 보도자료

문서명	제4차 한일회담 제3회 본회의 보도자료(Press Release: The Third Plenary Session of the Fourth Japan-Korea Overall Talks Held)

문서파일번호	3
작성연월일	1958. 4. 23
구분	제4차 회담 제3회 본회의
세부항목	
작성처	외무성 아시아국 제1과
매수	1
비밀등급	일반
문서종류	보도자료
공개구분	공개
내용	제4차 한일회담 본회의 제3차 회의 결과 영문
주제어	제4차 한일회담 제3회 본회의 영문 보도자료

제4차 한일회담 본회의 제4회 회의
(第4次日韓会談本会議第4回会合)

문서파일번호	4
작성연월일	1958. 4. 25
구분	제4차 회담 제4회 본회의
세부항목	
작성처	외무성 아시아국 제1과
매수	17
비밀등급	
문서종류	회의록, 보도자료
공개구분	공개
내용	제4차 한일회담 본회의 제4회 회의 회의록 및 첨부 자료
주제어	

문서명	제4차 한일회담 본회의 제4회 회의(第4次日韓会談本会議第4回会合)

문서파일번호 4
작성연월일 1958. 4. 25
구분 제4차 회담 제4회 본회의
세부항목
작성처 외무성 아시아국 제1과
매수 2
비밀등급 일반
문서종류 회의록
공개구분 공개
내용 제4차 한일회담 제4회 본회의 회의록. 제2회 및 3회 본회의 회의요록 내용을 확인함. 분과위원회 구성과 관련하여 일본이 아직 검토 중이라는 의견을 밝힘.
주제어 제4차 한일회담 제4회 본회의 분과위원회 구성

문서명	제4차 한일회담 제2회 본회의 회의요록(Summary Record of the Second Plenary Session of the Fourth Japan-Korea Overall Talks)

문서파일번호 4
작성연월일 1958. 4. 22
구분 제4차 회담 제4회 본회의
세부항목
작성처 외무성 아시아국 제1과
매수 4
비밀등급 일반
문서종류 회의록
공개구분 공개
내용 제4차 한일회담 본회의 제2회 회의 영문 회의요록
주제어 제4차 한일회담 제2회 회의 영문 회의요록

문서명	제4차 한일회담 제2회 본회의 보도자료(Press Release: The Second Plenary Session of the Fourth Japan-Korea Overall Talks held)

문서파일번호 4
작성연월일 1958. 4. 25
구분 제4차 회담 제4회 본회의
세부항목
작성처 외무성 아시아국 제1과
매수 1
비밀등급 일반
문서종류 보도자료
공개구분 공개
내용 제4차 한일회담 본회의 제2회 회의 결과 영문
주제어 제4차 한일회담 제2회 회의 영문 보도자료

문서명	제4차 한일회담 제3회 본회의 회의요록(Summary Record of the Third Plenary Session of the Fourth Korea-Japan Overall Talks)

문서파일번호 4
작성연월일 1958. 4. 23
구분 제4차 회담 제4회 본회의
세부항목
작성처 외무성 아시아국 제1과
매수 2
비밀등급 일반
문서종류 회의록
공개구분 공개
내용 제4차 한일회담 본회의 제3회 회의 영문 회의요록
주제어 제4차 한일회담 제3회 회의 영문 회의요록

문서명	제4차 한일회담 제3회 본회의 보도자료(Press Release Concerning the Third Plenary Session of the Fourth Japan-Korea Overall Talks)

문서파일번호 4
작성연월일 1958. 4. 23
구분 제4차 회담 제4회 본회의
세부항목
작성처 외무성 아시아국 제1과
매수 1
비밀등급 일반
문서종류 보도자료
공개구분 공개
내용 제4차 한일회담 본회의 제3회 회의 결과 영문
주제어 제4차 한일회담 제2회 회의 영문 보도자료

문서명	제4차 한일회담 본회의 제4회 회의에 대해서(第四次日韓全面会談の本会議第四回会合について)

문서파일번호 4
작성연월일 1958. 4. 25
구분 제4차 회담 제4회 본회의
세부항목
작성처 외무성 아시아국 제1과
매수 1
비밀등급
문서종류 보도자료
공개구분 공개
내용 제4차 한일회담 제4회 본회의 회의 결과
주제어 제4차 한일회담 제4회 본회의 보도자료

문서명	제4차 한일회담 제4회 본회의 보도자료(Press Release: The Fourth Plenary Session of the Japan-Korea Overall Talks Held)

문서파일번호	4
작성연월일	1958. 4. 25
구분	제4차 회담 제4회 본회의
세부항목	
작성처	외무성 아시아국 제1과
매수	1
비밀등급	
문서종류	보도자료
공개구분	공개
내용	제4차 한일회담 본회의 제4회 회의 결과 영문
주제어	제4차 한일회담 제4회 본회의 영문 보도자료

문서명	제4차 한일회담 제4회 본회의 회의요록(Summary Record of the Fourth Plenary Session of the Fourth Japan-Korea Overall Talks)

문서파일번호	4
작성연월일	1958. 4. 25
구분	제4차 회담 제4회 본회의
세부항목	
작성처	외무성 아시아국 제1과
매수	2
비밀등급	일반
문서종류	회의록
공개구분	공개
내용	제4차 한일회담 본회의 제4회 회의 영문 회의요록
주제어	제4차 한일회담 제4회 본회의 영문 회의요록

문서명	제4차 한일회담 제3회 본회의 회의요록(Summary Record of the Third Plenary Session of the Fourth Korea-Japan Overall Talks)

문서파일번호 4
작성연월일 1958. 4. 23
구분 제4차 회담 제4회 본회의
세부항목
작성처 외무성 아시아국 제1과
매수 2
비밀등급 일반
문서종류 회의록
공개구분 공개
내용 제4차 한일회담 본회의 제3회 회의 영문 회의요록
주제어 제4차 한일회담 제3회 본회의 영문 회의요록

문서명	제4차 한일회담 제3회 본회의 보도자료(Press Release Concerning the Third Plenary Session of the Fourth Japan-Korea Overall Talks)

문서파일번호 4
작성연월일 1958. 4. 23
구분 제4차 회담 제4회 본회의
세부항목
작성처 외무성 아시아국 제1과
매수 1
비밀등급 일반
문서종류 보도자료
공개구분 공개
내용 제4차 한일회담 본회의 제3회 회의 결과 영문
주제어 제4차 한일회담 제3회 본회의 영문 보도자료

제4차 한일회담 본회의 제5회 회의
(第4次日韓会談本会議第5回会合)

문서파일번호	5
작성연월일	1958. 4. 30
구분	제4차 회담 제5회 본회의
세부항목	
작성처	외무성 아시아국 제1과
매수	9
비밀등급	
문서종류	회의록, 보도자료
공개구분	공개
내용	제4차 한일회담 본회의 제5회 회의 회의록 및 첨부 자료
주제어	제4차 한일회담 제5회 본회의

문서명	제4차 한일회담 본회의 제5회 회의(第四次日韓全面会談の本会議第五回会合)

문서파일번호 5
작성연월일 1958. 4. 30
구분 제4차 회담 제5회 본회의
세부항목
작성처 외무성 아시아국 제1과
매수 2
비밀등급 극비
문서종류 회의록
공개구분 공개
내용 제4차 한일회담 본회의 제5회 회의 회의록. 쌍방이 작성한 제4회 회의요록을 양국 수석대표가 확인함. 분과위원회 구성에 대해 일본은 아직 검토 중이라고 함. 이에 대해 한국이 조속한 대응을 촉구함. 차기 회의는 5월 6일로 결정함.
주제어 제4차 한일회담 분과위원회 구성

문서명	제4차 한일회담 제4회 본회의 회의요록(Summary Record of the Fourth Plenary Session of the Fourth Japan-Korea Overall Talks)

문서파일번호 5
작성연월일 1958. 4. 25
구분 제4차 회담 제5회 본회의
세부항목
작성처 외무성 아시아국 제1과
매수 2
비밀등급 극비
문서종류 회의록
공개구분 공개
내용 제4차 한일회담 본회의 제4회 회의 영문 회의요록
주제어 제4차 한일회담 제4회 회의 영문 회의요록

문서명	제4차 한일회담 제4회 본회의 보도자료(Press Release: The Fourth Plenary Session of the Japan-Korea Overall Talks Held)

문서파일번호 5
작성연월일 1958. 4. 25
구분 제4차 회담 제5회 본회의
세부항목
작성처 외무성 아시아국 제1과
매수 1
비밀등급 일반
문서종류 보도자료
공개구분 공개
내용 제4차 한일회담 본회의 제4회 회의 결과 영문
주제어 제4차 한일회담 제4회 회의 영문 보도자료

문서명	제4차 한일회담 본회의 제5회 회의에 대해서(第四次日韓全面会談の本会議第五回会合について)

문서파일번호 5
작성연월일 1958. 4. 30
구분 제4차 회담 제5회 본회의
세부항목
작성처 외무성 아시아국 제1과
매수 1
비밀등급 일반
문서종류 보도자료
공개구분 공개
내용 제4차 한일회담 본회의 제5회 회의 결과
주제어 제4차 한일회담 제5회 본회의 보도자료

문서명	제4차 한일회담 제5회 본회의 보도자료(Press Release: Fifth Plenary Session of the Fourth Japan-Korea Overall Talks Held)

문서파일번호 5
작성연월일 1958. 4. 30
구분 제4차 회담 제5회 본회의
세부항목
작성처 아시아국 제1과
매수 1
비밀등급 일반
문서종류 보도자료
공개구분 공개
내용 제4차 한일회담 본회의 제5회 회의 결과 영문
주제어 제4차 한일회담 제5회 본회의 영문 보도자료

문서명	제4차 한일회담 제5회 본회의 회의요록(Summary Record of the Fifth Plenary Session of the Fourth Japan-Korea Overall Talks)

문서파일번호 5
작성연월일 1958. 4. 30
구분 제4차 회담 제5회 본회의
세부항목
작성처 외무성 아시아국 제1과
매수 2
비밀등급 일반
문서종류 회의록
공개구분 공개
내용 제4차 한일회담 본회의 제5회 회의 영문 회의요록
주제어 제4차 한일회담 제5회 본회의 영문 회의요록

제4차 한일회담 본회의 제6회 회의
(第4次日韓会談本会議第6回会合)

문서파일번호	6
작성연월일	1958. 5. 6
구분	제4차 회담 제6회 본회의
세부항목	
작성처	외무성 아시아국 제1과
매수	10
비밀등급	
문서종류	회의록, 보도자료
공개구분	공개
내용	제4차 한일회담 본회의 제6회 회의 회의록 및 첨부 자료
주제어	제4차 한일회담 제6회 본회의

문서명	제4차 한일회담 본회의 제6회 회의(第四次日韓全面会談の本会議第六回会合)

문서파일번호 6
작성연월일 1958. 5. 6
구분 제4차 회담 제6회 본회의
세부항목
작성처 외무성 아시아국 제1과
매수 2
비밀등급 극비
문서종류 회의록
공개구분 공개
내용 제4차 한일회담 본회의 제6회 회의 회의록. 제5회 회의요록을 확인함. 한일회담을 원활하게 운영하기 위해 다음 위원회 및 소위원회 설립에 합의함. ① 기본관계위원회 ② 한국청구권위원회 (1) 청구권소위원회 (2) 선박소위원회 ③ 어업 및 '평화선' 위원회 ④ 재일한인의 법적지위에 관한 위원회. 사와다 대표는 위원회의 명칭에 관해 1957년 12월 31일 예비회담 타결 시 합의된 사항에 변경이 있는 것은 아님을 부언함.
주제어 제4차 한일회담 분과위원회 구성

문서명	제4차 한일회담 제5회 본회의 회의요록(Summary Record of the Fifth Plenary Session of the Fourth Japan-Korea Overall Talks)

문서파일번호 6
작성연월일 1958. 4. 30
구분 제4차 회담 제6회 본회의
세부항목
작성처 외무성 아시아국 제1과
매수 2
비밀등급 일반
문서종류 회의록
공개구분 공개
내용 제4차 한일회담 본회의 제5회 회의 영문 회의요록
주제어 제4차 한일회담 제5회 회의 영문 회의요록

문서명	제4차 한일회담 제5회 본회의 보도자료(Press Release: Fifth Plenary Session of the Fourth Japan-Korea Overall Talks Held)

문서파일번호 6
작성연월일 1958. 4. 30
구분 제4차 회담 제6회 본회의
세부항목
작성처 외무성 아시아국 제1과
매수 1
비밀등급 일반
문서종류 보도자료
공개구분 공개
내용 제4차 한일회담 본회의 제5회 회의 결과 영문
주제어 제4차 한일회담 제5회 회의 영문 보도자료

문서명	제4차 한일회담 본회의 제6회 회의에 대해서(第四次日韓全面会談の本会議第六回会合について)

문서파일번호 6
작성연월일 1958. 5. 6
구분 제4차 회담 제6회 본회의
세부항목
작성처 외무성 아시아국 제1과
매수 1
비밀등급 일반
문서종류 보도자료
공개구분 공개
내용 제4차 한일회담 본회의 제6회 회의 결과
주제어 제4차 한일회담 제6회 본회의 보도자료

문서명	제4차 한일회담 제6회 본회의 보도자료(Press Release: Sixth Plenary Session of the Fourth Japan-Korea Overall Talks Held)

문서파일번호 6
작성연월일 1958. 5. 6
구분 제4차 회담 제6회 본회의
세부항목
작성처 외무성 아시아국 제1과
매수 1
비밀등급 일반
문서종류 보도자료
공개구분 공개
내용 제4차 한일회담 본회의 제6회 회의 결과 영문
주제어 제4차 한일회담 제6회 본회의 영문 보도자료

문서명	제4차 한일회담 제6회 본회의 회의요록(Summary Record of the Sixth Plenary Session of the Fourth Japan-Korea Overall Talks)

문서파일번호 6
작성연월일 1958. 5. 6
구분 제4차 회담 제6회 본회의
세부항목
작성처 외무성 아시아국 제1과
매수 3
비밀등급 일반
문서종류 회의록
공개구분 공개
내용 제4차 한일회담 본회의 제6회 회의 영문 회의요록
주제어 제4차 한일회담 제6회 본회의 영문 회의요록

제4차 한일회담 본회의 제7회 회의
(第4次日韓会談本会議第7回会合)

문서파일번호	7
작성연월일	1958. 5. 8
구분	제4차 회담 제7회 본회의
세부항목	
작성처	외무성 아시아국 제1과
매수	13
비밀등급	
문서종류	회의록, 보도자료
공개구분	공개
내용	제4차 한일회담 본회의 제7회 회의 회의록 및 첨부 자료
주제어	제4차 한일회담 제7회 본회의

문서명	제4차 한일회담 본회의 제7회 회의(第四次日韓全面会談の本会議第七回会合)

문서파일번호 7
작성연월일 1958. 5. 8
구분 제4차 회담 제7회 본회의
세부항목
작성처 외무성 아시아국 제1과
매수 3
비밀등급 극비
문서종류 회의록
공개구분 공개
내용 제4차 한일회담 본회의 제7회 회의 회의록. 쌍방이 작성한 제6회 회의요록을 양국 수석대표가 확인함. 차기 회의에서 위원회 위원 명단을 제출하기로 함. 재일한국인 법적지위 문제, 청구권, 재일한국인 법적지위 문제와 선박 및 문화재 문제를 다루자는 한국 제안에 일본은 재일한국인 법적지위 문제에 대해서만 동의, 다음 회의에서 논의하기로 함. 차기 회의는 5월 12일로 결정함.
주제어 분과위원회 운영

문서명	제4차 한일회담 제6회 본회의 회의요록(Summary Record of the Sixth Plenary Session of the Fourth Japan-Korea Overall Talks)

문서파일번호 7
작성연월일 1958. 5. 6
구분 제4차 회담 제7회 본회의
세부항목
작성처 외무성 아시아국 제1과
매수 3
비밀등급 극비
문서종류 회의록
공개구분 공개
내용 제4차 한일회담 본회의 제6회 회의 영문 회의요록
주제어 제4차 한일회담 제6회 회의 영문 회의요록

문서명	제4차 한일회담 제6회 본회의 회의요록(Press Release: Sixth Plenary Session of the Fourth Japan-Korea Overall Talks Held)

문서파일번호	7
작성연월일	1958. 5. 6
구분	제4차 회담 제7회 본회의
세부항목	
작성처	외무성 아시아국 제1과
매수	1
비밀등급	일반
문서종류	보도자료
공개구분	공개
내용	제4차 한일회담 본회의 제6회 회의 결과 영문
주제어	제4차 한일회담 제6회 본회의 영문 보도자료

문서명	제4차 한일회담 본회의 제7차 회의에 대해서(第四次日韓全面会談の本会議第七回会合について)

문서파일번호	7
작성연월일	1958. 5. 8
구분	제4차 회담 제7회 본회의
세부항목	
작성처	외무성 아시아국 제1과
매수	1
비밀등급	일반
문서종류	보도자료
공개구분	공개
내용	제4차 한일회담 본회의 제7회 회의 결과
주제어	제4차 한일회담 제7회 본회의 보도자료

문서명	제4차 한일회담 제7회 본회의 보도자료(Press Release: The Seventh Plenary Session of the Fourth Japan-Korea Overall Talks Held)

문서파일번호 7
작성연월일 1958. 5. 8
구분 제4차 회담 제7회 본회의
세부항목
작성처 외무성 아시아국 제1과
매수 1
비밀등급 일반
문서종류 보도자료
공개구분 공개
내용 제4차 한일회담 본회의 제7회 회의 결과 영문
주제어 제4차 한일회담 제7회 본회의 영문 보도자료

문서명	제4차 한일회담 제7회 본회의 보도자료(Press Release: Concerning the Seventh Plenary Session of the Fourth Japan-Korea Overall Talks)

문서파일번호 7
작성연월일 1958. 5. 8
구분 제4차 회담 제7회 본회의
세부항목
작성처 외무성 아시아국 제1과
매수 1
비밀등급 일반
문서종류 보도자료
공개구분 공개
내용 제4차 한일회담 본회의 제7회 회의 결과 영문
주제어 제4차 한일회담 제7회 본회의 영문 보도자료

문서명	제4차 한일회담 제7회 본회의 회의요록(Summary Record of the Seventh Plenary Session of the Fourth Japan-Korea Overall Talks)

문서파일번호 7
작성연월일 1958. 5. 8
구분 제4차 회담 제7회 본회의
세부항목
작성처 외무성 아시아국 제1과
매수 3
비밀등급 일반
문서종류 회의록
공개구분 공개
내용 제4차 한일회담 본회의 제7회 영문 회의요록
주제어 제4차 한일회담 제7회 본회의 영문 회의요록

제4차 한일회담 본회의 제8회 회의
(第4次日韓会談本会議第8回会合)

문서파일번호	8
작성연월일	1958. 5. 12
구분	제4차 회담 제8회 본회의
세부항목	
작성처	외무성 아시아국 제1과
매수	16
비밀등급	
문서종류	회의록, 내부자료, 보도자료
공개구분	공개
내용	제4차 한일회담 본회의 제8회 회의 회의록 및 첨부 자료
주제어	제4차 한일회담 제8회 본회의

문서명	제4차 한일회담 본회의 제8회 회의(第四次日韓全面会談の本会議第八回会合)

문서파일번호 8
작성연월일 1958. 5. 12
구분 제4차 회담 제8회 본회의
세부항목
작성처 외무성 아시아국 제1과
매수 4
비밀등급 극비
문서종류 회의록
공개구분 공개
내용 제4차 한일회담 제8회 본회의 회의록. 제7회 회의요록 작성을 차기 회의로 연기함. 위원회 의사 절차(용어, 회의록, 신문발표)에 대해 합의함. 제7회 회의의 한국 제안에 대해 어업 및 '평화선'위원회의 조속한 개최에 대한 명확한 양해가 있다면 재일한국인 법적지위 및 청구권위원회를 우선 개최하는 데 이의가 없다고 답변함. 한일 양측의 위원 명단을 교환함.
주제어 제4차 한일회담 분과위원회 운영

문서명	위원회 일본 위원 명부(List of Japanese Members of Committee)

문서파일번호 8
작성연월일 1958. 5. 12
구분 제4차 회담 제8회 본회의
세부항목
작성처 외무성 아시아국 제1과
매수 5
비밀등급 일반
문서종류 내부자료
공개구분 공개
내용 제4차 한일회담 각 위원회 별 일본대표단 명단(영문)
주제어 제4차 한일회담 각 위원회 별 일본대표단

문서명	제4차 한일회담 위원회 위원 명부(List of Members of Committees at the Fourth Korea-Japan Overall Talks)

문서파일번호 8
작성연월일 1958. 5. 12
구분 제4차 회담 제8회 본회의
세부항목
작성처 외무성 아시아국 제1과
매수 2
비밀등급 일반
문서종류 내부자료
공개구분 공개
내용 제4차 한일회담 각 위원회 별 한국대표단 명단(영문)
주제어 제4차 한일회담 각 위원회 별 한국대표단

문서명	제4차 한일회담 본회의 제8회 회의에 대해서(第四次日韓全面会談の本会議第八回会合について)

문서파일번호 8
작성연월일 1958. 5. 12
구분 제4차 회담 제8회 본회의
세부항목
작성처 외무성 아시아국 제1과
매수 1
비밀등급 일반
문서종류 보도자료
공개구분 공개
내용 제4차 한일회담 제8회 본회의 회의 결과
주제어 제4차 한일회담 제8회 본회의 보도자료

문서명	제4차 한일회담 제8회 본회의 보도자료(Press Release: The Eighth Plenary Session of the Fourth Japan-Korea Overall Talks Held)

문서파일번호 8
작성연월일 1958. 5. 12
구분 제4차 회담 제8회 본회의
세부항목
작성처 외무성 아시아국 제1과
매수 1
비밀등급 일반
문서종류 보도자료
공개구분 공개
내용 제4차 한일회담 제8회 본회의 회의 결과 영문
주제어 제4차 한일회담 제8회 본회의 영문 보도자료

문서명	제4차 한일회담 제8회 본회의 회의요록(Summary Record of the Eighth Plenary Session of the Fourth Japan-Korea Overall Talks)

문서파일번호 8
작성연월일 1958. 5. 12
구분 제4차 회담 제8회 본회의
세부항목
작성처 외무성 아시아국 제1과
매수 3
비밀등급 일반
문서종류 회의록
공개구분 공개
내용 제4차 한일회담 본회의 제8회 영문 회의요록
주제어 제4차 한일회담 제8회 본회의 영문 회의요록

제4차 한일회담 본회의 제9회 회의
(第4次日韓会談本会議第9回会合)

문서파일번호	9
작성연월일	1958. 5. 14
구분	제4차 회담 제9회 본회의
세부항목	
작성처	외무성 북동아시아과
매수	14
비밀등급	
문서종류	회의록, 보도자료
공개구분	공개
내용	제4차 한일회담 본회의 제9회 회의 회의록 및 첨부 자료
주제어	제4차 한일회담 제9회 본회의

문서명	제4차 한일회담 본회의 제9회 회의(第四次日韓全面会談の本会議第九回会合)

문서파일번호 9
작성연월일 1958. 5. 14
구분 제4차 회담 제9회 본회의
세부항목
작성처 외무성 북동아시아과
매수 2
비밀등급 극비
문서종류 회의록
공개구분 공개
내용 제4차 한일회담 본회의 제9회 회의 회의록. 제7회 및 제8회 회의요록을 양국 수석대표가 확인함. 재일한국인 법적지위에 관한 위원회 및 한국청구권위원회 첫 회의를 각각 5월 19일과 20일에 개최하기로 결정함.
주제어 제4차 한일회담 제9회 본회의, 재일한국인 법적지위, 청구권

문서명	제4차 한일회담 제7회 본회의 회의요록(Summary Record of the Seventh Plenary Session of the Fourth Japan-Korea Overall Talks)

문서파일번호 9
작성연월일 1958. 5. 8
구분 제4차 회담 제9회 본회의
세부항목
작성처 외무성 북동아시아과
매수 3
비밀등급 극비
문서종류 회의록
공개구분 공개
내용 제4차 한일회담 본회의 제7회 회의 영문 회의요록
주제어 제4차 한일회담 제7회 회의 영문 회의요록

문서명	제4차 한일회담 제7회 본회의 보도자료(Press Release: Concerning the Seventh Plenary Session of the Fourth Japan-Korea Overall Talks)

문서파일번호 9
작성연월일 1958. 5. 8
구분 제4차 회담 제9회 본회의
세부항목
작성처 외무성 북동아시아과
매수 1
비밀등급 일반
문서종류 보도자료
공개구분 공개
내용 제4차 한일회담 본회의 제7회 회의 결과 영문
주제어 제4차 한일회담 제7회 회의 영문 보도자료

문서명	제4차 한일회담 제8회 본회의 회의요록(Summary Record of the Eighth Plenary Session of the Fourth Japan-Korea Overall Talks

문서파일번호 9
작성연월일 1958. 5. 12
구분 제4차 회담 제9회 본회의
세부항목
작성처 외무성 북동아시아과
매수 3
비밀등급 극비
문서종류 회의록
공개구분 공개
내용 제4차 한일회담 본회의 제8회 회의 영문 회의요록
주제어 제4차 한일회담 제8회 회의 영문 회의요록

문서명	제4차 한일회담 본회의 제9차 회의에 대해서(第四次日韓全面会談の本会議第九回会合について)

문서파일번호 9
작성연월일 1958. 5. 14
구분 제4차 회담 제9회 본회의
세부항목
작성처 외무성 북동아시아과
매수 1
비밀등급 일반
문서종류 보도자료
공개구분 공개
내용 제4차 한일회담 본회의 제9회 회의 결과
주제어 제4차 한일회담 제9회 본회의 보도자료

문서명	제4차 한일회담 제9회 본회의 보도자료(Press Release: The Ninth Plenary Session of the Fourth Japan-Korea Overall Talks Held)

문서파일번호 9
작성연월일 1958. 5. 14
구분 제4차 회담 제9회 본회의
세부항목
작성처 외무성 북동아시아과
매수 1
비밀등급 일반
문서종류 보도자료
공개구분 공개
내용 제4차 한일회담 본회의 제9회 회의 결과 영문
주제어 제4차 한일회담 제9회 본회의 영문 보도자료

문서명	제4차 한일회담 제9회 본회의 회의요록(Summary Record of the Ninth Plenary Session of the Fourth Japan-Korea Overall Talks)

문서파일번호	9
작성연월일	1958. 5. 14
구분	제4차 회담 제9회 본회의
세부항목	
작성처	외무성 북동아시아과
매수	3
비밀등급	일반
문서종류	회의록
공개구분	공개
내용	제4차 한일회담 본회의 제9회 회의 영문 회의요록
주제어	제4차 한일회담 제9회 본회의 영문 회의요록

문서명	제4차 한일회담 제9회 본회의 보도자료(Press Release Concerning The Ninth Plenary Session of the Fourth Japan-Korea Overall Talks Held)

문서파일번호	9
작성연월일	1958. 5. 14
구분	제4차 회담 제9회 본회의
세부항목	
작성처	외무성 북동아시아과
매수	3
비밀등급	일반
문서종류	보도자료
공개구분	공개
내용	제4차 한일회담 본회의 제9회 회의 결과 영문
주제어	제4차 한일회담 제9회 본회의 영문 보도자료

제4차 한일회담 제10회 본회의 의사록
(第4次日韓会談第10回本会議議事録)

문서파일번호	51
작성연월일	1958. 10. 1
구분	제4차 회담 제10회 본회의
세부항목	
작성처	외무성 북동아시아과
매수	8
비밀등급	
문서종류	
공개구분	공개
내용	제4차 한일회담 본회의 제10회 회의 회의록 및 첨부 자료
주제어	

문서명	제4차 한일회담 본회의 제10회 회합(第4次日韓全面会談の本会議第十回会合)

문서파일번호 51
작성연월일 1958. 10. 1
구분 제4차 회담 제10회 본회의
세부항목
작성처 외무성 북동아시아과
매수 3
비밀등급 비(秘)
문서종류 회의록
공개구분 공개
내용 제4차 한일회담 본회의 제10회 회의 회의록. 임병직 수석대표가 장경근 대표를 소개하고 위원회의 한국 수석위원이 이동했으며 후임자가 정해지면 일본에 통보하겠다고 함. 각 위원회 및 소위원회의 개최 일시를 정함.
주제어 분과위원회 회의 운영

문서명	제4차 한일회담 제9회 회의요록(Summary Record of the Ninth Plenary Session of the Fourth Japan-Korea Overall Talks)

문서파일번호 51
작성연월일 1958. 5. 14
구분 제4차 회담 제10회 본회의
세부항목
작성처 외무성 북동아시아과
매수 2
비밀등급
문서종류 회의록
공개구분 공개
내용 제4차 한일회담 본회의 제9회 회의 영문 회의요록
주제어 제9회 회의 영문 회의요록

문서명	제4차 한일회담 제9회 본회의 보도자료(Press Release Concerning the Ninth Plenary Session of the Fourth Japan-Korea Overall Talks)

문서파일번호 51
작성연월일 1958. 5. 14
구분 제4차 회담 제10회 본회의
세부항목
작성처 외무성 북동아시아과
매수 1
비밀등급
문서종류 보도자료
공개구분 공개
내용 제4차 한일회담 본회의 제9회 회의 영문 보도자료
주제어 제9회 회의 영문 보도자료

문서명	제4차 한일회담 제10회 회의요록(Summary Record of the Tenth Plenary Session of the Fourth Japan-Korea Overall Talks)

문서파일번호 51
작성연월일 1958. 10. 1
구분 제4차 회담 제10회 본회의
세부항목
작성처 외무성 북동아시아과
매수 2
비밀등급
문서종류 회의록
공개구분 공개
내용 제4차 한일회담 본회의 제9회 회의 영문 회의요록
주제어 제9회 회의 영문 회의요록

한일회담 재개
(日韓会談再開)

문서파일번호	1620
문서명	한일회담 재개(日韓会談再開)
작성연월일	1959. 8. 8
구분	제4차 회담
세부항목	한일회담 재개 사실 미국무부 통보, 주미대사 보고
작성처	주미대사
매수	1
비밀등급	극비
문서종류	전문(電文)
공개구분	공개
내용	한일회담 재개 사실을 미국무부 마샬 그린(Marshall Green) 차관보대리에게 알려 준 바, 미국 측도 관련 사실을 인지하고 있었으며, 아울러 8월 13일 제네바에서 재일한인 북송협정 조인 이전에 국제적십자사위원회가 관련 입장을 발표하는 데 동의하였다는 내용을 본성에 보고하는 주미대사 전문. 문서파일번호 1546에 동일한 문서가 포함되어 있음.
주제어	제4차 한일회담 재개, 억류자 상호 석방, 일본 어선 나포

제4차 한일회담 재개 본회의 제1회 회의(본회의 제11회 회의)[第4次日韓会談再開本會議 第1回会合(本會議 第11回会合)]

문서파일번호	10
작성연월일	1959. 8. 12
구분	제4차 회담 제1회 재개 본회의(제11회 본회의)
세부항목	
작성처	외무성 북동아시아과
매수	36
비밀등급	
문서종류	회의록, 내부자료, 보도자료
공개구분	공개
내용	제4차 한일회담 재개 본회의 제1회 회의(본회의 제11회 회의) 회의록 및 첨부자료
주제어	제4차 한일회담 제11회 본회의

문서명	제4차 한일회담 재개 본회의 제1회 회의(第4次日韓全面会談再開本会議第1回会合)

문서파일번호 10
작성연월일 1959. 8. 12
구분 제4차 회담 제1회 재개 본회의(제11회 본회의)
세부항목
작성처 외무성 북동아시아과
매수 2
비밀등급 극비
문서종류 회의록
공개구분 공개
내용 제4차 한일회담 재개 본회의 제1회 회의(본회의 제11회 회의) 회의록. 회담 재개에 따른 양국 수석대표의 인사말, 대표단 소개가 있은 후, 차기 회의를 조속한 시일 내에 개최하기로 합의함. 회의 종료 후 양측은 차기 회의를 8월 18일 개최키로 함.
주제어 제4차 한일회담 제11회 본회의 회의 운영

문서명	한일회담 재개 첫 회의에서 사와다 렌조 일본국정부 수석대표 인사말(日韓全面会談再開初回合における沢田日本国政府首席代表の挨拶)

문서파일번호 10
작성연월일 1959. 8. 12
구분 제4차 회담 제1회 재개 본회의(제11회 본회의)
세부항목
작성처 외무성 북동아시아과
매수 3
비밀등급 일반
문서종류 내부자료
공개구분 공개
내용 제4차 한일회담 재개 본회의 제1회 회의(본회의 제11회 회의) 일본 사와다 렌조 수석대표 인사말. 한국의 새로운 대표단 환영, 양국이 상호 협력의 정신으로 한일회담을 성공으로 이끌어 갈 수 있기를 희망함(영문 번역본 첨부).
주제어 제4차 한일회담 제11회 본회의 사와다 렌조 대표 인사말

문서명	재개 한일회담 한국 대표 인사말(Address of Korean Chief Delegate at Reopening of Korea-Japan Conference)

문서파일번호 10
작성연월일 1959. 8. 12
구분 제4차 회담 제1회 재개 본회의(제11회 본회의)
세부항목
작성처 외무성 북동아시아과
매수 7
비밀등급 일반
문서종류 내부자료
공개구분 공개
내용 제4차 한일회담 재개 본회의 제1회 회의(본회의 제11회 회의) 한국 허정 수석대표 인사말(영문). 별첨 3호: 일문 번역본. 일본의 재일한인 북송정책을 간접적으로 비판, 한일 양국이 자유세계의 일원으로서 상호 문제를 해결하고 안보를 공고히 해나가기를 기대함.
주제어 제4차 한일회담 제11회 본회의 허정 대표 인사말

문서명	한일회담 일본대표단 명부(日韓全面会談日本側代表団名簿)

문서파일번호 10
작성연월일 1959. 8. 12
구분 제4차 회담 제1회 재개 본회의(제11회 본회의)
세부항목
작성처 외무성 북동아시아과
매수 1
비밀등급 일반
문서종류 내부자료
공개구분 공개
내용 제4차 한일회담 재개 본회의 제1회 회의(본회의 제11회 회의) 일본대표단 명부
주제어 제4차 한일회담 제11회 본회의 일본대표단

문서명	한일회담 한국대표단 명부(日韓全面会談韓国側代表団名簿)

문서파일번호 10
작성연월일 1959. 8. 12
구분 제4차 회담 제1회 재개 본회의(제11회 본회의)
세부항목
작성처 외무성 북동아시아과
매수 1
비밀등급 일반
문서종류 내부자료
공개구분 공개
내용 제4차 한일회담 재개 본회의 제1회 회의(본회의 제11회 회의) 한국대표단 명부
주제어 제4차 한일회담 제11회 본회의 한국대표단

문서명	제4차 한일회담 재개 회의 보도자료(Press Release On the Reopening Session of the Fourth Japan-Korea Overall Talks)

문서파일번호 10
작성연월일 1959. 8. 12
구분 제4차 회담 제1회 재개 본회의(제11회 본회의)
세부항목
작성처 외무성 북동아시아과
매수 1
비밀등급 일반
문서종류 보도자료
공개구분 공개
내용 제4차 한일회담 재개 본회의 제1회 회의(본회의 제11회 회의) 결과 영문 보도자료
주제어 제4차 한일회담 제11회 본회의 영문 보도자료

문서명	제4차 한일회담 재개 본회의 제1회 회의에 대해서(第四次日韓全面会談再開本会議第一回会合に ついて)

문서파일번호 10
작성연월일 1959. 8. 12
구분 제4차 회담 제1회 재개 본회의(제11회 본회의)
세부항목
작성처 외무성 북동아시아과
매수 1
비밀등급 일반
문서종류 보도자료
공개구분 공개
내용 제4차 한일회담 재개 본회의 제1회 회의 결과
주제어 제4차 한일회담 제11회 본회의 보도자료

문서명	제4차 한일회담 재개 본회의 보도자료(Press Release On the Reopening Session of the Fourth Japan-Korea Overall Talks)

문서파일번호 10
작성연월일 1959. 8. 12
구분 제4차 회담 제1회 재개 본회의(제11회 본회의)
세부항목
작성처 외무성 북동아시아과
매수 1
비밀등급 일반
문서종류 보도자료
공개구분 공개
내용 제4차 한일회담 재개 본회의 제1회 회의 결과 영문
주제어 제4차 한일회담 제11회 본회의 영문 보도자료

문서명	제4차 한일회담 재개 본회의 의사 절차(第四次日韓全面会談再開本会議議事次第)

문서파일번호 10
작성연월일 1959. 8. 12
구분 제4차 회담 제1회 재개 본회의(제11회 본회의)
세부항목
작성처 외무성 북동아시아과
매수 4
비밀등급 일반
문서종류 내부자료
공개구분 공개
내용 제4차 한일회담 재개 본회의 제1회 회의(본회의 제11회 회의) 의사 절차
주제어 제4차 한일회담 제11회 본회의 의사 절차

문서명	제4차 한일회담 한국 대표 이력(第四次日韓会談韓国側代表顔触)

문서파일번호 10
작성연월일 1959. 8. 12
구분 제4차 회담 제1회 재개 본회의(제11회 본회의)
세부항목
작성처 외무성 북동아시아과
매수 8
비밀등급 일반
문서종류 내부자료
공개구분 공개
내용 제4차 한일회담 재개 본회의 제1회 회의(본회의 제11회 회의) 한국대표 이력
주제어 제4차 한일회담 제11회 본회의 한국대표 이력

문서명	한일전면회담 분과위원회 일본 위원 명부(日韓全面会談分科委員会日本側委員名簿)

문서파일번호	10
작성연월일	1959. 8. 12
구분	제4차 회담 제1회 재개 본회의(제11회 본회의)
세부항목	
작성처	외무성 북동아시아과
매수	3
비밀등급	일반
문서종류	내부자료
공개구분	공개
내용	제4차 한일회담 재개 본회의 제1회 회의(본회의 제11회 회의) 일본대표단 명부
주제어	제4차 한일회담 재개 분과위원회 일본대표단

문서명	한일회담 제1회 회의 착석 순서(日韓全面会談第一回会合着席順序)

문서파일번호	10
작성연월일	1959. 8. 12
구분	제4차 회담 제1회 재개 본회의(제11회 본회의)
세부항목	
작성처	외무성 북동아시아과
매수	1
비밀등급	
문서종류	내부자료
공개구분	공개
내용	제4차 한일회담 재개 본회의 제1회 회의(본회의 제11회 회의) 착석 순서
주제어	제4차 한일회담 제11회 본회의 회의 착석순서

문서명	제4차 한일회담 재개 회의 회의요록(Summary Record of the Reopening Session of the Fourth Japan-Korea Overall Talks)

문서파일번호 10
작성연월일 1959. 8. 12
구분 제4차 회담 제1회 재개 본회의(제11회 본회의)
세부항목
작성처 외무성 북동아시아과
매수 2
비밀등급 일반
문서종류 회의록
공개구분 공개
내용 제4차 한일회담 재개 본회의 제1회 회의(본회의 제11회 회의) 영문 회의요록
주제어 제4차 한일회담 제11회 본회의 영문 회의요록

문서명	제4차 한일회담 재개 본회의 보도자료(Press Release On the Reopening Session of the Fourth Japan-Korea Overall Talks)

문서파일번호 10
작성연월일 1959. 8. 12
구분 제4차 회담 제1회 재개 본회의(제11회 본회의)
세부항목
작성처 외무성 북동아시아과
매수 1
비밀등급
문서종류 보도자료
공개구분 공개
내용 제4차 한일회담 재개 본회의 제1회 회의(본회의 제11회 회의) 결과 영문 보도자료
주제어 제4차 한일회담 제11회 본회의 영문 보도자료

제4차 한일회담 재개 본회의 제2회 회의(본회의 제12회 회의)[第４次日韓会談再開本會議 第2回会合(本會議 第12回会合)]

문서파일번호	11
작성연월일	1959. 8. 18
구분	제4차 회담 제2회 재개 본회의(제12회 본회의)
세부항목	
작성처	외무성 북동아시아과
매수	22
비밀등급	
문서종류	회의록, 내부자료, 보도자료
공개구분	공개
내용	제4차 한일회담 재개 본회의 제2회 회의(본회의 제12회 회의) 회의록 및 첨부자료
주제어	제4차 한일회담 제12회 본회의

문서명	제4차 한일회담 재개 제2회 본회의 의사록(第4次日韓全面会談再開本会議第２回会合議事録)

문서파일번호 11
작성연월일 1959. 8. 18
구분 제4차 회담 제2회 재개 본회의(제12회 본회의)
세부항목
작성처 외무성 북동아시아과
매수 6
비밀등급 비(秘)
문서종류 회의록
내용 제4차 한일회담 재개 본회의 제2회 회의(본회의 제12회 회의) 회의록. 제4차 회담 제10회 본회의 회의요록을 양측 수석대표가 확인함. 본회의는 제4차 회담의 연속으로 의사진행상의 제반 문제(회의 용어, 의사록, 신문 발표 등) 등에 관해 종래와 같이 하자는 한국 제의에 일본도 동의함. 법적지위위원회 관련 한국 제안(재일한인을 일본 영구정착, 한국귀환 희망, 양쪽 모두 희망하지 않는 사람 등 3개 카테고리로 구분)에 대해 일본도 검토하겠다는 반응을 보임. 동 위원회의 조속 재개에 합의함. 운영위원회를 통한 사전협의 후 각 위원회와 본회의 협의를 진행하자는 일본 제안에 한국도 동의함. 본 회담의 성공을 위한 우호적 분위기 조성을 위해 억류자 상호 송환을 조기 실현했으면 좋겠다는 일본 의사표명에 한국도 그리 되기를 희망한다고 함.
주제어 재일한국인 법적지위, 억류자 문제

문서명	제4차 한일회담 제10회 본회의 회의요록(Summary Record of the Tenth Session of the Fourth Japan-Korea Overall Talks)

문서파일번호 11
작성연월일 1958. 10. 1
구분 제4차 회담 제2회 재개 본회의(제12회 본회의)
세부항목
작성처 외무성 북동아시아과
매수 2
비밀등급 일반
문서종류 회의록

공개구분	공개
내용	제4차 한일회담 제10회 본회의 영문 회의요록. 제9회 회의요록 확인함. 장경근 어업 '평화선'위원회 한국 수석대표를 소개함. 각 위원회, 소위원회의 회의 개최일시는 수석대표들이 결정하기로 함.[*제10회 본회의(1958.10.1) 관련 문서는 문서파일번호 51에 있음]
주제어	제4차 한일회담 재개 회의 분과위원회 회의 운영

문서명	한일회담 재개 제2회 본회의 한국 제안(日韓会談再開第二回本會議で韓國から提案のあったもの)

문서파일번호	11
작성연월일	1959. 8. 18
구분	제4차 회담 제2회 재개 본회의(제12회 본회의)
세부항목	
작성처	외무성 북동아시아과
매수	2
비밀등급	일반
문서종류	내부자료
공개구분	공개
내용	제4차 한일회담 재개 본회의 제2회 회의의 한국 제안. 재일한인 문제 해결의 시급성 강조, 재일한인을 일본 영주 정착 희망자, 한국 귀환자, 한국 귀환이나 일본 정착 양쪽 모두 원치 않는 자로 구분하여 대처할 필요가 있음.
주제어	재일한국인 법적지위

문서명	제4차 한일회담 본회의 제12회 회의에 대해서(第四次日韓全面会談の本会議第十二回会合に ついて)

문서파일번호 11
작성연월일 1959. 8. 18
구분 제4차 회담 제2회 재개 본회의(제12회 본회의)
세부항목
작성처 외무성 북동아시아과
매수 1
비밀등급 일반
문서종류 보도자료
공개구분 공개
내용 제4차 한일회담 제12회 본회의 회의 결과
주제어 제4차 한일회담 제12회 본회의 보도자료

문서명	제4차 한일회담 제12회 본회의 보도자료(Press Release Japan-Korea Twelfth Plenary Session Held)

문서파일번호 11
작성연월일 1959. 8. 18
구분 제4차 회담 제2회 재개 본회의(제12회 본회의)
세부항목
작성처 외무성 북동아시아과
매수 1
비밀등급 일반
문서종류 보도자료
공개구분 공개
내용 제4차 한일회담 제12회 본회의 회의 결과 영문
주제어 제4차 한일회담 제12회 본회의 영문 보도자료

문서명	제4차 한일회담 재개 제2회 본회의 사와다 렌조 일본 수석대표 발언 요령(I) [第４次日韓全面会談再開本会議第２回会合における澤田首席代表發言要領(I)]

문서파일번호 11

작성연월일 1959. 8. 18

구분 제4차 회담 제2회 재개 본회의(제12회 본회의)

세부항목

작성처 외무성 북동아시아과

매수 4

비밀등급 일반

문서종류 내부자료

공개구분 공개

내용 제4차 한일회담 제12회 본회의 사와다 렌조 일본 수석대표 발언 요령 제1안. 한일회담의 분위기 호전을 위해 부산 억류 일본인어부와 오무라수용소 한인 억류자들의 상호 송환을 촉진하는 방안을 제시

주제어 사와다 렌조 발언 요령, 억류자 상호 송환

문서명	제4차 한일회담 재개 제2회 본회의 사와다 렌조 일본 수석대표 발언 요령(II) [第４次日韓全面会談再開本会議第２回会合における澤田首席代表發言要領(II)]

문서파일번호 11

작성연월일 1959. 8. 18

구분 제4차 회담 제2회 재개 본회의(제12회 본회의)

세부항목

작성처 외무성 북동아시아과

매수 6

비밀등급 일반

문서종류 내부자료

공개구분 공개

내용 제4차 한일회담 재개 본회의 제2회 회의 일본 수석대표 발언 요령 제2안. 재일한인 북송 희망 재일한인의 귀국대상지는 회담의 교섭대상이 아님. 모국 귀환 권리 및 귀국 대상지 선택의 자유는 국제적으로 인정된 개인의 기본적 인권임.

주제어 제4차 회담 제12회 본회의 사와다 렌조 발언, 재일한인 북송 문제

제4차 한일회담 본회의 제13회 회의
(第４次日韓全面会談本會議第13回会合)

문서파일번호	12
작성연월일	1959. 8. 26
구분	제4차 회담 제3회 재개 본회의(제13회 본회의)
세부항목	
작성처	외무성 북동아시아과
매수	10
비밀등급	
문서종류	회의록, 보도자료
공개구분	공개
내용	제4차 한일회담 재개 본회의 제3회 회의(본회의 제13회 회의) 회의록 및 첨부자료
주제어	제4차 한일회담 제13회 본회의

문서명	제4차 한일회담 본회의 제13회 회의(第４次日韓全面会談本會議第13回会合)

문서파일번호 12
작성연월일 1959. 8. 26
구분 제4차 회담 제3회 재개 본회의(제13회 본회의)
세부항목
작성처 외무성 북동아시아과
매수 10
비밀등급 극비
문서종류 회의록
공개구분 공개
내용 제4차 한일회담 재개 본회의 제3회 회의(본회의 제13회 회의) 회의록. 제4차 한일회담 재개 본회의 제1회 회의요록 확인함. 재개 본회의 제2회 회의 시 한국이 제의한 재일한국인의 3개 카테고리 분류에 일본이 동의함. 법적지위위원회의 8월 31일 개최에 잠정 합의함.
주제어 제4차 한일회담 재개 제13회 본회의, 재일한국인 법적지위

문서명	제4차 한일회담 재개 회의 회의요록(Summary Record of the Reopening Session of the Fourth Japan-Korea Overall Talks)

문서파일번호 12
작성연월일 1959. 8. 12
구분 제4차 회담 제3회 재개 본회의(제13회 본회의)
세부항목
작성처 외무성 북동아시아과
매수 2
비밀등급 일반
문서종류 회의록
공개구분 공개
내용 제4차 한일회담 재개 본회의 제1회 회의 영문 회의요록
주제어 영문 회의요록

문서명	제4차 한일회담 재개 회의 보도자료(Press Release On the Reopening Session of the Fourth Japan-Korea Overall Talks)

문서파일번호 12
작성연월일 1959. 8. 12
구분 제4차 회담 제3회 재개 본회의(제13회 본회의)
세부항목
작성처 외무성 북동아시아과
매수 1
비밀등급 일반
문서종류 보도자료
공개구분 공개
내용 제4차 한일회담 재개 본회의 제1회 회의 결과 영문
주제어 제4차 한일회담 재개 본회의 제1회 회의 영문 보도자료

문서명	8월 26일 한일회담 본회의 사와다 렌조 대표 발언(8月26日の日韓會談本會議における澤田代表發言)

문서파일번호 12
작성연월일 1959. 8. 26
구분 제4차 회담 제3회 재개 본회의(제13회 본회의)
세부항목
작성처 외무성 북동아시아과
매수 1
비밀등급 일반
문서종류 내부자료
공개구분 공개
내용 제4차 한일회담 재개 본회의 제3회 회의(본회의 제13회 회의) 일본 사와다 렌조 수석 대표 발언 내용. 한국의 재일한인 3개 카테고리 분류에 동의
주제어 제4차 한일회담 제13회 본회의 사와다 발언, 재일한국인 법적지위

문서명	제4차 한일전면회담 본회의 제13회 회의에 대해서(第四次日韓全面会談本会議第十四回会合について)

문서파일번호 12
작성연월일 1959. 8. 26
구분 제4차 회담 제3회 재개 본회의(제13회 본회의)
세부항목
작성처 외무성 북동아시아과
매수 1
비밀등급 일반
문서종류 보도자료
공개구분 공개
내용 제4차 한일회담 제13회 본회의 회의 결과
주제어 제4차 한일회담 제13회 본회의 보도자료

문서명	제4차 한일회담 제13회 본회의 보도자료(Press Release 13th Plenary Session of Japan-ROK Talks Held)

문서파일번호 12
작성연월일 1959. 8. 26
구분 제4차 회담 제3회 재개 본회의(제13회 본회의)
세부항목
작성처 외무성 북동아시아과
매수 1
비밀등급 일반
문서종류 보도자료
공개구분 공개
내용 제4차 한일회담 제13회 본회의 회의 결과 영문
주제어 제4차 한일회담 제13회 본회의 영문 보도자료

문서명	8월 26일 한일회담 본회의 사와다 렌조 대표 발언안(8月26日の日韓會談本會議における澤田代表發言(案))

문서파일번호 12

작성연월일 1959. 8. 21

구분 제4차 회담 제3회 재개 본회의(제13회 본회의)

세부항목

작성처 외무성 북동아시아과

매수 2

비밀등급 극비

문서종류 내부자료

공개구분 공개

내용 제4차 한일회담 재개 본회의 제3회 회의(본회의 제13회 회의) 사와다 렌조 대표의 발언안. 재일한인 북송 문제에 대해서는 일본의 기본방침대로 처리 예정, 재일한인 분류에 관해서는 한국 제안에 동의함.

주제어 제4차 한일회담 제13회 본회의 사와다 발언, 재일한인 북송 문제, 재일한국인 법적 지위

제4차 한일회담 본회의 제14회(재개 제4회) 회의
[第４次日韓全面会談本會議第14回(再開第4回)会合]

문서파일번호	13
작성연월일	1959. 9. 8
구분	제4차 회담 제4회 재개 본회의(제14회 회의)
세부항목	
작성처	외무성 북동아시아과
매수	4
비밀등급	
문서종류	회의록, 보도자료
공개구분	공개
내용	제4차 한일회담 재개 본회의 제4회 회의(본회의 제14회 회의) 회의록 및 보도자료
주제어	제4차 한일회담 제14회 본회의

문서명	제4차 한일회담 본회의 제14회(재개 제4회) 회의[第４次日韓全面会談本會議第14回(再開第4回)会合]

문서파일번호 13
작성연월일 1959. 9. 8
구분 제4차 회담 제4차 한일회담 재개 본회의 제4회 회의(제14회 회의)
세부항목
작성처 외무성 북동아시아과
매수 3
비밀등급 극비
문서종류 회의록
공개구분 공개
내용 제4차 한일회담 재개 본회의 제4회 회의(본회의 제14회 회의) 회의록. 각 위원회의 조속 개최 또는 이미 개최된 회의의 원활한 진행에 양측이 합의함.
주제어 제4차 한일회담 재개 회의 분과위원회 회의 운영

문서명	제4차 한일회담 본회의 제14회 회의에 대해서(第四次日韓全面会談本会議第十四回会合について)

문서파일번호 13
작성연월일 1959. 9. 8
구분 제4차 회담 제4회 재개 본회의(제14회 회의)
세부항목
작성처 외무성 북동아시아과
매수 1
비밀등급
문서종류 보도자료
공개구분 공개
내용 제4차 한일회담 제14회 본회의 회의 결과
주제어 제4차 한일회담 제14회 본회의 보도자료

한일 양국 주장의 상이점
(日韓両国の主張の相違点)

문서파일번호	1549
문서명	한일 양국 주장의 상이점(日韓両国の主張の相違点)
작성연월일	1959. 8. 13
구분	제4차 회담
세부항목	한일 양국 주장의 상이점
작성처	외무성 북동아시아과
매수	16
비밀등급	극비
문서종류	내부문서
공개구분	공개
내용	제4차 한일회담 당시 각 위원회 회의에서 나온 양국의 주장을 정리한 문서
주제어	재산청구권, 문화재, 선박 반환, 어업 및 평화선, 재일한국인 법적지위

한일교섭에 관한 한국 동정(1959년)
[日韓交渉に関する韓国動静(昭和34年)]

문서파일번호	285
작성연월일	1959. 8. 17 - 1959. 12. 21
구분	제4차 회담
세부항목	한국대표부 동정
작성처	외무성 북동아시아과
매수	66
비밀등급	
문서종류	내부문서
공개구분	일부비공개
내용	한일교섭과 관련하여 주일한국대표부 관계자 접촉 내용, 한국 대표의 발언 내용 등에 관한 정보 보고
주제어	한국대표부 동정

문서명	한일회담 관련 정보(日韓会談関係情報)

문서파일번호 285
작성연월일 1957. 8. 17
구분 제4차 회담
세부항목 주일한국대표부 동정
작성처 외무성 북동아시아과
매수 3
비밀등급 비(秘)
문서종류 내부문서
공개구분 일부비공개
내용 주일한국대표부 관계자와 접촉을 통해 입수한 정보. 재개되는 한일회담에서 한국의 재일한인 북송 문제에 대한 태도, 한국 대표의 인적 변동 사항 등
주제어 주일한국대표부 동정

문서명	한국대표단 동정 건(韓国代表団動静に関する件)

문서파일번호 285
작성연월일 1959. 8. 19
구분 제4차 회담
세부항목 한국대표부 동정
작성처 외무성 북동아시아과
매수 3
비밀등급 극비
문서종류 내부문서
공개구분 일부비공개
내용 재개되는 회담에서 한국은 재일한인 북송 문제를 중점적으로 다룰 방침이기 때문에 억류자 상호 송환의 가능성은 희박해졌음. 한국 장경근 대표 교체 경위를 분석
주제어 재일한인 북송 문제, 상호 억류자 석방, 한국대표부 동정

문서명	허정 대표의 이야기 건(許政代表の話の件)

문서파일번호	285
작성연월일	1959. 8. 21
구분	제4차 회담
세부항목	한국대표부 동정
작성처	외무성 북동아시아과
매수	7
비밀등급	극비
문서종류	내부문서
공개구분	일부비공개
내용	한국과의 비공식 대화 중 허정 대표에 관한 내용을 기록한 문서. 주요내용은 허정 대표의 임명 경위, 재일한인 북송 문제에 대해 단호하게 반대한다는 한국 입장 전달, 미국 관계자와 재일한인 북송 문제 관련해 논의한 결과
주제어	허정, 재일한인 북송 문제

문서명	한국 동정 건(韓国側静動に関する件)

문서파일번호	285
작성연월일	1959. 8. 27
구분	제4차 회담
세부항목	한국대표부 동정
작성처	외무성 북동아시아과
매수	5
비밀등급	극비
문서종류	내부문서
공개구분	일부비공개
내용	한일회담 취재를 위해 방한했던 일본 신문기자 3명이 한국 외무부 청사 앞에서 펼쳐진 재일한인 북송 반대 데모 상황과 한국의 현지 사정에 대해 언급함. 한국의 진필식 서기관이 한일회담과 관련해서 재일한인 북송 문제를 다루기 위해 한국의 교섭방침을 전달받은 것을 기술
주제어	재일한인 북송 문제

문서명	한국대표부 동향 건(韓国代表部動向の件)

문서파일번호 285
작성연월일 1959. 9. 3
구분 제4차 회담
세부항목 한국대표부 동정
작성처 외무성 북동아시아과
매수 3
비밀등급 극비
문서종류 내부문서
공개구분 일부비공개
내용 1959년 9월 2일 일본이 주일한국대표부에게 건넨 '불법 입국자명단'에 재일한인 북송 희망자도 기재되어 있어서 한국에서 만족스럽다는 의사 전달. 이 명단이 건네졌다는 정보를 입수한 조총련 측에서는 긴급회의를 개최해서 대책을 검토 중
주제어 재일한인 북송 문제

문서명	한국대표부 동향 건(韓国代表部動向に関する件)

문서파일번호 285
작성연월일 1959. 9. 4
구분 제4차 회담
세부항목 한국대표부 동정
작성처 외무성 북동아시아과
매수 3
비밀등급 극비
문서종류 내부문서
공개구분 일부비공개
내용 한국 당국이 앞으로 법적지위위원회에서 한국으로 귀환을 희망하는 재일교포들과 관련하여 고려하고 있는 것은 첫째 소유 재산에 대한 제한을 없애는 것, 둘째 자기 집 한 채를 구입할 수 있는 정도의 금전적 보상을 요구하는 것으로 파악. 어업 문제 관련해서는 지철근 위원의 방일 후에 착수할 것으로 보임.
주제어 재일한국인 법적지위

문서명	한국대표단 동정 건(韓国代表団動静に関する件)

문서파일번호 285
작성연월일 1959. 9. 10
구분 제4차 회담
세부항목 한국대표부 동정
작성처 외무성 북동아시아과
매수 4
비밀등급
문서종류 내부문서
공개구분 일부비공개
내용 유태하 대사가 9월 8일에 도쿄에 체재 중인 한국 신문기자들에게 발언한 내용이 소개됨. 유 대사의 언급 내용에 대해 허정 대표가 비판함. 대일통상금지 조치를 해제하는 데 한국 각료들은 찬성하지만 이승만 대통령이 완강히 반대하여 상황이 정체됨.
주제어 유태하, 허정

문서명	한국대표단 동정 건(韓国代表団動静に関する件)

문서파일번호 285
작성연월일 1959. 9. 12
구분 제4차 회담
세부항목 한국대표부 동정
작성처 외무성 북동아시아과
매수 3
비밀등급 극비
문서종류 내부문서
공개구분 일부비공개
내용 9월 10일 장경근, 후나다 나카(船田中)의 비공식회담, 12일 유진오, 장경근 대표의 귀국을 기술. 허정 대표는 비공식회담에서 한일회담에서 기대 이상으로 좋은 결과를 얻었기 때문에 만족하며 이승만 대통령의 강경한 태도로 인해 교섭을 마무리짓기가 어렵다고 발언
주제어 한일회담 평가

문서명	한국대표단 동정 건(韓国代表団動静に関する件)

문서파일번호 285
작성연월일 1959. 9. 14
구분 제4차 회담
세부항목 한국대표부 동정
작성처 외무성 북동아시아과
매수 2
비밀등급 극비
문서종류 내부문서
공개구분 일부비공개
내용 재일한인 북송 문제를 둘러싼 외교상의 실패 책임을 김동조 외무차관이 지게 되었음. 유태하 대사는 본인이 면책된 것에 만족스러워 함. 외무차관으로 임명된 주일대표부 최규하 공사의 후임은 미정이며, 유진오 대표의 귀임에 따라 법적지위위원회 회의는 당분간 열리지 않을 것으로 예상됨.
주제어 재일한인 북송 문제, 한국대표부 동정

문서명	한국대표단 동정 건(韓国代表団動静に関する件)

문서파일번호 285
작성연월일 1959. 9. 25
구분 제4차 회담
세부항목 한국대표부 동정
작성처 외무성 북동아시아과
매수 3
비밀등급 극비
문서종류 내부문서
공개구분 일부비공개
내용 유태하 대사는 오사카, 교토, 고베를 방문하여 재일동포들과 간담하며 재일한인 북송 문제에 대한 협력을 요청했다고 함. 장경근, 유진오 대표의 동정 기술, 허정 대표가 제시했던 안(억류자 상호 송환의 조기 실시)에 대해 이승만 대통령이 어느 정도 동의를 표하게 되었음.
주제어 재일한인 북송 문제

문서명	한국대표단 동정 건(韓国代表団動静に関する件)

문서파일번호 285
작성연월일 1959. 9. 29
구분 제4차 회담
세부항목 한국대표부 동정
작성처 외무성 북동아시아과
매수 3
비밀등급 극비
문서종류 내부문서
공개구분 일부비공개
내용 한국 대표의 동정에 대한 파악과 함께 허정 대표와의 비공식회담 내용 기술. 한국 대표단이 본국 정부에게 대안을 제시한 것이 어느 정도 동의를 얻어서 어업, 문화재 등을 포함한 전면회담을 개최해서 교섭을 진행할 것으로 보임.
주제어 한일회담 전망

문서명	한국대표단 동정 건(韓国代表団動静に関する件)

문서파일번호 285
작성연월일 1959. 10. 10
구분 제4차 회담
세부항목 한국대표부 동정
작성처 외무성 북동아시아과
매수 3
비밀등급 극비
문서종류 내부문서
공개구분 일부비공개
내용 이승만 대통령이 주일대표부의 의견 제시에도 불구하고 여전히 그의 강경한 태도를 누그러뜨리지 않는다고 파악함. 허정 대표와의 비공식회담에 따르면 대통령의 의견이 쉽게 바뀌기 어려울 것이며 법적지위 관련 문제가 10월 중에 해결되지는 못할 것이라고 함. 억류자 상호 송환도 지체될 것으로 보임.
주제어 재일한국인 법적지위, 상호 억류자 석방

문서명	한국대표단 동정 건(韓国代表団動静に関する件)

문서파일번호 285
작성연월일 1959. 10. 15
구분 제4차 회담
세부항목 한국대표부 동정
작성처 외무성 북동아시아과
매수 4
비밀등급 극비
문서종류 내부문서
공개구분 일부비공개
내용 유진오 대표의 언급에 따르면 보상 문제 및 재일한인 북송 문제에 대해 이승만 대통령은 여전히 강경한 태도를 취하고 있다고 함. 어업 문제에 대한 한국의 생각을 비롯해 대표단의 내부 사정에 대해 일본이 분석하는 내용이 기술됨.
주제어 재일한인 북송 문제, 어업

문서명	한국대표단 동정 건(韓国代表団動静に関する件)

문서파일번호 285
작성연월일 1959. 10. 26
구분 제4차 회담
세부항목 한국대표부 동정
작성처 외무성 북동아시아과
매수 3
비밀등급 극비
문서종류 내부문서
공개구분 일부비공개
내용 1959년 10월 24일 한국은 보상 문제에 대해 일본으로부터 확약을 받은 뒤 귀환 협정 문제를 계속 다룸으로써 회담이 결렬되는 것을 피하려는 방침으로 보였음. 그러나 일본이 귀환 협정을 수정함에 따라 한국 교섭대표단은 당국의 지시를 하달받아야 하는 입장에 놓여서 회담이 사실상 중단 위기에 놓였음.
주제어 재일한인 귀환 보상 문제

문서명	한국대표단 동정 건(韓国代表団動静に関する件)

문서파일번호 285
작성연월일 1959. 10. 30
구분 제4차 회담
세부항목 한국대표부 동정
작성처 외무성 북동아시아과
매수 3
비밀등급 극비
문서종류 내부문서
공개구분 일부비공개
내용 한국 대표는 한국이 재일한인 북송에 대해 강하게 반대하지만 이 문제로 인해 한일회담이 결렬되는 것만큼은 피해야 한다는 입장임.
주제어 재일한인 북송 문제

문서명	한국대표단 동정 건(韓国代表団動静に関する件)

문서파일번호 285
작성연월일 1959. 11. 17
구분 제4차 회담
세부항목 한국대표부 동정
작성처 외무성 북동아시아과
매수 2
비밀등급 극비
문서종류 내부문서
공개구분 일부비공개
내용 유진오 대표의 이야기에 따르면 마쓰지마호(松島丸) 승조원 부상 사건이나 남북 양측 그룹의 충돌 사건 발생으로 인해 사태는 더욱 악화되었다고 함. 이달 말로 한국대표단이 철수할 가능성도 배제할 수 없음.
주제어 선박 충돌 사건, 상호억류자 석방

문서명	한국대표단 동정 건(韓国代表団動静に関する件)

문서파일번호 285
작성연월일 1959. 11. 19
구분 제4차 회담
세부항목 한국대표부 동정
작성처 외무성 북동아시아과
매수 4
비밀등급 극비
문서종류 내부문서
공개구분 일부비공개
내용 유태하 대사 이야기의 요지. 허정 대표는 억류자 상호 석방을 조기 실시하여 회담을 궤도에 올려야 한다고 주장했었으며 이승만 대통령을 설득하려 했으나 실패로 돌아감. 사실상 회담이 결렬될 것으로 보임.
주제어 유태하, 허정

문서명	한국대표단 동정 건(韓国代表団動静に関する件)

문서파일번호 285
작성연월일 1959. 11. 27
구분 제4차 회담
세부항목 한국대표부 동정
작성처 외무성 북동아시아과
매수 3
비밀등급 극비
문서종류 내부문서
공개구분 일부비공개
내용 유진오 대표에 따르면 한일교섭이 결렬되지 않도록 노력해야겠지만, 양측 간에 합의를 도출하지 못한 채 1959년 12월 14일에 재일한인 북송 귀환 사업으로 배가 출항한다면 사실상 회담은 결렬된다고 봄. 민단 대표와의 이야기도 기술
주제어 유진오, 재일한인 북송 문제

문서명	한국대표단 동정 건(韓国代表団動静に関する件)

문서파일번호	285
작성연월일	1959. 12. 5
구분	제4차 회담
세부항목	한국대표부 동정
작성처	외무성 북동아시아과
매수	3
비밀등급	극비
문서종류	내부문서
공개구분	일부비공개
내용	유태하 대사, 유진오 대표의 귀임 시 발언에 대한 해석, 유태하 대사와 야마다 히사나리 차관의 회담 내용
주제어	유태하, 유진오

문서명	한국대표단 동정 건(韓国代表団動静に関する件)

문서파일번호	285
작성연월일	1959. 12. 21
구분	제4차 회담
세부항목	한국대표부 동정
작성처	외무성 북동아시아과
매수	2
비밀등급	비(秘)
문서종류	내부문서
공개구분	일부비공개
내용	한국 교섭대표단의 동정과 각 대표의 한일회담에 대한 견해
주제어	한국대표부 동정

한일회담 문제점
(日韓会談の問題点)

문서파일번호	75
문서명	한일회담 문제점(日韓会談の問題点)
작성연월일	1959. 8. 20
구분	제4차 회담
세부항목	제4차 회담 교섭 평가
작성처	외무성 북동아시아과
매수	16
비밀등급	극비
문서종류	내부자료
공개구분	공개
내용	제1~3차 회담에서의 각 위원회의 논의내용과 4차 회담에서의 논의내용을 비교 정리한 문서임. 기본관계에 관한 논의가 진행되지 않았다는 점이 기록되어 있음.
주제어	기본관계, 재일한국인 법적지위, 청구권·경협, 어업, 선박 반환

이세키·유 회담(伊関、柳会談)

문서파일번호	333
작성연월일	1959. 9. 29 - 1959. 12. 17
구분	제4차 회담
세부항목	이세키·유태하 회담
작성처	외무성 북동아시아과
매수	17
비밀등급	
문서종류	회의록, 공동발표 문안
공개구분	일부비공개
내용	1959년 9월 29일~12월 17일까지 개최된 이세키 유지로(伊關佑二郎) 아시아국장과 유태하 대사 회담 기록
주제어	한일 현안 협의

문서명	이세키·유 회담 건(伊関、柳会談に関する件)

문서파일번호 333
작성연월일 1959. 9. 29
구분 제4차 회담
세부항목 이세키 · 유태하 회담
작성처 외무성 북동아시아과장
매수 6
비밀등급 극비
문서종류 회의록
공개구분 일부비공개
내용 이세키 유지로 아시아국장과 유태하 대사 회담 기록. 상호 석방의 전망, 법적지위에 관한 한국 요구, 독도, '이 라인' 내 일본 어업에 대해 논의함. 유 대사는 최근 일부 일본인이 독도에 불법 상륙한 것에 대해 항의하고 일본정부가 이를 방지하기 위한 조치를 취해 줄 것을 요구함.
주제어 독도, 억류자 문제, 재일한국인 법적지위

문서명	이세키·유 회담 건(伊関、柳会談に関する件)

문서파일번호 333
작성연월일 1959. 10. 12
구분 제4차 회담
세부항목 이세키 · 유태하 회담
작성처 외무성 북동아시아과장
매수 4
비밀등급 극비
문서종류 회의록
공개구분 공개
내용 이세키 유지로 아시아국장과 유태하 대사 회담 기록. 어업, 법적지위, 한일무역, '이 라인' 내 일본 어선의 조업 문제 등에 관해 논의함
주제어 어업, 재일한국인 법적지위, 억류자 문제, 한일무역

문서명	이세키·유 회담 건(伊関、柳会談に関する件)

문서파일번호 333
작성연월일 1959. 11. 4
구분 제4차 회담
세부항목 이세키 · 유태하 회담
작성처 외무성 북동아시아과장
매수 3
비밀등급 극비
문서종류 회의록
공개구분 공개
내용 이세키 유지로 아시아국장과 유태하 대사 회담 기록. 유 대사는 재일한인 북송에 따른 한일관계 악화를 이유로 일본 어민 석방이 어려워졌다고 전망함.
주제어 재일한국인 법적지위, 억류자 문제

문서명	재일한국동포 문제에 관한 대한민국과 일본국의 공동성명(안)[在日韓僑問題に關する大韓民國と日本國政府の共同コミュニケ(案)]

문서파일번호 333
작성연월일 1959. 11. 4
구분 제4차 회담
세부항목 이세키 · 유태하 회담
작성처 주일한국대표부
매수 2
비밀등급 극비
문서종류 공동 발표문(코뮈니케 안)
공개구분 공개
내용 재일한국인 법적지위협정 체결 전까지 잠정적으로 일본은 귀환 재일한인에게 일정액의 보상금 지불, 필요한 시설 및 편익 제공, 재산 전액의 송금이 가능토록 하고, 한국은 재일한국인의 귀환 수용, 한국에서의 재정착에 필요한 조치를 강구함.
주제어 재일한국인 법적지위

문서명	이세키·유 회담 건(伊関、柳会談に関する件)

문서파일번호	333
작성연월일	1959. 12. 17
구분	제4차 회담
세부항목	이세키 · 유태하 회담
작성처	외무성 북동아시아과장
매수	2
비밀등급	극비
문서종류	회의록
공개구분	공개
내용	이세키 유지로 아시아국장과 유태하 대사 회담 기록. 재일한인 북송 문제의 국제사법재판소(ICJ) 제소 문제, 김영환 사건(주일한국대표부 김영환 3등서기관이 1959년 12월 초 니가타 일본적십자사 재일한인 북송센터 폭파미수사건에 관여되었다는 의혹), '이 라인' 내 조업 일본 어선 나포 강화 등 논의함.
주제어	재일한인 북송, 어업, 주일한국대표부 김영환 사건

사와다·임병직 양국 수석대표 회담
(沢田、林両国主席代表の会談)

문서파일번호	316
작성연월일	1958. 4. 16 - 1958. 12. 19
구분	제4차 회담
세부항목	사와다·임병직 수석대표 회담
작성처	외무성
매수	172
비밀등급	
문서종류	회의록
공개구분	공개
내용	1958년 4월~12월까지 개최된 제4차 회담 기간 중 사와다 일본 수석대표와 임병직 한국 수석대표 회담 기록
주제어	선박 반환, 청구권, 억류자 석방, 어업

문서명	제1차 사와다·임 사적 회담(第一次沢田、林私的会談)

문서파일번호 316
작성연월일 1958. 4. 16
구분 제4차 회담
세부항목 사와다 · 임병직 수석대표 회담
작성처 외무성 다카노 참사관
매수 2
비밀등급 극비
문서종류 회의록
공개구분 공개
내용 사와다 일본 수석대표와 임병직 한국 수석대표 회담 기록. 한국이 선박위원회를 없애고 청구권 문제와 함께 다루자고 요청함.
주제어 선박 반환, 청구권

문서명	제2차 사와다·임 사적 회담(第二次沢田、林私的会談)

문서파일번호 316
작성연월일 1958. 4. 18
구분 제4차 회담
세부항목 사와다 · 임병직 수석대표 회담
작성처 외무성 다카노 참사관
매수 3
비밀등급 일반
문서종류 회의록
공개구분 공개
내용 사와다 일본 수석대표와 임병직 한국 수석대표 회담 기록. 한국은 위원회 구성에 대해 쌍방이 깊이 개입하지 말 것을 요구하고 일본인어부를 4월 24, 25일경 돌려보내겠다고 발언함.
주제어 선박 반환, 청구권, 억류자 석방

문서명	제3차 사와다·임 사적 회담(第三次沢田、林私的会談)

문서파일번호 316
작성연월일 1958. 4. 21
구분 제4차 회담
세부항목 사와다·임병직 수석대표 회담
작성처 외무성 다카노 참사관
매수 5
비밀등급 일반
문서종류 회의록
공개구분 공개
내용 사와다 일본 수석대표와 임병직 한국 수석대표 회담 기록. 한국 위원회 구성 제안에 대해 일본의 동의를 구함.
주제어 선박 반환, 청구권

문서명	제4차 사와다·임 사적 회담(第四次沢田、林私的会談)

문서파일번호 316
작성연월일 1958. 4. 23
구분 제4차 회담
세부항목 사와다·임병직 수석대표 회담
작성처 외무성 다카노 참사관
매수 3
비밀등급 극비
문서종류 회의록
공개구분 공개
내용 사와다 일본 수석대표와 임병직 한국 수석대표 회담 기록. 일본은 관계부처 설득이 매우 어렵고 특히 선박은 일본의 선물이므로 선박위원회를 청구권위원회에 포함시키는 것은 곤란하다고 답변함.
주제어 선박 반환, 청구권

문서명	4월 25일 사와다·임 양 수석대표 회담 요지(第五次澤田、林両国首席代表の会談要旨)

문서파일번호	316
작성연월일	1958. 4. 25
구분	제4차 회담
세부항목	사와다 · 임병직 수석대표 회담
작성처	외무성 다카노 참사관
매수	7
비밀등급	극비
문서종류	회의록
공개구분	공개
내용	사와다 일본 수석대표와 임병직 한국 수석대표 회담 기록. 일본이 청구권위원회와 선박위원회를 통합하는 것에 동의함.
주제어	선박 반환, 청구권

문서명	제6차 사와다·임 사적 회담(第六次沢田、林私的会談)

문서파일번호	316
작성연월일	1958. 5. 28
구분	제4차 회담
세부항목	사와다 · 임병직 수석대표 회담
작성처	외무성 다카노 참사관
매수	3
비밀등급	비(秘)
문서종류	회의록
공개구분	공개
내용	사와다 일본 수석대표와 임병직 한국 수석대표 회담 기록. 한국은 문화재 문제를 청구권위원회에서 다루기를 희망함. 일본은 조속히 이타가키 국장과 유태하 공사가 만나서 논의할 것을 제안함.
주제어	문화재 반환, 청구권

문서명	제7차 사와다·임 사적 회담(第七次沢田、林私的会談)

문서파일번호	316
작성연월일	1958. 7. 1
구분	제4차 회담
세부항목	사와다 · 임병직 수석대표 회담
작성처	외무성 다카노 참사관
매수	6
비밀등급	비(秘)
문서종류	회의록
공개구분	공개
내용	사와다 일본 수석대표와 임병직 한국 수석대표 회담 기록. 한국 어업 대표의 방일 시기에 대해 논의, 조속히 실질적 논의를 시작할 것과 최종 결론은 정부에 맡기는 것으로 합의가 이루어짐.
주제어	어업

문서명	제8차 사와다 수석대표와 임 대사, 유 공사 회담 요지(第八次澤田首席代表と林大使·柳公使との会談要旨)

문서파일번호	316
작성연월일	1958. 7. 16
구분	제4차 회담
세부항목	사와다 · 임병직 수석대표 회담
작성처	외무성 북동아시아과
매수	6
비밀등급	일반
문서종류	회의록
공개구분	공개
내용	사와다 일본 수석대표와 임병직 한국 수석대표 회담 기록. 한국은 오무라 문제에 대해 한국 신문이 떠들썩하다고 하자 일본은 본 건에 대한 일본정부의 결정은 긴급 대응 차원의 인도적 조치이고 이렇게 된 이상 국제적십자사에 지원을 요청하는 것이 적절하다고 답변했으나 한국이 받아들이지 않음.
주제어	억류자 석방

문서명	제9차 사와다·임 회담 요지(第九次澤田、林会談要旨)

문서파일번호 316
작성연월일 1958. 7. 23
구분 제4차 회담
세부항목 사와다 · 임병직 수석대표 회담
작성처 외무성 스가누마 북동아시아과장
매수 7
비밀등급 극비
문서종류 회의록
공개구분 공개
내용 사와다 일본 수석대표와 임병직 한국 수석대표 회담 기록. 임 대표는 한국 어업 대표의 방일을 서두르겠다고 하고 한국정부는 오무라 석방 문제를 국제적십자사에 맡기기를 꺼린다고 언급. 사와다 대표는 한국 항의서에 대한 구상서를 위해서도 국제적십자사에 의뢰하는 것이 한 방법이라고 대응함.
주제어 어업, 억류자 석방

문서명	제10차 사와다·임 회담 요지(第十次澤田、林会談要旨)

문서파일번호 316
작성연월일 1958. 7. 25
구분 제4차 회담
세부항목 사와다 · 임병직 수석대표 회담
작성처 외무성 스가누마 북동아시아과장
매수 7
비밀등급 극비
문서종류 회의록
공개구분 공개
내용 사와다 일본 수석대표와 임병직 한국 수석대표 회담 기록. 임 대표는 사와다 대표에게 기시 총리를 만나 한일회담에 대한 열의를 확인했으며 어업위원회가 조속히 열릴 수 있도록 노력하겠다고 말함. 또한 오무라 가석방 문제에 대해 아시아국장과 유태하 공사가 상의하라고 했다는 총리의 말을 전함.
주제어 어업, 억류자 석방

문서명	제11차 사와다·임 회담 요지(第十一次澤田、林会談要旨)

문서파일번호 316
작성연월일 1958. 8. 19
구분 제4차 회담
세부항목 사와다 · 임병직 수석대표 회담
작성처 외무성 스가누마 북동아시아과장
매수 6
비밀등급 극비
문서종류 회의록
공개구분 공개
내용 사와다 일본 수석대표와 임병직 한국 수석대표 회담 기록. 한국이 가석방 대상자에 대한 지원을 요구, 일본은 각 부처에서 연구 중이고 총리도 부재중이라 빨리 진행시킬 수 없다고 답함.
주제어 억류자 석방

문서명	제12차 사와다·임 회담 요지(第十二次澤田、林会談要旨)

문서파일번호 316
작성연월일 1958. 9. 5
구분 제4차 회담
세부항목 사와다 · 임병직 수석대표 회담
작성처 외무성 스가누마 북동아시아과장
매수 7
비밀등급 극비
문서종류 회의록
공개구분 공개
내용 1958년 9월 1일 개최된 사와다 일본 수석대표와 임병직 한국 수석대표 회담 기록. 임 대표가 본국 정부가 일본의 회답을 독촉하고 있다며 회답 시, '일본은 지금 북한을 상대하지 않을 것이며 한국과 국교수립 후 양국 협의를 통해 북한과의 관계를 고려한다'는 내용을 첨부할 것을 요구, 사와다는 약속은 할 수 없다고 답함.
주제어 재일한인 북송 문제

문서명	제13차 사와다·임 회담 요지(第十三次澤田、林会談要旨)

문서파일번호 316
작성연월일 1958. 9. 5
구분 제4차 회담
세부항목 사와다 · 임병직 수석대표 회담
작성처 외무성 스가누마 북동아시아과장
매수 6
비밀등급 극비
문서종류 회의록
공개구분 공개
내용 1958년 9월 4일 개최된 사와다 일본 수석대표와 임병직 한국 수석대표 회담 기록. 오무라 문제에 대해 논의함.
주제어 억류자 석방

문서명	제14차 사와다·임 회담 요지(第十四次澤田、林会談要旨)

문서파일번호 316
작성연월일 1958. 9. 9
구분 제4차 회담
세부항목 사와다 · 임병직 수석대표 회담
작성처 외무성 스가누마 북동아시아과장
매수 6
비밀등급 극비
문서종류 회의록
공개구분 공개
내용 1958년 9월 8일 개최된 사와다 일본 수석대표와 임병직 한국 수석대표 회담 기록. 동석한 유태하 공사는 본국에서 일본이 회담에 열의를 갖고 있는지 의문스럽다며 일본과의 교섭이 불필요하다는 의견이 대두된다고 말함. 이에 사와다는 일본의 열의에는 의문의 여지가 없으니 조급하게 대응하지 않도록 부탁함.
주제어 어업

문서명	제15차 사와다·임 회담 요지(第十五次澤田、林会談要旨)

문서파일번호 316
작성연월일 1958. 10. 2
구분 제4차 회담
세부항목 사와다 · 임병직 수석대표 회담
작성처 외무성 북동아시아과
매수 5
비밀등급 극비
문서종류 회의록
공개구분 공개
내용 1958년 9월 30일 개최된 사와다 일본 수석대표와 임병직 한국 수석대표 회담 기록. 동석한 유태하 공사는 한국의 어업 대표도 일본에 도착했으니 본회의를 열자고 제안하고 교체될 위원회 구성원에 대해 정해지는 대로 알려 주겠다고 함. 이에 대해 사와다는 한국 어업 대표를 소개하는 차원이라면 본회의 개최에 원칙적으로 이의 없다고 답함.
주제어 어업

문서명	제17차 사와다·임 회담 요지(第十七次澤田、林会談要旨)

문서파일번호 316
작성연월일 1958. 10. 11
구분 제4차 회담
세부항목 사와다 · 임병직 수석대표 회담
작성처 외무성 스가누마 북동아시아과장
매수 6
비밀등급 극비
문서종류 회의록
공개구분 공개
내용 1958년 10월 10일 개최된 사와다 일본 수석대표와 임병직 한국 수석대표 간 회담 기록. 동석한 유태하 공사는 어업위원회에서의 일본 제안에 대해 차기 회의에서 어느 구역을 제한구역으로 할지 구체안을 달라고 요구함.
주제어 어업

문서명	제18차 사와다·임 회담 요지(第十八次澤田、林会談要旨)

문서파일번호 316
작성연월일 1958. 10. 18
구분 제4차 회담
세부항목 사와다 · 임병직 수석대표 회담
작성처 외무성 북동아시아과
매수 4
비밀등급 극비
문서종류 회의록
공개구분 공개
내용 1958년 10월 16일 개최된 사와다 일본 수석대표와 임병직 한국 수석대표 회담 기록. 일본이 어업 문제에서 평화선에 관한 논의는 뒤로 미루고 실제적 협정을 위한 토론으로 들어가 회담을 계속하자는 기시 총리의 말을 전하자 동석한 유태하 공사는 한국 입장은 1953년 제안 당시와 같다고 답변함.
주제어 어업

문서명	제19차 사와다·임 회담 요지(第十九次澤田、林会談要旨)

문서파일번호 316
작성연월일 1958. 10. 20
구분 제4차 회담
세부항목 사와다 · 임병직 수석대표 회담
작성처 외무성 스가누마 북동아시아과장
매수 5
비밀등급 극비
문서종류 회의록
공개구분 공개
내용 사와다 일본 수석대표와 임병직 한국 수석대표 회담 기록. 문화재 문제에 관해 논의함. 한국이 문화재위원회를 개최해도 성과가 나오지 않는 것에 불만을 표한 데 대해 일본은 문화재보호위원회 설득 등을 이유로 시간이 필요하다는 입장을 표명함.
주제어 문화재 반환

문서명	제20차 사와다·임 회담 요지(第二十次澤田、林会談要旨)

문서파일번호 316
작성연월일 1958. 10. 25
구분 제4차 회담
세부항목 사와다 · 임병직 수석대표 회담
작성처 외무성 북동아시아과
매수 8
비밀등급 극비
문서종류 회의록
공개구분 공개
내용 1958년 10월 23일 개최된 사와다 일본 수석대표와 임병직 한국 수석대표 회담 기록. 동석한 유태하 공사는 집단적인 북한 귀국 문제에 대해 선편이 있다면 돌려보내겠다는 외무대신 발언을 지적하며 북한과 연결된 일부 정치운동에 휘말리지 않도록 일본 정부의 주의를 환기하는 한편, 차기 선박위원회 한국 리스트를 제출하겠다고 함. 사와다 대표는 어업위원회의 일본 구체안이 마련되지 않은 이유가 실제적인 협정 논의에 들어가기로 했음에도 불구하고 한국이 평화선을 고수하고 있어서라고 답변함.
주제어 재일한인 북송 문제, 어업

문서명	제21차 사와다·임 회담 요지(第二十一次澤田、林会談要旨)

문서파일번호 316
작성연월일 1958. 11. 7
구분 제4차 회담
세부항목 사와다 · 임병직 수석대표 회담
작성처 외무성 북동아시아과
매수 10
비밀등급 극비
문서종류 회의록
공개구분 공개
내용 사와다 일본 수석대표와 임병직 한국 수석대표 회담 기록. 문화재 문제 및 어업 문제에 관해 논의함. 한국은 어업위원회의 개최가 실행되지 않는 것에 불만을 표시함. 일본은 어업 문제에 관해 한국이 어업 전관권을 주장하는 것을 문제 삼음.
주제어 문화재 반환, 어업

문서명	제22차 사와다·임 사적 회담(第二十二次沢田、林私的会談)

문서파일번호 316
작성연월일 1958. 11. 17
구분 제4차 회담
세부항목 사와다 · 임병직 수석대표 회담
작성처 외무성 다카노 참사관
매수 5
비밀등급 비(秘)
문서종류 회의록
공개구분 공개
내용 사와다 일본 수석대표와 임병직 한국 수석대표 회담 기록. 한국은 일본 정국의 혼란으로 한일회담 중단 또는 연기가 우려된다고 하자 일본은 현재 정국은 염려하지 않아도 된다고 답하고, 상황이 이러하니 각 위원회 개최를 성급하게 압박하지 말고, 크리스마스경에는 결론내겠다고 말함.
주제어 문화재 반환, 어업

문서명	제24차 사와다·임 회담 요지(第二十四次澤田、林会談要旨)

문서파일번호 316
작성연월일 1958. 11. 29
구분 제4차 회담
세부항목 사와다 · 임병직 수석대표 회담
작성처 외무성 북동아시아과
매수 14
비밀등급 극비
문서종류 회의록
공개구분 공개
내용 사와다 일본 수석대표와 임병직 한국 수석대표 회담 기록. 문화재와 어업 문제에 관해 논의함. 한국은 평화선을 인정한다는 전제가 아니라면 검토가 어렵다고 하자 사와다 대표는 현실적으로 일본 어선이 평화선을 넘어도 나포하지 않겠다는 뜻이라면 인정할 수 있다고 답함. 또 문화재에 관해 한국의 국유문화재 가운데 반입경위를 설명할 수 있는 것에 대해서는 반환할 생각임을 표명함.
주제어 문화재 반환, 어업

문서명	第25차 사와다·임 회담 요지(第二十五次澤田、林会談要旨)

문서파일번호 316
작성연월일 1958. 12. 8
구분 제4차 회담
세부항목 사와다 · 임병직 수석대표 회담
작성처 외무성 북동아시아과
매수 7
비밀등급 극비
문서종류 회의록
공개구분 공개
내용 사와다 일본 수석대표와 임병직 한국 수석대표 회담 기록. 회담이 진척되지 않는 것에 대한 책임공방이 벌어짐. 동석한 유태하 공사는 일본이 모든 문제를 어업 문제와 결부시켜서 다른 문제가 진전되지 않는다고 비판함. 그리고 회담 휴회를 검토함.
주제어 어업, 한일회담 휴회 검토

문서명	第26차 사와다·임 회담 요지(第二十六次澤田、林会談要旨)

문서파일번호 316
작성연월일 1958. 12. 15
구분 제4차 회담
세부항목 사와다 · 임병직 수석대표 회담
작성처 외무성 북동아시아과
매수 9
비밀등급 극비
문서종류 회의록
공개구분 공개
내용 사와다 일본 수석대표와 임병직 한국 수석대표 회담 기록. 사와다 대표는 휴회에 들어가기 전에 문화재를 조속히 인도하는 것은 힘들다는 입장을 표명함.
주제어 문화재 반환

문서명	제27차 사와다·임 회담 요지(第二十七次澤田、林会談要旨)

문서파일번호 316
작성연월일 1958. 12. 18
구분 제4차 회담
세부항목 사와다 · 임병직 수석대표 회담
작성처 외무성 북동아시아과
매수 15
비밀등급 극비
문서종류 회의록
공개구분 공개
내용 사와다 일본 수석대표와 임병직 한국 수석대표 회담 기록. 임 대표가 회담 휴회 후 1월 26일 재개에 동의함.
주제어 한일회담 휴회

문서명	제23차 사와다·임 회담 요지(第二十三次澤田、林会談要旨)

문서파일번호 316
작성연월일 1958. 11. 25
구분 제4차 회담
세부항목 사와다 · 임병직 수석대표 회담
작성처 외무성 북동아시아과
매수 7
비밀등급 극비
문서종류 회의록
공개구분 공개
내용 사와다 일본 수석대표와 임병직 한국 수석대표 회담 기록. 사와다가 외무성, 수산청이 어업위원회 안을 정리하여 오는 금요일 회의에 제출하기로 했다고 전하자, 동석한 유태하 공사는 일본은 어업 문제가 진전되어야 다른 문제의 논의에 들어가겠다고 하지만 한국 입장에서는 문화재, 선박 문제가 정해지면 어업 문제는 그리 어려울 것이 없다는 입장을 표명함.
주제어 어업

문서명	제28차 사와다 수석대표·유 공사 회담 요지(第二十八次澤田首席代表、柳公使会談要旨)

문서파일번호 316
작성연월일 1958. 12. 19
구분 제4차 회담
세부항목 사와다 · 임병직 수석대표 회담
작성처 외무성 북동아시아과
매수 3
비밀등급 극비
문서종류 회의록
공개구분 공개
내용 사와다 일본 수석대표와 임병직 한국 수석대표 회담 기록. 회담 휴회에 관해서 논의함. 전체회담을 열지 말고 자연스럽게 휴회에 들어가기로 합의함.
주제어 회담 휴회

야마다 차관·유 공사 회담 요지
(山田次官､柳公使会談要旨)

문서파일번호	321
작성연월일	1958. 9. 22 - 1958. 12. 19
구분	제4차 회담
작성처	외무성 북동아시아과
매수	5
비밀등급	
문서종류	
공개구분	공개
내용	1958년 9월 22일과 12월 19일 개최된 야마다 외무사무 차관과 유태하 공사 회담 기록
주제어	야마다·유태하 회담

문서명	야마다 차관·유 공사 회담 요지(山田次官、柳公使会談要旨)

문서파일번호	321
작성연월일	1958. 9. 22
구분	제4차 회담
세부항목	야마다 · 유태하 회담
작성처	
매수	1
비밀등급	비(秘)
문서종류	회의록
공개구분	공개
내용	야마다 외무사무 차관과 유태하 공사 회담 기록. 유 공사는 일본이 제시한 안에 대해 수락한다는 뜻을 통보하고 사와다와 임 대표가 회담 재개를 위한 사전협의를 갖기로 했다고 전달함.
주제어	회담 재개

문서명	구두 전달사항(口頭伝達事項)

문서파일번호	321
작성연월일	1958. 9. 13
구분	제4차 회담
세부항목	야마다 · 유태하 회담
작성처	
매수	2
비밀등급	비(秘)
문서종류	구두 전달사항
공개구분	공개
내용	유 공사의 비망록(aide memoire)에 대한 일본정부의 구두 전달사항(oral statement). 국내 가석방은 잠정적 조치로서 향후 한국의 희망을 고려하여 처리할 것임.
주제어	억류자 석방

문서명	야마다 사무차관·유 공사 회담 요지(山田事務次官、柳公使会談要旨)

문서파일번호 321
작성연월일 1958. 12. 19
구분 제4차 회담
세부항목 야마다·유태하 회담
작성처
매수 2
비밀등급 비(秘)
문서종류 회의록
공개구분 공개
내용 야마다 외무사무 차관과 유태하 공사 회담 기록. 야마다 차관이 '이 라인' 철폐를 강력히 요구. 한일 양측이 이 문제를 놓고 격론을 벌임.
주제어 평화선

한일회담에 관한 사와다 대표 발언
(日韓会談に関する澤田代表の講話)

문서파일번호	1421
작성연월일	1958. 5. 14 - 1958. 6. 28
구분	제4차 회담
세부항목	한일관계 관련 사와다 대표 발언
작성처	외무성, 조선간화회(朝鮮懇話会), 조선통신(朝鮮通信) 등
매수	113
비밀등급	
문서종류	내부문서, 내부자료, 전문
공개구분	일부비공개
내용	1958년 5월 14일 사와다 일본 수석대표가 일본대표단에게 했던 연설요지 및 연설 이후 조총련의 반발 등과 관련한 일련의 자료 모음
주제어	사와다 대표 발언

문서명	한일회담에 관한 사와다 대표의 발언 건(日韓会談に関する澤田代表の御講話に関する件)

문서파일번호 1421
작성연월일 1958. 5. 14
구분 제4차 회담
세부항목 한일관계 관련 사와다 대표 발언
작성처 외무성 아시아국 제1과장
매수 17
비밀등급 극비
문서종류 내부문서
공개구분 공개
내용 제4차 한일회담 제9회 본회의 종료 후 사와다 일본 수석대표가 일본대표단에게 연설한 내용(한일관계의 중요성, 협력의 중요성 강조)을 기록한 문서. 사와다 대표는 자신의 발언을 신문기자들에게도 브리핑하도록 희망함. 발언 요지는 다음과 같음. 한반도의 38도선은 한국에게 생명선이나 일본에게도 생명선임. 한일 양국이 정치 및 외교력을 가지고 38도선을 되돌릴 수 있도록 노력해야 함. 한일회담을 통해 양국 간에 기본조약을 체결, 우선 일본인의 거주 및 내방의 자유를 확립하는 것이 선결 문제임. 현재의 38도선을 유엔결의 취지에 따라 철폐함으로써 평화적 민주적으로 통일된 한국을 수립하는 문제에 일본이(유엔 무대를 통해) 힘을 기울여야 한다고 생각함.
주제어 한일관계, 사와다 대표 발언

문서명	제목 없음

문서파일번호 1421
작성연월일 1958(월일 불명)
구분 제4차 회담
세부항목 한일관계 관련 사와다 대표 발언
작성처 외무성
매수 12
비밀등급 일반
문서종류 내부자료
공개구분 공개
내용 1958년 5월 14일 사와다 제4차 한일회담 일본 수석대표가 일본대표단에게 했던 연설과 관련하여 작성한 문답 자료
주제어 한일관계, 사와다 대표 발언

문서명	조선간화회에 대해서(朝鮮懇話会について)

문서파일번호 1421
작성연월일 1958. 6(일자 불명)
구분 제4차 회담
세부항목 조선간화회, 사와다 대표 발언
작성처 조선간화회(朝鮮懇話会)
매수 3
비밀등급
문서종류 내부자료
공개구분 일부비공개
내용 조선간화회가 1958년 6월 11일 개최하는 '한일회담 일본정부 대표단을 위한 모임' 행사를 참석자들에게 소개하는 팸플릿. 행사 참석자들의 명단이 기재되어 있음.
주제어 한일관계, 사와다 대표 발언

문서명	조선간화회(朝鮮懇話会)

문서파일번호 1421
작성연월일 1958. 6. 11
구분 제4차 회담
세부항목 조선간화회, 사와다 대표 발언
작성처 외무성 다카노 참사관
매수 7
비밀등급 일반
문서종류 내부문서
공개구분 일부비공개
내용 조선간화회 행사에 참석한 다카노 외무성 참사관이 행사 결과를 기록한 문서(동 행사에는 정부에서 사와다 대표와 다카노 참사관, 정·재계 다수의 유력인사들이 참석함). 사와다 한일회담 일본 수석대표가 인사말(1958년 6월 14일 일본대표단을 상대로 한 연설문 내용과 유사)을 한 후 참석자들이 한일회담에 관해 발언함. 이 중 다나카 다케오(田中武雄) 중앙일한협회 회장은 한일회담과 관련하여 정부 내에 확고한 사상 및 정책의 통일이 없는 것이 매우 우려되며, 본 교섭에 책임과 권한이 불분명한 자가 관여해서 이원 외교가 행해지고 있는 것은 매우 유감이라고 발언함.
주제어 한일관계, 조선간화회, 사와다 대표 발언

문서명	'사와다 발언은 이승만의 북진운동을 원조하는 것'-재일조선총련 선전부장이 담화 발표(「沢田言明は李承晩の北進運動を援助するもの」—在日朝鮮総連宣伝部長が談話発表)

문서파일번호 1421
작성연월일 1958. 6. 21
구분 제4차 회담
세부항목 사와다 대표 발언 비판 조선통신 기사
작성처 조선통신*
매수 1
비밀등급 일반
문서종류 내부자료
공개구분 일부비공개
내용 1958년 6월 21일 자 조선통신 기사. 재일조선총련 선전부장이 사와다 대표의 6월 11일 발언을 비판한 담화 내용을 보도한 기사. 한일회담 재개 움직임은 미국에 의한 반공군사 블록 형성 움직임이라 강조하고 11일 사와다 대표의 발언이 그 징표라고 비판함.
주제어 한일관계, 사와다 대표 발언

문서명	한일회담의 목적은 38도선을 압록강에 설치하는 것-일본 수석대표 사와다가 공석에서 폭언(日韓會談の目的は三八度線を鴨緑江に設けること-日本側首席代表沢田が公席で暴言)

문서파일번호 1421
작성연월일 1958. 6. 20
구분 제4차 회담
세부항목 사와다 대표 발언 비판 조선통신 기사
작성처 조선통신
매수 1
비밀등급 일반
문서종류 내부자료
공개구분 공개
내용 1958년 6월 20일 자 조선통신 기사. 6월 11일 사와다 대표의 조선간화회 발언 가운데 '한일회담의 목적은 38도선을 압록강까지 밀고 올라가 그곳에 설치하려는 것'이라는 내용을 비판함.
주제어 한일관계, 사와다 대표 발언

* 일본 도쿄에 소재한 조총련계 통신사

문서명	북일 직접무역 타개와 한일회담 반대 국민운동 전개를 재확인-일조협회 담당상임이사회에서(朝日直接貿易打開と韓日會談反對國民運動展開を再確認-日朝協會擔當常任理事会で)

문서파일번호 1421
작성연월일 1958. 6. 20
구분 제4차 회담
세부항목 사와다 대표 발언 비판 조선통신 기사
작성처 조선통신
매수 2
비밀등급 일반
문서종류 내부자료
공개구분 공개
내용 6월 20일 자 조선통신 기사. 1958년 6월 18일 일조협회 담당상임이사회가 개최되어 한일회담 반대운동을 전개할 것을 재확인하였음.
주제어 한일관계, 사와다 대표 발언

문서명	사와다 대표 면접을 요구하는 총련 측의 신청에 대해(沢田代表との面接を求める総連側の申出について)

문서파일번호 1421
작성연월일 1958. 6. 23
구분 제4차 회담
세부항목 사와다 대표 발언, 조총련 면담 요청
작성처 외무성
매수 8
비밀등급 일반
문서종류 내부문서
공개구분 공개
내용 1958년 6월 11일 사와다 대표의 발언에 대해 직접 해명을 요구하는 총련 측의 면담요청에 응할지 여부를 검토한 내용이 수록된 문서. 총련은 어디까지나 재일한국인 그룹의 일부에 지나지 않기 때문에 직접 면접을 할 필요는 없지만 서면 형식으로 대응하여 사태의 진정을 꾀하는 것도 방법임.
주제어 한일관계, 사와다 대표 발언

문서명	제목 없음

문서파일번호 1421
작성연월일 1958. 6. 21-1958. 6. 25
구분 제4차 회담
세부항목 사와다 대표 발언, 언론 보도
작성처 아카하타(赤旗), 조선통신
매수
비밀등급 일반
문서종류 내부자료
공개구분 공개
내용 사와다 대표의 1958년 6월 11일 조선간화회 발언과 관련한 공산당기관지 아카하타의 6월 21일 자 기사('38도선을 압록강에'), 조선통신의 6월 21일 자 주장('한일회담에 있어서 범죄적 기도는 분쇄하지 않으면 안 된다'), 매체명 불명의 6월 25일 자 '조련의 항의 성명은 오해'라는 제목의 기사
주제어 한일관계, 사와다 대표 발언

문서명	'사와다 발언'에서 보여지는 기시 정부의 조선인민에 대한 적대적인 태도에 대한 성명(「澤田発言」に見られる岸政府の朝鮮人民に対する敵対的態度についての声明)

문서파일번호 1421
작성연월일 1958. 6. 25
구분 제4차 회담
세부항목 사와다 대표 발언, 조총련 성명문
작성처 재일조선인총연합회 중앙상임위원회(在日朝鮮人總聯合會 中央常任委員會)
매수 1
비밀등급 일반
문서종류 내부자료
공개구분 공개
내용 재일조선인총연합회 중앙상임위원회가 1958년 6월 25일 발표한 기시 정부의 대북한 정책을 비판하는 성명문
주제어 한일관계

문서명	항의문(抗議文)

문서파일번호 1421
작성연월일 1958. 6. 25
구분 제4차 회담
세부항목 사와다 대표 발언, 조선인교직원 동맹 도쿄중고급학교 분회 항의문
작성처 재일조선인교직원동맹 도쿄도위원회 도쿄중고급학교 분회(在日本朝鮮人教職員同盟 東京都委員會 東京朝鮮中高級學校分會)
매수 3
비밀등급 일반
문서종류 내부자료
공개구분 공개
내용 재일조선인 교직원동맹 도쿄도위원회 도쿄 중고급학교 분회가 후지야마 대신에게 보낸 항의문. 사와다 대표의 6월 11일 발언을 호전적 내정간섭이라고 비판함.
주제어 한일관계, 사와다 대표 발언

문서명	한일교섭 일본 수석대표 사와다 겐조 씨의 중대언명(日韓交渉日本側首席代表沢田廉三氏の重大言明)

문서파일번호 1421
작성연월일 1958(월일 불명)
구분 제4차 회담
세부항목 사와다 대표 발언 경위
작성처 불명
매수 1
비밀등급 일반
문서종류 내부자료
공개구분 공개
내용 1958년 6월 11일 사와다 발언이 나오게 된 경위와 발언 요지, 참석자 등을 비판적으로 기술한 문서(작성자와 용도 등은 불명)
주제어 한일관계, 사와다 대표 발언

문서명	'사와다 발언'에서 보여지는 기시 정부의 조선인민에 대한 적대적인 태도에 대한 성명(「澤田発言」に見られる岸政府の朝鮮人民に対する敵対的態度についての声明)

문서파일번호	1421
작성연월일	1958. 6. 25
구분	제4차 회담
세부항목	사와다 대표 발언, 조총련 성명문
작성처	재일조선인총연합회 중앙상임위원회
매수	1
비밀등급	일반
문서종류	내부자료
공개구분	공개
내용	재일조선인총연합회 중앙상임위원회의 1958년 6월 25일 성명과 동일한 문서
주제어	한일관계, 사와다 대표 발언

문서명	사와다 대표 이야기 건(澤田代表講話に関する件)

문서파일번호	1421
작성연월일	1958. 6. 25
구분	제4차 회담
세부항목	사와다 대표 발언
작성처	외무성 미야케 참사관
매수	4
비밀등급	일반
문서종류	내부문서
공개구분	공개
내용	문제가 된 사와다 일본 수석대표의 발언과 관련한 경위를 정리한 문서. 6월 11일 조선간화회에서 "눈 앞의 이해보다도 한일 양국 장래를 위해 대승적으로 나아가야 하고, 38도선의 철폐야말로 앞으로의 큰 목표이고, 이로 인해 너무 양보한다는 비평은 감수하더라도 평화선언 및 이에 관련된 어업 문제를 최소한도로 요구할 정도로 양보할 작정"이라고 발언함.
주제어	한일관계, 사와다 대표 발언

문서명	조선총련에서 '사와다 발언'에 항의성명 발표(朝鮮総連で「沢田発言」に抗議声明発表)

문서파일번호 1421
작성연월일 1958. 6. 26
구분 제4차 회담
세부항목 사와다 대표 발언, 언론 보도
작성처 조선통신
매수 3
비밀등급 일반
문서종류 내부자료
공개구분 공개
내용 조선통신 1958년 6월 26일 자 기사 2건. 재일조선총련이 사와다 발언에 대해 항의성명을 발표하고 각 정당이 한일회담에 대해 추궁할 것을 요청하였음.
주제어 한일관계, 사와다 대표 발언

문서명	6월 27일 외무위원회 요지(六月二十七日外務委員会要旨)

문서파일번호 1421
작성연월일 1958. 6. 27
작성처 외무성 북동아시아과장
매수 2
비밀등급 일반
구분 제4차 회담
세부항목 사와다 대표 발언 정정
문서종류 내부문서
공개구분 공개
내용 사와다 대표가 1958년 6월 27일 중의원 외무위원회에서 오니시(大西) 위원(사회당)의 요구에 따라, "38도선을 압록강까지 밀어 붙인다"고 발언했음을 인정하고, 이를 "UN 결의에 의거해 한국 통일이 실현되면 38도선이 자연이 소멸된다"는 의미로 정정하였음.
주제어 한일관계, 사와다 대표 발언

문서명	6월 27일 중의원 외무위원회에서 사와다 대표에 대한 질의 및 이에 대한 동 대표의 응답 요지(六月二十七日衆議院外務委員会における沢田代表に対する質疑及びこれに対する同代表の応答要旨)

문서파일번호 1421
작성연월일 1958. 6. 27
구분 제4차 회담
세부항목 사와다 대표 발언, 국회 질의 답변
작성처 외무성 북동아시아과장
매수 26
비밀등급 일반
문서종류 내부문서
공개구분 공개
내용 중의원 외무위원회에서 사와다 대표가 조선간화회에서 한 발언 내용("일본은 청일, 러일전쟁 두 번에 걸쳐서 남하를 저지했는데, 3번째의 남하를 저지하지 않으면 조상에게 면목이 없다" 등)을 둘러싸고 진행된 질의 · 답변 기록
주제어 한일관계, 사와다 대표 발언

문서명	사와다 대표 추궁(沢田代表を追及)

문서파일번호 1421
작성연월일 1958. 6. 27
구분 제4차 회담
세부항목 사와다 대표 발언, 언론 보도
작성처 교도통신
매수 7
비밀등급 일반
문서종류 내부자료
공개구분 공개
내용 교도통신 1958년 6월 27일 자 기사. 조선간화회에서의 사와다 대표의 발언을 둘러싸고 중의원 외무위에서 사회당 의원들이 사와다 대표를 추궁했음.
주제어 한일관계, 사와다 대표 발언

문서명	사회당 조선대책특별위원회(社會党朝鮮対策特別委員会)

문서파일번호 1421
작성연월일 불명
구분 제4차 회담
세부항목 사회당 조선대책 특별위 위원명부
작성처 외무성
매수 2
비밀등급 일반
문서종류 내부자료
공개구분 공개
내용 사회당 조선대책특별위원회 위원 명부
주제어 한일관계, 사와다 대표 발언

문서명	사와다 발언에 대한 최초의 평양의 반향(沢田發言に對する最初の平壤の反響)

문서파일번호 1421
작성연월일 1958. 6. 29
구분 제4차 회담
세부항목 사와다 대표 발언, 북한 반향
작성처 조선중앙통신(Korean Central News Agency)
매수 2
비밀등급 일반
문서종류 내부자료
공개구분 공개
내용 1958년 6월 29일 자 조선중앙통신(영문) 기사. 일본의 기시 정권이 조선인민들에게 적대적인 자세를 보이고 있음.
주제어 한일관계, 사와다 대표 발언

문서명	한일회담 건(이하 조총련 단체의 항의전문)(日韓会談に関する件)

문서파일번호	1421
작성연월일	1958. 6. 24
구분	제4차 회담
세부항목	사와다 대표 발언, 조총련 항의
작성처	조총련 가나가와현 집행위원회(朝鮮總聯神奈川縣 執行委員會)
매수	1
비밀등급	일반
문서종류	전문(電文)
공개구분	공개
내용	조총련 가나가와현 집행위원회가 외무성에 보낸 전문. "38도선을 압록강까지 끌어 올린다는 폭언을 즉시 취소하고 내외에 사죄할 것"
주제어	한일관계, 사와다 대표 발언

문서명	한일회담 건(日韓会談に関する件)

문서파일번호	1421
작성연월일	1958. 6. 24
구분	제4차 회담
세부항목	사와다 대표 발언, 조총련 항의
작성처	조총련 가나가와현 집행위원회
매수	1
비밀등급	일반
문서종류	전문(電文)
공개구분	공개
내용	조총련 가나가와현 집행위원회가 외무성에 보낸 전문. 한일회담 중지를 요구함.
주제어	한일관계, 사와다 대표 발언

문서명	한일회담 건(日韓会談に関する件)

문서파일번호 1421
작성연월일 1958. 6. 26
구분 제4차 회담
세부항목 사와다 대표 발언, 조총련 항의
작성처 조선청년 오사카 본부(朝鮮青年大阪本部)
매수 1
비밀등급 일반
문서종류 전문(電文)
공개구분 공개
내용 조선청년 오사카 본부가 사와다 대표에게 보낸 전문. 사와다 발언을 취소하고 한일 회담을 즉시 중단할 것을 요구함.
주제어 한일관계, 사와다 대표 발언

문서명	한일회담 건(日韓会談に関する件)

문서파일번호 1421
작성연월일 1958. 6. 26
구분 제4차 회담
세부항목 사와다 대표 발언, 조총련 항의
작성처 조선청년 오사카 본부
매수 1
비밀등급 일반
문서종류 전문(電文)
공개구분 공개
내용 조선청년 오사카 본부가 외무대신에게 보낸 전문
주제어 한일관계, 사와다 대표 발언

문서명	한일회담 건(日韓会談に関する件)

문서파일번호 1421
작성연월일 1958. 6. 26
구분 제4차 회담
세부항목 사와다 대표 발언, 조총련 항의
작성처 조선청년 오사카 본부
매수 1
비밀등급 일반
문서종류 전문(電文)
공개구분 공개
내용 조선청년 오사카 본부가 사와다 대표에게 보낸 전문. 사와다 발언 취소, 사죄 요구, 침략 목적의 한일회담 즉시 중지를 요구함.
주제어 한일관계, 사와다 대표 발언

문서명	한일회담 건(日韓会談に関する件)

문서파일번호 1421
작성연월일 1958. 6. 27
구분 제4차 회담
세부항목 사와다 대표 발언, 조총련 항의
작성처 조선여성동맹 오사카 본부
매수 1
비밀등급 일반
문서종류 전문(電文)
공개구분 공개
내용 조선여성동맹 오사카 본부가 후지야마 대신에게 보낸 전문. 사와다 발언 취소, 조일 부인 아동의 행복을 파괴하는 한일회담 즉각 중지를 요구함.
주제어 한일관계, 사와다 대표 발언

문서명	한일회담 건(日韓会談に関する件)

문서파일번호	1421
작성연월일	1958. 6. 28
구분	제4차 회담
세부항목	사와다 대표 발언, 조총련 항의
작성처	조선청년동맹 아이치현 본부(朝鮮青年同盟愛知縣本部)
매수	1
비밀등급	
문서종류	전문(電文)
공개구분	공개
내용	조선청년동맹 아이치현 본부가 후지야마 대신에게 보낸 전문. 오무라 조선국민의 부당한 억류를 즉시 중단하고 그들의 희망에 따라 북한으로 보낼 것을 요구함.
주제어	한일관계, 사와다 대표 발언

후지야마 대신과 임 수석대표 회담 요지
(藤山大臣と林首席代表との会談要旨)

문서파일번호	317
문서명	후지야마 대신과 임 수석대표 회담 요지(藤山大臣と林首席代表との会談要旨)
작성연월일	1958. 7. 31
구분	제4차 회담
세부항목	후지야마 · 임병직 회담
작성처	외무성 스가누마 북동아시아과장
매수	13
비밀등급	극비
문서종류	회의록
공개구분	공개
내용	후지야마 대신과 임병직 제4차 한일회담 한국 수석대표 회담 기록. 임 대표는 오무라 문제 관련 외무성의 구상서에 대해 작년 말 협정에 따라 해결해 달라는 한국정부의 훈령을 구두로 전달함. 이에 대해 후지야마 대신은 인도적으로도 국제관례상으로도 억지로 한국에 송환할 수 없고 본인 의사에 따라 처리해야 하며 한국이 인도적 차원에서 국제관례에 따라 처리한다면 세계 여론의 지지를 받을 것이라고 답함.
주제어	억류자 석방

8월 4일 이타가키 아시아국장, 가쓰노 입국관리국장과 유 공사 회담 요지(八月四日 板垣アジア局長、勝野入管局長との柳公使との会談要旨)

문서파일번호	318
작성연월일	1958. 8. 5
구분	제4차 회담
세부항목	이타가키·유태하 회담
작성처	외무성, 주일한국대표부
매수	11
비밀등급	
문서종류	회의록, 비망록
공개구분	공개
내용	이타가키 외무성 아시아국장, 가쓰노(勝野康助) 법무성 입국관리국장과 유태하 공사 회담 기록
주제어	재일한인 북송, 억류자 석방

문서명	8월 4일 이타가키 아시아국장, 가쓰노 입국관리국장과 유 공사 회담 요지(八月四日板垣アジア局長、勝野入管局長と柳公使との会談要旨)

문서파일번호 318
작성연월일 1958. 8. 5
구분 제4차 회담
세부항목 이타가키 · 가쓰노 · 유태하 회담
작성처 외무성 북동아시아과
매수 8
비밀등급 극비
문서종류 회의록
공개구분 공개
내용 이타가키 외무성 아시아국장, 가쓰노 법무성 입국관리국장,유태하 공사 회담 기록. 유 공사는 1958년 7월 31일 후지야마 대신 면담 시 구두로 전달한 내용을 비망록으로 제출함. 내용은 ① 25명의 가석방 조치는 작년 말 협정 및 그 후의 연락위원회에서의 한국 언명을 위반한 것임. ② 나카가와 · 김용식 비공식회담은 작년 말의 합의의사록을 대체하지 않음. ③ 이전에는 한국에 통보 없이 북한 귀국 희망자 9명을 가석방했는데, 이번에 가석방 조치를 통보한 것은 일본이 그로 인한 결과를 인식했다는 뜻임. ④ 1,259명은 송환자 명단이 아닌 수용자 명단임. ⑤ 한국정부는 한국인 억류자의 생명이 위험할 시 신원보증금을 지불하는 등 인도적으로 고려할 용의가 있음. 이에 대해 일 측은 북한 귀국 희망자를 앞으로 가석방하지 않겠다는 약속은 할 수 없다고만 대답하고 북송에 대해서는 언급하지 않음.
주제어 재일한인 북송, 억류자 석방

문서명	비망록(Aide Memoire)

문서파일번호 318
작성연월일 1958. 8. 5
구분 제4차 회담
세부항목 후지야마 · 임병직 · 유태하 회담
작성처 주일한국대표부
매수 3
비밀등급 극비
문서종류 비망록
공개구분 공개
내용 1958년 7월 31일 임병직 대표와 유태하 공사가 후지야마 외상과 면담했을 때 한국이 언급한 요지가 담긴 비망록(영문)
주제어 재일한인 북송, 억류자 석방

스가누마·진 회담 요지
(菅沼、陳会談要旨)

문서파일번호	319
문서명	스가누마·진 회담 요지(菅沼、陳会談要旨)
작성연월일	1958. 8. 13
구분	제4차 회담
세부항목	실무협의
작성처	외무성 북동아시아과
매수	4
비밀등급	일반
문서종류	회의록
공개구분	공개
내용	1958년 8월 13일 스가누마 북동아 과장과 주일한국대표부 진필식 1등서기관 비공식 협의 기록. 스가누마는 유태하 공사의 비망록에 대한 일본 입장의 중간 통보를 하면서, 한인 수용자 가운데 희망자를 북한에 보내지 않는다고 서면으로 보증하기는 어려운 분위기라고 전달함.
주제어	억류자 석방, 재일한인 북송

8월 20일 차관·임 대사 회담 요지
(八月二十日 次官、林大使会談要旨)

문서파일번호	320
문서명	8월 20일 차관·임 대사 회담 요지(八月二十日 次官、林大使会談要旨)
작성연월일	1958. 8. 21
구분	제4차 회담
세부항목	야마다·임병직 회담, 북송
작성처	외무성 스가누마 북동아시아과장
매수	3
비밀등급	극비
문서종류	회의록
공개구분	공개
내용	1958년 8월 20일 야마다(山田久就) 차관과 임병직 대사의 회담 기록. 한국은 서면 보증을 요구함. 이에 차관은 인도적 견지에서 불법 입국자들에게는 귀국지를 선택할 권리가 있다며 서면 보증은 곤란하다고 답함.
주제어	억류자 북송

이타가키 국장·유 공사 회담 요지
(板垣局長、柳公使会談要旨)

문서파일번호	323
작성연월일	1959. 1. 8 - 1959. 2. 9
구분	제4차 회담
세부항목	이타가키·유태하 회담
작성처	외무성 북동아시아과
매수	16
비밀등급	
문서종류	회의록
공개구분	공개
내용	1959년 1월 8일 및 2월 9일 개최된 이타가키 오사무(板垣修) 아시아국장과 유태하 공사 회담 기록
주제어	한일 현안 협의

문서명	이타가키 국장·유 공사 회담 요지(板垣局長、柳公使会談要旨)

문서파일번호 323
작성연월일 1959. 1. 8
구분 제4차 회담
세부항목 이타가키 · 유태하 회담
작성처 외무성 북동아시아과
매수 6
비밀등급 극비
문서종류 회의록
공개구분 공개
내용 이타가키 오사무 아시아국장과 유태하 공사 회담 기록. 유 공사는 본국 정부가 일본이 어업 문제에만 관심을 쏟고 있다고 생각한다며 어업, 문화재, 선박 문제를 좀 더 고려할 것을 요구함. 문화재에 관해서는 국유문화재 리스트, 오쿠라(小倉武之助) 콜렉션이 거론됨.
주제어 어업, 문화재 반환, 선박 반환

문서명	이타가키 국장·유 공사 회담 요지(板垣局長、柳公使会談要旨)

문서파일번호 323
작성연월일 1959. 2. 9
구분 제4차 회담
세부항목 이타가키 · 유태하 회담
작성처 외무성 북동아시아과
매수 10
비밀등급 극비
문서종류 회의록
공개구분 공개
내용 이타가키 오사무 아시아국장과 유태하 공사 회담 기록. 북한 귀국 문제가 집중적으로 논의됨. 이타가키가 본인의 자유의사에 따른다는 입장에서 결정한 것이라고 주장하자 유 공사는 이번 일본의 조치는 한국의 주권 침해이며 억류자 상호 석방협정 위반이라고 반박함.
주제어 재일한인 북송 문제

8월 23일 사와다 대표와 기시 총리 회담 요지
(八月二十三日沢田代表の岸総理との会談要旨)

문서파일번호	1540
문서명	8월 23일 사와다 대표와 기시 총리 회담 요지(八月二十三日沢田代表の岸総理との会談要旨)
작성연월일	1958. 8. 25
구분	제4차 회담
세부항목	재일한인 북송 문제
작성처	외무성 사와다 구술, 스가누마 기록
매수	5
비밀등급	극비
문서종류	회의록
공개구분	공개
내용	1958년 8월 23일 사와다 대표와 기시 총리 회담 기록. 사와다 대표는 기시 총리에게 한국의(북송 관련) 비망록에 대해 일본은 당분간 가석방자의 일본 유치(留置)에 주의 노력을 기울인다 정도는 답할 수 있을 것이라며, 국내의 반대가 우려되나 이에 대해서는 유엔이 유일한 합법정부로 인정하는 한국정부와 법률상 정상관계를 수립해야 하며 법률 문제 해결 후 단계적으로 북한 문제를 생각해야 할 것이라고 말함.
주제어	재일한인 북송 문제

기시 총리가 이 대통령에게 보낸 서한(안)
(李大統領宛岸總理書簡案)

문서파일번호	1553
문서명	기시 총리가 이 대통령에게 보낸 서한(안)(李大統領宛岸總理書簡案)
작성연월일	1959. 11. 25
구분	제4차 회담
세부항목	기시 총리가 이 대통령에게 보낸 서한
작성처	외무성
매수	5
비밀등급	극비
문서종류	서한안
공개구분	공개
내용	제4차 한일회담이 두 번째 중단된 시기인 1959년 11월 25일 기시 노부스케(岸信介) 총리가 이승만 대통령에게 보내는 서한안. 한일회담의 재개를 촉구하는 내용이 담김.
주제어	

이타가키 국장·최 참사관 회담 요지
(板垣局長、崔参事官会談要旨)

문서파일번호	325
작성연월일	1959. 1. 21 - 1959. 1. 30
구분	제4차 회담
세부항목	이타가키·최규하 회담
작성처	외무성 북동아시아과
매수	12
비밀등급	
문서종류	회의록
공개구분	공개
내용	1959년 1월 21일~1월 30일까지 개최된 이타가키 오사무(板垣修) 아시아국장과 최규하 참사관 회담 기록
주제어	재일한인 북송

문서명	이타가키 국장·최 참사관 회담 요지(板垣局長、崔参事官会談要旨)

문서파일번호 325
작성연월일 1959. 1. 21
구분 제4차 회담
세부항목 이타가키 · 최규하 회담
작성처 외무성 북동아시아과
매수 6
비밀등급 극비
문서종류 회의록
공개구분 공개
내용 이타가키 오사무 국장 · 최규하 참사관 회담 기록. 북한 귀국 관련 일본적십자사 결의가 일본정부 방침과 상관있느냐는 최 참사관의 질문에 이타가키는 일본정부는 사실조차 몰랐다고 답변함. 최 참사관은 이 문제에 대해 한국정부가 신경을 곤두세우고 있고 북한 귀국이 실시되면 한일회담을 계속할 필요 없다는 강경론이 거세지므로 고려를 부탁하며 이는 정치적인 문제로 인도적 차원의 처리는 옳지 않다고 지적함. 이타가키는 이 문제에 대해 귀국 촉진자들은 개인의 자유에 중점을 두고 있다며 일본 국내 정세도 악화되고 있음을 강조함.
주제어 재일한인 북송

문서명	이타가키 국장·최 참사관 회담 요지(板垣局長、崔参事官会談要旨)

문서파일번호 325
작성연월일 1959. 1. 26
구분 제4차 회담
세부항목 이타가키 · 최규하 회담
작성처 외무성 북동아시아과
매수 2
비밀등급 극비
문서종류 회의록
공개구분 공개

내용 최 참사관은 유 공사의 귀국이 늦어져 이번주로 예정된 각 위원회를 거기에 맞춰 연기하자고 제안. 일본도 동의. 이어 이타가키 국장이 어선 나포에 대한 유감의 뜻을 전함.

주제어 억류자

문서명	이타가키 국장·최 참사관 회담 요지(板垣局長、崔参事官会談要旨)

문서파일번호 325

작성연월일 1959. 1. 30

구분 제4차 회담

세부항목 이타가키 · 최규하 회담

작성처 외무성 북동아시아과

매수 4

비밀등급 극비

문서종류 회의록

공개구분 공개

내용 이타가키 오사무 국장 · 최규하 참사관 회담 기록. 최 참사관은 산케이신문(産經新聞) 기사, 외무대신의 총련에 대한 회답과 국회 답변에 대한 진상을 질의함. 이타가키는 수뇌부에서 외무대신의 국회 답변과 같은 방향으로 의견이 모아지는 듯하다고 하자 최 참사관은 흥분하며 일본정부가 북한의 움직임을 지지하는 일은 이해할 수 없으며 일본이 그러한 조치를 결정한다면 한일협상은 엉망이 되고 중대한 파장을 일으킬 것이라고 말함. 이에 대해 이타가키는 재일한인 북송 문제를 해결하는 것이 오히려 한일협상의 항구적 해결에 도움이 된다며 이 문제로 한국이 협상을 결렬시키는 일이 없기를 바란다고 응답함.

주제어 재일한인 북송

사와다 렌조 대표·최 참사관 회담 요지
(沢田代表、崔参事官会談要旨)

문서파일번호	326
문서명	사와다 렌조 대표 · 최 참사관 회담 요지(沢田代表、崔参事官会談要旨)
작성연월일	1959. 2. 2
구분	제4차 회담
세부항목	사와다·최규하 회담
작성처	외무성
매수	4
비밀등급	
문서종류	회의록
공개구분	공개
내용	사와다 렌조 대표와 최규하 참사관 회담 기록. 최 참사관은 재일한인 북송 문제가 한일회담에 지장을 초래하고 있다며 사와다 대표가 이를 저지하기 위해 힘써 줄 것을 요청함.
주제어	재일한인 북송, 재일한국인 법적지위

사와다·임 회담 요지
(澤田、林会談要旨)

문서파일번호	328
문서명	사와다·임 회담 요지(澤田、林会談要旨)
작성연월일	1959. 2. 2
구분	제4차 회담
세부항목	사와다·임병직 회담
작성처	북동아시아과
매수	10
비밀등급	극비
문서종류	회의록
공개구분	공개
내용	사와다 렌조 대표와 임병직 대표 회담 기록. 한국의 재일한인 북송 문제에 대한 항의에 일본은 한 발자국도 양보할 수 없다고 대응함.
주제어	재일한인 북송 문제

최 참사관과의 회담
(崔参事官と会談)

문서파일번호	329
작성연월일	1959. 2. 20 - 1959. 2. 24
구분	제4차 회담
세부항목	다카노 · 최규하 회담
작성처	외무성
매수	16
비밀등급	
문서종류	회의록
공개구분	공개
내용	1959년 2월 20일 및 24일 개최된 다카노 경제국 차장과 최규하 참사관 회담 기록
주제어	재일한인 북송 문제, 어업

문서명	최 참사관과의 회담 건(崔参事官と会談の件)

문서파일번호 329
작성연월일 1959. 2. 20
구분 제4차 회담
세부항목 다카노·최규하 회담
작성처 외무성 다카노
매수 11
비밀등급 극비
문서종류 회의록
공개구분 공개
내용 다카노 후지요시(高野藤吉) 경제국 차장과 최규하 참사관 회담 기록. 재일한인 북송 추진에 대한 양국의 대응에 관해 논의함.
주제어 재일한인 북송, 억류자 문제, 재일한국인 법적지위

문서명	다카노 경제국 차장·최 참사관 회담 요지(高野経済局次長、崔参事官会談要旨)

문서파일번호 329
작성연월일 1959. 2. 24
구분 제4차 회담
세부항목 다카노·최규하 회담
작성처 외무성
매수 5
비밀등급 극비
문서종류 회의록
공개구분 공개
내용 다카노 후지요시(高野藤吉) 경제국 차장과 최규하 참사관 회담 기록. 일본 어선의 안전 보장 문제에 대해 논의함.
주제어 재일한인 북송, 억류자 문제, 어선 나포

한국 문제
(朝鮮問題)

문서파일번호	73
문서명	한국 문제(朝鮮問題)
작성연월일	1959. 5(일자 불명)
구분	제4차 회담
세부항목	제4차 회담 교섭 경위
작성처	외무성
매수	16
비밀등급	극비
문서종류	내부자료
공개구분	공개
내용	1959년 5월까지 진행해 온 제4차 한일회담 교섭 경과 기록. 부산에 억류된 일본인어부들의 송환 현황 및 남은 문제점, 재일한인 북송 문제 등에 관해 정리함.
주제어	기본관계, 재일한국인 법적지위, 청구권·경협, 어업, 선박 반환, 억류자 송환, 재일한인 북송

제4차 한일회담 경위
(第4次日韓全面会談の経緯)

문서파일번호	74
문서명	제4차 한일회담 경위(第4次日韓全面会談の経緯)
작성연월일	1959. 7. 30
구분	제4차 회담
세부항목	제4차 회담 교섭 평가
작성처	외무성 북동아시아과
매수	19
비밀등급	극비
문서종류	내부자료
공개구분	공개
내용	1959년 7월 말까지의 제4차 한일회담 본회의 및 각 위원회 논의 현황을 정리한 문서. 청구권, 문화재위원회의 논의 개요. 특히 1958년 4월 반환된 문화재 106점이 '증여'된 것임을 강조
주제어	기본관계, 재일한국인 법적지위, 청구권·경협, 어업, 선박 반환, 문화재 반환

후지야마 외무대신·유 공사 회담 요지
(藤山外務大臣、柳公使会談要旨)

문서파일번호	327
작성연월일	1959. 2. 7 - 1959. 7. 30
구분	제4차 회담
세부항목	후지야마·유태하 회담
작성처	외무성, 주일한국대표부
매수	35
비밀등급	
문서종류	회의록, 비망록
공개구분	공개
내용	1959년 2월 7일~4월 3일까지 개최된 후지야마 아이치로(藤山愛一郎) 외무대신과 유태하 공사 회담 기록
주제어	재일한인 북송 문제, 재일한국인 법적지위

문서명	후지야마 외무대신·유 공사 회담 요지(藤山外務大臣、柳公使会談要旨)

문서파일번호 327
작성연월일 1959. 2. 7
구분 제4차 회담
세부항목 후지야마 · 유태하 회담
작성처 외무성 스가누마 과장
매수 11
비밀등급 극비
문서종류 회의록
공개구분 공개
내용 후지야마 아이치로 외무대신과 유태하 공사 회담 기록. 일본의 인도적인 차원에서 재일한인 북송을 결정했다는 답변에 유 공사는 이 문제를 한일회담에서 다루어야 할 의제라고 주장했으나 후지야마 외상은 별개의 사안이라고 반론함. 논의 끝에 유 공사는 재일한인 북송 문제를 일본정부가 강행 처리한다면 한일회담에 응하지 않을 것이며 공해상의 안전을 보장하지 않을 뿐만 아니라 한일관계는 더욱 악화될 것이라는 비공식적인 의사를 전달함.
주제어 재일한인 북송

문서명	후지야마 외무대신·유 공사 회담 요지(藤山外務大臣、柳公使会談要旨)

문서파일번호 327
작성연월일 1959. 2. 12
구분 제4차 회담
세부항목 후지야마 · 유태하 회담
작성처 외무성
매수 10
비밀등급 극비
문서종류 회의록
공개구분 공개
내용 후지야마 아이치로 외무대신과 유태하 공사 회담 기록. 후지야마 대신이 유태하 공사에게 재일한인 북송 문제에 대한 인도적 취지를 재차 표명함. 이에 유 공사가 이대로 일본정부가 재일한인 북송 문제를 각의 결정해서 일방적으로 처리한다면 그 뜻을 절대 받아들이지 않겠다는 의사를 표명함.
주제어 재일한인 북송, 재일한국인 법적지위

문서명	후지야마 외무대신·유 공사 회담 요지(藤山外務大臣、柳公使会談要旨)

문서파일번호	327
작성연월일	1959. 3. 4
구분	제4차 회담
세부항목	후지야마 · 유태하 회담
작성처	외무성
매수	4
비밀등급	극비
문서종류	회의록
공개구분	공개
내용	후지야마 아이치로 외무대신과 유태하 공사 회담 기록. 한국 외무부 장관이 기시 노부스케(岸信介) 수상에게 보낸 서한에 대한 답장을 후지야마 대신이 유 공사에게 전달하면서 한일회담 재개에 대해 의견을 교환함.
주제어	재일한인 북송, 한일회담 재개 문제

문서명	후지야마 외무대신·유 공사 회담 요지(藤山外務大臣、柳公使会談要旨)

문서파일번호	327
작성연월일	1959. 4. 3
구분	제4차 회담
세부항목	후지야마 · 유태하 회담
작성처	외무성
매수	6
비밀등급	일반
문서종류	회의록
공개구분	공개
내용	후지야마 아이치로 외무대신과 유태하 공사 회담 기록. 양측은 회담을 재개하는 데 기본적으로 동의하나 재일한인 북송 문제를 회담 재개와 연계시키는 것을 두고 대립함.
주제어	재일한인 북송, 한일회담 재개 문제

문서명	비망록(Aide Memoire)

문서파일번호	327
작성연월일	1959. 7. 30
구분	제4차 회담
세부항목	재일한인 북송, 재일한국인 법적지위
작성처	주일한국대표부
매수	4
비밀등급	
문서종류	비망록
공개구분	공개
내용	주일한국대표부가 일본정부에게 보낸 비망록. 한국정부는 재일교포의 법적지위 문제를 포함해 재일한인 북송 문제를 한일회담에서 해결할 것과 회담 재개를 제안함(영문).
주제어	재일한인 북송, 재일한국인 법적지위

비망록
(エイド·メモアール)

문서파일번호	1545
문서명	비망록(エイド·メモアール)
작성연월일	1959. 8. 1
구분	제4차 회담
세부항목	한일회담 재개
작성처	외무성
매수	4
비밀등급	일반
문서종류	비망록(aide - memoire)
공개구분	공개
내용	1959년 7월 30일 후지야마 아이치로 외무대신과 유태하 대사가 중단된 제4차 한일회담 재개를 위한 회담을 개최하여 양측이 신속히 회담을 재개하는 데 합의함.
주제어	한일회담 재개, 억류자 상호 석방

한일회담 재개 관련 전문
(日韓会談再開關聯 電文)

문서파일번호	1546
작성연월일	1959. 8. 1 - 1959. 8. 12
구분	제4차 회담
세부항목	한일회담 재개
작성처	외무성, 주미대사
매수	8
비밀등급	
문서종류	전문(電文)
공개구분	공개
내용	제4차 한일회담이 재개된다는 내용을 주요 공관장에게 통보하는 본성 전문 및 현지 신문사 사설 게재 등에 관한 재외공관장 보고 전문 모음
주제어	한일회담 재개

문서명	한일회담 재개 건(日韓会談再開に関する件)

문서파일번호	1546
작성연월일	1959. 8. 1
구분	제4차 회담
세부항목	한일회담 재개
작성처	외무성 북동아시아과
매수	2
비밀등급	일반
문서종류	전문(電文)
공개구분	공개
내용	1959년 7월 30일 후지야마 아이치로 외무대신과 유태하 대사가 중단된 제4차 한일회담 재개를 위한 회담을 개최하여 양측이 신속히 회담을 재개하는 데 합의하였다는 내용을 주요 공관장에게 통보
주제어	한일회담 재개

문서명	한일회담 재개에 관한 사설 보고 건(日韓会談再開に関する社説報告の件)

문서파일번호	1546
작성연월일	1959. 8. 2
구분	제4차 회담
세부항목	한일회담 재개, 주미대사 보고
작성처	주미대사
매수	2
비밀등급	일반
문서종류	전문(電文)
공개구분	공개
내용	1958년 8월 1일 자 뉴욕타임스(New York Times)가 '일본과 한국'이라는 제목으로 한일회담 재개 관련 사설을 게재하였음을 보고
주제어	한일회담 재개, 미국 언론 보도

문서명	한일회담 재개 건(日韓会談再開に関する件)

문서파일번호	1546
작성연월일	1959. 8. 8
구분	제4차 회담
세부항목	한일회담 재개
작성처	외무성 북동아시아과
매수	2
비밀등급	일반
문서종류	전문(電文)
공개구분	공개
내용	1958년 8월 7일 유태하 대사가 야마다 히사나리 차관에게 한일회담을 8월 12일 또는 17일 재개하자고 요청, 일본이 12일 개최에 동의하였음을 주요 14개국 공관장에게 통보
주제어	한일회담 재개

문서명	한일회담 재개 건(日韓会談再開に関する件)

문서파일번호	1546
작성연월일	1959. 8. 8
구분	제4차 회담
세부항목	한일회담 재개, 주미대사 보고
작성처	주미대사
매수	1
비밀등급	극비
문서종류	전문(電文)
공개구분	공개
내용	한일회담 재개 사실을 미국무부 마샬 그린(Marshall Green) 차관보대리에게 알려 준바, 미국 측도 관련 사실을 인지하고 있었으며, 아울러 1959년 8월 13일 제네바에서 재일한인 북송협정 조인 이전에 국제적십자사위원회가 관련 입장을 발표하는데 동의하였다는 내용을 본성에 보고
주제어	한일회담 재개, 재일한인 북송협정 조인

문서명	한일회담 재개 건(日韓会談再開に関する件)

문서파일번호 1546
작성연월일 1959. 8. 12
구분 제4차 회담
세부항목 한일회담 재개
작성처 외무성 북동아시아과
매수 1
비밀등급 일반
문서종류 전문(電文)
공개구분 공개
내용 주요공관장에게 한일회담이 1959년 8월 12일 재개되었음을 통보
주제어 한일회담 재개

한국대표부 진필식 1등서기관 회담
(韓国代表部陳弼植一等書記官との会談)

문서파일번호	330
작성연월일	1959. 8. 6 - 1959. 10. 14
구분	제4차 회담
세부항목	나카가와 과장·진필식 회담
작성처	외무성, 주일한국대표부
매수	8
비밀등급	
문서종류	회의록, 구두 전달사항
공개구분	공개
내용	1959년 8월 6일과 10월 14일 개최된 나카가와 도요요시(中川豊吉) 북동아과장과 진필식 1등서기관(후에 참사관으로 승진) 회담 기록
주제어	재일한인 북송 문제, 억류자 문제, 어업, 재일한국인 법적지위

문서명	한국대표부 진필식 1등서기관 회담(韓国代表部陳弼植一等書記官との会談に関する件)

문서파일번호 330
작성연월일 1959. 8. 6
구분 제4차 회담
세부항목 나카가와 과장 · 진필식 서기관 회담
작성처 외무성 북동아시아과장
매수 2
비밀등급 비(秘)
문서종류 회의록
공개구분 공개
내용 나카가와 도요요시 북동아과장과 진필식 주일한국대표부 1등서기관 회담 기록. 오무라수용소 한국인 억류자의 재일한인 북송 문제에 대해 논의
주제어 재일한인 북송, 억류자 문제

문서명	구두 전달사항(Oral Statement)

문서파일번호 330
작성연월일 1959. 8. 6
구분 제4차 회담
세부항목 나카가와 과장 · 진필식 서기관 회담
작성처 주일한국대표부
매수 2
비밀등급 비(秘)
문서종류 구두 전달사항(oral statement)
공개구분 공개
내용 1959년 8월 6일 회담 시 진필식 서기관이 나카가와 도요요시 북동아과장에게 전달한 구두 전달사항. 1959년 7월 30일 유태하 대사가 후지야마 아이치로 외상에게 언급한 내용과 8월 1일 유 대사가 답한 내용, 즉 양측은 오무라수용소 한인과 부산에 수용 중인 일본인어부를 상호 석방하기로 함.
주제어 억류자 문제

문서명	한일회담 관련 한국대표부 진 참사관과의 회담 건(日韓会談に関し韓国代表部陳参事官と会談の件)

문서파일번호 330

작성연월일 1959. 10. 14

구분 제4차 회담

세부항목 나카가와과장 · 진필식 회담

작성처 외무성 북동아시아과장

매수 4

비밀등급 비(秘)

문서종류 회의록

공개구분 공개

내용 나카가와 도요요시 북동아과장과 진필식 참사관 회담 기록. 진 참사관이 9월 14일 이후 대규모 일본 어선단이 한국 영해 근방에서 조업 중인 데 대해 항의하자, 나카가와 과장은 외무성이 관계 성청에 일본의 자숙조치를 요청한 바 있다고 답변함. 이외에 재일한인 지위 문제에 관해서도 논의함.

주제어 어업, 재일한국인 법적지위

한일회담에 관한 유 한국대사 회담
(日韓会談に関する柳韓国大使との会談)

문서파일번호	331
작성연월일	1959. 9. 14 - 1959. 9. 25
구분	제4차 회담
세부항목	시마·유태하 회담
작성처	시마 대사
매수	12
비밀등급	
문서종류	회의록
공개구분	공개
내용	1959년 9월 14일과 25일 개최된 시마(島) 대사와 유태하 대사 회담 기록
주제어	한일 현안 협의

문서명	한일회담에 관한 유 한국대사 회담 건(日韓会談に関する柳韓国大使との会談の件)

문서파일번호 331
작성연월일 1959. 9. 14
구분 제4차 회담
세부항목 시마 · 유태하 회담
작성처 시마 대사
매수 6
비밀등급 극비
문서종류 회의록
공개구분 공개
내용 시마 대사와 유태하 대사 회담 기록. 재일한국인 귀환자의 재산 반출 문제 등에 관한 논의가 이루어짐.
주제어 재일한국인 법적지위

문서명	재도쿄 한국대사 회담 건(在京韓国大使との会談に関する件)

문서파일번호 331
작성연월일 1959. 9. 25
구분 제4차 회담
세부항목 시마 · 유태하 회담
작성처 시마 대사
매수 6
비밀등급 극비
문서종류 회의록
공개구분 공개
내용 시마 대사와 유태하 대사 회담 기록. 일본은 한국이 독도를 불법점거했다며 항의함(일 측 입장이 담긴 문서 전달). 억류자 석방 및 재일한국인 귀환자의 재산 반출 문제 등에 관해 논의
주제어 독도, 억류자 문제, 재일한국인 법적지위

유 공사·야마다 차관 회담
(柳公使、山田次官會談)

문서파일번호	324
작성연월일	1959. 1. 10 - 1959. 11. 28
구분	제4차 회담
세부항목	유태하·야마다 회담
작성처	외무성, 주일한국대표부
매수	60
비밀등급	
문서종류	회의록, 전문, 구두 전달사항, 내부문서, 비망록, 외교공한
공개구분	공개
내용	1959년 1월 10일~11월 9일까지 개최된 유태하 공사(3월 30일 대사로 승진)와 야마다 히사나리(山田久就) 외무성 사무차관 회담 기록, 한일회담 재개 관련 문서 등 모음
주제어	한일 현안 협의

문서명	유 공사·야마다 차관 내방 건(柳公使山田次官来訪の件)

문서파일번호 324
작성연월일 1959. 1. 10
구분 제4차 회담
세부항목 유태하 · 야마다 회담
작성처 외무성 요시오카(吉岡)
매수 4
비밀등급 극비
문서종류 회의록
공개구분 공개
내용 유태하 공사와 야마다 히사나리 외무성 사무차관 회담 기록. 향후 한일회담의 진행 방식을 논의함. 한국은 민간 소유 문화재의 일부 반환 및 정부 소유 문화재 리스트 제출을 요구하였으며, 무역 문제 등도 논의함.
주제어 어업, 문화재 반환

문서명	유 공사와 회담 건(柳公使と会談の件)

문서파일번호 324
작성연월일 1959. 2. 9
구분 제4차 회담
세부항목 유태하 · 야마다 회담
작성처 외무성 요시오카
매수 9
비밀등급 극비
문서종류 회의록
공개구분 공개
내용 유태하 공사와 야마다 히사나리 외무성 사무차관 회담 기록. 유 공사는 일본정부가 재일교포의 북송을 검토한다는 보도의 사실 여부를 확인하려 함. 이에 야마다 차관은 본 건은 인도적인 문제이기도 해서 재일교포의 북한귀환은 저지하기 어렵다고 답변함. 이어서 북송 문제를 둘러싼 양자 간 논쟁이 계속됨.
주제어 재일한인 북송

문서명	재일한인 북한귀환 문제에 관한 유 공사 내방 신청 건(朝鮮人北朝帰還問題に関し柳公使来訪申入れの件)

문서파일번호 324
작성연월일 1959. 2. 13
구분 제4차 회담
세부항목 유태하 · 야마다 회담
작성처 야마다 차관 구술
매수 6
비밀등급 극비
문서종류 회의록
공개구분 공개
내용 유태하 공사와 야마다 히사나리 외무성 사무차관 회담 기록. 유 공사는 재일교포의 북송 문제에 대해 일본정부가 각의 결정한 것에 대해 한국정부는 이를 도저히 용인할 수 없다는 입장 표명과 함께 항의문을 전달함. 한국은 북송 문제에 대해 수단을 가리지 않고 저지할 것이며 '이승만 라인' 경계 강화 및 일본 억류자 귀환 거부와 더불어 한일회담을 진행시키지 않겠다고 함.
주제어 재일한인 북송

문서명	유 공사 방문 건(柳公使来訪の件)

문서파일번호 324
작성연월일 1959. 3. 11
구분 제4차 회담
세부항목 유태하 · 야마다 회담
작성처 야마다 차관 구술
매수 10
비밀등급 극비
문서종류 회의록
공개구분 공개
내용 유태하 공사와 야마다 히사나리 외무성 사무차관 회담 기록. 한국에서 재일한인 북송 방식의 교섭에 대한 사실 여부 확인 요청이 있은 뒤 한일회담을 재개하기 위한 일본의 의향을 타진함. 양자 간의 재일한인 북송 문제와 한일회담 재개에 대한 논의가 이어짐.
주제어 재일한인 북송, 한일회담 재개 문제

문서명	유 공사의 야마다 차관에 대한 전화 연락(柳公使の山田次官に対する電話連絡の件)

문서파일번호 324
작성연월일 1959. 3. 13
구분 제4차 회담
세부항목 유태하·야마다 회담
작성처 외무성
매수 1
비밀등급 극비
문서종류 회의록(전화)
공개구분 공개
내용 유태하 공사가 야마다 히사나리 차관에게 전화로 일본의 상선을 나포하지 않겠다는 것을 보장하는 취지의 언급이 있었음.
주제어 어업, 일본 어선 나포, 문화재 반환

문서명	한일회담 재개 건(日韓会談再開に関する件)

문서파일번호 324
작성연월일 1959. 8. 1
구분 제4차 회담
세부항목 유태하·야마다 회담
작성처 외무성 북동아시아과
매수 2
비밀등급
문서종류 전문(電文)
공개구분 공개
내용 외무성(북동아과)이 자국의 주요 해외 공관에 한국이 조건 없이 한일회담 재개를 요청하였음을 알림.
주제어 회담 재개

문서명	구두 전달사항(口頭伝達事項)

문서파일번호 324
작성연월일 1959. 8. 1
구분 제4차 회담
세부항목 유태하 · 야마다 회담
작성처 외무성
매수 2
비밀등급
문서종류 구두 전달사항(oral statement)
공개구분 공개
내용 한국에서 형기를 모두 마친 일본인어부를 계속 억류하지 말 것과 불법 입국으로 오무라수용소에 수용 중인 한국인 억류자 추방 결정 시 이들을 즉각 인수할 것을 한국에 요청함.
주제어 억류자 석방

문서명	제목 없음

문서파일번호 324
작성연월일 1959. 8. 11
구분 제4차 회담
세부항목 유태하 · 야마다 회담
작성처 외무성
매수 6
비밀등급 극비
문서종류 내부문서
공개구분 공개
내용 재일한인 북송 문제를 두고 한국은 한일회담을 무조건 재개하겠다는 입장과 달리 국제사회에서는 명백히 그와 배치되는 방해 공작을 펼치고 있음(내부보고서로 추정).
주제어 재일한인 북송

문서명	비망록(Aide Memoire)

문서파일번호 324
작성연월일 1959. 8. 5
구분 제4차 회담
세부항목 유태하 · 야마다 회담
작성처 주일한국대표부
매수 1
비밀등급 비(秘)
문서종류 비망록
공개구분 공개
내용 1959년 7월 30일 일본이 조건 없는 한일회담 재개 제안을 수락하였으므로, 회담의 조기 재개를 위한 사전 준비를 해나가자고 요청하는 한국의 8월 5일 자 비망록(영문)
주제어 한일회담 재개

문서명	이세키 국장이 유태하 대표에게 보낸 서한(伊關局長の柳泰夏代表宛書簡)

문서파일번호 324
작성연월일 1959. 8. 7
구분 제4차 회담
세부항목 유태하 · 야마다 회담
작성처 외무성 이세키 아시아국장
매수 1
비밀등급 일반
문서종류 외교공한
공개구분 공개
내용 이세키 유지로(伊關佑二郎) 국장이 8월 7일 유태하 대사에게 보낸 공한. 1959년 8월 7일 유태하 대사와 회의한 결과에 따라 일본은 8월 5일 야마다 히사나리 차관에게 전달된 한국의 비망록을 인지하지 않을 것임을 통보함.
주제어 한일회담 재개

문서명	비망록(Aide Memoire)

문서파일번호 324
작성연월일 1959. 8. 5
구분 제4차 회담
세부항목 유태하 · 야마다 회담
작성처 주일한국대표부
매수 1
비밀등급 일반
문서종류 비망록
공개구분 공개
내용 1959년 8월 5일 자 비망록과 동일(영문)
주제어 한일회담 재개

문서명	첨부4. 한일회담 재개 건(日韓会談再開に関する件)

문서파일번호 324
작성연월일 1959. 8. 8
구분 제4차 회담
세부항목 유태하 · 야마다 회담
작성처 외무성 북동아시아과
매수 2
비밀등급 일반
문서종류 전문(電文)
공개구분 공개
내용 외무성이 주요국 공관에 한일회담 재개 날짜에 합의하였음 통보하는전문. 1959년 8월 7일 유태하 대사가 야마다 히사나리 차관을 방문해서 8월 12일 한일회담 재개를 요청함. 이는 북한과의 송환협정 조인이 13일로 예정됨에 따른 것으로 보이나 일본도 이에 동의함.
주제어 한일회담 재개

문서명	야마다 차관·유 대사 회담 건(山田次官、柳大使会談の件)

문서파일번호 324
작성연월일 1959. 8. 19
구분 제4차 회담
세부항목 유태하·야마다 회담
작성처 외무성 차관실 기록
매수 3
비밀등급 극비
문서종류 회의록
공개구분 공개
내용 유태하 대사와 야마다 히사나리 외무성 사무차관 회담 기록. 본부 훈령에 따라 유태하 대사가 야마다 차관을 방문, 최근 신문에 보도된 일본 자위선의 파견 문제 등에 대한 한국의 우려를 전달함. 이에 대해 야마다 차관은 그러한 사실이 없는 것으로 안다며 한국이 우려할 필요가 없다고 답변함.
주제어 어업, 억류자 석방

문서명	10월 9일 야마다 차관·유 대사 회담 건(10月9日 山田次官、柳大使会談の件)

문서파일번호 324
작성연월일 1959. 11. 10
구분 제4차 회담
세부항목 유태하·야마다 회담
작성처 외무성 미야케 심의관
매수 8
비밀등급 극비
문서종류 회의록
공개구분 공개
내용 1959년 11월 9일 유태하 대사와 야마다 차관이 재일한인 북송 귀환 등록, 억류자 상호 송환, 한국 송환 잠정 조치에 관한 공동성명안에 대해 논의함.
주제어 재일한인 북송, 억류자

문서명	제목 없음(일본인어부 송환 문제)

문서파일번호	324
작성연월일	1959. 11. 28
구분	제4차 회담
세부항목	유태하·야마다 회담
작성처	외무성 미야케 심의관
매수	4
비밀등급	일반
문서종류	비공식문서(non-paper)
공개구분	공개
내용	야마다 히사나리 차관이 유태하 대사에게 전달한 비공식문서. 일본정부가 한국에게 나포된 일본국 어선 및 어부 문제 관련, 인도적 차원에서 그리고 우호적인 한일 관계를 위해 조속히 일본인어부 송환일을 확정할 것을 요청함.
주제어	일본 어부 석방 송환

사와다·허 회담록
(沢田、許会談録)

문서파일번호	332
작성연월일	1959. 9. 25 - 1959. 10. 16
구분	제4차 회담
세부항목	사와다·허정 회담
작성처	외무성 북동아시아과
매수	9
비밀등급	
문서종류	회의록
공개구분	공개
내용	1959년 9월 25일과 10월 16일 개최된 사와다 렌조 대표와 허정 대표 회담 기록
주제어	재일한인 북송

문서명	사와다·허 회담록(沢田、許会談録)

문서파일번호 332
작성연월일 1959. 9. 25
구분 제4차 회담
세부항목 사와다·허정 회담
작성처 외무성 북동아시아과
매수 6
비밀등급 극비
문서종류 회의록
공개구분 공개
내용 사와다 렌조 대표와 허정 대표 회담 기록. 한국은 다시 재일한인 북송 사업 중지를 요구함.
주제어 재일한인 북송

문서명	사와다·허 회담 건(沢田、許会談に関する件)

문서파일번호 332
작성연월일 1959. 10. 16
구분 제4차 회담
세부항목 사와다·허정 회담
작성처 외무성 북동아시아과
매수 3
비밀등급 극비
문서종류 회의록
공개구분 공개
내용 사와다 렌조 대표와 허정 대표 회담 기록. 한국인 귀환자에 대한 재산 반출 문제에 대해 논의함.
주제어 재일한국인 법적지위

사와다, 유 회담 요지
(沢田、柳会談要旨)

문서파일번호	322
작성연월일	1959. 1. 6 - 1959. 11. 14
구분	제4차 회담
세부항목	사와다·유태하 회담
작성처	외무성 북동아시아과
매수	104
비밀등급	
문서종류	회의록
공개구분	공개
내용	1959년 1월 6일~11월 14일까지 개최된 사와다 렌조(沢田廉三) 대표와 유태하 공사(1959년 3월 30일 대사로 승진) 회담 기록
주제어	한일 현안 협의

문서명	제29차 사와다, 유 회담 요지(第二十九次沢田、柳会談要旨)

문서파일번호	322
작성연월일	1959. 1. 6
구분	제4차 회담
세부항목	사와다 · 유태하 회담
작성처	외무성 북동아시아과
매수	11
비밀등급	극비
문서종류	회의록
공개구분	공개
내용	사와다 렌조 일본 수석대표와 유태하 공사 회담 기록. 어업, 선박, 문화재 문제의 진행 방식을 조정함.
주제어	어업, 문화재 반환, 선박 반환

문서명	제30차 사와다, 유 회담 요지(第三十次沢田, 柳会談要旨)

문서파일번호	322
작성연월일	1959. 1. 12
구분	제4차 회담
세부항목	사와다 · 유태하 회담
작성처	외무성 북동아시아과
매수	10
비밀등급	극비
문서종류	회의록
공개구분	공개
내용	사와다 렌조 대표와 유태하 공사 회담 기록. 각 의제에 관한 양국 견해를 교환함.
주제어	문화재 반환, 청구권, 재일한국인 법적지위

문서명	사와다·유 회담 요지(沢田, 柳会談要旨)

문서파일번호 322
작성연월일 1959. 2. 9
구분 제4차 회담
세부항목 사와다 · 유태하 회담
작성처 외무성 북동아시아과
매수 6
비밀등급 극비
문서종류 회의록
공개구분 공개
내용 사와다 렌조 대표와 유태하 공사 회담 기록. 재일한인 북송 문제에 관해 협의함.
주제어 재일한인 북송

문서명	사와다·유 회담(沢田, 柳会談)

문서파일번호 322
작성연월일 1959. 2. 27
구분 제4차 회담
세부항목 사와다 · 유태하 회담
작성처 외무성 북동아시아과
매수 8
비밀등급 극비
문서종류 회의록
공개구분 공개
내용 사와다 렌조 대표와 유태하 공사 회담 기록. 양측 주장의 대립에도 불구하고 교섭을 계속할 필요가 있다는 데 합의함.
주제어 재일한인 북송

문서명	사와다·유 회담 건(沢田, 柳会談の件)

문서파일번호 322
작성연월일 1959. 3. 6
구분 제4차 회담
세부항목 사와다 · 유태하 회담
작성처 외무성 북동아시아과
매수 2
비밀등급 극비
문서종류 회의록
공개구분 공개
내용 사와다 렌조 대표와 유태하 공사 회담 기록. 한국은 일본이 재일한인 북송에 관한 방침을 변경하는 것이 선결 문제임을 주장함.
주제어 재일한인 북송

문서명	사와다·유 회담록(沢田, 柳会談録)

문서파일번호 322
작성연월일 1959. 3. 11
구분 제4차 회담
세부항목 사와다 · 유태하 회담
작성처 외무성 북동아시아과
매수 6
비밀등급 극비
문서종류 회의록
공개구분 공개
내용 사와다 렌조 대표와 유태하 공사 회담 기록. 일본, 북한 적십자사 접촉에 대해 양측이 논의함.
주제어 재일한인 북송

문서명	사와다·유 회담록(沢田, 柳会談録)

문서파일번호 322
작성연월일 1959. 4. 2
구분 제4차 회담
세부항목 사와다 · 유태하 회담
작성처 외무성 북동아시아과
매수 8
비밀등급 극비
문서종류 회의록
공개구분 공개
내용 사와다 렌조 대표와 유태하 대사* 회담 기록. 재일한인 북송 진행 상황에 대해 양측이 논의함.
주제어 재일한인 북송

문서명	사와다·유 회담록(沢田, 柳会談録)

문서파일번호 322
작성연월일 1959. 4. 7
구분 제4차 회담
세부항목 사와다 · 유태하 회담
작성처 외무성 북동아시아과
매수 7
비밀등급 극비
문서종류 회의록
공개구분 공개
내용 사와다 렌조 대표와 유태하 대사 회담 기록. 한일회담 재개 여부에 대해 양측이 논의함.
주제어 한일회담 재개 문제

* 유태하는 1959년 3월 30일 자로 주일한국대표부 대사로 임명됨.

문서명	사와다·유 회담 요지(沢田, 柳会談要旨)

문서파일번호 322
작성연월일 1959. 4. 16
구분 제4차 회담
세부항목 사와다 · 유태하 회담
작성처 외무성 북동아시아과
매수 9
비밀등급 극비
문서종류 회의록
공개구분 공개
내용 사와다 렌조 대표와 유태하 대사 회담 기록. 한일회담 재개 여부에 대해 양측이 논의함.
주제어 한일회담 재개 문제

문서명	사와다·유 회담록(沢田, 柳会談録)

문서파일번호 322
작성연월일 1959. 4. 27
구분 제4차 회담
세부항목 사와다 · 유태하 회담
작성처 외무성 북동아시아과
매수 4
비밀등급 극비
문서종류 회의록
공개구분 공개
내용 사와다 렌조 대표와 유태하 대사 회담 기록. 유 대사는 최근 귀국 시 한일회담 타개에 이르지 못했다고 비난을 받았으나 서두를 문제가 아니라고 항변하였음을 언급하고, 일본 입장이 어떠한지 문의함. 사와다 대표는 제네바에서 일본적십자사, 북한적십자사 간에 회의가 계속되고 있으나 아직 결론에 이르지 못했다고 답함.
주제어 재일한인 북송

문서명	사와다·유 회담록(沢田, 柳会談録)

문서파일번호 322
작성연월일 1959. 5. 13
구분 제4차 회담
세부항목 사와다 · 유태하 회담
작성처 외무성 북동아시아과
매수 3
비밀등급 극비
문서종류 회의록
공개구분 공개
내용 사와다 렌조 대표와 유태하 대사 회담 기록. 유 대사는 재일한인 북송이 실시될 경우 한국은 무력을 포함한 모든 수단을 동원, 이를 제지할 각오라고 언급함.
주제어 재일한인 북송

문서명	사와다·유 회담록(沢田, 柳会談録)

문서파일번호 322
작성연월일 1959. 5. 28
구분 제4차 회담
세부항목 사와다 · 유태하 회담
작성처 외무성 북동아시아과
매수 6
비밀등급 극비
문서종류 회의록
공개구분 공개
내용 사와다 렌조 대표와 유태하 대사 회담 기록. 한국은 재일한인 북송이 추진될 경우 한일교섭이 모두 중단될 것이라고 주장함.
주제어 재일한인 북송

문서명	사와다 렌조 수석대표와 유 대사 회담 요지(沢田首席代表と柳大使との会談要旨)

문서파일번호 322
작성연월일 1959. 9. 18
구분 제4차 회담
세부항목 사와다 · 유태하 회담
작성처 외무성 북동아시아과
매수 7
비밀등급 극비
문서종류 회의록
공개구분 공개
내용 사와다 렌조 대표와 유태하 대사 회담 기록. 한국으로 귀환하는 자에 대한 지원 문제를 논의함.
주제어 재일한인 귀환 지원 문제

문서명	사와다·유 회담 기록(沢田, 柳会談記録)

문서파일번호 322
작성연월일 1959. 11. 5
구분 제4차 회담
세부항목 사와다 · 유태하 회담
작성처 외무성 북동아시아과
매수 11
비밀등급 극비
문서종류 회의록
공개구분 공개
내용 사와다 렌조 대표와 유태하 대사 회담 기록. 일본이 재일한인 북송 문제와 일본인 억류어부 석방 문제를 분리해서 대처할 것을 요구하자 한국이 거부함.
주제어 재일한인 북송, 일본 어부 석방

문서명	사와다 렌조 대사·유 대사 회담 요지(沢田大使、柳大使会談要旨)

문서파일번호	322
작성연월일	1959. 11. 14
구분	제4차 회담
세부항목	사와다 · 유태하 회담
작성처	외무성 북동아시아과
매수	6
비밀등급	극비
문서종류	회의록
공개구분	공개
내용	사와다 렌조 대표와 유태하 대사 회담 기록. 한국으로 귀환하는 자에 대한 지원 및 일본인어부 석방에 대해 논의함.
주제어	재일한인 귀환 지원 문제, 일본 어부 석방

한일회담에 관해 이세키·유 회담
(日韓会談に関し、伊関·柳会談)

문서파일번호	334
작성연월일	1960. 1. 6 - 1960. 4. 12
구분	제4차 회담
세부항목	이세키·유태하 회담
작성처	외무성 북동아시아과
매수	36
비밀등급	
문서종류	회의록
공개구분	공개 또는 일부비공개
내용	1960년 1월 6일~4월 12일까지 개최된 이세키 유지로 아시아국장과 유태하 대사 회담 기록
주제어	한일 현안 협의

문서명	한일회담에 관한 이세키·유 회담 건(日韓会談に関し伊関·柳会談に関する件)

문서파일번호 334
작성연월일 1960. 1. 6
구분 제4차 회담
세부항목 이세키 · 유태하 회담
작성처 외무성 북동아시아과
매수 4
비밀등급 극비
문서종류 회의록
공개구분 공개
내용 이세키 유지로 아시아국장과 유태하 대사 회담 기록. ① 한일회담 재개 희망일 ② 합의의사록 및 한국 귀환 재일한인의 재산에 관한 문구 ③ 맥아더 대사에 대한 후지야마 아이치로 대신의 구두 전달사항(진술) 문언 ④ 기시 · 아이젠하워(Dwight D. Eisenhower) 회담 ⑤ 한일회담에 대한 한국의 언론 보도와 진위. ⑥ '형'을 마친 억류자 등에 관하여 논의함.
주제어 억류자

문서명	한일회담에 관한 이세키·유 회담 건(日韓会談に関し伊関·柳会談に関する件)

문서파일번호 334
작성연월일 1960. 1. 8
구분 제4차 회담
세부항목 이세키 · 유태하 회담
작성처 외무성 북동아시아과
매수 3
비밀등급 극비
문서종류 회의록
공개구분 공개
내용 이세키 유지로 아시아국장과 유태하 대사 회담 기록. ① 귀국 한국인에 대한 보조금과 미국의 관여 ② 한일회담 재개일 ③ 북일 기자 간의 왕복선 운행 등에 관하여 논의함.
주제어 억류자, 한일회담 재개

문서명	이세키·유 비공식회담 요지(伊関·柳非公式会談要旨)

문서파일번호 334
작성연월일 1960. 1. 28
구분 제4차 회담
세부항목 이세키 · 유태하 회담
작성처 외무성 북동아시아과
매수 4
비밀등급 극비
문서종류 회의록
공개구분 공개
내용 이세키 유지로 아시아국장과 유태하 대사 회담 기록. 작년 말의 상황과 비교해서 한일회담의 진전이 없었다는 것을 확인하고 일본은 미국이 아니라 한일 간에 현안을 정리하자고 주장함.
주제어 한일회담 진전

문서명	이세키·유 회담 건(伊関·柳会談に関する件)

문서파일번호 334
작성연월일 1960. 1. 29
구분 제4차 회담
세부항목 이세키 · 유태하 회담
작성처 외무성 북동아시아과장
매수 5
비밀등급 극비
문서종류 회의록
공개구분 공개
내용 이세키 유지로 아시아국장과 유태하 대사 회담 기록. 청구권에 관해 유태하가 정치적으로 해결할 것을 주장하고 문화재 반환에 관해 400점을 언급함.
주제어 억류자, 문화재 반환, 청구권

문서명	한일회담에 관한 이세키·유 회담 건(日韓会談に関し伊関·柳会談に関する件)

문서파일번호 334
작성연월일 1960. 2. 11
구분 제4차 회담
세부항목 이세키 · 유태하 회담
작성처 외무성 북동아시아과장
매수 2
비밀등급 극비
문서종류 회의록
공개구분 공개
내용 이세키 유지로 아시아국장과 유태하 대사 회담 기록. 한국은 억류어부의 구제 조건으로 일본에게 한국 쌀 구매를 제안함.
주제어 억류자, 한국 쌀 일본 수출

문서명	이세키·유 회담 요지(伊関·柳会談要旨)

문서파일번호 334
작성연월일 1960. 3. 10
구분 제4차 회담
세부항목 이세키 · 유태하 회담
작성처 외무성 북동아시아과
매수 3
비밀등급 극비
문서종류 회의록
공개구분 공개
내용 이세키 유지로 아시아국장과 유태하 대사 회담 기록. 상호 송환 실시와 이를 위한 사무협의, 한국 쌀의 일본 수출, '형'을 마친 어부들의 송환 문제에 대한 유태하의 발언, 일 측의 대응 내용이 정리됨.
주제어 억류자, 한국 쌀 일본 수출

문서명	이세키 아시아국장과 유 대사 회담 건(伊関アジア局長と柳大使の会談に関する件)

문서파일번호 334
작성연월일 1960. 3. 15
구분 제4차 회담
세부항목 이세키 · 유태하 회담
작성처 외무성 북동아시아과
매수 4
비밀등급 극비
문서종류 회의록
공개구분 공개
내용 이세키 유지로 아시아국장과 유태하 대사 회담 기록. 상호 석방 일정과 규모에 관해 유태하가 대략의 구상을 제시함.
주제어 억류자 상호 석방

문서명	이세키·유 회담 요지(伊関·柳会談要旨)

문서파일번호 334
작성연월일 1960. 4. 5
구분 제4차 회담
세부항목 이세키 · 유태하 회담
작성처 외무성 북동아시아과
매수 4
비밀등급 극비
문서종류 회의록
공개구분 공개
내용 이세키 유지로 아시아국장과 유태하 대사 회담 기록. 문화재에 관해 이세키 국장이 그 인도를 어업 문제 해결과 사실상 교환조건으로 하는 발언을 함.
주제어 어업, 청구권, 문화재 반환

문서명	이세키·유 회담 요지(伊関·柳会談要旨)

문서파일번호	334
작성연월일	1960. 4. 12
구분	제4차 회담
세부항목	이세키 · 유태하 회담
작성처	외무성 북동아시아과
매수	7
비밀등급	극비
문서종류	회의록
공개구분	일부비공개
내용	이세키 유지로 아시아국장과 유태하 대사 회담 기록. 청구권에 관해 이세키 국장이 북한과의 관계, 동남아시아 원조, 국내 보상 관계로 현재 가장 여유가 없는 시기이므로 한국이 동 문제를 제기하는 것이 오히려 손해가 될 것임을 강조하고 논의를 연기할 것을 제의함.
주제어	억류자, 어업, 청구권

사와다·유 회담 요지
(沢田·柳会談要旨)

문서파일번호	335
작성연월일	1960. 1. 16 - 1960. 2. 23
구분	제4차 회담
세부항목	사와다·유태하 회담
작성처	외무성 사와다 대사 구술
매수	16
비밀등급	
문서종류	회의록
공개구분	공개
내용	1960년 1월 16일과 2월 29일 개최된 사와다 대표와 유태하 대사 회담 기록
주제어	한일 현안 협의

문서명	사와다·유 회담 요지(沢田·柳会談要旨)

문서파일번호	335
작성연월일	1960. 1. 16
구분	제4차 회담
세부항목	사와다 · 유태하 회담
작성처	외무성 사와다 대사 구술
매수	6
비밀등급	극비
문서종류	회의록
공개구분	공개
내용	사와다 렌조 대표와 유태하 대사 회담 기록. 한일회담과 관련한 미국 측 태도, 재개 예정인 한일회담에 대한 기대감 등에 관해 의견을 나눔.
주제어	재일한국인 법적지위, 억류자 문제, 어업

문서명	사와다·유태하·유진오·이호 회담 기록(沢田-柳·俞·李会談記録)

문서파일번호	335
작성연월일	1960. 2. 23
구분	제4차 회담
세부항목	사와다 · 유태하 회담
작성처	외무성 사와다 대사 구술
매수	10
비밀등급	극비
문서종류	회의록
공개구분	공개
내용	사와다 렌조 대표와 유태하 대사 회담 기록. 한국은 유태하, 유진오, 이호 대표가 참석함. 한국은 억류자 상호 석방에 관한 한국 내부의 분위기를 전달함.
주제어	억류자, 재일한인 북송

제4차 한일회담 양국대표 소개를 위한 만남 경위
(第4次日韓会談両国代表顔合わせ経韋)

문서파일번호	52
문서명	제4차 한일회담 양국대표 소개를 위한 만남 경위(第4次日韓会談両国代表顔合わせ経韋)
작성연월일	1960. 1. 30
구분	제4차 회담
세부항목	비공식회의
작성처	외무성 북동아시아과
매수	9
비밀등급	극비
문서종류	회의록
공개구분	공개
내용	한일 양국 실무자 비공식회담 내용. 수석대표에 의한 양측 대표단 소개 후 북송 문제 등에 관한 의견교환만 이루어짐.
주제어	북송 문제

후지야마 대신과 유 대사 회담 요지
(藤山大臣と柳大使との会談要旨)

문서파일번호	337
문서명	후지야마 대신과 유 대사 회담 요지(藤山大臣と柳大使との会談要旨)
작성연월일	1960. 3. 22
구분	제4차 회담
세부항목	후지야마·유태하 회담
작성처	외무성 북동아시아과
매수	3
비밀등급	극비
문서종류	회의록
공개구분	공개
내용	1960년 3월 20일 개최된 후지야마 아이치로 대신과 유태하 대사 회담 기록. 북송과 어업 문제에 관한 원칙적인 의견만이 교환됨.
주제어	북송, 어업

한국 쌀 수입에 관한 각의 양해(안) 등
[韓国米の輸入に関する閣議了解(案)等]

문서파일번호	1402
작성연월일	1960. 2. 20 - 1960. 2. 23
구분	제4차 회담
세부항목	한국 쌀 수입 관련자료
작성처	외무성
매수	22
비밀등급	
문서종류	내부문서, 내부자료, 회의록
공개구분	공개
내용	한국 쌀 수입에 관한 각의 양해, 설명자료 등 관련 문서 모음
주제어	한국 쌀 수입, 일본 어부 석방, 한국인 불법 입국자

문서명	각의 양해(안)[閣議了解(案)]

문서파일번호 1402
작성연월일 1960. 2. 23
구분 제4차 회담
세부항목 한국 쌀 수입, 일본 어부 석방
작성처 외무성, 농림성
매수 1
비밀등급 비(秘)
문서종류 내부문서
공개구분 공개
내용 부산 억류 어부석방에 관련한 특별조치로 한국 쌀 3만 톤을 수입한다는 내용의 각의 양해안(1960년 2월 23일 각의는 무산되었고 3월 22일 각의에서 심의됨.)
주제어 한국 쌀 수입, 일본 어부 석방

문서명	한국 쌀 수입에 대하여(각의 양해 설명안)[韓国米の輸入について(閣議諒解 説明案)]

문서파일번호 1402
작성연월일 1960. 2. 23
구분 제4차 회담
세부항목 한국 쌀 수입, 일본 어부 석방
작성처 외무성
매수 3
비밀등급 극비
문서종류 내부문서
공개구분 공개
내용 한국 쌀 수입에 관한 각의 양해안 설명자료. 일본 어부의 조기 석방과 한국과의 무역 전면재개를 위해 한국이 요구하는 쌀 3만 톤을 수입하기로 하였음.
주제어 한국 쌀 수입, 일본 어부 석방

문서명	어부 석방에 관한 농림성의 주장과 이에 대한 한국 태도 및 외무성 견해(漁夫釈放に関する農林省の主張とこれに対する韓国側態度及び外務省見解)

문서파일번호 1402
작성연월일 1960. 2. 20
구분 제4차 회담
세부항목 한국 쌀 수입, 일본 어부 석방
작성처 외무성
매수 4
비밀등급 극비
문서종류 내부문서
공개구분 공개
내용 한국 쌀 수입 관련 농림성의 반대의견 및 한국 주장과 이에 대한 외무성 견해를 기술한 문서로, 1960년 2월 23일 각의에서 후지야마 아이치로 대신의 설명 보충자료로 작성한 것임. 농림성은 한국이 형기 만료된 어부뿐만 아니라 형기 만료 이전의 어부 포함 전원을 동시에 석방해야만 한국 쌀 3만 톤 수입을 약속할 수 있다는 입장임(형기 만료 어부 석방 시 2만 톤 수입). 한국은 쌀 수입 약속이 없을 경우 어부 석방이 어렵다는 태도를 강경하게 유지하고 있어 일본은 필요 없는 한국 쌀을 수입해야 하는 상황임. 아울러 쌀 수입 시 한국과의 무역이 전면 재개될 수도 있을 것임.
주제어 한국 쌀 수입, 일본 어부 석방

문서명	상호 송환의 대상으로 되는 한인 불법 입국자 수에 관한 건(相互送還の対象となるべき韓人不法入国者の数に関する件)

문서파일번호 1402
작성연월일 1960. 2. 22
구분 제4차 회담
세부항목 한국인 불법 입국자 문제
작성처 외무성 북동아시아과
매수 1
비밀등급 비(秘)
문서종류 내부자료
공개구분 공개
내용 한일 간 상호 송환 대상이 되는 한인 불법 입국자 수에 관해 정리한 자료. 총 713명이 상호 송환 대상이 되는 것으로 나옴.
주제어 한국인 불법 입국자 문제

문서명	한국 쌀 수입에 관한 3월 22일 각의에 대하여(韓国米輸入に関する３月２２日の閣議について)

문서파일번호 1402
작성연월일 1960. 3. 22
구분 제4차 회담
세부항목 한국 쌀 수입, 한국인 불법 입국자 문제
작성처 외무성 북동아시아과
매수 2
비밀등급 극비
공개구분 공개
내용 1960년 3월 22일 각의에서 한국 쌀 수입에 관해서는 원칙적으로 양해가 이루어졌으나 농림대신이 구매조건(백미 또는 현미 여부, 구매가격 등)에 관해 실무적인 교섭이 좀 더 필요하다고 강력 주장, 쌀 수입 관련 대외발표 없이 실무교섭을 조금 더 진행하기로 하였음.
주제어 한국 쌀 수입, 한국인 불법 입국자
문서종류 회의록

문서명	3월 22일 각의에서 후지야마 대신이 발언해 주었으면 하는 점(三月二十二日の閣議において藤山大臣より御発言願いたき点)

문서파일번호 1402
작성연월일 1960. 3(일자불명)
구분 제4차 회담
세부항목 한국 쌀 수입, 일본 어부 석방
작성처 외무성 북동아시아과
매수 2
비밀등급 극비
문서종류 내부문서
공개구분 공개
내용 1960년 3월 22일 각의에서 한국 쌀 수입 관련, 후지야마 아이치로 대신이 발언해 주기를 바라는 사항이 기술된 문서. 한국 쌀(백미) 3만 톤 구매 결정을 희망하며, 억류 어부 47명이 형기 만료 시 송환되는 것으로 양해가 이루어짐. 일본 어부 송환과 관련한 사실은 외부로 알려지지 않도록 해 주기 바람. 한국 쌀 수입결정 후 한국은 작년 여름 이후 중단된 일본과의 무역을 재개하겠다 함. 한국과는 무역불균형(약 4천 수백만 달러)이 있으며 무역 재개 후 이러한 불균형 시정에 관해서도 고려하기를 희망함.
주제어 한국 쌀 수입, 일본 어부 석방

문서명	설명자료(説明資料)

문서파일번호 1402
작성연월일 1960. 3(일자불명)
구분 제4차 회담
세부항목 한국 쌀 수입, 일본 어부 석방
작성처 외무성 북동아시아과
매수 3
비밀등급 일반
문서종류 내부문서
공개구분 공개
내용 한국 쌀 수입에 관한 각의 심의 시 후지야마 아이치로 대신 설명자료. 억류자 문제에 관한 한일 실무자 교섭 경위(석방절차, 일정 등), 한국 쌀 수입과 관련된 교섭 내용이 정리된 각의 설명자료. 한국 쌀을 백미로 수입해야 하는 이유(한국에 현미 가공 설비 부재)가 수기로 추가되어 있음.
주제어 한국 쌀 수입, 일본 어부 석방

문서명	3월 22일 각의에서 후지야마 대신이 발언해 주었으면 하는 점(三月二十二日の閣議において藤山大臣より御発言願いたき点)

문서파일번호 1402
작성연월일 1960. 3(일자불명)
구분 제4차 회담
세부항목 한국 쌀 수입, 일본 어부 석방
작성처 외무성 북동아시아과
매수 3
비밀등급 극비
문서종류 내부문서
공개구분 공개
내용 앞선 자료를 일부 수정한 문서. 한국의 무역불균형 문제 앞부분에 한국 쌀 수입과 관련하여 농림성 측으로부터 대장성의 재무상의 선후조치를 요망한다는 의견이 있었으며 이 점 대장성의 적의 선처를 희망한다는 내용이 추가됨.
주제어 한국 쌀 수입, 일본 어부 석방

문서명	설명자료(説明資料)

문서파일번호	1402
작성연월일	1960. 3(일자 불명)
구분	제4차 회담
세부항목	한국 쌀 수입, 일본 어부 석방
작성처	외무성 북동아시아과
매수	3
비밀등급	일반
문서종류	내부문서
공개구분	공개
내용	한국 쌀 수입에 관한 각의 심의 시 후지야마 아이치로(藤山愛一郎) 대신 설명자료. 앞에 수록된 문서와 동일함.
주제어	한국 쌀 수입, 일본 어부 석방

한일회담 경위 및 문제점
(日韓会談の経緯及び問題点)

문서파일번호	76
문서명	한일회담 경위 및 문제점(日韓会談の経緯及び問題点)
작성연월일	1960. 4. 5
구분	제4차 회담
세부항목	예비회담~제4차 회담 교섭 경위, 문제점
작성처	외무성 북동아시아과
매수	57
비밀등급	극비
문서종류	내부자료
공개구분	일부비공개
내용	예비회담~제4차 회담까지의 교섭 경위 및 문제점을 정리한 자료 ① 한일회담의 경과 개요: 한국 관련 조항이 들어 있는 대일평화조약이 발효됨에 따라 한일 간 현안 문제 해결을 위해 1950년 10월 20일 예비회담이 개최됨을 기술한 후, 1~4차 회담까지 회담 개요 및 회담 교착 상황에 대해 간략하게 정리함. ② 기본문제: 한일 양국 입장차를 교섭 진행 전략 등 기술적인 것으로 규정하고 있으며 다른 현안이 해결되기까지 동 교섭의 진전 전망이 없는 것으로 평가함. ③ 재산청구권 문제: 제1차 회담의 해설 부분에서 "한국에 대한 청구 구분을 제시한 사실이 없으나"라는 구절 뒤가 먹칠되어 있으며, 또 제2차 회담 시 한국의 조회 요구에 대해 일본이 답한 부분들이 포함되어 있음. ④ 어업 문제: 한국이 '이승만 라인'을 일방적으로 설정, 자기들에게 유리한 기정사실을 만들고 이를 전제로 교섭을 진행하고 있다고 지적함. 한국은 배타적 어업관할구역의 수정에 응할 기색을 보이지 않고 있으며 일본의 새로운 제안을 유도하는 의도가 엿보인다고 언급함. ⑤ 재일한국인의 국적 처우 문제: 전쟁 종결 전부터 일본에 거주하고 있던 한국인들의 국적과 처우를 어떻게 다룰 것인가의 문제라고 규정하고, 1~4차 회담까지의 양상과 상호 석방 및 한일회담 재개에 관한 교섭과 합의과정을 설명함. ⑥ 선박 문제: 선박 문제의 교섭에 이르게 된 경위로서 한국 치적 선박에 대한 연합국최고사령관의 지령, 한국대표부에 대한 일본 외무성의 서한 등을 언급함. 예비회담 및 4차 회담까지의 양국 주장이 나열되어 있음.
주제어	기본관계, 재일한국인 법적지위, 청구권·경협, 어업, 선박 반환

한일전면회담에 관한 기본방침(안)(각의 양해안)
[日韓全面会議に関する基本方針(案)(閣議了解案)]

문서파일번호	1403
작성연월일	1960. 4. 11 - 1960. 4. 16
구분	제4차 회담
세부항목	회담 기본방침 각의 양해안
작성처	아시아국
매수	19
비밀등급	
문서종류	내부문서
공개구분	공개
내용	제4차 한일회담 재개를 앞두고 각의 양해를 추진한 각 현안에 대한 기본방침이 담긴 문서 모음
주제어	한일회담 기본방침

문서명	한일회담에 관한 기본방침(안)(각의 양해안)[日韓全面会議に関する基本方針(案)(閣議了解案)]

문서파일번호 1403
작성연월일 1960. 4. 11
구분 제4차 회담
세부항목 회담 기본방침 각의 양해안
작성처 아시아국
매수 5
비밀등급 극비
문서종류 내부문서
공개구분 공개
내용 제4차 한일회담 시기 각 현안에 대한 일본의 방침을 정리한 문서. 한일관계 분위기가 호전되는 가운데 신속하게 회담 타결을 꾀할 것이며 어업 문제에서 한국이 양보하지 않는 한 그 외의 문제에 적극적으로 나서지 않는다는 기존의 방침을 변경하여 청구권 외에 다른 현안에서 의견이 일치하면 국교를 정상화한다는 방침을 정함. 문화재에 관해 1905년 이후 반입된 문화재 중 일본이 국가재산으로 소유하고 있는 것을 인도한다는 방침, 또한 청구권 문제에 관해 문제의 장기화 전망, 북한과의 문제, 국내보상 문제 등을 이유로 국교정상화 이후로 미루는 것과 국교정상화 후 경제원조를 약속한다는 방침 등이 포함됨.
주제어 어업, 재일한국인 법적지위, 문화재 반환, 선박 반환, 재산청구권

문서명	한일회담에 관한 기본방침(안)(각의 양해안)[日韓全面会議に関する基本方針(案)(閣議了解案)]

문서파일번호 1403
작성연월일 1960. 4. 12
구분 제4차 회담
세부항목 회담 기본방침 각의 양해안
작성처 아시아국
매수 4
비밀등급 극비
문서종류 내부문서
공개구분 공개
내용 1960년 4월 11일 작성된 문서를 재검토하여 4월 12일 개최된 관계 성 협의회에 제출한 문서. 청구권에 관해 한국에 대한 '경제원조'를 수기로 '경제협력'으로 수정함.
주제어 어업, 재일한국인 법적지위, 문화재 반환, 선박 반환, 재산청구권

문서명	아시아국 1960. 4. 12. 한일회담에 관한 기본방침(안)에 대하여[アジア局三五、四、一二付日韓全面会談に関する基本方針(案)について]

문서파일번호 1403
작성연월일 1960. 4. 15
구분 제4차 회담
세부항목 회담 기본방침 각의 양해안
작성처 법무성 입국관리국
매수 1
비밀등급 극비
문서종류 내부문서
공개구분 공개
내용 한일회담 기본방침 중 재일한국인 법적지위 및 처우에 관한 입국관리국 검토의견서. 동 문제에 대해 일본정부는 태평양 전쟁 종결 이전부터 계속 일본에 거주하고 앞으로도 일본에 거주하는 한국인에게 영주권을 허가하며 강제퇴거에 관해 다른 외국인들에 비해 관대한 기준을 설정한다는 의견을 제시함.
주제어 재일한국인 법적지위

문서명	한일회담에 관한 기본방침(안)(각의 양해안)[日韓全面会議に関する基本方針(案)(閣議了解案)]

문서파일번호 1403
작성연월일 1960. 4. 15
구분 제4차 회담
세부항목 회담 기본방침 각의 양해안
작성처 아시아국
매수 4
비밀등급 극비
문서종류 내부문서
공개구분 공개
내용 1960년 4월 12일 관계 성 협의회에서의 논의를 거쳐 수정한 문서. 재일한국인 법적지위 문제에 입국관리국 의견 반영, 문화재에 관해 '1905년 이후'를 '우리나라의 조선 지배 이후'로 수정, 또 청구권에 관해 '경제원조(1차 수정 시 경제협력으로 하였으나 그냥 경제원조로 함)를 할 것도 고려한다'고 수정이 이루어짐.
주제어 어업, 재일한국인 법적지위, 문화재 반환, 선박 반환, 재산청구권

문서명	한일회담에 관한 기본방침(안)(각의 양해안)[日韓全面会議に関する基本方針(案)(閣議了解案)]

문서파일번호 1403

작성연월일 1960. 4. 16

구분 제4차 회담

세부항목 회담 기본방침 각의 양해안

작성처 아시아국

매수 5

비밀등급 극비

문서종류 내부문서

공개구분 공개

내용 1960년 4월 11일 안부터의 검토를 거쳐 정식으로 정리된 제4차 한일회담에 임하는 일본의 기본방침 문서. 문화재는 '우리나라의 조선 지배 이후', 또 청구권에 관해 '경제원조를 할 것도 고려한다'는 규정이 정식으로 채택됨. 또 다른 방침으로서 어업 문제의 해결 여부와 상관없이 각 문제를 진행할 것과 청구권 문제는 해결이 어려우므로 기타 문제가 합의되면 정상화를 실현시킨다는 방침이 주목됨.

주제어 어업, 재일한국인 법적지위, 문화재 반환, 선박 반환, 재산청구권

한일회담의 기본방침에 관한 관계 각 성 협의회 건
(日韓全面会談の基本方針に関し関係各省と打合せの件)

문서파일번호	1404
작성연월일	1960. 4. 12 - 1960. 4. 13
구분	제4차 회담
세부항목	한일회담 기본방침 관계 성 협의회
작성처	외무성 북동아시아과
매수	16
비밀등급	
문서종류	회의록, 내부문서
공개구분	공개
내용	한일회담 기본방침 수립을 위한 관계 각 성 협의회 기록 및 기본방침안이 담긴 문서
주제어	한일회담 기본방침

문서명	한일회담의 기본방침에 관한 관계 각 성 협의회 건(日韓全面会談の基本方針に関し関係各省と打合せの件)

문서파일번호 1404
작성연월일 1960. 4. 13
구분 제4차 회담
세부항목 한일회담 기본방침 관계 성 협의회
작성처 외무성 북동아시아과
매수 12
비밀등급 극비
문서종류 회의록
공개구분 공개
내용 제4차 한일회담에 임하는 기본방침 수립을 위한 관계 성 협의회 기록. 외무성 아시아국장이 외무성 안을 참석자들에게 설명한 후 논의가 진행됨. 그 가운데 외무성은 대장성에 대해 경제원조는 청구권을 대신한다는 강한 의미가 아니라 교섭에 대한 태도라는 점, 그리고 상황에 따라 한국에 그것을 제시할 수 있도록 대장성의 양해를 얻고 싶다는 견해를 밝히고 있는 점이 주목됨.
주제어 어업, 재일한국인 법적지위, 문화재 반환, 선박 반환, 재산청구권

문서명	한일회담에 관한 기본방침(안)(각의 양해안)[日韓全面会議に関する基本方針(案)(閣議了解案)]

문서파일번호 1404
작성연월일 1960. 4. 12
구분 제4차 회담
세부항목 회담 기본방침 각의 양해안
작성처 외무성 북동아시아과
매수 4
비밀등급 극비
문서종류 내부문서
공개구분 공개
내용 문서파일번호 1408에 포함된 1960년 4월 12일 자 한일회담 기본방침안과 동일한 문서임.
주제어 어업, 재일한국인 법적지위, 문화재 반환, 선박 반환, 재산청구권

한일 간 여러 현안 개관
(日韓間の諸懸案概観)

문서파일번호	1405
문서명	한일 간 여러 현안 개관(日韓間の諸懸案概観)
작성연월일	1960. 5. 9
구분	제4~5차 회담 사이
세부항목	한일 간 제 현안
작성처	아시아국
매수	6
비밀등급	극비
문서종류	내부문서
공개구분	공개
내용	4·19혁명 후의 신 사태를 맞이해 재개될 한일회담의 방침을 정하기 위해 그간의 교섭 내용을 정리한 문서. 한일회담 재개 전에 해결해야 할 문제(부산 억류 어부 석방, '이 라인' 해역의 일본 어선 나포 억제, 주한일본대표부 설치, 일본인 기자 및 상사원 입국체재 허가, 한국 쌀의 대일수출 및 무역의 정상화)와 한일회담을 통해 해결해야 할 문제(어업, 재일한국인 법적지위 및 처우, 선박 및 문화재, 재산청구권)로 구분하여 각 사안별로 간략히 기술함.
주제어	억류어부 석방, '이 라인', 주한일본대표부, 일본인 기자 및 상사원 한국입국 체재, 한국 쌀 대일수출, 어업, 재일한국인 법적지위, 선박 반환, 문화재 반환, 재산청구권

한일 대표·실무자 간 전화 협의
(日韓代表·實務者間の電話協議)

문서파일번호	352
작성연월일	1960. 4. 13 - 1960. 10. 22
구분	제5차 회담
세부항목	한일 전화 협의
작성처	외무성 북동아시아과
매수	31
비밀등급	
문서종류	회의록, 내부문서
공개구분	공개
내용	1960년 4월 13일~10월 22일까지 한일 대표, 실무자 간 전화를 통한 협의 기록
주제어	

문서명	한일회담 본회담 개최일 결정 건(日韓会談本会談開催日取りの件)

문서파일번호 352
작성연월일 1960. 4. 13
구분 제5차 회담
세부항목 한일 전화 협의
작성처 외무성 북동아시아과
매수 1
비밀등급 일반
문서종류 회의록(전화)
공개구분 공개
내용 유태하 대사와 미야케 기지로 심의관 전화 협의 기록. 유 대사는 4월 15일 예정대로 한일회담 본회의 개최가 가능하다고 통보함.
주제어 회의 일정

문서명	오무라수용소 내 한인 수용인원을 한국에 통보하는 건(大村収容所の収容人員を韓国側へ通報する件)

문서파일번호 352
작성연월일 1960. 5. 13
구분 제5차 회담
세부항목 한일 전화 협의, 오무라 수용자 내역
작성처 외무성 북동아시아과
매수 4
비밀등급 극비
문서종류 내부문서
공개구분 공개
내용 오무라수용소 수용자 내역을 한국에 통보하기 위한 일본정부 내부의 조정 기록
주제어 억류자 문제

문서명	밀입국 한국인 문제에 관하여 한국대표부로부터의 요청 건(密入国韓国人問題に関し韓国代表部より申入れの件)

문서파일번호 352
작성연월일 1960. 5. 19
구분 제5차 회담
세부항목 한일 전화 협의
작성처 외무성 북동아시아과
매수 3
비밀등급 극비
문서종류 회의록(전화)
공개구분 공개
내용 주일한국대표부 문철순 서기관과 야나기야 겐스케(柳谷謙介) 사무관 전화 협의 기록. 문 서기관은 오무라수용소에 수용 중인 한국인 중 북한 귀환 희망자 수에 대해 문의함.
주제어 억류자 문제

문서명	문 서기관, 야나기야 사무관 회담 요지(文書記官·柳谷事務官会談要旨)

문서파일번호 352
작성연월일 1960. 5. 27
구분 제5차 회담
세부항목 한일 전화 협의
작성처 외무성 북동아시아과
매수 5
비밀등급 극비
문서종류 회의록(전화)
공개구분 공개
내용 문철순 서기관과 야나기야 겐스케 사무관 전화 협의 기록. 조난 한국인 어부 구조에 대한 한국의 사의 표명, 일본 어선단의 평화선 침범 관련 첩보에 관한 협의, 오무라수용소 내 한국인 밀입국자 처리 문제 등에 관해 협의함.
주제어 어업, 억류자 문제

문서명	한국대표부 문 서기관 협의 건(韓国代表部文書記官との話合いの件)

문서파일번호 352
작성연월일 1960. 9. 19
구분 제5차 회담
세부항목 한일 전화 협의
작성처 외무성 북동아시아과
매수 4
비밀등급 극비
문서종류 회의록(전화)
공개구분 공개
내용 문철순 서기관 전화 협의 기록. 문 서기관은 북송 관련 니가타(新潟)회담 후 일본의 추가 타협안 존재 여부, 일본의 대북 무역경로(언론 보도) 등에 문의함.
주제어 북송

문서명	북송 문제에 대한 한국대표부 태도 건(北送問題に対する韓国代表部の態度に関する件)

문서파일번호 352
작성연월일 1960. 10. 10
구분 제5차 회담
세부항목 한일 전화 협의
작성처 외무성 북동아시아과
매수 8
비밀등급 극비
문서종류 회의록(전화)
공개구분 공개
내용 문철순 참사관*과 마에다 도시카즈(前田利一) 북동아과장 전화 협의 기록. 문 참사관은 아사히신문, 도쿄신문의 북송 관련 기사 내용에 관해 문의하고, 제5차 한일회담을 앞두고 북송협정이 연장될 경우 한국 여론이 악화될 것임을 언급함. 한일회담 대표단 구성은 유진오 총장이 유엔에서 귀국 후 결정될 것이라 함.
주제어 북송, 제5차 한일회담 대표단 구성

* 문철순 주일한국대표부 1등서기관은 1960년 9월말 참사관으로 승진하였다.

문서명	한일회담 한국 대표 방일 일정 건(日韓会談韓国側代表来日日取りの件)

문서파일번호 352
작성연월일 1960. 10. 18
구분 제5차 회담
세부항목 한일 전화 협의
작성처 외무성 북동아시아과
매수 2
비밀등급 비(秘)
문서종류 회의록(전화)
공개구분 공개
내용 문철순 참사관과의 전화 협의 기록. 제5차 한일회담 한국대표단 명부가 21일 발표될 것이며, 수석대표는 유진오가 확실, 대표단 수는 25명이며, 24일 일본 도착할 것이라 함.
주제어 제5차 한일회담 한국대표단

문서명	회담 한국대표단 구성, 방일 예정 건(会談韓国側代表団の構成、来日予定に関する件)

문서파일번호 352
작성연월일 1960. 10. 20
구분 제5차 회담
세부항목 한일 전화 협의
작성처 외무성 북동아시아과
매수 2
비밀등급 비(秘)
문서종류 회의록(전화)
공개구분 공개
내용 문철순 참사관과의 전화 협의 기록. 제5차 한일회담 한국대표단 12명이 24일 먼저 일본에 도착 예정임. 본국 대표단은 20명 내외가 될 것임.
주제어 제5차 한일회담 한국대표단

문서명	한일회담 건(日韓会談に関する件)

문서파일번호	352
작성연월일	1960. 10. 22
구분	제5차 회담
세부항목	한일 전화 협의
작성처	외무성 북동아시아과
매수	2
비밀등급	일반
문서종류	회의록(전화)
공개구분	공개
내용	문철순 참사관의 전화 연락 내용. 제5차 한일회담 한국대표단의 일본 도착 일정 등을 통보함.
주제어	제5차 한일회담 한국대표단 일정

제4차 한일회담 제15회 본회의 보도자료(Press Release on the 15th Session of the Fourth Japan-Korea Overall Talks)

문서파일번호	53
문서명	제4차 한일회담 제15회 본회의 보도자료(Press Release on the 15th Session of the Fourth Japan-Korea Overall Talks)
작성연월일	1960. 4. 15
구분	제4차 회담 제15회 본회의
세부항목	
작성처	외무성 북동아시아과
매수	1
비밀등급	일반
문서종류	보도자료
공개구분	공개
내용	제4차 한일회담 제15회 본회의 영문 보도자료
주제어	제4차 한일회담 제15회 본회의 영문 보도자료

유 대표 사임 및 한국 문제에 관한 미야케 심의관과 이 참사관 회담 요령(柳代表の辞任及び韓国問題に関する三宅審議官と李参事官との会談要領)

문서파일번호	340
문서명	유 대표 사임 및 한국 문제에 관한 미야케 심의관과 이 참사관 회담 요령(柳代表の辞任及び韓国問題に関する三宅審議官と李参事官との会談要領)
작성연월일	1960. 4. 30
구분	제4~5차 회담 사이
세부항목	미야케·이재항 회담
작성처	외무성 북동아시아과
매수	11
비밀등급	극비
문서종류	회의록
공개구분	공개
내용	미야케 기지로 심의관과 이재항 참사관 회담 기록. 이 참사관은 4월 29일부로 유태하 대표의 사임과 함께 자신이 주일한국대표부 대표대리가 되었음을 통보하고, 유 전 대표의 귀국 전까지 신변보호 등을 요청함. 이 외에 4·19혁명 이후 한국정세에 관해 의견을 나눔.
주제어	유태하 사임, 한국정세

이세키 국장과 이 참사관 회담
(伊関局長と李参事官との会談)

문서파일번호	341
작성연월일	1960. 5. 2 - 1960. 9. 13
구분	제4~5차 회담 사이
세부항목	이세키·이재항 회담
작성처	외무성 북동아시아과
매수	9
비밀등급	
문서종류	회의록
공개구분	공개
내용	1960년 5월 2일 및 9월 13일 개최된 이세키 국장과 이재항 한국대표 대리 회담 기록.
주제어	한일현안 협의

문서명	이세키 국장과 이재항 한국대표 대리 회담 건(伊関局長と李載沆韓国代表代理との会談に関する件)

문서파일번호 341
작성연월일 1960. 5. 2
구분 제4~5차 회담 사이
세부항목 이세키 · 이재항 회담
작성처 외무성 북동아시아과
매수 2
비밀등급 극비
문서종류 회의록
공개구분 공개
내용 이세키 유지로 국장과 이재항 한국대표 대리 회담 기록. 일본은 한국이 일본어민 석방을 예정대로 실시할 것을 요청함.
주제어 억류자, 주한일본대표부 설치, 일본인 한국 입국 등

문서명	이세키 국장·이 공사 회담 요지(伊関局長、李公使会談要旨)

문서파일번호 341
작성연월일 1960. 9. 13
구분 제4~5차 회담 사이
세부항목 이세키 · 이재항 회담
작성처 외무성 북동아시아과
매수 7
비밀등급 극비
문서종류 회의록
공개구분 공개
내용 이세키 유지로 국장과 이재항 한국대표 대리 회담 기록. 고사카 젠타로 외무대신의 방한 준비 문제를 논의함. 한국은 북송의 조기 종료를 요청함.
주제어 고사카 외상 방한, 북송

전후 한일 간 협정
(戦後の日韓間の協定)

문서파일번호	1862
작성연월일	1952. 4. 4 - 1959. 11. 24
구분	제4차 회담
세부항목	한일 간 체결 협정
작성처	외무성, 연합국 최고사령부, 주일한국대표부
매수	72
비밀등급	
문서종류	내부문서, 외교공한, 내부자료
공개구분	일부비공개
내용	1950년부터 1959년 사이의 일본과 한국 간 각종 협정에 관해 정리한 문서 모음(동일한 문서들이 중복 수록됨)
주제어	전후 한일 간 체결한 협정

문서명	일본과 한국 사이의 광의의 협정표(日本と韓国との間の広義の協定表)

문서파일번호 1862
작성연월일 1959. 11. 24
구분 제4차 회담
세부항목 1950~1959년간 한일 간 체결 협정
작성처 외무성 북동아시아과
매수 5
비밀등급 극비(극비)
문서종류 내부문서
공개구분 공개
내용 1950~1959년 사이의 일본과 한국 간 각종 협정에 관해 정리한 문서. 한일 간 무역, 금융 및 해운협정이 체결되었으나 이는 대일평화조약 발효 이전에 연합국 최고사령부가 체결한 것이며, 대일평화조약 발효 이후에는 각서 또는 교환공문 형식에 의해 점령 중의 협정 효력이 유효함을 동의한 것에 불과하다는 설명과 함께, 1959년까지 체결된 각종 협정의 명칭과 발효일을 정리해 놓음.
주제어 1950~1959년간 한일 간 체결 협정

문서명	한국관계(韓国関係)

문서파일번호 1862
작성연월일 1953. 4. 17
구분 제2차 회담
세부항목 한국관계 주요 처리사항
작성처 외무성
매수 5
비밀등급 일반
문서종류 내부문서
공개구분 공개
내용 외무성 외교시책감(外交施策監)에 제출한 중요안건 처리결과 중 한국관계 부분. 무역금융협정관계, 잠정해운협정관계, 운임문제 및 한국무역대외수결규정 18조 관계, 4.(삭제), 5. 한국 구 오픈계정 수취밸런스 관계 등에 관한 사항들이 기술되어 있음.
주제어 한국관계 주요 처리사항

문서명	제목 없음

문서파일번호	1862
작성연월일	1952. 4. 28
구분	제2~3차 회담 사이
세부항목	대일평화조약 발효 후 새로운 조약 체결 시까지 한일 간 관행 유지
작성처	주일한국대표부
매수	1
비밀등급	일반
문서종류	외교공한
공개구분	공개
내용	김용식 공사가 요시다 시게루(吉田茂) 외무대신에게 1952년 4월 28일 대일평화조약 발효와 함께 한일 간에 새로운 조약 체결 시까지 기존의 협정과 관행을 계속 유지해 나가길 원한다는 내용으로 보낸 외교공한(영문)
주제어	대일평화조약 발효, 한일 간 관행 유지

문서명	제목 없음

문서파일번호	1862
작성연월일	1952. 4. 28
구분	제2~3차 회담 사이
세부항목	대일평화조약 발효 후 새로운 조약 체결 시까지 한일 간 관행 유지
작성처	외무성
매수	2
비밀등급	일반
문서종류	외교공한
공개구분	공개
내용	1952년 4월 28일 자로 김용식 공사가 요시다 시게루 외무대신에게 보낸 공한에 대해 같은 날짜로 외무성 유카와 모리오(湯川盛夫) 경제국장이 유태하 참사관에게 보낸 답신 외교공한(영문). 한국과 점령하 일본 간 금융무역협정(1950. 6. 2) 등 총 10개의 '협정' 또는 '각서', '교환공문에 의한 합의'의 제목이 기재된 부속문서(annex)가 첨부됨. 협정 등에 '연합국 최고사령부(Supreme Commander for the Allied Powers)' 등으로 기재된 것은 '일본정부(The Government of Japan)'로, '점령하 일본(Occupied Japan)'은 '일본(Japan)'으로 수정할 것을 제의함.
주제어	대일평화조약 발효, 한일 간 관행 유지

문서명	제목 없음

문서파일번호	1862
작성연월일	1952. 4. 28
구분	제2~3차 회담 사이
세부항목	대일평화조약 발효 후 새로운 조약 체결 시까지 한일 간 관행 유지
작성처	주일한국대표부
매수	2
비밀등급	일반
문서종류	외교공한
공개구분	공개
내용	1952년 4월 28일 자 외무성 유카와 모리오 경제국장의 공한에 대해 유태하 참사관이 같은 날짜로 보낸 답신 외교공한(영문). 일본이 제의한 각 협정문서에 포함된 일부 문구의 수정에 동의한다는 내용이 담김. 한국과 점령하 일본 간 금융무역협정(1950. 6. 2) 등 총 10개의 협정 또는 각서, 교환공문에 의한 합의의 제목이 담긴 리스트(annex) 및 각 협정(또는 각서, 교환공문에 의한 합의) 조문이 첨부됨.
주제어	대일평화조약 발효, 한일 간 관행 유지

문서명	한국과 점령하 일본 간 무역금융협정(Financial Agreement for Trade between the Republic of Korea and Occupied Japan)

문서파일번호	1862
작성연월일	1952. 4. 28
구분	제2~3차 회담 사이
세부항목	한일무역금융협정
작성처	외무성
매수	4
비밀등급	일반
문서종류	내부자료(외무성 유카와 경제국장의 유태하 참사관 앞 1952년 4월 28일 자 외교공한 첨부물)
공개구분	공개
내용	1950년 6월 2일 한국과 점령하 일본 간에 체결된 무역을 위한 금융협정 조문(영문, 일본은 연합국 최고사령부 인사가 서명)
주제어	한일무역금융협정

문서명	한국과 점령하 일본 간 통상협정(Trade Agreement between the Republic of Korea and Occupied Japan)

문서파일번호 1862
작성연월일 1952. 4. 28
구분 제2~3차 회담 사이
세부항목 한일통상협정
작성처 외무성
매수 3
비밀등급 일반
문서종류 내부자료(외무성 유카와 경제국장의 유태하 참사관 앞 1952년 4월 28일 자 외교공한 첨부물)
공개구분 공개
내용 1950년 6월 2일 한국과 점령하 일본 간에 체결된 통상협정(영문)
주제어 한일통상협정

문서명	한국과 점령하 일본 간 무역계획(Korea-Occupied Japan Trade Plan)

문서파일번호 1862
작성연월일 1952. 4. 28
구분 제2~3차 회담 사이
세부항목 한일무역계획
작성처 외무성
매수 4
비밀등급 일반
문서종류 내부자료(외무성 유카와 경제국장의 유태하 참사관 앞 1952년 4월 28일 자 외교공한 첨부물)
공개구분 공개
내용 1951년 4월 1일~1952년 3월 31일간 한일무역계획(영문)
주제어 한일무역계획

문서명	각서 한국과 점령하 일본 간 무역금융협정의 해석(Memorandum Interpretation of Trade and Financial Agreements between the Republic of Korea and Occupied Japan)

문서파일번호 1862
작성연월일 1952. 4. 28
구분 제2~3차 회담 사이
세부항목 한일무역금융협정 해석에 관한 각서
작성처 외무성
매수 5
비밀등급 일반
문서종류 내부자료(외무성 유카와 경제국장의 유태하 참사관 앞 1952년 4월 28일 자 외교공한 첨부물)
공개구분 공개
내용 한국과 점령하 일본 간 무역금융협정의 해석에 관한 1950년 6월 2일 자 각서(영문)
주제어 한일무역금융협정 해석에 관한 각서

문서명	각서 한국과 점령하 일본 간 약간의 상품교환(Memorandum Interchange of Certain Commodities between Korea and Occupied Japan)

문서파일번호 1862
작성연월일 1952. 4. 28
구분 제2~3차 회담 사이
세부항목 특정물품 교환에 관한 각서
작성처 외무성
매수 1
비밀등급 일반
문서종류 내부자료(외무성 유카와 경제국장의 유태하 참사관 앞 1952년 4월 28일 자 외교공한 첨부물)
공개구분 공개
내용 한국과 점령하 일본 간 약간의 상품교환에 관한 1950년 6월 2일 자 각서(영문)
주제어 특정물품 교환에 관한 각서

문서명	각서 한국과 점령하 일본 간 무역금융협정상의 '서비스' 용어 해석(Memorandum Interpretation of the Term'Services' as Employed in the Trade and Financial Agreements between the Republic of Korea and Occupied Japan)

문서파일번호 1862
작성연월일 1952. 4. 28
구분 제2~3차 회담 사이
세부항목 한일무역금융협정 용어 해석에 관한 각서
작성처 외무성
매수 3
비밀등급 일반
문서종류 내부자료(외무성 유카와 경제국장의 유태하 참사관 앞 1952년 4월 28일 자 외교공한 첨부물)
공개구분 공개
내용 한국과 점령하 일본 간 무역금융협정상의 '서비스(service)' 용어 해석에 관한 1951년 6월 18일 자 각서(영문)
주제어 한일무역금융협정 용어 해석에 관한 각서

문서명	제목 없음

문서파일번호 1862
작성연월일 1952. 4. 28
구분 제2~3차 회담 사이
세부항목 물품 구매견적 조정
작성처 외무성
매수 3
비밀등급 일반
문서종류 내부자료(외무성 유카와 경제국장의 유태하 참사관 앞 1952년 4월 28일 자 외교공한 첨부물)
공개구분 공개
내용 일본으로부터 구매하는 물품 견적조정(Adjustment of Estimates of Purchase by Korea from Japan)에 관한 주일한국대표부의 1952년 3월 11일 자 외교공한(영문)
주제어 물품 구매견적 조정

문서명	제목 없음

문서파일번호 1862
작성연월일 1952. 4. 28
구분 제2~3차 회담 사이
세부항목 물품 구매 견적 조정
작성처 외무성
매수 2
비밀등급 일반
문서종류 내부자료(외무성 유카와 경제국장의 유태하 참사관 앞 1952년 4월 28일 자 외교공한 첨부물)
공개구분 공개
내용 주일한국대표부의 물품 구매 견적 조정(Adjustment of Estimates of Purchase)에 관한 외무성의 1952년 3월 22일 자 답신 외교공한(영문)
주제어 물품 구매 견적 조정

문서명	각서 한국과 점령하 일본 간 무역계획(Memorandum Korea-Occupied Japan Trade Plan)

문서파일번호 1862
작성연월일 1952. 4. 28
구분 제2~3차 회담 사이
세부항목 한일무역계획에 관한 각서
작성처 GHQ
매수 1
비밀등급 일반
문서종류 내부자료(외무성 유카와 경제국장의 유태하 참사관 앞 1952년 4월 28일 자 외교공한 첨부물)
공개구분 공개
내용 연합국 최고사령부가 1952년 3월 27일 자로 한국대표부에 보낸 한일 무역플랜에 관한 각서(영문)
주제어 한일무역계획에 관한 각서

문서명	각서 한국과 점령하 일본 간 무역계획(Memorandum Korea-Occupied Japan Trade Plan)

문서파일번호 1862
작성연월일 1952. 4. 28
구분 제2~3차 회담 사이
세부항목 한일무역계획에 관한 각서
작성처 주일한국대표부
매수 1
비밀등급 일반
문서종류 내부자료(외무성 유카와 경제국장의 유태하 참사관 앞 1952년 4월 28일 자 외교공한 첨부물)
공개구분 공개
내용 주일한국대표부가 1952년 3월 27일 자로 연합국 최고사령부에 보낸 한일 무역플랜에 관한 각서(영문)
주제어 한일무역계획에 관한 각서

문서명	제목 없음

문서파일번호 1862
작성연월일 1952. 4. 28
구분 제2~3차 회담 사이
세부항목 대일평화조약 발효 후 새로운 조약 체결 시까지 한일 간 관행 유지
작성처 주일한국대표부
매수 1
비밀등급 일반
문서종류 외교공한
공개구분 일부비공개
내용 김용식 공사가 요시다 시게루 외무대신에게 1952년 4월 28일 대일평화조약 발효와 함께 한일 간에 새로운 조약체결 시 까지 기존의 협정과 관행을 계속 유지해 나가길 원한다는 내용으로 보낸 외교공한(영문, 같은 문서파일 앞부분에 동일한 문서가 있음.)
주제어 대일평화조약 발효, 한일 간 관행 유지

문서명	제목 없음

문서파일번호 1862
작성연월일 1952. 4. 28
구분 제2~3차 회담 사이
세부항목 대일평화조약 발효 후 새로운 조약 체결 시까지 한일 간 관행 유지
작성처 주일한국대표부
매수 2
비밀등급 일반
문서종류 외교공한
공개구분 일부비공개
내용 1952년 4월 28일 자 외무성 유카와 모리오 경제국장의 공한에 대해 유태하 참사관이 같은 날짜로 보낸 답신 외교공한(영문, 같은 문서파일 앞부분에 동일한 문서가 있음)
주제어 대일평화조약 발효, 한일 간 관행 유지

문서명	한국과 점령하 일본 간 무역계획(Korea-Occupied Japan Trade Plan)

문서파일번호 1862
작성연월일 1952. 4. 28
구분 제2~3차 회담 사이
세부항목 한일무역계획
작성처 외무성
매수 4
비밀등급 일반
문서종류 내부자료(유태하 참사관의 외무성 유카와 경제국장 앞 1952년 4월 28일 자 외교공한 첨부물)
공개구분 공개
내용 1951년 4월 1일~1952년 3월 31일간 한일무역계획(영문)
주제어 한일무역계획

문서명	각서 한국과 점령하 일본 간 무역금융협정의 해석(Memorandum Interpretation of Trade and Financial Agreements between the Republic of Korea and Occupied Japan)

문서파일번호 1862
작성연월일 1952. 4. 28
구분 제2~3차 회담 사이
세부항목 한일무역금융협정 해석에 관한 각서
작성처 외무성
매수 5
비밀등급 일반
문서종류 내부자료(유태하 참사관의 외무성 유카와 경제국장 앞 1952년 4월 28일 자 외교공한 첨부물)
공개구분 공개
내용 한국과 점령하 일본 간 무역금융협정의 해석에 관한 1950년 6월 2일 자 각서(영문)
주제어 한일무역금융협정 해석에 관한 각서

문서명	각서 한국과 점령하 일본 간 약간의 상품교환(Memorandum Interchange of Certain Commodities between Korea and Occupied Japan)

문서파일번호 1862
작성연월일 1952. 4. 28
구분 제2~3차 회담 사이
세부항목 특정물품 교환에 관한 각서
작성처 외무성
매수 1
비밀등급 일반
문서종류 내부자료(유태하 참사관의 외무성 유카와 경제국장 앞 1952년 4월 28일 자 외교공한 첨부물)
공개구분 공개
내용 한국과 점령하 일본 간 약간의 상품교환에 관한 1950년 6월 2일 자 각서(영문)
주제어 특정물품 교환에 관한 각서

문서명	각서 한국과 점령하 일본 간 무역금융협정 상의 '서비스' 용어 해석(Memorandum Interpretation of the Term 'Services' as Employed in the Trade and Financial Agreements between the Republic of Korea and Occupied Japan)

문서파일번호 1862
작성연월일 1952. 4. 28
구분 제2~3차 회담 사이
세부항목 한일무역금융협정 용어 해석에 관한 각서
작성처 외무성
매수 3
비밀등급 일반
문서종류 내부자료
공개구분 공개
내용 유태하 참사관이 외무성 유카와 경제국장에게 보낸 1952년 4월 28일 자 외교공한 첨부물. 한국과 점령하 일본 간 무역금융협정상의 '서비스(service)' 용어 해석에 관한 1951년 6월 18일 자 각서(영문)
주제어 한일무역금융협정 용어 해석에 관한 각서

문서명	제목 없음

문서파일번호 1862
작성연월일 1952. 4. 28
구분 제2~3차 회담 사이
세부항목 물품 구매 견적 조정
작성처 외무성
매수 3
비밀등급 일반
문서종류 내부자료(유태하 참사관의 외무성 유카와 경제국장 앞 1952년 4월 28일 자 외교공한 첨부물)
공개구분 공개
내용 일본으로부터 구매하는 물품 견적 조정(Adjustment of Estimates of Purchase by Korea from Japan)에 관한 주일한국대표부의 1952년 3월 11일 자 외교공한(영문)
주제어 물품 구매 견적 조정

문서명	제목 없음

문서파일번호	1862
작성연월일	1952. 4. 28
구분	제2~3차 회담 사이
세부항목	물품 구매 견적 조정
작성처	외무성
매수	2
비밀등급	일반
문서종류	내부자료(유태하 참사관의 외무성 유카와 경제국장 앞 1952년 4월 28일 자 외교공한 첨부물)
공개구분	공개
내용	주일한국대표부의 물품 구매 견적 조정(Adjustment of Estimates of Purchase)에 관한 외무성의 1952년 3월 22일 자 답신 외교공한(영문)
주제어	물품 구매 견적 조정

문서명	각서 한국과 점령하 일본 간 무역계획(Memorandum Korea-Occupied Japan Trade Plan)

문서파일번호	1862
작성연월일	1952. 4. 28
구분	제2~3차 회담 사이
세부항목	한일무역계획에 관한 각서
작성처	GHQ
매수	1
비밀등급	일반
문서종류	내부자료(유태하 참사관의 외무성 유카와 경제국장 앞 1952년 4월 28일 자 외교공한 첨부물)
공개구분	공개
내용	연합국 최고사령부가 1952년 3월 27일 자로 한국대표부에 보낸 한일무역계획에 관한 각서(영문)
주제어	한일무역계획에 관한 각서

문서명	각서 한국과 점령하 일본 간 무역계획(Memorandum Korea-Occupied Japan Trade Plan)

문서파일번호 1862
작성연월일 1952. 4. 28
작성처 주일한국대표부
매수 1
비밀등급 일반
구분 제2~3차 회담 사이
세부항목 한일무역계획에 관한 각서
문서종류 내부자료(유태하 참사관의 외무성 유카와 경제국장 앞 1952년 4월 28일 자 외교공한 첨부물)
공개구분 공개
내용 주일한국대표부가 1952년 3월 27일 자로 연합국 최고사령부에 보낸 한일무역계획에 관한 각서(영문)
주제어 한일무역계획에 관한 각서

문서명	평화조약의 효력 발생 후의 한일 간 무역 및 금융관계에 관한 서한교환에 관한 설명서(平和条約の効力発生後における日韓間の貿易及び金融関係に関する書簡交換に関する説明書)

문서파일번호 1862
작성연월일 1952. 4. 4
구분 제2차 회담
세부항목 무역금융협정 효력 연장
작성처 외무성
매수 3
비밀등급 일반
문서종류 내부자료
공개구분 공개
내용 1952년 4월 4일 자로 작성한 한일무역 및 금융관계잠정협정의 효력 연장을 위한 각의 청의 공문에 첨부된 설명자료(추정)
주제어 무역금융협정 효력 연장

문서명	외무대신 설명자료(外務大臣說明資料)

문서파일번호	1862
작성연월일	1952. 4. 7
구분	제2차 회담
세부항목	무역금융협정 효력 연장
작성처	외무성
매수	1
비밀등급	일반
문서종류	내부자료
공개구분	공개
내용	한일무역 및 금융관계 잠정협정의 효력 연장을 위한 각의 시 외무대신의 설명자료
주제어	무역금융협정 효력 연장

제4부

한일관계와 미국

한일 문제에 관한 미일 협의
(日韓問題に関する日米間の折衝)

문서파일번호	1471
작성연월일	1955. 11. 5 - 1956. 3
구분	제3~4차 회담 사이
세부항목	한일 문제 타개를 위한 미일 협의
작성처	외무성, 주일미국대사관 등
매수	33
비밀등급	
문서종류	내부자료
공개구분	일부비공개
내용	1955년 말부터 1956년 초에 걸쳐 한일 문제 타개를 위해 미일 간에 진행된 협의 경위를 정리한 문서와 관련 자료 모음
주제어	한일 문제 관련 미일 협의

문서명	한일 문제에 관한 미일 협의(日韓問題に関する日米間の折衝)

문서파일번호	1471
작성연월일	1956. 3(일자 불명)
구분	제3~4차 회담 사이
세부항목	한일 문제 타개를 위한 미일 협의
작성처	외무성
매수	18
비밀등급	일반
문서종류	내부자료
공개구분	일부비공개
내용	1955년 말부터 1956년 초에 걸쳐 한일 문제 타개를 위해 미일 간에 진행된 협의 경위를 정리한 문서. 1955년 11월 5일 주일미국대사관 램(Richard H. Lamb) 서기관(문서상에는 이름 먹칠)이 쓰루미(鶴見清彦) 아시아 5과장을 방문, 미국의 평화조약 제4조 해석과 관련한 입장을 비공식으로 전달한 경위, 한국의 일본 어선 포격 성명 발표 후 개최된 다니 · 앨리슨 대사 회담, 시게미쓰(重光葵)-앨리슨 대사 회담, 미국무부와 주미일본대사 간 협의, 나카가와 국장과 주일미 대사관 실무자들과의 회담 내용들이 정리되어 있음.
주제어	청구권(평화조약 4조 미국 해석), 억류자 상호 석방, 어업

문서명	한일 청구권 문제 관련 미국의 대일평화조약 제4조 해석에 관한 견해(Draft Statement of US Position on Interpretation of Article 4 of the Japanese Peace Treaty with Respect to Korean-Japanese Claims Settlement)

문서파일번호	1471
작성연월일	1955. 11. 5
구분	제3~4차 회담 사이
세부항목	한일 문제 타개를 위한 미일 협의
작성처	미국무부
매수	2
비밀등급	일반
문서종류	내부자료

공개구분	공개
내용	한일 문제에 관한 미일 간의 협의 문서 첨부1. 1955년 11월 5일 주일미 대사관 램 서기관이 쓰루미 과장에게 최초로 전달, 그 후 1956년 1월 18일 앨리슨 대사가 다니 대사에게 재차 전달함. 내용은 일본정부의 재한일본재산에 대한 청구권은 인정하지 않으나 그 재산의 취득에 따라 한국의 대일청구권은 소멸 또는 충족되었고, 이에 대해 미국정부가 언급하는 것은 적절하지 않으며, 이 문제는 한일 양국이 협의할 것임. 문서파일번호 1465에 동일한 문서가 있음.
주제어	대일평화조약 제4조에 관한 미국 해석

문서명	(개정가역)**한일청구권 해결에 관하여 대일 평화조약 제4조의 해석에 관한 미합중국 정부 견해의 표명 안**[(改訂仮訳) 日韓請求権解決に関し対日平和条約第四条の解釈に関するアメリカ合衆国政府の立場の表明案

문서파일번호	1471
작성연월일	1956. 3(일자 불명)
구분	제3~4차 회담 사이
세부항목	한일 문제 타개를 위한 미일 협의
작성처	외무성
매수	4
비밀등급	극비
문서종류	내부자료
공개구분	공개
내용	한일 문제에 관한 미일 간의 협의 문서 첨부1. 평화조약 제4조 해석에 관한 미국의 입장 문서 일문 번역본
주제어	대일평화조약 제4조에 관한 미국 해석

문서명	한일 문제에 관한 결의(日韓問題に関する決議)

문서파일번호	1471
작성연월일	1955. 12. 14
구분	제3~4차 회담 사이
세부항목	한일 문제 타개를 위한 중의원 결의안
작성처	중의원(衆議院)
매수	1
비밀등급	일반
문서종류	내부자료
공개구분	공개
내용	한일 문제에 관한 미일 간의 협의 문서 첨부 2. 1955년 12월 14일의 중의원 결의. 한국정부의 이해와 반성을 촉진하고 여러 방안으로 근본적인 문제를 해결해야 함.
주제어	중의원 결의안

문서명	구두 전달사항(Oral Statement)

문서파일번호	1471
작성연월일	1956. 1. 11
구분	제3~4차 회담 사이
세부항목	한일 문제 타개를 위한 미일 협의
작성처	외무성
매수	2
비밀등급	극비
문서종류	내부자료
공개구분	공개
내용	한일 문제에 관한 미일 간의 협의 문서 첨부 3. 1956년 1월 11일 시게미쓰 대신이 앨리슨 대사에게 전달한 문서. 문서파일번호 1464에 동일한 문서가 있음. 어업 문제 해결은 평화적 수단에 의하며 무력에 호소하지 않을 것을 상호 확인함. 어업 문제에 대해 일본은 '이승만 라인' 내에서 조업하는 일본 어선의 수를 제한하고 한국은 일본 어선의 조업을 인정, 나포하지 않음. 일본은 전면회담을 재개할 용의가 있음 등.
주제어	청구권(평화조약 4조 미국 해석), 억류자 상호 석방, 어업

문서명	일본 성명안(Draft Japanese Statement)

문서파일번호 1471
작성연월일 1956. 1. 18
구분 제3~4차 회담 사이
세부항목 한일 문제 타개를 위한 미일 협의
작성처 주일미 대사관
매수 3
비밀등급 일반
문서종류 내부자료
공개구분 공개
내용 한일 문제에 관한 미일 간의 협의 문서 첨부 4. 앨리슨 대사가 1956년 1월 18일 다니 대사에게 전달한 문서. 문서파일번호 1465에 동일한 문서가 있음. 구보타 발언은 일본정부의 공식적인 견해가 아니라는 것, 일본의 대한청구권은 이에 관한 미국 견해를 바탕으로 논의할 것, 한일 양국 간의 분쟁은 무력이 아닌 교섭으로 해결할 것 등
주제어 청구권(평화조약 4조 미국 해석), 억류자 상호 석방, 어업

문서명	한일관계의 조정에 관한 일본정부 견해(Views of Japanese Government on Adjustment of Japanese-Korean Relation)

문서파일번호 1471
작성연월일 1956. 2. 15
구분 제3~4차 회담 사이
세부항목 한일 문제 타개를 위한 미일 협의
작성처 외무성
매수 3
비밀등급 일반
문서종류 내부자료(한일 문제에 관한 미일 간의 협의 문서 첨부 5)
공개구분 공개
내용 1956년 2월 15일 시게미쓰 대신이 앨리슨 대사에게 전달한 문서. 문서파일번호 1466에 동일한 문서가 있음. 오무라수용소의 한국인 석방 문제와 한국에 수용된 일본인어부 문제에 관한 잠정조치에 대한 일본 견해가 담김.
주제어 청구권(평화조약 4조 미국 해석), 억류자 상호 석방, 어업

한일교섭에 관한 미일회담 등
(日韓交渉に関し日米会談等)

문서파일번호	1676
작성연월일	1955. 2. 8 - 1955. 5. 15
구분	제3~4차 회담 사이
세부항목	다니·앨리슨, 나카가와·웨어링 회담
작성처	
매수	131
비밀등급	
문서종류	회의록, 내부자료, 각서, 전문, 공문, 내부문서, 외교공한
공개구분	공개 또는 일부비공개
내용	한일교섭 관련 다니 마사유키(谷正之) 대사와 앨리슨(John M. Allison) 주일미국대사 회담, 나카가와 국장과 웨어링(Frank A. Waring) 참사관 회담 등 미일 간 회담 기록과 한일관계 관련 미국 언론 기사 스크랩 등 모음
주제어	한일관계에 관한 일미 간 협의, 미국 언론 보도

문서명	한일교섭에 관한 다니 대사와 앨리슨 미대사 회담(日韓交渉に関し谷大使アリソン米大使と会談の件)

문서파일번호 1676
작성연월일 1955. 2. 8
구분 제3~4차 회담 사이
세부항목 다니 대사·앨리슨 대사 회담
작성처 외무성 나카가와 국장
매수 4
비밀등급 극비
문서종류 회의록
공개구분 공개
내용 다니 대사·앨리슨 주일미국대사 회담 기록. 앨리슨 대사가 3국 공동선언이 불필요하다는 뜻을 전하자, 다니 대사는 공동선언안을 준비했고, 제1항은 한미상호보장조약 2조를, 제2항은 태평양헌장을 모델로 한 것이라고 언급함.
주제어 3국 공동선언

문서명	한미일 공동선언안(Draft Joint Declaration by Japan, the United States of America and the Republic of Korea)

문서파일번호 1676
작성연월일 1955. 2. 8
구분 제3~4차 회담 사이
세부항목 다니 대사·앨리슨 대사 회담
작성처 외무성
매수 2
비밀등급 극비
문서종류 공동선언안
공개구분 공개
내용 한미일 3국 공동선언(안) 영문본
주제어 3국 공동선언안

문서명	한일 문제에 관한 다니·앨리슨 회담(日韓問題につき谷アリソン会談)

문서파일번호	1676
작성연월일	1955. 2. 14
구분	제3~4차 회담 사이
세부항목	앨리슨 대사 회담
작성처	외무성 나카가와 국장
매수	1
비밀등급	극비
문서종류	회의록
공개구분	공개
내용	다니 대사·앨리슨 주일미국대사 회담 기록. 다니 대사가 3국 공동선언안에 대해 질문하자, 앨리슨 대사는 아직 본국 정부의 회답은 없으나 선언안에 본인이나 주한 미국대사는 이의 없다고 답변함.
주제어	3국 공동선언

문서명	한일교섭에 관한 다니·앨리슨 회담(日韓交渉に関し谷·アリソン会談の件)

문서파일번호	1676
작성연월일	1955. 2. 21
구분	제3~4차 회담 사이
세부항목	다니 대사·앨리슨 대사 회담
작성처	외무성 나카가와 국장
매수	2
비밀등급	극비
문서종류	회의록
공개구분	공개
내용	다니 대사·앨리슨 주일미국대사 회담 기록. 앨리슨 대사는 국무부도 3국 공동선언에 이의 없으며, 형식은 조약이 아닌 선언으로 하고, 그 내용에 대해서는 다니 대사와 김용식 공사가 직접 협의하기 바란다는 회답을 전함.
주제어	3국 공동선언

문서명	다니·앨리슨 회담 요지(한일 문제)[谷·アリソン会談要旨(日韓問題)]

문서파일번호 1676
작성연월일 1955. 6. 30
구분 제3~4차 회담 사이
세부항목 다니 대사 · 앨리슨 대사 회담
작성처 외무성
매수 4
비밀등급 극비
문서종류 회의록
공개구분 공개
내용 다니 대사 · 앨리슨 주일미국대사 회담 기록. 앨리슨 대사는 6월 28일 (한국에서) 이승만 대통령, 변영태 외무장관, 레이시(William S. B. Lacy) 주한미국대사, 김용식 공사와 회담하고, 일본은 북한과 어떠한 거래도 하지 않을 것을 보장할 수 있다고 말했다고 전함.
주제어 북일관계

문서명	다니·앨리슨 회담 요지(谷·アリソン大使会談要旨)

문서파일번호 1676
작성연월일 1955. 12. 6
구분 제3~4차 회담 사이
세부항목 다니 대사 · 앨리슨 대사 회담
작성처 외무성
매수 5
비밀등급 극비
문서종류 회의록
공개구분 공개
내용 다니 대사 · 앨리슨 주일미국대사 회담 기록. 다니 대사가 일본이 한일 문제에 대해 미국의 알선을 요구한 것에 대해 묻자, 앨리슨 대사는 '이승만 라인'은 인정할 수 없고, 한국의 영해, 연안수역 이외에서 일본은 당연히 조업할 권리를 가지며, 미국이 알선해서 한일 간에 그러한 수역을 정하고 일본이 어업국으로서 한국어업을 원조하기 위한 조치를 강구하는 것이 자신의 안이라고 말함.
주제어 어업, '이승만 라인'

문서명	한일관계 타개 건(日韓関係打開に関する件)

문서파일번호 1676
작성연월일 1955. 12. 10
구분 제3~4차 회담 사이
세부항목 다니 대사 · 앨리슨 대사 회담
작성처 다니 대사 구술(谷大使 口述)
매수 6
비밀등급 극비
문서종류 회의록
공개구분 공개
내용 1955년 12월 6일 다니 대사 · 앨리슨 주일미국대사 회담 기록. 다니 대사는 청구권 문제는 이것을 포기하더라도 타이밍의 문제가 있으며, 만약 평화선 문제가 만족스럽게 해결될 때에는 청구권 처리도 쉽게 해결될 수 있을 것이라고 말함.
주제어 청구권, '이 라인'

문서명	다니·앨리슨 회담(谷·アリソン会談)

문서파일번호 1676
작성연월일 1955. 12. 14
구분 제3~4차 회담 사이
세부항목 다니 대사 · 앨리슨 대사 회담
작성처 외무성
매수 6
비밀등급 극비
문서종류 회의록
공개구분 공개
내용 1955년 12월 6일 다니 대사 · 앨리슨 주일미국대사 회담 기록. 다니 대사가 오늘 중의원에서 한일관계 타개를 요망하는 결의가 만장일치로 채택되었다고 하자, 앨리슨 대사는 국무부도 신중히 고려 중으로 아직 회신이 없지만 조속히 본국 정부의 결의를 촉진하겠다고 함. 이 밖에 다니 대사가 '이승만 라인', 구보타 발언 철회 문제와 억류자 석방 문제에 대해 설명함.
주제어 한일관계, 이 라인, 구보타 발언, 억류자 석방 문제

문서명	다니 대사가 앨리슨 대사에게 전달한 각서(谷大使からアリソン大使に手交するメモランダム)

문서파일번호	1676
작성연월일	1955. 12. 20
구분	제3~4차 회담 사이
세부항목	다니 대사 · 앨리슨 대사 회담
작성처	외무성 하리가이(針谷正之)
매수	3
비밀등급	극비
문서종류	각서
공개구분	공개
내용	다니 대사가 앨리슨 대사에게 전달한 한일교섭 관련 각서(Memorandum). ① 어업 문제 해결은 평화적 수단에 의하며 무력에 호소하지 않을 것을 상호 확약함 ② 어업 문제에 대해 일본은 이승만 라인 내에서 조업하는 일본 어선의 수를 제한하고 한국은 일본 어선의 조업을 인정, 나포하지 않음.
주제어	어업, '이 라인', 독도, 불법 입국 한국인 송환 문제

문서명	앨리슨 대사·하토야마 수상 회담록(アリソン大使·鳩山首相会談録)

문서파일번호	1676
작성연월일	1955. 6. 30
구분	제3~4차 회담 사이
세부항목	하토야마 총리 · 앨리슨 대사 회담
작성처	외무성
매수	7
비밀등급	극비
문서종류	회의록
공개구분	공개
내용	한국출장에서 귀임한 앨리슨 대사와 하토야마(鳩山一郎) 수상의 1955년 6월 30일 회담 내용 중 한국에 관한 것을 발췌함[마쓰모토(松本瀧藏) 관방부장관이 외무성에 전달, 영문 회의록]. 앨리슨 대사는 방한 중 이승만 대통령과 장시간 이야기를 나눴다면서, 이

대통령은 일본이 한국의 85%(재한일본재산 청구권을 의미)를 원하고 있는 것으로 알고 있다고 전함. 하토야마 수상은 잘못된 사실이라고 하자 앨리슨 대사는 이 대통령은 늙었고 고집이 세지만 좋은 사람이라고 말함. 하토야마 수상은 '이승만 라인'에 대한 이 대통령의 생각을 묻고, 얼마 전 북한을 다녀온 국회의원 몇 명이 북한과 국교 정상화를 하면 '이 라인' 문제를 해결할 수 있을 것이라 말했는데 말도 안 되는 소리라고 함. 앨리슨 대사는 이 대통령의 또 다른 우려는 일본이 한반도를 재차 취할 것이라는 점이라고 하자 하토야마 수상은 그런 일은 없을 것이라 함.

주제어 청구권, '이 라인', 일본의 한국 재침략 문제

문서명	웨어링 참사관 회담(ウェアリング参事官と会談の件)

문서파일번호 1676

작성연월일 1955. 8. 12

구분 제3~4차 회담 사이

세부항목 한일 문제 관련 미일협의

작성처 외무성 나카가와 국장

매수 6

비밀등급 극비

문서종류 회의록

공개구분 공개

내용 나카가와 국장 · 주일미국대사관 웨어링(Frank A. Waring) 경제참사관 회담 기록. 베어링 참사관이 최규하 총영사가 어제 쌀 수입과 한일회담 재개를 결부시키는 발언을 했다고 전하자, 나카가와는 이 둘은 별개의 문제로 한국 쌀을 일본이 수입해야 하는 것은 아니며, 오히려 한국이 제안한 것인데 이를 교섭에 이용하는 것은 부적절하다고 말함.

주제어 한국 쌀 수입 문제

문서명	한국에 대한 비료 수출(韓国に対する肥料輸出の件)

문서파일번호 1676
작성연월일 1955. 9. 16
구분 제3~4차 회담 사이
세부항목 한일 문제 관련 미일 협의
작성처 외무성 나카가와 국장
매수 7
비밀등급 비(秘)
문서종류 회의록
공개구분 공개
내용 1955년 9월 15일 나카가와 국장·주일미국대사관 마이야(マイヤ-) 공사 회담 기록. 마이야 공사는 주한 CIA 사무국장의 전언이라며 한국정부가 김 등의 해산물을 일본에 수출하는 조건으로 작물용 비료 6만 톤을 일본에서 수입할 것을 김용식 공사에게 훈령했다고 전하면서, 이는 단순한 비료 수출이 아니라 교착상태의 한일관계를 타개할 좋은 기회이므로, 일본도 호의적으로 고려해 줄 것을 요청함.
주제어 한국 김 수입 문제, 일본 비료 수출 문제

문서명	시게미쓰 대신, 다니 대사, 앨리슨 미대사 회담(重光大臣、谷大使、アリソン米大使と会談の件)

문서파일번호 1676
작성연월일 1955. 12. 7
구분 제3~4차 회담 사이
세부항목 시게미쓰 대신·다니 대사·앨리슨 대사 회담
작성처 외무성 나카가와 국장
매수 3
비밀등급 극비
문서종류 회의록
공개구분 공개
내용 시게미쓰(重光葵) 외무대신·다니 대사·앨리슨 대사 회담 기록. 앨리슨 대사는 한국의 성명, 일본 어업자의 시위, 국회 분위기 등을 본국 정부에 전달했고, '이승만 라인'은 인정하지 않으며, 알선을 위해 미국의 전문가도 참가시킨다는 자신의 의견도 본국에 전달했다고 말함.
주제어 어업, '이 라인'

문서명	한일 문제 건(日韓問題の件)

문서파일번호 1676
작성연월일 1955. 12. 12
구분 제3~4차 회담 사이
세부항목 맥라킨과의 회담 결과 주미대사 보고
작성처 주미대사
매수 3
비밀등급 극비
문서종류 전문(電文)
공개구분 공개
내용 미국무부 동북아시아부장 맥라킨(Robert J. McClurkin)과의 회담 결과를 보고하는 주미대사 전문. 이승만 라인을 둘러싼 현재의 분위기와 미국의 견해를 기술함.
주제어 '이 라인'

문서명	한일 문제 건(日韓問題に関する件)

문서파일번호 1676
작성연월일 1955. 12. 15
구분 제3~4차 회담 사이
세부항목 시볼트 회담 결과 주미대사 보고
작성처 주미대사
매수 2
비밀등급 극비
문서종류 전문(電文)
공개구분 공개
내용 미국무부 시볼트(William J. Sebald) 극동담당 부차관보 회담 결과를 보고하는 주미대사 전문. 미국은 이승만 대통령의 생각이 변하지 않는 한 중개와 알선은 매우 어렵다고 생각하고 있으며, 우선 협의 중인 오무라수용소 억류자와 재한일본 어부의 상호 석방으로 국면을 타개할 필요가 있다고 함.
주제어 억류자 상호 석방

문서명	한일 문제 건(日韓問題に関する件)

문서파일번호 1676
작성연월일 1955. 12. 23
구분 제3~4차 회담 사이
세부항목 로버트슨과의 회담 결과 주미대사 보고
작성처 주미대사
매수 1
비밀등급 극비
문서종류 전문(電文)
공개구분 공개
내용 미국무부 로버트슨(Walter S. Robertson) 극동담당 차관보 회담 결과를 보고하는 주미대사 전문. 로버트슨은 한일 양국은 맹방으로 우호관계 확립에 특히 관심을 가지고 있으며, 한일 양국의 요청이 있을 경우 중개하겠지만, 한국이 청구권 문제를 거론하고 나오는 것이 난관이라고 함.
주제어 청구권

문서명	타임스의 한일회담 사설 건(タイムズの日韓関係社説に関する件)

문서파일번호 1676
작성연월일 1955. 12. 12
구분 제3~4차 회담 사이
세부항목 타임스 기사에 관한 주미대사 보고
작성처 주미대사
매수 2
비밀등급 일반
문서종류 전문(電文)
공개구분 공개
내용 1955년 12월 12일 자 타임스(Times) 한일관계 사설을 보고하는 주미대사 전문. 한일관계 타개를 위해 미국의 조정이 필요한데, 미국은 조정자의 역할을 받아들이는 것을 주저해도 가능한 원조를 해야 함.
주제어 미국의 조정자 역할

문서명	한미일 3국 공동선언안에 대한 건(日米韓三国共同宣言案に関する件)

문서파일번호 1676
작성연월일 1955. 2. 16
구분 제3~4차 회담 사이
세부항목 3국 공동선언 관련 주미대사 통보
작성처 외무성 아시아국 제5과
매수 1
문서종류 전문(電文)
공개구분 공개
내용 한미일 3국 공동선언 관련 내용을 주미대사에게 통보하는 전문. 한일관계 타개에 관해 1월 말부터 다니 대사와 김용식 공사가 극비리에 회담을 열고 한국의 희망에 따라 일본에 의한 재침략 우려를 일소하기 위해 전신 139호의 한미일 3국 공동선언을 준비, 2월 8일 앨리슨 대사에게도 건네 미국의 동의를 조회 중임.
주제어 3국 공동선언

문서명	한미일 3국 공동선언안에 대한 건(日米韓三国共同宣言案に関する件)

문서파일번호 1676
작성연월일 1955. 2. 16
구분 제3~4차 회담 사이
세부항목 3국 공동선언 관련 주미대사 통보
작성처 외무성 아시아국 제5과
매수 2
비밀등급
문서종류 전문(電文)
공개구분 공개
내용 한미일 3국 공동선언안 내용을 주미대사에게 통보함.
주제어 3국 공동선언

문서명	한미일 3국 공동선언안에 대한 건(日米韓三国共同宣言案に関する件)

문서파일번호 1676
작성연월일 1955. 2. 28
구분 제3~4차 회담 사이
세부항목 3국 공동선언 관련 주미대사 통보
작성처 외무성 아시아국 제5과
매수 1
비밀등급
문서종류 전문(電文)
공개구분 공개
내용 한미일 3국 공동선언 관련 경과를 주미대사에게 통보하는 전문. 앨리슨 대사가 미국이 3국 공동선언안에 대해 이의 없다는 뜻을 전함. 한국은 일본의 경제적 재지배를 우려하여 문구 수정을 제안함. 일본은 한국의 고려를 반영한 문구 수정을 검토 중임.
주제어 3국 공동선언

문서명	앨리슨 미대사 회담(アリソン米大使との会談に関する件)

문서파일번호 1676
작성연월일 1955. 6. 25
구분 제3~4차 회담 사이
세부항목 북일관계 관련 앨리슨 대사 회담 및 국회 답변 내용 주미대사 통보
작성처 외무성 아시아국 제5과
매수 2
비밀등급 극비
문서종류 전문(電文)
공개구분 공개
내용 앨리슨 대사 회담 내용과 한국 문제 관련 국회 답변 내용을 주미대사에게 통보하는 전문. 앨리슨 대사 회담 내용은 생략되어 있음. 한국 문제에 관해서는 한국과의 관계정상화에 전력을 다하고 북한과 무역관계, 어업관계, 기타 관계를 맺는 것은 정부로서는 피하고 싶다는 취지를 6월 22일 참의원 본회의에서 총리와 외무대신이 답변함.
주제어 북일관계

문서명	'이 라인' 문제에 관한 대신·앨리슨 회담(李ライン問題に関する大臣·アリソン大使会談)

문서파일번호 1676
작성연월일 1955. 12. 12
구분 제3~4차 회담 사이
세부항목 시게미쓰 대신 · 앨리슨 대사 회담 결과 주미대사 통보
작성처 외무성 아시아국 제5과
매수 1
비밀등급 일반
문서종류 전문(電文)
공개구분 공개
내용 '이 라인' 문제에 관한 시게미쓰 대신과 앨리슨 대사의 회담 내용을 주미대사에게 통보하는 전문. 표지만 있어서 내용을 알 수 없음.
주제어 '이 라인'

문서명	'이 라인' 문제에 관한 대신·앨리슨 회담(李ライン問題に関する大臣·アリソン大使会談)

문서파일번호 1676
작성연월일 1955. 12. 12
구분 제3~4차 회담 사이
세부항목 시게미쓰 대신 · 앨리슨 대사 회담 결과 주미대사 통보
작성처 외무성 아시아국 제5과
매수 3
비밀등급
문서종류 전문(電文)
공개구분 공개
내용 시게미쓰 대신과 앨리슨 대사 간 이승만 라인에 관한 회담 내용을 주미대사에게 통보하는 전문. 일본은 '이승만 라인'은 인정할 수 없지만 한국과 어업 문제를 협의하는 것은 이의가 없다고 하자, 앨리슨 대사는 일본은 '이승만 라인' 내 출어 어선수를 제한하고 한국은 나포하지 않겠다고 언명하는 것으로 사태를 평온하게 한 후 교섭에 임하는 것이 어떠냐고 제안함.
주제어 '이 라인'

문서명	제목 없음

문서파일번호	1676
작성연월일	1955. 12. 12
구분	제3~4차 회담 사이
세부항목	시게미쓰 대신 · 앨리슨 대사 회담
작성처	외무성
매수	5
비밀등급	
문서종류	회의록
공개구분	공개
내용	1955년 12월 12일 자 주미대사 앞 전문 첨부물. 시게미쓰 대신과 앨리슨 대사 회담 내용을 기록함.
주제어	'이 라인'

문서명	한일 문제 건(日韓問題に関する件)

문서파일번호	1676
작성연월일	1955. 12. 9
구분	제3~4차 회담 사이
세부항목	일본의 대한처리 방침
작성처	외무성 아시아국 제5과
매수	2
비밀등급	일반
문서종류	전문(電文)
공개구분	공개
내용	일본정부의 대한국 처리방침(12월 6일 자) 내용을 주미대사에게 통보하는 전문. ① 한일관계는 평화적으로 해결하고 미국의 협력을 요청함. ② 이승만 라인 문제를 포함해 한일 간 현안의 전면 해결을 꾀함.
주제어	일본의 대한처리 방침

문서명	한일관계에 관한 한 미국인과의 회담(日韓関係に関する一米人の内話の件)

문서파일번호 1676
작성연월일 1955. 6. 15
구분 제3~4차 회담 사이
세부항목 북일관계 관련 주미대사 보고
작성처 주미대사
매수 2
비밀등급 일반
문서종류 전문(電文)
공개구분 일부비공개
내용 한일관계와 관련해 이승만 대통령과 오랫동안 친분이 있는 미국인이 6월 11일 주미일본대사관원과 대화한 내용을 보고하는 주미대사 전문. 최근 한일관계와 관련해 일본과 북한 간의 국교정상화 교섭 등 재미없는 뉴스가 전해지고 있는데 이는 한일관계의 악화와 자유진영 내 균열을 노리는 공산 측의 책동으로 생각됨.
주제어 북일관계

문서명	앨리슨 대사의 한국 방문에 관한 뉴욕타임스 기사(アリソン大使の韓國訪問に関するニューヨークタイムズ記事)

문서파일번호 1676
작성연월일 1955. 6. 28
구분 제3~4차 회담 사이
세부항목 앨리슨 대사 방한 관련 주미대사 보고
작성처 주미대사
매수 2
비밀등급 일반
문서종류 공문
공개구분 공개
내용 1955년 6월 28일 자 뉴욕타임스의 앨리슨 대사 방한 관련 기사 보고 공문. 앨리슨 대사의 한국 방문은 일본인 업자가 북한정부와 밀약했다는 보도로 악화된 한일관계 개선을 이승만 대통령과 논의할 목적이었다는 내용 등이 포함됨.
주제어 앨리슨 대사 방한

문서명	뉴욕타임스 기사 스크랩

문서파일번호 1676
작성연월일 1955. 6. 28
구분 제3~4차 회담 사이
세부항목 앨리슨 대사 방한 언론 보도
작성처 뉴욕타임스(New York Times)
매수 1
비밀등급 일반
문서종류 내부자료
공개구분 공개
내용 1955년 6월 28일 자 주미대사의 보고 공문 첨부물. 1955년 6월 28일 자 뉴욕타임스 기사 스크랩
주제어 앨리슨 대사 방한, 언론 보도

문서명	재미한국공사의 모니터지 기고 송부(在米韓国公使のモニター紙あて寄稿送付の件)

문서파일번호 1676
작성연월일 1955. 7. 2
구분 제3~4차 회담 사이
세부항목 미 신문 기사에 대한 주미한국공사 반박문, 주미대사 보고
작성처 주미대사
매수 2
비밀등급 일반
문서종류 공문
공개구분 공개
내용 1955년 6월 10일 자 크리스천 사이언스 모니터(Christian Science Monitor)지 워커 특파원의 한일관계 기사에 대해 주미한국공사가 6월 30일 동지에 반박문을 기고하였음을 보고함.
주제어 한일관계, 주미한국공사 반박문

문서명	모니터지 스크랩

문서파일번호 1676
작성연월일 1955. 6. 30
구분 제3~4차 회담 사이
세부항목 미 신문기사에 대한 주미한국공사 반박문, 주미대사 보고
작성처 크리스천 사이언스 모니터(Christian Science Monitor)
매수 3
비밀등급
문서종류 내부자료
공개구분 공개
내용 1955년 6월 10일 자 주미대사 보고 공문 첨부물. 1955년 6월 30일 자 주미한국공사의 반박기사 스크랩
주제어 한일관계, 주미한국공사 반박문, 언론 보도

문서명	한일관계에 관한 모니터 기사(日韓関係に関するモニター記事)

문서파일번호 1676
작성연월일 1955. 7. 5
구분 제3~4차 회담 사이
세부항목 앨리슨 대사 방한 언론 보도, 주미대사 보고
작성처 주미대사
매수 2
비밀등급 일반
문서종류 공문
공개구분 공개
내용 크리스천 사이언스 모니터지 워커 특파원의 1955년 7월 1일 자 한일관계 기사 내용을 보고. 동 기사는 앨리슨 대사가 한일회담 재개를 위해 이승만 대통령과 논의했으나, 아무런 구체적 발전이 없었다고 보도함.
주제어 앨리슨 대사 방한, 언론 보도

문서명	모니터지 스크랩

문서파일번호	1676
작성연월일	1955. 7. 1
구분	제3~4차 회담 사이
세부항목	앨리슨 대사 방한 언론 보도
작성처	크리스천 사이언스 모니터
매수	1
비밀등급	일반
문서종류	내부자료
공개구분	공개
내용	1955년 7월 5일 주미대사 보고 공문 첨부물. 1955년 7월 1일 자 크리스천 사이언스 모니터지 기사 스크랩
주제어	앨리슨 대사 방한, 언론 보도

문서명	한일관계에 관한 보도기사(日韓関係に関する報道記事)

문서파일번호	1676
작성연월일	1955. 7. 8
구분	제3~4차 회담 사이
세부항목	앨리슨 대사 방한 언론 보도, 주미대사 보고
작성처	주미대사
매수	2
비밀등급	일반
문서종류	공문
공개구분	공개
내용	1955년 7월 7일 자 뉴욕타임스 헤일리 특파원의 한일관계 기사 내용을 보고. 동 기사는 7월 6일의 기자회견에서 하토야마 수상과 자니 외무성고문이 앨리슨 대사와 이승만 대통령의 회담을 통해 한일 간 긴장이 완화되었다는 견해를 표명했다고 보도함.
주제어	앨리슨 대사 방한, 언론 보도

문서명	뉴욕타임스 기사 스크랩

문서파일번호 1676
작성연월일 1955. 7. 7
구분 제3~4차 회담 사이
세부항목 앨리슨 대사 방한 언론 보도
작성처 뉴욕타임스
매수 1
비밀등급 일반
문서종류 내부자료
공개구분 공개
내용 1955년 7월 8일 주미대사 보고 공문 첨부물. 1955년 7월 7일 자 뉴욕타임스 기사 스크랩
주제어 앨리슨 대사 방한, 언론 보도

문서명	한일 문제에 관한 한국 영사의 언동에 관한 보고(日韓問題に関する韓国領事の言動に関し報告の件)

문서파일번호 1676
작성연월일 1955. 8. 23
구분 제3~4차 회담 사이
세부항목 한일관계 언론 보도 주호놀룰루총영사 보고
작성처 주호놀룰루총영사
매수 2
비밀등급 일반
문서종류 공문
공개구분 공개
내용 호놀룰루 소재 스타브리튼지에 한국 영사의 발언 요지가 보도되었음을 보고. 기사 내용은 '한국은 일본이 아직도 제국주의를 포기하지 않고, 공산권으로 기우는 경향이 있다는 것을 이유로 일본과 관계를 단절하게 될 것' 등임.
주제어 한일관계, 언론 보도

문서명	한국대사 양유찬의 언동 건(韓国大使梁裕燦の言動に関する件)

문서파일번호 1676
작성연월일 1955. 9. 3
구분 제3~4차 회담 사이
세부항목 한일관계 언론 보도 주호놀룰루총영사 보고
작성처 주호놀룰루총영사
매수 2
비밀등급 일반
문서종류 공문
공개구분 공개
내용 호놀룰루 애드버타이저(Honolulu Advertiser)지에 보도된 양유찬 주미대사의 한일관계 발언 내용을 보고. 기사 내용은 '일본은 한국이 공산주의의 마수에 떨어지면 방위 불능 상태가 된다는 것을 알아야 함. 일본은 재산권에 관한 요구와 1953년에 했던 무례한 5가지 요구를 철회해야 함. 또한 한국점령 전 및 점령 후의 모든 조약의 무효를 선언해야 함' 등임.
주제어 한일관계, 언론 보도

문서명	호놀룰루 애드버타이저지 기사 스크랩

문서파일번호 1676
작성연월일 1955. 9. 2
구분 제3~4차 회담 사이
세부항목 한일관계, 언론 보도
작성처 호놀룰루 애드버타이저
매수 1
비밀등급 일반
문서종류 내부자료
공개구분 공개
내용 1955년 9월 3일 주호놀룰루총영사 보고 공문 첨부물. 1955년 9월 2일 자 호놀룰루 애드버타이저지 기사 스크랩
주제어 한일관계, 언론 보도

문서명	한일관계(Korea-Japanese Relations)

문서파일번호	1676
작성연월일	1955. 9. 7
구분	제3~4차 회담 사이
세부항목	한일관계 김용식 공사 기고
작성처	크리스천 사이언스 모니터
매수	4
비밀등급	극비
문서종류	내부자료
공개구분	공개
내용	1955년 9월 7일 자 김용식 공사의 크리스천 사이언스 모니터지 기고문. 한일관계의 현안들은 일반적 원칙에 따르면 쉽게 해결될 수 있음. ① 한국의 주권 침해를 포기할 것. ② 재일한국인 60만 명에 대한 처우를 보장할 것. ③ 선박, 금, 문화재 등 한국인 재산 문제를 공정하게 조정할 것. ④ 양국 간 어업관할권을 공동으로 준수할 것 등의 내용이 담김.
주제어	한일관계 김용식 공사 언론 기고

문서명	일본의 한일회담 재개 제안에 관한 기사(日本の日韓会談再開提案に関する記事)

문서파일번호	1676
작성연월일	1955. 9. 22
구분	제3~4차 회담 사이
세부항목	한일회담 언론 보도, 주미대사 보고
작성처	주미대사
매수	1
비밀등급	일반
문서종류	공문
공개구분	공개
내용	1955년 9월 21일 자 트럼블 기자의 한일회담 관련 기사 내용을 보고. 일본 외무성은 구보타 발언 철회를 포함한 양보를 함으로써 한일회담의 재개를 한국정부에 제안했지만, 동시에 한국의 불법행위를 비난하고 있으므로 한국정부가 이 제안을 수락할 가능성은 희박함.
주제어	한일회담, 언론 보도

문서명	이 대통령에 관한 모니터지 보도기사(李大統領に関するモニター紙報道記事)

문서파일번호	1676
작성연월일	1955. 10. 7
구분	제3~4차 회담 사이
세부항목	이승만 인터뷰 언론 보도, 주미대사 보고
작성처	주미대사
매수	2
비밀등급	일반
문서종류	공문
공개구분	공개
내용	1955년 9월 29일 자 크리스천 사이언스 모니터지의 이 대통령 인터뷰 기사를 보고. 이승만 대통령은 일본이 한국에게는 경제 · 정치 · 군사적 위협이며, 일본에서 반 한국단체가 조직 · 육성되고 있다고 진실로 믿고 있음. 그가 이러한 전제를 믿고 이에 기반한 언동을 하는 것은 미국 및 자유세계에 의미 있는 일이라고 논평함.
주제어	이승만 인터뷰, 언론 보도

문서명	모니터지 기사 스크랩

문서파일번호	1676
작성연월일	1955. 9. 29
구분	제3~4차 회담 사이
세부항목	이승만 대통령 인터뷰, 언론 보도
작성처	크리스천 사이언스 모니터
매수	5
비밀등급	일반
문서종류	내부자료
공개구분	공개
내용	1955년 10월 7일 자 주미대사 보고 공문 첨부물. 1955년 9월 29일 자 크리스천 사이언스 모니터지 기사 스크랩
주제어	이승만 대통령 인터뷰, 언론 보도

문서명	뉴욕 헤럴드 트리뷴(New York Herald Tribune)지 기사 스크랩

문서파일번호 1676
작성연월일 1955. 10. 22
구분 제3~4차 회담 사이
세부항목 한표욱 언론 기고
작성처 뉴욕 헤럴드 트리뷴
매수 1
비밀등급 일반
문서종류 내부자료
공개구분 공개
내용 1955년 10월 22일 자 뉴욕 헤럴드 트리뷴지(New York Herald Tribune)에 게재된 한표욱 주미공사 기고문(1955년 10월 14일)
주제어 한표욱 언론 기고

문서명	주미한국대사의 일본 중상 건(駐米韓国大使の本邦中傷に関する件)

문서파일번호 1676
작성연월일 1955. 10. 11
구분 제3~4차 회담 사이
세부항목 양유찬 대사 기자회견, 언론 보도
작성처 뉴올리언스 총영사관
매수 3
비밀등급 일반
문서종류 공문
공개구분 공개
내용 1955년 11월 4일 자 달라스 모닝 뉴스(Dallas Morning News)지에 게재된 주미한국대사의 일본 비방 발언 관련 기사 내용과 반박 투고를 건의하는 공문. 양유찬 대사는 11월 3일 달라스시 소재 체육관에서 기자회견을 했음. 동 기자회견에서의 일본에 대한 중상적 발언은 새삼스러운 것은 아니며 한일교섭에서 미국의 지지를 얻어 입장을 유리하게 하려는 목적임. 일본이 반박하지 않고 방치하는 것은 적당하지 않다고 여겨져 주미대사의 명의로 투고하도록 조처해 주기 바람.
주제어 양유찬 대사 기자회견, 언론 보도

문서명	주미한국대사의 일본 중상 건(駐米韓国大使の本邦中傷に関する件)

문서파일번호 1676
작성연월일 1955. 11. 25
구분 제3~4차 회담 사이
세부항목 양유찬 대사 기자회견 반박 투고, 주미대사 보고
작성처 주미대사
매수 2
비밀등급 일반
문서종류 공문
공개구분 공개
내용 주뉴올리언스총영사의 반박 투고 건의에 대한 주미대사의 답신 공문. 이런 종류의 발언은 몇 번이나 있었고 그때마다 대사 명의로 반박문을 투고하는 것은 적당하지 않다고 사료되는바, 현지에서 대처하기 바람.
주제어 양유찬 대사 기자회견 반박 투고

문서명	한일관계 완화를 보도하는 뉴욕타임스 기사(日韓関係緩和を報ずるニューヨークタイムズ記事)

문서파일번호 1676
작성연월일 1955. 12. 12
구분 제3~4차 회담 사이
세부항목 한일관계 언론 보도, 주미대사 보고
작성처 주미대사
매수 1
비밀등급 일반
문서종류 공문
공개구분 공개
내용 한일관계 완화에 관해 보도한 1955년 12월 11일 자 뉴욕타임스 기사 내용을 보고. 한일 양국의 긴장관계 완화 분위기 속에서 한국정부의 중재알선 의뢰에 대해 미국정부가 응할지 의문으로, 미국은 단순한 옵서버에 머물기를 선호할 것이라고 관측함.
주제어 한일관계, 언론 보도

문서명	한일관계에 관한 신문기사(日韓関係に関する新聞記事)

문서파일번호 1676
작성연월일 1955. 12. 14
구분 제3~4차 회담 사이
세부항목 한일관계, 언론 보도, 미국무부 대변인 반응, 주미대사 보고
작성처 주미대사
매수 2
비밀등급 일반
문서종류 공문
공개구분 공개
내용 1955년 12월 13일 자 뉴욕타임스와 워싱턴포스트 기사 및 이와 관련된 미국무부 대변인의 성명에 관해 보고. 뉴욕타임스와 워싱턴포스트지는 이승만 대통령이 12일 AP기자 회견에서 미국무부 내에는 한국의 희생으로 일본을 원조하려는 자들이 있어 이것이 한일관계를 조정하려는 미국의 의도를 방해해 왔다고 보도함. 이와 관련 화이트 국무부 대변인은 12월 13일 기자회견에서 이승만 대통령의 발언을 부정함.
주제어 한일관계, 언론 보도, 미국무부 대변인 반응

문서명	뉴욕타임스 기사 스크랩

문서파일번호 1676
작성연월일 1955. 12. 13
구분 제3~4차 회담 사이
세부항목 한일관계, 언론 보도
작성처 뉴욕타임스
매수 1
비밀등급
문서종류 내부자료
공개구분 공개
내용 1955년 12월 14일 자 주미대사 보고 공문 첨부물. 1955년 12월 13일 자 뉴욕타임스지 기사 스크랩
주제어 한일관계, 언론 보도

문서명	워싱턴포스트 기사 스크랩

문서파일번호 1676
작성연월일 1955. 12. 13
구분 제3~4차 회담 사이
세부항목 한일관계, 언론 보도
작성처 워싱턴포스트
매수 2
비밀등급 일반
문서종류 내부자료
공개구분 공개
내용 1955년 12월 14일 자 주미대사 보고 공문 첨부물. 1955년 12월 13일 자 워싱턴포스트지 기사 스크랩
주제어 한일관계, 언론 보도

문서명	링컨 화이트 기자회견(Mr. Lincoln White's Press Conference)

문서파일번호 1676
작성연월일 1955. 12. 13
구분 제3~4차 회담 사이
세부항목 한일관계, 미국무부 대변인 회견
작성처 미국무부
매수 1
비밀등급 일반
문서종류 내부자료
공개구분 공개
내용 1955년 12월 14일 자 주미대사 보고 공문 첨부물. 1955년 12월 13일 자 뉴욕타임스와 워싱턴포스트의 기사 내용을 부정하는 미국무부 대변인의 회견 내용
주제어 한일관계, 언론 보도 관련 미국무부 대변인 회견

문서명	한일관계에 관한 뉴욕타임스 사설(日韓関係に関するニューヨークタイムズ社説の件)

문서파일번호 1676
작성연월일 1955. 12. 15
구분 제3~4차 회담 사이
세부항목 한일관계 언론 보도, 주미대사 보고
작성처 주미대사
매수 1
비밀등급 일반
문서종류 공문
공개구분 공개
내용 한일관계를 논하는 1955년 12월 12일 자 뉴욕타임스 사설 내용을 보고
주제어 한일관계, 언론 보도

문서명	뉴욕타임스 사설 스크랩

문서파일번호 1676
작성연월일 1955. 12. 12
구분 제3~4차 회담 사이
세부항목 한일관계, 언론 보도
작성처 뉴욕타임스
매수 2
비밀등급 일반
문서종류 내부자료
공개구분 공개
내용 1955년 12월 15일 자 주미대사 보고 공문 첨부물. 1955년 12월 12일 자 뉴욕타임스 사설 스크랩
주제어 한일관계, 언론 보도

문서명	제목 없음

문서파일번호 1676
작성연월일 1955. 4. 11
구분 제3~4차 회담 사이
세부항목 한일관계, 미국무부 훈령
작성처 주일미 대사관
매수 1
비밀등급 일반
문서종류 외교공한
공개구분 일부비공개
내용 한국정부가 미국에 친선사절단 파견을 시사한 것과 관련한 미국정부의 입장이 담긴 비밀정보를 일본에 전달한 앨리슨 대사의 시게미쓰 외무대신 앞 공한
주제어 한일관계, 미국무부 훈령

문서명	각서(Memorandum)

문서파일번호 1676
작성연월일 1955. 4. 11
구분 제3~4차 회담 사이
세부항목 한국친선사절단 방미
작성처 미국무부
매수 1
비밀등급 일반
문서종류 내부문서
공개구분 공개
내용 한국의 친선사절단 파견 제의에 대한 미국정부의 입장이 담긴 각서. 1955년 3월 중순경 이승만 대통령이 브릭스(Ellis O. Briggs) 주한미국대사에게 한국의 공식 사절단을 미국에 파견하고 싶다는 희망을 전달, 브릭스 대사는 미국무부의 지침에 따라 3월 30일 지금은 시기가 적절하지 않다며 6월경 방미 초청의사를 전달함. 이 대통령은 공식 방문이 어려우면 친선사절단 형식의 비공식 방문도 좋다면서 즉시 방미할 수 있기를 고집, 미국은 이를 말리려 애썼지만 한국의 친선사절단이 조만간 워싱턴으로 출발할 것으로 보임. 사절단에 외무장관은 포함되지 않을 것으로 보임.
주제어 한국친선사절단 방미

문서명	맥라킨 동북아시아부장의 한국 방문(マッラーキン北東アジア部長の韓国訪問の件)

문서파일번호 1676
작성연월일 1955. 5. 17
구분 제3~4차 회담 사이
세부항목 미국무부 동북아시아부장 언론 회견
작성처 외무성 아시아국 제5과
매수 1
비밀등급 비(秘)
문서종류 내부문서
공개구분 공개
내용 미국무부 맥라킨(Robert J. McClurkin) 동북아시아부장이 1955년 5월 14일 하네다 공항에서 한일관계에 대해 영자 마이니치신문 기자와 회견하였음[주일미 대사관 램(Richard H. Lamb) 서기관이 외무성에 관련 사실 통보].
주제어 미국무부 동북아시아부장 언론 회견

문서명	영자 마이니치신문의 맥라킨 동북아시아부장 인터뷰 기사 스크랩

문서파일번호 1676
작성연월일 1955. 5. 15
구분 제3~4차 회담 사이
세부항목 미국무부 동북아시아부장 언론 회견
작성처 마이니치
매수 1
비밀등급 일반
문서종류 내부자료
공개구분 공개
내용 1955년 5월 17일 자 '맥라킨 동북아시아부장의 한국 방문' 문서 첨부물. 1955년 5월 15일 자 영자 마이니치신문에 게재된 미국무부 맥라킨 동북아시아부장 인터뷰 기사. 한일회담이 재개될 경우 한일 양국의 직접 대화가 바람직하지만 미국으로서는 이들의 요청이 있을 시 관여할 준비가 되어 있음.
주제어 미국무부 동북아시아부장 언론 회견

한일 문제 타개에 관해 앨리슨 미국대사에게 전달하는 문서 건(日韓問題打開に関しアリソン米国大使に手交する書き物に関する件)

문서파일번호	1464
작성연월일	1956. 1. 5 - 1956. 1. 11
구분	제3~4차 회담 사이
세부항목	미일 협의된 한일 문제 타개책
작성처	외무성 아시아국 제5과
매수	8
비밀등급	
문서종류	내부문서, 구두 전달사항(oral statement)
공개구분	공개
내용	1955년 11월 17일 다니 대사와 앨리슨 주일미국대사가 한일 문제 타개를 위한 회담에서 제시된 문제 해결방안을 문서로 정리하여 앨리슨 대사에게 전달하고자 한다는 내부 보고서와 해결방안이 기술된 영문 문서
주제어	한일 문제 타개책, 미일 협의

문서명	한일 문제 타개에 관하여 앨리슨 대사에게 전달하는 문서 건(日韓問題打開に関しアリソン大使に手交する書き物に関する件)

문서파일번호	1464
작성연월일	1956. 1. 5
구분	제3~4차 회담 사이
세부항목	다니·앨리슨 회담, 미일 협의된 한일 문제 타개책
작성처	외무성 아시아국 제5과
매수	3
비밀등급	극비
문서종류	내부문서
공개구분	공개
내용	1955년 11월 17일 다니 대사와 앨리슨 주일미국대사가 한일 문제 타개를 위한 회담에서 제시된 문제 해결방안을 문서로 정리하여 앨리슨 대사에게 전달하고자 한다는 내부 보고서(수기로 작성된 초안과 수정 후 타이핑된 문서가 함께 포함됨)
주제어	어업, 미일 협의된 한일 문제 타개책

문서명	제목 없음

문서파일번호	1464
작성연월일	1956. 1. 11
구분	제3~4차 회담 사이
세부항목	미일 협의된 한일 문제 타개책
작성처	외무성 아시아국 제5과
매수	5
비밀등급	극비
문서종류	구두 전달사항(oral statement)
공개구분	공개
내용	한일 문제 타개를 위한 해결방안의 영문 문서(oral statement)로 1956년 1월 11일 시게미쓰 외무대신이 앨리슨 대사에게 전달함(3차례 수정을 거쳐 최종본 완성). 내용에는 ① 어업 문제 해결을 위해 한일 양국은 평화적 외교적 수단만을 사용 ② 어업분쟁의 잠정적 해결방안으로 일본은 '이 라인' 내에서 조업하는 일본 어선의 수를 감축 ③ 일본은 한국과의 모든 현안 타결을 위한 회담 재개를 희망 등이 담김.
주제어	어업

다니·앨리슨 회담
(谷·アリソン会談)

문서파일번호	1465
작성연월일	1956. 1. 18
구분	제3~4차 회담 사이
세부항목	다니·앨리슨 회담
작성처	외무성 아시아국 제5과
매수	8
비밀등급	
문서종류	회의록, 내부문서
공개구분	공개
내용	한일 간 어업분쟁 등을 해결하기 위해 개최된 다니·앨리슨 주일미국대사 회담 기록, 대일평화조약 제4조에 관한 미국의 견해가 담긴 문서, 미국이 작성한 문제 해결을 위한 일본의 성명문 초안 등 모음
주제어	억류자 상호 석방, 대일평화조약 제4조에 관한 미국 해석 등

문서명	다니·앨리슨 회담(谷·アリソン会談)

문서파일번호 1465
작성연월일 1956. 1. 18
구분 제3~4차 회담 사이
세부항목 다니 · 앨리슨 회담
작성처 외무성 나카가와 국장
매수 4
비밀등급 극비
문서종류 회의록
공개구분 공개
내용 한일 간 문제 해결을 위해 개최된 다니 · 앨리슨 회담 기록. 앨리슨 대사는 어업 문제에 관해 한일 양국이 억류자를 석방하고 일정 수의 선박이 '이승만 라인' 내에서 조업할 수 있게 하는 한편, 한국은 이를 나포하지 않는다는 방향을 이야기하고, 오무라 문제에 대해서는 나카가와 국장을 만나 설명을 듣기로 함.
주제어 어업, 억류자 석방

문서명	한일 청구권 문제 해결 관련 대일평화조약 제4조 해석에 관한 미국 견해(Draft Statement of U.S. Position on Interpretation of Article 4 of the Japanese Peace Treaty With Respect To Korean-Japanese Claims Settlement)

문서파일번호 1465
작성연월일 1955. 11. 5
구분 제3~4차 회담 사이
세부항목 다니 · 앨리슨 회담
작성처 미국무부
매수 2
비밀등급 극비
문서종류 내부문서
공개구분 공개
내용 한일 청구권 문제 해결과 관련 대일평화조약 제4조 해석에 관한 미국정부의 견해가 담긴 문서(영문). 주요 내용은 일본정부의 재한일본재산에 대한 청구권은 인정하지 않으나 그 재산의 취득에 따라 한국의 대일청구권은 소멸 또는 충족되었고, 이에 대해 미국정부가 언급하는 것은 적절치 않으며, 이 문제는 한일 양국이 협의할 것임.
주제어 평화조약 제4조에 관한 미국 해석

문서명	일본 성명안(Draft Japanese Statement)

문서파일번호	1465
작성연월일	1956. 1. 18
구분	제3~4차 회담 사이
세부항목	다니 · 앨리슨 회담
작성처	주일미 대사관
매수	2
비밀등급	극비
문서종류	내부문서
공개구분	공개
내용	앨리슨 주일미국대사가 다니 대사에게 전달한 한일 문제 해결을 위한 일본정부의 성명문(안)(미국이 일본 입장을 반영하여 작성). 주요 내용은 구보타 발언은 일본정부의 공식적인 발언은 아니며, 청구권 문제에 대해서는 이와 관련한 미국 견해를 바탕으로 논의, 양국 간의 분쟁은 평화적 수단과 외교로서 해결 등(영문).
주제어	한일 문제 해결을 위한 일본 입장(미국 측 작성)

시게미쓰·앨리슨 회담
(重光·アリソン会談)

문서파일번호	1466
작성연월일	1956. 1. 11 - 1956. 5. 2
구분	제3~4차 회담 사이
세부항목	시게미쓰·앨리슨 회담
작성처	외무성
매수	34
비밀등급	
문서종류	회의록, 내부문서 내부자료
공개구분	공개
내용	1956년 1월 11일~5월 2일까지 개최된 시게미쓰 대신·앨리슨 주일미국대사 회담 기록과 관련 자료 모음
주제어	한일 문제 관련 미일 협의

문서명	시게미쓰·앨리슨 회담(重光·アリソン会談)

문서파일번호 1466
작성연월일 1956. 1. 11
구분 제3~4차 회담 사이
세부항목 시게미쓰·앨리슨 회담
작성처 외무성 나카가와 국장
매수 5
비밀등급 극비
문서종류 회의록
공개구분 공개
내용 시게미쓰 외무대신·앨리슨 주일미국대사 회담 기록. 앨리스 대사는 한일 문제에 대해 미국정부의 훈령이 있다면서 다니 대사와 의견 교환을 희망함. 시게미쓰 대신은 한일 문제 해결을 위한 일본의 방안이 담긴 안(Oral Statement)을 앨리슨 대사에게 전달함.
주제어 한일 문제 타개

문서명	한일관계 조정에 관한 일본정부 견해(Views of Japanese Government on Adjustment of Japanese-Korean Relations)

문서파일번호 1466
작성연월일 1956. 2. 15
구분 제3~4차 회담 사이
세부항목 시게미쓰·앨리슨 회담
작성처 외무성
매수 3
비밀등급 극비
문서종류 내부문서
공개구분 공개
내용 시게미쓰 외무대신·앨리슨 주일미국대사 회담에서 일본이 전달한 한일 문제 해결을 위한 일본의 방안. 1956년 1월 18일 앨리슨 대사가 일본에 전달한 일본의 성명안(Draft Japanese Statement) 내용을 기초로 하여 몇 가지 사항을 추가한 일본의 한일회담 재개에 대한 기본 입장 문서. ① 구보타 발언 철회, ② 일본의 청구권에 대한 실질적인 협상 방식과 한국의 청구권에 대한 적절한 방식 준비, ③ 현안과 분쟁의 상호 평화적 해결과 한일회담에서 현안이 해결되기까지의 잠정조치로서 '이승만 라인' 내의 조업 제한, 오무라수용소 재일한국인을 한 달에 70명씩 석방하고 한국은 부산에 억류 중인 형기 만료 일본 어민을 송환함.

주제어 한일 문제 해결을 위한 일본 입장

문서명	4월 4일 앨리슨 대사 회담(四月四日アリソン大使と会談)

문서파일번호 1466

작성연월일 1956. 4. 4

구분 제3~4차 회담 사이

세부항목 시게미쓰·앨리슨 회담

작성처 외무성

매수 1

비밀등급 비(秘)

문서종류 회의록

공개구분 공개

내용 시게미쓰 외무대신·앨리슨 주일미국대사 회담 기록. 일본 어부 송환 문제와 관련하여 김용식 공사와 합의한 내용을 앨리슨 대사에게 전달하고, 한일 공동성명 문제는 다니 대사의 안이 있으니 검토하기 바란다고 하자, 앨리슨 대사는 두 문제에 대해 알고 있다고 답변함.

주제어 억류자 상호 석방, 한일공동성명

문서명	재한억류 일본인어부와 재오무라 한인 문제에 관한 제1회 협의의 개요(在韓抑留日本人漁夫と在大村韓人の問題に関する第一回協議の概要)

문서파일번호 1466
작성연월일 1956. 4(일자 불명)
구분 제3~4차 회담 사이
세부항목 시게미쓰·앨리슨 회담
작성처 외무성
매수 7
비밀등급 극비
문서종류 내부자료
공개구분 공개
내용 1956년 4월 25일로 예정된 시게미쓰 외무대신·앨리슨 주일미국대사 회담용으로 준비한 자료. 4월 20일 억류자 문제에 관한 첫 번째 회의가 개최되어 시게미쓰 대신·김용식 공사 간 양해를 원칙으로 하여 이를 실시하기 위한 논의임을 확실히 하고 다른 현안들은 본 회의에서 다루지 않기로 했음.
주제어 억류자 상호 석방

문서명	제목 없음

문서파일번호 1466
작성연월일 1956. 4(일자 불명)
구분 제3~4차 회담 사이
세부항목 시게미쓰·앨리슨 회담
작성처 외무성
매수 1
비밀등급 극비
문서종류 내부문서
공개구분 공개
내용 억류자 상호 석방 문제 관련 일본정부는 양국 수용자들의 석방에 관한 4월 2일 시게미쓰 대신·김용식 공사 간 양해를 즉시 실행할 것을 요구한다는 내용이 적힌 영문문서(일본이 한국에 전달하기 위해 작성한 것으로 보임)
주제어 억류자 상호 석방

문서명	제목 없음

문서파일번호	1466
작성연월일	1956. 4. 2
구분	제3~4차 회담 사이
세부항목	시게미쓰·앨리슨 회담
작성처	외무성
매수	1
비밀등급	극비
문서종류	내부문서
공개구분	공개
내용	시게미쓰 대신과 김용식 공사 간 협의를 구체화하기 위해 양국 정부가 합의한 내용을 담은 문서 영문본. 한국정부는 일본 어부들을 석방할 것, 패전 이후 일본에 불법적으로 입국한 한국인들을 받아들일 것, 일본정부는 패전 이전부터 일본에 체류하고 있으며 오무라수용소에 수용 중인 한국인들을 석방할 것 등 억류자 상호 석방 문제 해결에 관한 내용이 수록됨.
주제어	억류자 상호 석방

문서명	재한억류 일본인어부와 재오무라 한인 문제에 관한 제1회 협의의 상황(在韓抑留日本人漁夫と在大村韓人の問題に関する第一回協議の状況)

문서파일번호	1466
작성연월일	1956. 4(일자 불명)
구분	제3~4차 회담 사이
세부항목	시게미쓰·앨리슨 회담
작성처	외무성
매수	8
비밀등급	극비
문서종류	내부자료
공개구분	공개
내용	문서파일번호 1434에 수록된 '재한억류 일본인어부와 재오무라 한인 문제에 관한 제1회 협의 의사요록'과 동 '합의의사록'을 편집한 문서. 앨리슨 대사 회담에 대비하여 시게미쓰 대신 참고자료로 작성함.
주제어	억류자 상호 석방

문서명	시게미쓰·앨리슨 회담 발췌(重光·アリソン会談抜粋)

문서파일번호 1466
작성연월일 1956. 5. 2
구분 제3~4차 회담 사이
세부항목 시게미쓰·앨리슨 회담
작성처 외무성
매수 8
비밀등급 극비
문서종류 회의록
공개구분 공개
내용 시게미쓰 외무대신·앨리슨 주일미국대사 회담 기록. 앨리슨 대사가 한국 문제에 대해 질문하자 시게미쓰 대신은 오무라수용소 문제에 대해 설명하고 이 문제 해결을 위해 예비회담을 여는 것도 하나의 방법으로 생각한다고 발언함.
주제어 억류자 상호 석방

나카가와 국장과 미 대사관 서기관 회담
(中川局長と米大使館書記官との会談)

문서파일번호	1467
작성연월일	1956. 1. 25 - 1956. 2. 27
구분	제3~4차 회담 사이
세부항목	나카가와·미 대사관 직원 회담
작성처	외무성
매수	20
비밀등급	
문서종류	회의록
공개구분	일부비공개
내용	1956년 1월 25일과 2월 27일 개최된 나카가와 국장과 주일미 대사관 서기관 회담 기록
주제어	청구권, 대일평화조약 제4조 미국 해석, 억류자 상호 석방

문서명	나카가와 국장과 미 대사관 서기관 회담(中川局長と米大使館書記官との会談)

문서파일번호 1467

작성연월일 1956. 1. 25

구분 제3~4차 회담 사이

세부항목 나카가와 · 미 대사관 직원 회담

작성처 외무성 하리가이(針谷)

매수 13

비밀등급 극비

문서종류 회의록

공개구분 일부비공개

내용 나카가와 국장과 주일미국대사관 서기관(성명은 먹칠로 불명) 회담 기록. 나카가와는 대일평화조약 제4조에 대한 미국 측 견해는 이해하지만, 일본이 이것을 공표하는 것은 아직 시기상조이고, 국내보상 문제도 있다고 말함. 또한 성명을 통해 청구권 포기를 발표하는 것을 피하고, 회담 도중에 현실적인 해결을 통해 포기 사실을 표명하는 방안을 희망함. 또한 미국에게 오무라 문제를 설명하고 이승만 라인에 관한 잠정적 해결안을 전달함.

주제어 청구권, 대일평화조약 제4조 미국 해석, 억류자 상호 석방

문서명	한일 문제에 관한 미 대사관 직원 회담(日韓問題に関し米大使館員と会談の件)

문서파일번호	1467
작성연월일	1956. 2. 27
구분	제3~4차 회담 사이
세부항목	나카가와·미 대사관원 회담
작성처	나카가와 국장
매수	7
비밀등급	극비
문서종류	회의록
공개구분	일부비공개
내용	나카가와 국장과 주일미국대사관 직원(성명은 먹칠로 불명) 회담 기록. 미국은 청구권에 관한 미국의 공식 견해를 일본에게 제시했지만, 한국에게는 그렇게 하지 않았으며, 이를 오랫동안 비밀로 하면 한국에서 의심할 수도 있으므로 그들에게 미국의 견해를 전달할 것을 고려하고 있다고 말함. 또한 시게미쓰 대신이 2월 15일 앨리슨 대사에게 전달한 일본의 문제 해결방안을 국무성과 주한미국대사관에 전달했는데, 국무성은 좋은 안이라고 평가했으나, 주한미국대사관은 5월 한국의 대통령 선거를 앞두고 이 안을 한국에 전달하면 실패할 우려가 있어 아직 한국에 전달하지 않고 있다고 함.
주제어	청구권, 대일평화조약 제4조 미국 해석, 어업

한일 문제에 관한 미 대사관 모건 참사관과의 회담(日韓問題に関し米大使館モーガン参事官との会談の件)

문서파일번호	1468
작성연월일	1956. 9. 12 - 1956. 9. 17
구분	제3~4차 회담 사이
세부항목	나카가와·모건 주일 참사관 회담
작성처	외무성
매수	9
비밀등급	
문서종류	회의록, 내부문서
공개구분	공개
내용	1956년 9월 12일과 9월 17일 나카가와 국장과 주일미국대사관 모건(George A. Morgan) 참사관 회담 기록(9월 17일은 전화 협의)
주제어	억류자 상호 석방

문서명	한일 문제에 관한 미 대사관 모건 참사관과의 회담(日韓問題に関し米大使館モーガン参事官との会談の件)

문서파일번호 1468
작성연월일 1956. 9. 12
구분 제3~4차 회담 사이
세부항목 나카가와 · 모건 주일 참사관 회담
작성처 외무성 나카가와 국장
매수 4
비밀등급 극비
문서종류 회의록
공개구분 공개
내용 나카가와 국장과 주일미국대사관 모건 참사관 회담 기록. 나카가와 국장은 억류자 상호 석방 문제에 대한 일본의 입장을 설명함. 모건 참사관은 이의 실현을 위해 노력을 해보겠다고 말함.
주제어 억류자 상호 석방

문서명	제목 없음

문서파일번호 1468
작성연월일 1956. 4(일자 불명)
구분 제3~4차 회담 사이
세부항목 나카가와 · 모건 주일 참사관 회담
작성처 외무성
매수 1
비밀등급 극비
문서종류 내부문서
공개구분 공개
내용 1956년 9월 12일 주일미국대사관 모건 참사관과의 회담 시 나카가와 국장이 전달한 억류자 상호 석방 관련 일본의 입장이 적힌 영문문서(작성일자 불명, 문서파일번호 1466에 동일한 문서가 포함되어 있음)
주제어 억류자 상호 석방

문서명	한일 문제에 관한 미 대사관의 연락(日韓問題に関し米大使館より連絡の件)

문서파일번호 1468

작성연월일 1956. 9. 17

구분 제3~4차 회담 사이

세부항목 나카가와 · 모건 주일 참사관 회담

작성처 외무성 나카가와 국장

매수 4

비밀등급 극비

문서종류 회의록

공개구분 공개

내용 1956년 9월 27일 주일미국대사관 모건 참사관이 나카가와 국장에게 전화, 협의한 내용을 기록한 문서. 모건 참사관은 한국이 억류자 상호 석방 문제에 대해 아직 아무런 반응을 보이지 않고 있다고 한 뒤, 재한일본재산 청구권에 관한 미국정부의 생각을 한국에 비공식적으로 전달키로 하였다고 함. 나카가와 국장은 3주 전에 김용식 공사와 만났을 때 김 공사가 일본이 재한재산 청구권을 포기할 수 없는지 문의해 일본으로서는 미국의 해석을 기초로 논의에 임할 준비가 되어 있다고 답변했다고 함.

주제어 청구권, 재한일본재산 청구권 포기 문제

한일무역 촉진에 관한 미 대사관의 요청
(日韓貿易促進に関する米大使館よりの申入れの件)

문서파일번호	1469
문서명	한일무역 촉진에 관한 미 대사관의 요청(日韓貿易促進に関する米大使館よりの申入れの件)
작성연월일	1956. 9. 13
구분	제3~4차 회담 사이
세부항목	미일 간 한일무역 협정 관련 협의
작성처	외무성 나카가와 국장
매수	7
비밀등급	극비
문서종류	회의록
공개구분	일부비공개
내용	주일미국대사관 ▬ 서기관, ▬ 서기관과 주한미국대사관 ▬ 서기관이 나카가와 국장과 회담한 기록. 주한미국대사관 ▬ 서기관이 방콕에서 개최된 ECAFE* 회의에 참석하는 길에 서울에서 한국의 무역부 김 장관으로부터 한일무역협정안을 받았다면서 이를 일본에 전달함. 나카가와는 한일무역협정에는 찬성이지만 작년 여름 한국정부가 일본과의 무역을 중단시켰고 '이 라인' 문제와 어선 나포 건도 있어 한국으로부터 수입을 증가시키는 것은 곤란하다며 한국의 안은 경제국에 보내 연구하겠다고 답변함.
주제어	한일무역협정

* 아시아 극동 경제위원회(Economic Commission for Asia & the Far East)

한국 문제에 관한 ▬ 서기관 회담
(朝鮮問題に関する▬書記官との會談について)

문서파일번호	1470
문서명	한국 문제에 관한 ▬ 서기관 회담 (朝鮮問題に関する▬書記官との會談について)
작성연월일	1956. 11. 29
구분	제3~4차 회담 사이
세부항목	일본단체 북한 방문, 미일 협의
작성처	외무성 하리가이
매수	4
비밀등급	일반
문서종류	회의록
공개구분	일부비공개
내용	하리가이(針谷正之) 과장과 주일미 대사관 ▬ 서기관 회담 기록. 최근 몇 개 단체가 북한을 방문한 것에 대해 ▬ 서기관은 미국으로서는 단체들의 북한 방문을 바람직하게 생각하지 않으며 일본정부가 저지할 수 없는지 문의함. 하리가이는 북한 방문 그 자체를 거부하는 것은 가능하나, 다른 곳을 경유하여 가는 것을 막기는 어려운 실정이라고 답함. 한편, 하리가이는 억류자 석방 문제의 경위를 설명하고 이 문제가 해결되지 않으면 국내적으로 곤란하며 한일관계 개선을 어렵게 할 우려가 있으므로 미국이 알선해 달라고 의뢰함.
주제어	북일관계

한일 문제 해결에 대해서
(日韓問題解決について)

문서파일번호	1473
작성연월일	1956. 1. 12 - 1956. 12. 6
구분	제3~4차 회담 사이
세부항목	한일 문제 관련 미일 협의 결과 주미대사관 통보
작성처	외무성
매수	45
비밀등급	
문서종류	전문(電文)
공개구분	공개
내용	한일 문제(억류자 상호 석방, 재한일본재산 청구권 문제 등)의 타개를 위한 주일미국대사관과의 협의 내용 등을 주미일본대사관에 통보하는 전문 모음
주제어	한일 문제 관련 미일 협의

문서명	한일 문제 건(日韓問題に関する件)

문서파일번호	1473
작성연월일	1956. 1. 12
구분	제3~4차 회담 사이
세부항목	한일 문제 관련 미일 협의 결과 주미대사관 통보
작성처	외무성 아시아국 제5과
매수	2
비밀등급	극비
문서종류	전문(電文)
공개구분	공개
내용	1956년 1월 11일 시게미쓰 대신 · 앨리슨 주일미국대사 회담이 있었으며, 앨리슨 대사에게 억류자 상호 석방 등 한일 문제 타개를 위한 일본의 방안이 담긴 구두 전달사항(oral statement)을 전달했더니 대사가 도움이 될 것이라고 언급했다는 내용을 주미대사에게 통보함.
주제어	억류자 상호 석방, 청구권

문서명	한일 문제 건(日韓問題に関する件)

문서파일번호	1473
작성연월일	1956. 1. 12
구분	제3~4차 회담 사이
세부항목	한일 문제 관련 미일 협의 결과 주미대사관 통보
작성처	외무성 아시아국 제5과
매수	3
비밀등급	극비
문서종류	전문(電文)
공개구분	공개
내용	1956년 1월 11일 시게미쓰 대신 · 앨리슨 주일미국대사 간 회담 시 일본이 전달한 구두 전달사항(oral statement) 내용을 주미대사에게 전달함.
주제어	억류자 상호 석방, 청구권

문서명	한일 문제 해결의 일본의 생각에 관한 건(日韓問題解決のわが考え方に関する件)

문서파일번호	1473
작성연월일	1956. 2. 17
구분	제3~4차 회담 사이
세부항목	한일 문제 관련 미일 협의 결과 주미대사관 통보
작성처	외무성 아시아국 제5과
매수	2
비밀등급	극비
문서종류	전문(電文)
공개구분	공개
내용	1956년 1월 18일 다니·앨리슨 회담에서 미국이 전달한 한일 문제 타개방안을 기초로 일본이 2월 15일 입장문서를 다시 작성하여 앨리슨 대사에게 전달하였다는 내용을 주미대사에게 통보함.
주제어	억류자 상호 석방, 청구권

문서명	한일 문제 해결의 일본의 생각에 관한 건(日韓問題解決のわが考え方に関する件)

문서파일번호	1473
작성연월일	1956. 2. 17
구분	제3~4차 회담 사이
세부항목	한일 문제 관련 미일 협의 결과 주미대사관 통보
작성처	외무성 아시아국 제5과
매수	6
비밀등급	극비
문서종류	전문(電文)
공개구분	공개
내용	1956년 2월 15일 앨리슨 대사에게 전달한 한일 문제 타개를 위한 일본의 방안 문서를 주미대사에게 전달함(문서 별첨).
주제어	억류자 상호 석방, 청구권

문서명	한일타개에 관한 앨리슨 대사 회담(日韓打開に関するアリソン大使との會談に関する件)

문서파일번호 1473
작성연월일 1956. 4. 5
구분 제3~4차 회담 사이
세부항목 한일 문제 관련 미일 협의 결과 주미대사관 통보
작성처 외무성 아시아국 제1과
매수 3
비밀등급
문서종류 전문(電文)
공개구분 공개
내용 1956년 4월 4일 시게미쓰 대신 · 앨리슨 주일미국대사 회담 요지를 주미대사에게 통보. 일본 어부 송환 문제와 관련하여 김용식 공사와 합의한 내용을 앨리슨 대사에게 전달하고, 한일공동성명 문제는 다니 대사의 안이 있으니 검토하기 바란다고 하자, 앨리슨 대사는 이 문제에 대해 알고 있다고 답변함.
주제어 억류자 상호 석방

문서명	한일타개에 관한 앨리슨 대사 회담(日韓打開に関するアリソン大使との會談に関する件)

문서파일번호 1473
작성연월일 1956. 4. 5
구분 제3~4차 회담 사이
세부항목 한일 문제 관련 미일 협의 결과 주미대사관 통보
작성처 외무성 아시아국 제1과
매수 2
비밀등급
문서종류 전문(電文)
공개구분 공개
내용 1956년 4월 4일 시게미쓰 대신 · 앨리슨 주일미국대사 회담 시 시게미쓰가 앨리슨 대사에게 전달한 시게미쓰 · 김용식 합의 내용을 주미대사에게 전달함(동 영문문서 첨부).
주제어 억류자 상호 석방

문서명	한일타개에 관한 앨리슨 대사 회담(日韓打開に関するアリソン大使との會談に関する件)

문서파일번호 1473
작성연월일 1956. 4. 5
구분 제3~4차 회담 사이
세부항목 한일 문제 관련 미일 협의 결과 주미대사관 통보
작성처 외무성 아시아국 제1과
매수 3
비밀등급
문서종류 전문(電文)
공개구분 공개
내용 1956년 4월 4일 시게미쓰 대신·앨리슨 주일미국대사 회담 시 시게미쓰 대신이 언급한 한미일 3국 공동선언 문안을 주미대사에게 전달함(공동선언문안 영문본 첨부).
주제어 한미일 공동선언(안)

문서명	한일 문제의 경위 건(日韓問題の經緯に関する件)

문서파일번호 1473
작성연월일 1956. 10. 26
구분 제3~4차 회담 사이
세부항목 한일 문제 관련 미일 협의 결과 주미대사관 통보
작성처 외무성 아시아국 제1과
매수 9
비밀등급 극비
문서종류 전문(電文)
공개구분 공개
내용 억류자 상호 석방 문제 해결을 통해 한일회담 재개를 추진 중인 일본이 1956년 4월 2일 시게미쓰·김용식 회담을 비롯, 한국, 미국(주일미 대사관) 측과의 교섭 경위를 정리하여 주미대사에게 통보함.
주제어 억류자 상호 석방, 한일회담 재개

문서명	한일 문제 건(日韓問題に関する件)

문서파일번호 1473
작성연월일 1956. 10. 30
구분 제3~4차 회담 사이
세부항목 한일 문제 관련 미일 협의 결과 주미대사관 통보
작성처 외무성 아시아국 제1과
매수 4
비밀등급
문서종류 전문(電文)
공개구분 공개
내용 1956년 4월 2일 이후 한일교섭 경위를 통보하면서 양유찬 한국대사와 측면 교섭을 진행해도 무방하다는 내용을 주미대사에게 전달함.
주제어 억류자 상호 석방, 한일회담 재개

문서명	한일관계 조정 건(日韓関係調整に関する件)

문서파일번호 1473
작성연월일 1956. 11. 12
구분 제3~4차 회담 사이
세부항목 한일 문제 관련 주미대사관 지시
작성처 외무성 아시아국 제1과
매수 2
비밀등급 극비
문서종류 전문(電文)
공개구분 공개
내용 김용식 공사의 연락에 따르면 한국정부는 워싱턴에서의 한일교섭 성과를 기다리고 있는 것으로 보인다면서 양유찬 대사와 교섭을 진행하고, 이와 함께 미국무부에 대해서도 억류자 석방 문제가 인도적 사안임을 강조하여 미국이 한국을 설득토록 교섭하라고 주미대사에게 지시함.
주제어 억류자 상호 석방, 한일회담 재개

문서명	한일관계 조정 건(日韓関係調整に関する件)

문서파일번호	1473
작성연월일	1956. 12. 6
구분	제3~4차 회담 사이
세부항목	한일 문제 관련 주미대사관 통보
작성처	외무성 아시아국 제1과
매수	9
비밀등급	극비
문서종류	전문(電文)
공개구분	공개
내용	1956년 11월 30일 참의원 외무농림연합위원회에서 하토야마 총리가 억류 일본인 어부 석방을 위해 오무라 한국인을 먼저 석방하고 한국 태도를 보는 방안을 언급하였으나, 이는 관계 성청 간 조율이 되지 않은 발언이며, 법무성은 한국인을 먼저 석방하는 방안에 반대한다는 내용을 주미대사에게 전달함.
주제어	억류자 상호 석방, 한일회담 재개

미국대사관 참사관과의 회담
(米大使館参事官との会談)

문서파일번호	1476
작성연월일	1957. 2. 4 - 1957. 2. 21
구분	제3~4차 회담 사이
세부항목	나카가와 국장·모건 주일미 대사관 참사관 회담
작성처	외무성 나카가와 국장
매수	13
비밀등급	
문서종류	회의록
공개구분	공개
내용	1957년 2월 4일과 2월 21일 나카가와 국장·모건(George A. Morgan) 주일미국대사관 참사관 회담 기록
주제어	한일회담 재개를 위한 미일 협의

문서명	미국대사관 모건 참사관 회담(米大使館モーガン参事官との会談の件)

문서파일번호 1476
작성연월일 1957. 2. 4
구분 제3~4차 회담 사이
세부항목 나카가와 국장 · 모건 주일미 대사관 참사관 회담
작성처 외무성 나카가와 국장
매수 4
비밀등급 극비
문서종류 회의록
공개구분 공개
내용 나카가와 국장 · 모건 주일미국대사관 참사관 회담 기록. 나카가와 국장은 한일 문제에 관한 미국의 강력한 주선이 있어야 한다는 목소리가 강하다면서 새로운 정보가 있는지 문의함. 이에 대해 모건 참사관은 새로운 정보는 없으나, 앨리슨 대사의 관측에 따르면 이승만 대통령은 일본의 대응에 따라 한일회담을 재개할지, 아니면 좀 더 상황을 지켜볼지 결단을 내릴 때가 된 것으로 보이며, 이대로 어느 정도 사태가 조용히 지나가면 출구가 열릴 것으로 본다고 답함.
주제어 한일 문제 타개

문서명	미국대사관 모건 참사관 회담(米大使館モーガン参事官との会談の件)

문서파일번호 1476
작성연월일 1957. 2. 21
작성처 외무성 나카가와 국장
매수 9
비밀등급 극비
구분 제3~4차 회담 사이
세부항목 나카가와 국장 · 모건 주일미 대사관 참사관 회담
문서종류 회의록
공개구분 공개
내용 나카가와 국장 · 모건 주일미국대사관 참사관 회담 기록. 나카가와는 억류자 상호 석방과 회담 재개에 관한 한일 간 합의가 곧 성립될 것으로 본다면서, 대일평화조약 4조에 관한 미국 해석이 그 기초가 될 것이며, 이에 관한 미국 측 공식 통보를 요청할 것이라고 함. 이에 대해 모건 참사관은 문제 없다고 답함.
주제어 한일 문제 타개

오노 차관·재경 미국대사관 대리대사 회담
(大野次官、在京米大使館代理大使との会談)

문서파일번호	1477
작성연월일	1957. 6. 21
구분	제3~4차 회담 사이
세부항목	오노 차관·호세이 주일미국대리대사 회담
작성처	외무성
매수	14
비밀등급	
문서종류	회의록, 내부자료
공개구분	공개
내용	오노 차관·호세이(Outerbridge Horsey) 주일미국대리대사 회담 기록
주제어	한일관계 타개를 위한 미일협의

문서명	오노 차관·재경 미 대사관 호세이 대리대사 회담 건(大野次官、在京米大使館ホーレー代理大使との会談の件)

문서파일번호 1477
작성연월일 1957. 6. 21
구분 제3~4차 회담 사이
세부항목 오노 차관 · 호세이 주일미국대리대사 회담
작성처 외무성 오노 차관 구술
매수 12
비밀등급 일반
문서종류 회의록
공개구분 공개
내용 오노 차관 · 호세이 주일미국대리대사 회담 기록. 호세이 대리대사는 북한군의 무기 증강 움직임이 심상치 않다면서 유엔군의 무기 증강이 필요하다고 언급하고, 한국 주둔 유엔군은 dual purposes weapons(재래무기 및 핵무기의 결합)으로 무장하게 될 것이라는 점을 설명함. 오노 차관은 한일 문제 관련, 기시 총리 방미 출발 전 한일간 상호 석방에 관한 합의가 이루어지지 않은 경위를 알고 있는지 문의하자 호세이 대리대사는 잘 알고 있다고 답하면서 한국이 조항 1, 2개를 바꾸려는 시도로 합의가 이루어지지 않은 점을 불쾌하게 생각한다고 말함.
주제어 억류자 상호 석방, 한일회담 재개

문서명	유엔군사령부 군사정전위원회 고위급 멤버의 성명(Statement in Military Armistice Commission by Senior Member, United Nations Command, Military Armistice Command)

문서파일번호 1477
작성연월일 1957(월일 불명)
구분 제3~4차 회담 사이
세부항목 오노 차관 · 호세이 주일미국대리대사 회담
작성처 유엔군사령부
매수 2
비밀등급 일반
문서종류 내부자료
공개구분 공개
내용 1957년 6월 21일 자 '오노 차관, 재경 미국대사관 호세이 대리대사 회담 건' 문서 첨부물. 북한 측과의 정전위원회 석상에서 유엔군 사령부 측이 언급하려는 내용
주제어 주한유엔군사령부

한일 문제에 관한 오노 차관·맥아더 대사 회담
(日韓問題に関し大野次官·マックアーサー大使會談の件)

문서파일번호	1478
문서명	한일 문제에 관한 오노 차관·맥아더 대사 회담(日韓問題に関し大野次官·マックアーサー大使會談の件)
작성연월일	1957. 7. 19
구분	제3~4차 회담 사이
세부항목	오노 차관·맥아더 주일미국대사 회담
작성처	오노 차관 구술
매수	12
비밀등급	일반
문서종류	회의록
공개구분	공개
내용	오노 차관·맥아더 주일미국대사 회담 기록. 오노 차관은 주한미국대사가 도쿄를 방문 중인 것으로 알고 있다면서 맥아더 대사의 양해하에 본인이 주한미국대사에게 한일 문제에 관해 설명할 용의가 있다고 함. 이에 대해 맥아더 대사는 주한미국대사의 일정상 어려울 것이라 하면서 자신이 설명하겠다고 함. 오노 차관이 한국의 문구 수정 시도로 합의가 이루어지지 못하고 있다고 하자, 맥아더 대사는 일본이 지장이 없는 범위 내에서 양보하면 어떻겠느냐고 답함.
주제어	한일 문제 타개를 위한 미일 협의

후지야마 대신의 덜레스 장관에 대한 진술안
(藤山大臣よりダレス長官への陳述案)

문서파일번호	1524
작성연월일	1957. 9. 10
구분	제3~4차 회담 사이
세부항목	후지야마·덜레스 회담
작성처	외무성
매수	37
비밀등급	
문서종류	내부자료
공개구분	공개
내용	1957년 9월 유엔총회 참석차 방미 중인 후지야마 외무대신이 미국 덜레스 국무장관과 회담 시 한일교섭 관련하여 진술한 요지안 관련 참고자료
주제어	후지야마·덜레스 회담 자료

문서명	후지야마 대신의 덜레스 장관에 대한 진술안(藤山大臣よりダレス長官への陳述案)

문서파일번호 1524
작성연월일 1957. 9. 10
구분 제3~4차 회담 사이
세부항목 후지야마·덜레스 회담
작성처 외무성
매수 5
비밀등급 극비
문서종류 내부자료
공개구분 공개
내용 1957년 9월 유엔총회 참석차 방미 중인 후지야마 외무대신이 미국 덜레스 국무장관과 회담 시 한일교섭 관련하여 진술한 요지안. 한일 양국에 각각 수용 중인 억류자들의 상호 석방 문제에 대한 교섭상황을 설명하는 한편, 한국의 청구권 포기 요구를 받아들일 수 없으며, 인도적인 견지에서 상호 석방을 위한 교섭이 신속히 타결되도록 미국이 알선해 달라는 내용
주제어 후지야마 대신 진술 요지안

문서명	한국 억류 일본인어부와 일본 억류 한국인의 상호 석방에 관한 한일교섭에 대한 일본의 현재 입장 요약(Summary of Present Situation of and Japan's Position in the Japan-Korea Negotiation for Mutual Release of Japanese Fishermen Detained in Korea and Korean Detainees in Japan under Deportation Orders)

문서파일번호 1524
작성연월일 1957. 9. 10
구분 제3~4차 회담 사이
세부항목 후지야마·덜레스 회담
작성처 외무성
매수 3
비밀등급 극비
문서종류 내부자료
공개구분 공개
내용 1957년 9월 덜레스 미 국무장관 회담 준비를 위한 후지야마 대신 진술 요지안 영문본
주제어 후지야마 대신 진술 요지안

문서명	한일교섭의 경위와 현상(후지야마 대신의 덜레스장관에 대한 구두 진술 시 참고용으로 전달하는 영문의 일본어 번역)[日韓交渉の経緯と現状(藤山大臣よりダレス長官に口頭陳述の際参考として手交される英文の邦訳)]

문서파일번호 1524
작성연월일 1957. 9. 10
구분 제3~4차 회담 사이
세부항목 후지야마·덜레스 회담
작성처 외무성
매수 16
비밀등급 극비
문서종류 내부자료
공개구분 공개
내용 1957년 9월 후지야마·덜레스 회담 시 일본이 미국에 전달하기 위하여 작성한 한일교섭 경위와 현상에 관한 문서. 이승만 라인, 재일한국인의 국적 처우 문제, 상호 석방에 관한 교섭 경위 등이 담김.
주제어 한일교섭 경위, '이 라인', 재일한국인 법적지위, 억류자 상호 석방

문서명	한국 억류 일본인어부와 일본 억류 한국인의 상호 석방에 관한 한일교섭 (Negotiations between Japan and Korea for Mutual Release of Japanese Fishermen Detained in Korea and Koreans Detained in Japan under Deportation Orders)

문서파일번호 1524
작성연월일 1957. 9. 10
구분 제3~4차 회담 사이
세부항목 후지야마·덜레스 회담
작성처 외무성
매수 13
비밀등급 극비
문서종류 내부자료
공개구분 공개
내용 1957년 9월 후지야마·덜레스 회담 시 일본이 미국에 전달하기 위하여 작성한 한일교섭 경위와 현상에 관한 문서 영문본
주제어 한일교섭 경위, '이 라인', 재일한국인 법적지위, 억류자 상호 석방

로버트슨 국무차관보에 대한 요망사항
(ロバートソン国務次官補に対する要望事項)

문서파일번호	1485
문서명	로버트슨 국무차관보에 대한 요망사항(ロバートソン国務次官補に対する要望事項)
작성연월일	1958. 3. 15
구분	제3~4차 회담 사이
세부항목	후지야마·로버트슨 미국무차관보 회담
작성처	외무성 아시아국 제1과
매수	17
비밀등급	극비
문서종류	내부문서
공개구분	공개
내용	1958년 3월 20일로 예정된 로버트슨(Walter S. Robertson) 미 국무차관보와 후지야마 외무대신의 회담과 관련하여 억류자, 북송, 문화재 등의 한일 문제와 오키나와, 오가사와라 문제에 대한 일본의 설명과 요망을 기술함.
주제어	한일 문제에 관한 미일협의

제목 없음
(스가누마 북동아시아과장과 주일미대사관 서기관 면담기록)

문서파일번호	1483
문서명	없음
작성연월일	1958. 7. 17
구분	제4차 회담
세부항목	스가누마·주일미 대사관 직원 면담
작성처	외무성 북동아시아과
매수	5
비밀등급	극비
문서종류	회의록
공개구분	일부비공개
내용	스가누마 북동아시아과장과 주일미 대사관 ■ 서기관 면담 기록. ■ 서기관은 주한미 대사관으로부터의 정보라고 하면서, 북한 귀국 희망자 가석방 조치에 대해 주한미대사가 김동조와 회견한 내용을 전달함. 한국은 재일한인의 북송과 관련하여 한일회담을 결렬시킬 생각은 없으며, 북한 귀국 희망자 문제에 관해 무언가 타협책을 궁리 중인 것으로 보임. 7월 15일 한국대사가 맥아더 주일미국대사를 면담, 북한 귀국을 위한 한국인 가석방은 한국의 존엄에 관한 문제로서 이것의 중지를 원한다고 하자, 맥아더 대사는 이것은 인도상의 문제로 한국이 이들의 한국 송환을 고집할 경우 미국은 지지할 수 없다고 함.
주제어	재일한인 북송 문제, 억류자

9월 12일 후지야마 대신·덜레스 국무장관 회담록
(九月十二日藤山大臣、ダレス国務長官会談録)

문서파일번호	1484
문서명	9월 12일 후지야마 대신·덜레스 국무장관 회담록(九月十二日藤山大臣、ダレス国務長官会談録)
작성연월일	1958. 9. 12
구분	제4차 회담
세부항목	후지야마·덜레스 회담
작성처	외무성
매수	19
비밀등급	극비
문서종류	회의록
공개구분	공개
내용	방미 중인 후지야마 대신과 덜레스 미 국무장관 회담 기록. 후지야마는 한일회담에 대해 일본은 성의를 다하는데 한국 태도가 완고하여 순조롭지 않고, 일본 국내에는 '이 라인' 문제를 둘러싸고 유엔에 제소하자는 움직임이 있다는 상황을 설명함. 덜레스는 미국은 계속해서 협력할 것이며 한국에는 미국이 일본에 호의적이라는 견해가 있지만 미국의 입장은 공평하고 건설적이라고 답변함.
주제어	한일 문제에 관한 미일협의

한일 문제에 관한 이타가키 아시아국장·유 공사 회담 요지(日韓問題に関する板垣アジア局長·柳公使会談要旨)

문서파일번호	315
작성연월일	1958. 3. 22 - 1958. 12. 9
구분	제4차 회담
세부항목	이타가키·유태하 회담
작성처	외무성
매수	5
비밀등급	
문서종류	회의록, 구상서, 구두 전달사항,
공개구분	공개
내용	1958년 3월~12월까지 한일회담과는 별도로 외무성 이카가키 국장과 주일대표부 유태하 공사가 개최한 억류자 상호 석방 문제, 문화재 반환 등에 관한 회담 기록
주제어	억류자 상호 석방, 문화재 반환

문서명	이타가키 아시아국장·유 공사 회담 요지(板垣アジア局長 柳公使会談要旨)

문서파일번호 315
작성연월일 1958. 3. 22
구분 제4차 회담
세부항목 이타가키 · 유태하 회담
작성처 외무성 아시아국 제1과장
매수 10
비밀등급 극비
문서종류 회의록
공개구분 공개
내용 1958년 3월 20일 이타가키 국장과 유태하 공사 회담 요지. 유 공사는 3월 13일 외상 · 김유택 대사 회담 시 일본이 제시한 한일회담 재개 조건으로 한국이 일본 어부 송환 일시를 명시하는 안에 한국은 반대하며 일본이 회담 재개일을 명시하면 한국도 어부 송환 일시를 명시하는 것은 생각해 볼 수 있다고 함. 일본이 4월 1일 회담 재개를 언급하자 한국은 4월 말까지 송환하겠다는 의견을 제시, 일본은 그건 너무 늦다며 적어도 4월 15일까지 송환을 완료하도록 요구함.
주제어 억류자 상호 석방

문서명	이타가키 아시아국장·유 공사 회담 요지(板垣アジア局長 柳公使会談要旨)

문서파일번호 315
작성연월일 1958. 4. 3
구분 제4차 회담
세부항목 이타가키 · 유태하 회담
작성처 외무성 이타가키 국장 구술, 아시아국 제1과장 기록
매수 10
비밀등급 극비
문서종류 회의록
공개구분 공개
내용 이타가키 국장과 유태하 공사 회담 요지. 유 공사는 일본이 몇 월 몇 일에 한일회담을 개최한다고 결정하고 한국은 동시에 상호 석방을 촉진하기로 하는 방안을 제시함. 한국은 국내 사정상 날짜를 정해 석방하는 방안은 취하기가 어렵다고 부연. 일본은 검토 후 답하겠다고 함.
주제어 억류자 상호 석방

문서명	제3차 어부 송환에 관한 아시아국장·유 공사 회담 요지(第三次漁夫送還に関するアジア局長 柳公使会談要旨)

문서파일번호 315
작성연월일 1958. 4. 16
구분 제4차 회담
세부항목 이타가키 · 유태하 회담
작성처 외무성 아시아국 제1과장
매수 7
비밀등급 극비
문서종류 회의록
공개구분 공개
내용 이타가키 국장과 유태하 공사 회담 요지. 일본으로서는 한국이 송환기일을 명확히 해 적어도 '24, 25일경까지 3차 송환이 이루어질 예정이다'라고 할 필요가 있음을 언급, 결국 한국도 이를 받아들임. 일본은 한국에 인도할 문화재 106점의 목록을 전달함.
주제어 억류자 상호 석방, 문화재 반환

문서명	오무라수용소 안의 북한 귀국 희망자에 관한 유 공사·이타가키 아시아국장 회담 요지(大村収容所内の北鮮帰国希望者に関する柳公使、板垣アジア局長 会談要旨)

문서파일번호 315
작성연월일 1958. 7. 7
구분 제4차 회담
세부항목 이타가키 · 유태하 회담
작성처 이타가키 국장 구술
매수 17
비밀등급 극비
문서종류 회의록
공개구분 공개
내용 이타가키 국장과 유태하 공사 회담 요지. 이타가키 국장은 북한 귀국 희망자들이 단식 투쟁을 벌이고 치료도 거부해 위험한 상황이기 때문에 북한에 송환하지 않았던 종래 방침이 바뀔 수밖에 없다며 한국의 이해를 구함. 이에 유 공사는 오무라 수용자를 전부 한국에 송환하지 않고 한국과 협의 없이 수용한 일본에 잘못이 있다고 함. 한국은 북한 송환은 절대 용인할 수 없다고 하자 일본은 국제적십자사 등 제3국의 알선이나 개입을 통해 해결하려 하고 있다고 함.
주제어 억류자 상호 석방, 재일한인 북송

문서명	한국대표부 구상서 PKM-20의 요지(韓国代表部口上書PKM-20の要旨)

문서파일번호 315
작성연월일 1958. 7. 7
구분 제4차 회담
세부항목 이타가키 · 유태하 회담
작성처 외무성
매수 6
비밀등급 일반
문서종류 구상서
공개구분 공개
내용 오무라수용소 한국인 수용자를 부산으로 송환할 것을 요구하는 주일한국대표부의 외무성 앞 구상서. 영문 구상서(Note Verbale)가 첨부되어 있음.
주제어 억류자 석방

문서명	유 공사·아시아국장 회담 요지(柳公使、板垣アジア局長 会談要旨)

문서파일번호 315
작성연월일 1958. 8. 11
구분 제4차 회담
세부항목 이타가키 · 유태하 회담
작성처 외무성 스가누마 북동아시아과장
매수 5
비밀등급 극비
문서종류 회의록
공개구분 공개
내용 이타가키 국장과 유태하 공사 회담 요지. 한국은 병자, 여성에 대해 가석방 상담이 있다면 인도상의 견지에서 다른 의견이 없다고 말함.
주제어 억류자 석방

문서명	비망록(Aide Memoire)

문서파일번호 315
작성연월일 1958. 8. 11
구분 제4차 회담
세부항목 이타가키 · 유태하 회담
작성처 주일한국대표부
매수 5
비밀등급 일반
공개구분 공개
내용 1958년 8월 11일 회담내용이 담긴 비망록(영문, 8월 12일 자 일본어 번역문 첨부)
주제어 억류자 석방

문서명	비망록(Aide Memoire)

문서파일번호 315
작성연월일 1958. 8. 12
구분 제4차 회담
세부항목 이타가키 · 유태하 회담
작성처 주일한국대표부
매수 1
비밀등급 일반
문서종류 비망록
공개구분 공개
내용 1958년 8월 11일 이타가키 아시아국장과의 회담에서 유태하 공사가 언급한 내용의 요지가 담긴 1958년 8월 12일 자 비망록(영문)
주제어 억류자 석방

문서명	구상서(Note Verbale)

문서파일번호	315
작성연월일	1958. 8. 18
구분	제4차 회담
세부항목	이타가키 · 유태하 회담
작성처	주일한국대표부
매수	1
비밀등급	일반
문서종류	구상서
공개구분	공개
내용	주일한국대표부가 외무성에 보낸 구상서(영문). 오무라수용소 내 한국인 수용자 중 3명의 중환자에 대한 즉각 석방을 요구
주제어	억류자 석방

문서명	8월 26일 이타가키 아시아국장·유 공사 회담 요지(八月二十六日板垣アジア局長 柳公使会談要旨)

문서파일번호	315
작성연월일	1958. 8. 26
구분	제4차 회담
세부항목	이타가키 · 유태하 회담
작성처	외무성 이타가키 국장 구술
매수	7
비밀등급	극비
문서종류	회의록
공개구분	공개
내용	이타가키 국장과 유태하 공사 회담 요지. 한국은 오무라수용소 수용자가 한국이 지정한 장소 이외의 지역에 보내지는 일이 없도록 감시한다는 것을 서면으로 보증한다면 수용자의 가석방에 이의가 없다고 함. 이렇게 해서 1957년 12월 31일의 합의의 사록 문제는 최종적으로 해결되었다는 것에 양측이 잠정 합의함.
주제어	억류자 석방

문서명	아시아국장·유 공사 회담 요지(アジア局長 柳公使会談要旨)

문서파일번호 315
작성연월일 1958. 9. 5
구분 제4차 회담
세부항목 이타가키 · 유태하 회담
작성처 외무성 스가누마 북동아시아과장
매수 3
비밀등급 극비
문서종류 회의록
공개구분 공개
내용 이타가키 국장과 유태하 공사 회담 요지. 북한 송환 문제에 대한 일본의 답변에 대해 한국이 비판하고 이에 대해 일본이 이해를 구함.
주제어 억류자 석방, 재일한인 북송

문서명	구두 전달사항(口頭伝達事項)

문서파일번호 315
작성연월일 1958. 9. 5
구분 제4차 회담
세부항목 이타가키 · 유태하 회담
작성처 외무성
매수 2
비밀등급 일반
문서종류 구두 전달사항
공개구분 공개
내용 1958년 8월 12일 자 한국 비망록에 대한 일본정부의 구두 전달사항. 한국인 가석방 문제에 관해 당분간 한국의 희망을 고려하여 대처하겠다는 일본정부의 의향을 표명함(9월 3일 이카가키 국장이 유 공사에게 전달했다고 기록되어 있음).
주제어 억류자 석방

문서명	이타가키 아시아국장·유 공사 회담 요지(板垣アジア局長 柳公使会談要旨)

문서파일번호 315
작성연월일 1958. 9. 30
구분 제4차 회담
세부항목 이타가키 · 유태하 회담
작성처 외무성 이타가키 국장 구술
매수 6
비밀등급 극비
문서종류 회의록
공개구분 공개
내용 1958년 9월 29일 이타가키 국장과 유태하 공사 회담 요지. 일본의 이전 제안과 9월 27일 자 구상서에 관해 논의함. 유 공사는 한국정부는 일본의 이전 제안이 국내 석방을 연속적으로 할 수 있게 하는 의미를 내포하고 있다고 발언함. 9월 27일의 구상서는 일본 입장이 한국의 요청에 합치하지 않지만 대표부는 억류자 문제가 한일회담의 진전을 저해하지 않도록 하겠다는 내용을 담고 있음.
주제어 억류자 석방

문서명	구상서(Note Verbale)

문서파일번호 315
작성연월일 1958. 9. 27
구분 제4차 회담
세부항목 이타가키 · 유태하 회담
작성처 주일한국대표부
매수 2
비밀등급 일반
문서종류 구상서
공개구분 공개
내용 오무라 수용 한국인 가석방 문제에 관한 1958년 9월 27일 자 한국 구상서(영문)
주제어 억류자 석방

문서명	아시아국장·유 공사 회담 요지(アジア局長 柳公使会談要旨)

문서파일번호 315
작성연월일 1958. 10. 11
구분 제4차 회담
세부항목 이타가키 · 유태하 회담
작성처 외무성 이타가키 국장 구술
매수 7
비밀등급 극비
문서종류 회의록
공개구분 공개
내용 1958년 10월 10일 이타가키 국장과 유태하 공사 회담 요지. 평화선, '어업 및 평화선'위원회, 문화재 반환 문제에 대해서 논의함. 문화재 문제에 관해 한국은 조속히 협의에 들어가자는 의향을 밝혔지만 일본은 훈령을 받지 못했다며 대응하지 않음.
주제어 어업, 평화선, 문화재 반환

문서명	이타가키 아시아국장·유 공사 회담 요지(板垣アジア局長 柳公使会談要旨)

문서파일번호 315
작성연월일 1958. 12. 9
구분 제4차 회담
세부항목 이타가키 · 유태하 회담
작성처 외무성
매수 7
비밀등급 극비
문서종류 회의록
공개구분 공개
내용 이타가키 국장과 유태하 공사 회담 요지. 문화재 반환 문제와 어업 문제에 관해서 양측 간 입장차가 드러남. 이타가키는 어업 문제 해결전망이 보이지 않는데 문화재 등에서 사전에 성의를 약속하는 것은 할 수 없다고 주장함.
주제어 어업, 문화재 반환

후지야마 외상·허터 국무장관 회담자료
(藤山外相とハーター国務長官との会談資料)

문서파일번호	1551
문서명	후지야마 외상·허터 국무장관 회담자료(藤山外相とハーター国務長官との会談資料)
작성연월일	1959. 9. 4
구분	제4차 회담
세부항목	후지야마 외상·허터 국무장관 회담자료
작성처	외무성 북동아시아과
매수	10
비밀등급	극비
문서종류	내부문서
공개구분	공개
내용	후지야마 아이치로 외상과 크리스천 허터(Christian Herter) 미 국무장관 회담자료. 재일한인 북송, 억류자 문제, 법적지위 문제 등에 관해 설명하고 미국정부의 적절한 배려와 주선을 요청함.
주제어	재일한인 북송 문제, 억류자, 재일한국인 법적지위

한일회담, 재일한인 북송 문제에 관한 미일 간 회담(日韓會談, 北韓歸還問題に関する日米間の会談)

문서파일번호	1618
작성연월일	1959. 1. 29 - 1959. 12. 17
구분	제4차 회담
세부항목	재일한인 북송 문제, 한일 문제 관련 미일 협의
작성처	외무성
매수	393
비밀등급	
문서종류	회의록
공개구분	일부비공개
내용	한일회담, 재일한인 북송 문제, 재일한인 귀환에 따른 보상 문제 등과 관련한 일본(외무성)과 미국(주일미 대사관 등)의 각종 회담 기록
주제어	재일한인 북송, 한일 문제 관련 미일 협의

문서명	북한귀환 문제 건(北鮮歸還問題に関する件)

문서파일번호 1618
작성연월일 1959. 2. 19
구분 제4차 회담
세부항목 재일한인 북송 문제 관련 미일 협의
작성처 외무성 스가누마 과장
매수 4
비밀등급 극비
문서종류 회의록
공개구분 일부비공개
내용 스가누마 기요시(管沼潔) 북동아시아과장과 주일미 대사관 ▬ 서기관 회담 기록. ▬ 서기관은 일본정부가 재일한인 북송 문제에 대해 국제적십자사의 중개를 요청한 것은 현명하고 공정한 처리라는 점을 강조하고, 미국은 한국정부에 자중을 권하고 있으며 진정 기미를 보인 것은 기쁜 일이나 한국은 일본과 북한이 직접 접촉한 것에 매우 민감하니 이를 감안하여 반드시 국제적십자사를 통할 것을 요청함.
주제어 재일한인 북송 문제

문서명	북한귀환 문제에 관한 ▬ 서기관 회담 요지(北鮮歸還問題に関する▬ 書記官との会談要旨)

문서파일번호 1618
작성연월일 1959. 2. 20
구분 제4차 회담
세부항목 재일한인 북송 문제 관련 미일 협의
작성처 외무성 스가누마 과장
매수 13
비밀등급 극비
문서종류 회의록
공개구분 일부비공개
내용 스가누마 기요시 북동아시아과장과 주일미 대사관 ▬ 서기관 회담 기록. 스가누마가 일본정부가 오늘 각의에서 후지야마 아이치로(藤山愛一郎) 대신이 적십자국제위원회 위원장에게 조기 석방을 위한 노력 방안을 의뢰할 방침을 결정했다고 말하자 ▬ 서기관은 일본의 조치는 자연스러운 것이며 이해한다고 답함. 이어 스가누마가 한국이 진정 기미를 보이고 있다는 구체적 징후에 대해 묻자 ▬ 서기관은 임병직 대사가 본국 정부는 현재 곤란한 국면의 타개를 위해 노력 중이라며 사태 악화를 원하지 않는다고 말했다고 대답함. 이어 ▬ 서기관은 일본정부와 일본적십자사는 북한과의 모든 접촉은 국제적십자사 제안에 따르는 것을 절대조건으로 해야 한다고 강조함.

주제어 재일한인 북송 문제

문서명	▬ 서기관 회담 요지(▬書記官との会談要旨)

문서파일번호 1618
작성연월일 1959. 4. 8
구분 제4차 회담
세부항목 재일한인 북송 문제 관련 미일 협의
작성처 외무성 스가누마 과장
매수 8
비밀등급 극비
문서종류 회의록
공개구분 일부비공개
내용 스가누마 기요시 북동아시아과장과 주일미 대사관 ▬ 서기관 회담 기록. 한국이 일본의 재일한인 북송계획 포기를 한일회담 재개 조건으로 내세우고 있느냐는 ▬ 서기관의 질문에 스가누마는 한국이 재일한인 북송 문제 언급 없이 회담 재개에 응할 기미는 없다고 대답함. ▬ 서기관은 만일 제네바에서 북한이 적십자국제위원회의 협력을 거부하거나 위원회가 해상수송의 안전을 기할 수 없다는 이유로 개입을 거부할 경우 북한 귀국은 어려워지고 이 경우 한국이 억류 어부를 석방, 회담 중에는 어선을 나포하지 않는다고 일본국민에게 어필하면 회담 재개는 가능하다고 말함. 스가누마는 북한도 한일 간 최근 접촉을 보고 전술적으로 대응할지도 모르니 일단은 제네바의 움직임을 지켜봐야 한다고 대답함.
주제어 재일한인 북송 문제

문서명	■ 서기관 회담 요지(■書記官との会談要旨)

문서파일번호 1618
작성연월일 1959. 5. 21
구분 제4차 회담
세부항목 일본 어선 나포 및 재일한인 북송 문제 관련 미일 협의
작성처 외무성 북동아시아과장
매수 5
비밀등급 극비
문서종류 회의록
공개구분 일부비공개
내용 스가누마 기요시 전북동아과장, 나카가와 도요요시 신북동아과장과 주일미 대사관 ■서기관 회담 기록. ■서기관은 제2 산노마루(山王丸) 나포 사건 및 제네바회담 관련 5월 21일 자 기사를 제시하며, 이 보도 내용대로 일본이 양보했는지 설명을 요구함. 일본은 일부 표현의 오류를 지적하고 기본 원칙에 대해 양보하지 않았다고 답변함. ■서기관은 한일회담 재개가 바람직하다는 점, 미국 일부 여론은 제네바회담을 혹평한다는 점을 지적하며 북한과의 협상 중단을 권함.
주제어 일본 어선 나포, 재일한인 북송 문제

문서명	국제적십자사위원회의 북송 컨트롤 부재(No ICRC Control For Repatriation)

문서파일번호 1618
작성연월일 1959. 5. 21
구분 제4차 회담
세부항목 재일한인 북송 문제 언론 보도
작성처 영문 마이니치신문(英文毎日新聞)
매수 1
비밀등급 일반
문서종류 내부자료
공개구분 공개
내용 1959년 5월 21일 자 영문 마이니치신문(英文毎日新聞) 재일한인 북송 문제 관련 신문 기사(영문)
주제어 재일한인 북송 문제, 언론 보도

문서명	북한귀환 문제에 관한 주일미 대사관 ■ 서기관 회담 요지(北鮮帰還問題に関し、駐日米大使館■書記官との会談要旨)

문서파일번호 1618
작성연월일 1959. 6. 24
구분 제4차 회담
세부항목 재일한인 북송 문제 관련 미일 협의
작성처 외무성 북동아시아과장
매수 4
비밀등급 비(秘)
문서종류 회의록
공개구분 일부비공개
내용 나카가와 도요요시 북동아시아과장과 주일미 대사관 ■ 서기관 회담 기록. ■ 서기관은 제네바 협상이 타결되었다는 신문 보도에 대해 질문하며 협정문서가 도착하면 영문 텍스트를 보내줄 것을 요청함. 일본은 국제위원회의 승인이 있기까지는 미발표임을 강조하고, 협정 승인 약 3개월 후 제1선이 출발하므로 그때까지 한국의 실력행사를 회피할 수 있는 조치를 취하기 위해 연구 중이라고 말함.
주제어 재일한인 북송 문제

문서명	미국 대사관 ■ 서기관 회담 건(米大■書記官との会談に関する件)

문서파일번호 1618
작성연월일 1959. 7. 1
구분 제4차 회담
세부항목 재일한인 북송 문제 관련 미일 협의
작성처 외무성 북동아시아과장
매수 9
비밀등급 비(秘)
문서종류 회의록
공개구분 일부비공개
내용 나카가와 도요요시 북동아시아과장과 주일미 대사관 ■ 서기관 회담 기록. ■ 서기관은 북한귀환 협정이 추상적이고 위원회의 활동 범위가 명확하지 않은 점에 우려를 표명하고 귀환선의 준수사항 영문 사본을 요구함. 일본은 이번 협정에 대한 미국의 이해가 가장 중요하다고 말함. ■ 서기관은 미국 측도 한국 주장이 정치적이라는 점을 충분히 안다며 거액의 보상금을 받아 내려는 생각은 비합리적이라고 언급함.

주제어 재일한인 북송 문제

문서명	북한귀환 문제에 관한 주일미 대사관 ■ 서기관 내방 건(北鮮帰還問題に関し、米大使館■書記官来訪の件)

문서파일번호 1618

작성연월일 1959. 7. 31

구분 제4차 회담

세부항목 재일한인 북송 문제 관련 미일 협의

작성처 외무성 북동아시아과장

매수 5

비밀등급 일반

문서종류 회의록

공개구분 일부비공개

내용 나카가와 도요요시 북동아시아과장과 주일미 대사관 ■ 서기관 회담 기록. ■ 서기관은 맥아더 대사의 지시로 미야케 기지로 심의관에게 북일 적십자사 간 협정에 대한 국제위원회의 승인에 관한 질문서를 제출하기를 원함(미야케 심의관은 만나지 못하고 나카가와 과장이 상대). 일본은 국제위원회의 승인 전에는 조인하지 않겠다는 방침이며 만일 국제위원회의 승인이 지연될 경우는 효력 규정을 추가하는 등 방법을 검토할 것이라고 답함.

주제어 재일한인 북송 문제

문서명	북한귀환 문제에 관한 주일미 대사관 ■ 서기관 내방 건(北鮮帰還問題に関し、米大使館■書記官来訪の件)

문서파일번호 1618
작성연월일 1959. 7. 10
구분 제4차 회담
세부항목 재일한인 북송 문제 관련 미일 협의
작성처 외무성 북동아시아과장
매수 2
비밀등급 극비
문서종류 회의록
공개구분 일부비공개
내용 1959년 7월 9일 나카가와 도요요시 북동아시아과장과 주일미 대사관 ■ 서기관 회담 기록. 북일 적십자사 간 가조약 날짜가 7월 24일임을 확인하고 양 적십자사의 조인 없이는 국제위원회의 승인도 없다는 담화는 사실이 아님을 확인함.
주제어 재일한인 북송 문제

문서명	미 대사관 ■ 서기관 회담(米大使館■書記官との会談の件)

문서파일번호 1618
작성연월일 1959. 8. 7
구분 제4차 회담
세부항목 한일회담 재개 관련 미일 협의
작성처 외무성 북동아시아과장
매수 2
비밀등급 비(秘)
문서종류 회의록
공개구분 일부비공개
내용 나카가와 도요요시 북동아시아과장과 주일미 대사관 ■ 서기관 회담 기록. ■ 서기관에게 8월 12일에 한국과 정식 회담을 갖기로 결정했으며 이날 상호 석방 관련 실무위원회도 개최된다는 내용을 전달함.
주제어 제4차 한일회담 재개

문서명	한국 문제에 관한 미 대사관 ▬ 서기관 회담(朝鮮問題に関し米大使館▬書記官と会談の件)

문서파일번호 1618
작성연월일 1959. 8. 12
구분 제4차 회담
세부항목 한일회담 재개 관련 미일 협의
작성처 외무성 북동아시아과장
매수 4
비밀등급 극비
문서종류 회의록
공개구분 일부비공개
내용 나카가와 도요요시 북동아시아과장과 주일미 대사관 ▬ 서기관 회담 기록. ▬ 서기관은 한국과 일본이 우호적인 분위기를 만드는 것이 선결이라며 지난 회담이 순조롭지 못했던 이유를 반성, 새로이 임할 것을 당부하고 한국이 송환 문제로 보상금 지불을 요구할 경우 일본은 인내로 대응해야 할 것이며 최소한 잠정협정이라도 달성되기 바란다고 말함. 북한귀환 협정의 조인에 관한 일정을 확인함.
주제어 제4차 한일회담, 재일한인 북송 문제

문서명	한일 문제에 관한 ▬ 서기관 회담(日韓問題に関し▬書記官と会談の件)

문서파일번호 1618
작성연월일 1959. 8. 18
구분 제4차 회담
세부항목 한일회담 재개 관련 미일 협의
작성처 외무성 북동아시아과장
매수 4
비밀등급 극비
문서종류 회의록
공개구분 일부비공개
내용 나카가와 도요요시 북동아시아과장과 주일미 대사관 ▬ 서기관 회담 기록. 나카가와 과장은 ▬ 서기관의 요청에 따라 동 서기관에게 제4차 한일회담 본회의 제2회의 상황과 쌍방의 제의에 대해 설명함. ▬ 서기관은 본 회담이 결렬되는 일이 없도록 해달라고 당부함.
주제어 제4차 한일회담

문서명	한일 문제에 관한 ▬ 서기관 회담(日韓問題に関し▬書記官と会談の件)

문서파일번호 1618
작성연월일 1959. 8. 19
구분 제4차 회담
세부항목 한일회담 재개 및 상호 석방 관련 미일 협의
작성처 외무성 북동아시아과장
매수 6
비밀등급 극비
문서종류 회의록
공개구분 일부비공개
내용 1959년 8월 18일 나카가와 도요요시 북동아시아과장과 주일미 대사관 ▬ 서기관 회담 기록. 나카가와 과장은 ▬ 서기관에게 사와다 렌조·이세키 유지로 대표와 허정·유태하 대표의 회담 내용에 대해 한국이 제안하는 재일한국인(Korean Residents)에 관한 논의, 상호 석방 일정 확정, 이 확정일 통고까지 법적지위위원회 휴회 등 합의 사항을 전함. ▬ 서기관도 최규하 참사관과 만나 회의 성공의 열쇠는 상호 석방의 조기 실현에 있고 한국의 재일한인 북송 반대 기도는 성공할 가망성이 없음을 역설했으나 최 참사관은 납득하지 않았다고 전하며, 이와 관련하여 한국에 압력을 가하여 한일회담이 진행될 수 있도록 하겠다고 말함.
주제어 제4차 한일회담, 상호 석방 문제

문서명	한일 문제에 관한 ▬ 서기관 회담(日韓問題に関し▬書記官と会談の件)

문서파일번호 1618
작성연월일 1959. 8. 21
구분 제4차 회담
세부항목 한일회담 재개 및 재일한인 북송 문제 관련 미일 협의
작성처 외무성 북동아시아과장
매수 7
비밀등급 극비
문서종류 회의록

공개구분 일부비공개

내용 1959년 8월 21일 오전 나카가와 도요요시 북동아시아과장과 주일미 대사관 ■ 서기관 회담 기록. 나카가와 과장은 ■ 서기관에게 8월 20일 열린 상호 석방 관련 연락 회의가 실질적 성과 없이 끝났다고 설명하자, ■ 서기관은 한국으로부터 법적지위위원회의 개최조건으로 한국이 북한귀환 문제를 정식으로 수락할 것을 요구하는 것은 무리이며 실질적 논의는 다른 위원회와의 관련성을 고려하여 신중히 검토해야 한다는 언급이 있었음을 전함.

주제어 제4차 한일회담, 재일한인 북송 문제

문서명	한일 문제에 관한 ■ 서기관 회담(日韓問題に関し■書記官と会談の件)

문서파일번호 1618

작성연월일 1959. 8. 21

구분 제4차 회담

세부항목 한일회담 재개 및 상호 석방 관련 미일 협의

작성처 외무성 북동아시아과장

매수 5

비밀등급 극비

문서종류 회의록

공개구분 일부비공개

내용 1959년 8월 21일 오후 나카가와 도요요시 북동아시아과장과 주일미 대사관 ■ 서기관 회담 기록. 나카가와 과장은 ■ 서기관에게 사와다 렌조·이세키 유지로 대표와 허정·유태하 대표의 비공식회담 내용을 설명함. 일본은 한국에게 본회의 개최조건으로 상호 송환일, 법적지위위원회 개최, 재일한인 북송 관련 방침에 관한 내용을 제시하고 한국이 제시한 재일한인의 처우에 관한 문제를 법적지위위원회에서 논의하는 것에 동의했다고 전함.

주제어 제4차 한일회담, 상호 석방 문제

문서명	한일회담에 관한 주일대사관 ■ 서기관 회담 건(日韓会談に関し米大使館■書記官との会談に関する件)

문서파일번호 1618
작성연월일 1959. 8. 27
구분 제4차 회담
세부항목 한일회담 재개 및 재일한인 북송 문제 관련 미일 협의
작성처 외무성 북동아시아과장
매수 7
비밀등급 극비
문서종류 회의록
공개구분 일부비공개
내용 나카가와 도요요시 북동아시아과장과 주일미 대사관 ■ 서기관 회담 기록. 나카가와 과장은 ■ 서기관에게 한일회담의 상황과 국제위원회의 방일 후 상황에 대해 전달하고 유엔총회에서 한국이 북한 귀국 문제와 관련하여 어떤 발언을 할 의향인지 확인해 달라고 부탁함.
주제어 제4차 한일회담, 재일한인 북송 문제

문서명	한일회담에 관한 주일대사관 ■ 서기관 회담 건(日韓問題に関し米大使館■書記官と会談の件)

문서파일번호 1618
작성연월일 1959. 9. 1
구분 제4차 회담
세부항목 한일회담 재개 및 상호 석방 관련 미일 협의
작성처 외무성 북동아시아과장
매수 7
비밀등급 극비
문서종류 회의록
공개구분 일부비공개
내용 나카가와 도요요시 북동아시아과장과 주일미 대사관 ■ 서기관 회담 기록. 나카가와 과장은 ■ 서기관에게 8월 29일 개최된 제2회 연락 회의에 대해 설명함. 쌍방이 석방자 명단을 교환하기로 했으나 한국이 구체적 석방 날짜에 대해 회답을 피했다고 전함. 31일의 이세키 유지로 · 유태하 대표의 사적 회담에서 일본인어부 석방, 일본 어선 나포 자제에 합의를 보았고 일본이 향후 한일회담 및 각 위원회의 개최 시기에 대해 한국에 통고했다고 밝힘.
주제어 제4차 한일회담, 상호 석방 문제

문서명	한일회담에 관한 주일대사관 ▬ 서기관 회담 건(日韓問題に関し米大使館▬書記官と会談の件)

문서파일번호 1618
작성연월일 1959. 9. 4
구분 제4차 회담
세부항목 재일한인 북송 문제 관련 미일 협의
작성처 외무성 북동아시아과장
매수 4
비밀등급 극비
문서종류 회의록
공개구분 일부비공개
내용 나카가와 도요요시 북동아시아과장과 주일미 대사관 ▬ 서기관 회담 기록. ▬ 서기관은 유엔총회에서 한국이 재일한인 북송 문제를 제기할 의도가 있는지는 불분명하며 9월 말이나 10월 초에 뉴욕의 한국대표부와 접촉하여 설득할 생각이라고 전함.
주제어 재일한인 북송 문제

문서명	한일회담에 관한 주일대사관 ▬ 서기관 회담 건(日韓問題に関し米大使館▬書記官と会談の件)

문서파일번호 1618
작성연월일 1959. 9. 8
구분 제4차 회담
세부항목 한일회담 재개 및 상호 석방 관련 미일 협의
작성처 외무성 북동아시아과장
매수 4
비밀등급 극비
문서종류 회의록
공개구분 일부비공개
내용 나카가와 도요요시 북동아시아과장과 주일미 대사관 ▬ 서기관 회담 기록. 나카가와 과장은 ▬ 서기관에게 한국이 제출한 석방자 명단에는 형기를 만료한 16명이 고의로 누락된 점, 법적지위위원회는 우호적인 분위기에서 과거 회담에서의 의견 대립점을 확인했다는 점, 오늘 전면회담이 열려 각 위원회를 조속히 개최하기로 결정했다는 사실을 전함.
주제어 제4차 한일회담, 상호 석방 문제

문서명	한일 문제에 관한 주일대사관 ■ 서기관 회담 건(日韓問題に関し米大使館■書記官と会談の件)

문서파일번호	1618
작성연월일	1959. 9. 12
구분	제4차 회담
세부항목	한일회담 재개 및 재일한인 한국귀환 보상 문제 관련 미일 협의
작성처	외무성 북동아시아과장
매수	4
비밀등급	극비
문서종류	회의록
공개구분	일부비공개
내용	나카가와 도요요시 북동아시아과장과 주일미 대사관 ■ 서기관 회담 기록. 나카가와 과장은 ■ 서기관에게 11일 열린 법적지위위원회에서 한국이 일본의 보상금 지불, 반출재산 무제한을 조건으로 남한 집단 귀환을 실시할 용의가 있다고 제안했고, 이에 대해 일본이 보상금은 지불하지 않는다는 방침이라고 대답했다고 전하자 서기관은 보상금과 관련하여 일본이 먼저 구체적인 방안을 정할 필요가 있다고 언급함.
주제어	제4차 한일회담, 재일한국인 한국귀환 보상 문제

문서명	미 대사관 ■ 서기관 회담(米大使館■書記官と会談の件)

문서파일번호	1618
작성연월일	1959. 9. 16
구분	제4차 회담
세부항목	한일 현안 관련 미일 협의
작성처	외무성 북동아시아과장
매수	5
비밀등급	극비
문서종류	회의록
공개구분	일부비공개
내용	나카가와 도요요시 북동아시아과장과 주일미 대사관 ■ 서기관 회담 기록. ■ 서기관은 15일 한국 실무자와 가진 회담에서 재일한인 북송 문제, 억류어부의 석방, 어선 나포, 법적지위위원회에 대한 의견을 교환했다고 설명함.
주제어	재일한인 북송 문제, 억류어부 석방, 어선 나포, 법적지위위원회

문서명	한일 문제에 관한 주일대사관 ■ 서기관 회담 건(日韓問題に関し米大使館■書記官来訪の件)

문서파일번호 1618
작성연월일 1959. 9. 22
구분 제4차 회담
세부항목 재일한인 북송 문제 관련 미일 협의
작성처 외무성 북동아시아과장
매수 8
비밀등급 극비
문서종류 회의록
공개구분 일부비공개
내용 나카가와 도요요시 북동아시아과장과 주일미 대사관 ■ 서기관 회담 기록. ■ 서기관은 북한귀환 문제와 관련하여 총련 측의 귀국 안내 변경으로 인한 문제에 대해 한국 실무자와 의견을 교환했다며 그 요지를 전함.
주제어 재일한인 북송 문제

문서명	한일 문제에 관한 ■ 서기관 회담 건(日韓問題に関し■書記官と会談に関する件)

문서파일번호 1618
작성연월일 1959. 9. 25
구분 제4차 회담
세부항목 한국 귀환자 보상 문제 관련 미일 협의
작성처 외무성 북동아시아과장
매수 4
비밀등급 극비
문서종류 회의록
공개구분 일부비공개
내용 나카가와 도요요시 북동아시아과장과 주일미 대사관 ■ 서기관 간 회담 기록. ■ 서기관은 한국 귀환자 대상 가옥 건설비 문제에 대한 참고자료를 지참, 가이드북과 법적지위위원회 문제에 대해 의견을 교환함.
주제어 한국 귀환자 보상

문서명	첨부. 제목 없음

문서파일번호 1618
작성연월일 1959. 9. 25
구분 제4차 회담
세부항목 한국 귀환자 보상 문제 관련 미일 협의
작성처 외무성 북동아시아과장
매수 1
비밀등급 일반
문서종류 회의록
공개구분 공개
내용 나카가와 도요요시 북동아시아과장과 주일미 대사관 ▬ 서기관 회담에서 미국이 전달한 북한 피난민을 위해 남한에서 건설한 5~6인용 가족주택 예산 견적서
주제어 한국 귀환자 보상

문서명	한일 문제에 관한 ▬ 서기관 회담 건(日韓問題に関し▬書記官と会談に関する件)

문서파일번호 1618
작성연월일 1959. 9. 28
구분 제4차 회담
세부항목 한국 귀환자 보상 문제 관련 미일 협의
작성처 외무성 북동아시아과장
매수 5
비밀등급 극비
문서종류 회의록
공개구분 일부비공개
내용 1959년 9월 28일 오후 나카가와 도요요시 북동아시아과장과 주일미 대사관 ▬ 서기관 회담 기록. 나카가와 과장은 ▬ 서기관에게 법적지위위원회 제4회 회의 관련 일본은 보상금 문제를 본 위원회에서 다룰 생각이 없다는 점과 한국이 약속을 어기고 이 문제를 신문에 제공한 점에 유감을 표명했다고 설명함.
주제어 한국 귀환자 보상

문서명	한일 문제에 관한 ■ 서기관 회담 건(日韓問題に関し■書記官と会談に関する件)

문서파일번호 1618
작성연월일 1959. 9. 30
구분 제4차 회담
세부항목 한국 귀환자 보상 문제 및 일본 어선 나포 관련 미일 협의
작성처 외무성 북동아시아과장
매수 6
비밀등급 극비
문서종류 회의록
공개구분 일부비공개
내용 1959년 9월 28일 오후 나카가와 도요요시 북동아시아과장과 주일미 대사관 ■ 서기관 회담 기록. 나카가와 과장은 ■ 서기관에게 보상금 문제에 대해 일본은 한국이 먼저 구체안을 제시해야 한다는 입장이라고 설명. ■ 서기관은 고요호(幸洋丸) 나포 사건에 대해 미국도 한국에 선처를 요청할 생각임을 밝힘.
주제어 한국 귀환자 보상, 일본 어선 나포

문서명	한일 문제에 관한 ■ 서기관 회담 건(日韓問題に関し■書記官と会談に関する件)

문서파일번호 1618
작성연월일 1959. 10. 2
구분 제4차 회담
세부항목 한일 현안 관련 미일 협의
작성처 외무성 북동아시아과장
매수 7
비밀등급 극비
문서종류 회의록
공개구분 일부비공개
내용 나카가와 도요요시 북동아시아과장과 주일미 대사관 ■ 서기관 회담 기록. ■ 서기관은 한국의 새로운 훈령은 당초보다 탄력적일 것으로 예상되나 어업위원회와 관련해서는 양보의 기미가 보이지 않는다고 전함. 남한귀환, 북한귀환의 가이드북 문제, 고요호(幸洋丸) 나포 사건, 월터 다울링(Walter C. Dowling) 주한미국대사의 방일에 대해 의견을 교환함.
주제어 어업, 재일한인 북송 문제, 다울링 대사 방일

문서명	시마 대사와 다울링 대사 간 협의 안건(Items of Discussion between Ambassador Shima and Ambassador Dowling)

문서파일번호	1618
작성연월일	1959. 10. 6
구분	제4차 회담
세부항목	시마·다울링 대사 회담자료
작성처	외무성 북동아시아과
매수	2
비밀등급	일반
문서종류	내부자료
공개구분	공개
내용	1959년 10월 6일로 예정된 시마·다울링 회담에서 일본이 제기하고자 하는 사안들을 정리한 자료. 재일한인 북송 문제, 일본인어부 억류 문제 등을 기술함.
주제어	시마·다울링 대사 회담자료

문서명	한일 문제에 관한 ▬ 서기관 회담 건(日韓問題に関し▬書記官と会談の件)

문서파일번호	1618
작성연월일	1959. 10. 7
구분	제4차 회담
세부항목	시마·다울링 대사 회담 결과관련 미일 협의
작성처	외무성 북동아시아과장
매수	4
비밀등급	극비
문서종류	회의록
공개구분	일부비공개
내용	나카가와 도요요시 북동아시아과장과 주일미 대사관 ▬ 서기관 회담 기록. 나카가와 과장은 ▬ 서기관에게 시마·다울링 회담(10월 6일 개최)에서는 한일회담 협상의 어려움, 보상금 문제, 신임 주한대사, 고요호 나포 사건 관련 신사협정 문제, 재일한인 북송 관련 가이드북, 북한적십자사의 재해 위문금에 대해 의견교환이 이루어졌음을 전함.
주제어	시마·다울링 대사 회담, 한일회담, 어선 나포

문서명	한일 문제에 관한 ▄ 서기관 회담 건(日韓問題に関し▄書記官と会談の件)

문서파일번호 1618
작성연월일 1959. 10. 8
구분 제4차 회담
세부항목 한일 현안 관련 미일 협의
작성처 외무성 북동아시아과장
매수 3
비밀등급 극비
문서종류 회의록
공개구분 일부비공개
내용 나카가와 도요요시 북동아시아과장과 주일미 대사관 ▄ 서기관 회담 기록. 비 어부(일본인 부인 및 자녀) 송환, 북한적십자사의 재해 위문금, 재일한인 북송 관련 가이드북에 대해 의견을 나눔.
주제어 일본인 송환, 재일한국인 법적지위

문서명	한일 문제에 관한 ▄ 서기관 회담 건(日韓問題に関し▄書記官と会談に関する件)

문서파일번호 1618
작성연월일 1959. 10. 13
구분 제4차 회담
세부항목 한일 현안 관련 미일 협의
작성처 외무성 북동아시아과장
매수 5
비밀등급 극비
문서종류 회의록
공개구분 일부비공개
내용 나카가와 도요요시 북동아시아과장과 주일미 대사관 ▄ 서기관 회담 기록. 이세키 유지로·유태하 회담, 북한적십자사가 보낸 전문에 대해 의견을 교환함.
주제어 상호 송환, 재일한국인 법적지위, 어업

문서명	한일 문제에 관한 ■ 서기관 회담 건(日韓問題に関し■書記官と会談の件)

문서파일번호 1618
작성연월일 1959. 10. 17
구분 제4차 회담
세부항목 한일 현안 관련 미일 협의
작성처 외무성 북동아시아과장
매수 5
비밀등급 극비
문서종류 회의록
공개구분 일부비공개
내용 나카가와 도요요시 북동아시아과장과 주일미 대사관 ■ 서기관 회담 기록. 10월 16일의 이세키 유지로·유태하 회담, 상호 송환 문제, 북한귀환 문제, 기타 한국 국내정세에 대해 의견을 교환함.
주제어 상호 송환, 재일한국인 법적지위, 어업, 한국정세

문서명	한일회담에 관한 ■ 서기관 회담 건(日韓会談に関し■書記官との会談に関する件)

문서파일번호 1618
작성연월일 1959. 10. 23
구분 제4차 회담
세부항목 상호 석방 문제 및 재일한인 북송 문제 관련 미일 협의
작성처 외무성 북동아시아과장
매수 4
비밀등급 극비
문서종류 회의록
공개구분 일부비공개
내용 나카가와 도요요시 북동아시아과장과 주일미 대사관 ■ 서기관 회담 기록. ■ 서기관은 10월 22일 한국 대표와의 회담에서 상호 석방 문제, 북한귀환 문제에 대한 의견교환이 있었다고 전함.
주제어 상호 송환, 재일한인 북송 문제

문서명	한일 문제에 관한 ▬ 서기관 회담 건(日韓問題に関し▬書記官と会談の件)

문서파일번호	1618
작성연월일	1959. 11. 2
구분	제4차 회담
세부항목	재일한인 북송 문제 및 재일한국인 법적지위위원회 관련 미일 협의
작성처	외무성 북동아시아과장
매수	5
비밀등급	극비
문서종류	회의록
공개구분	일부비공개
내용	나카가와 도요요시 북동아시아과장과 주일미 대사관 ▬ 서기관 회담 기록. 북한귀환 문제, 법적지위위원회에 대해 의견을 교환함.
주제어	재일한인 북송 문제, 재일한국인 법적지위

문서명	한일 문제에 관한 ▬ 서기관 회담 건(日韓問題に関し▬書記官と会談の件)

문서파일번호	1618
작성연월일	1959. 11. 5
구분	제4차 회담
세부항목	재일한인 북송 문제 및 재일한국인 법적지위위원회 관련 미일 협의
작성처	외무성 북동아시아과장
매수	7
비밀등급	극비
문서종류	회의록
공개구분	일부비공개
내용	나카가와 도요요시 북동아시아과장과 주일미 대사관 ▬ 서기관 회담 기록. 북한귀환 문제, 이세키 유지로·유태하 회담에 대해 의견을 교환함.
주제어	재일한인 북송 문제, 재일한국인 법적지위

문서명	한일 문제에 관한 ■ 서기관 회담 건(日韓問題に関し■書記官と会談の件)

문서파일번호 1618
작성연월일 1959. 11. 10
구분 제4차 회담
세부항목 일본 어부 송환 및 재일한인 귀환에 따른 보상 문제 관련 미일 협의
작성처 외무성 북동아시아과장
매수 3
비밀등급 극비
문서종류 회의록
공개구분 일부비공개
내용 나카가와 도요요시 북동아시아과장과 주일미 대사관 ■ 서기관 회담 기록. 나카가와 과장은 ■ 서기관에게 이세키 유지로·유태하 회담에서 일본은 보상금 지불을 약속할 수 없고 억류 어부 문제의 해결이 선결이라고 강조했다고 전함.
주제어 일본 어부 송환, 재일한인 귀환에 따른 보상 문제

문서명	한일 문제 등에 관한 ■ 서기관 회담 건(日韓問題に関し■書記官と会談の件)

문서파일번호 1618
작성연월일 1959. 11. 16
구분 제4차 회담
세부항목 한일 현안 관련 미일 협의
작성처 외무성 북동아시아과장
매수 6
비밀등급 극비
문서종류 회의록
공개구분 일부비공개
내용 나카가와 도요요시 북동아시아과장과 주일미 대사관 ■ 서기관 회담 기록. 나카가와 과장은 ■ 서기관에게 11월 15일의 일본 어선 총격사건에 대해 한국에 구두로 항의할 예정이며 억류 어부의 가족들이 진정을 제출할 계획이라고 전함. ■ 서기관은 한국의 보상금 요구는 수용하기 어려우며 일본이 인내를 가지고 대응해야 한다고 말함. 북한귀환 문제에 대해서도 언급함.
주제어 어선 총격사건, 재일한인귀환 보상 문제, 재일한인 북송 문제

문서명	한일 문제 등에 관한 ■ 서기관 회담 건(日韓問題に関し■書記官と会談の件)

문서파일번호 1618
작성연월일 1959. 11. 19
구분 제4차 회담
세부항목 상호 석방 문제 및 재일한인 귀환 보상 문제 관련 미일 협의
작성처 외무성 북동아시아과장
매수 4
비밀등급 극비
문서종류 회의록
공개구분 일부비공개
내용 나카가와 도요요시 북동아시아과장과 주일미 대사관 ■ 서기관 회담 기록. ■ 서기관은 11월 18일 한국 대표와 상호 송환 문제에 대해 의견을 나누었으나 비관적이었다고 전함. 일본은 오전에 유태하 대사가 이세키 유지로 국장을 방문하여 보상 문제에 대해 극비사항으로 할 테니 약속해 달라는 요청이 있었다고 전함.
주제어 상호 송환, 재일한인 귀환 보상 문제

문서명	한일회담에 관한 ■ 서기관 회담 건(日韓会談に関し■書記官と会談の件)

문서파일번호 1618
작성연월일 1959. 11. 21
구분 제4차 회담
세부항목 한일 현안 관련 미일 협의
작성처 외무성 북동아시아과장
매수 7
비밀등급 극비
문서종류 회의록
공개구분 일부비공개
내용 나카가와 도요요시 북동아시아과장과 주일미 대사관 ■ 서기관 회담 기록. ■ 서기관은 11월 19일의 맥아더 · 유태하 대사 회담에서 미국은 북한귀환을 반대하기 위한 폭력 조치를 경고하고 무모한 반대를 중지할 것을 촉구하는 한편, 상호 송환, 일

본 어선 총격사건, 보상금 문제, 민단의 북한귀환 반대 등에 대해 언급했다고 전함. 보상금 문제는 미국의 알선 이외에 달리 방법이 없다고 하자 ▬ 서기관은 미국이 중재하려면 한국이 상호 석방 등을 포함한 포괄적 제안을 수락하고 일본이 한국에 대해 원조를 제공할 것을 약속해야 한다고 말함.

주제어 재일한인 북송 문제, 상호 송환, 어선 총격사건, 재일한인 귀환 보상 문제

문서명	한일회담에 관한 ▬ 서기관 회담 건(日韓会談に関し▬書記官と会談の件)

문서파일번호 1618
작성연월일 1959. 11. 24
구분 제4차 회담
세부항목 재일한인 북송 문제 관련 미일 협의
작성처 외무성 북동아시아과장
매수 4
비밀등급 극비
문서종류 회의록
공개구분 일부비공개
내용 나카가와 도요요시 북동아시아과장과 주일미 대사관 ▬ 서기관 회담 기록. ▬ 서기관은 미국이 강력하게 요청한 결과 한국이 북한귀환 문제를 유엔에 제의하지 않겠다는 회답을 받았다고 하고 진필식 서기관은 자신과의 회담에서 보상금 이외의 사항에 관한 일본 견해에는 만족하는 듯했다고 전함.
주제어 재일한인 북송 문제

문서명	한일회담에 관한 ■ 서기관 회담 건(日韓会談に関し■書記官と会談の件)

문서파일번호 1618
작성연월일 1959. 12. 2
구분 제4차 회담
세부항목 재일한인 귀환에 따른 일본의 대한 보상 관련 미일 협의
작성처 외무성 북동아시아과장
매수 6
비밀등급 극비
문서종류 회의록
공개구분 일부비공개
내용 1959년 12월 1일 나카가와 도요요시 북동아시아과장과 주일미 대사관 ■ 서기관 회담 기록. ■ 서기관은 미국이 일본의 보증을 받아 한국에 재일한국인의 한국 내 정착을 장려하고 미국이 한국에 대해 원조를 제공할 용의를 밝힌다는 선에서 정리되었다고 전함. 이어 미국의 원조는 한국이 실시하는 프로젝트의 부족분을 필요에 따라 제공하는 것이라고 설명함.
주제어 재일한인 귀환에 따른 일본의 대한 보상

문서명	제목 없음

문서파일번호 1618
작성연월일 1959. 12. 2
구분 제4차 회담
세부항목 주택 건설 예산
작성처 주일미국대사관
매수 1
비밀등급 일반
문서종류 회의록
공개구분 공개
내용 북한 피난민을 위해 남한에서 건설한 5~6인용 가족주택 예산
주제어 재일한인 귀환에 따른 일본의 대한 보상

문서명	북한귀환 문제 건(北鮮帰還問題に関する件)

문서파일번호 1618
작성연월일 1959. 3. 4
구분 제4차 회담
세부항목 재일한인 북송 문제 관련 미일 협의
작성처 외무성 미야케 심의관
매수 12
비밀등급 극비
문서종류 회의록
공개구분 일부비공개
내용 미야케 기지로(三宅喜二郎) 심의관과 주일미 대사관 ■ 서기관 회담 기록(동일 오전 야마다 히사나리 차관·맥아더 대사 회담 시 대사관 직원을 미야케 심의관에게 보내면 조정환 외무장관이 기시 노부스케 총리에게 보낸 서신에 대한 답신 내용을 알려 주겠다 하여 대사관 직원이 미야케 심의관을 방문한 것임). 미야케 심의관은 한국 외무장관이 기시 총리에게 보낸 서한(재일한인 북송 문제에 대한 항의)에 대한 후지야마 아이치로 대신의 답신 내용(재일외국인의 임의 출국은 자유의사에 따른 것으로 외부의 압력에 영향을 받지 않을 것이라는 등의 내용)을 설명함. 일본이 재일한국인을 대량 추방한다는 한국의 거짓 선전에 대한 일본 입장을 발표할 예정이고, 일본은 귀환선의 항해 안정은 인도적 차원에서 관심을 갖고 있지만 일본정부의 책임은 아니라고 말함.
주제어 재일한인 북송 문제

문서명	북한귀환 문제에 관한 미야케 심의관과 ■ 서기관 회담 요지(北鮮帰還問題に関する三宅審議官と■書記官との会談要旨)

문서파일번호 1618
작성연월일 1959. 5. 29
구분 제4차 회담
세부항목 재일한인 북송 문제 관련 미일 협의
작성처 외무성 북동아시아과
매수 6
비밀등급 극비

문서종류	회의록
공개구분	일부비공개
내용	미야케 기지로 심의관과 주일미 대사관 ■ 서기관 회담 기록. 미야케는 북한귀환 문제에 일본의 기본 입장에는 실질적 변화가 없고, 불만 처리는 국제적십자사의 지도하에 일본적십자사가 대응할 것이라고 설명함.
주제어	재일한인 북송 문제

문서명	북한귀환 문제에 관한 미야케 심의관과 ■ 서기관 회담 요지(北鮮帰還問題に関する三宅審議官と■書記官との会談要旨)

문서파일번호	1618
작성연월일	1959. 6. 1
구분	제4차 회담
세부항목	재일한인 북송 문제 관련 미일 협의
작성처	외무성 북동아시아과 이케베(池部)
매수	10
비밀등급	극비
문서종류	회의록
공개구분	일부비공개
내용	1959년 5월 29일 미야케 기지로 심의관과 주일미 대사관 ■ 서기관 회담 기록. 국제적십자사와 북한 간의 교섭 시 일본의 기본입장에 관한 표현과 관련하여 일본적십자사와 회의를 진행하였음을 설명한 후, 북한 송환의 진전이 미치는 영향, 한국의 무력행사, 항해안전에 관해 의견을 교환함.
주제어	재일한인 북송 문제

문서명	질의부분 문구(Documentary Wording of the Part of Question)

문서파일번호	1618
작성연월일	1959. 6. 1
구분	제4차 회담
세부항목	재일한인 북송 문제 관련 미일 협의
작성처	외무성 북동아시아과
매수	1
비밀등급	일반
문서종류	내부자료
공개구분	공개
내용	1959년 5월 29일 미야케 기지로 심의관과 주일미 대사관 ■ 서기관 회담 기록 첨부1. 1959년 5월 29일 미야케 기지로 심의관과 주일미 대사관 ■ 서기관 회담 시 미야케 심의관이 미국에 전달한 문서. 일본적십자사가 국제적십자사에 전달한 북한과의 교섭 시 문구에 대한 요청(영문)
주제어	재일한인 북송 문제

문서명	구두설명(Oral Explanations)

문서파일번호	1618
작성연월일	1959. 6. 1
구분	제4차 회담
세부항목	재일한인 북송 문제 관련 미일 협의
작성처	외무성 북동아시아과
매수	1
비밀등급	일반
문서종류	내부자료
공개구분	공개
내용	1959년 5월 29일 미야케 기지로 심의관과 주일미 대사관 ■ 서기관 회담 기록 첨부 2. 1959년 5월 29일 미야케 기지로 심의관과 주일미 대사관 ■ 서기관 회담 시 미야케 심의관이 미국에 전달한 문서. 일본적십자사가 국제적십자사에 전달한 북한과의 교섭 시 요망사항(영문)
주제어	재일한인 북송 문제

문서명	미야케 심의관과 주일미대사관 ■ 서기관 회담록(三宅審議官と在日米大使館■書記官との会談録)

문서파일번호 1618
작성연월일 1959. 8. 17
구분 제4차 회담
세부항목 한일 현안 관련 미일 협의
작성처 외무성 북동아시아과
매수 21
비밀등급 극비
문서종류 회의록
공개구분 일부비공개
내용 1959년 5월 29일 미야케 기지로 심의관, 나카가와 도요요시 과장과 주일미 대사관 ■ 서기관 회담 기록. 일본은 ■ 서기관에게 오무라수용소 억류 중인 한인 송환 문제, 일본인어부 석방 문제, 어업 문제, 재일한인에 대한 보상 문제, 재일한국인 처우 문제, 문화재 및 선박 문제, 일반청구권, 기본관계에 대한 일본의 입장을 설명함. 한국이 회담의 무조건 재개를 제안해 놓고 북한귀환 문제를 들어 이를 저지하려 하고 있으며, 남한 귀환자에 대한 보상을 요구하여 이에 일본이 동의할 경우 국제위원회의 희망자 선별이 끝날 때까지 북한귀환 실시를 연기하라고 요구할 것이 예상된다고 말함.
주제어 상호 송환, 어업, 문화재 반환, 선박 반환, 청구권, 기본관계, 재일한인 북송 문제

문서명	북한 송환 문제 및 한일회담에 관한 미야케, ■ 회담 건(北鮮帰還問題及び日韓会談に関し三宅、■会談に関する件)

문서파일번호 1618
작성연월일 1959. 10. 28
구분 제4차 회담
세부항목 한일 현안 관련 미일 협의
작성처 외무성 북동아시아과
매수 8
비밀등급 극비
문서종류 회의록

공개구분	일부비공개
내용	1959년 10월 28일 니가타(新潟)에서 시마 대사가 주일미국대사관 프레드릭 레인하트(Frederick G. Reinhardt) 공사에게 북한귀환 희망자에 대한 자유의사 확인 절차에 관해 설명한 것에 대해 미국이 불만을 표명하자, 미야케 기지로 심의관이 대사관 ▬ 서기관을 불러 재차 상세 내용을 설명함. 남한 귀환자에 대한 보상금 문제, 한일회담의 전망에 대해서도 의견을 나눔.
주제어	재일한인 북송 문제, 재일한인 귀환 보상 문제, 한일회담 전망

문서명	▬, 미야케 회담 기록(▬、三宅会談記録)

문서파일번호	1618
작성연월일	1959. 12. 8
구분	제4차 회담
세부항목	상호 석방 문제 및 재일한인 귀환 보상 문제 관련 미일 협의
작성처	외무성 북동아시아과
매수	8
비밀등급	극비
문서종류	회의록
공개구분	일부비공개
내용	미야케 기지로 심의관·주일미 대사관 직원 회담 기록. 유태하 대사·맥아더 대사 회담 석상에서 미국은 어부 석방에 대해 형을 만료한 자도 송환할 것을 요구했고, 남한 귀환자에 대한 보상금에 대해서 이야기했다고 전함. ○○는 후지야마 대신이 맥아더 대사에게 보낸 구술서에 대해 형을 마친 억류어부의 즉시 송환, 향후 형을 마치는 자의 자동적 송환의 확약을 전제조건으로 명기해야 한다고 지적함.
주제어	상호 송환, 재일한인 귀환 보상 문제

문서명	한일 문제(미국의 원조에 관한 이야기의 견해 차이)에 관한 미야케, ▬ 회담 요지[日韓問題(米側の援助に関する話の喰違い)に関する三宅·▬ 会談要旨]

문서파일번호 1618
작성연월일 1959. 12. 30
구분 제4차 회담
세부항목 재일한인 귀환 보상 문제 관련 미일 협의
작성처 외무성 북동아시아과
매수 15
비밀등급 극비
문서종류 회의록
공개구분 일부비공개
내용 1959년 12월 8일 미야케 기지로 심의관·주일미 대사관 ▬ 서기관 회담 기록. 미국은 한국이 '일본이 지불할 금액과 같은 금액을 미국이 대체로 지불해 줄 것이고 해당 자금은 원조기금의 추가증액에 의한 것'이라고 믿고 있다는 내용에 대해 언급함(서울에서의 한미 간 협의). 이에 대해 미국은 처음부터 이러한 방식으로 원조할 용의가 없었고 비재정적 원조가 될 것이라는 점, 원조기금의 증액은 불가능하는 점을 한국에게 누차 강조했는데 한국이 오해하고 있었다고 설명함. 또한 미국 입장은 대신 지불은 불가하고, 일본이 지불할 때까지의 부족분을 메울 수 없으며, 미국의 원조기금 증액은 거의 불가능이라는 점을 설명함.
주제어 재일한인 귀환 보상 문제

문서명	사와다·맥아더 대사 회담록(澤田·マッカーサー大使会談録)

문서파일번호 1618
작성연월일 1959. 3. 11
구분 제4차 회담
세부항목 한일교섭에 관한 미일 협의
작성처 외무성 북동아시아과
매수 6
비밀등급 극비
문서종류 회의록

공개구분	일부비공개
내용	사와다 렌조·맥아더 대사 회담 기록. 사와다가 한일교섭에 대한 고충과 교섭에 임하는 자신의 마음가짐에 대해 토로함. 이에 맥아더 대사도 이해의 뜻을 표함.
주제어	한일교섭에 대한 사와다 렌조 대표의 고충

문서명	한일 문제에 관한 사와다 렌조 대표와 맥아더 대사 회담 요지(日韓問題に関する澤田代表とマックカァサー大使との会談要領)

문서파일번호	1618
작성연월일	1959. 8. 15
구분	제4차 회담
세부항목	한일 현안 관련 미일 협의
작성처	외무성 북동아시아과
매수	7
비밀등급	극비
문서종류	회의록
공개구분	공개
내용	1959년 8월 14일 사와다·맥아더 대사 회담 기록. 8월 14일 사와다는 유태하 회담에서 북환귀환 협정의 조인이 끝났고 중단은 불가하다며 이후 한국의 대응을 물었고, 한국은 국적처우위원회에서 재일한인을 3개 범주로 분류하자고 제안함. 사와다는 분류에는 동의하나 남한귀국 희망자와 관련하여 일본에게 보상금을 약속받으려는 건 안 된다고 못 박았음. 맥아더 대사는 한국으로부터 한일 간에 개입해 달라는 요청을 받았고 이에 대해 자신은 합리적인 범위 안에서 동의한다고 말하고는 상호 송환과 남한귀국을 빨리 끝내라는 점, 남한귀국 후 생활보조자금 명목으로 일본에게 지불을 권유할 생각도 있다는 점, 북한귀환은 한국이 수락해야 한다는 점을 강조했음.
주제어	재일한인 북송 문제, 재일한국인 법적지위, 재일한인 귀환 보상 문제

문서명	사와다·맥아더 대사 회담록(沢田·マッカーサー大使会談録)

문서파일번호 1618
작성연월일 1959. 8. 28
구분 제4차 회담
세부항목 한일 현안 관련 미일 협의
작성처 외무성 북동아시아과
매수 9
비밀등급 극비
문서종류 회의록
공개구분 공개
내용 사와다 렌조·맥아더 대사 회담 기록. 맥아더 대사가 한국의 허 수석대표 회담에서 북한귀환 문제, 재일한인 법적지위 문제에 대해 의견을 교환했다고 전함. 사와다는 억류자 석방 및 송환 문제가 신속히 해결되면 위원회에서 유익한 대화가 가능할 것이라는 입장이라고 하자, 맥아더는 그 점을 회담의 전제조건으로 내세우면 미국의 입장이 곤란해지니 자제해 달라고 당부함.
주제어 재일한국인 법적지위, 상호 송환, 재일한인 귀환 보상 문제

문서명	후지야마 대신·스미스 국무성 특별고문 회담록(藤山大臣、スミス国務省特別顧問会談録)

문서파일번호 1618
작성연월일 1959. 3. 31
구분 제4차 회담
세부항목 후지야마 대신 · 스미스 고문 회담
작성처 외무성
매수 8
비밀등급 일반
문서종류 회의록
공개구분 공개
내용 후지야마 아이치로 대신과 한국 방문을 앞둔 스미스(Gerard C. Smith) 고문의 1959년 3월 31일 회담 기록. 후지야마 대신은 스미스 고문에게 한일회담과 관련한 일본의 입장을 설명함. 일본의 입장에서 한일회담의 주목적은 '이승만 라인' 문제의 해결이라는 점을 언급하고 송환 문제 등에 관한 일본의 입장과 경위에 대해서도 설명함.
주제어 한일회담에 대한 일본의 입장

문서명	기시 총리와 파슨즈의 회담(岸総理とパーソンスの会談の件)

문서파일번호 1618

작성연월일 1959. 5. 7

구분 제4차 회담

세부항목 기시 총리 · 파슨즈 차관보대리 회담

작성처 와다(和田) 비서

매수 3

비밀등급 극비

문서종류 회의록

공개구분 공개

내용 기시 노부스케 총리와 미국의 파슨즈(J. G. Parsons) 국무차관보대리 회담 기록. 한국 방문 후 일본에 온 파슨즈 차관보대리는 방한 시 이승만 대통령에게 일본의 북한귀환 조치가 일본 국내의 정치적 필요성에 의한 것임을 전했다고 설명함.

주제어 재일한인 북송 문제

문서명	한일 문제에 관한 6월 3일 주일미국대사 비공식 언급의 건(日韓問題に関し六月三日在日米大使内話の件)

문서파일번호 1618

작성연월일 1959. 6. 5

구분 제4차 회담

세부항목 '이 라인'에 관한 한국 입장

작성처 외무성

매수 6

비밀등급 극비

문서종류 회의록

공개구분 공개

내용 1959년 6월 3일 후지야마 아이치로 대신 · 맥아더 주일미국대사 회담 후 미 대사가 '이승만 라인' 및 어선 나포 문제에 대한 한국 입장을 설명함.

주제어 '이 라인', 어선 나포

문서명	북한귀환 문제에 관한 주일미대사 맥아더 회담 건(北鮮帰還問題に関し在京マックアーサー米大使との会談に関する件)

문서파일번호 1618
작성연월일 1959. 6. 26
구분 제4차 회담
세부항목 야마다 차관·맥아더 대사 회담
작성처 야마다 차관 구술
매수 12
비밀등급 극비
문서종류 회의록
공개구분 공개
내용 야마다 히사나리 차관·맥아더 주일미국대사 회담 기록. 야마다 차관은 맥아더 대사에게 북한귀환 문제에 대한 일본의 입장과 현재 상황, 과거의 경위에 대해 설명함.
주제어 재일한인 북송 문제

문서명	한일회담에 관한 주일미국대사 회담(日韓会談に関する在日米国大使との会談の件)

문서파일번호 1618
작성연월일 1959. 9. 11
구분 제4차 회담
세부항목 시마 대사·맥아더 대사 회담
작성처 시마 대사
매수 8
비밀등급 극비
문서종류 회의록
공개구분 공개
내용 주일미국대사관 공사 자택 오찬에서 시마 대사와 맥아더 대사 회담 기록. 시마 대사는 유태하 공사가 아시아국장과의 사적 회담에서 "한국에 귀국하지 않고 일본에 잔류하는 재일한국인에 대해 한국은 돌보지 않겠다는 성명을 내면 어떻겠느냐"고 발언했다고 언급함. 이에 대해 맥아더 대사는 자신이 들은 내용과 다르다며 자신이 들은 바로는 한국은 법적지위위원회에서 한국거류민의 처우 문제를 해결하는 것이 첫째 과제이고 남한귀환 문제는 그다음 문제라고 주장했다고 설명함. 맥아더 대사는 한국에게 북한귀환 문제를 수용해야 하며 부산 억류 어부와 오무라 억류자의 상호 송환을 조속히 실시할 것을 강조했다고 전함.

주제어 재일한국인 법적지위, 재일한인 귀환 문제

문서명	전 한국 주재 다울링 미국대사 회담 건(前韓国駐在ダウリング米国大使との会議に関する件)

문서파일번호 1618
작성연월일 1959. 10. 7
구분 제4차 회담
세부항목 시마 대사·다울링 전 주한미국대사 회담
작성처 시마 대사
매수 13
비밀등급 일반
문서종류 회의록
공개구분 공개
내용 1959년 10월 6일 시마 대사·다울링 전 주한미국대사 회담 기록(다울링 대사는 국무부 구주담당차관보로 임명되어 귀국길에 일본에 들렀으며, 한일회담에 관한 한국 입장 청취를 위해 시마 대사가 회담을 청함). 한국은 재일한인의 북한귀환을 두고 일본이 이들을 추방했다거나 공산권에 넘겼다고 하는 오해는 없지만 북한 이슈에 대해서는 감정적으로 반응하는 경향이 있음. 허정 대표는 이승만 대통령을 설득할 수 있는 몇 안 되는 인물로 한일회담 대표로서 적임자임. 일본이 한일회담에 임하는 한국 성의를 의심하는 원인은 한국대표단에 명료한 방침이 제시되지 않았다는 점, 외교협상 경험이 부족한 점에 있음.

주제어 재일한인 북송 문제, 한일회담에 대한 한국 태도

문서명	이세키, ■ 회담 건(伊関、■ 会談に関する件)

문서파일번호 1618
작성연월일 1959. 10. 19
구분 제4차 회담
세부항목 재일한인 귀환에 따른 일본의 대한 보상 관련 미일 협의
작성처 외무성 북동아시아과장
매수 4
비밀등급 극비
문서종류 회의록
공개구분 일부비공개
내용 이세키 유지로 아시아국장과 주일미국대사관 ■ 서기관 회담 기록. 재일한인 귀환에 따른 보상금 문제에 대해 의견을 교환함.
주제어 재일한인 귀환에 따른 일본의 대한 보상

문서명	한일회담에 관한 이세키, ■ 회담 건(日韓会談に関し伊関、■ 会談に関する件)

문서파일번호 1618
작성연월일 1959. 11. 10
구분 제4차 회담
세부항목 재일한인 귀환에 따른 일본의 대한 보상 관련 미일 협의
작성처 외무성 북동아시아과장
매수 4
비밀등급 극비
문서종류 회의록
공개구분 일부비공개
내용 이세키 유지로 아시아국장과 주일미국대사관 ■ 서기관 회담 기록. 이세키 국장이 유태하 대사 회담 시 한국이 제출한 남한귀환에 관한 공동선언안에 관해 설명함(이 공동선언안에는 일본정부가 보상금 지불 및 귀국자 재산의 무제한 반출을 승인하도록 명기되어 있으며, 일본이 전자는 도저히 수락할 수 없다는 입장을 밝히자 사태가 악화되었음). 이후 양측은 회담 계속을 위한 방법에 대해 의견교환함.
주제어 재일한인 귀환에 따른 일본의 대한 보상

문서명	북한 송환 문제에 관한 미국으로부터의 회담 신청 건(北鮮送还問題に関し米国より申入れの件)

문서파일번호 1618
작성연월일 1959. 10. 31
구분 제4차 회담
세부항목 재일한인 북송 문제 관련 미일 협의
작성처 시마 대사
매수 10
비밀등급 일반
문서종류 회의록
공개구분 공개
내용 시마 대사·레인하트(Frederick G. Reinhardt) 주일미국대사관 공사 회담 기록. 레인하트 공사는 일본의 귀환 실시 요령에 대한 미국 측 견해를 제시함. 일본이 북한 측 요구에 조금씩 양보했다는 인상을 지울 수 없다며 실시 요령 개정을 위한 구체안을 제시함.
주제어 재일한인 북송 문제

문서명	북한 송환 문제 미국의 신청 건(北鮮帰还問題米国対韓申入れに関する件)

문서파일번호 1618
작성연월일 1959. 11. 11
구분 제4차 회담
세부항목 재일한인 북송 문제 관련 미일 협의
작성처 시마 대사
매수 5
비밀등급 비(秘)
문서종류 회의록
내용 1959년 11월 10일 시마 대사·레인하트 주일미국대사관 공사 간 회담 기록. 레인하트 공사는 최근 귀환 안내의 수정으로 인해 한국이 분노하고 있으며, 미국은 회담 결렬을 막기 위해 한국정부에게 개인의 자유의지 확인에 충분한 안전장치가 필요하다는 취지의 제의를 했다고 전함.
주제어 재일한인 북송 문제

문서명	한일회담 및 한국무연탄 수입에 관한 주일미대사관 회담 건(日韓会談及朝鮮無煙炭輸入に関し在京米側と会談に関する件)

문서파일번호 1618
작성연월일 1959. 11. 13
구분 제4차 회담
세부항목 재일한인귀환 문제 관련 미일 협의
작성처 시마 대사
매수 7
비밀등급 일반
문서종류 회의록
공개구분 공개
내용 1959년 11월 12일 시마 대사·레인하트 주일미국대사관 공사 회담 기록. 시마 대사는 한국 공동선언안의 '재산 반출에 제한을 두지 않는다'는 내용은 수용하기 어렵다면서, 만일 그것이 원인이 되어 회담이 중단되는 사태가 발생해도 그것은 일본의 책임이 아님을 양해 바란다고 말함.
주제어 재일한인 귀환 문제

문서명	중공으로부터 조총련에 대한 송금 처리 건(中共から長総連に対する送金の取扱に関する件)

문서파일번호 1618
작성연월일 1959. 12. 17
구분 제4차 회담
세부항목 중공의 조총련 앞 송금 관련 미일 협의
작성처 시마 대사
매수 2
비밀등급 극비
문서종류 회의록
공개구분 공개
내용 1959년 11월 12일 시마 대사·레인하트 주일미국대사관 공사 회담 기록. 중공이 재일조총련 앞으로 4만 달러를 송금할 수 있도록 중개하여 조총련이 이를 받았다는 UPI 보도를 의아하게 생각하는 미국대사관 측에게 일본은 금시초문이지만 조사한 후 알려 주겠다고 대답함.
주제어 중공의 조총련 송금

보상금 문제에 관한 미일 협의 경위
(補償金問題に関する日米間話し合い経緯)

문서파일번호	1619
작성연월일	1959. 12. 8 - 1959. 12. 30
구분	제4차 회담
세부항목	재일한인 귀환 보상 미일 협의
작성처	외무성 북동아시아과
매수	38
비밀등급	
문서종류	내부문서, 구두 전달사항
공개구분	공개
내용	재일한인의 귀환과 관련한 보상 문제에 대한 미일 협의 경위를 정리한 문서와 일본의 미국에 대한 구두 진술 및 보충설명 문서(안) 모음
주제어	재일한인 귀환 보상 미일 협의

문서명	보상금 문제에 관한 미일 협의 경위(補償金問題に関する日米間話し合い経緯)

문서파일번호 1619
작성연월일 1959. 12. 30
구분 제4차 회담
세부항목 재일한인 귀환 보상 미일 협의
작성처 외무성 북동아시아과
매수 17
비밀등급 극비
문서종류 내부문서
공개구분 공개
내용 재일한인의 귀환 관련 보상 문제에 관한 미일 협의 경위를 정리한 문서(문서파일번호 1556에 동일한 문서가 포함되어 있음.)
주제어 재일한인 귀환에 따른 일본의 보상 문제

문서명	후지야마 대신으로부터 맥아더 대사에 대한 구두 진술(안)[藤山大臣からマ大使に対する口頭陳述(案)]

문서파일번호 1619
작성연월일 1959. 12. 8
구분 제4차 회담
세부항목 재일한인 귀환 보상 미일 협의
작성처 외무성 북동아시아과
매수 1
비밀등급 극비
문서종류 구두 전달사항(oral statement)안
공개구분 공개
내용 한일회담에서의 제반 현안이 최종 해결되어 양국이 정식으로 국교를 수립할 경우 일본정부는 한국국민의 복지에 기여할 목적으로 일정 금액을 지출하기 위한 소정의 국내 절치를 취할 것임을 미국에게 약속한 문서. 후지야마 아이치로 대신의 맥아더 대사에 대한 구두 전달사항(진술) 형태를 취하고 있으며, 초안이 여러 개 작성되는데 이 문서는 1959년 12월 8일 기시 노부스케 총리 및 대장성의 양해를 받은 내용이 담김. 문서파일번호 1556에 수기로 작성된 같은 내용의 문서가 포함되어 있음.
주제어 재일한인 귀환에 따른 일본의 보상 문제

문서명	구두 전달사항안[(draft) oral]

문서파일번호 1619
작성연월일 1959. 12. 8
구분 제4차 회담
세부항목 재일한인 귀환 보상 미일 협의
작성처 외무성 북동아시아과
매수 1
비밀등급 극비
문서종류 구두 전달사항안
공개구분 공개
내용 후지야마 아이치로 대신의 맥아더 대사에 대한 구두 전달사항(진술)안 영문본
주제어 재일한인 귀환에 따른 일본의 보상 문제

문서명	A안 후지야마 대신의 맥아더 대사에 대한(보충 구두설명)(안)[A案 藤山大臣からマ大使に対する(補足口頭説明)(案)]

문서파일번호 1619
작성연월일 1959. 12. 8
구분 제4차 회담
세부항목 재일한인 귀환 보상 미일 협의
작성처 외무성 북동아시아과
매수 1
비밀등급 극비
문서종류 내부문서
공개구분 공개
내용 한국 귀환자에게 1가족당 50만 엔을 지원한다는 후지야마 아이치로 대신의 맥아더 대사에 대한 보충 구두설명(A안)
주제어 재일한인 귀환에 따른 일본의 보상 문제

문서명	보충 구두설명[(Draft) (Supplementary oral explanations) (A안)]

문서파일번호 1619
작성연월일 1959. 12. 8
구분 제4차 회담
세부항목 재일한인 귀환 보상 미일 협의
작성처 외무성 북동아시아과
매수 1
비밀등급 극비
문서종류 내부문서
공개구분 공개
내용 후지야마 아이치로 대신의 맥아더 대사에 대한 보충 구두설명(A안) 영문본
주제어 재일한인 귀환에 따른 일본의 보상 문제

문서명	B안 후지야마 대신의 맥아더 대사에 대한(보충 구두설명)[B案 藤山大臣からマ大使に対する(補足口頭説明)]

문서파일번호 1619
작성연월일 1959. 12. 8
구분 제4차 회담
세부항목 재일한인 귀환 보상 미일 협의
작성처 외무성 북동아시아과
매수 1
비밀등급 극비
문서종류 내부문서
공개구분 공개
내용 한국 귀환자에게 1가족당 50만 엔을 지원하며 총지원금은 20억 엔을 한도로 한다는 후지야마 아이치로 대신의 맥아더 대사에 대한 보충 구두설명(B안)
주제어 재일한인 귀환에 따른 일본의 보상 문제

문서명	보충 구두설명 안(B안) [(Draft) (Supplementary oral explanations) (B안)]

문서파일번호 1619
작성연월일 1959. 12. 8
구분 제4차 회담
세부항목 재일한인 귀환 보상 미일 협의
작성처 외무성 북동아시아과
매수 1
비밀등급 극비
문서종류 내부문서
공개구분 공개
내용 후지야마 아이치로 대신의 맥아더 대사에 대한 보충 구두설명(B안) 영문본
주제어 재일한인 귀환에 따른 일본의 보상 문제

문서명	(제1안)후지야마 대신으로부터 맥아더 대사에 대한 구두 진술[(第一案) 藤山大臣からマ大使に対する口頭陳述]

문서파일번호 1619
작성연월일 1959. 12. 9
구분 제4차 회담
세부항목 재일한인 귀환 보상 미일 협의
작성처 외무성 북동아시아과
매수 2
비밀등급 극비
문서종류 구두 전달사항(oral statement)안
공개구분 공개
내용 후지야마 아이치로 대신의 맥아더 대사에 대한 구두 전달사항(진술) 1959년 12월 9일자 제1안. 이전 안과 비교할 때, 한국에 지출하는 금액의 한도를 최고 30억 엔으로 정하고, 일본 어민 석방을 조건으로 하고 있음.
주제어 재일한인 귀환에 따른 일본의 보상 문제

문서명	구두 전달사항 1959년 12월 9일 안[(Draft 9-12-59)(Oral statement)]

문서파일번호 1619
작성연월일 1959. 12. 9
구분 제4차 회담
세부항목 재일한인 귀환 보상 미일 협의
작성처 외무성 북동아시아과
매수 2
비밀등급 극비
문서종류 구두 전달사항(oral statement)안
공개구분 공개
내용 후지야마 아이치로 대신의 맥아더 대사에 대한 구두 전달사항(진술) 1959년 12월 9일자 제1안 영문본
주제어 재일한인 귀환에 따른 일본의 보상 문제

문서명	후지야마 대신의 맥아더 대사에 대한 구두 진술(藤山大臣からマ大使に対する口頭陳述)

문서파일번호 1619
작성연월일 1959. 12. 9
구분 제4차 회담
세부항목 재일한인 귀환 보상 미일 협의
작성처 외무성 북동아시아과
매수 2
비밀등급 극비
문서종류 구두 전달사항(oral statement)안
공개구분 공개
내용 후지야마 아이치로 대신의 맥아더 대사에 대한 구두 전달사항(진술) 1959년 12월 9일자 안. 제1안과 비교하여 한국의 지원 금액 한도가 빠져 있음.
주제어 재일한인 귀환에 따른 일본의 보상 문제

문서명	구두 전달사항 1959년 12월 9일 안[(draft 9-12-59)(Oral)]

문서파일번호 1619
작성연월일 1959. 12. 9
구분 제4차 회담
세부항목 재일한인 귀환 보상 미일 협의
작성처 외무성 북동아시아과
매수 1
비밀등급 극비
문서종류 구두 전달사항(oral statement)안
공개구분 공개
내용 한국의 지원금액 한도가 빠진 구두 전달사항(진술)안 영문본
주제어 재일한인 귀환에 따른 일본의 보상 문제

문서명	(제1안) 후지야마 대신의 맥아더 대사에 대한 보충 구두 진술[(第一案)藤山大臣からマ大使に対する補足口頭説明]

문서파일번호 1619
작성연월일 1959. 12. 9
구분 제4차 회담
세부항목 재일한인 귀환 보상 미일 협의
작성처 외무성 북동아시아과
매수 1
비밀등급 극비
문서종류 내부문서
공개구분 공개
내용 1959년 12월 9일 자 후지야마 아이치로 대신의 맥아더 대사에 대한 보충 구두설명 제1안. 5~6명의 1가족당 1,500달러를 한도로 지원함.
주제어 재일한인 귀환에 따른 일본의 보상 문제

문서명	보충 구두설명 1959년 12월 9일 자 안[(Draft 9-12-59)Supplementary oral explanations]

문서파일번호 1619
작성연월일 1959. 12. 9
구분 제4차 회담
세부항목 재일한인 귀환 보상 미일 협의
작성처 외무성 북동아시아과
매수 1
비밀등급 극비
문서종류 내부문서
공개구분 공개
내용 1959년 12월 9일 자 후지야마 아이치로 대신의 맥아더 대사에 대한 보충 구두설명 제1안 영문본
주제어 재일한인 귀환에 따른 일본의 보상 문제

문서명	(제2안)후지야마 대신의 맥아더 대사에 대한 보충 구두 진술[(第二案)藤山大臣からマ大使に対する補足口頭説明]

문서파일번호 1619
작성연월일 1959. 12. 9
구분 제4차 회담
세부항목 재일한인 귀환 보상 미일 협의
작성처 외무성 북동아시아과
매수 1
비밀등급 극비
문서종류 내부문서
공개구분 공개
내용 후지야마 아이치로 대신의 맥아더 대사에 대한 보충 구두설명 제2안. 5~6명의 1가족당 1,500달러, 총액 1,000만 달러를 한도로 지원함.
주제어 재일한인 귀환에 따른 일본의 보상 문제

문서명	보충 구두설명 1959년 12월 9일 자 안[(Draft 9-12-59)Supplementary oral explanations]

문서파일번호	1619
작성연월일	1959. 12. 9
구분	제4차 회담
세부항목	재일한인 귀환 보상 미일 협의
작성처	외무성 북동아시아과
매수	1
비밀등급	극비
문서종류	내부문서
공개구분	공개
내용	후지야마 아이치로 대신의 맥아더 대사에 대한 보충 구두설명 제2안 영문본
주제어	재일한인 귀환에 따른 일본의 보상 문제

문서명	후지야마 대신의 맥아더 대사에 대한 구두 진술(藤山大臣からマ大使に対する口頭陳述)

문서파일번호	1619
작성연월일	1959. 12. 10
구분	제4차 회담
세부항목	재일한인 귀환 보상 미일 협의
작성처	외무성 북동아시아과
매수	2
비밀등급	극비
문서종류	구두 전달사항(oral statement)안
공개구분	공개
내용	후지야마 아이치로 대신의 맥아더 대사에 대한 구두 전달사항(진술) 1959년 12월 10일 자 안. 이전 안과 비교할 때, 한국에 지출하는 금액의 한도를 5~6명 1가족당 1,500달러로 정하고, 일본 어민 석방을 조건으로 하고 있음.
주제어	재일한인 귀환에 따른 일본의 보상 문제

문서명	구두 전달사항 1959년 12월 10일 자 안[(Draft 10-12-59) Oral statement]

문서파일번호	1619
작성연월일	1959. 12. 10
구분	제4차 회담
세부항목	재일한인 귀환 보상 미일 협의
작성처	외무성 북동아시아과
매수	2
비밀등급	극비
문서종류	구두 전달사항(oral statement)안
공개구분	공개
내용	후지야마 아이치로 대신의 맥아더 대사에 대한 구두 전달사항(진술) 1959년 12월 10일 자 안 영문본
주제어	재일한인 귀환에 따른 일본의 보상 문제

어업, 억류자 문제, 북송 문제 관련 일미 간 협의
[漁業, 抑留者問題, 北送問題関聯対米折衝(昭和35年)]

문서파일번호	1789
작성연월일	1960. 1. 7 - 1960. 12. 10
구분	제4~5차 회담
세부항목	한일 문제 관련 일미 간 협의
작성처	
매수	328
비밀등급	
문서종류	회의록, 내부문서
공개구분	공개 또는 일부비공개
내용	1960년 1~12월까지 북송 문제, 억류자 석방 문제 및 어업 문제 등과 관련한 일본과 미국의 협의 기록이 담긴 문서
주제어	한일 문제 관련 일미 간 협의

문서명	한일회담에 관한 미야케, ▬ 회담 건(日韓会談に関し三宅、▬会談に関する件)

문서파일번호 1789
작성연월일 1960. 1. 7
구분 제4차 회담
세부항목 한일 문제 관련 일미 간 협의
작성처 외무성 북동아시아과
매수 12
비밀등급 극비
문서종류 회의록
공개구분 일부비공개
내용 미야케 기지로 심의관과 주일미국대사관 ▬ 서기관이 북송 문제에 관해 협의한 내용이 기록된 문서. ▬ 서기관은 1월 7일 오전에 개최된 유태하·맥아더 대사 회담 내용을 설명함. 이어 북송 문제에 대한 의견교환이 이루어짐.
주제어 유태하·맥아더 대사 회담 내용, 북송 문제

문서명	한일회담에 관한 미 대사관 ▬ 서기관 회담 건(日韓会談に関し米大使館 ▬書記官と会談の件)

문서파일번호 1789
작성연월일 1960. 2. 3
구분 제4차 회담
세부항목 한일 문제 관련 일미 간 협의
작성처 외무성 북동아시아과
매수 7
비밀등급 극비
문서종류 회의록
공개구분 일부비공개
내용 1960년 2월 3일 미야케 기지로 심의관과 주일미국대사관 ▬ 서기관이 북송 문제에 관해 협의한 내용이 기록된 문서. 북송 문제에 대한 한미 간 협의내용과 한일교섭 상황을 서로 설명하고 있음.
주제어 북송 문제, 재일한국인 한국 귀환 시 정착금 지원 문제

문서명	한일 문제에 관한 미 대사관 ■ 서기관 회담 건(日韓問題に関し、米大使館■書記官と会談の件)

문서파일번호 1789

작성연월일 1960. 2. 5

구분 제4차 회담

세부항목 한일 문제 관련 일미 간 협의

작성처 외무성 북동아시아과

매수 3

비밀등급 극비

문서종류 회의록

공개구분 일부비공개

내용 미야케 기지로 심의관과 주일미국대사관 ■ 서기관이 한국 귀환 재일한국인의 정착 지원 문제 및 북송 문제에 관해 협의한 내용이 기록된 문서. 2월 3일 협의에서 일본이 재일한국인 한국 귀환 시 재정지원 문제와 관련하여 문의한 사항에 대해 ■ 서기관이 설명함. 일본의 재일한국인 한국귀환정책이 미국의 영향을 받기를 원치 않음.

주제어 북송 문제, 재일한인 한국귀환 시 정착금 지원 문제

문서명	한국 억류 어부 석방 문제 등에 관한 미야케, ■ 회담 요령(韓国抑留漁夫釈放問題等に関する三宅、■会談要領)

문서파일번호 1789

작성연월일 1960. 2. 20

구분 제4차 회담

세부항목 한일 문제 관련 일미 간 협의

작성처 외무성 미야케 심의관

매수 10

비밀등급 극비

문서종류 회의록

공개구분 일부비공개

내용 미야케 기지로 심의관과 주일미국대사관 ■ 서기관이 억류자 문제 등 현안에 관해 협의한 내용이 기록된 문서. 한미 간 협의내용을 미국이 일본에 설명함.

주제어 한국 억류 일본 어부 석방 문제

문서명	미야케 심의관과 ■ 서기관 회담 요지(三宅審議官、■書記官会談要旨)

문서파일번호 1789
작성연월일 1960. 4. 2
구분 제4차 회담
세부항목 한일 문제 관련 일미 간 협의
작성처 외무성 북동아시아과
매수 13
비밀등급 극비
문서종류 회의록
공개구분 일부비공개
내용 미야케 기지로 심의관과 주일미국대사관 ■ 서기관이 어업 문제 등 현안에 관해 협의한 내용이 기록된 문서. 일본은 미국에 어업 문제에 관한 한국의 입장을 전해 줄 것을 요청함. 중공정세에 관한 의견교환도 이루어짐.
주제어 어업, 중공정세

문서명	미야케 심의관과 ■ 서기관 회담 건(三宅審議官と■書記官との会談に関する件)

문서파일번호 1789
작성연월일 1960. 4. 6
구분 제4차 회담
세부항목 한일 문제 관련 일미 간 협의
작성처 외무성 북동아시아과
매수 4
비밀등급 극비
문서종류 회의록
공개구분 일부비공개
내용 미야케 기지로 심의관과 주일미국대사관 ■ 서기관이 어업 문제 등 현안에 관해 협의한 내용이 기록된 문서. 영해 문제에 관한 해양법회의의 전망, 한미교섭의 내용에 대한 논의가 이루어짐.
주제어 어업

문서명	미야케, ▬ 회담 요지(三宅▬会談要旨)

문서파일번호 1789
작성연월일 1960. 4. 11
구분 제4차 회담
세부항목 한일 문제 관련 일미 간 협의
작성처 외무성 북동아시아과
매수 16
비밀등급 극비
문서종류 회의록
공개구분 일부비공개
내용 미야케 기지로 심의관과 주일미국대사관 ▬ 서기관이 어업 문제 등 현안에 관해 협의한 내용이 기록된 문서. 미국이 어업 관련 한국의 움직임 및 미국의 과거 관여 등에 대해 설명함. 한국의 어업 조업 상황에 관한 영문 자료가 첨부됨.
주제어 어업

문서명	한국 어업에 관한 데이터(Data on Korean Fishing)

문서파일번호 1789
작성연월일 1960. 4. 11
구분 제4차 회담
세부항목 한일 문제 관련 일미 간 협의
작성처 주일미국대사관
매수 2
비밀등급 비(秘)
문서종류 내부자료
공개구분 공개
내용 미야케 기지로 심의관과 주일미국대사관 ▬ 서기관 협의에서 미국이 전달한 한국 어업현황에 관한 영문 자료
주제어 어업

문서명	한국의 폭동에 관한 미야케 심의관, ▬ 서기관 회담 요지(韓国の暴動に関する三宅審議官, ▬書記官会談要旨)

문서파일번호 1789
작성연월일 1960. 4. 21
구분 제4~5차 회담 사이
세부항목 한일 문제 관련 일미 간 협의
작성처 외무성 북동아시아과
매수 13
비밀등급 극비
문서종류 회의록
공개구분 일부비공개
내용 미야케 기지로 심의관과 주일미국대사관 ▬ 서기관이 중공 문제 및 네팔 국왕 방일 관련하여 협의할 때 언급된 한국정세 관련 내용을 기록한 문서. ▬ 서기관은 4·19혁명 이후 한국에서는 법과 질서가 회복되어 가고 있는 상황이며, 한일회담은 잠시 상황을 지켜보는 것이 좋겠지만, 억류어부 석방 문제는 계속 협의할 필요가 있다는 사견을 전달함.
주제어 한국정세

문서명	한국 정정에 관한 미야케 심의관과 ▬ 서기관 회담 요지(韓国政情に関する三宅審議官と▬書記官会談要旨)

문서파일번호 1789
작성연월일 1960. 4. 27
구분 제4~5차 회담 사이
세부항목 한일 문제 관련 일미 간 협의
작성처 외무성 북동아시아과
매수 16
비밀등급 극비
문서종류 회의록
공개구분 일부비공개
내용 미야케 기지로 심의관과 주일미국대사관 ▬ 서기관이 한국 정계의 상황에 관해 협의한 내용이 기록된 문서. 미국 측으로부터 이승만 대통령 사임 발표 후 평화 시위가 계속되는 상황이며 한국 국민들은 일본과 보다 긴밀한 관계를 바라고 있는 것으로 보인다고 설명함. 내용 중 상당부분이 먹칠로 가려짐.
주제어 한국정세

문서명	한일 문제에 관한 미야케 심의관과 ■ 서기관 회담 요지(日韓問題に関する三宅審議官■書記官会談要旨)

문서파일번호	1789
작성연월일	1960. 5. 7
구분	제4~5차 회담 사이
세부항목	한일 문제 관련 일미 간 협의
작성처	외무성 북동아시아과
매수	13
비밀등급	극비
문서종류	회의록
공개구분	일부비공개
내용	미야케 기지로 심의관과 주일미국대사관 ■ 서기관이 북송 문제에 관해 협의한 기록. 일본이 미국에 한국의 정권 교체 후 북송 문제에 대한 한국의 신정권의 입장을 질문함. 미국은 허정 과도정부 수반이 일본이 북송 문제를 중단하기가 얼마나 어려운지 잘 알고 있다고 답변함.
주제어	북송 문제

문서명	한일 문제에 관한 미야케, ■ 회담 건(日韓問題に関する三宅■会談の件)

문서파일번호	1789
작성연월일	1960. 5. 14
구분	제4~5차 회담 사이
세부항목	한일 문제 관련 일미 간 협의
작성처	외무성 북동아시아과
매수	13
비밀등급	극비
문서종류	회의록
공개구분	일부비공개
내용	미야케 기지로 심의관과 주일미국대사관 ■ 서기관이 북송 문제 등에 관해 협의한 기록. 미국이 한국의 신정권의 입장을 일본에게 설명함.
주제어	북송 문제

문서명	한일 문제에 관한 미야케 심의관과 ■ 서기관 회담 요지(日韓問題に関する三宅審議官、■書記官会談要旨)

문서파일번호 1789
작성연월일 1960. 5. 24
구분 제4~5차 회담 사이
세부항목 한일 문제 관련 일미 간 협의
작성처 외무성 북동아시아과
매수 11
비밀등급 극비
문서종류 회의록
공개구분 일부비공개
내용 미야케 기지로 심의관과 주일미국대사관 ■ 서기관이 어업 문제에 관해 협의한 기록. 미국이 대규모 일본 어선의 평화선 침범 소식의 진의 여부를 묻고, 한국 신정권의 입장을 일본에 대해 설명함.
주제어 어업, 한국 신정부의 대일 정책

문서명	한일관계에 관한 미야케, ■ 회담(日韓関係に関する三宅、■会談)

문서파일번호 1789
작성연월일 1960. 6. 27
구분 제4~5차 회담 사이
세부항목 한일 문제 관련 일미 간 협의
작성처 외무성 북동아시아과
매수 9
비밀등급 극비
문서종류 회의록
공개구분 일부비공개
내용 미야케 기지로 심의관과 주일미국대사관 ■ 서기관이 어업 및 북송 문제에 관해 교섭한 기록. 어선 나포 문제에 대한 일본 입장 및 북송 진행 상황 등에 대한 일본의 설명이 이루어짐.
주제어 어선 나포, 북송 문제

문서명	미야케 심의관과 ▬ 서기관 회담 요지(三宅審議官、▬書記官会談要旨)

문서파일번호 1789
작성연월일 1960. 7. 5
구분 제4~5차 회담 사이
세부항목 한일 문제 관련 일미 간 협의
작성처 외무성 북동아시아과
매수 4
비밀등급 극비
문서종류 회의록
공개구분 일부비공개
내용 미야케 기지로 심의관과 주일미국대사관 ▬ 서기관이 북송 문제 및 어선 나포에 관해 협의한 기록. 한미 교섭에 대한 미국 측 설명이 이루어짐.
주제어 어선 나포, 북송 문제

문서명	한일 문제에 관한 ▬ 서기관 회담 건(日韓問題に関し▬書記官との会談に関する件)

문서파일번호 1789
작성연월일 1960. 1. 26
구분 제4차 회담
세부항목 한일 문제 관련 일미 간 협의
작성처 외무성 북동아시아과
매수 9
비밀등급 극비
문서종류 회의록
공개구분 일부비공개
내용 나카가와 도요요시 북동아과장과 주일미국대사관 ▬ 서기관이 한일 문제에 관해 협의한 기록. 한일 간 무역 문제, 공동성명안에 관해 협의한 후 일본이 미국에게 북송 사업 진행 상황을 설명함.
주제어 한일무역, 공동성명, 북송 문제

문서명	미 대사관 ■ 서기관 회담 건(米大使館■書記官との会談に関する件)

문서파일번호 1789
작성연월일 1960. 1. 29
구분 제4차 회담
세부항목 한일 문제 관련 일미 간 협의
작성처 외무성 북동아시아과
매수 6
비밀등급 극비
문서종류 회의록
공개구분 일부비공개
내용 나카가와 도요요시 북동아과장과 주일미국대사관 ■ 서기관이 북송 문제 등에 대해 협의한 기록. 북송 문제에 관한 한미교섭 및 한일교섭의 내용을 서로 설명함.
주제어 북송 문제

문서명	한일 문제에 관한 미 대사관 ■ 서기관 회담 건(日韓問題に関し米大使館■書記官と会談の件)

문서파일번호 1789
작성연월일 1960. 2. 12
구분 제4차 회담
세부항목 한일 문제 관련 일미 간 협의
작성처 외무성 북동아시아과
매수 3
비밀등급 극비
문서종류 회의록
공개구분 일부비공개
내용 나카가와 도요요시 북동아과장과 주일미국대사관 ■ 서기관이 한일 문제, 북송 문제 등에 대해 협의한 기록. 한 미일 실무자 교섭 내용. 북한 귀환자 수에 대한 전망을 교환함.
주제어 한일 문제, 북송 문제

문서명	한일회담에 관한 미 대사관 ▬ 서기관 회담 건(日韓会談に関し、米大使館▬書記官と会談の件)

문서파일번호 1789
작성연월일 1960. 3. 12
구분 제4차 회담
세부항목 한일 문제 관련 일미 간 협의
작성처 외무성 북동아시아과
매수 4
비밀등급 극비
문서종류 회의록
공개구분 일부비공개
내용 나카가와 도요요시 북동아과장과 주일미국대사관 ▬ 서기관이 한일회담에 관해 협의한 기록. 미국은 유태하·맥아더 대사 회담 내용을 설명하였으며, 억류자 송환에 관해 협의함.
주제어 억류자 송환 문제

문서명	▬ 서기관 회담 건(▬書記官と会談の件)

문서파일번호 1789
작성연월일 1960. 4. 16
구분 제4차 회담
세부항목 한일 문제 관련 일미 간 협의
작성처 외무성 북동아시아과
매수 2
비밀등급 극비
문서종류 회의록
공개구분 일부비공개
내용 나카가와 도요요시 북동아과장과 주일미국대사관 ▬ 서기관이 억류자 송환 문제에 관해 협의한 기록. 29명의 형기 만료 일본 어부 석방과 관련, 미국이 한국에 협조를 요청하였다 함.
주제어 억류자 송환 문제

문서명	서울 폭동 사건에 관한 미국 측 정보(京城暴動事件に関する米側情報)

문서파일번호	1789
작성연월일	1960. 4. 20
구분	제4~5차 회담 사이
세부항목	한일 문제 관련 일미 간 협의
작성처	외무성 북동아시아과
매수	6
비밀등급	극비
문서종류	회의록
공개구분	일부비공개
내용	나카가와 도요요시 북동아과장과 주일미국대사관 ■ 서기관이 한국정세에 관해 협의한 기록. 미국이 4월 19일 한국에서의 시위 관련 상황을 설명함.
주제어	한국정세

문서명	한국의 폭동 사건에 관한 미국 측 정보(제3보)[韓国の暴動事件に関する米側情報(第3報)

문서파일번호	1789
작성연월일	1960. 4. 22
구분	제4~5차 회담 사이
세부항목	한일 문제 관련 일미 간 협의
작성처	외무성 북동아시아과
매수	7
비밀등급	극비
문서종류	회의록
공개구분	일부비공개
내용	나카가와 도요요시 북동아과장과 주일미국대사관 ■ 서기관이 한국정세에 관해 협의한 기록. 한국정세에 관한 미국의 설명이 있었음.
주제어	한국정세

문서명	한국 문제에 관한 나카가와, ■ 회담 요지(韓国問題に関する中川、■会談要旨)

문서파일번호	1789
작성연월일	1960. 4. 25
구분	제4~5차 회담 사이
세부항목	한국정세
작성처	외무성 북동아시아과
매수	7
비밀등급	극비
문서종류	회의록
공개구분	일부비공개
내용	나카가와 도요요시 북동아과장과 주일미국대사관 ■ 서기관이 억류자 석방 및 한국정세 등에 관해 협의한 기록. 미일이 4·19혁명 이후의 한국정세 및 억류자 석방 진행 상황에 관한 정보를 교환함.
주제어	한일 문제 관련 일미 간 협의

문서명	한일 문제에 관한 나카가와, ■ 회담 요지(日韓問題に関する中川·■会談)

문서파일번호	1789
작성연월일	1960. 5. 2
구분	제4~5차 회담 사이
세부항목	한일 문제 관련 일미 간 협의
작성처	외무성 북동아시아과
매수	10
비밀등급	극비
문서종류	회의록
공개구분	일부비공개
내용	나카가와 북동아과장과 주일미국대사관 ■ 서기관이 북송 문제, 한일 현안 등에 대해 협의한 기록. 일본이 북송 사업에 대한 대응 등을 설명함. 한일 현안 중 독도 문제와 관련 미국은 일본이 제안한 국제사법재판소(ICJ) 회부 건에 한국이 동의토록 설득하겠다고 언급함.
주제어	북송 문제, 독도 문제

문서명	한일 문제에 관한 나카가와, ■ 회담(日韓問題に関する中川·■会談)

문서파일번호 1789
작성연월일 1960. 5. 4
구분 제4~5차 회담 사이
세부항목 한일 문제 관련 일미 간 협의
작성처 외무성 북동아시아과
매수 9
비밀등급 극비
문서종류 회의록
공개구분 일부비공개
내용 나카가와 도요요시 북동아과장과 주일미국대사관 ■ 서기관이 한일 현안, 북송 문제 등에 대해 협의한 기록. 미국은 이승만 정권 붕괴 이후 한일관계 개선을 위해 관련 현안에 대한 미국 측 견해를 전달함.
주제어 한일관계 개선방안, 북송 문제

문서명	한일 문제에 관한 ■ 서기관 이야기(日韓問題に関する■書記官内談の件)

문서파일번호 1789
작성연월일 1960. 7. 12
구분 제4~5차 회담 사이
세부항목 한일 문제 관련 일미 간 협의
작성처 외무성 북동아시아과
매수 8
비밀등급 극비
문서종류 회의록
공개구분 일부비공개
내용 마에다 도시카즈 북동아과장과 주일미국대사관 ■ 서기관이 한일 현안, 어선 나포, 북송 문제 등에 대해 협의한 기록. 나포에 관한 미국 측 정보 전달 및 북송에 대한 일본 입장을 설명함.
주제어 어선 나포, 북송 문제

문서명	북한귀환협정 갱신이 한일회담에 미치는 영향에 관한 미 대사관 ■ 서기관 담화 건(北鮮帰還協定の更新が日韓会談に及ぼす影響に関する米大使館■書記官の談話の件)

문서파일번호 1789
작성연월일 1960. 10. 22
구분 제5차 회담
세부항목 한일 문제 관련 일미 간 협의
작성처 외무성 북동아시아과
매수 4
비밀등급 극비
문서종류 회의록
공개구분 공개
내용 야나기야 겐스케(柳谷謙介) 북동아과 사무관과 주일미국대사관 ■ 서기관이 북송 문제에 관해 협의한 기록. 미국이 북송협정 연장이 한일관계에 미치는 영향에 대한 견해를 일본에 전달함.
주제어 북송 문제

문서명	북한귀환협정의 갱신에 대해 한국의 반응에 관한 ■ 서기관 이야기(北鮮帰還協定の更新に対する韓国の反響に関する■書記官の内談)

문서파일번호 1789
작성연월일 1960. 11. 4
구분 제5차 회담
세부항목 한일 문제 관련 일미 간 협의
작성처 외무성 북동아시아과
매수 4
비밀등급 극비
문서종류 회의록
공개구분 일부비공개
내용 1960년 10월 22일 야나기야 겐스케 북동아과 사무관과 주일미국대사관 ■ 서기관이 북송 문제에 관해 협의한 기록. 미국이 북송 문제에 관한 한국 상황을 일본에 설명함.
주제어 북송 문제

문서명	사와다 수석대표와 아서 딘 씨 회담 건(沢田首席代表とアーサー·ディーン氏との会談に関する件)

문서파일번호 1789
작성연월일 1960. 2. 15
구분 제4차 회담
세부항목 한일 문제 관련 일미 간 협의
작성처 외무성 사와다 수석대표 구술
매수 5
비밀등급 비(秘)
문서종류 회의록
공개구분 공개
내용 사와다 렌조 일본 수석대표와 아서 딘(Arthur Dean)* 씨가 영해 문제에 관해 논의한 기록. 12해리 문제에 관한 한미교섭 내용에 대해 질의응답.
주제어 어업

문서명	사와다 대사와 맥아더 대사 회담 요지(沢田大使とマックアーサー大使との会談要旨)

문서파일번호 1789
작성연월일 1960. 3. 8
구분 제4차 회담
세부항목 한일 문제 관련 일미 간 협의
작성처 외무성 사와다 수석대표 구술
매수 6
비밀등급 극비
문서종류 회의록
공개구분 일부비공개
내용 1960년 3월 7일 사와다 렌조 일본 수석대표와 맥아더 주일미국대사가 억류자 석방에 관해 협의한 기록. 한국이 억류자 석방을 진행하지 않는 한, 일본으로서도 쌀 수입 등 경제지원을 실행하지 못한다는 입장을 미국에 전달함.
주제어 억류자 송환 문제, 한국 쌀 수입

* 아서 딘(Arthur Dean, 1898~1987): 미국의 저명한 변호사이자 외교관. 6·25 전쟁의 정전 교섭 당시 미국 측 교섭단 수석대표를 역임하였다.

문서명	맥아더 대사 담화(マッカーサー大使との談話)

문서파일번호 1789
작성연월일 1960. 3. 24
구분 제4차 회담
세부항목 한일 문제 관련 일미 간 협의
작성처 외무성 사와다 수석대표
매수 7
비밀등급 극비
문서종류 회의록
공개구분 공개
내용 1960년 3월 23일 브라질대사관저 만찬에서 사와다 렌조·맥아더 주일미국대사 협의 기록. 사와다 대사는 한일회담을 계속하려면 한국이 일본인어부 석방을 실행하는 것이 필요하다는 일본정부의 입장을 미국에 전달함.
주제어 억류자 송환 문제

문서명	렌하트 공사 집에서의 만찬(レンハート公使宅ディナー)

문서파일번호 1789
작성연월일 1960. 3. 14
구분 제4차 회담
세부항목 한일 문제 관련 일미 간 협의
작성처 외무성 사와다 수석대표
매수 10
비밀등급 극비
문서종류 회의록
공개구분 공개
내용 1960년 3월 11일 레인하트(Frederick G. Reinhardt) 주일미국대사관 공사 자택 만찬석상에서 사와다 대표와 맥아더 주일미국대사, 매카너기 주한미국대사(동아태 공관장회의 참석차 일본 방문)가 억류자 석방 문제 등에 관해 협의한 기록. 동 문제에 관한 한국정세 및 일본의 상황 등에 대한 의견교환이 이루어짐.
주제어 억류자 송환 문제

문서명	렌하트 공사 담화(レンハート公使との談話)

문서파일번호 1789
작성연월일 1960. 4. 26
구분 제4~5차 회담 사이
세부항목 한일 문제 관련 일미 간 협의
작성처 외무성 사와다 수석대표
매수 5
비밀등급 극비
문서종류 회의록
공개구분 공개
내용 사와다 렌조 대표와 주일미국대사관 레인하트 공사가 억류자 석방, 북송 문제에 관해 협의한 기록. 동 문제들의 진행 상황, 전망 등에 대해 의견교환.
주제어 억류자 송환 문제, 북송 문제

문서명	주한 매카너기 대사 담화 (在韓マッコノギー大使との談話)

문서파일번호 1789
작성연월일 1960. 3. 28
구분 제4차 회담
세부항목 한일 문제 관련 일미 간 협의
작성처 외무성 사와다 수석대표
매수 5
비밀등급 비(秘)
문서종류 회의록
공개구분 공개
내용 1960년 3월 24일 주일미국대사관저에서 사와다 렌조 대표와 월터 매카너기 주한 미국대사가 억류자 석방 문제에 관해 협의한 기록. 매카너기 대사가 억류자 석방 문제에 관한 한국 입장을 설명함.
주제어 억류자 송환 문제

문서명	한일 문제에 관한 시마 대사와 맥아더 대사 회담 건(日韓問題に関する島大使とマックアーサー大使との会談に関する件)

문서파일번호 1789
작성연월일 1960. 5. 2
구분 제4~5차 회담 사이
세부항목 한일 문제 관련 일미 간 협의
작성처 외무성 북동아시아과
매수 3
비밀등급 극비
문서종류 내부문서
공개구분 공개
내용 1960년 4월 30일 덴마크대사 주최 리셉션에서 시마 대사와 맥아더 주일미국대사가 한일 문제 관련하여 협의한 기록. 맥아더 대사는 4월 29일 매카너기 주한미대사와 허정 수반 간 회담에서 미국이 '이 라인'과 독도 문제의 해결 필요성을 언급하자 허정 수반은 일본의 재일한인 북송 문제의 선결을 요구하였다고 시마 대사에게 설명함.
주제어 '이 라인', 독도, 북송 문제

문서명	한일관계 정상화에 관한 주일미국의 요청 건(日韓関係正常化に関し在京米側より申入れの件)

문서파일번호 1789
작성연월일 1960. 5. 4
구분 제4~5차 회담 사이
세부항목 한일 문제 관련 일미 간 협의
작성처 외무성 시마 대사
매수 4
비밀등급 일반
문서종류 회의록
공개구분 공개
내용 시마 대사와 주일미 대사관 레인하트 공사가 어업, 북송 문제 등에 관해 협의한 기록. 맥아더 대사가 기시 노부스케 총리 및 야마다 히사나리(山田久就) 차관과의 회담 시 제시한 한일 문제 관련 4가지 안건(기시 총리의 한일 양국 현안 조기 해결 노력에 관한 성명 발표, 기시·허정 회담 개최, 북송 문제의 조기 종결, 한국 쌀 3만 톤 수입)에 대해 추가적인 입장을 설명함.
주제어 한일 문제 해결을 위한 미국 측 제안, 한일무역, 억류자 석방, 어선 나포, 기시·허정 회담, 북송 문제, 한국 쌀 수입

문서명	제목 없음

문서파일번호	1789
작성연월일	1960. 5. 4
구분	제4~5차 회담 사이
세부항목	한일 문제 관련 일미 간 협의
작성처	외무성 북동아시아과장
매수	4
비밀등급	극비
내부문서	
공개구분	공개
내용	1960년 5월 2일 기시 노부스케 총리가 맥아더 주일미국대사 접견 시 맥아더 대사가 한일 현안에 관해 언급한 내용을 기록한 문서. 한국에 대해서는 한일무역 전면 재개, 억류어부 석방, 일본 어선 나포 중지를 요청하였다며, 일본에 대해서는 기시 총리의 한일 양국 현안 조기 해결 노력에 관한 성명 발표, 기시·허정 회담 개최, 북송 문제의 조기 종결, 한국 쌀 3만 톤 수입을 제안함.
주제어	한일 문제 해결을 위한 미국 측 제안, 한일무역, 억류자 석방, 어선 나포, 기시·허정 회담, 북송 문제, 한국 쌀 수입

문서명	언급 요지 문서: 한일관계(Talking Paper: Japan-Korea Relations)

문서파일번호	1789
작성연월일	1960. 5. 2
구분	제4~5차 회담 사이
세부항목	한일 문제 관련 일미 간 협의
작성처	주일미국대사관
매수	6
비밀등급	극비
문서종류	비공식문서(non-paper)
공개구분	공개
내용	기시 노부스케 총리가 맥아더 주일미국대사 접견 시 맥아더 대사가 한일 현안에 관해 언급한 요지 문서(Talking Paper)
주제어	한일 문제 해결을 위한 미국 측 제안, 한일무역, 억류자 석방, 어선 나포, 기시·허정 회담, 북송 문제, 한국 쌀 수입

문서명	한국 문제에 관한 주일미국대사 회담 건(朝鮮問題に関し在京米大使と会談の件)

문서파일번호 1789
작성연월일 1960. 3. 7
구분 제4차 회담
세부항목 한일 문제 관련 일미 간 협의
작성처 외무성 야마다 차관
매수 10
비밀등급 극비
문서종류 회의록
공개구분 공개
내용 야마다 히사나리 차관이 로이 헨더슨(Loy J. Henderson) 미국무부 차관(Deputy Under Secretary)을 위해 맥아더 대사가 주최한 만찬석상에서 억류자, 어선 나포 등에 대해 미국 측과 협의한 내용을 기록한 문서. 일본이 억류자, 어선 나포 문제들을 포함한 현안에 대해 미국 측 알선을 요청함.
주제어 억류자 석방, 어선 나포

문서명	야마다 차관·맥아더 대사 회담 요지(山田次官、マッカーサー大使会談要旨)

문서파일번호 1789
작성연월일 1960. 5. 6
구분 제4~5차 회담 사이
세부항목 한일 문제 관련 일미 간 협의
작성처 외무성 북동아시아과
매수 7
비밀등급 극비
문서종류 회의록
공개구분 공개
내용 야마다 히사나리 차관·맥아더 주일미국대사 협의 기록. 일본은 5월 2일 맥아더 대사가 기시 노부스케 총리에게 제시한 한일 문제 해결을 위한 제안과 관련해 관계자들의 협의를 거쳐 작성한 일본 입장을 맥아더 대사에게 전달함.
주제어 한일 문제 해결을 위한 미국 측 제안에 대한 회담

문서명	맥아더 대사가 기시 총리에게 요청한 것에 대한 회답 요지(안)[マッカーサー大使より岸総理への申入れに対する回答要旨(案)]

문서파일번호 1789
작성연월일 1960. 5. 6
구분 제4~5차 회담 사이
세부항목 한일 문제 관련 일미 간 협의
작성처 외무성 아시아국
매수 4
비밀등급 극비
문서종류 내부문서
공개구분 공개
내용 1960년 5월 2일 맥아더 대사가 기시 노부스케 총리에게 제시한 한일 문제 해결을 위한 제안에 대한 일본의 회답(안). 한국산 쌀 수입 문제는 별도 해결, 기시 총리의 성명 발표는 수락(한국에 대한 경제원조가 중심이 되므로 대장대신의 양해가 이루어지도록 설득), 기시·허정 회담은 시기상조, 북송 문제는 아직 귀환희망자가 많으므로 북송협정을 갱신하지 않고 11월에 중단하는 것은 불가능, 어업 문제는 일본이 조업을 자제하도록 할 것이니 한국이 나포하지 말라는 막연한 원칙만을 정하고 구체적인 것은 언급하지 않거나, 1958년 11월 제안한 어업협정 골자의 내용대로 조업자제를 하는 방식 검토 등의 내용이 담김.
주제어 한일 문제 해결을 위한 미국 측 제안에 대한 회답안

문서명	주일미국대사 회담 건(在京米大使と会談の件)

문서파일번호 1789
작성연월일 1960. 5. 12
구분 제4~5차 회담 사이
세부항목 한일 문제 관련 일미 간 협의
작성처 외무성 요시오카 기록
매수 2
비밀등급 극비
문서종류 회의록

공개구분 공개

내용 야마다 히사나리 차관·맥아더 주일미국대사 회담 기록. 야마다 차관은 국제사법재판소 선거 일본 입후보자 지지를 요청하는 석상에서 한일 문제에 관해 지난번에 맥아더 대사가 기시 노부스케 총리에게 제안한 것을 검토 중이며 곧 회신하겠다는 뜻을 전달함.

주제어 한일 문제 해결을 위한 미국 측 제안에 대한 회담

문서명	한일관계에 관하여 맥아더 대사가 기시 총리에게 제안한 것에 대한 회답안(日韓関係に関するマッカーサー大使の岸総理への示唆に対する回答案)

문서파일번호 1789

작성연월일 1960. 5. 9

구분 제4~5차 회담 사이

세부항목 한일 문제 관련 일미 간 협의

작성처 외무성 북동아시아과

매수 11

비밀등급 극비

문서종류 내부문서

공개구분 공개

내용 1960년 5월 9일 자로 맥아더 주일미국대사가 기시 노부스케 총리에게 제안한 것에 대한 일본의 회답(안). 북송 문제는 다수의 귀환희망자가 있으므로 계속 진행, 기시 총리의 한일 문제 관련 담화 발표, 한일정상회담은 유익하므로 계속 고려할 가치가 있음, 어업자원보존을 위해 협정 체결까지 잠정조치로, '이 라인' 해역에서 일본의 조업 자제, 한국 쌀 수입 문제는 원칙적으로 수입방침에 변함이 없으며 전문적 협의 진행 중 등의 내용이 담김. 수기로 작성된 초안과 수정된 부분을 반영하여 타이핑한 문서가 함께 수록되어 있음.

주제어 한일 문제 해결을 위한 미국 측 제안에 대한 회답안

문서명	한일 문제에 관한 기시 총리 담화(日韓問題に関する岸総理談話)

문서파일번호 1789
작성연월일 1960. 5. 12
구분 제4~5차 회담 사이
세부항목 한일 문제 관련 일미 간 협의
작성처 외무성
비밀등급 극비
매수 2
비밀등급 비(秘)
문서종류 담화문
공개구분 공개
내용 1960년 5월 12일 자로 작성된 기시 노부스케 총리의 한일 문제 관련 담화문. 한국의 경제안정을 위해 한국과의 무역확대를 위한 호의적 조치 검토하겠다는 내용이 담김.
주제어 기시 총리 담화문

문서명	한일관계에 관한 언급요지 문서(안)[(Draft) Talking Paper: Japan-Korea Relations]

문서파일번호 1789
작성연월일 1960(월일 불명)
구분 제4~5차 회담 사이
세부항목 한일 문제 관련 일미 간 협의
작성처 외무성
비밀등급 극비
매수 4
비밀등급 극비
문서종류 비공식문서(non-paper)
공개구분 공개
내용 맥아더 주일미국대사가 기시 노부스케 총리에게 제안한 것에 대한 일본의 회답 영문본
주제어 한일 문제 해결을 위한 미국 측 제안에 대한 회답(안)

문서명	고사카 대신과 맥아더 주일미국대사 회담 건(小坂大臣とマ 在日米大使会談の件)

문서파일번호 1789
작성연월일 1960. 11. 7
구분 제5차 회담
세부항목 한일 문제 관련 일미 간 협의
작성처 외무성 우야마 참사관(宇山参事官)
매수 4
비밀등급 극비
문서종류 회의록
공개구분 공개
내용 고사카 젠타로 외상·맥아더 주일미국대사 회담 내용 중 한일관계 부분을 기록한 문서. 맥아더 대사는 북송 문제와 관련해 한국에 건설적인 대응을 요청한 바, 한국이 분노를 표하긴 했으나 회담 중단, 대표단 철수 같은 반응은 보이지 않을 것이라는 설명과 함께 한국에 우호적인 제스처로 문화재 반환 의향 등을 표명하는 방안을 제의함. 고사카 대신은 문화재 반환 문제에 대해 연구해 보겠다고 답함.
주제어 고사카·맥아더 대사 회담, 북송 문제, 문화재 반환

문서명	고사카 대신과 맥아더 대사 회담 중 오키나와 및 한국에 관한 사항(小坂大臣·マッカーサー大使会談中沖縄及び朝鮮に関する事項)

문서파일번호 1789
작성연월일 1960. 12. 10
구분 제5차 회담
세부항목 한일 문제 관련 일미 간 협의
작성처 외무성 북동아시아과
매수 4
비밀등급 극비
문서종류 회의록
공개구분 공개
내용 고사카 젠타로 외상·맥아더 주일미국대사 회담 내용 중 오키나와와 한국에 관한 부분을 기록한 문서. 맥아더 대사는 자신이 보기에 한국이 금번 한일회담에서 '이 라인' 문제를 포함, 문제 해결을 위해 노력할 것으로 보이나 국내여론이 부담이 되므로, 일본이 크게 손실이 가지 않는 재일한국인 문제를 해결하는 것이 좋을 것으로 보인다고 말함.
주제어 '이 라인', 재일한국인 법적지위

제5부

재일한국인 북송 및 부산 일본인 억류자 상호 석방 관계 I (1954~1956)

오무라수용소에 수용 중인 피강제퇴거 한국인 석방요구 건(大村収容所に収容中の被退去強制韓国人の釈放要求に関する件)

문서파일번호	863
작성연월일	1954. 7. 17
구분	제3~4차 회담 사이
세부항목	억류 한국인 석방 문제
작성처	외무성, UP 통신
매수	20
비밀등급	
문서종류	회의록, 내부자료, 보도자료
공개구분	공개
내용	외무성 오쿠무라(奥村勝蔵) 차관과 한국대표부 김용식 공사가 오무라수용소 수용 한국인의 석방 문제와 관련하여 회담한 기록과 관련 언론 보도, 보도자료 모음
주제어	오무라수용소 억류 한국인 석방 문제, 재일한국인 법적지위

문서명	오무라수용소에 수용 중인 피강제퇴거 한국인의 석방요구 건(大村収容所に収容中の被退去強制韓国人の釈放要求に関する件)

문서파일번호 863
작성연월일 1954. 7. 17
구분 제3~4차 회담 사이
세부항목 오무라수용소 억류 한국인 석방 문제
작성처 외무성
매수 12
비밀등급 일반
문서종류 회의록
공개구분 공개
내용 1954년 7월 17일 김용식 공사는 오쿠무라 차관을 내방하여 일본이 한국인을 구속하고 있는 것은 한일회담 시의 양해에 반하는 것이고, 기본적 인권을 무시한 불법이라며 오무라수용소에 수용 중인 강제퇴거 한국인 125명의 석방을 요구함. 오쿠무라 차관은 125명 중 77명은 이미 한국에 송환되었고 회담이 결렬된 이상 양해가 일본을 구속할 수 없다면서 법을 어긴 자를 강제송환하는 것은 국제관행이며, 재일한국인의 국적 처우 문제가 미해결인 것과는 아무런 관련이 없다고 주장함. 문서 말미에 재일한국인 억류 관련 UP 보도가 있었으며, 이에 대응코자 정보문화국장이 담화를 발표했다는 내용이 추기(追記)됨.
주제어 재일한국인 법적지위

문서명	제목 없음

문서파일번호 863
작성연월일 1954. 7. 15
구분 제3~4차 회담 사이
세부항목 오무라수용소 억류 한국인 석방 문제
작성처 UP통신(UP通信)
매수 2
비밀등급 일반
문서종류 내부자료
공개구분 공개
내용 재일한인의 오무라수용소 억류와 관련한 1954년 7월 15일 자 UP 기사
주제어 재일한국인 법적지위

문서명	오무라수용소의 강제퇴거 해당 한국인의 석방요구에 대해서(大村収容所の退去強制該当韓国人の釈放要求について)

문서파일번호 863
작성연월일 1954. 7. 17
구분 제3~4차 회담 사이
세부항목 오무라수용소 억류 한국인 석방 문제
작성처 외무성 정보문화국
매수 3
비밀등급 일반
문서종류 보도자료
공개구분 공개
내용 UP 보도에 대한 외무성 정보문화국장의 담화
주제어 재일한국인 법적지위

문서명	보도자료: 한국 국적자의 추방과 관련한 일본 입장(Press Release: Japan's Stand on Deportation of ROK Nationals Explained)

문서파일번호 863
작성연월일 1954. 7. 17
구분 제3~4차 회담 사이
세부항목 오무라수용소 억류 한국인 석방 문제
작성처 외무성 정보문화국
매수 3
비밀등급 일반
문서종류 보도자료
공개구분 공개
내용 정보문화국장 담화의 영문본
주제어 재일한국인 법적지위

오무라수용소에 수용 중인 한국인에 관한 법률 문제(大村収容所に収容の朝鮮人に関する法律問題)

문서파일번호	864
작성연월일	1955. 10. 7 - 1956. 4. 9
구분	제3~4차 회담 사이
세부항목	억류 한국인 석방 문제
작성처	외무성, 법무부 입국관리국, 대한민국정부
매수	73
비밀등급	
문서종류	내부문서, 공문, 내부자료
공개구분	일부비공개
내용	한국이 오무라수용소에 억류 중인 재일한인의 석방을 요구하면서 제기된 문제의 법률적 검토, 강제송환 상황 등에 관한 문서 모음
주제어	억류 한국인 석방 문제

문서명	오무라수용소에 수용 중인 한국인에 관한 법률 문제[大村収容所に収容の朝鮮人に関する法律問題(未定稿)]

문서파일번호 864
작성연월일 1955. 10. 7
구분 제3~4차 회담 사이
세부항목 억류 한국인 석방 문제
작성처 외무성 조약3과
매수 20
비밀등급 극비
문서종류 내부문서
공개구분 공개
내용 오무라수용소에 수용된 한국인 관련 법률 문제를 검토한 내용이 담긴 문서. 외국인의 처우에 관한 일반 국제법상의 문제, 재일한국인의 국적에 관한 문제, 재일한국인은 국제법상 일본에 입국 체재할 권리가 있는가에 대한 문제, 일본은 전과자, 기타 바람직하지 않은 재일한국인을 국외 추방할 권리가 있는가에 대한 문제, 일본은 형기를 마친 한국인을 오무라수용소에 수용할 수 있는가 등을 검토함.
주제어

문서명	평화조약에 따른 조선인, 타이완인 등에 관한 국적 및 호적사무의 처리에 대해서(통지)[平和条約に伴う朝鮮人、台湾人等に関する国籍及び戸籍事務の処理について(通知)]

문서파일번호 864
작성연월일 1952. 4. 19
구분 제3~4차 회담 사이
세부항목 억류 한국인 석방 문제
작성처 법무부 총재 관방장관
매수 1
비밀등급 일반
문서종류 공문
공개구분 공개
내용 외무성 조약3과의 검토 문서 첨부 자료. 평화조약 발효일 이후의 국적 및 호적 사무의 처리에 관해 별지와 같이 법무부 민사국장이 법무국장과 지방법무국장에 대해 통달하였음을 참고로 통지하는 법무부총재 관방장관의 내각관방장관 및 각 성 차관, 최고인민재판소 사무총장, 인사원 사무총장 앞 공문
주제어 억류 한국인 석방 문제

문서명	평화조약에 동반한 조선인, 타이완인 등에 관한 국적 및 호적사무의 처리에 대해서(통달)[平和条約に伴う朝鮮人、台湾人等に関する国籍及び戸籍事務の処理について(通達)]

문서파일번호 864
작성연월일 1952. 4. 19
구분 제3~4차 회담 사이
세부항목 억류 한국인 석방 문제
작성처 법무부 민사국장
매수 5
비밀등급 일반
문서종류 공문
공개구분 공개
내용 대일평화조약 발표에 따라 조선과 타이완, 사할린과 쿠릴열도 등에 대한 국적과 호적 관계가 변경되므로, 법무국장 관할지국과 시정촌(市町村)에서 이에 따른 처리를 하기 바란다는 내용의 법무부 민사국장의 법무국장과 지방 법무국장 앞 공문
주제어 억류 한국인 석방 문제

문서명	제목 없음

문서파일번호 864
작성연월일 1955. 10. 8
구분 제3~4차 회담 사이
세부항목 억류 한국인 석방 문제
작성처 외무성
매수 1
비밀등급 일반
문서종류 내부문서
공개구분 공개
내용 조약국이 작성한 것으로 보이는 문서로, 종전 전부터 일본에 거주하는 재일한국인 중 강제퇴거 명령서를 발부받은 자에 대해 제53조 1항의 송환처가 인수를 거부한 경우 언제까지 강제 수용할 수 있는가라는 질의에 대해, 이러한 외국인의 거주를 허가할 의무는 없고, 그들을 강제퇴거할 권리를 갖는 것으로 그 외국인의 본국 인수 의무는 국제법상 확립된 원칙이라고 답변함.
주제어 억류 한국인 석방 문제

문서명	오무라수용소에 수용 중인 한국인에 관한 문제(大村収容所に収容中の朝鮮人に関する問題)

문서파일번호 864
작성연월일 1955. 10. 24
구분 제3~4차 회담 사이
세부항목 억류 한국인 석방 문제
작성처 외무성 아시아국 제5과
매수 9
비밀등급 극비
문서종류 내부문서
공개구분 공개
내용 오무라수용소에 수용된 재일한인에 관한 문제를 검토한 문서. 재일한국인의 강제퇴거자 인수를 거부한 한국이 이들을 계속 수용하는 것은 불법이므로 전면 석방하라고 요구함에 따라 동 건에 대해 국적, 강제퇴거, 계속 수용의 문제에 관한 일본과 한국의 견해와 조치사항을 정리하고 이에 대한 검토의견을 기술함.
주제어 억류 한국인 석방 문제

문서명	오무라 수용 중 형벌법령 위반자 각 범죄별 사례(大村収容中刑罰法令違反者各犯別事例)

문서파일번호 864
작성연월일 1956. 3. 31
구분 제3~4차 회담 사이
세부항목 억류 한국인 석방 문제
작성처 법무성 입국관리국
매수 19
비밀등급 일반
문서종류 내부자료
공개구분 일부비공개
내용 전과 1범에서 13범까지 분류하여 인적사항과 위반사항, 기타 경력, 오무라수용소 수용일을 기재함.
주제어 억류 한국인 석방 문제

문서명	한국에의 강제송환 상황에 대해서(韓国向強制送還状況について)

문서파일번호 864
작성연월일 1956. 4. 10
구분 제3~4차 회담 사이
세부항목 억류 한국인 석방 문제
작성처 법무성 입국관리국
매수 4
비밀등급 일반
문서종류 내부자료
공개구분 공개
내용 강제송환 인원수, 형법 위반자의 송환, 불법 입국자의 송환, 강제퇴거자의 자유귀국에 대한 상황을 정리한 문서
주제어 억류 한국인 석방 문제

문서명	별표 1. 한국인 집단송환[別表(一)韓国人集団送還]

문서파일번호 864
작성연월일 1956. 4. 1
구분 제3~4차 회담 사이
세부항목 억류 한국인 석방 문제
작성처 법무성 입국관리국
매수 1
비밀등급 일반
문서종류 내부자료
공개구분 공개
내용 입국관리국의 한국에의 강제송환 상황에 대해서 문서 첨부1. 1950년 12월 11일부터 1958년 4월 19일까지 일본에서 송환된 재일한국인의 인원수가 기재된 표
주제어 억류 한국인 석방 문제

문서명	별표 2. 특별조치에 의한 가석방 상황[別表(二)特別措置による仮放免状況]

문서파일번호 864
작성연월일 1956. 4. 10
구분 제3~4차 회담 사이
세부항목 억류 한국인 석방 문제
작성처 법무성 입국관리국(入國管理局)
매수 1
비밀등급 일반
문서종류 내부자료
공개구분 공개
내용 입국관리국의 한국에의 강제송환 상황에 대해서 문서 첨부 2. 1958년 2월 28일, 3월 29일, 4월 29일의 가석방, 송환자의 인원수가 기재됨.
주제어 억류 한국인 석방 문제

문서명	별표 3. 특별조치에 의한 가석방 한국인 형벌법령위반자의 처리결과[別表(三)特別措置による仮放免韓国人刑罰法令違反者の処理結果]

문서파일번호 864
작성연월일 1956. 4. 10
구분 제3~4차 회담 사이
세부항목 억류 한국인 석방 문제
작성처 법무성 입국관리국
매수 2
비밀등급 일반
문서종류 내부자료
공개구분 공개
내용 입국관리국의 한국에의 강제송환 상황에 대해서 문서 첨부 3. 가석방 인원수, 재류특별허가 인원수, 미 허가자의 인원수, 귀국자수가 기재됨.
주제어 억류 한국인 석방 문제

문서명	별표 4. 자비 출국을 위한 가석방자 및 그 출국상황[別表(四)自費出国のための仮放免者およびその出国状況]

문서파일번호 864
작성연월일 1956. 4. 10
구분 제3~4차 회담 사이
세부항목 억류 한국인 석방 문제
작성처 법무성 입국관리국
매수 1
비밀등급 일반
문서종류 내부자료
공개구분 공개
내용 입국관리국의 한국에의 강제송환 상황에 대해서 문서 첨부 4. 자비 출국을 위한 가석방자와 출국자 인원수가 기재됨.
주제어 억류 한국인 석방 문제

문서명	오무라수용소 피수용 한국인 관계개황(大村収容所被収容韓国人関係概況)

문서파일번호 864
작성연월일 1956. 4. 1
구분 제3~4차 회담 사이
세부항목 억류 한국인 석방 문제
작성처 법무성 입국관리국 경비과
매수 3
비밀등급 일반
문서종류 내부자료
공개구분 공개
내용 오무라수용소 수용인원, 북한 귀국 희망자, 형법위반자 상황(전과 내역, 전과 1, 2범의 죄명별 내역, 전과 3범 이상인 자의 죄명, 본적, 외국인등록증의 국적 내용)에 관한 현황이 기재됨.
주제어 억류 한국인 석방 문제

문서명	한국인 형벌법령위반자의 석방 문제에 대해서(朝鮮人刑罰法令違反者の釈放問題について)

문서파일번호 864
작성연월일 1956. 4. 9
구분 제3~4차 회담 사이
세부항목 억류 한국인 석방 문제
작성처 법무성 입국관리국
매수 3
비밀등급 일반
문서종류 내부문서
공개구분 공개
내용 일본인어부 석방과 오무라의 한국인 석방을 관련시켜 생각하는 것은 본래 이치에 맞지 않으며, 수용 중인 형법위반자는 죄질이 나쁘거나 범죄 외에 생활의 길이 없는 악질 누범자로 이들을 국내에 무조건 일제히 석방하는 것은 도저히 받아들일 수 없다는 입국관리국의 견해가 담긴 문서
주제어 억류 한국인 석방 문제

문서명	전과 1, 2범 내역(前科一、二犯内訳)

문서파일번호 864
작성연월일 1956. 4. 1
구분 제3~4차 회담 사이
세부항목 억류 한국인 석방 문제
작성처 법무성 입국관리국
매수 1
비밀등급 일반
문서종류 내부자료
공개구분 공개
내용 입국관리국의 '한국인 형벌법령위반자의 석방 문제에 대해서' 문서 첨부1. 1956년 4월 1일 현재 오무라수용소에 수용된 한인의 전과 내역과 인원수가 기재됨.
주제어 억류 한국인 석방 문제

문서명	국적법(초)[国籍法(抄)]

문서파일번호 864
작성연월일 1948. 12. 20
구분 제3~4차 회담 사이
세부항목 억류 한국인 석방 문제
작성처 대한민국정부
매수 1
비밀등급 일반
문서종류 내부자료
공개구분 공개
내용 입국관리국의 '한국인 형벌법령위반자의 석방 문제에 대해서' 문서 첨부 2. 한국 국적법 제1조 및 제2조 내용
주제어 억류 한국인 석방 문제

문서명	재외국민등록법(초)[在外国民登録法(抄)]

문서파일번호 864
작성연월일 1949. 11. 24
구분 제3~4차 회담 사이
세부항목 억류 한국인 석방 문제
작성처 대한민국정부
매수 1
비밀등급 일반
문서종류 내부자료
공개구분 공개
내용 입국관리국의 '한국인 형벌법령위반자의 석방 문제에 대해서' 문서 첨부 3. 한국 재외국민등록법의 초안으로, 등록을 필요로 하는 자 등 4개조가 담겨 있음.
주제어 억류 한국인 석방 문제

재한억류 일본인어부와 재오무라 한인 문제 해결 건
(在韓抑留日本人漁夫と在大村韓人問題解決に關する件)

문서파일번호	1269
작성연월일	1955. 11. 7 - 1956. 10. 10
작성처	외무성
매수	14
구분	제3~4차 회담 사이
세부항목	억류자 문제 해결요령
작성처	외무성
문서종류	내부문서, 내부자료
공개구분	공개
내용	한국에 억류되어 있는 일본인어부와 오무라수용소에 수용 중인 한인 문제에 관한 일본의 대한국 교섭 요령을 담은 일련의 문서 모음
주제어	억류자 상호 석방 문제

문서명	재한억류 일본인어부와 재오무라 한인 문제 해결 건(在韓抑留日本人漁夫と在大村韓人問題解決に関する件)

문서파일번호 1269
작성연월일 1956. 3. 30
구분 제3~4차 회담 사이
세부항목 억류자 문제 해결요령
작성처 외무성
매수 1
비밀등급 일반
문서종류 내부문서
공개구분 공개
내용 한국 억류 일본인어부와 재(在)오무라 한인 문제 해결 요령. 문서파일번호 1268에 수록된 같은 제목의 문서 내용과 동일함.
주제어 억류자 문제

문서명	입국자 수용소에 수용 중인 한국인 개황(入国者収容所に収容中の朝鮮人の概況)

문서파일번호 1269
작성연월일 1956. 10. 10
구분 제3~4차 회담 사이
세부항목 억류자 문제 해결요령
작성처 법무성 입국관리국(法務省入国管理局)
매수 4
비밀등급 일반
문서종류 내부자료
공개구분 공개
내용 입국자 수용소에 수용 중인 한인의 개황에 대해 다음의 구분을 표로 정리한 문서. ① 퇴령발부 수용인원 ② 북한 귀국 희망자 ③ 처벌정령 위반자 ④ 한국인 퇴령 가석방자
주제어 억류자 문제

문서명	오무라수용소의 한국인 형법상 범죄자와 한국 억류 일본인어부의 문제(大村収容所の韓国人刑事犯罪者と韓国抑留邦人漁夫の問題)

문서파일번호	1269
작성연월일	1955. 11. 7
구분	제3~4차 회담 사이
세부항목	억류자 문제 해결요령
작성처	외무성 아시아국
매수	3
비밀등급	극비
문서종류	내부문서
공개구분	공개
내용	한국 억류 일본인어부와 오무라수용소 한인 문제의 현황과 대책을 정리한 문서. 일본 어부(611명)의 조기 귀국을 실현하기 위해 다음 안으로 교섭함. ① 현재 수용 중인 한국인 형사사범(349명)은 가석방함. ② 향후 형사사범 중 악질적인 자는 한국이 인수함. ③ 한국은 전후 불법 입국자 및 전후 입국자로 강제퇴거 처분을 받은 자를 인수하고 향후 인수를 거부하지 않음.
주제어	억류자 문제

문서명	억류자에 대한 대한 절충요강(抑留者に関する対韓折衝要綱の件)

문서파일번호	1269
작성연월일	1955. 11. 10
구분	제3~4차 회담 사이
세부항목	억류자 문제 해결요령
작성처	외무성
매수	3
비밀등급	극비
문서종류	내부문서
공개구분	공개
내용	억류자 상호 석방에 관한 교섭요강(문서파일번호 1266 문서 절충요령 A와 동일한 내용임). 한국정부의 조치와 일본정부의 조치 내용을 제시하고 이 양해는 재일한인의 국적 및

처우, 특히 강제퇴거에 관한 한일 양국정부 간 협정이 체결될 때까지의 잠정조치이기 때문에 협정교섭 시 한일 양국정부의 주장을 구속하는 것은 아니라는 것, 이 양해의 실시는 한일 양국정부 간 양해 내용이외의 문제에 의해 좌우되어서는 안 된다는 것을 덧붙이고 있음.

주제어 억류자 문제

문서명	제목 없음

문서파일번호 1269
작성연월일 1955. 11. 10
구분 제3~4차 회담 사이
세부항목 억류자 문제 해결요령
작성처 외무성
매수 3
비밀등급 극비
문서종류 내부문서
공개구분 공개
내용 억류자 상호 석방에 관한 절충요강(1955년 11월 10일 자)의 영문본
주제어 억류자 문제

우리나라(일본) 억류어민과 오무라수용소 문제 관련해서(我が抑留漁民と大村収容所問題とその関連について)

문서파일번호	1266
작성연월일	1955. 11. 10 - 1956. 1. 15
구분	제3~4차 회담 사이
세부항목	억류자 문제
작성처	외무성
매수	16
비밀등급	
문서종류	내부문서
공개구분	공개
내용	일본인어부 억류 문제와 오무라수용소 한국인 문제의 현황과 그 대책을 정리한 문서
주제어	어업, 억류자 문제

문서명	우리나라(일본) 억류어민과 오무라수용소 문제에 관련해서(我が抑留漁民と大村収容所問題とその関連について)

문서파일번호 1266
작성연월일 1956. 1. 15
구분 제3~4차 회담 사이
세부항목 억류자 문제
작성처 외무성 아시아국 제5과
매수 11
비밀등급 일반
문서종류 내부문서
공개구분 공개
내용 '이 라인' 침범으로 나포되어 한국에 억류 중인 일본인어부와 오무라수용소에 수용 중인 한국인 문제의 현황과 그간의 일본의 대응 등에 관해 정리한 문서
주제어 어업, 억류자 문제

문서명	억류자에 관한 대한 절충 요강 건(抑留者に関する対韓折衝要綱の件)

문서파일번호 1266
작성연월일 1955. 11. 10
구분 제3~4차 회담 사이
세부항목 억류자 문제
작성처 외무성
매수 3
비밀등급 일반
공개구분 공개
문서종류 내부문서
내용 우리나라(일본) 억류 어민과 오무라수용소 문제와 그 관련에 대해서 문서 첨부 A. 억류자 문제와 관련하여 한국과의 절충요령(A안)을 정리한 문서. 문서파일번호 1269에 동일한 문서가 수록됨.
주제어 어업, 억류자 문제

문서명	제목 없음

문서파일번호	1266
작성연월일	1955. 11. 10
구분	제3~4차 회담 사이
세부항목	억류자 문제
작성처	외무성
매수	2
비밀등급	일반
문서종류	내부문서
공개구분	공개
내용	우리나라(일본) 억류 어민과 오무라수용소 문제와 그 관련에 대해서 문서 첨부 B. 억류자 문제 해결을 위한 한국과의 절충요령 B안.
주제어	어업, 억류자 문제

억류자를 위한 대한교섭 요령
(抑留者に関する対韓交渉要領)

문서파일번호	1264
문서명	억류자를 위한 대한교섭 요령(抑留者に関する対韓交渉要領)
작성연월일	1955. 12. 16
구분	제3~4차 회담 사이
세부항목	억류자 문제에 대한 일본의 대한교섭 요령
작성처	외무성 아시아국
매수	2
비밀등급	극비
문서종류	내부문서
공개구분	공개
내용	억류자 문제에 관한 대 한국교섭 요령을 적은 문서. 본 건에 관해 다음 요령으로 한국대표부와 절충함. ① 한국정부는 1955년 12월 ○○일 현재 한국의 외국인 수용소에 수용되어 있는 일본인어부 ○○명을 석방하고 조속히 송환함. ② 일본정부는 1955년 12월 ○○일 현재 입국자 수용소에 수용되어 있는 강제퇴거 재일한국인 형사범죄자 ○○명을 입국관리령 규정에 의해 가석방. 가석방은 매월 70명씩임. ③ 한국정부는 종전 후 불법 입국자 및 종전 후 정규입국자로 입국관리령의 규정에 의해 이미 강제퇴거 처분을 받은 자 및 향후 받을 자는 인수함. 강제퇴거 처분을 받은 자에 대해서는 송환선 1척에 250명을 매월 2회씩 인수하고 향후 강제퇴거자에 대해서는 원칙으로 송환선 1척에 250명을 매월 1회씩 인수함. ④ 한일 양국정부는 종전 전부터 일본에 거주하는 한인의 강제퇴거 기준에 관해 조속히 협의함. ⑤ 전항의 협의 성립까지 한국정부는 나포 일본 어선의 선원에 대해, 일본정부는 종전 전부터 재일하는 한인 형사범죄자로 형기를 완료한 자에 대해 각각 가능한 인도적 처우를 함.
주제어	억류자 문제

재한억류 일본인어부와 재오무라 한인 문제 해결 건(在韓抑留日本人漁夫と在大村韓人問題解決に關する件)

문서파일번호	1268
문서명	재한억류 일본인어부와 재오무라 한인 문제 해결 건(在韓抑留日本人漁夫と在大村韓人問題解決に關する件)
작성연월일	1956. 3. 30
구분	제3~4차 회담 사이
세부항목	억류자 문제 해결요령
작성처	외무성
매수	1
비밀등급	극비
문서종류	내부문서
공개구분	공개
내용	한국 억류 일본인어부와 재오무라 한인 문제 해결 요령(1956년 3월 30일 각의 양해안과 동일한 내용임). ① 한국정부는 형기를 마친 일본인어부를 석방함. ② 한국정부는 밀입국자(종전 이후)를 인수함. 3. 일본정부는 종전 이전부터 일본에 거주하는 한인으로 오무라수용소에 있는 자를 석방함. 단, 이들이 일본에 남을지 귀국할지 여부는 자유의사에 맡김. 또한 석방의 실제적 방법에 대해서는 재일한국대표부위원과 일본정부위원이 협의 결정함.
주제어	억류자 문제

부산수용소의 처우 상황
(釜山収容所における処遇状況)

문서파일번호	1291
작성연월일	1956(월일 불명)
구분	제3~4차 회담 사이
세부항목	부산수용소 처우 상황
작성처	외무성 아시아국 제1과
매수	8
비밀등급	
문서종류	내부문서
공개구분	공개 또는 일부비공개
내용	일본인어부가 억류되어 있는 부산수용소의 처우 상황과 위문소포 도착 상황을 기록한 문서
주제어	억류자 문제

문서명	부산수용소의 처우 상황(釜山収容所における処遇状況)

문서파일번호	1291
작성연월일	1956(월일 불명)
구분	제3~4차 회담 사이
세부항목	부산수용소 처우 상황
작성처	외무성 아시아국 제1과
매수	6
비밀등급	일반
문서종류	내부문서
공개구분	공개
내용	일본인어부가 억류되어 있는 부산수용소의 처우 상황을 기록함.
주제어	

문서명	위문소포 도착 상황(慰問小包来着状況)

문서파일번호	1291
작성연월일	1956(월일 불명)
구분	제3~4차 회담 사이
세부항목	부산수용소 처우 상황
작성처	외무성 아시아국 제1과
매수	2
비밀등급	일반
문서종류	내부문서
공개구분	일부비공개
내용	소포 도착 상황과 감정 사항 등을 기록함.
주제어	억류자 문제

각의 양해(안)
[閣議了解(案)]

문서파일번호	1267
문서명	각의 양해(안)[閣議了解(案)]
작성연월일	1956. 3. 30
구분	제3~4차 회담 사이
세부항목	억류자 문제 대책(각의 양해안)
작성처	외무성
매수	4
비밀등급	극비
문서종류	내부문서
공개구분	공개
내용	한국 억류 일본인 어민과 오무라 한인 문제 해결에 관한 각의 양해안. ① 한국정부는 (1) 형기를 마친 일본인어부를 석방, 귀국시키고, (2) 종전 후 불법 입국자 및 종전 후 정규입국자 중 입관령에 의해 강제퇴거토록 되어 있는 한국인을 인도함. ② 일본정부는 종전 전부터 일본에 거주해 온 한인으로 오무라수용소에 수용 중인 자를 석방하고 이들이 일본에 체재하거나 한국에 귀국하는 문제는 본인 자유의사에 맡김.
주제어	억류자 문제

각의 양해 '재한억류 일본인어부와 재오무라 한인 문제 해결 건'의 해석운영에 대해서(閣議了解「在韓抑留日本人漁夫と在大村韓人問題解決に関する件」の解釈運営について)

문서파일번호	1270
문서명	각의 양해 '재한억류 일본인어부와 재오무라 한인 문제 해결 건'의 해석운영에 대해서(閣議了解「在韓抑留日本人漁夫と在大村韓人問題解決に関する件」の解釈運営について)
작성연월일	1956. 3. 30
구분	제3~4차 회담 사이
세부항목	억류자 문제 해결요령
작성처	외무성
매수	1
비밀등급	극비
문서종류	내부문서
공개구분	공개
내용	각의 양해를 거친 '재한억류 일본인어부와 재오무라 한인 문제 해결 건' 해석에 관한 내용 ① 본 안 제2항의 밀입국자란 종전 후의 불법 입국자 및 종전 후의 정규입국자로 입국관리령 규정에 의해 이미 강제퇴거 명령을 받은 한인을 지칭함. ② 종전 전부터 일본에 거주하는 한인으로 강제퇴거 처분에 처해진 자를 한국 정부가 인수하는 경우의 기준에 관해서는 곧 재개가 예측되는 한일회담에서 결정함.
주제어	억류자 문제

오무라 문제 관련 최 총영사의 내방
(大村問題に関し崔総領事の来訪)

문서파일번호	1433
작성연월일	1956. 3. 30 - 1956. 10. 1
구분	제3~4차 회담 사이
세부항목	하리가이 과장·최규하 총영사 회담
작성처	
매수	19
비밀등급	
문서종류	회의록, 내부자료
공개구분	공개
내용	1956년 3월 30일~10월 1일까지 진행된 하리가이(針谷正之) 과장과 최규하 주일한국대표부 총영사 회담 기록
주제어	억류자 상호 석방, 재일한인 북송

문서명	오무라 문제 관련 최 총영사의 내방(大村問題に関し崔総領事の来訪について)

문서파일번호 1433
작성연월일 1956. 3. 30
구분 제3~4차 회담 사이
세부항목 하리가이 과장·최규하 총영사 회담
작성처 외무성 하리가이(針谷正之) 아시아 제5과장
매수 8
비밀등급 극비
문서종류 회의록
공개구분 공개
내용 1956년 3월 30일 하리가이 아시아 제5과장·최규하 주일한국대표부 총영사 회담 기록. 최 총영사는 ① 오무라 수용 한인 문제와 부산수용소 일본인어부 문제는 가급적 조기 해결 희망 ② 재일한인 북송 문제를 한국이 인정했다는 요미우리신문, 산케이신문 보도와 관련, 한국은 북송을 인정한 적이 없다는 점 ③ 60만 재일한국인 중 자유의사에 따라 한국 귀국을 원하는 사람은 한국이 이를 수용할 것이라는 점을 전달함. 하리가이 과장은 북송 관련 언론 보도는 억측 보도라면서 일본은 강제로 북한에 귀환시키고자 하는 생각을 해본 적이 없다고 강조함.
주제어 억류자 상호 석방, 재일한인 북송

문서명	첨부. 신문 스크랩

문서파일번호 1433
작성연월일 1956. 3. 30
구분 제3~4차 회담 사이
세부항목 하리가이 과장·최규하 총영사 회담
작성처 요미우리, 산케이신문
매수 2
비밀등급 일반
문서종류 내부자료
공개구분 공개

내용 '오무라 문제에 관한 최 총영사의 내방' 문서 첨부물. 북한 귀환을 원하는 재일한인의 북송에 대해 한국도 이를 인정했다는 내용의 1956년 3월 30일 자 요미우리, 산케이신문 기사

주제어 억류자 상호 석방, 재일한국인 북송, 언론 보도

문서명	최 총영사 회담 건(崔総領事との会談に関する件)

문서파일번호 1433

작성연월일 1956. 9. 18

구분 제3~4차 회담 사이

세부항목 하리가이 과장 · 최규하 총영사 회담

작성처 외무성 하리가이 아시아국 제1과장

매수 4

비밀등급 극비

문서종류 회의록

공개구분 공개

내용 1956년 9월 18일 하리가이 아시아국 제1과장과 최규하 총영사 간 회담 기록. 최 총영사는 전(前) 주(1956년 9월)에 일본 각의에서 한일 문제가 협의되었다는 신문기사 내용에 관해 문의함. 하리가이 과장은 그 내용에 대해 아는 것이 없다면서, 한일 문제는 일본국민의 관심사이므로 각의에서 논의되어도 이상할 것이 없다고 함. 최 총영사는 아사히를 비롯한 1, 2개 신문에서 김용식 공사와 유태하 참사관의 일시 귀국을 보도하면서 일본정부 소식통을 인용, 김 공사의 경질 운운 기사를 썼는데 이러한 가십성 기사는 도움이 안 된다고 말함. 이어 최 총영사는 한국의 김 수출 문제에 대해서도 외무성이 협력해 줄 것을 요청함.

주제어 한일 문제, 김용식 · 유태하 갈등, 김 수출 문제, 언론 보도

문서명	최 총영사의 요청 건(崔総領事の申入れに関する件)

문서파일번호	1433
작성연월일	1956. 10. 1
구분	제3~4차 회담 사이
세부항목	하리가이 과장 · 최규하 총영사 회담
작성처	외무성 하리가이 아시아국 제1과장
매수	5
비밀등급	극비
문서종류	회의록
공개구분	공개
내용	1956년 10월 1일 하리가이 과장과 최규하 총영사가 선박 반환 문제 및 군용기로 일본에 불법 입국한 군인과 항공기의 반환에 관해 회담한 기록. 최 총영사는 한국에 반환키로 되어 있는 선박 52척 가운데 16척에 관해서는 원선으로 반환 또는 그 대금을 반환받고자 한다면서 이에 대한 일본의 생각을 문의함. 하리가이 과장은 52척은 새로이 배를 만들어 한국에 반환하는 것으로 알고 있다며 상세는 검토 후 답을 주겠다고 함. 일본에 불법 입국한 한국 군용 항공기와 군인 2명의 송환과 관련해서는 일본 법무성에서 관련 사안을 검토 중이라는 일본의 답이 있었음.
주제어	선박 반환, 한국 군용기 · 군인 송환 문제

재한억류 일본인어부와 재오무라 한인 문제 해결 건(1)[在韓抑留日本人漁夫と在大村韓人問題解決に関する件(一)]

문서파일번호	1276
문서명	재한억류 일본인어부와 재오무라 한인 문제 해결 건(1)[在韓抑留日本人漁夫と在大村韓人問題解決に関する件(一)]
작성연월일	1956. 4. 5
구분	제3~4차 회담 사이
세부항목	억류자 문제, 최규하 총영사·안도 참사관 회담
작성처	외무성 안도 참사관
매수	24
비밀등급	일반
문서종류	회의록
공개구분	공개
내용	1956년 4월 4일 다른 용건으로 외무성을 방문한 주일한국대표부 최규하 총영사와 안도 참사관의 재한억류 일본인어부와 오무라 한인 문제 관련 회의기록. 안도 참사관은 아직 법무성 교섭위원이 확정되지 않았으나, 자신도 어제 위원으로 지명되었다면서, 준비가 되는 대로 정식 회의를 시작하겠다고 함. 양측은 관련 문제의 현황 등에 관해 의견을 나눔.
주제어	억류자 문제

재한억류 일본인어부와 재오무라 한인 문제 해결 건(2)[在韓抑留日本人漁夫と在大村韓人問題解決に関する件(二)]

문서파일번호	1277
문서명	재한억류 일본인어부와 재오무라 한인 문제 해결 건(2)[在韓抑留日本人漁夫と在大村韓人問題解決に関する件(二)]
작성연월일	1956. 4. 6
구분	제3~4차 회담 사이
세부항목	억류자 문제, 외무성·법무성 협의
작성처	외무성 안도 참사관
매수	12
비밀등급	일반
문서종류	회의록
공개구분	공개
내용	사와다(沢田廉三) 고문의 지시를 받아 안도 참사관이 1956년 4월 6일 법무성 우치다(内田) 입국관리국장을 만나 협의한 내용을 기록한 문서. 한일 예비교섭의 신속한 개최를 위해 한국 동의를 구해야 한다는 점, 밀입국 송환과 관련해서는 북한으로의 귀환을 원하는 이들의 조치가 재한일본인의 귀환 문제 등과 관련되기 때문에 일본적십자사와 조선적십자사의 알선에 의해 조정되어야 할 것이라는 점 등의 의견에 일치함..
주제어	억류자 문제

한일교섭에 관한 요령(안)
[日韓交渉に関する要領(案)]

문서파일번호	1281
작성연월일	1956. 4. 10 - 1956. 4. 16
구분	제3~4차 회담 사이
세부항목	억류자 문제
작성처	자민당 외교조사회(自民党外交調査会), 외무성
매수	5
비밀등급	
문서종류	내부문서
공개구분	공개
내용	재한억류 일본인어부와 오무라 한인 문제에 관한 자민당 외교조사회의 대한국 교섭 요령 및 외무성의 방침 문서
주제어	억류자 문제

문서명	한일교섭에 관한 요령(안)[日韓交渉に関する要領(案)]

문서파일번호 1281
작성연월일 1956. 4. 16
구분 제3~4차 회담 사이
세부항목 억류자 문제 자민당 교섭 요령
작성처 자민당 외교조사회
매수 1
비밀등급 극비
문서종류 내부문서
공개구분 공개
내용 자민당 외교조사회가 마련한 재한억류 일본인어부 및 오무라 한인 문제에 관한 한국과의 교섭 요령. ① 재한억류 일본인어부와 오무라 한인 석방과 관련 양국 정부 위원 간에 사무적 협의를 개시함. ② 재일한국인이라도 입국관리령으로 강제퇴거 처분된 자를 장래 한국정부가 인수하는 것을 보장하도록 노력함. ③ 한일 정식회담이 개시되도록 노력함.
주제어 억류자 문제

문서명	대한 접촉의 경위 및 앞으로의 방침에 대해서(対韓接衝の経緯並びに今後の方針について)

문서파일번호 1281
작성연월일 1956. 4. 10
구분 제3~4차 회담 사이
세부항목 억류자 문제, 교섭방침
작성처 외무성 아시아국 제1과
매수 4
비밀등급 극비
문서종류 내부문서
공개구분 공개
내용 제3차 한일회담이 결렬된 후 일본인어부와 재일한국인의 억류 문제의 경위를 설명하고, 이를 해결하기 위해 1956년 3월 30일의 각의결정을 기본방침으로 함.
주제어 억류자 문제

한국인 형벌법령위반자의 석방 문제에 대해서
(朝鮮人刑罰法令違反者の釈放問題について)

문서파일번호	1282
작성연월일	1956. 4. 1 - 1956. 4. 9
구분	제3~4차 회담 사이
세부항목	억류자 문제
작성처	법무성 입국관리국
매수	11
비밀등급	
문서종류	내부문서, 내부자료
공개구분	공개
내용	법무성 입국관리국이 재한억류 일본인어부와 오무라 한인의 석방을 연계시키는 문제, 재일 한국인의 국적 문제, 재일한국인의 북한 귀국 문제 등에 대해 검토한 의견서와 관련 첨부 자료
주제어	억류자 문제

문서명	한국인 형벌법령위반자의 석방 문제에 대해서(朝鮮人刑罰法令違反者の釈放問題について)

문서파일번호 1282
작성연월일 1956. 4. 9
구분 제3~4차 회담 사이
세부항목 억류자 문제 법무성 검토의견
작성처 법무성 입국관리국
매수 7
비밀등급 일반
문서종류 내부문서
공개구분 공개
내용 입국관리국이 재한억류 일본인어부와 오무라 한인의 석방을 연계시키는 문제, 재일한국인의 국적 문제, 재일한국인의 북한 귀국 문제 등에 대해 검토한 의견서. 입국관리국은 법령위반자를 석방하는 문제에 대해 부정적인 견해를 표명함.
주제어 억류자 문제

문서명	전과 1, 2범 내역(前科一、二犯内訳)

문서파일번호 1282
작성연월일 1956. 4. 1
구분 제3~4차 회담 사이
세부항목 억류자 문제
작성처 법무성 입국관리국
매수 1
비밀등급 일반
문서종류 내부자료
공개구분 공개
내용 입국관리국 1956년 4월 9일 자 '한국인 형벌법령위반자의 석방 문제에 대해서' 문서 첨부1. 오무라에 수용되어 있는 한국인의 전과 1, 2범 내역
주제어 억류자 문제

문서명	국적법(초)[国籍法(抄)]

문서파일번호 1282
작성연월일 1948. 12. 20
구분 제3~4차 회담 사이
세부항목 억류자 문제
작성처 법무성 입국관리국
매수 1
비밀등급 일반
문서종류 내부자료
공개구분 공개
내용 입국관리국 1956년 4월 9일 자 '한국인 형벌법령위반자의 석방 문제에 대해서' 문서 첨부 2. 1948년 12월 20일 제정된 한국 국적법 조문
주제어 억류자 문제

문서명	재외국민등록법(초)[在外国民登録法(抄)]

문서파일번호 1282
작성연월일 1949. 11. 24
구분 제3~4차 회담 사이
세부항목 억류자 문제
작성처 법무성 입국관리국
매수 2
비밀등급 일반
문서종류 내부자료
공개구분 공개
내용 입국관리국 1956년 4월 9일 자 '한국인 형벌법령위반자의 석방 문제에 대해서' 문서 첨부 3. 1949년 11월 24일 제정된 한국의 재외국민등록법 조문
주제어 억류자 문제

재한억류 일본인어부와 재오무라 한인 문제 해결 건(在韓抑留日本人漁夫と在大村韓人問題解決に関する件)

문서파일번호	1283
작성연월일	1956. 3. 30 - 1956. 4. 10
구분	제3~4차 회담 사이
세부항목	억류자 문제, 재일한국인 국적 문제
작성처	
매수	4
비밀등급	
문서종류	내부문서
공개구분	공개
내용	재한억류 일본인어부와 오무라 한인 문제 해결요령 및 한국인 국적에 관한 검토의견
주제어	억류자 문제

문서명	재한억류 일본인어부와 오무라 한인 문제 해결 건(在韓抑留日本人漁夫と在大村韓人問題解決に関する件)

문서파일번호	1283
작성연월일	1956. 3. 30
구분	제3~4차 회담 사이
세부항목	억류자 문제
작성처	외무성
매수	1
비밀등급	
문서종류	내부문서
공개구분	공개
내용	재한억류 일본인어부와 오무라 한인 문제 해결에 관한 해결요령. 문서파일번호 1268(1956년 3월 30일)과 동일한 문서임.
주제어	억류자 문제

문서명	전쟁 전부터 일본에 거주하는 한국인(이하 재일한국인이라고 함)의 국적 문제에 관하여[戰前から日本に在住する朝鮮人(以下在日朝鮮人という)の國籍の問題について]

문서파일번호	1283
작성연월일	1956. 4. 10
구분	제3~4차 회담 사이
세부항목	억류자 문제, 재일한국인 국적 문제
작성처	외무성 아시아국 제1과
매수	3
비밀등급	일반
문서종류	내부문서
공개구분	공개
내용	전쟁 전부터 일본에 거주하는 한국인의 국적 문제에 관한 일본 견해 및 조치, 한국 견해와 조치, 아시아국 제1과의 소견 등이 기술됨.
주제어	재일한국인 법적지위, 국적 문제

재한억류 일본인어부와 재오무라 한인 문제 해결에 관한 사무적 협의에 대해서(在韓抑留日本人漁夫と在大村韓人問題解決に関する事務的協議について)

문서파일번호	1284
문서명	재한억류 일본인어부와 재오무라 한인 문제 해결에 관한 사무적 협의에 대해서(在韓抑留日本人漁夫と在大村韓人問題解決に関する事務的協議について)
작성연월일	1956. 4. 26
구분	제3~4차 회담 사이
세부항목	억류자 문제 한일 실무협의
작성처	외무성 안도 참사관
매수	10
비밀등급	일반
문서종류	회의록
공개구분	공개
내용	1956년 4월 20일(제1회)과 4월 25일(제2회) 개최된 재한억류 일본인어부와 오무라 한인 문제 해결에 관한 실무자협의 내용의 요약 제1차안. 제1회 회의에서는 회의 진행과 관련한 사무적인 협의만 이루어졌으며, 제2회 회의에서는 상호 억류자 수에 관한 자료를 교환하였고, 한국이 조만간 일본인어부의 명단을 제출하기로 함. 양측은 사용하는 용어(억류, 석방 등)에 관해 의견을 나눔.
주제어	억류자 문제

재한억류 일본 어부와 재오무라 한인 문제 해결에 관한 사무적 협의에 관하여(在韓抑留日本漁夫と在大村韓人問題解決に関する事務的協議について)

문서파일번호	1285
문서명	재한억류 일본 어부와 재오무라 한인 문제 해결에 관한 사무적 협의에 관하여 (在韓抑留日本漁夫と在大村韓人問題解決に関する事務的協議について)
작성연월일	1956. 4. 28
구분	제3~4차 회담 사이
세부항목	억류자 문제 한일 실무협의
작성처	외무성 안도 참사관
매수	13
비밀등급	일반
문서종류	회의록
공개구분	공개
내용	1956년 4월 20일(제1회)과 4월 25일(제2회) 개최된 재한억류 일본인어부와 오무라 한인 문제 해결에 관한 실무자협의 내용 요약 제2차안. 1956년 3월 30일 각료회의에서 이야기한 "재한억류 일본인어부와 재오무라 한인 문제 해결의 건"에 대하여 4월 2일 주일한국대표부 김용식 공사와 의논한 결과, 양측 정부 위원은 실제적 해결방법에 대해 사무적인 협의결정을 하기로 하였음. 4월 20일 양국 정부위원 제1회 협의를 열고, 4월 25일에 제2회 협의회를 개최함. 그런데 한국은 해당 안건은 한일예비회담에서 처리해야 할 문제로 금번 협의에서는 논의할 사항이 아니라는 의견을 제시함.
주제어	억류자 문제

억류자 석방에 관한 한일교섭
(抑留者釈放に関する日韓交渉の件)

문서파일번호	1286
문서명	억류자 석방에 관한 한일교섭(抑留者釈放に関する日韓交渉の件)
작성연월일	1956. 5. 2
구분	제3~4차 회담 사이
세부항목	억류자 문제 한일 실무협의
작성처	외무성 아시아국
매수	4
비밀등급	극비
문서종류	내부문서
공개구분	공개
내용	외무성 아시아국이 재한억류 일본인어부와 오무라 한인 문제 해결에 관한 한일 양국 간 실무자협의를 개최하게 된 경위와 1956년 4월 20일과 25일 개최된 1, 2차 협의회 결과를 정리함.
주제어	억류자 문제

오무라수용소 문제에 관한 우치다 입국관리국장과 회담 건(大村収容所問題に関し内田入管局長と会談の件)

문서파일번호	1288
문서명	오무라수용소 문제에 관한 우치다 입국관리국장과 회담 건(大村収容所問題に関し内田入管局長と会談の件)
작성연월일	1956. 6. 1
구분	제3~4차 회담 사이
세부항목	억류자 문제, 나카가와 아시아국장·우치다 입국관리국장 협의
작성처	외무성 나카가와 국장
매수	8
비밀등급	극비
문서종류	내부문서
공개구분	공개
내용	오무라수용소 문제와 관련, 1956년 6월 1일 오전, 오후에 걸쳐 외무성 나카가와 아시아국장이 우치다 입국관리국장과 협의한 내용을 기록한 문서. 나카가와 국장은 5월 30일 한국대표부 유태하 참사관과 협의한 내용을 우치다 국장에게 전달하였고, 우치다 국장은 오후에 전화로 법무성 내부 협의 결과(약 500명 정도의 오무라 수용 한인을 석방하기로 하였으나, 다음에는 이 같은 조치가 없을 것)를 알려옴.
주제어	억류자 문제

일본인어부 및 한인퇴거자의 석방에 대해서
(邦人漁夫及び韓人退去者の釈放について)

문서파일번호	1278
문서명	일본인어부 및 한인 퇴거자의 석방에 대해서(邦人漁夫及び韓人退去者の釈放について)
작성연월일	1956(월일 불명)
구분	제3~4차 회담 사이
세부항목	억류자 문제
작성처	외무성 안도 참사관
매수	3
비밀등급	일반
문서종류	내부문서
공개구분	공개
내용	재한억류 일본인어부 및 오무라 한인 문제 관련, 안도 참사관이 자신의 생각을 정리한 문서. 당초 일본이 생각한 대로 문제를 풀어나가야 하며, 한국과 신속히 예비교섭을 개최해야 함.
주제어	억류자 문제

재한억류 일본인어부와 재오무라 한인 문제에 관한 협의 의사요록(在韓抑留日本人漁夫と在大村韓人の問題に関する協議議事要録)

문서파일번호	1434
작성연월일	1956. 4. 20 - 1956. 4. 25
구분	제3~4차 회담 사이
세부항목	억류자 상호 석방 문제에 관한 한일 실무자협의
작성처	외무성 아시아국 제1과
매수	116
비밀등급	
문서종류	회의록, 합의의사록, 내부자료
공개구분	공개
내용	1956년 4월 20일 및 4월 25일 개최된 억류 일본인어부와 재오무라 한인 문제에 관한 한일 실무자협의 기록
주제어	억류자 상호 석방

문서명	제한억류 일본인어부와 재오무라 한인 문제에 관한 제1회 협의 의사요록(在韓抑留日本人漁夫と在大村韓人の問題に関する第一回協議議事要録)

문서파일번호 1434
작성연월일 1956. 4. 20
구분 제3~4차 회담 사이
세부항목 억류자 상호 석방 문제에 관한 한일 실무자협의
작성처 외무성 아시아국 제1과
매수 39
비밀등급 극비
문서종류 회의록
공개구분 공개
내용 억류 일본인어부와 재오무라 한인 문제에 관한 제1회 한일 실무자협의 의사록. 일본안도 외무성 심의관, 우치다 입국관리국장이, 한국은 유태하 참사관, 최규하 총영사 등 참석. 협의회 진행 방식 등에 관해 협의한 후 쌍방이 억류자 명단 등에 관한 자료를 제공키로 함. 양측은 그간의 협의 경위 등에 관해 의견을 나눈 후 상호 선의를 갖고 문제를 해결해 나가기로 함.
주제어 억류자 상호 석방

문서명	제한억류 일본인어부와 재오무라 한인 문제에 관한 제1회 협의 합의의사록(在韓抑留日本人漁夫と在大村韓人の問題に関する第一回協議アグリード·ミニッツ)

문서파일번호 1434
작성연월일 1956. 4. 20
구분 제3~4차 회담 사이
세부항목 억류자 상호 석방 문제에 관한 한일 실무자협의
작성처 외무성 아시아국 제1과
매수 4
비밀등급 극비
문서종류 합의의사록
공개구분 공개
내용 억류 일본인어부와 재오무라 한인 문제에 관한 제1회 한일 실무자협의 합의의사록(Agreed Minute). 쌍방이 의견을 충분히 교환하고 협의하기 위해 자유토의 형식으로 진행하고 비공개로 하며 언론 발표는 그때마다 협의한 후 한다는 의사진행 절차를 결정함.
주제어 억류자 상호 석방

문서명	재한억류 일본인어부와 재오무라 한인 문제에 관한 제2회 협의 합의의사록(在韓抑留日本人漁夫と在大村韓人の問題に関する第二回協議アグリード·ミニッツ)

문서파일번호 1434
작성연월일 1956. 4. 25
구분 제3~4차 회담 사이
세부항목 억류자 상호 석방 문제에 관한 한일 실무자협의
작성처 외무성 아시아국 제1과
매수 64
비밀등급 극비
문서종류 회의록
공개구분 공개
내용 억류 일본인어부와 재오무라 한인 문제에 관한 제2회 실무자협의 의사요록. 참석자는 제1회와 동일함. 한국은 한국 억류 일본인어부 리스트를, 일본은 오무라수용소의 한인 수용 상황(1956년 4월 21일 현재)을 각각 상대방에 전달하고 상세한 내용은 추후 통보키로 함. 양측은 상대방 자료 검토 후 이에 관한 약간의 질의응답을 하고 양국의 입국관리법, 재일한국인의 일본 도래 경위, 한일 간 억류자 상호 석방 문제에 관한 그간의 협의 경과 등에 관해 의견을 나눔.
주제어 억류자 상호 석방

문서명	재한일본인 선원 수(4월 4일 현재)[在韓日本人船員数(4月4日現在)]

문서파일번호 1434
작성연월일 1956. 4. 25
구분 제3~4차 회담 사이
세부항목 억류자 상호 석방 문제에 관한 한일 실무자협의
작성처 외무성 아시아국 제1과
매수 1
비밀등급 일반
문서종류 회의자료
공개구분 공개
내용 억류 일본인어부와 재오무라 한인 문제에 관한 제2회 실무자협의에서 한국이 전달한 자료
주제어 억류자 상호 석방

문서명	오무라수용소의 한국인 수용 상황(大村収容所の韓人収容状況)

문서파일번호 1434
작성연월일 1956. 4. 25
구분 제3~4차 회담 사이
세부항목 억류자 상호 석방 문제에 관한 한일 실무자협의
작성처 외무성 아시아국 제1과
매수 1
비밀등급 일반
문서종류 회의자료
공개구분 공개
내용 억류 일본인어부와 재오무라 한인 문제에 관한 제2회 실무자협의에서 일본이 전달한 자료
주제어 억류자 상호 석방

문서명	제목 없음

문서파일번호 1434
작성연월일 1956. 4. 25
구분 제3~4차 회담 사이
세부항목 억류자 상호 석방 문제에 관한 한일 실무자협의
작성처 외무성 아시아국 제1과
매수 7
비밀등급 일반
문서종류 회의록
공개구분 공개
내용 억류 일본인어부와 재오무라 한인 문제에 관한 제2회 실무자협의 결과를 간단히 요약한 기록(작성자 불명)
주제어 억류자 상호 석방

부산수용소와 오무라수용소 처우 상황
(釜山収容所と大村収容所処遇状況)

문서파일번호	1292
문서명	부산수용소와 오무라수용소 처우 상황(釜山収容所と大村収容所処遇状況)
작성연월일	1956. 11(일자 불명)
구분	제3~4차 회담 사이
세부항목	부산수용소, 오무라수용소 처우 상황
작성처	불명
매수	3
비밀등급	일반
문서종류	내부자료
공개구분	공개
내용	부산수용소(700명)와 오무라수용소(1,350명)의 처우 상황을 경비, 설비, 난방, 목욕, 화장실, 침구, 세탁, 이발소, 식사(주식, 부식), 매점, 의복, 일용품, 의료, 노동, 레크레이션, 기호품, 라디오, 통신, 자치단체, 차입품 항목으로 나누어 기술함.
주제어	억류자 문제

오무라 수용 중의 한국인 문제(자료 2)
[大村収容中の韓国人問題(資料二)]

문서파일번호	1294
작성연월일	1956. 12. 11 - 1956. 12. 18
구분	제3~4차 회담 사이
세부항목	오무라수용소 한국인 문제
작성처	외무성, 법무성 입국관리국
매수	21
비밀등급	
문서종류	내부문서, 내부자료
공개구분	공개
내용	오무라수용소에 수용 중인 한국인에 대한 입국관리, 수용소 수용 실태 등에 관한 사항을 정리한 문서와 수용실태 표
주제어	오무라수용소 한국인 문제

문서명	오무라 수용 중의 한국인 문제(大村収容中の韓国人問題)

문서파일번호	1294
작성연월일	1956. 12. 18
구분	제3~4차 회담 사이
세부항목	오무라수용소 한국인 문제
작성처	외무성 아시아국 제1과
매수	19
비밀등급	일반
문서종류	내부문서
공개구분	공개
내용	일본 내 한국인에 대한 입국관리, 오무라수용소 수용 한국인 실태, 한국 내 일본인 어부 억류자의 연계 문제 등에 관한 내용을 상세히 기술함.
주제어	억류자 문제

문서명	입국자 수용소 수용실인원 조사(入國者收容所收容実員調)

문서파일번호	1294
작성연월일	1956. 12. 11
구분	제3~4차 회담 사이
세부항목	오무라수용소 한국인 문제
작성처	법무성 입국관리국
매수	2
비밀등급	일반
문서종류	내부자료
공개구분	공개
내용	오무라와 하마마쓰(浜松)수용소에 수용 중인 한국인, 중국인, 구미인 숫자를 표로 정리함.
주제어	억류자 문제

부산 억류어부 문제(자료 3)
[釜山抑留漁夫問題(資料三)]

문서파일번호	1295
문서명	부산 억류어부 문제(자료 3)[釜山抑留漁夫問題(資料三)]
작성연월일	1956. 12. 18
구분	제3~4차 회담 사이
세부항목	억류자 문제
작성처	외무성 아시아국 제1과
매수	11
비밀등급	일반
문서종류	내부자료
공개구분	공개
내용	부산 억류 일본인어부 문제의 경위를 정리한 자료. '이 라인' 선포와 일본 어선의 나포, 일본 어부 억류와 형기만료 일본인어부의 부산 외국인 수용소 수용, 재일한국인의 강제퇴거, 한국정부의 강제송환 인수, 한국정부의 인수 거부와 재송환 강제퇴거자의 오무라수용소 수용 및 상호 석방을 논의한 비공식회담과 협의 내용, 결렬과 현재의 문제점 등을 정리함.
주제어	억류자 문제

한일 억류자 상호 석방 문제
(日韓抑留者相互釈放問題)

문서파일번호	1296
문서명	한일 억류자 상호 석방 문제(日韓抑留者相互釈放問題)
작성연월일	1956. 12. 25
구분	제3~4차 회담 사이
세부항목	억류자 상호 석방 문제
작성처	외무성 아시아국
매수	9
비밀등급	극비
문서종류	내부문서
공개구분	일부비공개
내용	한일 억류자 상호 석방 문제의 경위와 일본의 대응 등에 관해 정리함.
주제어	억류자 상호 석방 문제

제6부

재일한국인 북송 및 부산 일본인 억류자 상호 석방 관계 II (1957~1960)

입국자 수용소에 수용된 한국인의 처우에 대해서
(入国者収容所に収容した朝鮮人の処遇について)

문서파일번호	868
문서명	입국자 수용소에 수용된 한국인의 처우에 대해서(入国者収容所に収容した朝鮮人の処遇について)
작성연월일	1957. 10(일자 불명)
구분	제3~4차 회담 사이
세부항목	재일한국인 억류자 처우 문제
작성처	불명
매수	30
비밀등급	극비
문서종류	내부문서
공개구분	공개
내용	일본 밀입국 및 형벌법령 위반으로 오무라수용소에 수용 중인 한인(북한 귀국 희망자 포함)이 1957년 10월 1일 현재 1,745명이라는 점을 적시하고, 이들에 대한 처우 문제 등을 검토한 의견이 담김
주제어	재일한국인 억류자 처우 문제

한인 불법 입국자의 송환에 대해서
(韓人不法入国者の送還について)

문서파일번호	869
문서명	한인 불법 입국자의 송환에 대해서(韓人不法入国者の送還について)
작성연월일	1958. 1. 8
구분	제3~4차 회담 사이
세부항목	한인 불법 입국자 송환 문제
작성처	조약 3과 히라이즈미
매수	7
비밀등급	극비
문서종류	내부문서
공개구분	공개
내용	한인 불법 입국자의 송환 문제에 관해 검토한 의견서. 1957년 12월 31일 양해각서를 통해 '대한민국은 제2차 세계대전 후의 한일 불법 입국자의 송환을 수용'하기로 한 바 있으나, 이는 일본 국내법의 규정 등에 비추어 불법 입국자 전원을 송환해야 한다는 것이 아니라는 검토의견이 담겨 있음.
주제어	한인 불법 입국자 송환 문제

북한계 한인의 송환 거부에 관하여
(北鮮系韓人の送還拒否方について)

문서파일번호	870
문서명	북한계 한인의 송환 거부에 관하여(北鮮系韓人の送還拒否方について)
작성연월일	1958. 1. 10
구분	제3~4차 회담 사이
세부항목	북한계 한인 송환 거부 문제
작성처	외무성 조약3과
매수	8
비밀등급	극비
문서종류	내부문서
공개구분	공개
내용	일본 불법 입국 한인 중 한국 송환을 거부하는 북한계 한인들의 한국 강제송환을 일본정부가 거부할 수 있는지 문제와 거부 가능할 경우 어떠한 법률상의 근거가 있는지 등에 관한 검토의견서
주제어	북한계 한인 송환 거부 문제

억류자 상호 석방 실시계획에 관한 한일 간 제2회 협의회 회의(抑留者相互釈放実施計画に関する日韓間第二回打合せ会議)

문서파일번호	411
작성연월일	1958. 1. 14
구분	제3~4차 회담 사이
세부항목	억류자 상호 석방 실시계획 제2회 협의회
작성처	외무성 아시아국 제1과
매수	
비밀등급	
문서종류	회의록
공개구분	일부비공개
내용	억류자 상호 석방 실시계획에 관한 한일 간 제2회 협의회 회의(일본은 이 회의를 연락위원회 회의라고도 함) 기록
주제어	억류자 상호 석방

문서명	억류자 상호 석방 실시계획에 관한 한일 간 제2회 협의회 회의 의사록 요지(抑留者相互釈放実施計画に関する日韓間第二回打合せ会議議事録要旨)

문서파일번호 411

작성연월일 1958. 1. 14

구분 제3~4차 회담 사이

세부항목 억류자 상호 석방 실시계획 제2회 협의회

작성처 외무성 아시아국 제1과

매수 5

비밀등급 극비

문서종류 회의록

공개구분 일부비공개

내용 억류자 상호 석방 실시계획에 관한 한일 간 제2회 협의회 회의기록. 일본은 한국에 억류어부의 명단 제시를 독촉한 후 송환 시기에 대해 질문, 한국은 "연락회의가 끝나는 대로라고 답변하겠다"라면서 확답은 피함. 일본의 한국인 밀입국자 수송선의 귀로에 한국 억류 일본 어부를 송환하자는 제안에 한국은 수긍하지 않음. 일본은 한국인 밀입국자 가운데 신병 인수자가 있는 70명의 석방 계획을 설명하고 한국이 동의하자 석방자 명부, 조서, 사진을 전달함. 신병 인수자가 없는 경우 석방자에 대한 생활보호에 대해 한국이 구체적 내용을 협의하고 싶다고 요구, 일본은 국내 문제로 한국과 협의할 의무가 없다고 답했으나 한국의 집요한 요구에 가능한 한 한국의 희망도 듣겠다고 답변함. 또한 한국이 억류 일본인어부의 송환 시 송환 선박에 밀입국자를 승선시켜 송환하겠다는 생각을 피력하자, 일본은 조속히 본국 정부에 의향을 확인하도록 독촉함.

주제어 억류자 상호 석방

문서명	억류자 상호 석방 실시계획에 관한 한일 간 제2회 협의회 회의 의사록(抑留者相互釈放実施計画に関する日韓間第二回打合せ会議議事録)

문서파일번호	411
작성연월일	1958. 1. 14
구분	제3~4차 회담 사이
세부항목	억류자 상호 석방 실시계획 제2회 협의회
작성처	외무성 아시아국 제1과
매수	24
비밀등급	극비
문서종류	회의록
공개구분	일부비공개
내용	억류자 상호 석방 실시계획에 관한 한일 간 제2회 협의회 상세 의사록
주제어	억류자 상호 석방

억류자 상호 석방 실시계획에 관한 한일 간 제3회 협의회 회의(抑留者相互釈放実施計画に関する日韓間第三回打合せ会議)

문서파일번호	412
작성연월일	1958. 1. 18 - 1958. 1. 20
구분	제3~4차 회담 사이
세부항목	억류자 상호 석방 실시계획 제3회 협의회
작성처	외무성 아시아국 제1과
매수	16
비밀등급	
문서종류	회의록, 내부문서
공개구분	공개 또는 일부비공개
내용	1958년 1월 20일 개최된 억류자 상호 석방 실시계획에 관한 한일 간 제3회 협의회 회의기록
주제어	억류자 상호 석방

문서명	억류자 상호 석방 실시계획에 관한 한일 간 제3회 협의회 회의 의사록 요지 (抑留者相互釈放実施計画に関する日韓間第三回打合せ会議議事録要旨)

문서파일번호 412
작성연월일 1958. 1. 20
구분 제3~4차 회담 사이
세부항목 억류자 상호 석방 실시계획 제3회 협의회
작성처 외무성 아시아국 제1과
매수 5
비밀등급 극비
문서종류 회의록
공개구분 공개
내용 억류자 상호 석방 실시계획에 관한 한일 간 제3회 협의회 회의기록. 억류어부 명단 및 한국 밀입국자 중 북한 귀국 희망자에 관해 논의함. 한국이 밀입국자 중 북한 귀국을 희망하는 자가 120~130명 정도 있고 외무성이 이들의 송환을 보류했다고 들었다고 하자 일본은 북한 귀국 희망자가 있는 것은 사실이지만 인원수는 정확하지 않고 외무성이 발표한 사실도 없다고 답변하고 이 문제에 대해 구체적으로 협의할 필요가 있다고 언급함.
주제어 억류자 상호 석방

문서명	제3회 한일상호 석방 실시 세목에 관한 협의회 회의 의사록(抑留者相互釈放実施計画に関する日韓間第三回打合せ会議議事録)

문서파일번호 412
작성연월일 1958. 1. 20
구분 제3~4차 회담 사이
세부항목 억류자 상호 석방 실시계획 제3회 협의회
작성처 외무성 아시아국 제1과
매수 8
비밀등급 극비
문서종류 회의록
공개구분 공개
내용 억류자 상호 석방 실시계획에 관한 한일 간 제3회 협의회 상세 의사록
주제어 억류자 상호 석방

문서명	제3회 연락위원회 문제점(第三回連絡委員会における問題点)

문서파일번호 412

작성연월일 1958. 1. 18

구분

세부항목 문화재, 상호 석방

작성처 외무성 아시아국 제1과

매수 3

비밀등급 극비

문서종류 내부문서

공개구분 일부비공개

내용 문화재 리스트, 불법 입국자 명부, 억류 일본인어부 명부, 일반사항 등 제3회 연락위원회에서 쟁점이 될 사항들을 나열하고 있음. 문화재 리스트에는 한국에 대한 설명 요지가 첨부되어 있음.

주제어 억류자 상호 석방, 문화재 반환

억류자 상호 석방 실시계획에 관한 한일 간 제4회 협의회 회의(抑留者相互釈放実施計画に関する日韓間第四回打合せ会議)

문서파일번호	413
작성연월일	1958. 1. 27
구분	제3~4차 회담 사이
세부항목	억류자 상호 석방 실시계획 제4회 협의회
작성처	외무성 아시아국 제1과
매수	20
비밀등급	
문서종류	회의록
공개구분	일부비공개
내용	1958년 1월 27일 개최된 억류자 상호 석방 실시계획에 관한 한일 간 제4회 협의회 회의기록
주제어	억류자 상호 석방

문서명	억류자 상호 석방 실시계획에 관한 한일 간 제4회 협의회 회의 의사록 요지 (抑留者相互釈放実施計画に関する日韓間第四回打合せ会議議事録要旨)

문서파일번호 413
작성연월일 1958. 1. 27
구분 제3~4차 회담 사이
세부항목 억류자 상호 석방 실시계획 제4회 협의회
작성처 외무성 아시아국 제1과
매수 7
비밀등급 극비
문서종류 회의록
공개구분 일부비공개
내용 1958년 1월 27일 개최된 억류자 상호 석방 실시계획에 관한 한일 간 제4회 협의회 회의기록. 일본은 오무라, 하마마쓰수용소의 불법 입국자와 국내 가석방자 중 불법 입국자의 명부를 제출하고 한국은 억류어부, 밀항, 밀수로 나포된 자들의 명부를 제출함. 이외 생활원조와 상호 송환 시기, 한국경찰의 오무라수용소 파견설 등에 관해서 논의함.
주제어 억류자 상호 석방

문서명	상호 석방 실시계획에 관한 제4회 한일 간 협의회 회의 의사록(相互釈放実施計画に関する第四回日韓間第四回打合せ会議議事録)

문서파일번호 413
작성연월일 1958. 1. 27
구분 제3~4차 회담 사이
세부항목 억류자 상호 석방 실시계획 제4회 협의회
작성처 외무성 아시아국 제1과
매수 13
비밀등급 극비
문서종류 회의록
공개구분 일부비공개
내용 1958년 1월 27일 개최된 억류자 상호 석방 실시계획에 관한 한일 간 제4회 협의회 상세 의사록
주제어 억류자 상호 석방

억류자 상호 석방 실시계획에 관한 한일 간 제5회 협의회 회의(抑留者相互釈放実施計画に関する日韓間第五回打合せ会議)

문서파일번호	414
작성연월일	1958. 1. 28
구분	제3~4차 회담 사이
세부항목	억류자 상호 석방 실시계획 제5회 협의회
작성처	외무성 아시아국 제1과
매수	19
비밀등급	
문서종류	회의록
공개구분	공개 또는 일부비공개
내용	1958년 1월 28일 개최된 억류자 상호 석방 실시계획에 관한 한일 간 제5회 협의회 회의기록
주제어	억류자 상호 석방

문서명	억류자 상호 석방 실시계획에 관한 한일 간 제5회 협의회 회의 의사록 요지 (抑留者相互釈放実施計画に関する日韓間第五回打合せ会議議事録要旨)

문서파일번호 414
작성연월일 1958. 1. 28
구분 제3~4차 회담 사이
세부항목 억류자 상호 석방 실시계획 제5회 협의회
작성처 외무성 아시아국 제1과
매수 6
비밀등급 극비
문서종류 회의록
공개구분 일부비공개
내용 억류자 상호 석방 실시계획에 관한 한일 간 제5회 협의회 회의기록. 일본이 한국이 제출하기로 한 불법 입국자 송환일과 제1차 송환 어부 명부를 요구하자 한국은 전선 고장과 김영길 정무국장의 체포 때문에 준비하지 못했다고 설명함. 일본은 지난번 회의에서 1월 30일, 31일 중에 제1차 어부 송환을 실시하겠다고 했는데 아직 명부도 제출하지 않느냐고 하자 한국은 국내 가석방자에 대한 생활원조 문제를 다시 거론함. 일본은 예산 내에서 고려 중이라고 답함.
주제어 억류자 상호 석방

문서명	제5회 한일상호 석방 실시계획에 관한 협의회 회의 의사록(第五回日韓相互釈放実施計画に関する打合せ会議議録)

문서파일번호 414
작성연월일 1958. 1. 28
구분 제3~4차 회담 사이
세부항목 억류자 상호 석방 실시계획 제5회 협의회
작성처 외무성 아시아국 제1과
매수 11
비밀등급 극비
문서종류 회의록
공개구분 일부비공개
내용 1958년 1월 28일 개최 억류자 상호 석방 실시계획에 관한 한일 간 제5회 협의회 상세 의사록
주제어 억류자 상호 석방

문서명	한국 억류 일본 어부 송환 건(韓国抑留日本人漁夫送還に関する件)

문서파일번호	414
작성연월일	1958. 1. 28
구분	제3~4차 회담 사이
세부항목	유태하·미야케 전화 협의
작성처	외무성 아시아국 제1과
매수	2
비밀등급	비(秘)
문서종류	회의록(전화)
공개구분	공개
내용	1958년 1월 30일 유태하 공사가 미야케 참사관에게 전화로 1월 31일에 부산에서 제1차 300명의 어부 송환이 실시된다고 알려 줌.
주제어	일본 어부 송환

억류자 상호 석방 실시계획에 관한 한일 간 제6회 협의회 회의(抑留者相互釈放実施計画に関する日韓間第六回打合せ会議)

문서파일번호	415
작성연월일	1958. 2. 3
구분	제3~4차 회담 사이
세부항목	억류자 상호 석방 실시계획 제6회 협의회
작성처	외무성 아시아국 제1과
매수	23
비밀등급	
문서종류	회의록, 내부문서
공개구분	공개 또는 일부비공개
내용	1958년 2월 3일 개최된 억류자 상호 석방 실시계획에 관한 한일 간 제6회 협의회 회의기록
주제어	억류자 상호 석방

문서명	억류자 상호 석방 실시계획에 관한 한일 간 제6회 협의회 회의 의사록 요지 (抑留者相互釈放実施計画に関する日韓間第六回打合せ會議議事録要旨)

문서파일번호 415
작성연월일 1958. 2. 3
구분 제3~4차 회담 사이
세부항목 억류자 상호 석방 실시계획 제6회 협의회
작성처 외무성 아시아국 제1과
매수 8
비밀등급 극비
문서종류 회의록
공개구분 공개
내용 억류자 상호 석방 실시계획에 관한 한일 간 제6회 협의회 회의기록. 이타가키 국장이 제1차 어부 송환에 감사를 표하고 제2차 이후의 송환 계획을 묻자, 유태하 공사는 교도통신사 발행『세계자료』2월호에 실린「'재산청구권 문제'에 관한 미국정부의 견해 표명」기사에 대해 작년 12월 31일 예비회담 타결 시 후지야마 대신과 김유택 대사가 발표하지 않고, 발표할 때는 협의한다고 문서로 약속했는데 매우 유감이라며 설명을 요구하고, 이번 발표의 영향은 클 것이라고 함. 일본이 다시 어부 송환 계획에 대해 질문하자 유 공사는『세계자료』건 때문에 이후 송환이 어려워지고 있다고 언급함.
주제어 억류자 상호 석방, 대일평화조약 제4조 미국견해 언론 보도

문서명	상호 석방 실시계획에 관한 제6회 한일 간 협의회 회의 의사록(相互釈放実施計画に関する第六回日韓間打合せ会議議事録)

문서파일번호 415
작성연월일 1958. 2. 3
구분 제3~4차 회담 사이
세부항목 억류자 상호 석방 실시계획 제6회 협의회
작성처 외무성 아시아국 제1과
매수 14
비밀등급 극비
문서종류 회의록

공개구분 공개
내용 억류자 상호 석방 실시계획에 관한 한일 간 제6회 협의회 상세 의사록
주제어 억류자 상호 석방, 대일평화조약 제4조 미국견해 언론 보도

문서명	제6회 연락회의의 문제점(第六回連絡会議の問題点)

문서파일번호 415
작성연월일 1958. 2. 3
구분 제3~4차 회담 사이
세부항목 억류자 상호 석방 실시계획 제6회 협의회
작성처 외무성 아시아국 제1과
매수 1
비밀등급 극비
문서종류 내부문서
공개구분 일부비공개
내용 『세계자료』 건(대일평화조약 제4조에 대한 미국 견해 보도)에 대한 대책이 기술된 문서. 본 건에 대해서는 극력 사과하고 어부 송환과 관련되지 않도록 노력하고 한국이 본국에 조회를 약속했던 송환 계획에 대한 회답을 독촉함.
주제어 억류자 상호 석방, 대일평화조약 제4조 미국 견해 언론 보도

억류자 상호 석방 실시계획에 관한 한일 간 제7회 협의회 회의(抑留者相互釈放実施計画に関する日韓間第七回打合せ会議)

문서파일번호	416
작성연월일	1958. 2. 8
구분	제3~4차 회담 사이
세부항목	억류자 상호 석방 실시계획 제7회 협의회
작성처	외무성 아시아국 제1과
매수	21
비밀등급	
공개구분	공개 또는 일부비공개
내용	억류자 상호 석방 실시계획에 관한 한일 간 제7회 협의회 회의기록
주제어	억류자 상호 석방

문서명	억류자 상호 석방 실시계획에 관한 한일 간 제7회 협의회 회의 의사록 요지 (抑留者相互釈放実施計画に関する日韓間第七回打合せ会議議事録要旨)

문서파일번호 416
작성연월일 1958. 2. 8
구분 제3~4차 회담 사이
세부항목 억류자 상호 석방 실시계획 제7회 협의회
작성처 외무성 아시아국 제1과
매수 7
비밀등급 극비
문서종류 회의록
공개구분 일부비공개
내용 억류자 상호 석방 실시계획에 관한 한일 간 제7회 협의회 회의기록. 일본은 상호 석방 이행기간이 얼마 남지 않아 가능한 빨리 완료하도록 노력하고 싶다며 제2, 제3차 어부 송환 계획에 대해 질문하자, 한국도 기간 내에 석방을 완료하고 싶다며 노력하고 있다고만 답변하고 구체적 계획에 대해서는 언급하지 않음. 일본이 2월 6일 평화선 밖에서 일본 순시선이 나포된 문제와 관련하여 상호 석방이 실시 중이고 3월 1일이면 한일회담이 시작되는 이때에 유감이라며 항의하자 한국은 본국으로부터 들은 바가 없어 조사해 보겠다고 대답함.
주제어 억류자 상호 석방

문서명	제7회 억류자 상호 석방 실시계획에 관한 한일 간 협의회 회의 의사록(第七回抑留者相互釈放実施計画に関する日韓間打合会議事録)

문서파일번호 416
작성연월일 1958. 2. 8
구분 제3~4차 회담 사이
세부항목 억류자 상호 석방 실시계획 제7회 협의회
작성처 외무성 아시아국 제1과
매수 12
비밀등급 극비
문서종류 회의록
공개구분 일부비공개
내용 억류자 상호 석방 실시계획에 관한 한일 간 제7회 협의회 상세 의사록
주제어 억류자 상호 석방

문서명	제7회 한일연락회의의 문제점(第七回連絡会議の問題点)

문서파일번호	416
작성연월일	1958. 2. 8
구분	제3~4차 회담 사이
세부항목	억류자 상호 석방 실시계획 제7회 협의회
작성처	외무성 아시아국 제1과
매수	2
비밀등급	일반
문서종류	내부문서
공개구분	공개
내용	억류자 상호 석방 실시계획에 관한 한일 간 제7회 협의회에서 일본이 발언해야 할 사항이 기록된 문서. 일본은 2월 6일 총격을 받고 나포된 순시선에 대해 항의한 후, 제2차 어부 송환 실시일을 묻고 12월 31일 현재 복역 중인 자의 리스트 제출을 독촉함. 또한 불법 입국자의 인수 계획에 대해 본국 정부에 조회한 결과를 질문함.
주제어	일본 어선 나포, 억류자 상호 석방

억류자 상호 석방 실시계획에 관한 한일 간 제8회 협의회 회의(抑留者相互釈放実施計画に関する日韓間第八回打合せ会議)

문서파일번호	417
작성연월일	1958. 2. 12
구분	제3~4차 회담 사이
세부항목	억류자 상호 석방 실시계획 제8회 협의회
작성처	외무성 아시아국 제1과
매수	32
비밀등급	
문서종류	회의록
공개구분	일부비공개
내용	억류자 상호 석방 실시계획에 관한 한일 간 제8회 협의회 회의기록
주제어	억류자 상호 석방

문서명	억류자 상호 석방 실시계획에 관한 한일 간 제8회 협의회 회의 의사록 요지 (抑留者相互釈放実施計画に関する日韓間第八回打合せ会議議事録要旨)

문서파일번호 417
작성연월일 1958. 2. 12
구분 제3~4차 회담 사이
세부항목 억류자 상호 석방 실시계획 제8회 협의회
작성처 외무성 아시아국 제1과
매수 7
비밀등급 극비
문서종류 회의록
공개구분 일부비공개
내용 억류자 상호 석방 실시계획에 관한 한일 간 제8회 협의회 회의기록. 일본은 ① 제2, 3차 어부 송환 계획 ② 형기만료 어부 29명의 명부 ③불법 입국자 인수에 대해 질문함. 한국은 우선 250명의 불법 입국자를 인수하겠다고 확답하고 일본이 제출한 401명의 명부 중에 선택하라고 답변한 뒤, 나머지 문제에 대해서는 언급하지 않고 국내 가석방자를 인수한 한일문화협회에 대해 본국 정부가 신경을 곤두세우고 있으니 다른 방법을 찾아보라고 요구함.
주제어 억류자 상호 석방

문서명	제8회 억류자 상호 석방 실시계획에 관한 한일 간 협의회 회의 의사록(第八回抑留者相互釈放実施計画に関する日韓間打合会せ会議事録)

문서파일번호 417
작성연월일 1958. 2. 12
구분 제3~4차 회담 사이
세부항목 억류자 상호 석방 실시계획 제8회 협의회
작성처 외무성 아시아국 제1과
매수 25
비밀등급 극비
문서종류 회의록
공개구분 일부비공개
내용 억류자 상호 석방 실시계획에 관한 한일 간 제8회 협의회 상세 의사록
주제어 억류자 상호 석방

억류자 상호 석방 실시계획에 관한 한일 간 제9회 협의회 회의(抑留者相互釈放実施計画に関する日韓間第九回打合せ会議)

문서파일번호	418
작성연월일	1958. 2. 24 - 1958. 2. 27
구분	제3~4차 회담 사이
세부항목	억류자 상호 석방 실시계획 제9회 협의회
작성처	외무성
매수	16
비밀등급	
문서종류	회의록, 담화문
공개구분	공개
내용	1958년 2월 24일 개최된 억류자 상호 석방 실시계획에 관한 한일 간 제9회 협의회 회의기록
주제어	억류자 상호 석방

문서명	억류자 상호 석방 실시계획에 관한 한일 간 제9회 협의회 회의 의사록 요지 (日韓抑留者相互釈放実施計画に関する第九回打合せ会議議事録要旨)

문서파일번호 418
작성연월일 1958. 2. 24
구분 제3~4차 회담 사이
세부항목 억류자 상호 석방 실시계획 제9회 협의회
작성처 외무성 아시아국 제1과
매수 4
비밀등급 극비
문서종류 회의록
공개구분 공개
내용 억류자 상호 석방 실시계획에 관한 한일 간 제9회 협의회 회의기록. 한국은 불법 입국 한인 440명의 조사가 완료되었으므로 오늘 건넬 370명에 대해 정확한 자료를 요구, 명부를 받으면 제2차 한국인 송환 250명은 인수하겠다고 명언함. 일본 어부 송환은 선편이 확보되는 대로 월말까지 제2차 송환이 실시될 것임. 3차 송환은 언급하지 않음. 일본이 일본 어선 나포 사건을 묻자 모두 평화선 내에서의 나포이며 최근 '이 라인'을 넘어오는 일본 어선이 많다며 주의를 요한다고 함.
주제어 억류자 상호 석방

문서명	제9회 한일 상호 석방 연락 회담(第九回日韓相互釈放連絡会談)

문서파일번호 418
작성연월일 1958. 2. 24
구분 제3~4차 회담 사이
세부항목 억류자 상호 석방 실시계획 제9회 협의회
작성처 외무성 아시아국 제1과
매수 9
비밀등급 극비
문서종류 회의록
공개구분 공개
내용 억류자 상호 석방 실시계획에 관한 한일 간 제9회 협의회 상세 의사록
주제어 억류자 상호 석방

문서명	제목 없음

문서파일번호	418
작성연월일	1958. 2. 25
구분	제3~4차 회담 사이
세부항목	유태하·미야케 전화 협의
작성처	외무성 아시아국 제1과
매수	2
비밀등급	극비
문서종류	회의록(전화)
공개구분	공개
내용	유태하 공사가 미야케 참사관에게 전화, 27일 오후부터 28일 오전까지 일본인어부 제2차 송환이 있을 것이며 인원은 금일 저녁까지 알려 주겠다고 함. 불법 입국자 제2차 송환은 언제든 받아들일 용의가 있으니 일본이 일시를 정해 통보하라고 함.
주제어	억류자 상호 석방

문서명	한일회담에 대해서(日韓全面会談について)

문서파일번호	418
작성연월일	1958. 2. 27
구분	제3~4차 회담 사이
세부항목	정보문화국장 담화
작성처	외무성 정보문화국장
매수	1
비밀등급	일반
문서종류	담화문
공개구분	공개
내용	1958년 2월 27일 자 외무성 정보문화국장 담화. 일본은 3월 1일 재개되는 한일회담 전에 남은 일본인어부 송환을 완료하기를 희망함. 그 이유는 한일 양국의 분위기가 호전된 속에서 한일회담을 개시할 필요가 있기 때문이며 작년 12월 31일 협정도 이 취지에 근거한 것임. 일본정부로서는 일본인어부 송환이 완료되는 대로 즉시 한일회담을 개시할 용의가 있다는 것에는 아무런 변화가 없음.
주제어	정보문화국장 담화, 한일회담 재개, 일본 어부 송환

미야케 참사관·최 참사관 회담 요지
(三宅参事官、崔参事官会談要旨)

문서파일번호	419
문서명	미야케 참사관·최 참사관 회담 요지(三宅参事官、崔参事官会談要旨)
작성연월일	1958. 2. 26
구분	제3~4차 회담 사이
세부항목	미야케·최규하 회담
작성처	외무성 아시아국 제1과
매수	6
비밀등급	극비
문서종류	회의록
공개구분	공개
내용	1958년 2월 25일 주일한국대표부 최규하 참사관이 미야케 참사관을 방문, 일본인어부 제2차 송환 및 한일회담 재개에 관해 협의한 기록. 송환하는 어부의 인원 규모와 관련하여 선박의 상황 등에 대한 의견이 대립함. 최 참사관은 밀입국 한국인도 모두 한국으로 송환할 것을 요구하였으나, 이에 대한 일본의 태도는 어부 송환과는 별개의 문제라는 입장이었음. 일본은 문화재는 어부 송환이 전부 완료하였을 때 인도하기 위한 국내절차를 추진하겠다고 답변함. 최 참사관은 한일회담 한국의 대표단 명단을 제출함.
주제어	일본인어부 송환, 한일 회담 재개, 문화재 반환

재개 한일연락위원회 제1회 협의회
(再開日韓連絡委員会第一回打合せ会)

문서파일번호	422
문서명	재개 한일연락위원회 제1회 협의회(再開日韓連絡委員会第一回打合せ会)
작성연월일	1958. 4. 15
구분	제4차 회담 재개 한일연락 위원회 제1회 회의
세부항목	
작성처	외무성 아시아국 제1과
매수	14
비밀등급	극비
문서종류	회의록
공개구분	공개
내용	한일회담 재개 전 상호 석방 문제를 다루기 위해 개최되었던 연락위원회가 한일회담 재개 후에도 한일회담과는 별도로 수차례 개최됨. 1958년 4월 15일 개최된 제1회 재개 연락위원회 회의에서 이타가키 국장은 잔류 일본인어부 송환에 관한 한국 준비상황, 불법 입국 한국인 송환 접수에 관한 한국 의향 등을 문의한 후, 이 문제를 조속히 마무리하여 한일회담에 전력을 기울일 수 있기를 희망한다고 발언함. 유태하 공사는 이 연락위원회가 오무라수용소에 수용 중인 한인 중 북한 귀국 희망자 문제 때문에 중단되었음을 상기시키고, 한일회담과 병행하여 이 문제의 조기 해결을 기대한다고 발언함.
주제어	억류자 상호 석방

재개 한일연락위원회 제2회 협의회
(再開日韓連絡委員会第二回打合せ会)

문서파일번호	423
작성연월일	1958. 4. 17 - 1958. 4. 23
구분	제4차 회담 재개 한일연락 위원회 제2회 회의
세부항목	
작성처	외무성
매수	6
비밀등급	
문서종류	회의록, 보도자료
공개구분	공개
내용	1958년 4월 17일 개최된 재개 한일연락위원회 제2회 회의기록 및 관련 보도자료
주제어	억류자 상호 석방

문서명	재개 한일연락위원회 제2회 협의회(再開日韓連絡委員会第二回打合せ会)

문서파일번호 423
작성연월일 1958. 4. 17
구분 제4차 회담 재개 한일연락 위원회 제2회 회의
세부항목
작성처 외무성 아시아국 제1과
매수 5
비밀등급 극비
문서종류 회의록
공개구분 공개
내용 재개 한일연락위원회 제2회 회의기록. 불법 입국 한국인의 제3차 송환 날짜에 대해 이세키(伊關佑二郎) 법무성 입국관리국장은 한국이 받아들일 준비만 되어 있다면 4월 21일 송환 가능하다고 답함. 한국은 3차 이후에도 가급적 빠른 시일 내에 본건을 완료하여 다른 현안 문제에 대한 협의를 희망했고 이세키 국장은 일본도 송환을 위해 노력하겠다고 답함. 최규하 참사관은 제3차 송환 날짜는 송환선이 일본 출발하는 당일까지 외부에 비밀로 해달라고 요청함.
주제어 억류자 상호 석방

문서명	일본인어부의 제3차 송환에 대해서(日本人漁夫の第三回送還について)

문서파일번호 423
작성연월일 1958. 4. 22
구분 제4차 회담
세부항목 일본인어부 3차 송환 관련 보도자료
작성처 외무성 정보문화국장
매수 1
비밀등급 일반
문서종류 보도자료
공개구분 공개
내용 일본인어부 3차 송환 관련 보도자료. 한국으로부터 일본인어부 제3차 송환은 4월 23일 오후 6시 부산에서 출항하는 한국 배로 진행되며 24일 오전 4시경 시모노세키(下関)에 도착. 송환 어부는 300명이 될 예정이라고 함.
주제어 일본인어부 송환

문서명	제4차 한일회담 본회의 제3회 회의에 관하여(第四次日韓全面会談の本会議第三回会合について)

문서파일번호 423

작성연월일 1958. 4. 23

구분 제4차 회담

세부항목 한일회담 제3회 본회의 개최 관련 보도자료

작성처 외무성 정보문화국장

매수 1

비밀등급 일반

문서종류 보도자료

공개구분 공개

내용 제4차 한일회담 본회의 제3회 회의 개최 관련 보도자료. 제3회 본회의가 1958년 4월 23일 오후 4시에 개최되었고, 양국은 한일회담을 원만하게 운영하기 위한 방법을 검토했음.

주제어 제4차 한일회담 제3회 본회의 개최

재개 한일연락위원회 제3회 협의회
(再開日韓連絡委員会第三回打合せ会)

문서파일번호	424
작성연월일	1958. 5. 14 - 1958. 5. 16
구분	제4차 회담 재개 한일연락 위원회 제3회 회의
세부항목	
작성처	외무성
매수	11
비밀등급	
문서종류	회의록, 보도자료, 담화문
공개구분	공개
내용	1958년 5월 14일 개최된 재개 한일연락위원회 제3회 회의기록과 관련 보도자료
주제어	

문서명	재개 한일 연락위원회 제3회 협의회(再開日韓連絡委員会第三回打合せ会)

문서파일번호 424
작성연월일 1958. 5. 14
구분 제4차 회담 재개 한일연락 위원회 제3회 회의
세부항목
작성처 외무성 북동아시아과
매수 8
비밀등급 극비
문서종류 회의록
공개구분 공개
내용 재개 한일연락위원회 제3회 회의기록. 잔류 일본인어부 123명과 불법 입국 한국인 250명의 송환 일정에 대해 논의함. 불법 입국 한국인 중 북한 귀국 희망자 93명의 신상에 대해 논의하고 송환 도중에 북한이 이들을 탈환할 것이라는 정보도 있어서 치안상 신중히 처리해야 한다고 언급함.
주제어 억류자 상호 석방

문서명	일본인어부의 제4차 송환에 대해서(日本人漁夫の第四次送還について)

문서파일번호 424
작성연월일 1958. 5. 13
구분 제4차 회담
세부항목 일본인어부 제4차 송환 관련 보도자료
작성처 외무성 정보문화국장
매수 1
비밀등급 일반
문서종류 보도자료
공개구분 공개
내용 일본인어부의 제4차 송환 관련 보도자료. 한국대표부로부터 잔류 일본인어부 122명을 2, 3일 내에 송환하겠다는 연락이 있었으며, 송환 일시 및 선명은 1958년 5월 14일 한일연락위원회에서 알려 줄 예정이라고 함.
주제어 일본인어부 송환

문서명	한국 억류 일본인어부의 송환에 관한 후지야마 외무대신 담화(韓國抑留日本人漁夫の送還に關する藤山外務大臣談)

문서파일번호 424
작성연월일 1958. 5. 13
구분 제4차 회담
세부항목 일본인어부 제4차 송환관련 후지야마 대신 담화
작성처 외무성
매수 1
비밀등급 일반
문서종류 담화문
공개구분 공개
내용 한국 억류 일본인어부가 전원 송환될 것임을 공표하는 후지야마 외무대신의 담화
주제어 일본인어부 송환

문서명	일본인어부의 제4차 송환에 대해서(日本人漁夫の第四次送還について)

문서파일번호 424
작성연월일 1958. 5. 16
구분 제4차 회담
세부항목 일본인어부 송환 보도자료
작성처 외무성 정보문화국장
매수 1
비밀등급 일반
문서종류 보도자료
공개구분 공개
내용 일본인어부의 제4차 송환 관련 보도자료. 잔류 일본인어부 122명이 1958년 5월 17일 부산을 출발하는 '평택호' 편으로 귀환할 예정이며, 이들은 18일 오전에 시모노세키항 도착 예정임.
주제어 일본인어부 송환

재개 한일연락위원회 제4회 협의회
(再開日韓連絡委員会第四回打合せ会)

문서파일번호	425
작성연월일	1958. 7. 8 - 1958. 7. 9
구분	제4차 회담 재개 한일연락위원회 제4회 회의
세부항목	
작성처	외무성, KP 통신
매수	23
비밀등급	
문서종류	회의록, 내부자료
공개구분	공개
내용	1958년 7월 8일 개최된 재개 한일연락위원회 제4회 회의기록 및 관련 보도자료
주제어	일본 밀입국 한인 북송

문서명	재개 한일 연락위원회 제4회 협의회(再開日韓連絡委員会第四回打合せ会)

문서파일번호 425
작성연월일 1958. 7. 8
구분 제4차 회담 재개 한일연락 위원회 제4회 회의
세부항목
작성처 외무성 북동아시아과
매수 22
비밀등급 극비
문서종류 회의록
공개구분 공개
내용 재개 한일연락위원회 제4회 회의기록. 일본이 불법 입국 한국인 256명의 송환 지연 이유를 설명하고, 북송을 요구하며 단식 투쟁 중인 수용자들의 생명이 위험하여 인도적 차원에서 일부를 일본 국내에 가석방하기로 했다며, 북한 귀국 희망자 92명을 제외하고 송환하겠다고 말함. 한국은 이들을 설득해서 한국에 보내겠다던 약속 이행을 요구함. 인도적 조치임을 주장하며 이 문제를 중립 기관에 맡길 것을 제안하는 일본과 약속 이행을 요구하는 한국이 대립함.
주제어 일본 밀입국 한인 북송 문제

문서명	"일본정부는 문서로 약속했다", 북한계 억류자의 한국 송환(「日本政府は文書で約束した」、北鮮系抑留者の韓国送還)

문서파일번호 425
작성연월일 1958. 7. 9
구분 제4차 회담 재개 한일연락 위원회 제4회 회의
세부항목
작성처 KP통신
매수 1
비밀등급 일반
문서종류 내부자료
공개구분 공개
내용 1958년 7월 8일 회의 후 유태하 공사가 오무라수용소의 북한 송환 희망자의 일본 국내 가석방 결정을 비난했다는 7월 9일 자 KP 통신 보도
주제어 밀입국 한인 북송 문제, 언론 보도

구상서
(口上書)

문서파일번호	426
문서명	구상서(口上書)
작성연월일	1958. 10. 2
구분	제4차 회담
세부항목	억류 한인 송환 문제
작성처	외무성 북동아시아과
매수	3
비밀등급	일반
문서종류	구상서
공개구분	공개
내용	일본 외무성이 주일한국대표부에 보낸 1958년 10월 2일 자 구상서. 한국정부가 일본정부에 의해 송환되는 한인 불법 입국자를 받아들이는 점에 이의가 없고 이들 송환에 관한 한일연락위원회의 조속한 개최를 요청한다는 내용이 담김. 영문번역본이 첨부됨.
주제어	억류 한인 송환 문제

재일한인 북송에 관한 문서 모음
(在日韓人北送に關する文書)

문서파일번호	427
작성연월일	1958. 1. 27 - 1958. 10. 15
구분	제4차 회담
세부항목	재일한인 북송
작성처	국제법률가연합회(國際法律家聯合協會) 등
매수	26
비밀등급	
문서종류	공문, 결의문, 요청문, 내부자료
공개구분	공개 또는 일부비공개
내용	재일한인 북송과 관련한 일련의 자료 모음
주제어	재일한인 북송

문서명	요망서(조선인 송환장소의 문제) [要望書(朝鮮人送還先の問題)]

문서파일번호 427
작성연월일 1958. 1. 27
구분 제4차 회담
세부항목 재일한인 북송
작성처 국제법률가연합협회(國際法律家聯合協會)
매수 5
비밀등급 일반
문서종류 공문
공개구분 공개
내용 국제법률가연락협회가 후지야마 대신에게 보낸 요망서. 북한 귀환 의사를 표시한 자가 한국에 송환되는 것은 인도상 문제될 수 있으니 억류 재일한인에 대해 귀환처 선택권을 보장하는 취지를 공표할 것을 요망
주제어 재일한인 북송

문서명	오무라수용소에 관한 총련의 진정에 대해서(大村収容所に関する総職の陳情について)

문서파일번호 427
작성연월일 1958. 2. 4
구분 제4차 회담
세부항목 재일한인 북송
작성처 일본적십자사(日本赤十字社)
매수 1
비밀등급 일반
문서종류 공문
공개구분 일부비공개
내용 일본적십자사가 법무대신에게 보낸 공문. 2월 1일 재일한국인총연합회 의장으로부터 진정이 있었고 진정이 사실이라면 귀국 의사의 자유가 전혀 없는 것으로 이는 중대한 일이라고 생각한다며 조사를 부탁함.
주제어 재일한인 북송

문서명	인명구조에 관한 긴급요청(人命救助に対する緊急要請)

문서파일번호 427
작성연월일 1958. 2. 1
구분 제4차 회담
세부항목 재일한인 북송
작성처 재일본조선인총연합회(在日本朝鮮人總聯合會)
매수 1
비밀등급 일반
문서종류 공문
공개구분 일부비공개
내용 1958년 2월 4일 자 일적의 법무대신 앞 공문 첨부문서. 1958년 2월 1일 재일조선인 총련 중앙위원회 수석의장 한덕수가 일본적십자사 사장에게 보낸 요청서. 오무라 수용소에서 북한 귀국을 희망하는 자에 대해 이승만 분자들이 감금, 테러하고 있어 많은 이들의 생명이 극도의 위험 상태에 처해 있다며 이는 중대한 인도상의 문제로 긴급히 구조 대책을 취해 줄 것을 요청함.
주제어 재일한인 북송

문서명	재오사카 조선인의 동향 건(在阪朝鮮人の動向に関する件)

문서파일번호 427
작성연월일 1958. 2. 4
구분 제4차 회담
세부항목 재일한인 북송
작성처 주오사카 외무성 심의관실(在大阪外務省審議官室)
매수 1
비밀등급 일반
문서종류 공문
공개구분 일부비공개
내용 주오사카 외무성 심의관이 관할 지역의 조총련계 인사들로부터 별첨 결의문과 같이 북송 관련 진정을 받았음을 외무대신에게 보고
주제어 재일한인 북송

문서명	결의문(決議文)

문서파일번호 427
작성연월일 1958. 1. 24
구분 제4차 회담
세부항목 재일한인 북송
작성처 재일조선청년동맹 오사카지부(在日朝鮮青年同盟 大阪支部)
매수 3
비밀등급 일반
문서종류 결의문
공개구분 일부비공개
내용 1958년 2월 4일 외무성 오사카 심의관실 보고문서의 별첨자료 1. 재일조선청년동맹 오사카지부 등이 작성한 결의문. 북한계 1,700명의 오무라 수용자 중 일부만을 일본 국내에 석방하고 1,200명을 한국에 강제송환하는 것은 이들을 인질로 하여 정치적 목적에 이용하는 것으로 인도주의적 원칙에 입각해 거주지 선택의 자유를 보장해야 함.
주제어 재일한인 북송

문서명	결의문(決議文)

문서파일번호 427
작성연월일 1958. 1. 27
구분 제4차 회담
세부항목 재일한인 북송
작성처 재일본조선인총연합회 북오사카지구협의회(在日本朝鮮人總聯合會 北大阪地區協議
매수 4
비밀등급 일반
문서종류 결의문
공개구분 공개
내용 1958년 2월 4일 외무성 오사카 심의관실 보고문서의 별첨자료 2. 재일본조선인총연합회 북오사카지구협의회 결의문. 한일 간에 억류자를 상호 석방하고 한일회담을 재개하기로 합의한 것을 비판하고 있음. 오무라수용소와 하마마쓰수용소에 있는 억류자들은 북한 귀국을 희망하고 있으며 일본은 이들을 즉시 석방하고 자유의지에 따른 거주지 선택을 보장해야 함.
주제어 재일한인 북송

문서명	결의문(決議文)

문서파일번호 427
작성연월일 1958. 1. 29
구분 제4차 회담
세부항목 재일한인 북송
작성처 재일조선인총연합회 오사카부 북가와우치지부(在日朝鮮人總聯合會大阪府北河內支部)
매수 2
비밀등급 일반
문서종류 결의문
공개구분 공개
내용 1958년 2월 4일 외무성 오사카 심의관실 보고문서의 별첨자료 3. 1958년 2월 4일 보고문서의 별첨자료(3). 재일조선인총연합회 오사카부 북가와우치지부 결의문. 한일회담 재개와 억류자 상호 석방은 중대한 인권 문제이며 북일 간의 우호친선과 아시아 평화에 있어 중대한 위협이라 규정하고 오무라수용소 억류자의 즉시 석방 및 자유의사에 의한 거주지 선택 보장을 포함한 10개 요구사항을 제시함.
주제어 재일한인 북송

문서명	재오사카 한국인의 동향 건(在阪朝鮮人の動向に関する件)

문서파일번호 427
작성연월일 1958. 2. 6
구분 제4차 회담
세부항목 재일한인 북송
작성처 주오사카 외무성 심의관실
매수 1
비밀등급 일반
문서종류 공문
공개구분 일부비공개
내용 1958년 2월 4일 주오사카 외무성 심의관의 재일한인 북송 관련 두 번째 보고 문서. 1월 31일 재일한국인총연합회 오사카지부본부 및 후세(布施)지부 이하 5명이 별첨 요청문을 제출했음.
주제어 재일한인 북송

문서명	요청문(要請文)

문서파일번호	427
작성연월일	1958. 1. 29
구분	제4차 회담
세부항목	재일한인 북송
작성처	재일조선인연합회 오사카지부활동가회의(在日朝鮮人聯合會 大阪支部活動家會議)
매수	4
비밀등급	일반
문서종류	요청문
공개구분	공개
내용	1958년 2월 4일 주오사카 외무성 심의관의 재일한인 북송 관련 두 번째 보고문서 첨부물. 재일조선인총연합회 오사카지부 활동가회의의 북송 관련 요청문
주제어	재일한인 북송

문서명	한일 억류자 상호 석방 상황(日韓抑留者相互釈放状況)

문서파일번호	427
작성연월일	1958. 2. 26
구분	제4차 회담
세부항목	억류자 상호 석방
작성처	불명
매수	2
비밀등급	일반
문서종류	내부자료
공개구분	공개
내용	한일 억류자 상호 석방의 현황을 ① 억류어부 송환 상황 ② 재일한인 전과자 국내 석방 상황 ③ 불법 입국 한인 송환 상황으로 나누어 정리한 자료
주제어	억류자 상호 석방

문서명	한국 억류어부 송환 상황(韓國抑留漁夫送還狀況)

문서파일번호 427
작성연월일 1958. 2. 26
구분 제4차 회담
세부항목 억류 일본 어부 송환
작성처 불명
매수 1
비밀등급 일반
문서종류 내부자료
공개구분 공개
내용 1958년 2월 26일 현재 한국에 억류되었다가 송환된 일본 어부의 송환 상황을 정리한 자료
주제어 억류 일본 어부 송환

문서명	피수용자의 가석방 허가에 대해서(被収容者の仮放免許可について)

문서파일번호 427
작성연월일 1958. 7. 11
구분 제4차 회담
세부항목 재일한인 북송
작성처 법무성 입국관리국
매수 1
비밀등급 일반
문서종류 공문
공개구분 공개
내용 법무성 입국관리국장이 오무라 입국수용소장에게 보낸 수용자 가석방에 관한 문서
주제어 재일한인 피수용자 가석방

문서명	1958년 12월 말 현재의 불법 입국자 명부 등재자 상황(昭和三十三年十二月末現在の不法入国者名簿登載者の状況)

문서파일번호	427
작성연월일	1958. 10. 15
구분	제4차 회담
세부항목	재일한인 북송
작성처	불명
매수	1
비밀등급	일반
문서종류	내부자료
공개구분	공개
내용	1957년 12월 말 불법 입국자 명부 등재자의 상황을 송환, 도망, 수감, 방면 등으로 나누어 정리한 자료
주제어	불법 입국 한국인 현황

오무라 가석방에 관한 한국의 타협안 제시 건
(大村仮釈放に関する韓国側妥協案提示)

문서파일번호	872
작성연월일	1958. 8. 12 - 1958. 8. 15
구분	제4차 회담
세부항목	재일한인 북송 문제
작성처	외무성, 주일한국대표부
매수	11
비밀등급	
문서종류	회의록, 비망록
공개구분	공개
내용	1958년 8월 15일 오무라 가석방 재일한인의 북한 귀환 문제와 관련하여 이타가키 아시아국장과 유태하 공사의 회담 기록
주제어	재일한인 북송 문제

문서명	오무라 가석방에 관한 한국의 타협안 제시 건(大村仮釈放に関する韓国側妥協案提示の件)

문서파일번호 872
작성연월일 1958. 8. 15
구분 제4차 회담
세부항목 재일한인 북송 문제
작성처 외무성 스가누마 과장
매수 9
비밀등급 일반
문서종류 회의록
공개구분 공개
내용 1958년 8월 15일 유태하 공사가 이카가키 아시아국장을 방문하여, 일본정부가 오무라 가석방 재일한인 중 북한 귀국 희망자의 북한 송환을 하지 않으면 한국이 이들을 모두 인수하겠다는 내용의 비망록에 대한 일본의 회답을 요구함. 이타가키는 북송하지 않겠다는 서면 보증은 어려우므로 회답을 연기한다고 답변함.
주제어 재일한인 북송 문제

문서명	비망록(Aide Memoire)

문서파일번호 872
작성연월일 1958. 8. 12
구분 제4차 회담
세부항목 재일한인 북송 문제
작성처 한국대표부
매수 2
비밀등급 일반
문서종류 비망록
공개구분 공개
내용 이카가키 아시아국장·유태하 공사의 1958년 8월 15일 회담에서 언급된 한국 작성 비망록(영문)
주제어 재일한인 북송 문제

재일한인 중 북한 귀국 희망자의 처리방침(안)
[在日韓人中北鮮帰国希望者の取扱方針(案)]

문서파일번호	874
문서명	재일한인 중 북한 귀국 희망자의 처리방침(안)[在日韓人中北鮮帰国希望者の取扱方針(案)]
작성연월일	1958. 12. 13
구분	제4차 회담
세부항목	재일한인 북송 문제
작성처	외무성
매수	5
비밀등급	극비
문서종류	내부문서
공개구분	공개
내용	재일한인 중 북한 귀국 희망자에 대한 일본정부의 방침(안)이 담긴 문서. 북한 귀환 실시 시기는 내년 1월 하순까지로 하고, 일본적십자사가 소련 측과 교섭하여 소련 선박을 이용하고 북한으로 귀국. 승선자는 최대 20명을 넘지 않도록 하며 본인이 비용을 부담함. 지참금은 현행의 5천 달러로 제한하며, 인도적 견지에서 북한 출신자로서 현재 가족이 북한에 거주하는 자를 우선순위로 함.
주제어	재일한인 북송 문제

한일 상호 송환 연락위원회 재개 제1회 회의 의사요지(日韓相互送還連絡委員会再開第一回会合議事要旨)

문서파일번호	428
문서명	한일 상호 송환 연락위원회 재개 제1회 회의 의사요지(日韓相互送還連絡委員会再開第一回会合議事要旨)
작성연월일	1959. 8. 12
구분	제4차 회담 상호 송환 연락위원회 재개 제1회 회의
세부항목	
작성처	외무성 북동아시아과
매수	5
비밀등급	극비
문서종류	회의록
공개구분	공개
내용	오무라수용소 한국인 억류자와 한국에 억류된 일본인어부의 상호 석방 및 송환을 위한 양국 연락위원회 재개 제1회 회의기록 및 보도자료. 향후 협의 일정 등에 관해 논의함.
주제어	상호 석방·송환

한일회담 및 북한귀환 문제
(日韓会談及び北鮮帰還問題關する件)

문서파일번호	1621
문서명	한일회담 및 북한귀환 문제(日韓会談及び北鮮帰還問題關する件)
작성연월일	1959. 7. 30
구분	제4차 회담
세부항목	한일회담 및 북한귀환 문제 미국무부 통보
작성처	외무성 북동아시아과
매수	2
비밀등급	비(秘)
문서종류	전문(電文)
공개구분	공개
내용	주미대사에게 한일회담 및 재일한인 북한귀환 문제에 관해 미국무부에 통보하고 미국무부의 반응을 타진하라고 지시함.
주제어	한일회담, 재일한인 북한귀환

내각관방장관의 기시 총리 보고안
(内閣官房長官から岸總理に對する報告案)

문서파일번호	1547
문서명	내각관방장관의 기시 총리 보고안(内閣官房長官から岸總理に對する報告案)
작성연월일	1959. 8. 7
구분	제4차 회담
세부항목	기시 총리 보고
작성처	외무성
매수	3
비밀등급	극비
문서종류	내부문서
공개구분	공개
내용	한일회담 재개 등에 관한 교섭 경위 및 재일한인의 북송과 관련한 북일 적십자사 간 협정 조인을 1959년 8월 13일 캘커타에서 하기로 하였음을 기시 노부스케 총리에게 보고하기 위해 작성한 문서
주제어	한일회담 재개, 재일한인 북송협정 조인

일본 대표 연락 회의(제1회)
[日本側代表連絡会議(第1回)]

문서파일번호	1548
작성연월일	1959. 8. 10
구분	제4차 회담 제4차 한일회담 준비 일본대표단 회의(제1회)
세부항목	
작성처	외무성 북동아시아과
매수	16
비밀등급	
문서종류	회의록, 내부자료
공개구분	공개
내용	1959년 8월 12일 재개되는 제4차 한일회담에 앞서 개최된 일본대표단 제1회 내부 회의기록
주제어	한일회담 재개

문서명	제4차 한일회담 재개에 관한 일본 대표 연락회의(第四次日韓全面会議再開に関する日本側代表連絡会議)

문서파일번호 1548
작성연월일 1959. 8. 10
구분 제4차 회담 제4차 한일회담 대비 일본대표단 회의(제1회)
세부항목
작성처 외무성 북동아시아과
매수 14
비밀등급 극비
문서종류 회의록
공개구분 공개
내용 1959년 8월 12일 재개되는 제4차 한일회담에 앞서 8월 10일 개최된 일본대표단 내부 회의기록. 한일회담 재개 시 억류자 석방을 우선시할 필요가 있다는 등 대응 방안 논의
주제어 한일회담 재개, 억류자 석방

문서명	일본대표단 사무 분담표(안)[日本側代表团事務分担表(案)]

문서파일번호 1548
작성연월일 1959. 8. 10
구분 제4차 회담 제4차 한일회담 대비 일본대표단 회의(제1회)
세부항목
작성처 외무성 북동아시아과
매수 2
비밀등급 일반
문서종류 내부자료
공개구분 공개
내용 재개 제4차 한일회담 각 위원회의 일본 대표자 명단
주제어 재개 제4차 회담 일본대표단

일본 대표 연락 회의(제2회)
[日本側代表連絡会議(第2回)]

문서파일번호	1550
문서명	일본 대표 연락 회의(제2회)[日本側代表連絡会議(第2回)]
작성연월일	1959. 8. 18
구분	제4차 회담 제4차 한일회담 대비 일본대표단 회의(제2회)
세부항목	
작성처	외무성 북동아시아과
매수	3
비밀등급	극비
문서종류	회의록
공개구분	공개
내용	1959년 8월 17일 개최된 제4차 한일회담 일본대표단 제2회 내부회의기록. 8월 18일 개최되는 제4차 회담 본회의에서 한국이 각 위원회의 조기 개최를 요구하더라도 일본으로서는 억류자 상호 송환을 우선 긴급 실행하고 분위기의 호전을 기다려 위원회를 개최하는 방향으로 역제안하는 것으로 의견이 모아짐.
주제어	억류자 상호 송환

한일 상호 송환 연락위원회 재개 제2회 회의 의사요지(日韓相互送還連絡委員会再開第二回会合議事要旨)

문서파일번호	429
문서명	한일 상호 송환 연락위원회 재개 제2회 회의 의사요지(日韓相互送還連絡委員会再開第二回会合議事要旨)
작성연월일	1959. 8. 20
구분	제4차 회담 상호 송환 연락위원회 재개 제2회 회의
세부항목	
작성처	외무성 북동아시아과
매수	7
비밀등급	극비
문서종류	회의록
공개구분	공개
내용	오무라수용소 한인 수용자와 한국에 억류된 일본인어부의 상호 석방 및 송환을 위한 양국 연락위원회 재개 제2회 회의기록. 상호 석방을 조기에 추진할 것을 주장하는 일본과 소극적인 한국 입장이 대립함.
주제어	상호 석방·송환

한일 상호 송환 연락위원회 재개 제3회 회의 의사요지(日韓相互送還連絡委員会再開第三回会合議事要旨)

문서파일번호	430
문서명	한일 상호 송환 연락위원회 재개 제3회 회의 의사요지(日韓相互送還連絡委員会再開第三回会合議事要旨)
작성연월일	1959. 8. 29
구분	제4차 회담 상호 송환 연락위원회 재개 제3회 회의
세부항목	
작성처	외무성 북동아시아과
매수	9
비밀등급	극비
문서종류	회의록
공개구분	일부비공개
내용	억류자 상호 석방을 위한 양국 연락위원회 제3회 회의기록. 상호 석방을 위한 절차를 논의함.
주제어	상호 석방·송환

오무라수용소의 조사 건
(大村収容所の調査に関する件)

문서파일번호	431
작성연월일	1959. 10. 2 - 1959. 11. 30
구분	제4차 회담
세부항목	오무라수용소 한인 억류자 실태 조사
작성처	외무성, 오무라수용소
매수	25
비밀등급	
문서종류	회의록, 내부문서, 전문
공개구분	공개
내용	오무라수용소에 수용되어 있는 한인의 실태 조사와 관련한 일련의 보고서
주제어	오무라수용소 한인 억류자 실태 조사

문서명	오무라수용소의 조사에 관한 한국과의 협의 요지(大村収容所の調査に関する韓国側との打合せ 要旨)

문서파일번호 431
작성연월일 1959. 10. 2
구분 제4차 회담
세부항목 오무라수용소 한인 억류자 실태 조사
작성처 외무성 북동아시아과
매수 4
비밀등급 극비
문서종류 회의록
공개구분 공개
내용 1959년 10월 2일 이루어진 오무라수용소 한인 수용 실태 조사를 위한 한일 협의 결과 요지. 한일 간에 ① 일본이 제출한 오무라 수용자 리스트에 대한 한국의 조사 진행 상황 ② 조사 촉진을 위한 조사관 파견 ③ 조사관의 직위 ④ 신분이 파악되지 않는 수용자의 처리 ⑤ 리스트에 기재되어 있지만 아직 송환되지 않은 수용자에 대한 일본의 설명 ⑥ 조사의 구체적인 사항에 관한 협의 일정 등을 합의함.
주제어 오무라수용소 한인 억류자

문서명	오무라 수용자 조사 건(大村収容者の調査に関する件)

문서파일번호 431
작성연월일 1959. 10. 10
구분 제4차 회담
세부항목 오무라수용소 한인 억류자 실태 조사
작성처 외무성 북동아시아과
매수 2
비밀등급 극비
문서종류 내부문서
공개구분 공개
내용 1959년 10월 5일 열린 한국 조사관과 일본 입국관리국 담당관의 실무 협의 내용과 한국 조사관의 조사 일정. 조사 내용 중에 북한 귀국 희망자 수도 있음.
주제어 오무라수용소 한인 억류자

문서명	오무라 수용자 중 한국에서 조사 완료한 자의 리스트 회람의 건(大村収容者中韓国において調査終了した者のリスト回覧の件)

문서파일번호	431
작성연월일	1959. 10. 19
구분	제4차 회담
세부항목	오무라수용소 한인 억류자 실태 조사
작성처	외무성 북동아시아과
매수	2
비밀등급	극비
문서종류	내부문서
공개구분	공개
내용	법무성 입국관리국이 한국으로부터 오무라 수용자 중 조사가 완료된 대상자 리스트를 받았음을 보고하는 문서. 한국이 이전과 다른 카테고리로 조사 결과자를 분류함. 북한 귀국 희망자 수(56명)도 기재됨.
주제어	오무라수용소 한인 억류자

문서명	오무라 수용자 조사 건(大村収容所の調査に関する件)

문서파일번호	431
작성연월일	1959. 10. 26
구분	제4차 회담
세부항목	오무라수용소 한인 억류자 실태 조사
작성처	외무성 북동아시아과
매수	3
비밀등급	일반
문서종류	내부문서
공개구분	공개
내용	한국 조사관의 오무라수용소 조사에 동행한 입국관리국 준비과의 마에다(前田) 사무관에게 청취한 내용을 정리함.
주제어	오무라수용소 한인 억류자

문서명	전신 보고서(電信 報告書)

문서파일번호 431
작성연월일 1959. 10. 28
구분 제4차 회담
세부항목 오무라수용소 한인 억류자 실태 조사
작성처 오무라수용소
매수 2
비밀등급 일반
문서종류 전문(電文)
공개구분 공개
내용 오무라수용소 소장이 법무성 입국관리국장에게 전신으로 보고한 10월 27일 수용소 조사 결과. 1959년 10월 27일에 완료된 2차 조사 대상자들의 인원수가 조사 완료자, 조사 거부자, 조사 불능자, 가족 관계자, 미등록자로 구분하여 정리됨.
주제어 오무라수용소 한인 억류자

문서명	오무라 수용자 조사 건(大村収容所の調査に関する件)

문서파일번호 431
작성연월일 1959. 10. 28
구분 제4차 회담
세부항목 오무라수용소 한인 억류자 실태 조사
작성처 외무성 북동아시아과
매수 2
비밀등급 극비
문서종류 내부문서
공개구분 공개
내용 오무라수용소가 외무성 북동아과에 통보한 상기 조사 결과를 정리한 보고서
주제어 오무라수용소 한인 억류자

문서명	전신 보고서(電信 報告書)

문서파일번호	431
작성연월일	1959. 11. 5
구분	제4차 회담
세부항목	오무라수용소 한인 억류자 실태 조사
작성처	오무라수용소
매수	1
비밀등급	일반
문서종류	전문(電文)
공개구분	공개
내용	오무라수용소 소장이 법무성 입국관리국장에게 전신으로 보고한 한국 외무부 직원과의 사무협의(1959년 11월 5일)와 동 직원들의 조사 결과
주제어	오무라수용소 한인 억류자

문서명	오무라 수용자 조사 건(大村収容所の調査に関する件)

문서파일번호	431
작성연월일	1959. 11. 6
구분	제4차 회담
세부항목	오무라수용소 한인 억류자 실태 조사
작성처	외무성 북동아시아과
매수	2
비밀등급	극비
문서종류	내부문서
공개구분	공개
내용	오무라수용소가 외무성 북동아과에 통보한 상기 조사 결과를 정리한 보고서
주제어	오무라수용소 한인 억류자

문서명	전신 보고서(電信 報告書)

문서파일번호 431
작성연월일 1959. 11. 6
구분 제4차 회담
세부항목 오무라수용소 한인 억류자 실태 조사
작성처 오무라수용소
매수 1
비밀등급 일반
문서종류 전문(電文)
공개구분 공개
내용 오무라수용소 소장이 법무성 입국관리국장에게 보고한 한국 조사관의 1959년 11월 6일 조사 결과. 조사 결과를 확인자, 미확인자, 거부자, 조사 불능자로 구분하여 정리, 6일부로 980명의 조사 완료
주제어 오무라수용소 한인 억류자

문서명	전신 보고서(電信 報告書)

문서파일번호 431
작성연월일 1959. 11. 6
구분 제4차 회담
세부항목 오무라수용소 한인 억류자 실태 조사
작성처 오무라수용소
매수 2
비밀등급 일반
문서종류 전문(電文)
공개구분 공개
내용 오무라수용소 소장이 법무성 입국관리국장에게 한국 조사관의 조사 완료 사실과 결과를 보고함.
주제어 오무라수용소 한인 억류자

문서명	오무라 수용자 조사 건(大村収容所の調査に関する件)

문서파일번호	431
작성연월일	1959. 11. 11
구분	제4차 회담
세부항목	오무라수용소 한인 억류자 실태 조사
작성처	외무성 북동아시아과
매수	2
비밀등급	비(秘)
문서종류	내부문서
공개구분	공개
내용	오무라수용소 입국관리국장에게 보낸 전신 내용을 정리함.
주제어	오무라수용소 한인 억류자

문서명	오무라 수용자 조사 건(大村収容所の調査に関する件)

문서파일번호	431
작성연월일	1959. 11. 30
구분	제4차 회담
세부항목	오무라수용소 한인 억류자 실태 조사
작성처	한국대표단
매수	2
비밀등급	비(秘)
문서종류	내부문서
공개구분	공개
내용	한국의 오무라수용소 조사 결과와 부산수용소 수용자 현황을 정리함.
주제어	오무라수용소 한인 억류자 실태 조사

북한귀환 문제 등에 관한 전문
(北鮮帰還問題等に關する電文)

문서파일번호	1554
작성연월일	1959. 12. 3 - 1959. 12. 17
구분	제4차 회담
세부항목	
작성처	외무성 북동아시아과
매수	12
비밀등급	
문서종류	전문(電文)
공개구분	공개
내용	재일한인 북송 사업 및 이에 따른 한일회담의 중단, 재개 경위, 어민 석방 문제 등에 관한 상황을 주요 공관에 통보하는 전문 모음
주제어	한일회담 중단 및 재개 경위 공관 통보

문서명	북한귀환 문제 및 한일전면회담 건(北鮮帰還問題及び日韓全面会談に関する件)

문서파일번호 1554
작성연월일 1959. 12. 3
구분 제4차 회담
세부항목 한일회담 중단 및 재개 경위 공관 통보
작성처 외무성 북동아시아과
매수 4
비밀등급 극비
문서종류 전문(電文)
공개구분 공개
내용 재일한인의 북송과 관련한 경과 및 이에 따른 한일회담 중단, 재개에 관한 경위를 주요 11개 공관에 통보함.
주제어 재일한인 북송 문제, 한일회담 재개 및 중단

문서명	북한귀환 문제 및 어부 석방 건(北鮮帰還問題及び漁夫釈放問題に関する件)

문서파일번호 1554
작성연월일 1959. 12. 16
구분 제4차 회담
세부항목 한일회담 중단 및 재개 경위 공관 통보
작성처 외무성 북동아시아과
매수 4
비밀등급 비(秘)
문서종류 전문(電文)
공개구분 공개
내용 재일한인 북송 사업 및 어민 석방 문제의 진행 상황을 주유엔대사 등 4명의 공관장에게 설명함.
주제어 재일한인 북송 문제, 어민 석방

문서명	북한귀환 문제 및 어부 석방 건(北鮮帰還問題及び漁夫釈放問題に関する件)

문서파일번호 1554
작성연월일 1959. 12. 17
구분 제4차 회담
세부항목 임병직 주유엔한국대사의 메시지
작성처 외무성 북동아시아과
매수 1
비밀등급 극비
문서종류 전문(電文)
공개구분 공개
내용 극비로 입수한 임병직 주유엔한국대사가 유엔사무총장에게 보낸 메시지를 주유엔일본대표부에게 별전으로 보냄.
주제어 재일한인 북송 문제, 어민 석방

문서명	북한귀환 문제 및 어부 석방 건(北鮮帰還問題及び漁夫釈放問題に関する件)

문서파일번호 1554
작성연월일 1959. 12. 17
구분 제4차 회담
세부항목 임병직 주유엔한국대사의 메시지
작성처 외무성 북동아시아과
매수 3
비밀등급 극비
문서종류 전문(電文)
공개구분 공개
내용 외무성이 주유엔일본대표부에 임병직 주유엔한국대사가 유엔사무총장에게 보낸 메시지 내용을 통보. 메시지는 재일한인 북송 사업 및 어민 석방 문제와 관련하여 일본정부의 처사를 비판함.
주제어 재일한인 북송 문제, 어민 석방

가방면 42명의 북한 송환에 대한 한국의 항의 및 회답(仮放免42名の北鮮送還に対する韓国の抗議及びその回答)

문서파일번호	432
작성연월일	1959. 12. 22 - 1960. 1. 11
구분	제4차 회담
세부항목	재일한인 북송
작성처	주일한국대표부, 외무성
매수	8
비밀등급	
문서종류	구상서
공개구분	공개
내용	오무라수용소 한인 수용자 중 42명의 북한 송환과 관련한 한국의 항의 구상서 및 이에 대한 일본의 반박 구상서
주제어	재일한인 북송

문서명	구상서(Note Verbale)

문서파일번호 432
작성연월일 1959. 12. 22
구분 제4차 회담
세부항목 재일한인북송
작성처 주일한국대표부
매수 2
비밀등급 일반
문서종류 구상서
공개구분 공개
내용 한국의 반대에도 불구하고 42명의 한국인 밀입국자가 북한으로 송환될 것이라고 언론에 보도된 것에 대해 항의하는 주일한국대표부의 1959년 12월 22일 자 구상서. 한국은 재일한국인의 북한 송환이 1957년 12월 31일 한일합의 위반이며 공산주의 침투와 전복 활동에 기여하는 것이라고 주장함(영문).
주제어 재일한인 북송

문서명	구상서(Note Verbale)

문서파일번호 432
작성연월일 1960. 1. 11
구분 제4차 회담
세부항목 재일한인 북송
작성처 외무성
매수 6
비밀등급 비(秘)(일문본)
문서종류 구상서
공개구분 공개
내용 한국의 1959년 12월 22일 자 구상서를 일본 외무성이 세 가지 이유로 반박하는 내용의 1960년 1월 11일 자 구상서. ① 북한귀환은 거주지 선택의 자유라는 인도적 문제임 ② 한국정부는 일본으로 불법 입국한 한국인들을 수용하는 데 소극적인 자세를 보였음 ③ 1957년 12월 31일의 한일합의는 일본정부가 불법 입국자를 한국정부에 양도할 의무를 부과한 것이 아니며 퇴거 대상인 외국인들을 강제 송환하는 것은 국제법적으로 정당하며 주권국가의 권리임(영문). 일문 구상서 첨부.
주제어 재일한인 북송

재일한인의 대한민국 귀환 및 일본국에 잔류하는 한인의 처우에 관한 원칙적 합의안(在日韓人の大韓民国への帰還及び日本国に残留する韓人の処遇に関する原則的合意案)

문서파일번호	1555
작성연월일	1959. 12. 5 - 1959. 12. 8
구분	제4차 회담
세부항목	귀환 및 잔류 재일한국인에 대한 처우
작성처	외무성, 후생성
매수	5
비밀등급	
문서종류	내부문서
공개구분	공개
내용	1959년 2월 25일 미야케 기지로 참사관이 작성한 '재일한국인의 대한민국에의 집단 귀환 및 일본국에 잔류하는 한인의 처우에 관한 잠정조치에 대한 한일 양해안'(문서파일번호 1552 마지막 문서)을 제목을 약간 바꾸어 1959년 12월 5일 자로 타이핑한 문서와 이에 대한 의견을 담은 문서
주제어	귀환 및 잔류 재일한국인에 대한 처우

문서명	재일한인의 대한민국에의 귀환 및 일본국에 잔류하는 한인의 처우에 관한 원칙적 합의안(在日韓人の大韓民国への帰還及び日本国に残留する韓人の処遇に関する原則的合意案)

문서파일번호 1555
작성연월일 1959. 12. 5
구분 제4차 회담
세부항목 귀환 및 잔류 재일한국인에 대한 처우
작성처 외무성 북동아시아과
매수 3
비밀등급 극비
문서종류 내부문서
공개구분 공개
내용 1959년 2월 25일 미야케 기지로 참사관이 작성한 '재일한인의 대한민국에의 집단 귀환 및 일본국에 잔류하는 한인의 처우에 관한 잠정조치에 대한 한일 양해안'(문서파일번호 1552 마지막 문서)을 제목을 약간 바꾸어 1959년 12월 5일 자로 타이핑한 문서. 재일한인 문제 중 귀환자에 대한 편의 제공, 재산 반출 방법 및 일본 거주자에 대한 처우에 관한 양국 합의안을 담은 문서
주제어 재일한국인 법적지위

문서명	합의의사록안에 대한 의견(合意議事録(案)に対する意見)

문서파일번호 1555
작성연월일 1959. 12. 8
구분 제4차 회담
세부항목 귀환 및 잔류 재일한국인에 대한 처우
작성처 후생성
매수 2
비밀등급 일반
문서종류 내부문서
공개구분 공개
내용 외무성이 작성한 거주 한국인 처우에 관한 합의안 중 사회보장문제에 관해 후생성이 제기한 의견서
주제어 재일한국인 법적지위

억류자 송환 및 한인의 처우 문제에 관한 1959년 11~12월의 한일교섭 경위 및 관계자료(抑留者送還及び韓人の処遇問題に関する昭34年11～12月の日韓交渉の経緯及び関 係資料)

문서파일번호	1556
작성연월일	1959. 11. 4 - 1960. 1
구분	제4차 회담
세부항목	억류자 송환 및 재일한인처우 문제
작성처	외무성 법무성 입국관리국, 대장성
매수	180
비밀등급	
문서종류	내부문서, 내부자료
공개구분	공개
내용	제4차 한일회담이 잠시 중단된 1959년 11~12월에 이루어진 억류자 송환 및 한인의 처우 문제에 관한 교섭 경위를 정리한 문서와 관련자료 모음.
주제어	

문서명	억류자 송환 및 한인의 처우 문제에 관한 1959년 11~12월의 한일교섭 경위 및 관계자료(抑留者送還及び韓人の処遇問題に関する昭34年11~12月の日韓交涉の経緯及び関係資料)

문서파일번호 1556
작성연월일 1960. 1(일자 불명)
구분 제4차 회담
세부항목 억류자 송환 및 재일한인 처우 문제 교섭 경위
작성처 외무성 북동아시아과
매수 10
비밀등급 극비
문서종류 내부문서
공개구분 공개
내용 제4차 한일회담이 잠시 중단된 1959년 11~12월에 이루어진 억류자 송환 및 재일한국인의 처우 문제에 관한 교섭 경위를 정리한 문서. 외무성 이세키 유지로 아시아국장과 유태하 주일한국대표부 대사의 교섭 경위, 미국의 개입, 문제 해결을 위해 양국이 각종 합의안 등을 작성, 제시한 경위 등이 상세히 기록됨.
주제어 억류자 송환, 재일한국인 법적지위

문서명	별첨1(안). 재일한인 문제에 관한 대한민국정부와 일본국정부에 의한 공동성명 [別添 1(案)在日韓僑の問題に関する大韓民国政府と日本国 政府に依る共同コミュニケ]

문서파일번호 1556
작성연월일 1959. 11. 4
구분 제4차 회담
세부항목 재일한인문제에 관한 공동성명 한국안
작성처 한국대표부(일본 번역)
매수 2
비밀등급 극비
문서종류 내부자료
공개구분 공개
내용 한일 간에 재일한인에 관한 협정이 체결되기 전까지 잠정적으로 이들에 대한 처우를 규정하기 위한 양국 정부의 공동성명안(한국 작성, 유태하 대사가 1959년 11월 4일 이세키 유지로 국장에게 전달). 일본정부는 한국에 귀환하는 재일한국인에 대한 보상금을 지불, 한국정부는 한국에 정착하는 이들에게 필요한 편의 제공 등의 내용이 담김.
주제어 재일한국인 법적지위

문서명	별첨2. 재일한국인 문제에 관한 한일 정부의 공동성명(別添 2 Joint Communique by the Governments of the Republic of Korea and Japan Regarding the Problem of Korean Residents in Japan)

문서파일번호 1556
작성연월일 1959. 11. 4
구분 제4차 회담
세부항목 재일한국인 문제에 관한 공동성명 한국안
작성처 한국대표부
매수 1
비밀등급 극비
문서종류 내부자료
공개구분 공개
내용 유태하 대사가 이세키 국장에게 전달한 재일한국인 문제에 관한 공동 코뮈니케 영문본
주제어 재일한국인 법적지위

문서명	별첨3. 재일한인의 대한민국으로의 집단 귀환 및 일본국에 잔류하는 한인의 처우에 관한 잠정조치에 관한 한일 양해안(또는 한일공동성명안)[別添 3 在日韓人の大韓民国への集団帰還及び日本国に残留する韓人の処遇に関する暫定措置についての日韓了解案(又は日韓共同声明案)]

문서파일번호 1556
작성연월일 1959. 11. 19
구분 제4차 회담
세부항목 재일한인 한국귀환 및 일본 잔류 한인의 처우에 관한 합의 문서
작성처 외무성 미야케 심의관
매수 4
비밀등급 극비
문서종류 내부자료
공개구분 공개
내용 외무성 미야케 기지로 심의관이 1959년 11월 19일 자로 기안한 재일한인 한국 귀환 및 일본 잔류 한인의 처우에 관한 양국 합의문서안
주제어 재일한국인 법적지위

문서명	별첨4. 한일기본관계를 설정하는 조약안(1952년 4월 4일 자 일본 제안) 제1조에 관한 한일교환공문안[別添 4 日韓基本的関係を定する条約案(一九五二年四月四日付日本側提案)第一条に関する日韓交換公文案]

문서파일번호 1556
작성연월일 1959. 11
구분 제4차 회담
세부항목 한일기본관계조약안
작성처 외무성 미야케 심의관
매수 2
비밀등급 극비
문서종류 내부자료
공개구분 공개
내용 외무성 미야케 기지로 심의관이 작성한 한일기본관계조약 제1조에 관한 교환공문안
주제어 기본관계

문서명	별첨5. 대한 사회복지 원조 전제조건(別添 5 対韓社会福祉援助前提条件)

문서파일번호 1556
작성연월일 1959. 11(일자 불명)
구분 제4차 회담
세부항목 재일한인 사회복지
작성처 외무성 미야케 심의관
매수 1
비밀등급 극비
문서종류 내부자료
공개구분 공개
내용 외무성 미야케 기지로 심의관이 작성한 재일한국인에 대한 사회복지 원조 전제조건
주제어 재일한국인 법적지위

문서명	별첨6. 공동성명(안)[別添 6 共同声明(案)]

문서파일번호 1556
작성연월일 1959. 12. 5
구분 제4차 회담
세부항목 재일한인 귀환 및 억류자 상호 석방 공동성명안
작성처 외무성 북동아시아과
매수 2
비밀등급 극비
문서종류 내부자료
공개구분 공개
내용 일본이 작성한 재일한인의 귀환 및 억류자 상호 석방에 관한 공동성명안
주제어 재일한국인 법적지위

문서명	별첨7. 재일한인의 대한민국으로의 집단 귀환 및 일본국에 잔류하는 한인의 처우에 관한 원칙적 합의안(別添 7 在日韓人の大韓民国への帰還及び日本国に残留する韓人の処遇に関する原則的合意案)

문서파일번호 1556
작성연월일 1959. 12. 5
구분 제4차 회담
세부항목 재일한인 한국귀환 및 일본 잔류 한인의 처우에 관한 합의문서
작성처 외무성 북동아시아과
매수 3
비밀등급 극비
문서종류 내부자료
공개구분 공개
내용 재일한국인의 한국으로의 집단 귀환 및 일본국에 잔류하는 한국인의 처우에 관해 외무성이 양국 합의안으로 작성한 문서. 한국은 귀국자에 대한 보호 및 생활 기반 제공, 일본은 귀국 편의 제공 및 재류하는 한국인에 대한 영주권 부여 등 강조
주제어 재일한국인 법적지위

문서명	별첨8. 합의의사록(안) [別添 8 合意議事録(案)]

문서파일번호 1556
작성연월일 1959. 12. 7
구분 제4차 회담
세부항목 법적지위위원회 합의의사록안
작성처 법무성 입국관리국
매수 2
비밀등급 극비
문서종류 내부자료
공개구분 공개
내용 법무성 입국관리국이 작성하여 관계성 연락 회의에 부의한 법적지위위원회 합의의사록(안)
주제어 재일한국인 법적지위

문서명	별첨8-2. 합의의사록(안) [別添 8-2 合意議事録(案)]

문서파일번호 1556
작성연월일 1959. 12. 8
구분 제4차 회담
세부항목 법적지위위원회 합의의사록(안)
작성처 법무성 입국관리국
매수 2
비밀등급 극비
문서종류 내부자료
공개구분 공개
내용 후생성, 대장성의 의견이 반영된 법적지위위원회 합의의사록안
주제어 재일한국인 법적지위

문서명	별첨9-2. 한일 문제에 대하여(別添 9-2 日韓問題について)

문서파일번호 1556
작성연월일 1959. 12. 8
구분 제4차 회담
세부항목 재일한국인 문제
작성처 대장성
매수 2
비밀등급 극비
문서종류 내부자료
공개구분 공개
내용 재일한국인 문제에 관한 대장성의 견해
주제어 재일한국인 법적지위

문서명	별첨9. 대장성 제안(別添 9 大蔵省提案)

문서파일번호 1556
작성연월일 1959. 12. 8
구분 제4차 회담
세부항목 재일한국인 문제
작성처 대장성
매수 1
비밀등급
문서종류 내부자료
공개구분 공개
내용 재일한인문제에 관한 대장성의 견해
주제어 재일한국인 법적지위

문서명	별첨10. 한일회담 및 어부 석방 문제에 관한 후지야마 대신 각의보고(別添 10 日韓会談及び漁夫釈放問題に関する藤山大臣閣議報告)

문서파일번호	1556
작성연월일	1959. 12. 8
구분	제4차 회담
세부항목	한일회담 및 어부 석방 문제 각의 보고
작성처	외무성 북동아시아과
매수	5
비밀등급	극비
문서종류	내부문서
공개구분	공개
내용	후지야마 아이치로 대신이 각의에서 재일한국인의 한국으로의 집단 귀환 및 일본국에 잔류하는 한국인의 처우에 관한 경위를 설명하고 양국 합의안 추진을 요청함.
주제어	재일한국인 법적지위

문서명	별첨11. 11월 말 현재 한국에 억류되어 있는 일본 어부 수(別添 11 11月末日現在韓国に抑留されている本邦漁夫数)

문서파일번호	1556
작성연월일	1959. 12. 10
구분	제4차 회담
세부항목	한국 억류 일본 어부 수
작성처	외무성 북동아시아과
매수	1
비밀등급	비(秘)
문서종류	내부자료
공개구분	공개
내용	1959년 11월 말 현재 한국에 억류되어 있는 일본인어부 숫자를 기록함.
주제어	억류 일본인

문서명	별첨12. 교환 명부에 기재된 오무라 수용자 980명의 내역(別添 12 交換名簿に記載された大村収容者980名の内訳)

문서파일번호 1556
작성연월일 1959. 12. 10
구분 제4차 회담
세부항목 오무라 수용 한국인 내역
작성처 외무성 북동아시아과
매수 1
비밀등급 비(秘)
문서종류 내부자료
공개구분 공개
내용 오무라수용소에 수용 중인 재일한국인 내역
주제어 억류 한국인

문서명	별첨13. 공동성명(안) I [別添 13 共同声明(案) I]

문서파일번호 1556
작성연월일 1959. 12. 9
구분 제4차 회담
세부항목 억류자 상호 석방 공동성명안
작성처 외무성 북동아시아과
매수 1
비밀등급 극비
문서종류 내부자료
공개구분 공개
내용 일본이 작성한 억류자 상호 석방에 관한 공동성명안
주제어 억류자 상호 석방

문서명	한일 양국 정부의 공동성명(안) 미정고 I [日韓両国政府の共同声明(案)未定稿 I]

문서파일번호 1556
작성연월일 1959. 12. 9
구분 제4차 회담
세부항목 억류자 상호 석방 공동성명안
작성처 외무성 북동아시아과
매수 1
비밀등급 극비
문서종류 내부자료
공개구분 공개
내용 일본이 작성한 공동성명(안). 한일 양국 정부가 1959년 12월 24일 억류자 상호 석방을 실시한다는 내용
주제어 억류자 상호 석방

문서명	공동성명(안) [共同声明(案)]

문서파일번호 1556
작성연월일 1959. 12. 9
구분 제4차 회담
세부항목 억류자 상호 석방 공동성명(안)
작성처 외무성 북동아시아과
매수 1
비밀등급 극비
문서종류 내부자료
공개구분 공개
내용 일본이 작성한 재일한인 귀환 등과 관련한 공동성명안
주제어 재일한국인 법적지위

문서명	한일회담 양국 정부 대표의 공동성명(안) II [日韓会談両国政府代表の共同声明(案) II]

문서파일번호 1556
작성연월일 1959. 12. 9
구분 제4차 회담
세부항목 억류자 상호 석방 공동성명안
작성처 외무성 북동아시아과
매수 1
비밀등급 극비
문서종류 내부자료
공개구분 공개
내용 일본이 작성한 공동성명안. 재일한인의 한국에의 재정착 및 일본 잔류 한인의 처우에 관한 방침에 양국 정부가 의견일치를 보았다는 내용
주제어 재일한국인 법적지위

문서명	[공동성명(1)에 관한 부속양해] 양해사항(안) 미정고[(共同声明(1)に関する付属了解)了解事項(案)未定稿]

문서파일번호 1556
작성연월일 1959. 12. 9
구분 제4차 회담
세부항목 억류자 상호 석방 공동성명 양해사항
작성처 외무성 북동아시아과
매수 1
비밀등급 극비
문서종류 내부자료
공개구분 공개
내용 공동성명(I)의 상호 송환 대상이 되는 재일한인은 일본정부가 한국에 송환하는 자를 말한다는 내용이 기재된 양해사항
주제어 억류자 송환

문서명	[공동성명(I)에 관한 부속양해] 양해사항(안)[(共同声明(I)に関する付属了解)了解事項(案)]

문서파일번호	1556
작성연월일	1959. 12. 9
구분	제4차 회담
세부항목	억류자 상호 석방 공동성명 양해사항
작성처	외무성 북동아시아과
매수	1
비밀등급	극비
문서종류	내부자료
공개구분	공개
내용	공동성명(I)의 '형'을 마친 일본인어부에 관해서는 한국정부가 형을 마치는 대로 일본에 송환한다는 내용의 양해사항
주제어	억류자 송환

문서명	[공동성명(I)에 관한 부속양해] 양해사항(안)[(共同声明(I)に関する付属了解)了解事項(案)]

문서파일번호	1556
작성연월일	1959. 12. 9
구분	제4차 회담
세부항목	억류자 상호 석방 공동성명 양해사항
작성처	외무성 북동아시아과
매수	1
비밀등급	극비
문서종류	내부자료
공개구분	공개
내용	공동성명(I)의 1959년 12월 24일 이후 '형'을 마친 일본인어부에 관해서는 한국정부가 형을 마치는 대로 일본에 송환한다는 내용의 양해사항(안)(한국은 주저하고 있다는 미야케 기지로 심의관의 글이 적힘.)
주제어	억류자 송환

문서명	합의의사록(안)[合意議事録(案)]

문서파일번호 1556
작성연월일 1959. 12. 9
구분 제4차 회담
세부항목 법적지위위원회 합의의사록안
작성처 외무성 북동아시아과
매수 2
비밀등급 극비
문서종류 내부자료
공개구분 공개
내용 1959년 12월 10일 개최 예정인 법적지위위원회 회의에서 추진코자 하는 일본의 합의의사록안. 한국 귀환자에 대한 재산 반출 문제, 일본 잔류 한인에 대한 영주권 부여 검토함.
주제어 재일한국인 법적지위

문서명	별첨14. 공동성명안[別添 14 Joint Statement(I)(Draft)]

문서파일번호 1556
작성연월일 1959. 12. 9
구분 제4차 회담
세부항목 억류자 상호 석방 공동성명안
작성처 외무성 북동아시아과
매수 1
비밀등급 극비
문서종류 내부자료
공개구분 공개
내용 1959년 12월 24일 양국 정부가 억류자 송환을 실시한다는 내용의 공동성명 영문안
주제어 억류자 송환

문서명	양해사항(Understanding)

문서파일번호	1556
작성연월일	1959. 12. 9
구분	제4차 회담
세부항목	억류자 상호 석방 공동성명 양해사항
작성처	외무성 북동아시아과
매수	1
비밀등급	극비
문서종류	내부자료
공개구분	공개
내용	공동성명(Joint Statement)(I)에 대한 양해사항 영문본
주제어	억류자 송환

문서명	공동성명안[Joint Statement(II)(Draft)]

문서파일번호	1556
작성연월일	1959. 12. 9
구분	제4차 회담
세부항목	억류자 상호 석방 공동성명안
작성처	외무성 북동아시아과
매수	1
비밀등급	극비
문서종류	내부자료
공개구분	공개
내용	일본이 작성한 공동성명 영문안. 재일한국인의 한국에의 재정착 및 일본 잔류 한국인의 처우에 관한 방침에 양국 정부가 의견일치를 보았다는 내용
주제어	재일한국인 법적지위

문서명	공동성명(Joint Communique)

문서파일번호 1556
작성연월일 1959. 12. 9
구분 제4차 회담
세부항목 억류자 상호 석방 공동성명안
작성처 외무성 북동아시아과
매수 1
비밀등급 극비
공개구분 공개
내용 형식을 공동성명(Joint Statement)에서 공동성명(Joint Communuque)로 바꾼 문서의 영문안
주제어 재일한국인 법적지위
문서종류 내부자료

문서명	양해사항(Understanding)

문서파일번호 1556
작성연월일 1959. 12. 9
구분 제4차 회담
세부항목 억류자 상호 석방 공동성명 양해사항
작성처 외무성 북동아시아과
매수 1
비밀등급 극비
문서종류 내부자료
공개구분 공개
내용 공동성명(I)의 '형'을 마친 일본인어부에 관해서는 한국정부가 형을 마치는 대로 일본에 송환한다는 내용의 양해사항과 상호 송환 대상이 되는 재일한국인은 일본정부가 한국에 송환하는 자를 말한다는 내용이 기재된 양해사항을 통합한 양해사항의 영문본
주제어 억류자 송환

문서명	합의의사록(Agreed Minutes)

- **문서파일번호** 1556
- **작성연월일** 1959. 12. 9
- **구분** 제4차 회담
- **세부항목** 법적지위위원회 합의의사록안
- **작성처** 외무성 북동아시아과
- **매수** 2
- **비밀등급** 극비
- **문서종류** 내부자료
- **공개구분** 공개
- **내용** 한국 귀환자에 대한 재산 반출 문제, 일본 잔류 한인에 대한 영주권 부여에 관한 합의의사록 영문안
- **주제어** 재일한국인 법적지위

문서명	별첨15. 상호 송환에 관한 한일 양국 합의문서 목록(別添 15 相互送還に関する日韓両国合意文書目録)

- **문서파일번호** 1556
- **작성연월일** 1959. 12. 12
- **구분** 제4차 회담
- **세부항목** 상호 송환에 관한 합의문서
- **작성처** 외무성 북동아시아과
- **매수** 1
- **비밀등급** 극비
- **문서종류** 내부자료
- **공개구분** 공개
- **내용** 관계성의 희망과 한국 주장을 최대한 고려하여 작성한 관련 문서 목록
- **주제어** 억류자 상호 송환, 재일한국인 법적지위

문서명	일본국과 대한민국과의 공동성명(日本国と大韓民国との共同声明)

문서파일번호 1556
작성연월일 1959. 12. 12
구분 제4차 회담
세부항목 상호 송환에 관한 공동성명
작성처 외무성 북동아시아과
매수 1
비밀등급 극비
문서종류 내부자료
공개구분 공개
내용 일본인어부, 오무라 수용 한인의 상호 송환에 관한 공동성명
주제어 억류자 송환

문서명	공동성명(Joint Statement)

문서파일번호 1556
작성연월일 1959. 12. 12
구분 제4차 회담
세부항목 상호 송환에 관한 공동성명
작성처 외무성 북동아시아과
매수 1
비밀등급 극비
문서종류 내부자료
공개구분 공개
내용 일본인어부, 오무라 수용 한인의 상호 송환에 관한 공동성명 영문본
주제어 억류자 송환

문서명	양해사항(了解事項)

문서파일번호 1556
작성연월일 1959. 12. 12
구분 제4차 회담
세부항목 상호 송환에 관한 공동성명 양해사항
작성처 외무성 북동아시아과
매수 1
비밀등급 극비
문서종류 내부자료
공개구분 공개
내용 상호 송환에 관한 공동성명의 양해사항
주제어 억류자 송환

문서명	상호 송환에 관한 공동성명 양해사항 2의 제2안(相互送還に関する共同声明に関する了解事項2の第2案)

문서파일번호 1556
작성연월일 1959. 12. 12
구분 제4차 회담
세부항목 억류자 상호 석방 공동성명 양해사항
작성처 외무성 북동아시아과
매수 1
비밀등급 극비
문서종류 내부자료
공개구분 공개
내용 상호 송환에 관한 공동성명 양해사항 2의 제2안
주제어 억류자 송환

문서명	양해사항(Understanding)

문서파일번호	1556
작성연월일	1959. 12. 12
구분	제4차 회담
세부항목	억류자 상호 석방 공동성명 양해사항
작성처	외무성 북동아시아과
매수	1
비밀등급	극비
문서종류	내부자료
공개구분	공개
내용	상호 송환에 관한 공동성명 양해사항 영문본
주제어	억류자 송환

문서명	양해사항(Understanding)

문서파일번호	1556
작성연월일	1959. 12. 12
구분	제4차 회담
세부항목	억류자 상호 석방 공동성명 양해사항
작성처	외무성 북동아시아과
매수	1
비밀등급	극비
문서종류	내부자료
공개구분	공개
내용	상호 송환에 관한 공동성명의 양해사항 2의 제2안 영문본
주제어	억류자 송환

문서명	재일한국인 법적지위위원회 합의의사록(Agreed Minutes The Committee of Legal Status of Korean Residents in Japan)

문서파일번호 1556
작성연월일 1959. 12. 12
구분 제4차 회담
세부항목 법적지위위원회 합의의사록안
작성처 외무성 북동아시아과
매수 2
비밀등급 극비
문서종류 내부자료
공개구분 공개
내용 한국 귀환자에 대한 재산 반출 문제, 잔류 한인에 대한 영주권 부여 등 법적지위위원회 영문 합의의사록안
주제어 재일한국인 법적지위

문서명	제4차 한일회담 법적지위위원회 1959년 12월 회의 합의의사록 부속양해 (Attached Understanding to the Agreed Minutes of The Session on December, 1959 of the Committee of Legal Status of Korean Residents in Japan of the Fourth Japan Korea Overall Talks)

문서파일번호 1556
작성연월일 1959. 12. 12
구분 제4차 회담
세부항목 법적지위위원회 합의의사록안 양해사항
작성처 외무성 북동아시아과
매수 2
비밀등급 극비
문서종류 내부자료
공개구분 공개
내용 법적지위위원회 합의의사록에 관한 양해사항의 영문 문서 제1안
주제어 재일한국인 법적지위

문서명	합의의사록, 재일한인의 법적지위에 관한 위원회(合意議事録、在日韓人の法的地位に関する委員会)

문서파일번호 1556
작성연월일 1959. 12. 12
구분 제4차 회담
세부항목 법적지위위원회 합의의사록안
작성처 외무성 북동아시아과
매수 1
비밀등급 극비
문서종류 내부자료
공개구분 공개
내용 한국 귀환자에 대한 재산 반출 문제, 잔류 한인에 대한 영주권 부여 등에 관한 법적지위위원회 합의의사록(가역)
주제어 재일한국인 법적지위

문서명	1959년 12월 일 한일회담 법적지위위원회 합의의사록에 관한 부속양해 제1안 (昭和34年12月 日の日韓全面会談法的地位委員会合意議事録に関する付属了解第一案)

문서파일번호 1556
작성연월일 1959. 12. 12
구분 제4차 회담
세부항목 법적지위위원회 합의의사록안 양해사항
작성처 외무성 북동아시아과
매수 2
비밀등급 극비
문서종류 내부자료
공개구분 공개
내용 법적지위위원회 합의의사록에 관한 양해사항 영문 문서 제1안의 일문 가역본
주제어 재일한국인 법적지위

문서명	제4차 한일회담 법적지위위원회 1959년 12월 회의 합의의사록 부속양해 (Attached Understanding to the Agreed Minutes of The Session on December, 1959 of the Committee of Legal Status of Korean Residents in Japan of The Fourth Japan Korea Overall Talks)

문서파일번호	1556
작성연월일	1959. 12. 12
구분	제4차 회담
세부항목	법적지위위원회 합의의사록 양해사항
작성처	외무성 북동아시아과
매수	2
비밀등급	극비
문서종류	내부자료
공개구분	공개
내용	법적지위위원회 합의의사록에 관한 양해사항의 영문 문서 제2안
주제어	재일한국인 법적지위

문서명	1959년 12월 일 한일회담 법적지위위원회 합의의사록에 관한 부속양해 제2안 (昭和34年12月 日の日韓全面会談法的地位委員会合意記事録に関する付属了解第二案)

문서파일번호	1556
작성연월일	1959. 12. 12
구분	제4차 회담
세부항목	법적지위위원회 합의의사록안 양해사항
작성처	외무성 북동아시아과
매수	2
비밀등급	극비
문서종류	내부자료
공개구분	공개
내용	법적지위위원회 합의의사록에 관한 양해사항 영문 문서 제2안의 일문 가역본
주제어	재일한국인 법적지위

문서명	공동성명(Joint Communique)

문서파일번호 1556
작성연월일 1959. 12. 12
구분 제4차 회담
세부항목 재일한국인 송환 및 잔류한인에 대한 처우 합의 공동발표문
작성처 외무성 북동아시아과
매수 1
비밀등급 극비
문서종류 내부자료
공개구분 공개
내용 한일 양국 대표단은 제4차 회담에서 재일한인의 송환 및 잔류 한인에 대한 처우에 관한 원칙에 합의하였다는 내용의 공동발표문 영문본
주제어 재일한국인 법적지위

문서명	제4차 한일회담 한일 양국 정부대표에 의한 코뮈니케(第4次日韓全面会談日韓両国政府代表による共同コミュニケ)

문서파일번호 1556
작성연월일 1959. 12. 12
구분 제4차 회담
세부항목 재일한국인 송환 및 잔류한인에 대한 처우 합의 공동발표문
작성처 외무성 북동아시아과
매수 1
비밀등급 극비
문서종류 내부자료
공개구분 공개
내용 한일 양국 대표단은 제4차 회담에서 재일한인의 송환 및 잔류 한인에 대한 처우에 관한 원칙에 합의하였다는 내용의 공동발표문
주제어 재일한국인 법적지위

문서명	별첨16. 합의의사록 시안 19 - 12 - 1959) 재일한인의 법적지위에 관한 위원회 [別添 16 合意議事録試案19 - 12 - 1959在日韓人の法的地位に関する委員会]

문서파일번호 1556
작성연월일 1959. 12. 19
구분 제4차 회담
세부항목 재일한국인 법적지위 합의의사록
작성처 외무성 북동아시아과
매수 3
비밀등급 극비
문서종류 내부자료
공개구분 공개
내용 1959년 12월 19일 이세키 유지로 국장이 유태하 대사에게 전달한 재일한국인 법적지위에 관한 합의의사록 시안
주제어 재일한국인 법적지위

문서명	1959년 12월 일 한일회담 법적지위위원회 합의의사록에 관한 부속양해(안 19-12-1959) [昭和34年12月 日の日韓全面会談法的地位委員会合意議事録に関する付属了解(案19-12-1959)]

문서파일번호 1556
작성연월일 1959. 12. 19
구분 제4차 회담
세부항목 재일한국인 법적지위 합의의사록 부속양해
작성처 외무성 북동아시아과
매수 1
비밀등급 극비
문서종류 내부자료
공개구분 공개
내용 1959년 12월 19일 이세키 유지로 국장이 유태하 대사에게 전달한 재일한국인 법적지위에 관한 합의의사록 부속양해안
주제어 재일한국인 법적지위

문서명	별첨17. 합의의사록(別添 17 Agreed Minutes)

문서파일번호 1556
작성연월일 1959. 12. 21
구분 제4차 회담
세부항목 재일한국인 법적지위 합의의사록 한국 대안
작성처 한국대표부
매수 1
비밀등급 극비
문서종류 내부자료
공개구분 공개
내용 1959년 12월 21일 한국대표부 진필식 참사관이 일본에 전달한 합의의사록 한국 대안. 재일한국인은 한국 당국과의 협의 없이는 강제퇴거 되지 않는다는 내용이 포함됨.
주제어 재일한국인 법적지위

문서명	별첨18. 합의의사록(안 22-12-1959)재일한인의 법적지위에 관한 위원회(別添 18 合意議事録(案22 - 12 - 1959)在日韓人の法的地位に関する委員会)

문서파일번호 1556
작성연월일 1959. 12. 22
구분 제4차 회담
세부항목 재일한국인 법적지위 합의의사록
작성처 외무성 북동아시아과
매수 3
비밀등급 극비
문서종류 내부자료
공개구분 공개
내용 1959년 12월 21일 이세키 유지로·유태하 회담 후 작성된 재일한국인 법적지위에 관한 합의의사록 시안. 재일한인의 강제퇴거와 관련한 문구가 논점이 됨.
주제어 재일한국인 법적지위

문서명	별첨19. 합의의사록(시안 23-12-1959) 재일한인의 법적지위에 관한 위원회(別添19 合意議事録(試案23 - 12 - 1959)在日韓人の法的地位に関する委員会)

문서파일번호 1556
작성연월일 1959. 12. 23
구분 제4차 회담
세부항목 재일한국인 법적지위 합의의사록
작성처 외무성 북동아시아과
매수 3
비밀등급 극비
문서종류 내부자료
공개구분 공개
내용 1959년 12월 22일 이세키 유지로, 미야케 기지로 · 유태하, 유진오 회담 후 작성된 재일한국인 법적지위에 관한 합의의사록 시안
주제어 재일한국인 법적지위

문서명	별첨20. 재일한국인 법적지위위원회 합의의사록(別添 20 Agreed Minutes The Committee of Legal Status of Korean Residents in Japan)

문서파일번호 1556
작성연월일 1959. 12. 23
구분 제4차 회담
세부항목 재일한국인 법적지위 합의의사록
작성처 외무성 북동아시아과
매수 2
비밀등급 극비
문서종류 내부자료
공개구분 공개
내용 1959년 12월 22일 이세키 유지로, 미야케 기지로 · 유태하, 유진오 회담 후 작성된 재일한국인 법적지위에 관한 합의의사록 시안의 영문본
주제어 재일한국인 법적지위

문서명	별첨21. 합의의사록(別添 21 Agreed Minutes)

문서파일번호 1556
작성연월일 1959. 12. 23
구분 제4차 회담
세부항목 재일한국인 법적지위 합의의사록
작성처 외무성 북동아시아과
매수 2
비밀등급 극비
문서종류 내부자료
공개구분 공개
내용 1959년 12월 22일 밤 미야케 기지로·진필식 회담에서 한두 가지 유보사항을 제외하고 의견일치를 본 합의의사록 영문본. 재일한인의 강제퇴거 관련된 문구가 빠짐.
주제어 재일한국인 법적지위

문서명	별첨22. (재일한인의 법적지위에 관한 위원회) 합의의사록안(안 23-12-1959)[別添 22(在日韓人の法的地位に関する委員会)合意議事録(案23 - 12 - 1959)]

문서파일번호 1556
작성연월일 1959. 12. 23
구분 제4차 회담
세부항목 재일한국인 법적지위 합의의사록
작성처 외무성 북동아시아과
매수 3
비밀등급 극비
문서종류 내부자료
공개구분 공개
내용 1959년 12월 22일 밤 미야케 기지로·진필식 회담에서 한두 가지 유보사항을 제외하고 의견일치를 본 합의의사록
주제어 재일한국인 법적지위

문서명	별첨23. 상호 송환 대상이 될 한인의 불법 입국자 수에 관한 건(別添 23 相互送還の対象となるべき韓人不法入国者の数に関する件)

문서파일번호	1556
작성연월일	1959. 12. 26
구분	제4차 회담
세부항목	오무라 수용 한국인 내역
작성처	외무성 북동아시아과
매수	2
비밀등급	극비
문서종류	내부자료
공개구분	공개
내용	입국관리국장이 통보해 준 송환 대상이 되는 오무라 수용자 등의 내역을 정리한 문서
주제어	불법 입국 재일한국인 송환대상자

문서명	별첨24. 공동성명(別添 24 Joint Communique)

문서파일번호	1556
작성연월일	1959. 12. 28
구분	제4차 회담
세부항목	재일한국인 송환 및 잔류한인에 대한 처우 합의 공동발표문
작성처	외무성 북동아시아과
매수	1
비밀등급	일반
문서종류	내부자료
공개구분	공개
내용	이세키 유지로·유태하 회담을 거쳐 일본이 1959년 12월 26일 한국에 건넨 12월 28일 자 공동발표 문안
주제어	재일한국인 법적지위

문서명	공동성명(共同コミュニケ)

문서파일번호 1556
작성연월일 1959. 12. 28
구분 제4차 회담
세부항목 재일한국인 송환 및 잔류한인에 대한 처우 합의 공동발표문
작성처 외무성 북동아시아과
매수 1
비밀등급 일반
문서종류 내부자료
공개구분 공개
내용 1959년 12월 28일 자 공동발표 일문 번역본
주제어 재일한국인 법적지위

문서명	(안 28-12-1959) 일본대표단 성명[(Draft 28-12-1959) Statement by Japanese Delegate]

문서파일번호 1556
작성연월일 1959. 12. 28
구분 제4차 회담
세부항목 오무라 수용 한인 송환에 관한 일본 성명
작성처 외무성 북동아시아과
매수 1
비밀등급 일반
문서종류 내부자료
공개구분 공개
내용 1959년 12월 28일 발표한 오무라 수용 중인 한인의 송환에 관한 일본대표의 성명(statement). 앞서 작성된 합의문서안들과 다른 형식으로 작성됨.
주제어 재일한국인 송환

문서명	(안 28-12-1959) 일본 대표 언명[(案 28-12-1959) 日本側代表言明]

문서파일번호 1556
작성연월일 1959. 12. 28
구분 제4차 회담
세부항목 오무라 수용 한인 송환에 관한 일본 성명
작성처 외무성 북동아시아과
매수 1
비밀등급
문서종류 내부자료
공개구분 공개
내용 1959년 12월 28일 자 오무라 수용 중인 한인의 송환에 관한 일본대표 성명(statement)의 일문 번역본
주제어 재일한국인 송환

문서명	(안 28-12-1959) 한국대표단 성명[(Draft 28-12-1959) Statement by Korean Delegate]

문서파일번호 1556
작성연월일 1959. 12. 28
구분 제4차 회담
세부항목 부산 억류 일본 어부 송환 한국 성명
작성처 외무성 북동아시아과
매수 1
비밀등급 일반
문서종류 내부자료
공개구분 공개
내용 1959년 12월 28일 자 부산 억류 일본인어부 송환에 관한 한국 성명(statement)
주제어 일본 어부 송환

문서명	(안 28-12-1959) 한국 대표 성명[(案28 - 12 - 1959)韓国側代表言明]

문서파일번호	1556
작성연월일	1959. 12. 28
구분	제4차 회담
세부항목	부산 억류 일본 어부 송환 한국 성명
작성처	외무성 북동아시아과
매수	1
비밀등급	일반
문서종류	내부자료
공개구분	공개
내용	한국 성명(statement)의 일문 번역본
주제어	일본 어부 송환

문서명	(안28-12-1959) 합의의사록[(Draft 28-12-1959) Agreed Minutes]

문서파일번호	1556
작성연월일	1959. 12. 28
구분	제4차 회담
세부항목	재일한국인 법적지위 합의의사록
작성처	외무성 북동아시아과
매수	2
비밀등급	극비
문서종류	내부자료
공개구분	공개
내용	한국 귀환자에 대한 재산 반출 문제, 잔류 한인에 대한 영주권 부여 등에 관한 양국 합의의사록 영문본
주제어	재일한국인 법적지위

문서명	(안 28-12-1959) 합의의사록[(案 28-12-1959)合意議事録]

문서파일번호	1556
작성연월일	1959. 12. 28
구분	제4차 회담
세부항목	재일한국인 법적지위 합의의사록
작성처	외무성 북동아시아과
매수	3
비밀등급	극비
문서종류	내부자료
공개구분	공개
내용	한국 귀환자에 대한 재산 반출 문제, 잔류 한인에 대한 영주권 부여 등에 관한 양국 합의의사록 일문본
주제어	재일한국인 법적지위

문서명	(안-28-12-1959) 제4차 한일회담 1959년 12월 회의 합의의사록 부속양해 A[(Draft 28-12-1959) Attached Understanding to the Agreed Minutes of The Meeting on December, 1959 of the Fourth Japan-Korea Overall Talks(A)]

문서파일번호	1556
작성연월일	1959. 12. 28
구분	제4차 회담
세부항목	재일한국인 법적지위 합의의사록 부속양해
작성처	외무성 북동아시아과
매수	1
비밀등급	극비
문서종류	내부자료
공개구분	공개
내용	한국 귀환자에 대한 재산 반출 문제, 잔류 한인에 대한 영주권 부여 등에 관한 양국 합의의사록 부속양해(A) 영문본
주제어	재일한국인 법적지위

문서명	(안28-12-1959)제4차 한일회담 1959년 12월 일 합의의사록에 관한 부속양해(A) [(案 28-12-1959)第四次日韓全面会談の昭和34年12月 日の合意議事録に関する付属了解]

문서파일번호 1556
작성연월일 1959. 12. 28
구분 제4차 회담
세부항목 재일한국인 법적지위 합의의사록 부속양해
작성처 외무성 북동아시아과
매수 1
비밀등급 극비
문서종류 내부자료
공개구분 공개
내용 한국 귀환자에 대한 재산 반출 문제, 잔류 한인에 대한 영주권 부여 등에 관한 양국 합의의사록 부속양해(A) 일문본
주제어 재일한국인 법적지위

문서명	(안 28-12-1959) 제4차 한일회담 1959년 12월 일 합의의사록에 관한 부속양해(B)[(Draft 28-12-1959) Attached Understanding to the Agreed Minutes of The Meeting on December, 1959 of the Fourth Japan-Korea Overall Talks(B)]

문서파일번호 1556
작성연월일 1959. 12. 28
구분 제4차 회담
세부항목 재일한국인 법적지위 합의의사록 부속양해
작성처 외무성 북동아시아과
매수 1
비밀등급 극비
문서종류 내부자료
공개구분 공개
내용 한국 귀환자에 대한 재산 반출 문제, 잔류 한인에 대한 영주권 부여 등에 관한 양국 합의의사록 부속양해(B) 영문본
주제어 재일한국인 법적지위

문서명	(안28-12-1959) 제4차 한일회담 1959년 12월 합의의사록에 관한 부속양해(B) [(案 28-12-1959)第四次日韓全面会談の昭和34年12月の合意議事録に関する付属了解]

문서파일번호	1556
작성연월일	1959. 12. 28
구분	제4차 회담
세부항목	재일한국인 법적지위 합의의사록 부속양해
작성처	외무성 북동아시아과
매수	1
비밀등급	극비
문서종류	내부자료
공개구분	공개
내용	한국 귀환자에 대한 재산 반출 문제, 잔류 한인에 대한 영주권 부여 등에 관한 양국 합의의사록 부속양해(B) 일문본
주제어	재일한국인 법적지위

문서명	별첨25. 부속양해(別添 25 Attached Understanding)

문서파일번호	1556
작성연월일	1959. 12. 28
구분	제4차 회담
세부항목	재일한국인 법적지위 합의의사록 부속양해
작성처	한국대표부
매수	2
비밀등급	
문서종류	내부자료
공개구분	공개
내용	일본의 부속양해에 대한 한국의 수정안
주제어	재일한국인 법적지위

문서명	별첨26. 부속양해(別添 26 Attached Understanding)

문서파일번호	1556
작성연월일	1959. 12. 28
구분	제4차 회담
세부항목	재일한국인 법적지위 합의의사록 부속양해
작성처	외무성 북동아시아과
매수	1
비밀등급	일반
문서종류	내부자료
공개구분	공개
내용	부속양해 한국 수정안에 대한 일본의 재수정안
주제어	재일한국인 법적지위

문서명	억류자 송환 성명(Statements of Repatriation)

문서파일번호	1556
작성연월일	1959. 12. 28
구분	제4차 회담
세부항목	상호 송환 일본 성명 한국 수정
작성처	한국대표부
매수	1
비밀등급	일반
문서종류	내부자료
공개구분	공개
내용	상호 송환에 관한 일본의 성명에 대한 한국 수정안
주제어	상호 송환

문서명	별첨27. 후지야마 대신의 맥아더 대사에 대한 구두 진술(안)[別添 27 藤山大臣からマ大使に対する口頭陳述(案)]

문서파일번호 1556
작성연월일 1959(월일 불명)
구분 제4차 회담
세부항목 재일한국인 귀환 타결에 따른 보상책
작성처 외무성 북동아시아과
매수 1
비밀등급 극비
문서종류 내부자료
공개구분 공개
내용 한일교섭(재일한국인 송환 문제)의 타결에 따른 보상책의 일환으로 일본이 한국 국민의 복지에 기여하기 위한 목적으로 일정금액을 지출한다는 내용의 구두 전달사항(진술)안. 1959년 11월말 미국이 이 문제에 관해 중재역을 자처하고 나선 가운데 후지야마 아이치로 대신이 맥아더 주일미국대사에게 전달한 문안임.
주제어 재일한국인 귀환 타결에 따른 보상책

문서명	구두 진술(안)[(Draft) Oral]

문서파일번호 1556
작성연월일 1959(월일 불명)
구분 제4차 회담
세부항목 재일한국인 귀환 타결에 따른 보상책
작성처 외무성 북동아시아과
매수 1
비밀등급 극비
문서종류 내부자료
공개구분 공개
내용 재일한국인 송환 문제의 타결에 따른 보상책의 일환으로 일본이 한국 국민의 복지에 기여하기 위한 목적으로 일정금액을 지출한다는 내용의 구두 전달사항(진술)안 영문본
주제어 재일한국인 귀환 타결에 따른 보상책

문서명	별첨28. 구두 보충설명(안) [別添 28(draft) Supplementary oral explanations]

문서파일번호 1556
작성연월일 1959(월일 불명)
구분 제4차 회담
세부항목 재일한국인 귀환 타결에 따른 보상책
작성처 외무성 북동아시아과
매수 1
비밀등급 극비
문서종류 내부자료
공개구분 공개
내용 한국에 대한 보상 지출과 관련한 일본의 구두 보충설명 수정안 영문본
주제어 재일한국인 귀환 타결에 따른 보상책

문서명	별첨29. 제목 없음

문서파일번호 1556
작성연월일 1959(월일 불명)
구분 제4차 회담
세부항목 재일한국인 송환 타결에 따른 보상책
작성처 주일미국대사관
매수 1
비밀등급 일반
문서종류 내부자료
공개구분 공개
내용 주일미 대사관이 작성한 한국 주택건설비 견적서
주제어 한국주택건설비

문서명	별첨30. 한국 국민의 사회복지에 대한 일본의 원조 문제에 관하여 후지야마 대신이 총리, 대장대신, 내각관방장관에게 한 설명(別添 30 韓国民の社会福祉に対するわが方援助の問題に関する藤山大臣の総理、大蔵大臣、内閣官房長官に対する説明)

문서파일번호 1556

작성연월일 1959. 12. 8

구분 제4차 회담

세부항목 재일한국인 귀환 타결에 따른 보상책

작성처 외무성 북동아시아과

매수 6

비밀등급 극비

문서종류 내부자료

공개구분 공개

내용 한국 귀환자에 대한 지원 문제(보상금 지불)에 관해 후지야마 아이치로 대신이 총리, 대장대신 및 관방장관에게 설명한 자료. 한국은 재일한국인의 한국 귀환에 따른 보상금을 요구해 왔으나 일본은 북한과의 관계 등을 고려하여 한국요구를 거절해 옴. 한국 의도를 파악한 결과, 한일회담이 타결되고 국교가 수립될 경우 일본이 한국 국민의 사회복지(주택 또는 병원 건설 등)을 지원하기 위해 일정 금액의 원조를 한국에 주는 방안을 미국에 타진했는데, 주택건설비용을 지원하는 방안 이외는 없다는 결론에 달함. 이에 맥아더 대사에게 구두 전달사항(진술)안을 전달하였으며, 미국 측도 일본의 원조가 이루어질 때까지의 공백기를 메우기 위해 재일한인 귀환자 재정적 지원 차원에서 미국의 대한일반원조 일부 중 적당한 금액을 지원하는 방안을 검토하겠다 함(이하 문서 비공개).

주제어 재일한국인 귀환 타결에 따른 보상책

문서명	별첨31. 제목 없음(別添 31)

문서파일번호 1556

작성연월일 1959. 12. 9

구분 제4차 회담

세부항목 재일한국인 귀환 타결에 따른 보상책

작성처 외무성 미야케 심의관

매수 3

비밀등급 일반

문서종류 내부자료

공개구분 공개

내용 한국에 대한 보상금 지출과 관련 구두 보충진술(supplementary oral explanations)은 적절치 않으며 문서 없이 하는 것이 좋겠다는 미야케 기지로 심의관의 의견이 적힌 후지야마 아이치로 대신 앞 보고문서. 대장성도 일본이 금액을 언급하는 방식은 반대하고 있다는 내용도 기술됨

주제어 재일한국인 귀환 타결에 따른 보상책

문서명	후지야마 대신의 맥아더 대사에 대한 구두 진술(안)(수정안)[藤山大臣からマ大使に対する口頭陳述(案)(修正案)]

문서파일번호 1556

작성연월일 1959. 12. 9

구분 제4차 회담

세부항목 재일한국인 귀환 타결에 따른 보상책

작성처 외무성 북동아시아과

매수 2

비밀등급 극비

문서종류 내부자료

공개구분 공개

내용 한일교섭(재일한국인 송환 문제)의 타결에 따른 보상책의 일환으로 일본이 한국 국민의 복지에 기여하기 위한 목적으로 일정금액을 지출한다는 내용의 구두 전달사항(진술)안 수정안. 1차안에 부산에 억류 중인 모든 일본인어부와 1959년 12월 24일 형을 마치는 일본인어부를 한국정부가 일본에 송환한다는 조건이 추가됨.

주제어 재일한국인 귀환 타결에 따른 보상책

문서명	구두 진술(Oral)

문서파일번호	1556
작성연월일	1959. 12. 9
구분	제4차 회담
세부항목	재일한국인 귀환 타결에 따른 보상책
작성처	외무성 북동아시아과
매수	1
비밀등급	극비
문서종류	내부자료
공개구분	공개
내용	구두 전달사항(진술)안 영문본. 수기로 폐안이라고 적힘.
주제어	재일한국인 귀환 타결에 따른 보상책

문서명	(제1안) 후지야마 대신의 맥아더 대사에 대한 구두 보충설명(안)[(第一案)藤山大臣からマ大使に対する補足口頭説明(案)]

문서파일번호	1556
작성연월일	1959. 12. 9
구분	제4차 회담
세부항목	재일한국인 귀환 타결에 따른 보상책
작성처	외무성 북동아시아과
매수	1
비밀등급	극비
문서종류	내부자료
공개구분	공개
내용	일본의 대한 보상금 지출 관련 구두 보충설명 제1안
주제어	재일한국인 귀환 타결에 따른 보상책

문서명	(제2안) 후지야마 대신의 맥아더 대사에 대한 보충 구두설명(안)[(第二案)藤山大臣からマ大使に対する補足口頭説明(案)]

문서파일번호 1556
작성연월일 1959. 12. 9
구분 제4차 회담
세부항목 재일한국인 귀환 타결에 따른 보상책
작성처 외무성 북동아시아과
매수 1
비밀등급 극비
문서종류 내부자료
공개구분 공개
내용 일본의 대한 보상금 지출 관련 구두 보충설명 제2안
주제어 재일한국인 귀환 타결에 따른 보상책

문서명	재일한국인 귀환 타결에 따른 보상책

문서파일번호 1556
작성연월일 1959. 12. 10
구분 제4차 회담
세부항목
작성처 외무성 북동아시아과
매수 2
비밀등급 극비
문서종류 내부자료
공개구분 공개
내용 일본의 대한 보상금 지출 관련 구두 전달사항(진술)안 영문본
주제어 재일한국인 귀환 타결에 따른 보상책

문서명	구두 진술(9-12-1959) [Oral statement(9-12-1959)]

문서파일번호 1556
작성연월일 1959. 12. 9
구분 제4차 회담
세부항목 재일한국인 귀환 타결에 따른 보상책
작성처 외무성 북동아시아과
매수 1
비밀등급 극비
문서종류 내부자료
공개구분 공개
내용 구두 전달사항(진술)안 영문본
주제어 재일한국인 귀환 타결에 따른 보상책

문서명	별첨32. 후지야마 대신의 맥아더 대사에 대한 구두 진술(안) [別添 32 藤山大臣からマ大使に対する口頭陳述(案)]

문서파일번호 1556
작성연월일 1959. 12. 12
구분 제4차 회담
세부항목 재일한국인 귀환 타결에 따른 보상책
작성처 외무성 북동아시아과
매수 2
비밀등급 극비
문서종류 내부자료
공개구분 공개
내용 구두 전달사항(진술)안. 보상금 금액을 미국이 언급하였다는 내용이 들어감에 따라 미국이 반대함.
주제어 재일한국인 귀환 타결에 따른 보상책

문서명	(보충 양해안)맥아더 대사의 질문에 대한 후지야마 대신의 답[(補足了解案)マッカーサー大使の質問に対する藤山大臣の答]

문서파일번호 1556
작성연월일 1959. 12. 12
구분 제4차 회담
세부항목 재일한국인 귀환 타결에 따른 보상책
작성처 외무성 북동아시아과
매수 1
비밀등급 극비
문서종류 내부자료
공개구분 공개
내용 구두 전달사항(진술)안에 대한 보충 양해안. 재일한국인의 한국 귀환자 수를 감안, 일본정부가 산정하는 것으로 해서 5~6명의 1가족당 1,500달러 한도로 지급한다는 내용이 기술됨.
주제어 재일한국인 귀환 타결에 따른 보상책

문서명	제목 없음

문서파일번호 1556
작성연월일 1959. 12. 12
구분 제4차 회담
세부항목 재일한국인 귀환 타결에 따른 보상책
작성처 외무성 북동아시아과
매수 1
비밀등급 극비
문서종류 내부자료
공개구분 공개
내용 구두 전달사항(진술)안의 영문본. 미야케 기지로 심의관이 12월 11일 주일미국대사관 윌리엄 글라이스틴(William H. Gleysteen, Jr) 서기관에게 전달했다는 내용이 수기로 기재됨.
주제어 재일한국인 귀환 타결에 따른 보상책

문서명	보충 양해(안) [(Supplementary understanding) (draft)]

문서파일번호 1556
작성연월일 1959. 12. 12
구분 제4차 회담
세부항목 재일한국인 귀환 타결에 따른 보상책
작성처 외무성 북동아시아과
매수 1
비밀등급 극비
문서종류 내부자료
공개구분 공개
내용 보충 양해안 영문본
주제어 재일한국인 귀환 타결에 따른 보상책

문서명	별첨33. 후지야마 대신의 맥아더 대사에 대한 구두 진술(안) [別添 33 藤山大臣からマ大使に対する口頭陳述(案) (昭和 34.12.18)]

문서파일번호 1556
작성연월일 1959. 12. 18
구분 제4차 회담
세부항목 재일한국인 귀환 타결에 따른 보상책
작성처 외무성 북동아시아과
매수 2
비밀등급 극비
문서종류 내부자료
공개구분 공개
내용 구두 전달사항(진술)안
주제어 재일한국인 귀환 타결에 따른 보상책

문서명	제목 없음(안 18-12-1959)(draft 18-12-1959)

문서파일번호 1556
작성연월일 1959. 12. 18
구분 제4차 회담
세부항목 재일한국인 귀환 타결에 따른 보상책
작성처 외무성 북동아시아과
매수 1
비밀등급 극비
문서종류 내부자료
공개구분 공개
내용 구두 전달사항(진술)안 영문본
주제어 재일한국인 귀환 타결에 따른 보상책

문서명	(보충)(안)맥아더 대사의 질문에 대한 후지야마 대신의 답[(補足)(案)マックアーサー大使の質問に対する藤山大臣の答]

문서파일번호 1556
작성연월일 1959. 12. 18
구분 제4차 회담
세부항목 재일한국인 귀환 타결에 따른 보상책
작성처 외무성 북동아시아과
매수 1
비밀등급 극비
문서종류 내부자료
공개구분 공개
내용 구두 전달사항(진술)안 보충 양해안
주제어 재일한국인 귀환 타결에 따른 보상책

문서명	보충(Supplementary)

문서파일번호 1556
작성연월일 1959. 12. 18
구분 제4차 회담
세부항목 재일한국인 귀환 타결에 따른 보상책
작성처 외무성 북동아시아과
매수 1
비밀등급 극비
문서종류 내부자료
공개구분 공개
내용 구두 전달사항(진술)안 보충 양해안 영문본
주제어 재일한국인 귀환 타결에 따른 보상책

문서명	제목 없음(A)

문서파일번호 1556
작성연월일 1959. 12. 18
구분 제4차 회담
세부사항 재일한국인 귀환 타결에 따른 보상책
작성처 외무성 북동아시아과
매수 1
비밀등급 극비
문서종류 내부자료
공개구분 공개
내용 일본의 대한(對韓) 기여금 계산이 일미 간 협의를 통해 산정되었다는 내용을 기록한 문서(A안)
주제어 재일한국인 귀환 타결에 따른 보상책

문서명	제목 없음(B)

문서파일번호 1556
작성연월일 1959. 12. 18
구분 제4차 회담
세부항목 재일한국인 귀환 타결에 따른 보상책
작성처 외무성 북동아시아과
매수 1
비밀등급 극비
문서종류 내부자료
공개구분 공개
내용 일본의 대한 기여금 계산이 한국에 대한 사회복지 원조와 관련한 데이터를 토대로 일미 간 협의를 통해 산정되었다는 내용을 기록한 문서(B안)
주제어 재일한국인 귀환 타결에 따른 보상책

문서명	별첨34. 후지야마 대신으로부터 맥아더 미국 대사에 대한 구두 진술(別添 34 藤山大臣からマッカァーサー米国大使に対する口頭陳述)

문서파일번호 1556
작성연월일 1959. 12. 28
구분 제4차 회담
세부항목 재일한국인 귀환 타결에 따른 보상책
작성처 외무성 북동아시아과
매수 2
비밀등급 극비
문서종류 내부자료
공개구분 공개
내용 일미 간 협의를 통해 작성한 일본의 대한 기여금과 관련한 후지야마 아이치로 외무대신의 맥아더 주일미국대사에 대한 구두 전달사항(진술)문 최종안
주제어 재일한국인 귀환 타결에 따른 보상책

문서명	제목 없음

문서파일번호 1556
작성연월일 1959. 12. 28
구분 제4차 회담
세부항목 재일한국인 귀환 타결에 따른 보상책
작성처 외무성 북동아시아과
매수 1
비밀등급 극비
문서종류 내부자료
공개구분 공개
내용 일미 간 협의를 통해 1959년 12월 28일 작성한 일본의 대한 기여금과 관련한 후지야마 아이치로 외무대신의 맥아더 주일미국대사에 대한 구두 전달사항(진술)문 최종안 영문본
주제어 재일한국인 귀환 타결에 따른 보상책

문서명	(보충)맥아더 대사의 질문에 대한 후지야마 대신의 답[(補足)マックアーサー大使の質問に対する藤山大臣の答]

문서파일번호 1556
작성연월일 1959. 12. 28
구분 제4차 회담
세부항목 재일한국인 귀환 타결에 따른 보상책
작성처 외무성 북동아시아과
매수 1
비밀등급 극비
문서종류 내부자료
공개구분 공개
내용 일본의 대한 기여금과 관련한 후지야마 아이치로 외무대신의 맥아더 주일미국대사에 대한 구두 전달사항(진술)문 보충 양해 최종안
주제어 재일한국인 귀환 타결에 따른 보상책

문서명	보충(Supplementary)

문서파일번호	1556
작성연월일	1959. 12. 28
구분	제4차 회담
세부항목	재일한국인 귀환 타결에 따른 보상책
작성처	외무성 북동아시아과
매수	1
비밀등급	극비
문서종류	내부자료
공개구분	공개
내용	일본의 대한 기여금과 관련한 후지야마 아이치로 외무대신의 맥아더 주일미국대사 앞 구두 전달사항(진술)문 보충 양해 최종안 영문본
주제어	재일한국인 귀환 타결에 따른 보상책

문서명	별첨35. 한일 문제에 대하여(別添 35 日韓問題について)

문서파일번호	1556
작성연월일	1959. 12. 28
구분	제4차 회담
세부항목	재일한국인 귀환 타결에 따른 보상책
작성처	외무성 북동아시아과
매수	3
비밀등급	극비
문서종류	내부문서
공개구분	공개
내용	한국에 대한 일정액의 보상금을 지불하는 문제와 관련하여 일미 간 합의가 이루어졌다는 내용을 교섭 경위, 합의 배경 등과 함께 설명함.
주제어	재일한국인 귀환 타결에 따른 보상책

문서명	대신이 우려하는 점에 대하여(大臣の顯念の点について)

문서파일번호 1556
작성연월일 1959. 12. 28
구분 제4차 회담
세부항목 재일한국인 귀환 타결에 따른 보상책
작성처 외무성 미야케 심의관
매수 3
비밀등급 극비
문서종류 내부문서
공개구분 공개
내용 재일한국인 귀환에 대한 보상금액과 관련하여 1가족당 1,500달러 이상은 절대 안 된다는 점을 유태하 대사에게 일본과 미국이 함께 알려 주고 본국 정부에도 이러한 점을 보고토록 할 필요가 있음.
주제어 재일한국인 귀환 타결에 따른 보상책

문서명	별첨36. 보상금 문제에 관한 한일 간 협의 경위(別添 36 補償金問題に関する日韓間話合いの経緯)

문서파일번호 1556
작성연월일 1959. 12. 30
구분 제4차 회담
세부항목 재일한국인 귀환 타결에 따른 보상책
작성처 외무성 북동아시아과
매수 5
비밀등급 극비
문서종류 내부문서
공개구분 공개
내용 재일한국인 중 한국 귀환자에 대한 보상 문제 관련 한일 양국의 교섭 경위를 정리함.
주제어 재일한국인 귀환 타결에 따른 보상책

문서명	별첨37. 보상금 문제에 관한 미일 협의 경위(別添 37 補償金問題に関する日米間話し合いの経緯)

문서파일번호 1556

작성연월일 1959. 12. 30

구분 제4차 회담

세부항목 재일한국인 귀환 타결에 따른 보상책

작성처 외무성 북동아시아과

매수 17

비밀등급 극비

문서종류 내부문서

공개구분 공개

내용 재일한국인 중 한국 귀환자에 대한 보상 문제 관련 미일 양국의 교섭 경위를 정리함.

주제어 재일한국인 귀환 타결에 따른 보상책

한일교섭 건
(日韓交渉に関する件)

문서파일번호	1401
문서명	한일교섭 건(日韓交渉に関する件)
작성연월일	1960. 2. 5
구분	제4차 회담
세부항목	억류자 문제 등 교섭 경위
작성처	외무성 북동아시아과장
매수	3
비밀등급	극비
문서종류	내부자료
공개구분	공개
내용	억류자 문제 등에 관한 한일 간 교섭 경위를 정리한 개요 문서
주제어	억류자 문제

한국인 송환 문제에 관한 나카가와·문 회담
(韓国人送還問題に関する中川·文会談)

문서파일번호	336
작성연월일	1960. 2. 9 - 1960. 5. 6
구분	제4차 회담
세부항목	나카가와 과장·문철순 서기관 회담
작성처	외무성 북동아시아과
매수	11
비밀등급	
문서종류	회의록
공개구분	공개 또는 일부비공개
내용	1960년 2월 9일과 5월 6일 개최된 나카가와 도요요시(中川豊吉) 북동아과장과 주일한국대표부 문철순 서기관 회담 기록
주제어	억류자 문제

문서명	한국인 송환 문제 관련 나카가와·문 회담 건(韓国人送還問題に関する中川·文会談に関する件)

문서파일번호 336
작성연월일 1960. 2. 9
구분 제4차 회담
세부항목 나카가와 과장 · 문철순 서기관 회담
작성처 외무성 북동아시아과
매수 6
비밀등급
문서종류 회의록
공개구분 공개
내용 나카가와 도요요시 북동아과장과 주일한국대표부 문철순 서기관 회담 기록. 억류자 석방 절차에 관한 논의가 진행됨.
주제어 억류자 문제

문서명	한일 문제 관련 나카가와·문 회담 건(日韓問題に関する中川·文会談の件)

문서파일번호 336
작성연월일 1960. 5. 6
구분 제4차 회담
세부항목 나카가와 과장 · 문철순 서기관 회담
작성처 외무성 북동아시아과
매수 5
비밀등급 극비
문서종류 회의록
공개구분 일부비공개
내용 나카가와 도요요시 북동아과장과 문철순 주일한국대표부 서기관 회담 기록. 일본인어부의 송환 문제, 오무라수용소 문제, 유태하 전 대사, 일본인 기자 한국 입국, 주한일본대표부 설치 문제 등에 관해 논의함.
주제어 억류자, 주한대표부 설치 문제, 일본기자 입국 등

부산의 일본인어부와 오무라의 한국인 상호 송환에 관한 1960년 2월 한일연락위원회 회의 합의의사록안(釜山の日本人漁夫と大村の韓国人との相互送還に関する1960年2月日韓連絡委員会会議合意議事録案)

문서파일번호	433
작성연월일	1960. 2. 22 - 1960. 2. 23
구분	제4차 회담
세부항목	억류자 송환, 한국 쌀 수입
작성처	
매수	4
비밀등급	
문서종류	합의의사록, 내부문서
공개구분	공개
내용	한일 간에 억류되어 있는 일본 어부와 한인들의 상호 송환에 관한 합의의사록안과 한국 쌀 수입을 결정하는 일본 각의 양해안
주제어	억류자 상호 송환, 한국 쌀 수입

문서명	부산의 일본인어부와 오무라의 한국인 상호 송환에 관한 1960년 2월 한일연락위원회 회의 합의의사록안(釜山の日本人漁夫と大村の韓国人との相互送還に関する1960年2月日韓連絡委員会会議合意議事録案)

문서파일번호 433
작성연월일 1960. 2. 22
구분 제4차 회담
세부항목 억류자 상호 송환
작성처 외무성
매수 3
비밀등급 극비
문서종류 합의의사록
공개구분 공개
내용 한국의 부산에 억류되어 있는 일본인어부와 오무라수용소에 수용 중인 한인들의 상호 송환 합의문서안(일문 번역본 및 영문본)
주제어 상호 석방·송환

문서명	각의 양해(안)[閣議了解(案)]

문서파일번호 433
작성연월일 1960. 2. 23
구분 제4차 회담
세부항목 일본 어부 송환 대가
작성처 외무성, 농림성
매수 1
비밀등급 비(秘)
문서종류 내부문서
공개구분 공개
내용 일본 어부 송환과 관련하여 한국 쌀 3만 톤을 수입한다는 각의 양해(안)
주제어 한국 쌀 수입

억류자 상호 송환 연락위원회하의 협의
(抑留者相互送還連絡委員会下打合せ)

문서파일번호	434
문서명	억류자 상호 송환 연락위원회하의 협의(抑留者相互送還連絡委員会下打合せ)
작성연월일	1960. 3. 11
구분	제4차 회담
세부항목	억류자 상호 송환 연락위원회 실무협의
작성처	외무성 북동아시아과
매수	12
비밀등급	극비
문서종류	회의록
공개구분	공개
내용	억류자 및 일본 어민 석방에 관한 한일 실무자 비공식 회의기록. 상호 석방에 관한 대상 인원수 및 절차 등을 논의함.
주제어	상호 석방·송환

억류자 상호 송환에 관한 제1회 연락위원회
(抑留者相互送還に関する第1回連絡委員会)

문서파일번호	435
문서명	억류자 상호 송환에 관한 제1회 연락위원회(抑留者相互送還に関する第1回連絡委員会)
작성연월일	1960. 3. 14
구분	제4차 회담 억류자 상호 송환 연락위원회 제1회 회의
세부항목	
작성처	외무성 북동아시아과
매수	17
비밀등급	비(秘)
문서종류	회의록
공개구분	일부비공개
내용	억류자 상호 송환에 관한 제1회 연락위원회 회의 내용. 대상자 내역 등의 정보를 교환함(회의 결과 첨부).
주제어	상호 석방·송환

한일 상호 송환 연락위원회 제2회 회의 의사요지
(日韓相互送還連絡委員会第2回會合議事要旨)

문서파일번호	436
문서명	한일 상호 송환 연락위원회 제2회 회의 의사요지(日韓相互送還連絡委員会第2回會合議事要旨)
작성연월일	1960. 3. 19
구분	제4차 회담 억류자 상호 송환 연락위원회 제2회 회의
세부항목	
작성처	외무성 북동아시아과
매수	7
비밀등급	비(秘)
문서종류	회의록
공개구분	공개
내용	억류자 상호 송환에 관한 제2회 연락위원회 회의 내용. 상호 송환 절차, 일정 등에 관한 질의응답이 진행됨.
주제어	상호 석방·송환

상호 송환에 관한 자료 모음
(相互送還に關する資料)

문서파일번호	437
작성연월일	1959. 8. 20 - 1960. 4. 16
구분	제4차 회담
세부항목	불법 입국 한인 송환
작성처	외무성, 법무성 입국관리국 등
매수	61
비밀등급	
문서종류	내부자료, 전문, 공문, 내부문서, 언론 보도
공개구분	공개 또는 일부비공개
내용	오무라수용소에 수용되었던 불법 입국 한인들의 한국 송환에 관한 일련의 문서, 자료 등 모음
주제어	

문서명	불법 입국자 명부(不法入国者名簿)

문서파일번호	437
작성연월일	1959. 8. 20
구분	제4차 회담
세부항목	불법 입국 한인 송환
작성처	법무성 입국관리국
매수	1
비밀등급	일반
문서종류	내부자료
공개구분	공개
내용	1959년 8월 20일 현재 오무라수용소에 수용 중인 불법 입국 한인 명부
주제어	오무라수용소 한인 억류자 송환

문서명	교환명부에 기재된 오무라 수용자 980명 내역(交換名簿に記載された大村収容者980名の内訳)

문서파일번호	437
작성연월일	1959. 12. 10
구분	제4차 회담
세부항목	불법 입국 한인 송환
작성처	외무성 북동아시아과
매수	1
비밀등급	비(秘)
문서종류	내부자료
공개구분	공개
내용	법무성 입국관리국의 불법 입국자 명단 내역을 외무성이 정리한 문서
주제어	오무라수용소 한인 송환

문서명	한일회담 및 상호 송환에 관한 교섭 경과 통보 건(日韓会談及び相互送還に関する交渉経過通報に関する件)

문서파일번호 437
작성연월일 1959. 12. 17
구분 제4차 회담
세부항목 불법 입국 한인 송환
작성처 외무성
매수 4
비밀등급 극비
문서종류 전문(電文)
공개구분 공개
내용 외무대신이 주요 재외공관에 한일회담 및 상호 송환에 관한 교섭 경과를 설명함.
주제어 오무라수용소 한인 억류자 송환

문서명	부산 억류 어부와 오무라 억류자의 상호 송환에 관한 한일공동성명 건(釜山抑留漁夫と大村収容者との相互送還に関する日韓共同声明に関する件)

문서파일번호 437
작성연월일 1959. 12. 26
구분 제4차 회담
세부항목 불법 입국 한인 송환
작성처 외무성 북동아시아과
매수 1
비밀등급 일반
문서종류 공문
공개구분 공개
내용 외무성이 상호 송환과 관련한 한일공동성명 등에 대해 법무성의 의견을 요청함.
주제어 오무라수용소 한인 억류자 송환

문서명	송환자 명부 등의 송부에 관하여서(送還者名簿等の送付について)

문서파일번호 437
작성연월일 1960. 3. 17
구분 제4차 회담
세부항목 불법 입국 한인 송환
작성처 법무성 입국관리국장
매수 1
비밀등급 비(秘)
문서종류 공문
공개구분 공개
내용 법무성 입국관리국장이 외무성 아시아국장에게 송환자 명부를 보내면서 주일한국 대표부에 전달을 요청함.
주제어 오무라수용소 한인 억류자 송환

문서명	상호 송환 대상이 되는 한인 불법 입국자 수에 관한 건(相互送還の対象となるべき韓人不法入国者の数に関する件)

문서파일번호 437
작성연월일 1960. 2. 22
구분 제4차 회담
세부항목 불법 입국 한인 송환
작성처 외무성 북동아시아과
매수 2
비밀등급 일반
문서종류 내부문서
공개구분 공개
내용 오무라수용소에 억류 중인 한인 불법 입국자 980명 가운데 상호 송환 대상이 되는 사람의 내역 등이 적힌 자료
주제어 오무라수용소 한인 억류자 송환

문서명	부산 억류 어부와 오무라 억류자의 상호 송환에 관한 한일공동성명 건(회답) [釜山抑留漁夫と大村収容者との相互送還に関する日韓共同声明に関する件(回答)]

문서파일번호 437
작성연월일 1959. 12. 28
구분 제4차 회담
세부항목 불법 입국 한인 송환
작성처 법무성
매수 2
비밀등급 비(秘)
문서종류 외교공한
공개구분 공개
내용 1960년 3월 17일 자 상호 송환 공동성명 관련 외무성의 의견 문의에 대한 법무성의 답신
주제어 오무라수용소 한인 억류자 송환

문서명	불법 입국자 명부 및 출소자 명부(不法入国者名簿及び出所者名簿)

문서파일번호 437
작성연월일 1960. 3(일자 불명)
구분 제4차 회담
세부항목 불법 입국 한인 송환
작성처 법무성 입국관리국
매수 4
비밀등급 일반
문서종류 내부자료
공개구분 일부비공개
내용 1960년 3월 현재 한인 불법 입국자 명부(315명)와 출소자 명부(132명)(명부에 기재된 인명 등은 먹칠되어 있음)
주제어 오무라수용소 한인 억류자 송환

문서명	형사사건 계속자 명부(刑事々件継續者名簿)

문서파일번호 437
작성연월일 불명
구분 제4차 회담
세부항목 불법 입국 한인 송환
작성처 법무성
매수 2
비밀등급 일반
문서종류 내부문서
공개구분 일부비공개
내용 형사사건 계속자 명부. 명부에 기재된 인명 등 구체사항은 먹칠되어 있음.
주제어 오무라수용소 한인 억류자 송환

문서명	3월 19일 현재 한국에 억류되어 있는 우리나라 어부(3月19日現在韓国に抑留されている本邦漁夫)

문서파일번호 437
작성연월일 1960. 3. 19
구분 제4차 회담
세부항목 억류자 상호 송환
작성처 외무성 북동아시아과
매수 2
비밀등급 일반
문서종류 내부문서
공개구분 공개
내용 1960년 3월 19일 현재 부산수용소에 억류 중이거나 복역 중인 일본인어부 숫자
주제어 한국 억류 일본인어부

문서명	3월 19일 일본에게 받은 불법 입국자 명부(315명분) 중 형사사건 계속자 명부 [3月19日日本側より手交せる不法入国者名簿(315名分)中、刑事事件係属者名簿]

문서파일번호 437
작성연월일 불명
구분 제4차 회담
세부항목 불법 입국 한인 송환
작성처 불명
매수 1
비밀등급 일반
문서종류 내부문서
공개구분 일부비공개
내용 1960년 3월 19일 일본에게 받은 불법 입국자 명부(315명분) 중 형사사건 계속자 명부. 동 명부에 기재된 인명 등 구체사항은 먹칠되어 있음(이후 4쪽 비공개구분 공개).
주제어 오무라수용소 한인 억류자 송환

문서명	송환자 명부 등의 정정 요청 의뢰에 대하여(送還者名簿等の訂正申入れ方依頼について)

문서파일번호 437
작성연월일 1960. 3. 22
구분 제4차 회담
세부항목 불법 입국 한인 송환
작성처 법무성 입국관리국
매수 1
비밀등급 일반
문서종류 공문
공개구분 일부비공개
내용 법무성의 외무성에 대한 1960년 3월 18(3월 17일)일 자 공문 중 오기 정정을 위해 법무성이 다시 보낸 공문
주제어 오무라수용소 한인 억류자 송환

문서명	불법 입국자 조사표 및 사진 송부에 대하여(不法入国者調査表及び写真送付について)

문서파일번호 437
작성연월일 1960. 3. 25
구분 제4차 회담
세부항목 불법 입국 한인 송환
작성처 법무성 입국관리국
매수 1
비밀등급 일반
문서종류 공문
공개구분 공개
내용 법무성이 불법 입국자 조사표와 사진을 외무성에 보낸 공문
주제어 오무라수용소 한인 억류자 송환

문서명	오무라 수용 한인 송환선 야마미즈호 배선 건(大村収容韓人送還船山水丸配船の件)

문서파일번호 437
작성연월일 1960. 3. 24
구분 제4차 회담
세부항목 불법 입국 한인 송환
작성처 외무성 북동아시아과
매수 2
비밀등급 일반
문서종류 내부문서
공개구분 공개
내용 오무라 수용 한인을 송환하기 위해 마련한 야마미즈호(山水丸) 선박의 배선 일정
주제어 오무라수용소 한인 억류자 송환

문서명	오무라 수용 한인 송환선 야마미즈호 건(大村収容韓人送還船山水丸の件)

문서파일번호	437
작성연월일	1960. 3. 24
구분	제4차 회담
세부항목	불법 입국 한인 송환
작성처	외무성 북동아시아과
매수	1
비밀등급	일반
문서종류	내부문서
공개구분	공개
내용	야마미즈호 제원이 기재됨.
주제어	오무라수용소 한인 억류자 송환

문서명	오무라 수용 한인 송환 실시 건(1)[大村収容韓人送還実施に関するの件(1)]

문서파일번호	437
작성연월일	1960. 3. 28
구분	제4차 회담
세부항목	불법 입국 한인 송환
작성처	외무성 북동아시아과
매수	3
비밀등급	극비
문서종류	내부문서
공개구분	공개
내용	법무성 곤도(近藤) 입관국 차장이 나카가와 도요요시 북동아과장에게 전화로 한인 송환 실시 현황에 대해 통보함.
주제어	오무라수용소 한인 억류자 송환

문서명	한일 상호 송환 속보(제1보)[日韓相互送還即報(第一報)]

문서파일번호 437
작성연월일 1960. 3. 28
구분 제4차 회담
세부항목 불법 입국 한인 송환
작성처 법무성 입국관리국
매수 2
비밀등급 일반
문서종류 내부문서
공개구분 일부비공개
내용 법무성 입국관리국이 작성한 상호 송환 상황 제1보
주제어 오무라수용소 한인 억류자 송환

문서명	한일 상호 송환 속보(제2보)[日韓相互即報(第二報)]

문서파일번호 437
작성연월일 1960. 3. 28
구분 제4차 회담
세부항목 불법 입국 한인 송환
작성처 법무성 입국관리국
매수 1
비밀등급 일반
문서종류 내부문서
공개구분 공개
내용 법무성 입국관리국이 작성한 상호 송환 상황 제2보
주제어 오무라수용소 한인 억류자 송환

문서명	송환자 명부 등재자 일부 삭제에 대하여(送還者名簿登載者の一部削除について)

문서파일번호	437
작성연월일	1960. 3. 28
구분	제4차 회담
세부항목	불법 입국 한인 송환
작성처	법무성 입국관리국
매수	4
비밀등급	일부
문서종류	공문
공개구분	일부비공개
내용	법무성 입국관리국장이 외무성 아시아국장에게 한인 송환자 명부 중 외무성 요청으로 일부를 삭제하였으며, 이를 주일한국대표부에 통보해 달라고 요청함.
주제어	오무라수용소 한인 억류자 송환

문서명	귀환 어부 담당국 주최 관계 각 청 연락협의회 개최(歸還漁夫擔當局主催關係各庁連絡協議會開催)

문서파일번호	437
작성연월일	1960. 3. 28
구분	제4차 회담
세부항목	불법 입국 한인 송환
작성처	시모노세키입관사무소(下關入管事務所)
매수	3
비밀등급	일반
문서종류	전문(電文)
공개구분	공개
내용	시모노세키 입관사무소장이 법무성 국장에게 1960년 3월 28일 한국으로부터 귀환한 어부 관련 상황 설명회를 개최하였음을 보고함.
주제어	오무라수용소 한인 억류자 송환

문서명	한일 상호 송환 속보(제3보)[日韓相互送還速報(第三報)]

문서파일번호 437
작성연월일 1960. 3. 29
구분 제4차 회담
세부항목 불법 입국 한인 송환
작성처 법무성 입국관리국
매수 1
비밀등급 일반
문서종류 내부문서
공개구분 공개
내용 법무성 입국관리국이 작성한 상호 송환 상황 제3보
주제어 오무라수용소 한인 억류자 송환

문서명	한일 상호 송환 속보(제4보)[日韓相互送還速報(第四報)]

문서파일번호 437
작성연월일 1960. 3. 31
구분 제4차 회담
세부항목 불법 입국 한인 송환
작성처 법무성 입국관리국
매수 1
비밀등급 일반
문서종류 내부문서
공개구분 공개
내용 법무성 입국관리국이 작성한 상호 송환 상황 제4보
주제어 오무라수용소 한인 억류자 송환

문서명	한일 상호 송환 대상자 중 형사사건 계속자 명부(日韓相互送還対象者中刑事事件係属者名簿)

문서파일번호	437
작성연월일	1960. 3. 31
구분	제4차 회담
세부항목	불법 입국 한인 송환
작성처	불명
매수	1
비밀등급	비(秘)
문서종류	내부문서
공개구분	일부비공개
내용	한일 상호 송환 대상자 중 형사사건 계속자 명부. 동 명부에 기재된 인명 등 상세는 전부 먹칠되어 있음(이하 2쪽 비공개).
주제어	오무라수용소 한인 억류자 송환

문서명	오무라 수용 한일 제2차 송환 건(大村収容韓人第2次送還に関する件)

문서파일번호	437
작성연월일	1960. 4. 2
구분	제4차 회담
세부항목	불법 입국 한인 송환
작성처	외무성 북동아시아과
매수	1
비밀등급	일반
문서종류	내부문서
공개구분	공개
내용	오무라수용소 한인의 제2차 송환 관련 상황을 정리함.
주제어	오무라수용소 한인 억류자 송환

문서명	한일 상호 송환 속보(제5보)[日韓相互送還速報(第五報)]

문서파일번호	437
작성연월일	1960. 4. 2
구분	제4차 회담
세부항목	불법 입국 한인 송환
작성처	법무성 입국관리국
매수	1
비밀등급	일반
문서종류	내부문서
공개구분	일부비공개
내용	법무성 입국관리국이 작성한 상호 송환 상황 제5보
주제어	오무라수용소 한인 억류자 송환

문서명	제3차 송환자 명부 송부에 대하여(第三次送還者名簿の送付について)

문서파일번호	437
작성연월일	1960. 4. 5
구분	제4차 회담
세부항목	불법 입국 한인 송환
작성처	법무성 입국관리국
매수	1
비밀등급	일반
문서종류	공문
공개구분	공개
내용	법무성 입국관리국장이 외무성 아시아국장에게 제3차 송환자 명부를 통보함.
주제어	오무라수용소 한인 억류자 송환

문서명	제3차 송환자 명부(第三次送還者名簿)

문서파일번호 437
작성연월일 1960. 4. 7
구분 제4차 회담
세부항목 불법 입국 한인 송환
작성처 법무성 입국관리국
매수 1
비밀등급 일반
문서종류 내부문서
공개구분 공개
내용 법무성 입국관리국이 작성한 제3차 송환자 명부(이하 19쪽 비공개구분 공개)
주제어 오무라수용소 한인 억류자 송환

문서명	한일 상호 송환 속보(제6보)[日韓相互送還速報(第六報)]

문서파일번호 437
작성연월일 1960. 4. 6
구분 제4차 회담
세부항목 불법 입국 한인 송환
작성처 법무성 입국관리국
매수 1
비밀등급 일반
문서종류 내부문서
공개구분 공개
내용 법무성 입국관리국이 작성한 상호 송환 상황 제6보
주제어 오무라수용소 한인 억류자 송환

문서명	한일 상호 송환 속보(제7보)[日韓相互送還速報(第七報)]

문서파일번호 437
작성연월일 1960. 4. 7
구분 제4차 회담
세부항목 불법 입국 한인 송환
작성처 법무성 입국관리국
매수 1
비밀등급 일반
문서종류 내부문서
공개구분 일부비공개
내용 법무성 입국관리국이 작성한 상호 송환 상황 제7보
주제어 오무라수용소 한인 억류자 송환

문서명	제3차 송환자(명부) 추가에 대하여[第三次送還者(名簿)の追加について]

문서파일번호 437
작성연월일 1960. 4. 8
구분 제4차 회담
세부항목 불법 입국 한인 송환
작성처 법무성 입국관리국
매수 2
비밀등급 일반
문서종류 공문
공개구분 일부비공개
내용 법무성 입국관리국장이 외무성 아시아국장에게 제3차 송환자 명부에 5명이 추가되었음을 통보함.
주제어 오무라수용소 한인 억류자 송환

문서명	제3차 송환자 명부(추가분) [第三次送還者名簿(追加分)]

문서파일번호	437
작성연월일	1960. 4. 7
구분	제4차 회담
세부항목	불법 입국 한인 송환
작성처	법무성 입국관리국
매수	2
비밀등급	일반
문서종류	내부문서
공개구분	공개
내용	제3차 송환자 추가분 5명 명부
주제어	오무라수용소 한인 억류자 송환

문서명	한일 상호 송환 속보(제8보) [日韓相互送還速報(第八報)]

문서파일번호	437
작성연월일	1960. 4. 9
구분	제4차 회담
세부항목	불법 입국 한인 송환
작성처	법무성 입국관리국
매수	1
비밀등급	일반
문서종류	내부문서
공개구분	공개
내용	법무성 입국관리국이 작성한 상호 송환 상황 제8보
주제어	오무라수용소 한인 억류자 송환

문서명	오무라 수용 한인 제3차 송환 건(大村収容韓人第3次送還に関する件)

문서파일번호	437
작성연월일	1960. 4. 9
구분	제4차 회담
세부항목	불법 입국 한인 송환
작성처	외무성 북동아시아과
매수	8
비밀등급	일반
문서종류	내부문서
공개구분	일부비공개
내용	오무라수용소 한국인 억류자에 대한 제3차 송환의 진행 상황을 정리함.
주제어	오무라수용소 한인 억류자 송환

문서명	송환 교포 속에 북한 간첩? 일본에서 몰래 활동한 '강'을 체포(送還僑胞の中に北鮮スパイ？日本で暗躍した「姜」を逮捕)

문서파일번호	437
작성연월일	1960. 4. 11
구분	제4차 회담
세부항목	불법 입국 한인 송환
작성처	AFP
매수	1
비밀등급	일반
문서종류	언론 보도
공개구분	공개
내용	한국의 치안당국이 한국으로 송환된 재일한인 중 강내곤을 북한 간첩 혐의로 체포했다는 AFP 보도
주제어	오무라수용소 한인 송환, 북한 간첩 용의자 체포

문서명	제3차 송환자 강내곤이 북한 간첩 용의로 체포된 것에 관한 입관의 연락(第三次送還者姜乃坤が北鮮スパイ容疑で逮捕されたことに関し、入管より連絡越し)

문서파일번호 437
작성연월일 1960. 4. 9
구분 제4차 회담
세부항목 불법 입국 한인 송환
작성처 외무성 북동아시아과
매수 2
비밀등급 극비
문서종류 내부문서
공개구분 공개
내용 한국 송환 불법 입국자 간첩 체포 보도 관련, 입관 총무과 이케가미(池上) 검사가 북동아과에 전화, 체포된 강내곤은 당초 한국 송환을 원치 않았으나 한국대표부의 설득으로 가게 되었으며, 형사사건 관련자 12명 중 1명이었음을 한국대표부 측에 환기시켜 줄 것을 요청함.
주제어 오무라수용소 한인 억류자 송환, 북한 간첩 용의자

문서명	송환 완료 통보에 대하여(送還完了通報について)

문서파일번호 437
작성연월일 1960. 4. 16
구분 제4차 회담
세부항목 불법 입국 한인 송환
작성처 입국관리국
매수 2
비밀등급 일반
문서종류 공문
공개구분 일부비공개
내용 법무성 입국관리국이 관계 각 성청에 996명(1차 344명, 2차 343명, 3차 309명)의 불법 입국 한인 송환이 완료되었음을 통보함.
주제어 오무라수용소 한인 송환

미야케·이 참사관 회담
(三宅·李参事官会談)

문서파일번호	338
작성연월일	1960. 3. 24 - 1960. 4. 2
구분	제4차 회담
세부항목	미야케·이원경 회담
작성처	외무성 북동아시아과
매수	9
비밀등급	
문서종류	회의록
공개구분	공개
내용	1960년 3월 24일과 4월 2일 개최된 미야케 기지로 심의관과 이원경 주일한국 대표부 참사관 회담 기록
주제어	억류자 문제

문서명	미야케·이 참사관 회담 건(三宅·李参事官会議に関する件)

문서파일번호 338
작성연월일 1960. 3. 24
구분 제4차 회담
세부항목 미야케 · 이원경 회담
작성처 외무성 북동아시아과
매수 5
비밀등급 비(秘)
문서종류 회의록
공개구분 공개
내용 미야케 기지로 심의관과 이원경 주일한국대표부 참사관 회담 기록. 억류자 상호 석방 및 송환 절차에 관한 조정을 진행함.
주제어 억류자 문제

문서명	미야케 심의관·이원경 참사관 회담 요지(三宅審議官·李源京参事官会談要旨)

문서파일번호 338
작성연월일 1960. 4. 2(일자 불명)
구분 제4차 회담
세부항목 미야케 · 이원경 회담
작성처 외무성 북동아시아과
매수 4
비밀등급 극비
문서종류 회의록
공개구분 공개
내용 미야케 심의관과 이원경 주일대표부 참사관 회담 기록. 송환 대상자에 대한 의견교환이 이루어짐.
주제어 억류자 문제

야마다 차관·유 대사 회담 요지
(山田次官、柳大使会談要旨)

문서파일번호	339
문서명	야마다 차관·유 대사 회담 요지(山田次官、柳大使会談要旨)
작성연월일	1960. 4. 4
구분	제4차 회담
세부항목	야마다·유태하 회담
작성처	외무성 북동아시아과
매수	5
비밀등급	극비
문서종류	회의록
공개구분	공개
내용	야마다 히사나리(山田久就) 차관과 유태하 대사 회담 기록. 유 대사는 한국의 대일무역 중단조치 해제에 따라 일본도 상응조치를 취해 줄 것을 요청함. 양측은 한일회담의 4월 15일 재개에 합의함. 주한일본대표부 설치 문제는 회담 재개 후 협의키로 함.
주제어	한일회담 재개, 억류자, 주한일본대표부

제7부

언론 보도 / 일지

『세계월보』 발췌
(「世界月報」抜粋)

문서파일번호	441
문서명	『세계월보』 발췌(「世界月報」抜粋)
작성연월일	1954
구분	예비회담~제3차 회담
세부항목	세계월보
작성처	외무성
매수	43
비밀등급	일반
문서종류	간행자료
공개구분	공개
내용	1951년 1월~1954년 5월까지 발간된 『세계월보』 내용 중 한일관계 부분 발췌
주제어	세계월보

한국정부의 반미·반일 성명 및 각국 보도 동향
(韓国政府の反米·反日声明及び各國言論報道振り)

문서파일번호	766
작성연월일	1954. 4 - 1955. 7. 26
구분	제3~4차 회담 사이
세부항목	한일관계, 한국 성명, 해외언론 보도
작성처	외무성, 주미대사 등
매수	88
비밀등급	
문서종류	내부자료, 공문
공개구분	공개
내용	1954년 1월 8일~4월 7일까지 이루어진 한국의 '반미, 반일' 성명, 기자회견문, 담화문, 연설문 18개를 모은 자료집과 1954년 6월 21일~1955년 7월 26일까지 해외 언론에 보도된 한일관계 기사를 보고한 일본 재외공관의 공문 모음
주제어	한일관계, 한국정부 성명, 해외 언론 보도

문서명	한국정부의 반미·반일 성명(1)[韓国政府の反米·反日声明(一)]

문서파일번호 766
작성연월일 1954. 4(일자 불명)
구분 제3~4차 회담 사이
세부항목 한일관계, 한국의 반미 · 반일 성명
작성처 외무성 아시아국 제5과
매수 32
비밀등급 비(秘)
문서종류 내부자료
공개구분 공개
내용 1954년 1월 8일~4월 7일 사이에 이루어진 한국정부(공보처, 대통령, 주미대사, 국무총리, 외무장관)의 '반미, 반일' 성명, 기자회견문, 담화문, 연설문 요지를 모은 자료집. 반미의 내용은 ① 미국은 일본의 군국주의 부활을 조장 ② 미국은 한일관계의 알선이 아니라 한국에 명령 ③ 미국은 남북 분단의 책임을 져야 함 ④ 미국의 대한부흥원조계획에 대한 불만 등이며, 반일의 내용은 ① 일본은 한국에 대해 재차 군사적, 경제적 침략의 야망을 보이고 있음 ② 일본은 공산주의화될 가능성 ③ 일본은 한국전쟁으로 부흥 ④ 구보타 발언은 한국의 독립을 말소하려는 것 ④ '이 라인'은 한일 양 민족의 공존을 위한 평화라인 등임.
주제어 한일관계

문서명	일본과 한국의 관계에 관한 신문 스크랩 송부 건(日本南鮮関係に関する新聞切抜送付の件)

문서파일번호 766
작성연월일 1954. 6. 21
구분 제3~4차 회담 사이
세부항목 한일관계, 파키스탄 언론 보도, 주파키스탄대사 보고
작성처 주파키스탄대사
매수 2
비밀등급 일반
문서종류 공문
공개구분 공개
내용 1954년 6월 17일 자 파키스탄 타임스(Pakistan Times)가 보도한 '한일 간 적대감정(Japan-South Korean Antagonism)'이라는 제목의 기사(6월 15일 도쿄발 로이터 통신) 내용을 보고함(기사 별첨).
주제어 한일관계, 언론 보도

문서명	마닐라 블레튼지의 한일관계에 대한 기사 송부 건(マニラブレテイン紙の日韓関係に関する記事送付の件)

문서파일번호 766
작성연월일 1954. 6. 23
구분 제3~4차 회담 사이
세부항목 한일관계, 필리핀 언론 보도, 주마닐라사무소장 보고
작성처 주마닐라재외사무소장
매수 2
비밀등급 일반
문서종류 공문
공개구분 공개
내용 1954년 6월 22일 자 마닐라 블레튼(Manila Bulletin)지에 게재된 '한일 갈등이 미국을 우려케 한다(Japan-Korea Friction Worries U.S.)'는 제목의 기사 내용을 보고함(기사 별첨).
주제어 한일관계, 언론 보도

문서명	한일관계에 관한 영자신문 리버티 사설 건(日韓関係に関する英字紙リバティ社説の件)

문서파일번호 766
작성연월일 1954. 9. 2
구분 제3~4차 회담 사이
세부항목 한일관계, 태국 언론 보도, 주태국대사 보고
작성처 주태국대사
매수 2
비밀등급 일반
문서종류 공문
공개구분 공개
내용 1954년 8월 31일 자 방콕 소재 영자지 리버티(Liberty)에 게재된 '이, 일본을 폭격(Rhee Bombards Japan)'이라는 제목의 사설 내용을 보고함.
주제어 한일관계, 언론 보도

문서명	한국의 대일여론 순보(1956. 9. 1~10)[韓国の対日世論旬報(三一.九、一~一〇)]

문서파일번호 766
작성연월일 1956. 9. 13
구분 제3~4차 회담 사이
세부항목 한일관계, 대일여론 순보
작성처 외무성 아시아국 제1과
매수 11
비밀등급 일반
문서종류 내부자료
공개구분 공개
내용 아시아국 제1과가 작성한 1956년 9월 1일~10일 사이의 한국의 대일여론에 관한 순보(旬報). 1956년 8월 6일 자 이승만 대통령의 훈시(반일, 반공의 범위 내 언론의 자유, 정부 비판의 자유 인정) 요지와 같은 날 발표된 주필리핀한국공사관의 성명 요지(일본의 대소련 교섭과 대중공 전략물자 금수완화 요구 등 움직임은 대미협력보다도 공산세력과의 협력을 선택한 증거임)가 포함됨(주필리핀공사관 성명문 첨부).
주제어 한일관계

문서명	김 한국대사의 연설 전문 송부 건(金韓国大使の演説全文送付の件)

문서파일번호 766
작성연월일 1954. 9. 20
구분 제3~4차 회담 사이
세부항목 김홍일 주중화민국 대사 연설, 중화민국(타이완) 언론 보도, 주중화민국대사 보고
작성처 주중화민국대사(在中華民國大使)
매수 7
비밀등급 일반
문서종류 공문
공개구분 공개
내용 1954년 8월 12일 타이페이시 로터리 클럽에서 김홍일 한국대사가 연설한 반일 내용이 담긴 연설문 전문을 입수, 본부에 보고함[김홍일 대사 연설문(영문) 첨부].
주제어 한일관계, 김홍일 주중화민국한국대사 연설 언론 보도

문서명	한국의 배일운동에 관한 뉴욕타임스 기사(韓国における排日運動に関するニューヨークタイムズ記事)

문서파일번호 766
작성연월일 1954. 9. 27
구분 제3~4차 회담 사이
세부항목 한일관계, 미국 언론 보도, 주미대사 보고
작성처 주미대사
매수 2
비밀등급 일반
문서종류 공문
공개구분 공개
내용 1954년 9월 25일 자 뉴욕타임스의 한국 내 배일운동에 관한 기사 내용을 보고. 이승만과 그 정부는 '일본 증오'를 전개 중이나 일반 민중은 정부선전에도 불구하고 일본에 대한 적의를 잊었음(기사 첨부).
주제어 한일관계, 언론 보도

문서명	한일 문제에 관한 한국대사의 담화 및 이에 대한 일본대사 담화에 대한 신문기사 송부 건(日韓問題に関する韓国大使の談話及び之に対する本使談話に関する新聞記事送付の件)

문서파일번호 766
작성연월일 1954. 9. 27
구분 제3~4차 회담 사이
세부항목 한일관계, 미국 언론 보도, 주미대사 보고
작성처 주미대사
매수 2
비밀등급 일반
문서종류 공문
공개구분 공개
내용 1954년 9월 9일 주미한국대사의 대일 비난 발언을 게재한 바 있는 워싱턴 데일리 뉴스(Washington Daily News)지가 9월 14일 일본대사 회견 내용도 보도하였음을 보고함(9. 9 기사 첨부).
주제어 한일관계, 언론 보도

문서명	김 한국대사의 연설 건(金韓国大使の演説に関する件)

문서파일번호	766
작성연월일	1954. 10. 5
구분	제3~4차 회담 사이
세부항목	한일관계, 김홍일 대사 연설에 대한 대응
작성처	외무성
매수	2
비밀등급	일반
문서종류	공문
공개구분	공개
내용	1954년 9월 20일 주중화민국대사가 보고한 김홍일 한국대사 연설문과 관련하여, 동 대사의 연설내용이 종래 한국의 대일비난과 궤를 같이 하고 있어 이를 무시하고자 한다면서, 그 대신 현지에서의 홍보활동을 위해 한일회담 관련 자료를 송부한다는 외무성의 공문
주제어	한일관계, 김홍일 주중화민국 한국대사 연설

문서명	제목 없음

문서파일번호	766
작성연월일	1954. 9. 27
구분	제3~4차 회담 사이
세부항목	한일관계, 미국 언론 보도, 주미대사 보고
작성처	주미대사
매수	3
비밀등급	일반
문서종류	내부자료
공개구분	공개
내용	이구치(井口貞夫) 주미일본대사가 워싱턴 데일리 뉴스지 기자에게 전달한 한일관계 관련 일본 입장이 담긴 자료
주제어	한일관계

문서명	워싱턴 데일리 뉴스 기사 스크랩

문서파일번호 766
작성연월일 1954. 9. 27
구분 제3~4차 회담 사이
세부항목 한일관계, 미국 언론 보도, 주미대사 보고
작성처 주미대사
매수 1
비밀등급 일반
문서종류 내부자료
공개구분 공개
내용 1954년 9월 27일 자 주미대사 보고 공문 첨부물. 1954년 9월 14일 자 워싱턴 데일리 뉴스 기사
주제어 한일관계, 언론 보도

문서명	이승만의 미국 및 일본 공격에 관한 뉴욕 헤럴드 트리뷴 기사(李承晩の米国及び日本痛撃に関するニューヨーく ヘラルド トリビューン 記事)

문서파일번호 766
작성연월일 1954. 10. 6
구분 제3~4차 회담 사이
세부항목 한일관계, 미국 언론 보도, 주미대사 보고
작성처 주미대사
매수 3
비밀등급 일반
문서종류 공문
공개구분 공개
내용 이승만 대통령이 미국과 일본을 공격하는 것을 보도한 1954년 10월 6일 자 뉴욕 헤럴드 트리뷴지 기사 내용을 보고함(기사 첨부).
주제어 한일관계, 언론 보도

문서명	밀입국 한국인의 문제를 보도하는 크리스천 사이언스 모니터 기사(密入韓国人の問題を報ずるクリスチャン·サイエンス·モニター記事)

문서파일번호 766
작성연월일 1954. 11. 23
구분 제3~4차 회담 사이
세부항목 한일관계, 미국 언론 보도, 주미대사 보고
작성처 주미대사
매수 3
비밀등급 일반
문서종류 공문
공개구분 공개
내용 밀입국 한국인 문제에 관한 1954년 11월 19일 자 크리스천 사이언스 모니터지 기사 내용을 보고함(기사 첨부).
주제어 한일관계, 언론 보도

문서명	한일 문제를 보도하는 타임스 기사(日韓問題を報ずるタイムズ記事)

문서파일번호 766
작성연월일 1955. 3. 16
구분 제3~4차 회담 사이
세부항목 한일관계, 미국 언론 보도, 주미대사 보고
작성처 주미대사
매수 3
비밀등급 일반
문서종류 공문
공개구분 공개
내용 한일 문제에 관한 1955년 3월 16일 자 뉴욕타임스지 기사 내용을 보고함(기사 첨부).
주제어 한일관계, 언론 보도

문서명	주미한국대사의 반일 연설(駐米韓國大使の反日演説)

문서파일번호 766
작성연월일 1955. 5. 2
구분 제3~4차 회담 사이
세부항목 한일관계, 미국 언론 보도, 주미대사 보고
작성처 주미대사
매수 6
비밀등급 일반
문서종류 공문
공개구분 공개
내용 주미한국대사의 반일 내용이 담긴 연설(4월 29일)을 보도한 1955년 4월 30일 자 필라델피아 인콰이어러(Philadelphia Inquirer)지와 워싱턴포스트지 기사 내용을 보고함(신문기사 4매 첨부).
주제어 한일관계, 언론 보도

문서명	김 한국대사 담화를 게재한 신문 스크랩 송부(金韓國大使談話を掲載せる新開切拔き送付の件)

문서파일번호 766
작성연월일 1955. 5. 30
구분 제3~4차 회담 사이
세부항목 김홍일 주중화민국 대사 연설, 중화민국(타이완) 언론 보도, 주중화민국대사 보고
작성처 주중화민국대사
매수 2
비밀등급 일반
문서종류 공문
공개구분 공개
내용 1955년 5월 25일 타이완 소재 신문의 김홍일 한국대사 언급에 관한 기사 내용을 보고. 김 대사는 5월 24일 한국정부는 최근 일본의 북한에 대한 태도 때문에 주일한국대표의 소환을 고려 중이라고 언급하였음.
주제어 한일관계, 김홍일 주중화민국 한국대사 연설 언론 보도

문서명	한일관계를 논하는 모니터 기사(日韓關係を論ずるモニター 記事)

문서파일번호 766
작성연월일 1955. 6. 10
구분 제3~4차 회담 사이
세부항목 한일관계, 미국 언론 보도, 주미대사 보고
작성처 주미대사
매수 3
비밀등급 일반
문서종류 공문
공개구분 공개
내용 1955년 6월 7일 자 크리스천 사이언스 모니터지의 기사 내용(북한과 비밀 외교교섭을 하는 일본정부를 비난하는 한국정부)을 보고함.
주제어 한일관계, 언론 보도

문서명	한국 외무부장관의 한일관계에 관한 담화 보고 건(韓国外務部長の日韓関係に関する談話報告の件)

문서파일번호 766
작성연월일 1955. 7. 26
구분 제3~4차 회담 사이
세부항목 한일관계, 중화민국(타이완) 언론 보도, 주중화민국 대사 보고
작성처 주중화민국대사
매수 2
비밀등급 일반
문서종류 공문
공개구분 공개
내용 1955년 7월 25일 자 한국 외무장관의 담화를 보도한 연합보 기사 내용을 보고함.
주제어 한일관계, 한국 외무장관 담화 보도

총리용 주보 한일회담 재개에 관한 대신 기자회견(總理用週報 日韓会談再開に関する大臣記者会見)

문서파일번호	1065
문서명	총리용 주보 한일회담 재개에 관한 대신 기자회견(總理用週報 日韓会談再開に関する大臣記者会見)
작성연월일	1954. 5(일자 불명)
구분	제3~4차 회담 사이
세부항목	한일회담 재개 교섭
작성처	외무성 아시아국
매수	9
비밀등급	극비
문서종류	내부자료
공개구분	공개
내용	총리용 주보 자료로 작성한 한일회담 재개와 관련한 문건. 1954년 5월 12일 외신 기자회견 시 오카자키(岡崎勝男) 대신은 구보타 발언이 회담 재개의 장애가 되고 있다면 철회할 용의가 있다는 담화를 발표함. 이에 대해 유태하 참사관은 5월 13일 아시아국장을 내방해 대신의 담화에 대해 설명을 요구하며 일본이 청구권을 포기할 의사가 있는지 질문하자, 국장은 일본의 공식 주장으로 철회하기는 어렵다고 답변함.
주제어	청구권, 일본 역청구권 포기

한일회담 한국 전 대표의 언론 건
(日韓会談韓国側元代表の言論に関する件)

문서파일번호	1258
문서명	한일회담 한국 전 대표의 언론 건(日韓会談韓国側元代表の言論に関する件)
작성연월일	1955. 5. 12
구분	제3~4차 회담 사이
세부항목	유진오 언론 기고
작성처	외무성 아시아국 제5과
매수	15
비밀등급	일반
문서종류	내부문서
공개구분	공개
내용	한일회담 한국 전 수석대표 유진오가 1955년 4월 15일 한국일보 '천자춘추(千字春秋)'에 한일회담과 관련하여 기고한 내용(일본에 전쟁배상적 성질의 청구권을 주장해야 함)을 정리한 문서. 유진오의 글이 가지는 영향력 등도 함께 기술됨.
주제어	유진오 언론 기고

한국 억류 일본 어부 및 오무라 수용 한국인 문제에 관한 뉴스(번역본)[An Article in the Korean Residents News dated December 14,1956(Translation)]

문서파일번호	1293
문서명	한국 억류 일본 어부 및 오무라 수용 한국인 문제에 관한 뉴스(번역본)[An Article in the Korean Residents News dated December 14,1956(Translation)]
작성연월일	1956. 12. 14
구분	제3~4차 회담 사이
세부항목	억류자 문제, 언론 보도
작성처	KP(Korea Press. 일본에서 주로 한반도 관련 기사를 송출하는 통신)
- KRN	
매수	3
비밀등급	일반
문서종류	내부자료
공개구분	공개
내용	한국의 오 공보처장이 발표한 일본인어부 석방 관련 성명을 보도한 KP 기사 영문본
주제어	억류자 문제

재외공관의 한일관계에 관한 언론 보도 보고
(各国大使館の日韓關係に関する言論報道報告)

문서파일번호	769
작성연월일	1956. 6. 28 - 1958. 2. 14
구분	제3~4차 회담 사이
세부항목	한일관계, 해외언론 보도
작성처	재외공관
매수	15
비밀등급	
문서종류	공문
공개구분	공개
내용	1956년 6월 28일~1958년 2월 14일까지 한일관계에 관한 주재국 언론 보도 보고하는 재외공관의 공문 모음
주제어	한일관계

문서명	한일국교 개선에 관한 신문 논설 보고 건(日韓国交改善に関する新聞論説報告の件)

문서파일번호 769
작성연월일 1956. 6. 28
구분 제3~4차 회담 사이
세부항목 한일관계, 태국 언론 보도, 주태국대사 보고
작성처 주태국대사
매수 3
비밀등급 일반
문서종류 공문
공개구분 공개
내용 1956년 6월 23일 현지 리버티지(Liberty)가 시게미쓰 대신의 한일국교 개선에 관한 활동내용과 함께 이승만 대통령도 최근 대일관계의 개선에 희망을 표명하고 있어 양국 간 우호관계를 추진하는 데 있어 중요한 전기가 될 것이라고 보도한 내용을 보고함.
주제어 한일관계, 태국 언론 보도

문서명	주필리핀한국공사관의 반일성명 건(在フィリピン韓国公使館の反日声明に関する件)

문서파일번호 769
작성연월일 1956. 9. 19
구분 제3~4차 회담 사이
세부항목 한일관계, 주필리핀한국공사 성명
작성처 외무성 아시아국 제1과
매수 6
비밀등급 일반
문서종류 공문
공개구분 공개
내용 도쿄 코리아 프레스(KP)가 1956년 9월 7일 필리핀 발 UP전으로 보도한 필리핀 주재 한국공사관의 9월 6일 반일성명[일본은 공산권 국가와 제휴하고 있음. 일본이 패전 이전과 변함없다는 사실은 재한재산에 대한 청구권 주장, 재일한국인 추방, 한국정부 비합법적 정부 운운 및 구보타 발언 철회를 거부하고 있는 것이 그 증명이라는 내용]의 진위를 조사하라고 주필리핀대사에게 지시함.
주제어 한일관계

문서명	주필리핀한국공사관의 반일성명 건(在フィリピン韓国公使館の反日声明に関する件)

문서파일번호 769
작성연월일 1956. 9. 26
구분 제3~4차 회담 사이
세부항목 한일관계, 주필리핀한국공사 성명, 주필리핀대사 보고
작성처 주필리핀대사(在フィリピン大使)
매수 2
비밀등급 일반
문서종류 공문
공개구분 공개
내용 1956년 9월 26일 본성의 지시에 대한 주필리핀대사의 회신 공문. 9월 7일 자 KP기사는 현지 한국공사관의 9월 5일 자 성명의 일부로 판단되며, 한국정부의 지령에 따라 배부된 것으로 보이는데 현지에서는 전혀 문제가 되고 있지 않음.
주제어 한일관계

문서명	양 대사의 반일적 언사에 관한 신문 보도 건(梁大使の反日的言辞に関する新聞報道に関する件)

문서파일번호 769
작성연월일 1957. 7. 26
구분 제3~4차 회담 사이
세부항목 양유찬 대사 발언, 미국 언론 보도, 주미대사 보고
작성처 주미대사
매수 2
비밀등급 일반
문서종류 공문
공개구분 공개
내용 1957년 7월 23일 현지 석간 이브닝스타(Evening Star)지에 보도된 양유찬 주미한국대사의 발언(소련의 블라디보스토크항 폐쇄는 잠수함 기지화를 의미하는 것으로, 소련의 군사세력이 이렇게 확장된 것은 일본의 자유세계와의 관계가 희박하기 때문이고, 일본이 강해져서 아시아의 헤게모니 회복을 꾀하기 전에 미국이 오키나와를 독립시켜야 한다는 내용)을 보고함.
주제어 한일관계, 양유찬 주미한국대사 발언 미국 언론 보도

문서명	장 총통의 한일조정설 건(將総統の日韓調停説に関する件)

문서파일번호	769
작성연월일	1958. 2. 14
구분	제3~4차 회담 사이
세부항목	한일관계, 장제스 발언, 미국 언론 보도, 주미대사 보고
작성처	주미대사
매수	2
비밀등급	일반
문서종류	공문
공개구분	공개
내용	1958년 2월 12일 자 뉴욕타임스의 기사 내용[2월 10일 장제스(蔣介石) 총통이 타이완을 방문한 일본기자단에게 자신은 한국과의 조정에 나설 용의가 있다고 밝힘]을 보고함(기사 첨부).
주제어	한일관계, 미국 언론 보도

한일 문제에 관한 타임스 논평 등
(日韓問題に関するタイムス論評等)

문서파일번호	1474
작성연월일	1956. 1. 3 - 1956. 4. 9
구분	제3~4차 회담 사이
세부항목	한일 문제에 대한 미국 언론 보도
작성처	주미대사, 주유엔대사, 외무성 등
매수	55
비밀등급	
문서종류	전문, 내부자료, 공문
공개구분	공개
내용	1956년 1월 1일 자 뉴욕타임스의 한일관계 관련 논설 게재 이후 이에 대한 대응 방안 등과 관련하여 외무성과 주미대사관 , 주유엔대표부 간에 오간 전문 모음
주제어	한일 문제 미국 언론 보도

문서명	한일 문제에 관한 타임스 논평 건(日韓問題に関するタイムス論評の件)

문서파일번호 1474
작성연월일 1956. 1. 3
구분 제3~4차 회담 사이
세부항목 한일 문제에 대한 뉴욕타임스 사설, 주미대사 보고
작성처 주미대사
매수 3
비밀등급 일반
문서종류 전문(電文)
공개구분 공개
내용 1956년 1월 1일 자 뉴욕타임스의 한일관계 사설을 보고. 사설은 한일 간에 어업분쟁 등이 있으며, 그 주된 배경은 일본의 재한일본재산에 대한 청구권 문제라고 언급함.
주제어 어업, 억류자 상호 석방, 청구권, 미국 언론 보도

문서명	한일관계에 관한 한국 유엔옵서버의 성명 건(日韓關係に関する韓国国連オブザーバーの声明に関する件)

문서파일번호 1474
작성연월일 1956. 1. 9
세부항목 한일 문제에 대한 뉴욕타임스 사설, 주유엔대사 보고
문서종류 공문
작성처 주유엔대사
매수 2
비밀등급 일반
구분 제3~4차 회담 사이
공개구분 공개
내용 임병직 주유엔한국옵서버가 1956년 1월 5일 일본을 비난하는 성명을 발표, 이 내용이 1월 6일 자 뉴욕타임스에 기사화되었음을 보고함.
주제어 어업, 미국언론 보도

문서명	뉴욕타임스 기사 "한국은 어업에서 일본에 직면했다"(New York Times, "Korea Sees Threat byJapan in Fishing")

문서파일번호 1474
작성연월일 1956. 1. 6
구분 제3~4차 회담 사이
세부항목 한일 문제에 대한 뉴욕타임스 기사
작성처 뉴욕타임스
매수 1
비밀등급 일반
문서종류 내부자료
공개구분 공개
내용 1956년 1월 9일 자 주유엔대사 보고 공문 첨부1. 임병직 주유엔한국옵서버의 성명에 관한 1956년 1월 6일 자 뉴욕타임스 기사. 임병직은 일본이 동해에서 자국 어선을 에스코트하겠다는 성명을 발표하여 상황을 악화시키고 있다고 비난함.
주제어 어업, 미국 언론 보도

문서명	AP통신 기사 "임, 한국과의 문제 해결을 꺼려하는 일본을 공격하다"("Limb assails Japan's Reluctance to Settle with ROK")

문서파일번호 1474
작성연월일 1956. 1. 5
구분 제3~4차 회담 사이
세부항목 한일 문제에 대한 AP통신 기사
작성처 AP통신
매수 2
비밀등급 일반
문서종류 내부자료
공개구분 공개
내용 1956년 1월 9일 자 주유엔대사 보고 공문 첨부 2. 임병직 주유엔한국옵서버의 성명에 관한 1956년 1월 5일 자 AP통신 기사
주제어 어업, 미국 언론 보도

문서명	한일 문제에 관한 임 한국대사의 성명 건(日韓問題に関する「リム」韓国大使の声明に関する件)

문서파일번호 1474
작성연월일 1956. 1. 17
구분 제3~4차 회담 사이
세부항목 한일 문제에 대한 AP통신 기사
작성처 외무성 아시아국 제5과
매수 2
비밀등급 일반
문서종류 전문(電文)
공개구분 공개
내용 1956년 1월 5일 AP통신의 임병직 주유엔대사 성명에 관한 보도(재산청구권 문제, '이라인' 문제와 오무라수용소 문제 등과 관련하여 일본을 비방)내용을 주미대사에게 통보하면서, 이러한 기사 내용은 사실과 다르므로 유엔대표부와 뉴욕총영사관에도 사실관계를 잘 전달하라고 지시함.
주제어 어업, 미국 언론 보도

문서명	한일 문제에 관한 뉴욕타임스 논설 건(日韓問題に関するニューヨーク·タイムズ論説に関する件)

문서파일번호 1474
작성연월일 1956. 1. 16
구분 제3~4차 회담 사이
세부항목 한일 문제에 대한 뉴욕타임스 사설
작성처 외무성 아시아국 제5과
매수 4
비밀등급 일반
문서종류 전문(電文)
공개구분 공개
내용 1956년 1월 1일 자 뉴욕타임스의 한일관계에 관한 논설은 기초적 사실에 중대한 오해가 있다면서 대사관에서 동 신문에 반박문(내용 상세 기술)을 투고하고, 유엔대표부 및 뉴욕총영사관에도 이를 알리라고 지시함.
주제어 어업, 미국 언론 보도 대응

문서명	한일 문제에 관한 뉴욕타임스 논설 건(日韓問題に関するニューヨーク·タイムズ論説に関する件)

문서파일번호 1474
작성연월일 1956. 1. 16
구분 제3~4차 회담 사이
세부항목 한일 문제에 대한 뉴욕타임스 사설, 주미대사 보고
작성처 주미대사
매수 1
비밀등급 비(秘)
문서종류 전문(電文)
공개구분 공개
내용 뉴욕타임스의 한일관계 논설 대응방안으로 뉴욕타임스 도쿄특파원에게 관련 자료를 전달하고 오무라수용소 견학을 주선하는 것이 좋겠다고 제안함.
주제어 어업, 미국 언론 보도 대응

문서명	한일 문제에 관한 뉴욕타임스 논설 건(日韓問題に関するニューヨーク·タイムズ論説に関する件)

문서파일번호 1474
작성연월일 1956. 1. 19
구분 제3~4차 회담 사이
세부항목 한일 문제에 대한 뉴욕타임스 사설, 주미대사 보고
작성처 주미대사
매수 2
비밀등급 극비
문서종류 전문(電文)
공개구분 공개
내용 뉴욕타임스 논설에 대한 대응과 관련, 주미대사관이 정정기사를 게재할 경우 한국의 반론이 예상되며, 이 경우 미국 언론에서 한일이 다투는 모양새가 되므로 바람직하지 않다면서, 담당 에디터에의 주의 환기나 '일본 소식(Japan Bulletin)'에 일본 입장을 게재하는 방안을 본성에 건의함.
주제어 어업, 미국 언론 보도 대응

문서명	한국 대통령 기자회견에 관한 기사 송부 건(韓國大統領記者會見に関する記事送付の件)

문서파일번호 1474
작성연월일 1956. 1. 20
구분 제3~4차 회담 사이
세부항목 한일 문제에 대한 미국 언론 보도, 주미대사 보고
작성처 주미대사
매수 1
비밀등급 일반
문서종류 공문
공개구분 공개
내용 1956년 1월 16일 자 볼티모어 선(Baltimore Sun)지에 이승만 대통령의 기자회견 기사가 게재되었음을 보고함.
주제어 이승만 기자회견, 미국 언론 보도

문서명	볼티모어 선지 기사 스크랩

문서파일번호 1474
작성연월일 1956. 1. 16
구분 제3~4차 회담 사이
세부항목 한일 문제에 대한 미국 언론 보도, 주미대사 보고
작성처 볼티모어 선
매수 4
비밀등급 일반
문서종류 내부자료
공개구분 공개
내용 1956년 1월 20일 자 주미대사 보고 공문 첨부물. 1956년 1월 16일 자 볼티모어 선지의 이승만 대통령 기자회견 기사
주제어 이승만 기자회견, 미국 언론 보도

문서명	한일 문제의 기사 처리 건(日韓問題の記事取扱に関する件)

문서파일번호 1474
작성연월일 1956. 1. 21
구분 제3~4차 회담 사이
세부항목 한일 문제에 대한 뉴욕타임스 사설
작성처 외무성 아시아국 제5과
매수 2
비밀등급 일반
문서종류 전문(電文)
공개구분 공개
내용 1956년 1월 1일 자 뉴욕타임스 논설 대응 관련, 미국의 중재를 통해 한일 문제를 타개하고자 하는 상황에서 뉴욕타임스 사설은 도움이 안 되므로 동 신문에 확실한 시정조치를 취할 필요가 있다면서 주유엔대사에게 연락, 동 대사가 짤즈버거와 긴밀한 연락하에 이 목적 달성을 위해 가장 적절한 조치를 취할 수 있도록 하기 바란다는 내용을 주미대사에게 통보함.
주제어 어업, 미국 언론 보도 대응

문서명	한일 문제의 기사 처리 건(日韓問題の記事取扱に関する件)

문서파일번호 1474
작성연월일 1956. 1. 27
구분 제3~4차 회담 사이
세부항목 한일 문제에 대한 뉴욕타임스 사설, 주유엔대사 보고
작성처 주유엔대사
매수 2
비밀등급 극비
문서종류 전문(電文)
공개구분 공개
내용 뉴욕타임스 논설 대응 관련, 주유엔대사가 주미대사 협의하에 뉴욕타임스사 간부를 접촉한 결과 새로운 사설을 쓰는 것은 어렵다면서 정정 투고 시 1월 28일 이에 대한 지면을 할애해 주겠다 하여 주미대사관 시마노우치(島內) 서기관 명의로 정정투고(to the editor)하고자 한다면서 이에 대한 본성의 승인을 요청함.
주제어 어업, 미국 언론 보도 대응

문서명	한일 문제에 관한 뉴욕타임스 논설 건(日韓問題に関するニューヨーク·タイムズ論説に関する件)

문서파일번호 1474
작성연월일 1956. 1. 30
구분 제3~4차 회담 사이
세부항목 한일 문제에 대한 뉴욕타임스 사설, 주미대사 보고
작성처 주미대사
매수 1
비밀등급 비(秘)
문서종류 전문(電文)
공개구분 공개
내용 1956년 1월 28일 자 뉴욕타임스에 정정투고하였음을 보고함.
주제어 어업, 미국 언론 보도 대응

문서명	한일 문제에 관한 뉴욕타임스 투고 논설 건(日韓問題に関しニューヨーク·タイムズ紙に対する投稿論説の件)

문서파일번호 1474
작성연월일 1956. 1. 30
구분 제3~4차 회담 사이
세부항목 한일 문제에 대한 뉴욕타임스 사설, 주미대사 보고
작성처 주미대사
매수 6
비밀등급 일반
문서종류 전문(電文)
공개구분 공개
내용 1956년 1월 28일 자 뉴욕타임스에 게재된 주미대사관 시마노우치(島內) 서기관 명의 투고 기사 내용을 보고함.
주제어 어업, 미국 언론 보도 대응

문서명	한일 문제에 관한 뉴욕타임스 투고 건(日韓問題に関するニューヨーク·タイムズ投稿に関する件)

문서파일번호 1474
작성연월일 1956. 2. 1
구분 제3~4차 회담 사이
세부항목 한일 문제에 대한 뉴욕타임스 사설
작성처 외무성 아시아국 제5과
매수 1
비밀등급 비(秘)
문서종류 전문(電文)
공개구분 공개
내용 1956년 1월 28일 자 뉴욕타임스에 게재된 주미대사관 시마노우치(島内) 서기관의 투고 중 일부 내용의 정정이 필요함을 주미대사에게 통보함.
주제어 어업, 미국 언론 보도 대응

문서명	한일 문제 계발 PR 건(日韓問題啓発PRに関する件)

문서파일번호 1474
작성연월일 1956. 2. 14
구분 제3~4차 회담 사이
세부항목 한일 문제에 대한 뉴욕타임스 사설, 주미대사 보고
작성처 주미대사
매수 2
비밀등급 극비
문서종류 전문(電文)
공개구분 공개
내용 일본의 투고에 대응한 한국 반론이 1956년 2월 14일 자 뉴욕타임스에 게재되었음을 보고하면서 금후 이에 맞서 재반박하는 것은 곤란하고, 득책이 아니므로 다른 PR 방안과 관련한 정부의 방침을 달라고 요청함.
주제어 어업, 미국 언론 보도 대응

문서명	한일 문제에 관한 한국 기고문(日韓問題に関する韓国側寄稿文)

문서파일번호 1474
작성연월일 1956. 2. 14
구분 제3~4차 회담 사이
세부항목 한일 문제에 대한 뉴욕타임스 사설, 주미대사 보고
작성처 주미대사
매수 6
비밀등급 일반
문서종류 전문(電文)
공개구분 공개
내용 1956년 2월 14일 자 뉴욕타임스에 게재된 한국의 반박 기고문 내용을 보고함.
주제어 어업, 미국 언론 보도 대응

문서명	한국공사의 연설 건(韓国公使の演説に関する件)

문서파일번호 1474
작성연월일 1956. 2. 21
구분 제3~4차 회담 사이
세부항목 워싱턴포스트지 한국 공사 연설 게재, 주미대사 보고
작성처 주미대사
매수 1
비밀등급 일반
문서종류 공문
공개구분 공개
내용 1956년 2월 16일 자 워싱턴포스트지에 주미한국공사의 연설(한국의 독립은 일소 양국에 의해 위협받고 있다는 내용) 내용이 게재되었음을 보고함.
주제어 주미한국공사 연설 미국 언론 보도

문서명	워싱턴포스트지 기사 스크랩 "한국은 일본과 소련에 위협받고 있다"("Korea is Threatened by Japs and Soviets")

문서파일번호	1474
작성연월일	1956. 2. 16
구분	제3~4차 회담 사이
세부항목	워싱턴포스트지 한국공사 연설 게재, 주미대사 보고
작성처	주미대사
매수	1
비밀등급	일반
문서종류	전문(電文)
공개구분	공개
내용	1956년 2월 16일 자 워싱턴포스트지의 주미한국 공사 연설내용 기사를 보고함.
주제어	주미한국공사 연설 미국 언론 보도

문서명	한일 문제 계발 PR 건(日韓問題啓発PRに関する件)

문서파일번호	1474
작성연월일	1956. 2. 25
구분	제3~4차 회담 사이
세부항목	한일 문제관련 주미대사관 대응
작성처	외무성 아시아국 제5과
매수	2
비밀등급	극비
문서종류	공문
공개구분	공개
내용	주미대사의 건의에 대한 본성의 답신 공문. 한국과의 진흙탕 싸움은 바람직하지 않으나 한국의 악의적인 선전으로 미국 여론이 호도될 수 있기 때문에 주미대사관에서 적절히 한일 문제의 실상에 관해 설명하라고 지시함.
주제어	한일 문제, 미국 언론 보도 대응

문서명	한일 상호 석방에 대한 신문 보도(日韓国人相互釈放についての新聞報道)

문서파일번호	1474
작성연월일	1956. 4. 6
구분	제3~4차 회담 사이
세부항목	한일 문제에 대한 뉴욕타임스 논설, 주미대사 보고
작성처	주미대사
매수	2
비밀등급	일반
문서종류	전문(電文)
공개구분	공개
내용	1956년 4월 6일 자 뉴욕타임스의 한일 양국인 상호 석방에 관한 논설 내용을 보고. 주요 내용은 양국의 상호 불신은 과거의 역사에 비추어 이해할 수 있으나, 완고한 태도는 쌍방에 어떠한 이익도 되지 않으며, 분쟁의 원인을 제거하고 장래의 보다 좋은 이해에의 기초를 만드는 것이 중요하다는 것임.
주제어	한일 상호 석방, 미국 언론 보도

문서명	한일회담 재개에 관한 다니 대사의 견해(* 문서제목과 내용이 불일치함)(日韓会談再開に対する谷大使の見解)

문서파일번호	1474
작성연월일	1956. 4. 6
구분	제3~4차 회담 사이
세부항목	한일 문제에 대한 뉴욕타임스 논설, 주미대사 보고
작성처	주미대사
매수	3
비밀등급	일반
문서종류	전문(電文)
공개구분	공개
내용	1956년 4월 6일 자 뉴욕타임스 논설 내용을 보고함.
주제어	한일 상호 석방, 미국 언론 보도

문서명	한일 문제에 관한 뉴욕타임스 논설 송부 건(日韓問題に関するニューヨーク·タイムズ論説送付の件)

문서파일번호	1474
작성연월일	1956. 4. 9
구분	제3~4차 회담 사이
세부항목	한일 문제에 대한 뉴욕타임스 논설, 주유엔대사 보고
작성처	주유엔대사
매수	2
비밀등급	일반
문서종류	공문
공개구분	공개
내용	1956년 4월 6일 자 뉴욕타임스 논설 내용을 보고함(주미대사관에서도 동일한 논설에 관한 보고가 있었음).
주제어	한일 상호 석방, 미국 언론 보도

문서명	뉴욕타임스 기사 스크랩 "한일 합의"("Japanese Korean Accord")

문서파일번호	1474
작성연월일	1956. 4. 6
구분	제3~4차 회담 사이
세부항목	한일 문제에 대한 뉴욕타임스 논설, 주유엔대사 보고
작성처	뉴욕타임스
매수	1
비밀등급	일반
문서종류	내부자료
공개구분	공개
내용	1956년 4월 9일 자 주유엔대사 보고 공문 첨부물. 1956년 4월 6일 자 뉴욕타임스 기사 스크랩
주제어	한일 상호 석방, 미국 언론 보도

문서명	제목 없음

문서파일번호 1474
작성연월일 1956. 2. 2
구분 제3~4차 회담 사이
세부항목 기타
작성처 주일미 대사관
매수 1
비밀등급 일반
문서종류 외교공한
공개구분 공개
내용 1956년 3월 19~21일까지 도쿄에서 미국의 아시아태평양 지역 공관장 회의가 개최되며, 국무장관이 참석 예정이라는 내용을 외무성에 통보함(본 문서는 앞선 다른 문서들과 연관이 전혀 없는 것으로 편철이 잘못된 것으로 보임).
주제어 미국의 아태지역 공관장 회의

한일 문제에 관한 뉴욕타임스 논설 등
(日韓問題に関するニューヨーク·タイムズ論説等)

문서파일번호	1472
작성연월일	1956. 1. 16 - 1956. 12. 4
구분	제3~4차 회담 사이
세부항목	한일 문제 관련 주미, 주유엔대사 대응
작성처	주미대사, 주유엔대사
매수	37
비밀등급	
문서종류	전문
공개구분	일부비공개
내용	1956년 1~12월까지 주미일본대사관과 주유엔일본대표부가 한일관계 등에 관해 보고한 전문 모음
주제어	한일 문제 관련 주미대사, 주유엔대사 대응

문서명	한일 문제에 관한 뉴욕타임스 논설 건(日韓問題に関するニューヨーク·タイムズ論説に関する件)

문서파일번호	1472
작성연월일	1956. 1. 16
구분	제3~4차 회담 사이
세부항목	뉴욕타임스 사설 대응, 주미대사 보고
작성처	주미대사
매수	1
비밀등급	비(秘)
문서종류	전문(電文)
공개구분	공개
내용	한일 문제에 관한 뉴욕타임스 사설 게재 이후 일본의 대응에 관해 보고함.
주제어	뉴욕타임스 사설 대응

문서명	한일 문제에 관하여 뉴욕타임스에 논설을 투고하는 건(日韓問題に関しニューヨーク·タイムズ紙に対する投稿論説の件)

문서파일번호	1472
작성연월일	1956. 1. 30
구분	제3~4차 회담 사이
세부항목	뉴욕타임스 사설 대응, 주미대사 보고
작성처	주미대사
매수	6
비밀등급	일반
문서종류	전문(電文)
공개구분	공개
내용	1956년 1월 1일 뉴욕타임스의 한일관계 관련 사설에 대응하기 위해 주미대사가 준비한 투고 원고["한일 간 문제 해결을 위한 일본의 노력"(Japanese-Korean Relation Efforts by Japan to Settle Issues Peacefully Cited)]를 보고함.
주제어	뉴욕타임스 사설 대응

문서명	한일 문제 계발 PR 건(日韓問題啓発PRに関する件)

문서파일번호 1472
작성연월일 1956. 2. 14
구분 제3~4차 회담 사이
세부항목 뉴욕타임스 사설 대응, 주미대사 보고
작성처 주미대사
매수 2
비밀등급 극비
문서종류 전문(電文)
공개구분 공개
내용 뉴욕타임스의 일본 투고에 대응하여 한국이 투고한 반론이 1956년 2월 14일 자 뉴욕타임스에 게재되었다면서, 보다 근본적으로 이 문제에 대응할 수 있도록 객관적 자료를 요청함.
주제어 뉴욕타임스 사설 대응

문서명	한일 문제 해결에 관한 일본의 생각 건(日韓問題解決のわが考え方に関する件)

문서파일번호 1472
작성연월일 1956. 2. 21
구분 제3~4차 회담 사이
세부항목 덜레스 방일 관련 홍보, 주미대사 보고
작성처 주미대사
매수 2
비밀등급 극비
문서종류 전문(電文)
공개구분 공개
내용 덜레스(John F. Dulles) 미 국무장관의 한국, 일본 방문 관련 일본의 언론 홍보에 대한 대사관 측 생각을 보고함.
주제어 덜레스 방일 관련 홍보

문서명	덜레스 장관의 방일 대응 건(ダレス長官訪日の応対振りに関する件)

문서파일번호	1472
작성연월일	1956. 3. 12
구분	제3~4차 회담 사이
세부항목	덜레스 방일 대응 방안, 주미대사 보고
작성처	주미대사
매수	9
비밀등급	극비
문서종류	전문(電文)
공개구분	일부비공개
내용	덜레스 미 국무장관 방일 시 일본의 대응과 관련해 대사관의 의견을 보고. 덜레스 장관이 여러 나라를 방문하고 일본 일정도 짧은 만큼 새로운 문제 제기 등은 삼가하고, 국제정세에 관한 의견교환 정도로 대응함이 바람직하며, 수행하는 국무부 직원들에게 한일 문제에 대한 인식을 듣는 기회로 삼을 필요가 있음.
주제어	덜레스 방일 대응 방안

문서명	한일 문제 건(日韓問題に関する件)

문서파일번호	1472
작성연월일	1956. 4. 20
구분	제3~4차 회담 사이
세부항목	한일관계, 미국무부 협의, 주미대사 보고
작성처	주미대사
매수	2
비밀등급	극비
문서종류	전문(電文)
공개구분	공개
내용	다니 주미대사의 미국무부 로버트슨(Walter S. Robertson) 차관보 면담 결과를 보고. 다니 대사는 한일관계는 한국의 대일태도 및 감정의 호전이 제1의 문제라는 점을 상기시키고, 최근 한국이 미국에 어떤 태도를 보였는지 문의함. 이에 대해 로버트슨은 별다른 진전이 없었다고 답변함.
주제어	한일관계, 미국무부 협의

문서명	한일관계 건(日韓関係に関する件)

문서파일번호 1472
작성연월일 1956. 10. 23
구분 제3~4차 회담 사이
세부항목 주미한국대사 환담, 주미대사 보고
작성처 주미대사
매수 2
비밀등급 극비
문서종류 전문(電文)
공개구분 공개
내용 주미한국대사 내방 시 환담 내용을 보고. 다니 대사는 한일 문제의 해결을 위해 워싱턴에서도 상호 긴밀히 협의해 나가자고 제안함.
주제어 주미한국대사 환담

문서명	한일관계 조정 건(日韓関係調整に関する件)

문서파일번호 1472
작성연월일 1956. 11. 9
구분 제3~4차 회담 사이
세부항목 이승만, 한일관계 개선 의지, 주미대사 보고
작성처 주미대사
매수 2
비밀등급 극비
문서종류 전문(電文)
공개구분 공개
내용 국무부 퍼슨즈(J. G. Parsons)가 시마에게 한일관계와 관련하여 언급한 내용을 보고. 다울링(Walter C. Dowling) 주한대사의 보고에 따르면 최근 이승만 대통령이 한일관계 개선의 의지를 보였다 함.
주제어 이승만, 한일관계 개선 의지

문서명	한국의 대일공작에 관한 정보(韓国の対日工作に関する情報の件)

문서파일번호	1472
작성연월일	1956. 11. 15
구분	제3~4차 회담 사이
세부항목	한국의 일본 유엔 가입 방해 공작, 주미대사 보고
작성처	주미대사
매수	2
비밀등급	극비
문서종류	전문(電文)
공개구분	공개
내용	1956년 11월 15일 미국무부 관계관이 주미대사관에 전달한 내용을 보고. 최근 한국이 타이완(國府)에게 일본의 유엔 가입 거부(veto)를 시사, 타이완이 이를 거부했다는 정보가 사실임.
주제어	한국의 일본 유엔 가입 방해 공작

문서명	남·북한군의 충돌에 관한 정보(南北鮮軍の衝突に関する情報の件)

문서파일번호	1472
작성연월일	1956. 11. 15
구분	제3~4차 회담 사이
세부항목	남북 군사충돌 언론 보고 진위, 주미대사 보고
작성처	주미대사
매수	2
비밀등급	극비
문서종류	전문(電文)
공개구분	공개
내용	북한에 의한 한국기 격추, 양측 지상군의 충돌에 따른 한국군 비상경계령 발령 등 일련의 언론 보도 사실에 관해 미국무부에 확인한 내용을 보고. 남북 군사충돌은 완전한 오보이며, 한국군 경계태세 돌입은 중동 및 동구정세 등에 대처하기 위한 조치임.
주제어	남북 군사충돌 언론 보고 진위

문서명	일본의 유엔가맹 문제 건(日本の国連加盟問題に関する件)

문서파일번호 1472
작성연월일 1956. 11. 16
구분 제3~4차 회담 사이
세부항목 한국의 일본 유엔 가입 방해 공작, 주유엔대사 보고
작성처 주유엔대사
매수 3
비밀등급 극비
문서종류 전문(電文)
공개구분 공개
내용 최근 유엔에서 한국이 유엔 가입을 내세워 여러 움직임을 보이고 있는데, 이것이 일본의 가입을 방해하려는 공작으로 보인다고 보고함.
주제어 한국의 일본 유엔 가입 방해 공작

문서명	머피 회견(マーフィーとの会見に関する件)

문서파일번호 1472
작성연월일 1956. 11. 21
구분 제3~4차 회담 사이
세부항목 한국의 유엔 가입, 주미대사 보고
작성처 주미대사
매수 2
비밀등급 극비
문서종류 전문(電文)
공개구분 공개
내용 한국의 유엔 가입과 관련한 미국무부(Robert D. Murphy) 입장을 보고. 미국으로서는 한국의 유엔 가입을 긍정적으로 생각하나 금번 총회에서 가입이 실현되리라고는 보지 않고 있음.
주제어 한국의 유엔 가입

문서명	한일관계 조정 건(日韓関係調整に関する件)

문서파일번호	1472
작성연월일	1956. 11. 26
구분	제3~4차 회담 사이
세부항목	주미한국·일본 대사 교섭, 주미대사 보고
작성처	주미대사
매수	1
비밀등급	극비
문서종류	전문(電文)
공개구분	공개
내용	양유찬 대사가 유엔총회 관계로 뉴욕에 가서 아직 귀임하지 않고 있어 워싱턴에서 한일 문제에 관한 교섭이 진행되지 않고 있음을 보고함.
주제어	주미한국, 일본 대사 간 교섭

문서명	한일관계 조정 건(日韓関係調整に関する件)

문서파일번호	1472
작성연월일	1956. 12. 4
구분	제3~4차 회담 사이
세부항목	총리 국회 답변, 억류자 상호 석방
작성처	주미대사
매수	1
비밀등급	극비
문서종류	전문(電文)
공개구분	공개
내용	억류자 상호 석방 문제와 관련, 오무라 한인 수용자를 먼저 석방한 후 한국 대응을 지켜보고자 한다는 하토야마 총리의 국회 답변과 관련, 정확한 내용을 알려 달라고 요청함.
주제어	총리 국회 답변, 억류자 상호 석방

아시아국 집무월보(초)(1954년 1~12월)
[アジア局執務月報(抄)(昭和29年1~12月)]

문서파일번호	1511
작성연월일	1954. 1 - 1954. 12
구분	제3~4차 회담 사이
세부항목	아시아국 집무월보 1954년 1~12월호
작성처	외무성 아시아국
매수	73
비밀등급	
문서종류	내부자료
공개구분	공개 또는 일부비공개
내용	1954년 1~12월 아시아국 집무월보(초) 한국관계 부분 모음
주제어	외무성 아시아국 집무월보

문서명	아시아국 집무월보(초) 1954년 1월호[アジア局執務月報(抄)29年1月号]

문서파일번호 1511
작성연월일
구분 제3~4차 회담 사이
세부항목 아시아국 집무월보 1954년 1월호
작성처 외무성 아시아국
매수 13
비밀등급 일반
문서종류 내부자료
공개구분 일부비공개
내용 외무성 아시아국 집무월보 1954년 1월호 한국관계 부분. 주요 내용은 나포 선원 귀환, 나포 선원의 처리에 관한 항의, '이승만 라인' 강제조치 현황, 차입품 미전달, 일본 어선과 한국 어선의 해난사고, 불법 입국에 사용된 한국적 선박의 반환요구, 한국의 일본인 강제송환 문제, 오무라 수용 한국인의 사망, 불법 입국 한국인의 송환
주제어 어업, 한국인 불법 입국 강제송환, 억류 일본인 송환

문서명	아시아국 집무월보(초) 1954년 2월호[アジア局執務月報(抄)29年2月号]

문서파일번호 1511
작성연월일
구분 제3~4차 회담 사이
세부항목 아시아국 집무월보 1954년 2월호
작성처 외무성 아시아국
매수 7
비밀등급 일반
문서종류 내부자료
공개구분 일부비공개
내용 외무성 아시아국 집무월보 1954년 2월호 한국관계 부분. 주요 내용은 '이승만 라인' 강제조치, 해상보안청 순시선 나포 사건, 독도 귀속 문제, 한국해군 군인의 나포 사건, 불법 입국 한국인의 송환
주제어 어업, '이 라인', 독도, 불법 입국 한국인 송환 문제

문서명	아시아국 집무월보(초) 1954년 3월호[アジア局執務月報(抄)29年3月号]

문서파일번호 1511
작성연월일
구분 제3~4차 회담 사이
세부항목 아시아국 집무월보 1954년 3월호
작성처 외무성 아시아국
매수 5
비밀등급 일반
문서종류 내부자료
공개구분 공개
내용 외무성 아시아국 집무월보 1954년 3월호 한국관계 부분. 주요 내용은 한국정부의 나포선 불하설에 대한 이의 제기, 해상보안청 순시선 나포 사건, 일본 어선에 대한 한국공선의 불법행위, 불법 입국 한국인의 송환, 한국의 친족관계법령 조회, 부산시 화재 구원품 전달
주제어 선박 반환, 어업, 불법 입국 한국인 송환, 재일한국인 법적지위

문서명	아시아국 집무월보(초) 1954년 4월호[アジア局執務月報(抄)29年4月号]

문서파일번호 1511
작성연월일
구분 제3~4차 회담 사이
세부항목 아시아국 집무월보 1954년 4월호
작성처 외무성 아시아국
매수 6
비밀등급 일반
문서종류 내부자료
공개구분 일부비공개
내용 외무성 아시아국 집무월보 1954년 4월호 한일관계 부분. 주요 내용은 해상보안청 순시선 나포 사건, 일본 어선에 대한 한국공선의 불법행위, 독도 출어 문제, 나포 억류선원 귀환, 한국선 원주호 차압 문제, 조난한국선 구조, 역송환 한국인의 석방 문제, 불법 입국 한국인의 송환, 북한계 한인단체의 진정
주제어 어업, 독도, 불법 입국 한국인 송환, 재일한인 북송 문제

문서명	아시아국 집무월보(초) 1954년 5월호[アジア局執務月報(抄)29年5月号]

문서파일번호 1511
작성연월일
구분 제3~4차 회담 사이
세부항목 아시아국 집무월보 1954년 5월호
작성처 외무성 아시아국
매수 8
비밀등급 일반
문서종류 내부자료
공개구분 공개
내용 외무성 아시아국 집무월보 1954년 5월호 한국관계 부분. 주요 내용은 한일회담 재개에 관한 오카자기 외무대신 기자회견, 한국 어선 제1 천신호 충돌사고, 어업자원 보호법 실시에 관한 한국의 회답, 나포 선원 귀환, 해상보안청 순시선 사도 불법 나포 사건에 관해 다시 이의 제기, 한국 어선의 독도 조업, 한국의 상속관계법령 조회, 불법 입국자 한국인의 송환, 민선의장 이호연 도항 문제
주제어 한일회담 재개, 어업, 나포 어부 송환, 독도

문서명	아시아국 집무월보(초) 1954년 6월호[アジア局執務月報(抄)29年6月号]

문서파일번호 1511
작성연월일
구분 제3~4차 회담 사이
세부항목 아시아국 집무월보 1954년 6월호
작성처 외무성 아시아국
매수 4
비밀등급 일반
문서종류 내부자료
공개구분 공개
내용 외무성 아시아국 집무월보 1954년 6월호 한국관계 부분. 주요 내용은 독도 문제, 나포 선원 귀환, 불법 입국자 한국인의 송환, 회계 관계 자료 송부, 북한계 한국인의 북한도항 문제
주제어 독도, 나포 어부 송환, 불법 입국 한국인 송환, 재일한인 북송 문제

문서명	아시아국 집무월보(초) 1954년 7월호[アジア局執務月報(抄)29年7月号]

문서파일번호 1511

작성연월일

구분 제3~4차 회담 사이

세부항목 아시아국 집무월보 1954년 7월호

작성처 외무성 아시아국

매수 6

비밀등급 일반

문서종류 내부자료

공개구분 공개

내용 외무성 아시아국 집무월보 1954년 7월호 한국관계 부분. 주요 내용은 독도 문제의 현황, 한국대표부의 오무라수용소에 수용 중인 강제퇴거 한국인의 석방요구, 우키시마마루(浮島丸) 조난 한국인 유골 문제, 한국에 의한 어선 나포

주제어 독도, 강제퇴거 한국인 석방, 어선 나포

문서명	아시아국 집무월보(초) 1954년 8월호[アジア局執務月報 (抄)29年8月号]

문서파일번호 1511

작성연월일

구분 제3~4차 회담 사이

세부항목 아시아국 집무월보 1954년 8월호

작성처 외무성 아시아국

매수 8

비밀등급 일반

문서종류 내부자료

공개구분 일부비공개

내용 외무성 아시아국 집무월보 1954년 8월호 한국관계 부분. 주요 내용은 오무라수용소에 수용 중인 강제퇴거 한국인, 독도 문제, 한국동란에 종군한 재일한국인의 재입국, 해난어선 제1시쇼호(第一吏昌丸)의 인수 유무에 관한 조회

주제어 강제퇴거 한국인 문제, 해난어선 인수

문서명	아시아국 집무월보(초) 1954년 9월호[アジア局執務月報 (抄)29年9月号]

문서파일번호 1511
작성연월일
구분 제3~4차 회담 사이
세부항목 아시아국 집무월보 1954년 9월호
작성처 외무성 아시아국
매수 4
비밀등급 일반
문서종류 내부자료
공개구분 일부비공개
내용 외무성 아시아국 집무월보 1954년 9월호 한국관계 부분. 주요 내용은 독도 문제, 오무라수용소의 강제퇴거 한국인 문제, 제696호(第六九六丸) 나포 사건, 억류어민에 대한 차입예비금의 반환
주제어 독도, 강제퇴거 한국인 문제, 억류어민 처우 문제

문서명	아시아국 집무월보(초) 1954년 10월호[アジア局執務月報(抄)29年10月号]

문서파일번호 1511
작성연월일
구분 제3~4차 회담 사이
세부항목 아시아국 집무월보 1954년 10월호
작성처 외무성 아시아국
매수 5
비밀등급 일반
문서종류 내부자료
공개구분 공개
내용 외무성 아시아국 집무월보 1954년 10월호 한국관계 부분. 주요 내용은 독도 문제, 오무라수용소에 수용 중인 강제퇴거 한국인 문제, 한국에 의한 어선 나포
주제어 독도, 강제퇴거 한국인 문제, 어선 나포

문서명	아시아국 집무월보(초) 1954년 11월호 [アジア局執務月報(抄)29年11月号]

문서파일번호 1511
작성연월일
구분 제3~4차 회담 사이
세부항목 아시아국 집무월보 1954년 11월호
작성처 외무성 아시아국
매수 3
비밀등급 일반
문서종류 내부자료
공개구분 일부비공개
내용 외무성 아시아국 집무월보 1954년 11월호 한국관계 부분. 주요 내용은 독도 문제, 어선 나포 문제, 억류어민에 대한 차입 문제
주제어 독도, 어선 나포, 억류어민 처우 문제

문서명	아시아국 집무월보(초) 1954년 12월호 [アジア局執務月報(抄)29年12月号]

문서파일번호 1511
작성연월일
구분 제3~4차 회담 사이
세부항목 아시아국 집무월보 1954년 12월호
작성처 외무성 아시아국
매수 4
비밀등급
문서종류 내부자료
공개구분 일부비공개
내용 외무성 아시아국 집무월보 1954년 12월호 한국관계 부분. 주요 내용은 오무라수용소 강제송환 한국인 문제, 독도 문제, 한국에 의한 어선 나포, 억류어민에 대한 차입 실시
주제어 한국인 강제송환 문제, 독도, 어선 나포, 억류어민 처우 문제

아시아국 집무월보(초)(1955년1~12월)
[アジア局執務月報(抄)(昭和30年1~12月)]

문서파일번호	1512
작성연월일	1955. 1 - 1955. 12
구분	제3~4차 회담 사이
세부항목	아시아국 집무월보 1955년 1~12월호
작성처	외무성 아시아국
매수	43
비밀등급	
문서종류	내부자료
공개구분	공개 또는 일부비공개
내용	1955년 1~12월 아시아국 집무월보(초) 한국관계 부분 모음
주제어	1955년 외무성 아시아국 집무월보

문서명	아시아국 집무월보(초) 1955년 1월분[アジア局執務月報(抄)30年1月分]

문서파일번호 1512
작성연월일 1955. 1
구분 제3~4차 회담 사이
세부항목 아시아국 집무월보 1955년 1월호
작성처 외무성 아시아국
매수 3
비밀등급 일반
문서종류 내부자료
공개구분 일부비공개
내용 외무성 아시아국 집무월보 1955년 1월호 한국관계 부분. 오무라수용소의 강제퇴거 한국인 문제, 재한일본부녀자의 귀국 문제 등 기술
주제어 강제퇴거 한국인, 재한일본부녀자 귀국

문서명	아시아국 집무월보(초) 1955년 2월분[アジア局執務月報(抄)30年2月分]

문서파일번호 1512
작성연월일 1955. 2
구분 제3~4차 회담 사이
세부항목 아시아국 집무월보 1955년 2월호
작성처 외무성 아시아국
매수 4
비밀등급 일반
문서종류 내부자료
공개구분 일부비공개
내용 외무성 아시아국 집무월보 1955년 2월호 한국관계 부분. 한국의 어선 나포, 제4차 차입 실시, 제6아케보노호(曙丸)의 충돌 조난, 한국 공군기에 의한 한국 군인의 밀입국, 오무라수용소의 강제퇴거 한국인 문제 기술
주제어 어선 나포, 한국 억류 일본 어부 처우 문제, 강제퇴거 한국인

문서명	아시아국 집무월보(초) 1955년 3월분[アジア局執務月報(抄)30年3月分]

문서파일번호 1512
작성연월일 1955. 3
구분 제3~4차 회담 사이
세부항목 아시아국 집무월보 1955년 3월호
작성처 외무성 아시아국
매수 2
비밀등급 일반
문서종류 내부자료
공개구분 일부비공개
내용 외무성 아시아국 집무월보 1955년 3월호 한국관계 부분. 오무라수용소 문제, 일본 어선 침몰 사건 기술
주제어 재일한국인 오무라 수용, 일본 어선 침몰 사건

문서명	아시아국 집무월보(초) 1955년 4월분[アジア局執務月報(抄)30年4月分]

문서파일번호 1512
작성연월일 1955. 4
구분 제3~4차 회담 사이
세부항목 아시아국 집무월보 1955년 4월호
작성처 외무성 아시아국
매수 2
비밀등급 일반
문서종류 내부자료
공개구분 공개
내용 외무성 아시아국 집무월보 1955년 4월호 한국관계 부분. 한국어업자원보호법에 관한 일본정부의 견해 제시, 오무라수용소 한국인의 송환 및 가석방 기술
주제어 어업, 재일한인 송환

문서명	아시아국 집무월보(초) 1955년 5월분[アジア局執務月報(抄)30年5月分]

문서파일번호 1512
작성연월일 1955. 5
구분 제3~4차 회담 사이
세부항목 아시아국 집무월보 1955년 5월호
작성처 외무성 아시아국
매수 3
비밀등급 일반
문서종류 내부자료
공개구분 일부비공개
내용 외무성 아시아국 집무월보 1955년 5월호 한국관계 부분. 탈주 한국비행사에 대한 판결, 북한과의 어업협정 체결설 기술
주제어 탈주한국 군인 재판. 북일관계(어업협정)

문서명	아시아국 집무월보(초) 1955년 6월분[アジア局執務月報(抄)30年6月分]

문서파일번호 1512
작성연월일 1955. 6
구분 제3~4차 회담 사이
세부항목 아시아국 집무월보 1955년 6월호
작성처 외무성 아시아국
매수 4
비밀등급 일반
문서종류 내부자료
공개구분 일부비공개
내용 외무성 아시아국 집무월보 1955년 6월호 한국관계 부분. 한일국교 조정 문제, 억류어선 선원 귀환, 억류어선 선원에 대한 차입, 일본 어선 침몰 사건에 대한 한국의 회답, 불법 입국 한국인 강제송환 예정 통보, 오무라수용소에 수용 중인 한국인의 사망 통보 기술
주제어 한일국교 조정 문제, 억류어민 송환, 불법 입국 한국인 강제송환

문서명	아시아국 집무월보(초) 1955년 7월분[アジア局執務月報(抄)30年7月分]

문서파일번호 1512
작성연월일 1955. 7
구분 제3~4차 회담 사이
세부항목 아시아국 집무월보 1955년 7월호
작성처 외무성 아시아국
매수 5
비밀등급 일반
문서종류 내부자료
공개구분 일부비공개
내용 외무성 아시아국 집무월보 1955년 7월호 한국관계 부분. 한국 억류 어부의 처우개선 제의, 한국함정의 일본 어선에 대한 불법행위, 제6아케보노호 사건, 피수용 한국인 사망 통보, 한국대표부원에 의한 교통사고, 독도의 현황, 재일한국인의 북한 도항요청 및 원·수폭금지 세계대회 북한대표 입국신청 문제 기술
주제어 한국 억류 일본 어부 처우 문제, 독도, 재일한인 북송 문제

문서명	아시아국 집무월보(초) 1955년 8월분[アジア局執務月報(抄)30年8月分]

문서파일번호 1512
작성연월일 1955. 8
구분 제3~4차 회담 사이
세부항목 아시아국 집무월보 1955년 8월호
작성처 외무성 아시아국
매수 4
비밀등급 일반
문서종류 내부자료
공개구분 일부비공개
내용 외무성 아시아국 집무월보 1955년 8월호 한국관계 부분. 한국의 일본 어선 나포 및 억류선원에 대한 처우 상황, 한국의 대일강경조치, 한국 억류 일본선원의 탈출귀국, 독도 문제, 한국대표부원에 의한 교통사고의 선후조치, 재일한인의 북한 귀국 문제 기술
주제어 억류 일본 어부 처우 문제, 독도, 재일한인 북송 문제

문서명	아시아국 집무월보(초) 1955년 9월분[アジア局執務月報(抄)30年9月分]

문서파일번호 1512
작성연월일 1955. 9
구분 제3~4차 회담 사이
세부항목 아시아국 집무월보 1955년 9월호
작성처 외무성 아시아국
매수 4
비밀등급 일반
문서종류 내부자료
공개구분 일부비공개
내용 외무성 아시아국 집무월보 1955년 9월호 한국관계 부분. 한일관계 조정 문제, 불법 입국 한국인 송환 예정 통보, 일본 어선 나포, 한국 억류 어부에 대한 차입, 일본 어선 1척 긴급 입역, 오사카형무소에 복역 중인 한국인 사망 사건 기술
주제어 한일관계 조정 문제, 불법 입국 한국인 송환

문서명	아시아국 집무월보(초) 1955년 10월분[アジア局執務月報(抄)30年10月分]

문서파일번호 1512
작성연월일 1955. 10
구분 제3~4차 회담 사이
세부항목 아시아국 집무월보 1955년 10월호
작성처 외무성 아시아국
매수 3
비밀등급 일반
문서종류 내부자료
공개구분 공개
내용 외무성 아시아국 집무월보 1955년 10월호 한국관계 부분. 오무라수용소 한국인수용자와 한국 억류 어부의 문제, 어선 나포, 북한관계 기술
주제어 억류자 상호 석방 문제, 어선 나포, 북일관계

문서명	아시아국 집무월보(초) 44호 1955. 11[アジア局執務月報(抄)44号 昭30.11]

문서파일번호 1512
작성연월일 1955. 11
구분 제3~4차 회담 사이
세부항목 아시아국 집무월보 1955년 11월호
작성처 외무성 아시아국
매수 4
비밀등급 일반
문서종류 내부자료
공개구분 공개
내용 외무성 아시아국 집무월보 1955년 11월호 한국관계 부분. 한국 억류 어민에 대한 차입, 어선 나포, 한국연합참모본부의 일본 어선 포격침 성명, 일한어업대책위원협의회, 한국 억류 어민과 오무라수용소 재일한국인 형법범죄자 석방 문제 기술
주제어 억류일본 어부 처우, 어선 나포, 어업, 억류자 상호 석방 문제

문서명	아시아국 집무월보(초) 45호 1955. 12[アジア局執務月報(抄)45号 昭30.12]

문서파일번호 1512
작성연월일 1955. 12
구분 제3~4차 회담 사이
세부항목 아시아국 집무월보 1955년 12월호
작성처 외무성 아시아국
매수 5
비밀등급 일반
문서종류 내부자료
공개구분 일부비공개
내용 외무성 아시아국 집무월보 1955년 12월호 한국관계 부분. 이승만 라인 문제 진정단체의 상경, 일한문제각료간담회의 대한처리방침, 한국의 일본 어선 나포, 독도 문제, 한국등대의 광촉 변경에 관한 통보, 한국 어선의 조난구조에 대해 김용식 공사 사의표명, 오무라수용소에 수용 중인 한국인 사망통보, 일본적십자사대표단의 북한 방문에 대한 주일한국대표부의 항의 기술
주제어 '이 라인', 어선 나포, 재일한인 북송 문제

아시아국 집무월보(초)(1956년 1~12월)
[アジア局執務月報(抄)(昭和31年1月~12月)]

문서파일번호	1513
작성연월일	1956. 1 - 1956. 12
구분	제3~4차 회담 사이
세부항목	아시아국 집무월보 1956년 1~12월호
작성처	외무성 아시아국
매수	39
비밀등급	
문서종류	내부자료
공개구분	공개 또는 일부비공개
내용	1956년 1~12월 아시아국 집무월보(초) 한국관계 부분 모음
주제어	1956년 아시아국 집무월보

문서명	아시아국 집무월보(초) 46호 1956년 1월[アジア局執務月報(抄) 46号 昭31.1]

문서파일번호 1513
작성연월일 1956. 1
구분 제3~4차 회담 사이
세부항목 아시아국 집무월보 1956년 1월호
작성처 외무성 아시아국
매수 5
비밀등급 일반
문서종류 내부자료
공개구분 일부비공개
내용 외무성 아시아국 집무월보 1956년 1월호 한국관계 부분. 내용은 한국은행 자산의 이월에 관한 한국대표부의 신청, 등대 신설 등에 관한 통보, 일본인어부가 부산 탈출에 이용한 '어감호' 문제, 표류 한국 선원의 구조비 청구, 오사카지검이 한국인 ▬을 상대로 제기한 소송, 한국의 친족관계 관습 조사, 한국인 이금술의 호적등본 송부, 일본적십자사대표단의 북한 방문에 관한 한국대표부의 항의, 북한단체의 진정, 귀향 북한인의 재입국 문제 등
주제어 재산청구권, 재일한국인 북송 문제

문서명	아시아국 집무월보(초) 47호 1956년 2월[アジア局執務月報(抄) 47号 昭31.2]

문서파일번호 1513
작성연월일 1956. 2
구분 제3~4차 회담 사이 회담 사이
세부항목 아시아국 집무월보 1956년 1월호
작성처 외무성 아시아국
매수 3
비밀등급 일반
문서종류 내부자료
공개구분 일부비공개
내용 외무성 아시아국 집무월보 1956년 2월호 한국관계 부분. 내용은 쓰시마 앞바다에

서의 일본 어선과 한국 밀항선 간의 불상사, 한국 억류어부 10명의 귀환, 한국해협 제2 해저전선 수리, 오무라수용소에 수용 중인 한국인의 사망 통보, 불법 입국자의 송환예정 통보, 적십자사가 평양에서 재일한국인의 북한 귀국 문제를 논의한 것에 대한 한국대표부의 항의, 북한계 재일한국인의 귀국 진정을 기술함.

주제어 억류일본 어부 송환, 해저전선, 불법입북 한국인 송환, 재일한인 북송 문제

문서명	아시아국 집무월보(초) 48호. 1956년 3월[アジア局執務月報(抄) 48号 昭31.3]

문서파일번호 1513
작성연월일 1956. 3
구분 제3~4차 회담 사이 회담 사이
세부항목 아시아국 집무월보 1956년 1월호
작성처 외무성 아시아국
매수 4
비밀등급 일반
문서종류 내부자료
공개구분 일부비공개
내용 외무성 아시아국 집무월보 1956년 3월호 한국관계 부분. 내용은 한일 문제(덜레스 미국무장관의 한일 양국 방문, 시게미쓰·김용식 회담), 재한국 억류선원에 대한 차입 실시, 재한 일본여성의 귀국, 피수용 한국인 사망 통보, 탈주 한국비행사에 대한 제2심 판결
주제어 덜레스 한국 일본방문, 억류자 상호 석방 문제

문서명	아시아국 집무월보(초) 49호. 1956년 4월[アジア局執務月報(抄) 49号 昭31.4]

문서파일번호 1513
작성연월일 1956. 4
구분 제3~4차 회담 사이 회담 사이
세부항목 아시아국 집무월보 1956년 1월호
작성처 외무성 아시아국

매수 4
비밀등급 일반
문서종류 내부자료
공개구분 공개
내용 외무성 아시아국 집무월보 1956년 4월호 한국관계 부분. 내용은 억류자 석방에 관한 한일교섭, 한국의 일본 어선 나포, 한국 억류 일본인어부에 대한 식사비 송금 거부, 독도 현황, 일본 어선의 한국영해 입역, 북한잔류 일본인의 귀환
주제어 억류자 상호 석방 교섭, 독도, 재일한인 북송 문제

문서명	아시아국 집무월보(초) 50호 1956년 5월[アジア局執務月報(抄) 50号 昭31.5]

문서파일번호 1513
작성연월일 1956. 5
구분 제3~4차 회담 사이
세부항목 아시아국 집무월보 1956년 1월호
작성처 외무성 아시아국
매수 6
비밀등급 일반
문서종류 내부자료
공개구분 일부비공개
내용 외무성 아시아국 집무월보 1956년 5월호 한국관계 부분. 내용은 적십자국제위원회 극동파견대표의 방일, 일본 어선 나포, 억류 일본 선원에 대한 차입품 및 억류선원에 대한 송금 문제, 한국선 어성호의 반환 문제 등 현안 조회, 마쓰큐호(松九丸) 선주의 김 수입 문제, 한국 억류 선원 귀환 촉진 가족단 진정, 한국해협 해저전선의 수리, 한국의 이혼관계법규 조회, 한국인 ■■의 여권분실 통보
주제어 일본 어선 나포, 재일한인 북송 문제, 한국해협 해저전선

문서명	아시아국 집무월보(초) 51호 1956년 6월[アジア局執務月報(抄) 51号 昭31.6]

문서파일번호	1513
작성연월일	1956. 6
구분	제3~4차 회담 사이
세부항목	아시아국 집무월보 1956년 1월호
작성처	외무성 아시아국
매수	2
비밀등급	일반
문서종류	내부자료
공개구분	일부비공개
내용	외무성 아시아국 집무월보 1956년 6월호 한국관계 부분. 내용은 한국인 ■의 여권 분실, 북한의 일본 어선 나포, 재일한인의 북한귀국 문제
주제어	북한의 일본 어선 나포, 재일한국인 북송 문제

문서명	아시아국 집무월(초) 52호 1956년 7월[アジア局執務月報(抄) 52号 昭31.7]

문서파일번호	1513
작성연월일	1956. 7
구분	제3~4차 회담 사이
세부항목	아시아국 집무월보 1956년 1월호
작성처	외무성 아시아국
매수	2
비밀등급	일반
문서종류	내부자료
공개구분	공개
내용	외무성 아시아국 집무월보 1956년 7월호 한국관계 부분. 내용은 재일한인의 북한 귀국 문제, 북한의 일본 어선 나포
주제어	재일한인 북송 문제, 북한의 일본 어선 나포

문서명	아시아국 집무월보(초) 53호 1956년 8월[アジア局執務月報(抄) 53号 昭31.8]

문서파일번호 1513
작성연월일 1956. 8
구분 제3~4차 회담 사이 회담 사이
세부항목 아시아국 집무월보 1956년 1월호
작성처 외무성 아시아국
매수 2
비밀등급 일반
문서종류 내부자료
공개구분 공개
내용 외무성 아시아국 집무월보 1956년 8월호 한국관계 부분. 내용은 한국의 대한무역 일본선 억류, 한국영해 일본 선박의 피난, 한국에서 선어(鮮魚) 수입, 나포어선, 재일 한인의 북한 귀국 문제
주제어 일본 선박 피난, 재일한인 북송 문제

문서명	아시아국 집무월보(초) 54호 1956년 9월[アジア局執務月報(抄) 54号 昭31.9]

문서파일번호 1513
작성연월일 1956. 9
구분 제3~4차 회담 사이 회담 사이
세부항목 아시아국 집무월보 1956년 1월호
작성처 외무성 아시아국
매수 2
비밀등급 일반
문서종류 내부자료
공개구분 일부비공개
내용 외무성 아시아국 집무월보 1956년 9월호 한국관계 부분. 내용은 한국 억류어부 2명의 귀환, 일본 어선 나포, 오무라수용소 재일한국인의 사망 통보, 한국선 어성호의 반환, 독도 문제
주제어 억류일본 어부 귀환, 독도

문서명	아시아국 집무월보(초) 55호. 1956년 10월[アジア局執務月報(抄) 55号 昭31.10]

문서파일번호 1513

작성연월일 1956. 10

구분 제3~4차 회담 사이 회담 사이

세부항목 아시아국 집무월보 1956년 1월호

작성처 외무성 아시아국

매수 2

비밀등급 일반

문서종류 내부자료

공개구분 일부비공개

내용 외무성 아시아국 집무월보 1956년 10월호 한국관계 부분. 내용은 한국재판소의 증인심문 촉탁, 한국선원수첩의 처리에 관한 조회, 한국의 일본 어선 나포, 부산 억류어부에 대한 차입허가 독촉, 일본어업자 대표의 진정, 부산 억류어부 2명의 탈출 귀국

주제어 어선 나포, 한국 억류 일본 어부 처우 문제

문서명	아시아국 집무월보(초) 56호. 1956년 11월[アジア局執務月報(抄) 56号 昭31.11]

문서파일번호 1513

작성연월일 1956. 11

구분 제3~4차 회담 사이 회담 사이

세부항목 아시아국 집무월보 1956년 1월호

작성처 외무성 아시아국

매수 4

비밀등급 일반

문서종류 내부자료

공개구분 공개

내용 외무성 아시아국 집무월보 1956년 11월호 한국관계 부분. 내용은 어선 나포 및 귀환, 재한 일본여성 등 귀국, 탈주 한국 비행장교의 신병 인도 요청, 북한 무연탄 수입 문제, 독도의 근황, 재일한국인 원조자금 송금에 관한 북한적십자사의 원조 신청

주제어 탈주 한국군인 신병인도요청, 북일 무역, 독도, 재일한인 북송 문제

문서명	아시아국 집무월보(초) 57호 1956년 12월[アジア局執務月報(抄) 57号 昭31.12]

문서파일번호	1513
작성연월일	1956. 12
구분	제3~4차 회담 사이 회담 사이
세부항목	아시아국 집무월보 1956년 1월호
작성처	외무성 아시아국
매수	3
비밀등급	일반
문서종류	내부자료
공개구분	일부비공개
내용	외무성 아시아국 집무월보 1956년 12월호 한국관계 부분. 내용은 제8차 억류선원 차입 실시 요청, 억류선원 ▬의 사망, 억류선원 중 환자의 조기 송환, 억류어부 가족 대표의 진정, 한국의 일본 어선 나포, 한국해협의 제2 해저전선 수리, 후쿠오카(福岡)의 북한 귀국 희망자 일부 귀국
주제어	억류일본 어부 처우, 어선 나포, 재일한인 북송 문제

아시아국 집무월보(초)(1957년 1~12월)
[アジア局執務月報(抄)(昭和32年1－12月)]

문서파일번호	1514
작성연월일	1957. 1 - 1957. 12
구분	제3~4차 회담 사이
세부항목	아시아국 집무월보 1957년 1~12월호
작성처	외무성 아시아국
매수	39
비밀등급	
문서종류	내부자료
공개구분	공개 또는 일부비공개
내용	1957년 1~12월 아시아국 집무월보(초) 한국관계 부분 모음
주제어	1957년 아시아국 집무월보

문서명	아시아국 집무월보(초) 58호 1957년 1월[アジア局執務月報(抄) 58号 昭32.]

문서파일번호 1514
작성연월일 1957. 1
구분 제3~4차 회담 사이
세부항목 아시아국 집무월보 1957년 1월호
작성처 외무성 아시아국
매수 3
비밀등급 일반
문서종류 내부자료
공개구분 공개
내용 외무성 아시아국 집무월보 1957년 1월호 한국관계 부분. 부산 억류 선원 중 환자 14명 귀환, 한국의 일본 어선 나포, 제8차 차입에 대한 재요청, 한국 군용기의 기체 인도, 불법 입국자의 송환예정 통보, 한국 군용기의 일본 입국 요청
주제어 억류자 상호 석방, 한국 군용기 반환 문제

문서명	아시아국 집무월보(초) 59호 1957년 2월[アジア局執務月報(抄) 59号 昭32.2]

문서파일번호 1514
작성연월일 1957. 2
구분 제3~4차 회담 사이
세부항목 아시아국 집무월보 1957년 2월호
작성처 외무성 아시아국
매수 4
비밀등급 일반
주제어 어선 나포, 억류자 상호 석방
공개구분 일부비공개
내용 외무성 아시아국 집무월보 1957년 2월호 한국관계 부분. 일본 어선 나포에 대한 항의 제기, 대한 어선수출 해금 검토, 부산 억류어부에 대한 차입 거부, 오무라 한국 인수용자의 사망 통보, 한국인 집단밀항 사건에 관한 항의, 재베트남 한국공사관에 한국인 밀항자 인도, 한국대표부에 대한 긴급 독촉
문서종류 내부자료

문서명	아시아국 집무월보(초) 60호 1957년 3월[アジア局執務月報(抄) 60号 昭32.3]

문서파일번호 1514
작성연월일 1957. 3
구분 제3~4차 회담 사이
세부항목 아시아국 집무월보 1957년 3월호
작성처 외무성 아시아국
매수 3
비밀등급 일반
문서종류 내부자료
공개구분 일부비공개
내용 외무성 아시아국 집무월보 1957년 3월호 한국관계 부분. 북일 간 기상정보 교환 요청, 부산항의 일본 어선 도난피해, 한국 어선 어성호의 인수 포기, 일본 기선의 한국 영해 긴급 피난, 이승만 대통령 82세 생일축하 전보, 한국의 이혼 및 신분관계 법규 조사, 한국인 ■의 혼인능력 증명
주제어 북일 기상협력, 억류자 처우, 이승만 대통령에 대한 생일 축하 전보

문서명	아시아국 집무월보(초) 61호 1957년 4월[アジア局執務月報(抄) 61号 昭32.4]

문서파일번호 1514
작성연월일 1957. 4
구분 제3~4차 회담 사이
세부항목 아시아국 집무월보 1957년 4월호
작성처 외무성 아시아국
매수 2
비밀등급 일반
문서종류 내부자료
공개구분 일부비공개
내용 외무성 아시아국 집무월보 1957년 4월호 한국관계 부분. 부산 억류선원 ○○의 송환 요청, 부산항의 일본 선박 도난 피해, 한국 국회의장의 일본 통과, 오무라수용소 한국인의 사망통보, 강제퇴거자 송환예정 통보, 후쿠오카 체류 한국인의 행방에 관한 한국대표부의 조회
주제어 억류자 상호 석방

문서명	아시아국 집무월보(초) 62호 1957년 5월[アジア局執務月報(抄) 62号 昭32.5]

문서파일번호 1514
작성연월일 1957. 5
구분 제3~4차 회담 사이
세부항목 아시아국 집무월보 1957년 5월호
작성처 외무성 아시아국
매수 4
비밀등급 일반
문서종류 내부자료
공개구분 일부비공개
내용 외무성 아시아국 집무월보 1957년 5월호 한국관계 부분. 한국 억류선원 중 환자 11명의 귀환, 한국석유회사의 드럼통 표착, 부산 억류선원 ■의 사망, 한국선의 도난 밀수 사건, 재일한국인의 북한 귀국에 관한 한국대표부의 항의, 오무라 수용 한국인의 사망통보, 한국 국회의장의 일본 통과, 한국대표부 대사의 경질, 한국대표부 유태하 참사관의 승격
주제어 억류자 상호 석방, 재일한인 북송 문제, 주일한국대표부 인사 문제

문서명	아시아국 집무월보(초) 63호 1957년 6월[アジア局執務月報(抄) 63号 昭32.6]

문서파일번호 1514
작성연월일 1957. 6
구분 제3~4차 회담 사이
세부항목 아시아국 집무월보 1957년 6월호
작성처 외무성 아시아국
매수 2
비밀등급 일반
문서종류 내부자료
공개구분 일부비공개
내용 외무성 아시아국 집무월보 1957년 6월호 한국관계 부분. 부산 억류선원 중 사망자 유골의 송환, 한국 억류어부에게 보내는 소포에 대한 불신 및 통관조치, 상호 석방 및 한일회담 재개를 위한 교섭
주제어 억류자 상호 석방 및 한일회담 재개 교섭

문서명	아시아국 집무월보(초) 64호 1957년 7월[アジア局執務月報(抄) 64号 昭32.7]

문서파일번호 1514
작성연월일 1957. 7
구분 제3~4차 회담 사이
세부항목 아시아국 집무월보 1957년 7월호
작성처 외무성 아시아국
매수 2
비밀등급 일반
문서종류 내부자료
공개구분 일부비공개
내용 외무성 아시아국 집무월보 1957년 7월호 한국관계 부분. 야마구치(山口)현 표착 드럼통의 인수비용, 한국의 일본 어선 나포, 한국 억류어부에 대한 차입, 부산항의 일본 어선의 피해, 억류어부 중 환자 1명 송환, '이 라인' 밖에서의 나포 사건, 한국의 입양 및 인지에 관한 법령 조회
주제어 억류자 상호 석방, 재일한국인 법적지위

문서명	아시아국 집무월보(초) 65호 1957년 8월[アジア局執務月報(抄) 65号 昭32.8]

문서파일번호 1514
작성연월일 1957. 8
구분 제3~4차 회담 사이
세부항목 아시아국 집무월보 1957년 8월호
작성처 외무성 아시아국
매수 3
비밀등급 일반
문서종류 내부자료
공개구분 일부비공개
내용 외무성 아시아국 집무월보 1957년 8월호 한국관계 부분. 한일교섭, 한국인의 집단밀항 사건에 관한 한국대표부의 조회, 남사할린 귀환 한국인에 관한 주일한국대표부의 신청, 한국 억류선원 중 환자 귀환, 한국 억류선원 중 장티프스 환자에 대한 약품송부, 한국수해 위문, 가와키(川岐) 입국수용소 하마마쓰(浜松) 분실 소동 사건
주제어 억류자 상호 석방 교섭

문서명	아시아국 집무월보(초) 66호 1957년 9월[アジア局執務月報(抄) 66号 昭32.9]

문서파일번호	1514
작성연월일	1957. 9
구분	제3~4차 회담 사이
세부항목	아시아국 집무월보 1957년 9월호
작성처	외무성 아시아국
매수	4
비밀등급	일반
문서종류	내부자료
공개구분	일부비공개
내용	외무성 아시아국 집무월보 1957년 9월호 한국관계 부분. 가와키 입국수용소 하마마쓰 분실의 한국인 소동 사건에 관한 한국대표부 이의 제기 반박, 한국선원수첩의 처리에 관한 조회, 한국인 집단밀항 사건에 관한 정보 제공, 오무라수용소 한국인 사망통보, 한국대표부의 한국인 재입국에 관한 편의공여 의뢰 건, 한국인 ■의 신병인도 요청, 일본인 입국자 수용소에 수용 중인 한국인 중 환자의 조기송환, 후쿠오카수산시험장 해류습득, 야마구치현에 표착한 드럼통의 처리
주제어	일본 입국수용소 한국인 문제

문서명	아시아국 집무월보(초) 67호 1957년 10월[アジア局執務月報(抄) 67号 昭32.10]

문서파일번호	1514
작성연월일	1957. 10
구분	제3~4차 회담 사이
세부항목	아시아국 집무월보 1957년 10월호
작성처	외무성 아시아국
매수	4
비밀등급	일반
문서종류	내부자료
공개구분	일부비공개
내용	외무성 아시아국 집무월보 1957년 10월호 한국관계 부분. 한국선원수첩의 교체, 원 일본국적이었던 한국인에 관한 한국대표부의 조회, 한국의 입양 및 인지에 관한 법령 조사, 입국자 수용소의 한국인 환자의 송환 문제, 사법관계 자료의 기증, 한국 억류어부 가족대표의 인도방문, 표착 드럼통 처리
주제어	재일한국인 법적지위, 억류자 문제

문서명	아시아국 집무월보(초) 68호 1957년 11월[アジア局執務月報(抄) 68号 昭32.11]

문서파일번호	1514
작성연월일	1957. 11
구분	제3~4차 회담 사이
세부항목	아시아국 집무월보 1957년 11월호
작성처	외무성 아시아국
매수	2
비밀등급	일반
문서종류	내부자료
공개구분	일부비공개
내용	외무성 아시아국 집무월보 1957년 11월호 한국관계 부분. 한국의 일본 어선 나포, 억류어부 ▬의 조기송환
주제어	어선 나포

문서명	아시아국 집무월보(초) 69호 1957년 12월[アジア局執務月報(抄) 69号 昭32.12]

문서파일번호	1514
작성연월일	1957. 12
구분	제3~4차 회담 사이
세부항목	아시아국 집무월보 1957년 12월호
작성처	외무성 아시아국
매수	6
비밀등급	일반
문서종류	내부자료
공개구분	일부비공개
내용	외무성 아시아국 집무월보 1957년 12월호 한국관계 부분. 억류자 석방 및 한일회담 재개를 위한 교섭 타결, 일본 어선 나포에 관한 일본의 항의에 대한 한국 회답에 반박, 억류어민에 대한 연말 증여품 송부, 입국자 수용소 한국인 환자의 송환 문제, 원 일본국적이었던 한국인 ▬의 소식통보, 북한의 만국우편연합 가입신청에 관해 한국대표부에 통보, 재일한국인의 북한 입국 저지에 관한 한국의 신청
주제어	억류자 상호 석방 및 한일회담 재개 교섭 타결, 재일한인 북송 문제

아시아국 집무월보(초)(1958년 2~12월)
[アジア局執務月報(抄)(昭和33年2 - 12月)]

문서파일번호	1515
작성연월일	1958. 2 - 1958. 12
구분	제4차 회담
세부항목	아시아국 집무월보 1958년 2~12월호
작성처	외무성 아시아국
매수	43
비밀등급	
문서종류	내부자료
공개구분	일부비공개
내용	1958년 2~12월호 아시아국 집무월보(초) 한국 관계 부분 모음(* 1월호 없음)
주제어	1958년 아시아국 집무월보

문서명	아시아국 집무월보(초) 71호. 1958년 2월[アジア局執務月報(抄) 71号 昭33.2]

문서파일번호	1515
작성연월일	1958. 2
구분	제4차 회담
세부항목	아시아국 집무월보 1958년 2월호
작성처	외무성 아시아국
매수	4
비밀등급	일반
문서종류	내부자료
공개구분	일부비공개
내용	외무성 아시아국 집무월보 1958년 2월호 한국관계 부분. 내용은 억류자 상호 석방 실시계획에 관한 한일교섭, 조산, 한국인 사체의 인도 요청, 한국의 일본 어선 나포, 억류 어부 귀환, 한일회담에 관한 관계성 과장급 회의, 제1차 불법 입국 한국인 송환선 출발, 한일회담 한국대표단 명부 및 제2차 어부 송환자 명단 교부, 억류어부 송환에 관한 일본의 요청
주제어	억류자 상호 송환, 한일회담 일본 자체회의, 독도

문서명	아시아국 집무월보(초) 72호. 1958년 3월[アジア局執務月報(抄) 72号 昭33.3]

문서파일번호	1515
작성연월일	1958. 3
구분	제4차 회담
세부항목	아시아국 집무월보 1958년 3월호
작성처	외무성 아시아국
매수	2
비밀등급	일반
문서종류	내부자료
공개구분	공개
내용	외무성 아시아국 집무월보 1958년 3월호 한국관계 부분. 내용은 순시선 다쓰다(たつた) 피격 사건, 한국의 일본 어선 나포, 이승만 대통령의 83회 생일 축전, 독도
주제어	일본 어선 나포, 이승만 대통령 83회 생일축전, 독도

문서명	아시아국 집무월보(초) 73호 1958년 4월[アジア局執務月報(抄) 73号 昭33.4]

문서파일번호 1515
작성연월일 1958. 4
구분 제4차 회담
세부항목 아시아국 집무월보 1958년 4월호
작성처 외무성 아시아국
매수 3
비밀등급 일반
문서종류 내부자료
공개구분 공개
내용 외무성 아시아국 집무월보 1958년 4월호 한국관계 부분. 내용은 제4차 한일회담 재개, 상호 석방 실시에 관한 한일연락위원회 재개, 한국의 일본 어선 나포, 해저전선 수리선 치요다마루(千代田丸) 피격 사건
주제어 제4차 한일회담 재개, 억류자 상호 석방, 일본 어선 나포

문서명	아시아국 집무월보(초) 74호 1958년 5월[アジア局執務月報(抄) 74号 昭33.5]

문서파일번호 1515
작성연월일 1958. 5
구분 제4차 회담
세부항목 아시아국 집무월보 1958년 5월호
작성처 외무성 아시아국
매수 3
비밀등급 일반
문서종류 내부자료
공개구분 공개
내용 외무성 아시아국 집무월보 1958년 5월호 한국관계 부분. 내용은 제4차 한일회담 경과, 한국 억류 어부 귀환
주제어 제4차 한일회담 경과, 억류어부 귀환

문서명	아시아국 집무월보(초) 75호 1958년 6월[アジア局執務月報(抄) 75号 昭33.6]

문서파일번호 1515
작성연월일 1958. 6
구분 제4차 회담
세부항목 아시아국 집무월보 1958년 6월호
작성처 외무성 아시아국
매수 2
비밀등급 일반
문서종류 내부자료
공개구분 일부비공개
내용 외무성 아시아국 집무월보 1958년 6월호 한국관계 부분. 내용은 제4차 한일회담 경과, 일본 어선 나포, 한국 지명 변경에 관한 조회, 한국인 한근상(현역 국회의원) 경력 조회 의뢰
주제어 제4차 한일회담 경과, 일본 어선 나포

문서명	아시아국 집무월보(초) 76호 1958년 7월[アジア局執務月報(抄) 76号 昭33.7]

문서파일번호 1515
작성연월일 1958. 7
구분 제4차 회담
세부항목 아시아국 집무월보 1958년 7월호
작성처 외무성 아시아국
매수 3
비밀등급 일반
문서종류 내부자료
공개구분 일부비공개
내용 외무성 아시아국 집무월보 1958년 7월호 한국관계 부분. 내용은 제4차 한일회담 경과, 한국에 인도한 문화재 자료, 한국 낙동강 및 금강 지역 수해 위문, 대한해협 제2 해저전선 장해 수리, 한국인 이상록의 경력 조회 의뢰, 한일회담 한국 수석대표 임병직의 복수 재입국 허가
주제어 제4차 한일회담 경과, 문화재 반환, 한국 수해 위문, 해저전선 수리

문서명	1958년 7월분(昭33年7月分)

문서파일번호 1515
작성연월일 1958. 7
구분 제4차 회담
세부항목 아시아국 집무월보 1958년 7월
작성처 외무성 아시아국
매수 3
비밀등급 일반
문서종류 내부자료
공개구분 공개
내용 외무성 북동아시아과 소관 아시아국 현안 1958년 7월분 원고. 내용은 제4차 한일회담 경과(수기로 작성한 집무월보와 달리 타이핑되어 있음)
주제어 제4차 한일회담 경과, 어업, 재일한국인 법적지위

문서명	1958년 8월분(昭33年8月分)

문서파일번호 1515
작성연월일 1958. 8
구분 제4차 회담
세부항목 아시아국 집무월보 1958년 8월호
작성처 외무성 아시아국
매수 4
비밀등급 일반
문서종류 내부자료
공개구분 공개
내용 외무성 북동아시아과 소관 아시아국 현안 1958년 8월분 원고. 내용은 제4차 한일회담 관계 제목으로 회담 경과를 비교적 소상하게 기술(수기로 작성한 집무월보와 달리 타이핑되어 있으며 한일회담에 관해서만 기록)
주제어 제4차 한일회담 경과, 청구권, 재일한인 북송 문제

문서명	아시아국 집무월보(초) 78호 1958년 9월[アジア局執務月報(抄) 78号 昭33.9]

문서파일번호 1515
작성연월일 1958. 9
구분 제4차 회담
세부항목 아시아국 집무월보 1958년 9월호
작성처 외무성 아시아국
매수 2
비밀등급 일반
문서종류 내부자료
공개구분 일부비공개
내용 외무성 아시아국 집무월보 1958년 9월호 한일관계 부분. 내용은 한국대표부 대표 경질, 한국 억류 비어부 일본인 귀환, 한국 억류 일본인 유골수령, 한국인 ▬의 경력 조회 요청
주제어 한국대표부 동정, 한국 억류 일본인 귀환

문서명	1958년 9월분(昭33年9月分)

문서파일번호 1515
작성연월일 1958. 9
구분 제4차 회담
세부항목 아시아국 집무월보 1958년 9월
작성처 외무성 아시아국
매수 5
비밀등급 일반
문서종류 내부자료
공개구분 공개
내용 외무성 북동아시아과 소관 아시아국 현안 1958년 9월분 원고. 내용은 제4차 한일회담 경과(수기로 작성한 집무월보와 달리 타이핑되어 있으며 한일회담 내용에 관해서만 기록). 일본의 재일한인 북송 희망자 석방 문제로 한일회담이 결렬 위기에 봉착함. 일본은 북송 문제와 관련, '구두 전달사항을 통해 동 문제를 한국의 희망을 고려하면서 처리할 의향이 있음'을 전달함으로써 회담 결렬을 막음.
주제어 제4차 한일회담 경과, 재일한인 북송 문제

문서명	1958년 10월분(昭33年10月分)

문서파일번호 1515
작성연월일 1958. 10
구분 제4차 회담
세부항목 아시아국 집무월보 1958년 10월
작성처 외무성 아시아국
매수 4
비밀등급 일반
문서종류 내부자료
공개구분 공개
내용 외무성 북동아시아과 소관 아시아국 현안 1958년 10월분 원고. 내용은 제4차 한일회담 경과. 재일한인 북송 문제로 결렬 위기에 있었던 회담이 1958년 10월 1일 재개됨. 일본은 어업위원회에서 어업협정 기본요강을 한국에 제시함.
주제어 제4차 한일회담 경과, 어업

문서명	1958년 11월분(昭33年11月分)

문서파일번호 1515
작성연월일 1958. 11
구분 제4차 회담
세부항목 아시아국 집무월보 1958년 11월
작성처 외무성 아시아국
매수 4
비밀등급 일반
문서종류 내부자료
공개구분 공개
내용 외무성 북동아시아과 소관 아시아국 현안 1958년 11월분 원고. 내용은 제4차 한일회담 경과, 한일회담 각 분과위 개최 현황
주제어 제4차 한일회담 경과, 어업

문서명	1958년 12월분(昭33年12月分)

문서파일번호	1515
작성연월일	1958. 12
구분	제4차 회담
세부항목	아시아국 집무월보 1958년 12월
작성처	외무성 아시아국
매수	4
비밀등급	일반
문서종류	내부자료
공개구분	공개
내용	외무성 북동아시아과 소관 아시아국 현안 1958년 12월분 원고. 내용은 제4차 한일회담 경과, 각 분과위원회 개최 현황
주제어	제4차 한일회담 경과, 어업

아시아국 집무월보(초)(1959년 이후)
[アジア局執務月報(抄)(昭和34年以降)]

문서파일번호	1516
작성연월일	1959. 3 - 1962. 6
구분	제4~6차 회담
세부항목	아시아국 집무월보 1959년 3월~1962년 6월
작성처	외무성 아시아국
매수	18
비밀등급	
문서종류	내부자료
공개구분	공개 또는 일부비공개
내용	1959년 3월~1962년 6월 사이에 간행된 아시아국 집무월보 한국관계 부분 모음
주제어	아시아국 집무월보

문서명	아시아국 집무월보(초) 84호 1959년 3월[アジア局執務月報(抄) 84号 昭34.3]

문서파일번호 1516
작성연월일 1959. 3
구분 제4차 회담
세부항목 아시아국 집무월보 1959년 3월
작성처 외무성 아시아국
매수 3
비밀등급 일반
문서종류 내부자료
공개구분 일부비공개
내용 외무성 아시아국 집무월보 1959년 3월호 한국관계 부분. 재일한인 북송 문제에 관한 관계성 연락 회의, 한국억류 비어부 일본인 귀국, 부산억류 일본인어부의 재판에 대한 변호사 파견 요청, 이 대통령의 84회 생일 축전, 사기범의 한국대표부에 대한 조회 요청에 관해 기록
주제어 재일한인 북송 문제, 이승만 대통령 84회 생일 축전

문서명	아시아국 집무월보(초) 86호 1959년 5월[アジア局執務月報(抄) 86号 昭34.5]

문서파일번호 1516
작성연월일 1959. 5
구분 제4차 회담
세부항목 아시아국 집무월보 1959년 5월
작성처 외무성 아시아국
매수 2
비밀등급 일반
문서종류 내부자료
공개구분 일부비공개
내용 외무성 아시아국 집무월보 1958년 5월호 한국관계 부분. 재일한인 북송 문제, 제2산노마루(山王丸) 나포에 대한 항의, 한국억류 일본인어부에 대한 일본변호인 선임, 한국인 ■씨의 일본의사 국가시험, 한국인 ■씨의 교원자격시험에 관해 기술
주제어 재일한인 북송 문제, 일본어선 나포, 재일한국인 법적지위

문서명	아시아국 집무월보(초) 87호 1959년 6월[アジア局執務月報(抄) 87号 昭34.6]

문서파일번호 1516
작성연월일 1959. 6
구분 제4차 회담
세부항목 아시아국 집무월보 1959년 6월
작성처 외무성 아시아국
매수 3
비밀등급 일반
문서종류 내부자료
공개구분 일부비공개
내용 외무성 아시아국 집무월보 1959년 6월호 한국관계 부분. 재일한인 북송 문제, 일본인어부 석방 문제, 제2마쓰에이마루(松榮丸) 나포 사건, 제2산노마루 석방, 독도 문제, 재일한인 ▬씨에 대한 친구관계 조회 요청에 관해 기록
주제어 재일한인 북송 문제, 일본어선 나포

문서명	아시아국 집무월보(초) 88호 1959년 7월[アジア局執務月報(抄) 88号 昭34.7]

문서파일번호 1516
작성연월일 1959. 7
구분 제4차 회담
세부항목 아시아국 집무월보 1959년 7월
작성처 외무성 아시아국
매수 3
비밀등급 일반
문서종류 내부자료
공개구분 일부비공개
내용 외무성 아시아국 집무월보 1959년 7월호 한국관계 부분. 재일한인 북송 문제, 부산 억류 일본인어부집단 데모사건, 일본어선 제7미쓰요마루(光与丸) 나포 사건, 한국의 용군인 귀국 조회 의뢰, 한국 법령 송부에 관해 기록
주제어 재일한인 북송 문제, 일본어선 나포

문서명	아시아국 집무월보(초) 105호 1960년 12월[アジア局執務月報(抄) 105号 昭35.12]

문서파일번호 1516
작성연월일 1960. 12
구분 제5차 회담
세부항목 아시아국 집무월보 1960년 12월
작성처 외무성 아시아국
매수 2
비밀등급 일반
문서종류 내부자료
공개구분 일부비공개
내용 외무성 아시아국 집무월보 1960년 12월호 한국관계 부분. 제5차 한일회담 예비회담 개최 현황, 주일대사에서 해임된 유태하의 일본 체류기간 갱신 및 한국의 여권 무효 통보, 한국인 ▀▀씨의 신원조회 의뢰 2건에 관해 기록
주제어 제5차 한일회담 예비회담 개최 현황, 유태하 여권 무효조치

문서명	아시아국 집무월보(초) 111호 1961년 6월[アジア局執務月報(抄) 111号 昭36.6]

문서파일번호 1516
작성연월일 1961. 6
구분 제5~6차 회담 사이
세부항목 아시아국 집무월보 1961년 6월
작성처 외무성 아시아국
매수 2
비밀등급 일반
문서종류 내부자료
공개구분 공개
내용 외무성 아시아국 집무월보 1961년 6월호 한국관계 부분. 사와다 렌조 일본 수석대표 사임, 유태하 귀국 건, 일본어선 불법 나포 사건에 관해 기록
주제어 사와다 대표 사임, 유태하 귀국 문제, 일본어선 나포

문서명	아시아국 집무월보(초) 112호 1961년 7월[アジア局執務月報(抄) 112号 昭36.7]

문서파일번호 1516
작성연월일 1961. 7
구분 제5~6차 회담 사이
세부항목 아시아국 집무월보 1961년 7월
작성처 외무성 아시아국
매수 2
비밀등급 일반
문서종류 내부자료
공개구분 공개
내용 외무성 아시아국 집무월보 1961년 7월호 한국관계 부분. 재일한인 북송 문제, 대한해협 제2 해저전선 수리, 일본어선 불법나포 사건, 제2청흥호(清兴丸) 어망탈취 사건에 관해 기술
주제어 재일한인 북송 문제, 해저전선 수리, 일본어선 나포

문서명	아시아국 집무월보(초) 123호 1962년 6월[アジア局執務月報(抄) 123号 昭37.6]

문서파일번호 1516
작성연월일 1962. 6
구분 제6차 회담
세부항목 아시아국 집무월보 1962년 6월
작성처 외무성 아시아국
매수 1
비밀등급
문서종류 내부자료
공개구분 일부비공개
내용 외무성 아시아국 집무월보 1962년 6월호 한국관계 부분. 이방자(李方子) 여사 방한, 한국 연안에서의 일본어선 좌초에 관해 기술
주제어 이방자 여사 방한

아시아국 주요 현안처리 월보 발췌 1958년 6월, 1959년 1월~1960년 12월분(アジア局主要懸案処理月報抜粋 33年6월, 34年 1月~35年 12月分)

문서파일번호	1399
작성연월일	1958. 6 - 1961. 1. 5
구분	제4~5차 회담
세부항목	아시아국 주요현안 월보
작성처	외무성 아시아국 총무참사관실
매수	386
비밀등급	
문서종류	내부자료
공개구분	일부비공개
내용	외무성 아시아국의 주요 현안처리 월보 1958년 6월분 및 1959년 1월~1960년 12월분 중 북동아시아과 관계(한일관계) 부분을 발췌한 자료 모음
주제어	외무성 아시아국 주요현안

문서명	아시아국 주요현안 처리 월보 1958년 6월분(アジア局主要懸案処理月報抜粋 33年6月分)

문서파일번호 1399
작성연월일 1958. 7
구분 제4~5차 회담
세부항목 아시아국 주요현안 월보
작성처 외무성 아시아국 총무참사관실
매수 4
비밀등급 일반
문서종류 내부자료
공개구분 공개
내용 외무성 아시아국 주요현안 처리 월보 1958년 6월분 북동아시아과 관계 부분. 내용은 제4차 한일회담. 본회담에 있어서 일본의 최대의 관심이 어업 문제의 해결에 있음은 물론이라는 주장 기술
주제어 제4차 한일회담, 어업, 청구권

문서명	아시아국 주요현안 처리 월보 1959년 1월분(アジア局主要懸案処理月報抜粋 34年1月分)

문서파일번호 1399
작성연월일 1959. 2
구분 제4~5차 회담
세부항목 아시아국 주요현안 월보
작성처 외무성 아시아국 총무참사관실
매수 3
비밀등급 일반
문서종류 내부자료
공개구분 공개
내용 외무성 아시아국 주요현안 처리 월보 1959년 1월분 북동아시아과 관계 부분. 내용은 제4차 한일회담의 진행상황
주제어 제4차 한일회담

문서명	아시아국 주요현안 처리 월보 1959년 2월분(アジア局主要懸案処理月報抜粋 34年2月分)

문서파일번호 1399
작성연월일 1959. 3
구분 제4~5차 회담
세부항목 아시아국 주요현안 월보
작성처 외무성 아시아국 총무참사관실
매수 4
비밀등급 일반
문서종류 내부자료
공개구분 공개
내용 외무성 아시아국 주요현안 처리 월보 1959년 2월분 북동아시아과 관계 부분. 내용은 제4차 한일회담, 재일한인 북한 귀환 문제, 부산 억류 일본인어부의 석방 문제 등
주제어 제4차 한일회담, 재일한인 북송 문제, 일본인어부 석방 문제

문서명	아시아국 주요현안 처리 월보 1959년 3월분(アジア局主要懸案処理月報抜粋 34年3月分)

문서파일번호 1399
작성연월일 1959. 4
구분 제4~5차 회담
세부항목 아시아국 주요현안 월보
작성처 외무성 아시아국 총무참사관실
매수 6
비밀등급 일본
문서종류 내부자료
공개구분 공개
내용 외무성 아시아국 주요현안 처리 월보 1959년 3월분 북동아시아과 관계 부분. 내용은 제4차 한일회담, 재일한인 북한 귀환 문제, 부산 억류 일본인어부의 석방 문제의 진전 상황
주제어 제4차 한일회담, 재일한인 북송 문제, 일본인어부 석방 문제

문서명	아시아국 주요현안 처리 월보 제11호(1959년 4월분)[アジア局重要懸案処理月報第11号(昭和34年4月分)]

문서파일번호 1399
작성연월일 1959. 5. 6
구분 제4~5차 회담
세부항목 아시아국 주요현안 월보
작성처 외무성 아시아국 총무참사관실
매수 11
비밀등급 극비
문서종류 내부자료
공개구분 공개
내용 외무성 아시아국 주요현안 처리 월보 1959년 4월분 북동아시아과 관계 부분. 내용은 제4차 한일회담, 재일한인 북한 귀환 문제, 부산 억류 일본인어부의 석방 문제의 진전 상황
주제어 제4차 한일회담, 재일한인 북송 문제, 일본인어부 석방 문제

문서명	아시아국 주요현안 처리 월보 1959년 5월분(アジア局主要懸案処理月報抜粋 34年5月分)

문서파일번호 1399
작성연월일 1959. 6
구분 제4~5차 회담
세부항목 아시아국 주요현안 월보
작성처 외무성 아시아국 총무참사관실
매수 13
비밀등급 일반
문서종류 내부자료
공개구분 공개
내용 외무성 아시아국 주요현안 처리 월보 1959년 5월분 북동아시아과 관계 부분. 내용은 제4차 한일회담, 재일한인 북한 귀환 문제, 부산 억류 일본인어부의 석방 문제의 진전 상황
주제어 제4차 한일회담, 재일한인 북송 문제, 일본인어부 석방 문제

문서명	아시아국 주요현안 처리 월보 제13호(1959년 6월분)[アジア局重要懸案処理月報第13号(昭和34年6月分)]

문서파일번호 1399
작성연월일 1959. 7
구분 제4~5차 회담
세부항목 아시아국 주요현안 월보
작성처 외무성 아시아국 총무참사관실
매수 12
비밀등급 극비
문서종류 내부자료
공개구분 공개
내용 외무성 아시아국 주요현안 처리 월보 1959년 6월분 북동아시아과 관계 부분. 내용은 제4차 한일회담, 한국의 일본 어선 불법 나포 및 부산 억류 일본인어부 석방 문제, 재일한인 북한 귀환 문제의 진전 상황
주제어 제4차 한일회담, 일본 어선 나포 및 일본인어부 억류 문제, 재일한인 북송 문제

문서명	아시아국 주요현안 처리 월보 제14호(1959년 7월분)[アジア局重要懸案処理月報第14号(昭和34年7月分)]

문서파일번호 1399
작성연월일 1959. 8. 10
구분 제4~5차 회담
세부항목 아시아국 주요현안 월보
작성처 외무성 아시아국 총무참사관실
매수 17
비밀등급 극비
문서종류 내부자료
공개구분 공개
내용 외무성 아시아국 주요현안 처리 월보 1959년 7월분 북동아시아과 관계 부분. 내용은 제4차 한일회담, 한국의 일본 어선 불법 나포 및 부산 억류 일본인어부 석방 문제, 재일한국인 북한 귀환 문제의 진전 상황
주제어 제4차 한일회담, 일본 어선 나포 및 일본인어부 억류 문제, 재일한인 북송 문제

문서명	아시아국 주요현안 처리 월보 제15호(1959년 8월분)[アジア局重要懸案処理月報第15号(昭和34年8月分)]

문서파일번호 1399
작성연월일 1959. 9. 10
구분 제4~5차 회담
세부항목 아시아국 주요현안 월보
작성처 외무성 아시아국 총무참사관실
매수 22
비밀등급 극비
문서종류 내부자료
공개구분 공개
내용 외무성 아시아국 주요현안 처리 월보 1959년 8월분 북동아시아과 관계 부분. 내용은 제4차 한일회담, 억류자 상호 송환, 한국의 일본 어선 불법 나포 사건, 재일한국인의 북한 귀환 문제 진전 상황
주제어 제4차 한일회담, 억류자 상호 송환 문제, 일본 어선 나포, 재일한인 북송 문제

문서명	아시아국 주요현안 처리 월보 제16호(1959년 9월분)[アジア局重要懸案処理月報第16号(昭和34年9月分)]

문서파일번호 1399
작성연월일 1959. 10. 10
구분 제4~5차 회담
세부항목 아시아국 주요현안 월보
작성처 외무성 아시아국 총무참사관실
매수 24
비밀등급 극비
문서종류 내부자료
공개구분 일부비공개
내용 외무성 아시아국 주요현안 처리 월보 1959년 9월분 북동아시아과 관계 부분. 내용은 제4차 한일회담, 억류자 상호 송환, 한국의 일본 어선 불법 나포 사건, 재일한국인의 북한 귀환 문제 진전 상황
주제어 제4차 한일회담, 억류자 상호 송환 문제, 일본 어선 나포, 재일한인 북송 문제

문서명	아시아국 주요현안 처리 월보 제17호(1959년 10월분)[アジア局重要懸案処理月報第17号(昭和34年10月分)]

문서파일번호 1399
작성연월일 1959. 11. 10
구분 제4~5차 회담
세부항목 아시아국 주요현안 월보
작성처 외무성 아시아국 총무참사관실
매수 22
비밀등급 극비
문서종류 내부자료
공개구분 공개
내용 외무성 아시아국 주요현안 처리 월보 1959년 10월분 북동아시아과 관계 부분. 내용은 제4차 한일회담, 억류자 상호 송환, 일본 어선 불법 나포, 한일무역, 재일한국인의 북한 귀환 문제
주제어 제4차 한일회담, 억류자 상호 송환 문제, 일본 어선 나포, 재일한인 북송 문제

문서명	아시아국 주요현안 처리 월보 제18호(1959년 11월분)[アジア局重要懸案処理月報第18号(昭和34年11月分)]

문서파일번호 1399
작성연월일 1959. 12. 10
구분 제4~5차 회담
세부항목 아시아국 주요현안 월보
작성처 외무성 아시아국 총무참사관실
매수 17
비밀등급 극비
문서종류 내부자료
공개구분 공개
내용 외무성 아시아국 주요현안 처리 월보 1959년 11월분 북동아시아과 관계 부분. 내용은 제4차 한일회담, 억류자 상호 송환, 일본 어선 총격사건, 재일한인 북한 귀환 문제 진전 상황
주제어 제4차 한일회담, 억류자 상호 송환 문제, 일본 어선 총격사건, 재일한인 북송 문제

문서명	아시아국 주요현안 처리 월보 발췌 1959년 12월분(アジア局主要懸案処理月報抜粋 34年 12月分)

문서파일번호 1399
작성연월일 1960. 1
구분 제4~5차 회담
세부항목 아시아국 주요현안 월보
작성처 외무성 아시아국 총무참사관실
매수 20
비밀등급 극비
문서종류 내부자료
공개구분 일부비공개
내용 외무성 아시아국 주요현안 처리 월보 1959년 12월분 북동아시아과 관계 부분. 내용은 제4차 한일회담(억류자 상호 송환 문제 포함), 재일한인 북한 귀환 문제 진전 상황
주제어 제4차 한일회담, 억류자 상호 송환 문제, 재일한인 북송 문제

문서명	아시아국 주요현안 처리 월보 발췌 1960년 1월분(アジア局主要懸案処理月報抜粋 35年 1月分)

문서파일번호 1399
작성연월일 1960. 2
구분 제4~5차 회담
세부항목 아시아국 주요현안 월보
작성처 외무성 아시아국 총무참사관실
매수 23
비밀등급 극비
문서종류 내부자료
공개구분 공개
내용 외무성 아시아국 주요현안 처리 월보 1960년 1월분 북동아시아과 관계 부분. 내용은 제4차 한일회담, 재일한인 북한 귀환 문제의 진전 상황, 독도의 광업권에 관한 소송 문제
주제어 제4차 한일회담, 재일한인 북송 문제, 독도 광업권 소송 문제

문서명	아시아국 주요현안 처리 월보 1960년 2월분(アジア局主要懸案処理月報抜粋 35年2月分)

문서파일번호 1399

작성연월일 1960. 3

구분 제4~5차 회담

세부항목 아시아국 주요현안 월보

작성처 외무성 아시아국 총무참사관실

매수 26

비밀등급 극비

문서종류 내부자료

공개구분 공개

내용 외무성 아시아국 주요현안 처리 월보 1960년 2월분 북동아시아과 관계 부분. 내용은 제4차 한일회담(억류자 상호 석방 문제 포함) 진전 상황, 어선 나포 침몰 사건

주제어 제4차 한일회담, 억류자 상호 석방 문제, 어선 나포 침몰 사건

문서명	아시아국 주요현안 처리 월보 1960년 3월분(アジア局主要懸案処理月報抜粋昭和35年3月分)

문서파일번호 1399

작성연월일 1960. 4

구분 제4~5차 회담

세부항목 아시아국 주요현안 월보

작성처 외무성 아시아국 총무참사관실

매수 19

비밀등급 극비

문서종류 내부자료

공개구분 일부비공개

내용 외무성 아시아국 주요현안 처리 월보 1960년 3월분 북동아시아과 관계 부분. 내용은 제4차 한일회담(억류자 상호 송환 문제 포함) 진전 상황

주제어 제4차 한일회담, 억류자 상호 석방 문제

문서명	아시아국 주요현안 처리 월보1960년 4월호(アジア局主要懸案処理月報抜粋35年4月号)

문서파일번호 1399
작성연월일 1960. 5
구분 제4~5차 회담
세부항목 아시아국 주요현안 월보
작성처 외무성 아시아국 총무참사관실
매수 9
비밀등급 일반
문서종류 내부자료
공개구분 공개
내용 외무성 아시아국 주요현안 처리 월보 1960년 4월분 북동아시아과 관계 부분. 내용은 제4차 한일회담(일본정부의 방침 등)
주제어 제4차 한일회담

문서명	아시아국 주요현안 처리 월보1960년 6월호(アジア局主要懸案処理月報抜粋 35年6月号)

문서파일번호 1399
작성연월일 1960. 7
구분 제4~5차 회담
세부항목 아시아국 주요현안 월보
작성처 외무성 아시아국 총무참사관실
매수 12
비밀등급 일반
문서종류 내부자료
공개구분 공개
내용 외무성 아시아국 주요현안 처리 월보 1960년 6월분 북동아시아과 관계 부분. 내용은 한국 쌀 구매교섭, 재일한인 북한 귀환 문제 진전 상황
주제어 제4차 한일회담, 한국 쌀 구매교섭, 재일한인 북송 문제

문서명	아시아국 주요현안 처리 월보 1960년 7월분(アジア局主要懸案処理月報抜粋 35年7月分)

문서파일번호 1399
작성연월일 1960. 8
구분 제4~5차 회담
세부항목 아시아국 주요현안 월보
작성처 외무성 아시아국 총무참사관실
매수 18
비밀등급 극비
문서종류 내부자료
공개구분 공개
내용 외무성 아시아국 주요현안 처리 월보 1960년 7월분 북동아시아과 관계 부분. 내용은 '이 라인' 수역 어업 문제(일본 어선 나포 사건 포함), 재일한인의 북한귀환협정 갱신 문제
주제어 제4차 한일회담, '이 라인' 수역 어업 문제, 재일한인 북송협정 갱신 문제

문서명	아시아국 중요현안처리 월보 제27호(1960년 8월분)(アジア局重要懸案処理月報第27号 昭和35年8月分)

문서파일번호 1399
작성연월일 1960. 9. 12
구분 제4~5차 회담
세부항목 아시아국 주요현안 월보
작성처 외무성 아시아국 총무참사관실
매수 9
비밀등급 극비
문서종류 내부자료
공개구분 공개
내용 외무성 아시아국 주요현안 처리 월보 1960년 8월분 북동아시아과 관계 부분. 내용은 재일한인의 북한귀환협정 갱신 문제 진전 상황
주제어 재일한인 북송협정 갱신 문제

문서명	아시아국 중요현안처리 월보 제28호(1960년 9월분)[アジア局重要懸案処理月報第28号(昭和35年9月分)]

문서파일번호 1399

작성연월일 1960. 10. 10

구분 제4~5차 회담

세부항목 아시아국 주요현안 월보

작성처 외무성 아시아국 총무참사관실

매수 21

비밀등급 극비

문서종류 내부자료

공개구분 공개

내용 외무성 아시아국 주요현안 처리 월보 1960년 9월분 북동아시아과 관계 부분. 내용은 고사카(小坂善太郎)외무대신의 한국 친선방문, 재일한인의 북한귀환협정 갱신 문제 진전 상황

주제어 고사카 외상 방한, 재일한인 북송협정 갱신 문제

문서명	아시아국 주요현안 처리 월보 1960년 10월호(アジア局主要懸案処理月報抜粋 35年10月号)

문서파일번호 1399

작성연월일 1960. 11

구분 제4~5차 회담

세부항목 아시아국 주요현안 월보

작성처 외무성 아시아국 총무참사관실

매수 11

문서종류 내부자료

공개구분 공개

내용 외무성 아시아국 주요현안 처리 월보 1960년 10월분 북동아시아과 관계 부분. 내용은 제5차 한일회담 예비회담, 재일한인의 북한 귀환협정 갱신 문제 진전 상황

주제어 제5차 한일회담 예비회담, 재일한인 북송협정 갱신 문제

문서명	아시아국 주요현안 처리 월보 1960년 11월분(アジア局主要懸案処理月報抜粋 35年 11月分)

문서파일번호 1399
작성연월일 1960. 12
구분 제4~5차 회담
세부항목 아시아국 주요현안 월보
작성처 외무성 아시아국 총무참사관실
매수 21
비밀등급 일반
문서종류 내부자료
공개구분 공개
내용 외무성 아시아국 주요현안 처리 월보 1960년 11월분 북동아시아과 관계 부분. 내용은 제5차 한일회담 예비회담 진전 상황, 재일한국인 북한 귀환의 수송 증가문제, 장경근 전 한국 내무부장관의 불법 입국 사건
주제어 제5차 한일회담 예비회담, 재일한인 북송수송 증가문제, 장경근 전 내무장관 불법 입국 문제

문서명	아시아국 중요현안처리 월보 제31호(1960년12월분)(アジア局主要懸案処理月報抜粋 35年 11月分)

문서파일번호 1399
작성연월일 1961. 1. 5
구분 제4~5차 회담
세부항목 아시아국 주요현안 월보
작성처 외무성 아시아국 총무참사관실
매수 32
비밀등급 일반
문서종류 내부자료
공개구분 공개
내용 외무성 아시아국 주요현안 처리 월보 1960년 12월분 북동아시아과 관계 부분. 내용은 제5차 한일회담 예비회담진전 상황
주제어 제5차 한일회담 예비회담

한일 문제 상공재무연구회 알프스 시리즈
[日韓問題(商工財務研究会アルプスシリーズ)]

문서파일번호	641
문서명	한일 문제 상공재무연구회 알프스 시리즈[日韓問題(商工財務研究会 アルプスシリーズ)]
작성연월일	1957. 7. 28
구분	예비~제4차 회담 전
세부항목	한일회담 경위
작성처	나카가와 도루
매수	65
비밀등급	일반
문서종류	간행물
공개구분	공개
내용	1953~1957년까지 일본 외무성 아시아국장을 역임한 나카가와 도루 대사가 1957년 7월 상공재무연구회 알프스 시리즈의 일환으로 한일회담 경위에 대해 쓴 글. 예비회담부터 제3차 회담 결렬 후 이시바시(石橋湛山), 기시 내각에서 한 한일 간 교섭 내용(1957년 1~6월)까지 정리되어 있음.
주제어	한일회담 경위

제8부

대표단 임면관계

제목 없음

문서파일번호	1272
문서명	없음
작성연월일	1956. 4(일자 불명)
구분	제3~4차 회담 사이
세부항목	억류자 문제, 한일교섭 위원 지명
작성처	외무성
매수	1
비밀등급	일반
문서종류	외교공한
공개구분	공개
내용	외무성이 재한억류 일본인어부와 오무라 한인 문제 해결을 위한 교섭위원 3명을 임명하였음을 주일한국대표부에 통보하는 내용의 외교공한 초안(영문)
주제어	억류자 문제

한일교섭 위원 지명 건
(日韓交渉委員指名に関する件)

문서파일번호	1273
문서명	한일교섭 위원 지명 건(日韓交渉委員指名に関する件)
작성연월일	1956. 4. 3
구분	제3~4차 회담 사이
세부항목	억류자 문제, 한일교섭 위원 지명
작성처	외무성 아시아국 제1과
매수	2
비밀등급	일반
문서종류	재가문서
공개구분	공개
내용	외무성이 법무성에 대해 재한억류 일본인어부와 오무라 한인 문제 해결을 위한 교섭위원 1명을 지명해 달라고 요청하는 공문. 내부 재가문서
주제어	억류자 문제

한일교섭 위원 지명 건(회답)
[日韓交渉委員指名に関する件(回答)]

문서파일번호	1274
문서명	한일교섭 위원 지명 건(회답)[日韓交渉委員指名に関する件(回答)]
작성연월일	1956. 4. 4
구분	제3~4차 회담 사이
세부항목	억류자 문제, 한일교섭 위원 지명
작성처	법무성
매수	1
비밀등급	일반
문서종류	공문
공개구분	공개
내용	법무성이 외무성의 요청에 대해 재한억류 일본인어부와 오무라 한인 문제 해결을 위한 교섭위원 2명을 지명하였음을 통보함.
주제어	억류자 문제

재한억류 일본인어부와 재오무라 한인 문제에 관한 대한 교섭위원 임명 건(在韓抑留日本人漁夫と在大村韓人の問題に関する対韓交渉委員任命の件)

문서파일번호	1280
문서명	재한억류 일본인어부와 재오무라 한인 문제에 관한 대한 교섭위원 임명 건(在韓抑留日本人漁夫と在大村韓人の問題に関する対韓交渉委員任命の件)
작성연월일	1956. 4. 3
구분	제3~4차 회담 사이
세부항목	억류자 문제, 교섭위원 임명
작성처	외무성 아시아국 제1과장
매수	2
비밀등급	일반
문서종류	재가문서
공개구분	공개
내용	안도(安藤吉光) 참사관을 재한억류 일본인어부와 오무라 한인 문제 교섭위원으로 임명코자 함.
주제어	억류자 문제

재한억류 일본인어부와 재오무라 한인 문제 해결에 관한 한일교섭 위원 지명통보 건(在韓抑留日本人漁夫と在大村韓人問題解決に関する日韓交渉委員指名通報の件)

문서파일번호	1271
문서명	재한억류 일본인어부와 재오무라 한인 문제 해결에 관한 한일교섭 위원 지명통보 건(在韓抑留日本人漁夫と在大村韓人問題解決に関する日韓交渉委員指名通報の件)
작성연월일	1956. 4. 4
구분	제3~4차 회담 사이
세부항목	억류자 문제, 한일교섭 위원 지명
작성처	외무성 아시아국 제1과
매수	3
비밀등급	일반
문서종류	재가문서
공개구분	공개
내용	외무성이 재한억류 일본인어부와 오무라 한인 문제 해결을 위한 교섭위원 3명을 임명하였음을 주일한국대표부에 통보하는 내용의 공한 재가문서
주제어	억류자 문제

한일회담 자료총서 12
한일회담 일본외교문서 상세목록집 II
– 제4차 회담 예비교섭, 북송, 억류자 상호 석방

초판 1쇄 인쇄 2021년 11월 10일
초판 1쇄 발행 2021년 11월 30일

엮은이 | 동북아역사재단
펴낸이 | 이영호
펴낸곳 | 동북아역사재단

등록 | 제312-2004-050호(2004년 10월 18일)
주소 | 서울시 서대문구 통일로 81 NH농협생명빌딩
전화 | 02-2012-6065
팩스 | 02-2012-6189
홈페이지 | www.nahf.or.kr
제작·인쇄 | 청아출판사

ISBN 978-89-6187-662-9 94910
978-89-6187-660-5 (세트)

• 책값은 뒤표지에 있습니다. 잘못된 책은 바꾸어 드립니다.